Stefan Tavis

Kunst-Reiseführer in der Reihe DuMont Dokumente

Zur schnellen Orientierung – die wichtigsten Orte und Sehenswürdigkeiten auf einen Blick:
(Auszug aus dem ausführlichen Ortsregister S. 370)

Abramzewo ... 126
Archangelskoje ... 127
Bogoljubowo ... 202
Gatschina ... 320
Jaroslawl ... 173
Kostroma ... 181
Lomonossow (Oranienbaum) ... 301
Moskau ... 28
- Andronikow-Kloster ... 110
- Arbat ... 78
- Basilius-Kathedrale ... 54
- Bolschoi-Theater ... 65
- Danilow-Kloster ... 114
- Kolomenskoje ... 122
- Kreml ... 36
- Kuskowo ... 120
- Kusminki ... 121
- Metro ... 62
- Neues Jungfrauen-Kloster ... 117
- Ostankino ... 94
- Puschkin-Museum der bildenden Künste ... 69
- Roter Platz ... 52
- Tretjakow-Galerie ... 106
- Volkswirtschaftsausstellung ... 91
- Zarizyno ... 125

Nowgorod ... 322
Pawlowsk ... 315
Pereslawl-Salesskij ... 137
Peterhof (Petrodworez) ... 298
Rostow Welikij ... 144
Sergijew Possad (ehem. Sagorsk) ... 131
St. Petersburg ... 204
- Admiralität ... 213
- Aleksandr-Newskij-Kloster ... 257
- Isaaks-Kathedrale ... 217
- Kasaner Kathedrale ... 246
- Kunstkammer ... 287
- Newskij Prospekt ... 241
- Peter-Paul-Festung ... 278
- Puschkin-Theater ... 251
- Russisches Museum ... 258
- Smolnyj-Kloster ... 239
- Sommergarten ... 234
- Winterpalast/Ermitage ... 219

Susdal ... 189
Wladimir ... 199
Zarskoje Selo ... 307

In der vorderen Umschlagklappe: Stadtplan Moskau, Zentrum

In der hinteren Umschlagklappe: Stadtplan St. Petersburg, Zentrum

Erhard Gorys

DuMont Buchverlag Köln

Moskau und St. Petersburg

Kunst, Kultur und Geschichte
der beiden Metropolen,
des ›Goldenen Ringes‹ und Nowgorods

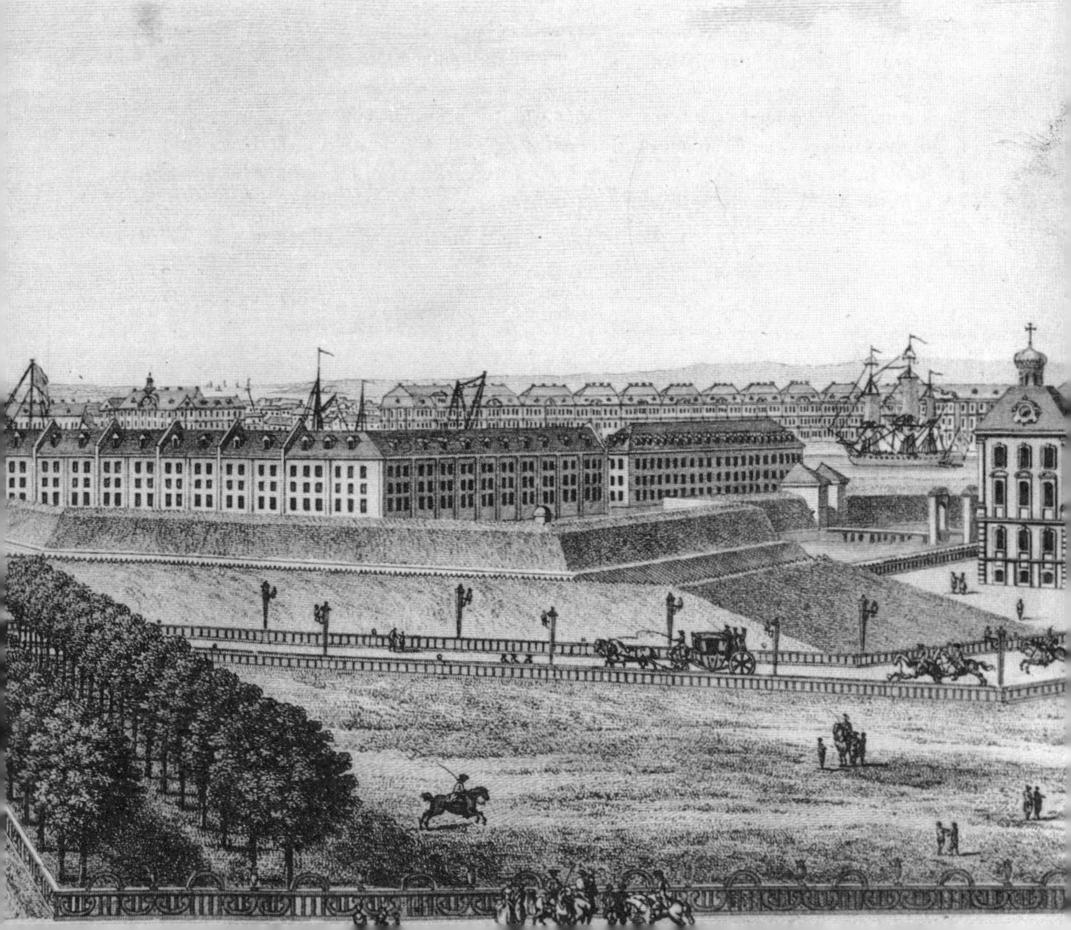

Umschlagvorderseite: Moskau, Basilius-Kathedrale mit Minin-und Poscharskij-Denkmal
Vordere Umschlaginnenklappe: Sergijew Possad, Mariä-Himmelfahrts-Kathedrale mit Brunnenhaus und Ziborium im Dreifaltigkeits-Sergios-Kloster
Frontispiz S. 2/3: St. Petersburg, Admiralität und Hafen im 18. Jh.
Hintere Umschlaginnenklappe: Zarskoje Selo, Großer Katharinenpalast
Umschlagrückseite: St. Petersburg, Winterpalast/Ermitage

Über den Autor: Erhard Gorys, geboren 1926 in Breslau, studierte Kunstgeschichte und Rechtswissenschaften in Göttingen und Cambridge. Zahlreiche Studienreisen führten ihn nach Nordafrika, Vorderasien und Osteuropa, vor allem in die ehemalige Sowjetunion. Er veröffentlichte das ›Kleine Handbuch der Archäologie‹. In unserem Verlag erschienen von ihm die Kunst-Reiseführer ›Das Heilige Land‹ und ›Tschechische Republik‹.

Fremde Kulturen kennenlernen und gastfreundlichen Menschen begegnen – wie sehr genießen wir das auf Reisen. Zu Hause bei uns jedoch wird mancher Ausländer von einer kleinen Minderheit beschimpft, bedroht und sogar mißhandelt. Alle, die in fremden Ländern Gastrecht genossen haben, tragen hier besondere Verantwortung. Deshalb: Lassen Sie es nicht zu, daß Ausländer diffamiert und angegriffen werden. Lassen Sie uns gemeinsam für die Würde des Menschen einstehen.

Verlagsleitung und Mitarbeiter des DuMont Buchverlages

2. Auflage 1997

Satz: Fotosatz Harten
Druck: Rasch, Bramsche
Buchbinderische Verarbeitung: Bramscher Buchbinder Betriebe
Printed in Germany ISBN 3-7701-3422-2

Inhalt

Vorwort 8

Geschichtlicher Überblick 10

Vorgeschichte und Frühzeit 10
Das Kiewer Reich 11
Groß-Nowgorod und die Mongolenherrschaft 13
Der Aufstieg Moskaus 16
Von Peter I. bis Katharina II. 19
Krisen und Zusammenbruch des Zarenreichs 21
Der Sowjetstaat und seine Auflösung 23

Moskau 28

Stadtgeschichte 32

Rundgänge durch Moskau 36

Der Kreml 36
Der Diamantenfonds Rußlands 50
Der Rote Platz 52
Die neue Frömmigkeit 56
Kitajgorod 59
Die Moskauer Metro 62
Von der Mochowaja zum Slawjanskaja-Platz 64
Vom Kreml zu den Sperlingsbergen 69
Vom Kreml zum Kutusow-Prospekt 77
Der Arbat 78
Die Schlacht vor Moskaus Toren – Borodino 84
Vom Manegeplatz zum Gartenring 86
Von der Twerer Straße zum Chimkinskoje-Stausee 87
Jenseits des Bolschoi-Theaters 90
Von der Mjasnizkaja zum Ismajlowskij-Park 96

Nemezkaja Sloboda (Deutsche Vorstadt) 99
Der heilige Doktor von Moskau 100
Samoskworetschje, der Stadtteil ›jenseits der Moskwa‹ 102
Die Wehrklöster Moskaus 110
Der Herrensitz Kuskowo 120
Der Landsitz Kusminki 121
Kolomenskoje und Zarizyno 122

Die Umgebung von Moskau 126

Der Landsitz Abramzewo 126
Der Herrensitz Archangelskoje 127

Der Goldene Ring 128

Sergijew Possad 131
Pereslawl-Salesskij 137
Rostow Welikij 144
Jaroslawl 173
Kostroma 181
Susdal 189
Russische Glocken 198
Wladimir 199
Bogoljubowo 202

St. Petersburg 204

Stadtgeschichte 208

Rundgänge durch St. Petersburg 213

Von der Admiralität zur Isaaks-Kathedrale 213
Winterpalast/Ermitage 219
Vom Schloßplatz zum Smolnyj 231
Der Newskij Prospekt 241
Aleksandr S. Puschkin, Rußlands großer Dichter 244
Gowjadina Stroganow 248
Die Eisenbahn St. Petersburg – Moskau 254
Russisches Museum und Platz der Künste 258

Fontanka, Mojka und Gribojedow-Kanal 264
Rasputin, der ›Heilige Teufel‹ 272
Peter-Paul-Festung und Petrograder Seite 278
Der tollkühne Dachdecker 282
Die Wassiljewskij-Insel 284
Lubok – der russische Volksbilderbogen 288
Sehenswürdigkeiten außerhalb des Stadtzentrums 293

Die Umgebung von St. Petersburg 298

Peterhof (Petrodworez) 298
Lomonossow (Oranienbaum) 304
Zarskoje Selo 307
Das Ende der Zarenfamilie 312
Pawlowsk 315
Der Walzerkönig in Pawlowsk 318
Gatschina 320

Nowgorod 322

Stadtgeschichte 326

Rundgänge durch Nowgorod 329

Der Kreml 329
Die Sophienseite 334
Die Handelsseite 338

Erläuterung der Fachbegriffe (Glossar) 344
Literaturverzeichnis 348
Abbildungsnachweis 352

Praktische Reiseinformationen von A bis Z 353
Register 370

Vorwort

Rußland, das Land der Märchen, Lieder und Tänze, der unendlichen, einsamen Wälder und lebensprühenden Städte, der malerischen Kirchen und Klöster, fremdartig irgendwie und doch so vertraut, zieht von Jahr zu Jahr, besonders seit der politischen Wende, mehr Touristen an – aus der Bundesrepublik Deutschland allein mehr als eine viertel Million jährlich. ›Perestrojka‹ und ›Glasnost‹ machten es möglich, daß der Reisende aus dem Westen heute fast jeden Winkel Rußlands erforschen kann.

Hauptziele der Reiseströme aber sind Moskau und St. Petersburg, die beiden größten und sehenswertesten Städte der Russischen Föderation. Das fast 900jährige Moskau lockt mit seinem mächtigen Kreml, mit dem riesigen Roten Platz, der auch ›Schöner Platz‹ heißen könnte (denn ›rot‹ und ›schön‹ sind im Russischen ein und dasselbe), der traumhaften Basilius-Kathedrale, dem berühmten Bolschoi-Theater, den trutzigen Wehrklöstern, der prächtigsten und schnellsten Untergrundbahn, um nur einige Beispiele zu nennen. Das kaum 300jährige St. Petersburg, bis 1918 Kapitale des Russischen Reiches, rund 70 Jahre ›Leningrad‹ genannt, überwältigt den Besucher durch sein kühles, elegantes Flair, durch sein kaum verändertes Stadtbild an der Newa mit seinen herrlichen Bauwerken im Stil des russischen Barock und Klassizismus: die Admiralität, die Isaaks-Kathedrale, der Sommergarten Peters des Großen, der Schloßplatz mit dem Winterpalast des Zaren, der als ›Ermitage‹ zu den bedeutendsten Kunstmuseen zählt, die Peter-Paul-Festung und der Newskij Prospekt, auf dem sich in der Rush-hour mehr Menschen drängen als auf den Straßen jeder anderen Stadt.

Von Moskau aus locken die mittelalterlichen Städte und Klöster des ›Goldenen Ringes‹: die Lawra des hl. Sergius, das idyllische Pereslawl-Salesskij, Rostow Welikij, das gleißende Kleinod am Nerosee, Jaroslawl und Kostroma, die beiden stolzen Städte an der Wolga, das märchenhafte Susdal, ein ›russisches Rothenburg ob der Tauber‹, Wladimir, die alte Metropole der Rus. Von St. Petersburg aus besucht der Reisende die unvergleichlichen Zarenresidenzen Peterhof, Oranienbaum, Zarskoje Selo, Pawlowsk und Gatschina sowie das herrliche Nowgorod am Ilmensee, die ›Wiege Rußlands‹, einst eine mächtige Stadtrepublik und ein Handelsplatz der Deutschen Hanse.

Nichts verändert das Gesicht einer Stadt so schnell wie politische Vorgänge. So werden Museen geschlossen und mit anderen Sammlungen wiedereröffnet. So verschwinden Denkmäler, und neue werden enthüllt. Die Namen von Theatern und Metrostationen werden geändert, Straßen und Plätze nehmen wieder ihren ursprünglichen Namen an oder bekommen einen ganz neuen. Alles ist im Umbruch.

Neben allen architektonischen und bildnerischen Schöpfungen der alten und neuen Zeit begegnen dem Besucher russische Menschen mit ihrer sprichwörtlichen Herzlichkeit und Hilfsbereitschaft, ihrer großzügigen Gastfreundschaft. Ihren Stolz, Bürger eines der mächtigsten und technisch fortschrittlichsten Staaten zu sein, hat inzwischen der harte Kampf ums Dasein in einer sich verändernden Gesellschaft vertrieben. Aber die Russen sind geduldig und sehen voller Hoffnung der Zukunft entgegen. Die meisten Rußlandtouristen kommen nicht nach Moskau und St. Petersburg, um die Menschen dort zu studieren, sie wollen die Schönheiten des Landes, die einzigartigen Kulturdenkmäler, die man mit großem Sachverstand und viel Liebe in alter Pracht wiedererstehen läßt, kennenlernen. Sie wollen die großen Kunstmuseen, die Konzerte und Ballette mit dem sachverständigsten Publikum, das man sich nur denken kann, besuchen.

Allen, die eine Reise nach Moskau und St. Petersburg planen oder sich an einen früheren Aufenthalt erinnern, möchte dieser Kunst-Reiseführer mit ausführlichen, aktuellen Informationen und reichem Bildmaterial eine Hilfe sein. Das Schwergewicht liegt dabei auf den altrussischen Sakral- und Profanbauten, auf ehemaligen Zarenschlössern und Herrensitzen, aber auch Architektur und Kunst der neueren Zeit werden gebührend berücksichtigt. Die beschriebenen Sehenswürdigkeiten reihen sich – soweit das möglich ist – nach Straßen oder Stadtteilen, so daß Sie an Ort und Stelle nicht suchen müssen. Der Umfang eines Kunst-Reiseführers läßt es allerdings nicht zu, sämtliche erwähnenswerten Stätten und Objekte zu beschreiben, denn das ginge auf Kosten der Ausführlichkeit. Eine Auswahl war also erforderlich. Dennoch dürfte das Buch genug Anregungen für mehr als eine Reise bieten.

Gewisse Schwierigkeiten bereitet fast jedem Reisenden die russische Schrift, die ›Kyrilliza‹. Der besseren Orientierung an Ort und Stelle dient daher die jeweils nachfolgende kyrillische Schreibweise der Straßen, Plätze und Metrostationen. Die Transkription erfolgte grundsätzlich nach den Regeln des Dudens.

Danken möchte ich allen, die meine Arbeit mit Rat und Tat unterstützten, den zahlreichen Moskauern und Petersburgern, die mich auf interessante Details aufmerksam machten, den freundlichen Damen und Herren der örtlichen Touristik-Büros, die manches Hemmnis aus dem Weg räumten und mir zusätzliche Informationen beschafften, und nicht zuletzt meiner Frau Christel, die alle Unternehmungen und Arbeiten sachkundig mitgestaltete und auswertete.

Geschichtlicher Überblick

Vorgeschichte und Frühzeit

Spuren menschlichen Lebens im Paläolithikum (Altsteinzeit) fanden sich bislang nur in Südrußland, während der Norden des Landes damals noch immer unter Eis begraben lag. Auf der Halbinsel Krim lebten vor rund 150 000 Jahren Menschen vom Typus des Neandertalers.

Erste Ansiedlungen tauchten – wie überall in Europa – im Neolithikum (Jungsteinzeit) auf, am Ladogasee zum Beispiel und am Dnjepr. Landwirtschaft und Viehzucht blieben jedoch noch lange unbekannt, man jagte und fischte und lebte vorzugsweise an den Flüssen und Seen. Der Hund war vorerst das einzige Haustier. Tongefäße wurden mit Strichmustern, Kerben und Tierdarstellungen geschmückt und auch gebrannt. Die Toten bestattete man kauernd oder sitzend in Grabhügeln (Kurganen) und gab ihnen Gefäße, Werkzeuge und Waffen bzw. Schmuck für das Weiterleben im Jenseits mit. Dann entwikkelten sich die ersten Ackerbau und Viehzucht treibenden Stämme. Im Gebiet der heutigen Ukraine begann die Domestikation von Rindern und Schweinen (Tripolje-Kultur). In der Waldzone des Nordens blieben Jagd und Fischfang vorherrschend.

Geräte aus Kupfer und Bronze wurden fast ausschließlich importiert, so daß es in Rußland keine eigentliche Bronzezeit gab. So folgte dem Neolithikum im 7. Jh. v. Chr. gleich die Eisenzeit. Die Bewohner des Landes waren in dieser Periode Menschen einer mongolischen Völkergruppe, in den ältesten Quellen Ugrier genannt. Die Völker, die in den folgenden Jahrhunderten den fruchtbaren Süden annektierten (Skythen, Sarmaten, Goten), drängten die Ugrier in die riesigen Wälder des Nordens ab. Einige Siedlungen nahmen bereits städtischen Charakter an, darunter ›Danparstadir‹, das heutige Kiew. Gegen Ende des 4. Jh. fegte der Hunnensturm die Goten aus dem Land. Aus Asien folgten weitere Völkerschaften: im 6. Jh. die Awaren, im 7. Jh. die Magyaren, nach ihnen die Chasaren.

Vielleicht schon vor den Ugriern bewohnten indogermanische Slawen (Ostslawen) das Gebiet zwischen Bug und Don. Spätestens im 6. Jh. bildeten sie Stämme und Stammesbünde unter eigenen Fürsten. Im 7. und 8. Jh. mußten sie an die Chasaren Tribut zahlen, durften sich dafür aber am lukrativen Orienthandel beteiligen. Sie lieferten kostbare Felle, Honig und Wachs und erhielten dafür Gerätschaften, Waffen und Waren des gehobenen Bedarfs.

Die Schiffsverbindung zwischen Ostsee und Schwarzem Meer bzw. Kaspischem Meer ist zweifellos ein Werk der Slawen. Sie schufen die Woloks, die Schleppstellen, auf denen sie ihre Kähne über die Wasserscheide der Waldaihöhen von der Düna (russ. Sapadnaja Dwina) zum Dnjepr oder zur Wolga schleiften. Die Newa befuhren die Slawen bis zum Ladogasee, zogen den Wolchow hinauf zum Ilmensee, vom Sowat aus erreichten sie ebenfalls die Düna. Seit dem 8./9. Jh. suchten normannische Händler und Raubfahrer (Wikinger) aus Skandinavien die Küsten ganz Europas heim, ruderten die Flüsse hinauf, um Waren zu tauschen oder Siedlungen zu plündern, und stießen sogar bis zum Mittelmeer vor. Auch die baltischen Küsten waren ein Ziel der Normannenzüge. Hier nannte man die nordgermanischen Fernkaufleute, deren Schiffsbesatzungen aus bewaffneten Gefolgsleuten bestanden, **Waräger** (= Eidgenossen). Sie errichteten an verkehrsgünstigen Plätzen befestigte Stützpunkte und griffen als Söldner in die Auseinandersetzungen der slawischen Stämme und Fürsten ein.

Das Kiewer Reich

In der ersten Hälfte des 9. Jh. erbaute der legendäre Warägerführer **Rurik** (russ. Rjurik) am Ausfluß des Ilmensees in den Wolchow neben einer slawischen Siedlung die Stadt Nowgorod (= Neustadt). Rurik gilt als Begründer der Dynastie der Rurikiden (russ. Rjurikowitschi), die viele Jahrhunderte die Geschicke Rußlands bestimmen sollte. Die Legende entstammt der bedeutendsten altrussischen Chronikensammlung, der ›Erzählung der vergangenen Jahre‹ (›Powest wremennych let‹); ihre historische Beweiskraft ist seit langem umstritten.

Die Waräger brachten das gesamte Verkehrssystem zwischen Ostsee und Schwarzem Meer unter ihre Kontrolle. Zwei Gefolgsleute Ruriks, Askold und Dir, rissen die Herrschaft in Kiew, dem alten Stammessitz der ostslawischen Poljanen, an sich und wagten es sogar, im Juni 860 die byzantinische Kaiserstadt Konstantinopel anzugreifen. Ihre Flotte wurde jedoch in einem Sturm vernichtet.

879 soll Rurik in Nowgorod gestorben sein. Oleg, ein Verwandter von Rurik, wurde zum Vormund über Ruriks Sohn Igor bestellt. 880 zog Oleg nach Kiew, erschlug Askold und Dir und übernahm die Herrschaft über das Stammesgebiet der Poljanen. Von hier aus machte er die slawischen Stämme des Wolga-Oka-Gebietes tributpflichtig; Oleg gilt als Begründer des altrussischen Reiches, der **Kiewer Rus.** 912 nutzte er eine Schwäche von Byzanz, zog mit einer Flotte von 2000 Schiffen und 200 000 meist slawischen Kriegern den Dnjepr hinunter und über das Schwarze Meer nach Konstantinopel und erzwang einen Handelsvertrag und sogar Tributzahlungen. Die Byzantiner nannten die Leute aus Kiew ›Rhos‹, woraus sich das Wort ›Russen‹ ableitete. Die Bedeutung des Wortes ist noch immer ungeklärt, und seit 1729 streiten sich die Wissenschaftler, ob sich der Name ›Rhos‹ oder ›Rus‹ auf die warägischen ›Ruderer‹ (finnisch ›Ruotsi‹) oder auf die am ›Ros‹, einem Nebenfluß des Dnjepr bei Kiew, siedelnden Poljanen bezieht. Russische Historiker wiesen darauf hin, daß das griechische ›Rhos‹ schon vor dem Erscheinen der Waräger in Konstantinopel für die slawischen Kaufleute aus dem Norden verwendet wurde.

Kurz nach Abschluß des Vertrages mit Byzanz starb Oleg. Igor wurde Fürst von Kiew und hatte sofort nach Herrschaftsantritt einen Aufstand der slawischen Drewljanen niederzuschlagen. Als die Byzantiner ihre Tributzahlungen einstellten, zog er 941 und nochmals 944/45 nach Konstantinopel, um den Vertrag von 912 zu erneuern. Längst hatte sich das slawische Element auch im Kiewer Fürstenhaus durchgesetzt, immer mehr Familienmitglieder trugen slawische Namen, so hieß Igors Sohn Swjatoslaw. Die Rurikidendynastie verschmolz mit ostslawischen Fürstenhäusern. Igor fiel 945 in einem Feldzug gegen die aufständischen Drewljanen, nachdem er seine Tributforderungen über das tragbare Maß hinaus erhöht hatte.

Igors Witwe Olga übernahm für ihren unmündigen Sohn Swjatoslaw die Regierungsgeschäfte. Sie lehnte das Heiratsangebot des Drewljanenfürsten ab und unterwarf den Stamm. Dann stabilisierte sie die Herrschaft des Rurikidenhauses und verband Nowgorod und Kiew durch zahlreiche befestigte Plätze. Die Rus gewann an territorialer Größe. Wohl im Jahr 955 nahm Olga das orthodoxe Christentum an und besuchte 957 mit großem Gefolge Konstantinopel, wo sie von Kaiser Konstantin VII. Porphyrogennetos und seiner Gemahlin Helena empfangen wurde. Sie trat auch mit dem abendländischen Kaiser Otto dem Großen in Verbindung und förderte Handelsbeziehungen zum Westen.

Swjatoslaw (964–972) lehnte die christliche Taufe ab, ohne deshalb die Christen zu verfolgen. Er vernichtete das Chasarenkhanat und kollidierte auf seinem Feldzug gegen die Bulgaren mit Byzanz, das ihn 971 zur Kapitulation zwang. Bei seiner Rückkehr nach Kiew wurde der Fürst von nomadisierenden Petschenegen überfallen und getötet.

Schon zu Lebzeiten hatte Swjatoslaw das Reich unter seine drei Söhne aufgeteilt: Jaropolk erhielt Kiew, Oleg bekam das Land der Drewljanen, Wladimir übernahm Nowgorod. Und schon kam es zum Bruderkampf: 977 beseitigte Jaropolk seinen Bruder Oleg und marschierte nach Nowgorod. Wladimir floh nach Schweden, warb ein Söldnerheer an und zog seinerseits nach Kiew, das durch Verrat in seine Hände fiel. Jaropolk wurde ermordet; **Wladimir I.** (980–1015) war nun Alleinherrscher, aber total an die Waräger verschuldet. So kam ihm 987 ein Hilfeersuchen des byzantinischen Kaisers sehr zustatten: Er überließ ihm seine Söldnertruppe samt der Soldrückstände. Außerdem bestand er darauf, Anna, die Schwester des Kaisers, zu ehelichen. Das empörte die Byzantiner. Um seinem Verlangen Nachdruck zu verschaffen, eroberte er den byzantinischen Schwarzmeerhafen Cherson (Korsun). So fand 988 die Vermählung statt, nachdem Wladimir versprochen hatte, sich taufen zu lassen und das Christentum nach dem griechisch-orthodoxen Ritus im Kiewer Reich zur Staatsreligion zu erheben. Diese Heirat brachte Wladimir hohes Ansehen ein, denn selbst der deutsche Kaiser Otto der Große mußte sich mit einer entfernten Verwandten des Kaisers von Byzanz als Ehefrau für seinen Sohn, den späteren Otto II., zufriedengeben. Zugleich nahm Wladimir den Titel ›Großfürst‹ an.

Wladimir erweiterte sein Reich und stärkte die Stellung der Kirche durch Zuweisung des ›Zehnten‹ an den Handelsumsätzen und Gerichtsgebühren, am Korn- und Viehverkauf: ferner schenkte er den Klöstern Ländereien mit den dazugehörigen Menschen, übertrug der Kirche die Gestaltung des Privatrechts, gewisse Teile der Verwaltung und sämtliche sozialen Einrichtungen. Die neue Religion stieß beim Volk auf erbitterten Widerstand und mußte fast überall gewaltsam eingeführt werden. Im 13. Jh. wurde Wladimir heiliggesprochen.

Nach Wladimirs Tod kam es zu heftigen Nachfolgekämpfen zwischen seinen Söhnen: Swjatopolk bemächtigte sich der Hauptstadt Kiew und ließ Boris und Gleb erschlagen, die schon bald nach ihrem Tod als erste Heilige der russisch-orthodoxen Christenheit verehrt wurden. Auch Swjatoslaw wurde von Swjatopolk umgebracht. Der fünfte der Brüder, Jaroslaw, warb warägische Söldner an und vertrieb Swjatopolk aus Kiew. Der holte die Polen zu Hilfe, die Kiew besetzten, sich aber bald darauf wieder zurückzogen. Swjatopolk kam auf der Flucht ums Leben. Nachdem auch Mstislaw, ein weiterer Bruder Jaroslaws, der die Gebiete östlich des Dnjepr kontrollierte, 1036 gestorben war, hatte Jaroslaw die Herrschaft über das gesamte Reich. Noch im selben Jahr drängte er die Petschenegen nach Bulgarien ab, wo sie im 12. Jh. in Kämpfen mit Byzanz aufgerieben wurden.

Jaroslaw der Weise (1019/1036–1054) förderte die kulturelle Entwicklung der Rus, der altrussischen ›Narodnost‹ (=Völkerschaft), aus der später das großrussische, das ukrainische und das belorussische Volk hervorgingen. Er baute Kiew zu einer würdigen Residenzstadt aus, stiftete Klöster und die großartigen Sophienkathedralen in Kiew und Nowgorod. Nach byzantinischen Vorbildern entwickelte sich eine eigenständige slawische Kunst. Jaroslaw erließ den ›Ustaw‹ (Kirchenordnung) und die ›Russkaja Prawda‹, die erste Kodifizierung des russischen Rechts. Zu westeuropäischen Staaten pflegte er rege wirtschaftliche und diplomatische Beziehungen. Deutsche Architekten und Bildhauer wirkten an Kirchenneubauten der Rus mit. Mittelalterliche Chroniken, wie die des Thietmar von Merseburg und die Hildesheimer Annalen, berichten über den gegenseitigen Kulturaustausch.

Die Kirchenfürsten der Rus waren von Anfang an Griechen. Als der griechische Metropolit 1051 starb, setzte Jaroslaw ohne Zustimmung des Patriarchen von Konstantinopel erstmals einen russischen Geistlichen – Ilarion – als obersten Kirchenführer der Rus ein.

Nach dem Tod Jaroslaws teilten sich seine drei Söhne Isjaslaw, Swjatoslaw und Wsewolod ohne Streitigkeiten die Herrschaft über die Rus. 1061 fiel das asiatische Reitervolk der Komanen (Polowzer) in das Reich ein und besiegte die Heere der Fürsten. Deren Vettern und Neffen erstrebten nun eigene Territorien, in Kiew und Nowgorod riefen Bürgervertretungen (›Wetsche‹) zu Protestbewegungen gegen den Adel auf, an deren Spitze Priester der alten heidnischen Kulte standen, das ganze Reich befand sich in Aufruhr. Swjatopolk, ein Sohn des Isjaslaw, regierte 1093–1113 in Kiew, konnte aber die Rus nicht einigen. Erst Wladimir II. (1113–1125) gelang es, wieder Ordnung zu schaffen, die auch noch unter seinem Sohn Mstislaw dem Großen (1125–1132) fortbestand.

Groß-Nowgorod und die Mongolenherrschaft

Mit dem Tod Mstislaws zerbrach das Kiewer Reich. Als erste Stadt befreite sich Nowgorod aus der Abhängigkeit von Kiew. Dort wählte die ›Wetsche‹ fortan einen eigenen Fürsten und entschied selbständig über Krieg und Frieden. **Groß-Nowgorod** wurde eine souveräne Stadtrepublik, wohlhabend durch Vermittlung des Handels zwischen Rußland und den Ostseestädten. Seit dem 12. Jh. bestand in Nowgorod eine Niederlassung deutscher Kaufleute, später ein Kontor der Hanse. Kiew dagegen, durch Venezianer, später durch Genuesen vom Schwarzmeerhandel ausgeschlossen, welkte dahin.

Im Osten, ›hinter dem Walde‹, zwischen den Flüssen Wolga und Oka, gewannen die Städte Rostow Welikij und Susdal an Bedeutung. Ihr Fürst Jurij Dolgorukij (1125–1157), Sohn Wladimirs II., führte gegen die südrussischen Fürsten erbitterte Kämpfe um den Besitz des Großfürstentums Kiew und befestigte mehrere Städte auf seinen Territorien, darunter auch Moskau (1156). Sein Sohn Andrej Bogoljubskij (1157–1174) eroberte 1169

Groß-Nowgorod (Historische Darstellung)

Kiew, zerstörte die Stadt und erhob Wladimir an der Kljasma zur neuen Hauptstadt seines Großfürstentums. Sein Versuch, auch Nowgorod zu unterwerfen, scheiterte 1170. Drei Jahre später fiel er einem Attentat der Rostower und Susdaler Bojaren zum Opfer. Unter Andrej Bogoljubskij und seinem Bruder Wsewolod III. (1176–1212) erreichte das Großfürstentum Wladimir-Susdal seine größte Machtentfaltung. Einzigartige Werke der Bau- und Goldschmiedekunst zeugen von der Blüte dieser Epoche. Die Einigkeit der Rus beschwor das berühmte Igor-Lied, eine Heldendichtung aus dem Ende des 12. Jh.

Inzwischen waren auch andere Fürstentümer, wie Minsk und Smolensk, zu größerer Bedeutung gelangt. Nur die Kirche blieb das einigende Band der Rus; sie versuchte – meist vergeblich –, die Streitigkeiten der Fürstenhäuser beizulegen, und schirmte Fürsten und Volk von allen westlichen, d. h. römisch-katholischen Einflüssen ab. Fürsten, Bojaren und Klöster erweiterten ihren Besitz auf Kosten der freien Bauerngemeinden. In Kiew residierte im 12. und 13. Jh. nur noch der Metropolit, das kirchliche Oberhaupt der russisch-orthodoxen Kirche; nach wie vor wurde der Patriarch von Konstantinopel als höchste Instanz der Kirche respektiert. 1216 versuchte das Fürstentum Wladimir-Susdal noch einmal, sich das mächtige Groß-Nowgorod einzuverleiben; der Feldzug endete jedoch mit der Niederlage an der Lipiza.

Zu Beginn des 13. Jh. stürmten die Tataro-Mongolen unter Dschingis Khan durch Asien nach Westen, vernichteten 1223 an der Kalka nördlich des Asowschen Meeres das Heer der vereinigten Russen und Komanen, verschwanden aber bald wieder in den zentralasiatischen Steppen. 1237 folgte der nächste Mongoleneinfall unter Dschingis Khans Enkel **Batu Khan.** Die Mongolen verheerten das Fürstentum Wladimir-Susdal, drangen nach Norden vor, um auch Nowgorod zu erobern, blieben aber im Frühjahr 1238 in den auftauenden Sümpfen stecken. 1240 fiel Kiew, 1241 besiegte Batu Khan in der Schlacht bei Liegnitz ein deutsch-polnisches Heer unter dem Herzog Heinrich II. von Breslau. Erst der Tod des Groß-Khans Ögädäi bewirkte die Umkehr des Mongolenheeres. Die russischen Fürstentümer blieben unter der Herrschaft der Mongolen, Nowgorod ordnete sich freiwillig unter.

Da der Mongolenherrscher Batu Khan zunächst in anderen Teilen seines riesigen Reiches benötigt wurde, überließ er die russischen Fürsten ihren eigenen Problemen. **Aleksandr Newskij,** Fürst von Nowgorod (1236–1251), hielt sich durch seine Anlehnung an die Mongolen den Rücken frei und wehrte 1240 die an der Newa vorrückenden Schweden (daher sein Beiname ›Newskij‹) und 1242 die über den zugefrorenen Peipussee herandrängenden deutschen Ordensritter ab. Als sich sein Bruder, der Großfürst Andrej Jarosla-

Dschingis Khan und Batu Khan (Chinesische Zeichnungen)

witsch von Wladimir, mit dem Fürsten Daniil Romanowitsch von Halytsch-Wolhynien verbündete, bezichtigte er ihn bei Batu Khan des Aufruhrs gegen die Mongolen. Batu kehrte in die Rus zurück und besiegte die Koalition unter Andrej 1252 in der Schlacht bei Pereslawl-Salesskij. Aleksandr Newskij, von Batu Khan als neuer Großfürst von Wladimir (1252–1263) eingesetzt, entwickelte sich zur führenden Persönlichkeit in der Rus und wird in der russisch-orthodoxen Kirche noch heute als Heiliger verehrt. Die Mongolen übten ihre religiös tolerante Oberherrschaft mit lockerer Hand aus: Sie begnügten sich mit erträglichen Tributzahlungen, bestätigten den jeweiligen Großfürsten und statteten die Kirche mit weiteren Privilegien aus.

Nach dem Tod Aleksandr Newskijs blieb Wladimir bis in das 14. Jh. hinein das Machtzentrum der Rus. 1299 verlegte der Metropolit seinen Sitz von Kiew dorthin. Allmählich aber verschoben sich die Positionen. Immer stärker traten die neuen Fürstentümer Twer und Moskau in das Blickfeld der Auseinandersetzungen. Bei ihren Streitigkeiten erbaten die Fürsten oft genug die Hilfe der ›Goldenen Horde‹ (Bezeichnung für das russisch-sibirische Tataro-Mongolenreich), so daß asiatische Reiterscharen immer wieder Städte und Dörfer verwüsteten.

Der Aufstieg Moskaus

1328 erhielt **Iwan I. Danilowitsch,** seit 1325 Fürst von Moskau, die Würde des Großfürsten von Wladimir, residierte aber in Moskau. Mit hohen Tributzahlungen – den Tribut trieb er rücksichtslos von den anderen russischen Fürsten und sogar in Nowgorod ein – gewann er die Unterstützung des Khans und kämpfte mit großem Erfolg gegen den Fürsten von Twer, seinen gefährlichsten Rivalen. Einen Teil des Tributs behielt er für sich, was seine Macht stärkte und ihm den Spottnamen ›Kalita‹ (= Geldsack) einbrachte. Mit der Ausweitung seines Fürstentums begann er die ›Sammlung der russischen Erde‹ und nannte sich selbstbewußt ›Großfürst von ganz Rußland‹. 1328 verlegte Iwan den Sitz des Metropoliten nach Moskau. Dreizehn Jahre später starb er.

Im 14. Jh. verstärkte sich die Kolonisation in den großen Waldgebieten durch Fürsten, Bojaren und Klöster, in geringerem Maße auch durch freie Bauerngemeinschaften. Der Großfürst von Moskau prägte die ersten russischen Münzen. Bis dahin waren Eichhörnchenfelle, Silberbarren und ausländische Zahlungsmittel die übliche Währung. Groß-Nowgorod entwickelte sich zum Haupthandelszentrum mit dem Westen; die mächtige Deutsche Hanse vermittelte den Warenumschlag.

Der wachsende Führungsanspruch Moskaus unter den russischen Fürstentümern zeichnete sich erstmals unter dem Großfürsten **Dmitrij Donskoj** (1359–1389) ab, der den Zerfall der Goldenen Horde nutzte, um dem Tatarenheer im Jahr 1380 auf dem Schnepfenfeld am Don (Kulikower Feld) eine empfindliche Niederlage zu bereiten (daher sein Beiname ›Donskoj‹). Zwar eroberte Tohtamysch Khan 1382 im Gegenzug Moskau, und Rußland blieb noch gut anderthalb Jahrhunderte unter mongolisch-tatarischer Herrschaft, aber der Sieg über die bis dahin als unbezwingbar geltende Goldene Horde hatte das Selbstbewußtsein der Russen ungeheuer gestärkt. Die russische Kirche stand hinter dem Moskauer Großfürsten und unterstützte seine Bestrebungen, die Fürstentümer, die sich zum Teil mit den römisch-katholischen Litauern verbündet hatten, zu vereinigen. Auch im Winter 1408/09 verheerten die Tataren die Moskauer Territorien, Moskau selbst konnten sie aber nie mehr erobern.

Unter Dmitrijs Enkelsohn Wassilij II. (1425–1462) begann ein jahrzehntelanger, blutiger Verwandtenstreit um die Erbfolge, in den sich auch die anderen Fürstenhäuser und sogar die Horde einmischten. Wassilij mußte dreimal aus Moskau fliehen, er wurde geblendet, geriet vorübergehend in tatarische Gefangenschaft, behielt schließlich aber die Oberhand. Die Macht der Goldenen Horde schwand, das erstarkte Litauen richtete sein Interesse zunehmend auf den Westen, und so wurde Moskau zum Zentrum Altrußlands. Wassilijs Münzen trugen fortan die Aufschrift ›Gebieter der ganzen Rus‹. Eine hundertjährige Blütezeit begann, die Städte wuchsen, Handel und Gewerbe gediehen, die Kolonisation der Waldgebiete erreichte ihren Höhepunkt.

1453 eroberten die Türken Konstantinopel. Daher beschloß 1459 die Synode der russischen Bischöfe, daß der Metropolit der Rus nicht mehr der Bestätigung durch den Patriarchen von Konstantinopel bedürfe, sondern allein der Zustimmung des Moskauer Großfürsten.

Großfürst **Iwan III.** (1462–1505) zwang 1478 Nowgorod, das sich an Litauen und Polen anlehnen wollte, zur Anerkennung des Moskauer Großfürsten. 1494 schloß die Hanse ihr Kontor, Nowgorod verlor damit seine Stellung als Handelsmetropole Rußlands. 1485 mußte der Großfürst von Twer sein Land preisgeben, Iwan III. stellte die Tributzahlungen an die Goldene Horde ein und riskierte sogar den Krieg mit Litauen, der ihm 1503 mehrere westliche Grenzfürstentümer einbrachte. Damit hatte er die politische Vereinigung ganz Rußlands nahezu vollendet. Das Moskauer Reich wurde zur stärksten Macht in Osteuropa. Iwan stärkte die Zentralverwaltung, heiratete in zweiter Ehe die Palaiologin Zoë (russ. Sofja) und übernahm das byzantinische Hofzeremoniell sowie den Doppeladler (golden auf rotem Grund). Unter Iwans Sohn Wassilij III. (1505–1533) kamen die letzten russischen Fürstentümer unter die Herrschaft Moskaus. 1514 fiel auch Smolensk.

Iwan IV. (1533–1584) mit Beinamen Grosnyj (= der Gestrenge, später als ›der Schreckliche‹ gedeutet) stärkte durch Reformen in Verwaltung und Recht die Zentralgewalt. Er bekämpfte die Bojaren und machte den niederen Dienstadel zur staatstragenden Schicht. 1547 nahm er den Titel ›Zar‹ (= Kaiser) als gottgewollter Nachfolger der oströmischen und byzantinischen Kaiser an. Moskau wurde ›das dritte Rom‹ genannt (Konstantinopel, das Roma Nova Konstantins des Großen, galt als ›das zweite Rom‹).

Mit der Eroberung der tatarischen Khanate Kasan 1552 und Astrachan 1556 bezog Iwan das gesamte Wolgagebiet bis zum Kaspischen Meer in das Reich ein. 1558 griff er Livland an und verwickelte sich in einen 25jährigen, verlustreichen Krieg mit Polen und Schweden, der zu einem ruinösen Verfall der Wirtschaft und zur Isolation Moskaus von

Iwan IV. der Schreckliche (Aus Oderborns ›Wunderbare erschreckliche Geschichte des Großfürsten Joan Basilidis‹, 1588)

der Ostsee führte. In das machtpolitische Vakuum im nördlichen Asien stießen indes die Kosaken unter ihrem legendären Anführer Jermak Timofejewitsch im Auftrag des Handelshauses Stroganow vor und leiteten nach ihrem Sieg über Kutschum Khan im Jahr 1582 die Eroberung Sibiriens ein.

Iwans Sohn Fjodor I. (1584–1598) betraute seinen Schwager Boris Godunow mit der Führung der Staatsgeschäfte. Nach dem Tode Fjodors, des letzten Rurikiden, im Jahr 1598 wählte die Reichsversammlung Godunow zum Zaren. Als Emporkömmling war er ständigen Angriffen ausgesetzt. Mit Hilfe der Polen gab sich ein Russe, vermutlich der entlaufene Mönch Grigorij Otrepjew, als Dmitrij, der jüngste Sohn Iwans des Schrecklichen, aus, der im Alter von acht Jahren unter ungeklärten Umständen gestorben war. Nach Godunows Tod im Jahr 1605 hoben die Fürsten den ›falschen Dmitrij‹ auf den Zarenthron; ein knappes Jahr später wurde er bei einem Aufstand erschlagen, weil er die russische Hocharistokratie ignorierte, Reformen nach polnischem Vorbild einführte und eine Katholikin heiratete.

Chaotische Zustände prägten die folgenden Jahre. Der Hochadel setzte Wassilij IV. Schujskij (1606–1610) auf den Thron, aber ständige Unruhen und bewaffnete Aufstände erschütterten die Rus. Wieder schickten die Polen einen falschen Dmitrij nach Moskau. Wassilij rief die Schweden zu Hilfe. Daraufhin erschien auch ein polnisches Heer, das die Truppen des Zaren vernichtend schlug. Wassilij kam ins Kloster. Der polnische König Sigismund III. ließ sich zum neuen Zaren wählen, aber ein Volksaufstand vereitelte die Krönung. 1612 mußte sich die polnische Garnison im Moskauer Kreml ergeben.

1613 begründete Michail Fjodorowitsch als Kandidat des Dienstadels die Zarendynastie der **Romanows.** In Nowgorod standen die Schweden, die Westprovinzen hielten die

Polen besetzt. Die Verträge von 1617 bzw. 1618 sahen eine erhebliche Verkleinerung des Russischen Reiches vor. Michail mußte sich damit begnügen, neue Kräfte für das Moskauer Reich zu sammeln, die Sicherheit nach außen und die Zarengewalt im Innern zu stärken. Zar Aleksej (1645–1676) dehnte die russische Herrschaft in Sibirien bis nach China aus. 1649 verstärkte er die Bindung der russischen Bauern an die Scholle und festigte damit die Institution der Leibeigenschaft. 1667–1671 erschütterte der große Bauernaufstand des Kosakenführers Stepan (Stenka) Rasin den Südosten des Reiches. Fjodor III. (1676–1682) versuchte im ersten Türkenkrieg von 1677 bis 1681 vergeblich, den Osmanen die Krim zu entreißen und einen Zugang zum Schwarzen Meer zu erhalten.

Von Peter I. bis Katharina II.

Peter I. (1682–1725), später ›der Große‹ genannt, wurde als Neunjähriger gemeinsam mit seinem geistesschwachen Halbbruder Iwan V. zum Zar von Rußland ausgerufen. Mit Hilfe der Strelitzen riß seine ältere Halbschwester Sofja die Regierungsgewalt an sich. Die Strelitzen (russ. Strelzy = Schützen) waren um die Mitte des 16. Jh. von Iwan IV. dem Schrecklichen als ständige Truppe aufgestellt worden und hatten immer mehr Einfluß auf die russische Politik gewonnen. 1689 gelang es dem jungen Peter, die Staatsgeschäfte selber in die Hand zu nehmen. 1697 reiste er mit einer russischen Gesandtschaft inkognito in den Westen, um die militärtechnische, die wirtschaftliche, aber auch die kulturelle Entwicklung in den westeuropäischen Staaten kennenzulernen und Verbündete für einen Krieg gegen Schweden zu gewinnen. Er wollte dem Russischen Reich die gleiche Bedeutung wie den großen Staaten Europas verschaffen, das Reich daher aus seiner Isolation herausführen und ihm den Zugang zum Meer ermöglichen.

Nur Dänemark und Sachsen-Polen waren bereit, gegen die Schweden vorzugehen. Ein Aufstand der Strelitzen rief Peter 1698 nach Moskau zurück. Er ließ Hunderte ihrer Führer hinrichten und löste die Truppe auf. 1700 begann der Große Nordische Krieg (1700–1721). Karl XII. von Schweden schlug noch im selben Jahr die Russen bei Narwa, vertrieb die Sachsen aus Polen und erneuerte das polnische Königreich. Die Schweden stießen bis zur Ukraine vor, wo sie 1709 bei Poltawa dem russischen Heer unterlagen. 1710 eroberte Peter Riga und Reval. 1711 trat auch die Türkei in den Krieg ein und umzingelte am Pruth das russische Heer. Peter geriet in Gefangenschaft, kam aber zwei Tage darauf wieder frei, nachdem er Asow an die Osmanen abgetreten hatte. 1713/14 besetzten die Russen Finnland. Preußen und Hannover, die sich inzwischen dem Krieg angeschlossen hatten, verdrängten die Schweden aus Deutschland. 1718 fiel Karl XII. bei der Belagerung der norwegischen Festung Frederiksten. Im Frieden von Nystad (1721) mußte Schweden Livland, Estland, Ingermanland und Karelien an Rußland abtreten.

Peter hatte damit den Zugang zur Ostsee erreicht, das ›Fenster nach Europa‹ aufgestoßen. Fortan nannte er sich ›Allrußländischer Imperator‹. Eine schlagkräftige Flotte und ein stehendes Heer garantierten die neuen Grenzen. Schon 1703 begann er mitten in den

Peter I. der Große

Sümpfen der Newamündung mit dem Bau einer Stadt. Die deutschen Handwerker nannten sie St. Petersburg. 1712 erhob Peter der Große die Stadt zur neuen Zarenresidenz. Mit einschneidenden Reformen, die überwiegend auf Anregungen des deutschen Universalgelehrten Gottfried Wilhelm von Leibniz (1646–1716), mit dem er sich mehrmals in Deutschland traf, zurückgingen, festigte Peter das Reich: Gliederung Rußlands in Gouvernements, Einrichtung von Kollegien (Fachministerien). Er europäisierte Rußland und die Russen. Die Wirtschaft förderte er mit modernen Arbeitsverfahren. Er löste die Verbindung von Staat und Kirche und ersetzte den Patriarchen durch einen ›Heiligen dirigierenden Synod‹. 1725 stiftete er die Petersburger Akademie der Wissenschaften. Er verschärfte aber auch durch Einführung der Kopfsteuer (›Seelensteuer‹) die Lage der Leibeigenen.

Bei seinem Tod im Jahr 1725 hinterließ Peter der Große ein mächtiges Russisches Reich, aber keinen Thronerben, der sein Werk hätte fortsetzen können (sein Sohn Aleksej starb 1718 in der Folterkammer; er sollte wegen angeblichen Hochverrats hingerichtet werden). Peters Vertrauter Menschikow setzte daher die Zarenwitwe Katharina I. (1725–1727), die einstige litauische Bauernmagd Marta Skawronska, auf den Thron. Auf Katharina folgte Peter II. (1727–1730), der Sohn des Aleksej, danach Anna Iwanowna (1730–1740), Tochter von Peters geistesschwachem Bruder Iwan V., schließlich Iwan VI., ein Urenkel Iwans V., der nach 13 Monaten von Elisabeth, einer Tochter Peters des Großen, gestürzt wurde.

Elisabeth Petrowna (1741–1762) mischte sich selbstbewußt in die europäische Großmachtpolitik ein, sie unterstützte Maria Theresia im Österreichischen Erbfolgekrieg und trat im Siebenjährigen Krieg als Verbündete Österreichs und Frankreichs auf. Elisabeth förderte die Wissenschaften und die Künste (1755: Universität Moskau, 1757: Akademie der Schönen Künste in St. Petersburg).
Bereits 1742 rief die Zarin den 14jährigen Herzog von Holstein-Gottorp, Karl Peter Ulrich, einen Enkel Peters des Großen, als Thronfolger nach Rußland und verheiratete ihn 1745 mit Sophie Friederike Auguste von Anhalt-Zerbst.

Als Elisabeth 1762 starb, folgte ihr der Herzog als Peter III. auf dem Thron. Seine Frau Sophie betrieb schon nach wenigen Monaten den Sturz des Zaren und billigte auch seine Ermordung. Als **Katharina II.** (1762–1796) wurde die

Elisabeth Petrowna (links) und Katharina II. die Große (rechts)

deutsche Prinzessin zur Zarin ausgerufen. Katharina siedelte deutsche Bauern an der Wolga an, schlug 1774 den größten Bauern- und Kosakenaufstand, den Rußland je erlebt hatte, nieder und erzwang in zwei Türkenkriegen (1768–1774 und 1787–1792) den Zugang zum Schwarzen Meer. 1770 war die russische Ostseeflotte um ganz Europa herumgesegelt und hatte die türkische Armada bei Çeşme (unweit Smyrna, heute Izmir) zerschlagen. 1783 besetzten die Russen die Krim. 1795 gliederte Katharina das bis dahin polnische Herzogtum Kurland in das Russische Reich ein.

Katharina die Große war eine hochgebildete Herrscherin, eine Herrscherin des aufgeklärten Absolutismus. Sie korrespondierte mit Voltaire und Diderot und legte den Grundstein zu einer der bedeutendsten Gemäldesammlungen der Welt. Die Fama dichtete ihr zahlreiche Liebhaber an, darunter ihren politischen Ratgeber Fürst Potemkin (russ. Potjomkin), der die Krim erobert und den zweiten Türkenkrieg zum Erfolg geführt hatte. Die Leibeigenschaft erreichte unter Katharina ihre krasseste Ausprägung: Die Bauern konnten von ihren Gutsherren wie Vieh verkauft oder nach Sibirien verbannt werden.

Krisen und Zusammenbruch des Zarenreichs

Auf Katharina II. folgte ihr Sohn Paul I. (1796–1801), dessen jähzornige Entscheidungen zu einer Verschwörung des Adels und zu seiner Ermordung führten. – Sein Sohn **Alexander I.** (1801–1825) erkannte die von Frankreich ausgehende Bedrohung zu spät. 1805 besiegte Napoleon I. in der Dreikaiserschlacht von Austerlitz die russischen und österreichischen Truppen; 1806 war auch Preußen unterworfen. 1807 schlossen Alexander und Napoleon das Bündnis von Tilsit, das die Voraussetzungen zum Gewinn ganz Finnlands im Schwedenkrieg (1808/09) und zur Annexion Bessarabiens im Türkenkrieg (1805–1812) schuf. Rußlands Widerstand gegen Frankreichs Kontinentalsperre führte 1812 zum Bruch zwischen den beiden Staaten. Napoleon marschierte mit seiner ›Grande Armée‹ nach Moskau. Am Tag nach seinem Einzug stand die Stadt in Flammen. Mehr als drei Viertel der Holzbauten wurden zerstört. Da Alexander I. Friedensverhandlungen ablehnte, trat Napoleon den Rückzug an. Beim Übergang über die Beresina wurde die durch Kälte, Hunger und Überfälle geschwächte ›Große Armee‹ vollständig aufgerieben. Alexander verbündete sich mit Preußen und Österreich. Die Völkerschlacht bei Leipzig (16.–19. Oktober 1813) entschied den ›Vaterländischen Krieg‹. Der Wiener Kongreß (September 1814 – Juni 1815) feierte Rußland als den ›Retter Europas‹. – Alexander regte die Bildung der ›Heiligen Allianz‹ an, deren Ziel die Erhaltung von Religion, Frieden und Gerechtigkeit in Europa sein sollte.

Nikolaj (Nikolaus) I. (1825–1855) folgte seinem Bruder Alexander auf dem Kaiserthron. Unmittelbar nach seiner Krönung mußte er den Dekabristenaufstand niederschlagen, eine Erhebung liberaler Offiziere und Beamter, die sich in Geheimgesellschaften zusammengefunden hatten und eine Verfassung, zum Teil sogar eine Republik anstrebten.

Nikolaj I. mit seinem Bruder Konstantin (links) und seinem Sohn Alexander, dem späteren Zaren Alexander II.

Die Rädelsführer wurden hingerichtet, die anderen Verschwörer nach Sibirien verbannt. Nikolaj führte erfolgreiche Feldzüge gegen Persien (1826–1828) und die Türkei (1828/29). 1830/31 schlug er den Aufstand im Königreich Polen nieder, das ihm seit dem Wiener Kongreß (1814/15) in Personalunion zugeordnet war. Einen erheblichen Rückschlag in der Europapolitik Rußlands brachte der Krimkrieg (1853–1856), in dem sich Nikolaj den Großmächten Frankreich, Großbritannien und Türkei gegenübersah und auch Österreich als Bundesgenossen verlor. Dieser Krieg gipfelte in der elfmonatigen, heldenhaften, aber vergeblichen Verteidigung des Flottenstützpunkts Sewastopol (1854/55).

Nikolajs Sohn **Alexander II.** (1855–1881) hob 1861 angesichts der Gefahr neuer Bauernunruhen die Leibeigenschaft auf. Aber die hohen Ablösungsschulden für das ihnen zugeteilte Land brachten die 47 Millionen ›befreiten‹ Bauern in eine wirtschaftliche Notlage, die ihre Abhängigkeit von den Grundherren kaum verminderte. Außerdem verhinderte der ›Mir‹, die Dorfgemeinschaft, die für die zu entrichtenden Steuern haftete, jegliche Freizügigkeit der Bauern.

Alexander reformierte das Rechtswesen und die Verwaltung und führte 1874 die allgemeine Wehrpflicht ein. Die Ideen der französischen Februarrevolution von 1848 trafen auch in Rußland auf fruchtbaren Boden. Sie führten zur Bildung zahlreicher intellektueller Geheimzirkel, zu verschärfter Zensur, zu freiwilliger oder erzwungener Emigration, zu Verbannungen. 1848 hatte der deutsche Philosoph Karl Marx mit Friedrich Engels in Brüssel das ›Kommunistische Manifest‹ veröffentlicht. Aber in Rußland gab es weit mehr Bauern als Fabrikarbeiter, so daß die neuen Ideen fast ausschließlich bei der studentischen Jugend Widerhall fanden. Seit 1877 häuften sich Attentate auf hohe Beamte und Gutsherren und gipfelten 1881 in dem Bombenanschlag auf den Zaren.

Sein Sohn Alexander III. (1881–1894) schloß 1887 mit dem Deutschen Reich den vom Reichskanzler Otto von Bismarck initiierten ›Rückversicherungsvertrag‹, einen Geheimvertrag, der beide Mächte zur Neutralität im Kriegsfall verpflichtete. Als Bismarck 1890 von Kaiser Wilhelm II. entlassen wurde, lehnte sein Nachfolger Leo von Caprivi die Erneuerung des Vertrages ab, woraufhin Rußland 1892 ein Bündnis mit Frankreich einging.

1894 bestieg **Nikolaj II.**, der Sohn Alexanders III., als letzter Zar und Kaiser von Rußland den Thron. In seiner Regierungszeit formierten sich die Kräfte, die die Beseitigung der Monarchie und die Herrschaft des Arbeiter- und Bauernstandes anstrebten. 1898 wurde in Minsk die ›Sozialdemokratische Arbeiterpartei Rußlands‹, die spätere ›Kommunistische Partei der Sowjetunion‹ (KPdSU), gegründet. Die russische Wirtschaftsexpansion in der Mandschurei und in Korea löste den Russisch-Japanischen Krieg aus (1904–1905), durch den Japan die Vorherrschaft im Fernen Osten gewann.

Als am 22. Januar 1905 von einem Popen angeführte, friedlich demonstrierende Arbeiter vor dem Petersburger Winterpalais zusammengeschossen wurden (›Blutsonntag‹), brachen allgemeine Unruhen aus. Am 26. Oktober 1905 trat in St. Petersburg erstmals ein Rat (Sowjet) von Arbeiterdeputierten zusammen; auch in Moskau und anderen Industriestädten Rußlands bildeten sich Arbeiterräte. In seinem ›Oktobermanifest‹ gewährte Nikolaj dem russischen Volk einige Grundrechte und gestattete die Einrichtung einer ›Duma‹ (Volksvertretung). Die von den **Bolschewiki,** den radikalen Sozialdemokraten, fortgesetzten Unruhen wurden vom Militär niedergeschlagen. Mit dem ›Reichsrat‹, dessen Mitglieder der Zar ernannte, schuf sich Nikolaj ein Instrument, die Tätigkeit der Duma nach Belieben zu blockieren. Außerdem löste er die allzu oppositionelle 1. und 2. Duma (1906 und 1907) auf und änderte das Wahlrecht zu seinen Gunsten. Diese Regierungsform wurde zu Recht als ›Scheinkonstitutionalismus‹ bezeichnet.

Im Ersten Weltkrieg zwangen die Deutschen nach der Schlacht bei Tannenberg (1914) die Russen in die Defensive. Trotz verzweifelter Gegenwehr schoben sie die Frontlinie allmählich nach Osten. Auf deutsche Friedensangebote ging der Zar jedoch nicht ein. Am 8. März 1917 (alte Zeitrechnung: 23. Februar) brachen in Rußland Aufstände der Arbeiter und Soldaten aus (Februarrevolution). Wenige Tage später, am 15. März 1917, dankte Nikolaj II. ab.

Der Sowjetstaat und seine Auflösung

Im April 1917 reiste **Wladimir Iljitsch Lenin** (1870–1924) mit offizieller deutscher Hilfe aus seinem Schweizer Exil über Finnland nach Petrograd (so hieß St. Petersburg seit 1914). Lenin, eigentlich Uljanow, war nach der Hinrichtung seines Bruders Aleksandr wegen Vorbereitung eines Attentats auf Alexander II. (1887) mit revolutionären Kreisen in Berührung gekommen. Er studierte Jura und wurde Anwalt in St. Petersburg. Wegen politischer Agitation wurde er 1897–1900 nach Sibirien verbannt und ging danach in die Emigration. Hier entwickelte er nach den Lehren von Marx und Engels die theoretischen Grundlagen seines revolutionären Programms. Dieses konnte nach seiner Ansicht nur eine straff organisierte Kaderpartei durchsetzen, nicht eine Massenpartei. Der 2. Parteitag der Sozialdemokratischen Arbeiterpartei Rußlands pflichtete ihm 1903 bei. Danach teilte sich die Partei in die gemäßigten Menschewiki (Minderheitler) und die radikaleren Bolschewiki (Mehrheitler). 1917 übernahm Lenin in Petrograd die Führung der Partei und veröffentlichte seine berühmten Aprilthesen: »Alle Macht den Sowjets«, »Frieden um jeden Preis«, »Alles Land den Bauern«.

Im Juli 1917 befahl die Provisorische Regierung unter Fürst Lwow noch einmal eine Großoffensive gegen die Mittelmächte, die zum militärischen Zusammenbruch Rußlands führte. Ein Putschversuch der Bolschewiki mißlang, Lenin mußte nach Finnland fliehen. Noch im Juli wurde Kerenskij Ministerpräsident. Am 7. November 1917 (alte Zeitrechnung: 25. Oktober, daher ›**Oktoberrevolution**‹) rissen die Bolschewiki unter Lenins Führung die Macht an sich. Lenin übernahm an der Spitze eines vom Sowjetkongreß bestätigten ›Rates der Volkskommissare‹ die Regierungsgewalt. Der gesamte Grund und Boden wurde per Dekret zugunsten der Bauern enteignet, die Banken wurden verstaatlicht, Kirche und Staat getrennt. Noch im Dezember schloß die neue Regierung mit Deutschland und Österreich-Ungarn einen Waffenstillstand, dem im März 1918 die Unterzeichnung des Friedensvertrags folgte. Danach erhielten Finnland, Polen, Estland, Livland, Litauen, die Ukraine, Georgien, Armenien und Aserbaidschan die vollständige Souveränität.

Der 3. Allrussische Rätekongreß rief im Januar 1918 die Russische Sozialistische Föderative Sowjetrepublik (RSFSR) aus und forderte die anderen Nationalitäten des früheren Russischen Reiches auf, eigene Räterepubliken zu bilden und sich mit der RSFSR föderativ zu verbinden. Im März verlegte die Regierung ihren Sitz nach Moskau. Zwischen 1918 und 1921 tobte ein erbitterter **Bürgerkrieg** zwischen der ›Roten Armee‹ und den ›Weißen‹, in den sich auch die Großmächte Großbritannien, Frankreich, USA und Japan auf der Seite der ›Weißen‹ einschalteten. Am 16. Juli 1918 wurde in Jekaterinburg Nikolaj II. mit seiner Familie erschossen. 1920 und 1921 schlossen sich die Ukraine und die drei transkaukasischen Staaten an Rußland an. Am 30. Dezember 1922 wurde die **Union der Sozialistischen Sowjetrepubliken** (UdSSR), kurz Sowjetunion genannt, gegründet.

1924 starb Lenin. Bis 1925 erkannten 22 Staaten die UdSSR an. Lenins Nachfolger **Josif Stalin** (eigentl. Dschugaschwili; 1879–1953) festigte die Stellung der Partei, förderte die Industrialisierung und kollektivierte die Landwirtschaft. Die Verfassung von 1936 bestätigte den Führungsanspruch der KPdSU. Bis 1933 war Deutschland der wichtigste außenpolitische Partner der Sowjetunion. 1934 trat die UdSSR in den Völkerbund ein. 1935 schloß sie Beistandspakte mit Frankreich und der Tschechoslowakei. 1939 verbündete sich Stalin mit dem Deutschen Reich und besetzte nach dem Überfall Hitlers auf Polen ostpolnisches Territorium. 1940 fielen Teile Finnlands, ganz Bessarabien, die nördliche Bukowina sowie die baltischen Staaten an die Sowjetunion.

Am 22. Juni 1941 griffen Deutschland und seine Verbündeten (Italien, Rumänien, Ungarn und Finnland) die UdSSR an. Für diese begann der ›Große Vaterländische Krieg‹. In gewaltigen Kesselschlachten erhofften sich Hitler und der deutsche Generalstab einen schnellen Abschluß des Feldzugs. Anfang September 1941 war Leningrad eingeschlossen. Ende November kam der deutsche Angriff vor Moskau zum Stillstand. Die Sommeroffensive 1942 führte die deutschen Truppen bis zur Wolga (Stalingrad, heute Wolgograd) und zum Kaukasus. Im November 1942 schloß eine sowjetische Gegenoffensive den Ring um Stalingrad; Ende Januar 1943 mußte sich die dort eingekesselte Armee ergeben. Seitdem ging die Initiative auf die sowjetische Seite über. Der Rückzug der deutschen Truppen begann (›verbrannte Erde‹). Am 2. Mai 1945 kapitulierte der Stadtkommandant von Berlin. Am 9. Mai 1945 unterzeichnete Generalfeldmarschall Keitel im sowjetischen Hauptquartier in Berlin-Karlshorst die bedingungslose Kapitulation.

In den Jahren nach dem Zweiten Weltkrieg wurden die zerstörten Städte der UdSSR wiederaufgebaut. Seit 1947 bilden die Supermächte Sowjetunion und USA die beiden Pole der Weltpolitik. Nach Stalins Tod im Jahr 1953 trat eine kollektive Führung an seine Stelle (Berija, Chruschtschow, Malenkow). Schon nach wenigen Monaten wurde Berija als Verräter aller Ämter enthoben und hingerichtet; 1955 trat auch Malenkow zurück. 1956 leitete Nikita Chruschtschow die ›**Entstalinisierung**‹, die Abkehr von den Herrschaftsmethoden Stalins, ein. Insgesamt prägte Chruschtschow eine Politik der friedlichen Koexistenz. 1964 wurde er vom Zentralkomitee (ZK) aller Ämter enthoben. Seine Nachfolger Leonid Breschnew (1964–1982), Jurij Andropow (1982–1984) und Konstantin Tschernenko (1984–1985) vertieften die Entspannungspolitik gegenüber dem Westen, ohne jedoch die sowjetischen Einflußsphären preiszugeben.

1985 wurde **Michail Gorbatschow** Generalsekretär der KPdSU. Er leitete 1987 eine »radikale Reform der Wirtschaftsleitung« mit tiefgreifenden Veränderungen der sowjetischen Gesellschaft ein (Perestrojka = Umgestaltung), ohne die Idee des Kommunismus und den Zusammenhalt der Union preiszugeben. Im selben Jahr beendete er das für die UdSSR nicht mehr finanzierbare Wettrüsten mit den USA und stieg aus dem Rennen um die einflußreichste Macht der Welt aus. Im März 1990 wählte ihn der Volksdeputiertenkongreß, in dem seit der letzten Deputiertenwahl im Frühjahr 1989 nach wie vor orthodoxe Kommunisten die Mehrheit hatten, wiederum zum Präsidenten der UdSSR und erteilten ihm weitgehende exekutive Vollmachten. Auf demselben Kongreß kündigte Gorbatschow den Übergang zur »kontrollierten Marktwirtschaft« an. Im Dezember 1990 erhielt Gorbatschow für seine internationalen Friedensbemühungen den Nobelpreis.

Gorbatschows einschneidende Reformen führten jedoch in eine unionsweite Wirtschaftskrise, die am 19. August 1991 den Moskauer Putsch auslöste. Gorbatschow wurde auf der Krim unter Arrest gestellt, die Regierungsgewalt übernahm ein »Notstandskomitee« unter Führung des bisherigen Vizepräsidenten Gennadij Janajew. **Boris Jelzin**, frei gewählter Präsident der Russischen Sowjetrepublik, nutzte die Gunst der Stunde, ließ Panzer der ihm gegenüber loyalen Tamansskaja-Division vor seinen Regierungssitz, das ›Weiße Haus‹, fahren, erklärte die Machtübernahme durch das Notstandskomitee für verfassungswidrig und rief zum Generalstreik auf. Bis zum Abend hatten sich 5000 Menschen vor dem ›Weißen Haus‹ versammelt, die Jelzin zujubelten. Das Komitee wagte nicht, Truppen einzusetzen; sogar eine Antiterroreinheit des KGB weigerte sich, das ›Weiße Haus‹ zu stürmen. Am 21. August gaben die Putschisten auf. Jelzin, der Held des Widerstandes, ließ sie verhaften und holte Gorbatschow aus dem Arrest zurück, forderte aber zugleich seinen Rücktritt.

Schon unmittelbar nach seinem Amtsantritt hatte Jelzin den Austritt Rußlands aus der Sowjetunion erklärt und die weiß-blau-rote Trikolore des Zarenreichs wieder zur russischen Staatsflagge bestimmt. Jelzin verbot die Kommunistische Partei, verstaatlichte deren Vermögen und unterstellte sich die Ministerien der Sowjetunion. Damit war Gorbatschow faktisch entmachtet und trat am 25. August 1991 als Chef der KPdSU zurück. Am 8. Dezember schlossen die Präsidenten von Rußland, der Ukraine und Weißrußland bei Brest ein Abkommen über die Bildung einer ›**Gemeinschaft Unabhängiger Staaten**‹ (GUS; russisch: ›Sodruschestwo Nesawissimych Gossudarstw‹ = SNG). Minsk, die

Im Anschluß an die Militärparade zur Feier des Jahrestages der Oktoberrevolution im Jahr 1990 zogen Tausende von Menschen auf die Straße, um für die Demokratisierung zu demonstrieren

Hauptstadt Weißrußlands, wurde Sitz der GUS, deren Aufgabe die wirtschaftliche und außenpolitische Zusammenarbeit bei Erhalt weitgehender Souveränität der Mitglieder ist. Bis Ende des Jahres traten acht weitere Sowjetrepubliken der GUS bei, 1993 auch Georgien. Am 17. Dezember vereinbarte Jelzin mit Gorbatschow die **Auflösung der Sowjetunion** zum Jahresende 1991.

Die folgende Zeit war in Rußland von Machtkämpfen zwischen Präsident und Parlament bestimmt. Am 21. September 1993 löste Jelzin das nationalkommunistisch dominierte Parlament, das gleichzeitige Neuwahlen der Abgeordneten und des Präsidenten im Dezember forderte, kurzerhand auf. Daraufhin wählte das Parlament Aleksandr Ruzkoj, Generalmajor und hoch dekorierter Fliegeroffizier des Afghanistankrieges, zum Gegenpräsidenten. Zusammen mit dem Parlamentspräsidenten Ruslan Chasbulatow löste die nationalkommunistische Mehrheit des Parlaments am 3. Oktober 1993 den sogenannten Oktoberputsch gegen Jelzin aus. Die Putschisten verschanzten sich im ›Weißen Haus‹, besetzten das benachbarte Rathaus und das Fernsehzentrum Ostankino. Drei Elite-Divisionen schlugen den Putsch noch am selben Tage mit Waffengewalt nieder (186 Tote und 437 Verwundete). Jelzin hatte auch diesmal mit Hilfe des Militärs gesiegt.

Die russischen Parlamentswahlen von 1995 brachten einen deutlichen Sieg der Kommunisten (KPRF) unter Gennadij Sjuganow (21,8 % der Stimmen), gefolgt von den Liberaldemokraten (LDPR) unter Wladimir Schirinowskij (11,1 %), ›Unserem Haus Rußland‹ unter Tschernomyrdin (9,7%) und dem Wahlblock ›Jabloko‹ unter Jawlinskij (8,4 %). Die übrigen Parteien scheiterten an der Fünf-Prozent-Hürde. Die russische Verfassung gesteht dem Parlament (›Duma‹) jedoch nur einen geringen Einfluß zu. Alle Macht liegt fast ausschließlich beim Präsidenten. 1996 gewann Boris Jelzin die Wiederwahl zum Präsidenten, zum Staatsoberhaupt der Russischen Föderation.

Im Februar 1995 besuchte Bundeskanzler Helmut Kohl Moskau und St. Petersburg. Im November desselben Jahres kam der Patriarch von Moskau und ganz Rußland, Aleksej II., nach Deutschland, wo er mit Kirchenvertretern, Bundespräsident Herzog und Bundeskanzler Kohl zusammentraf.

Moskau

Moskau (russ. Moskwa) ist die Hauptstadt Rußlands, amtlich der ›Rußländischen Föderation‹, und liegt im Zentrum der sogenannten Osteuropäischen Ebene. Von der russischen Westgrenze ist es etwa 500 km und vom äußersten Punkt im Osten des Landes fast 12 000 km entfernt. Wie Rom und Konstantinopel soll auch Moskau, einst das ›dritte Rom‹ genannt, auf sieben Hügeln stehen, doch die meisten dieser leichten, terrassenförmigen Erhebungen zu beiden Seiten des Moskwa-Flusses sind kaum wahrnehmbar.

Das Stadtgebiet von Moskau mißt heute von Norden nach Süden 42 km, von Westen nach Osten 35 km. Etwa 120 kleine und kleinste Flüsse strömen innerhalb der Stadt der Moskwa zu, nach der Moskau seinen Namen hat. Bis auf 14 wurden sie inzwischen alle in unterirdische Rohrsysteme verlegt. Die Moskwa durchzieht das Stadtgebiet in weiten Schleifen von fast 80 km Länge. Für die Schiffbarkeit des Flusses sorgt seit 1937 der 126 km lange Wolga-Moskwa-Kanal. Acht Pumpstationen heben das Wolgawasser über 48 m hohe Hänge; in mehreren Stauseen, die vor allem der Trink- und Brauchwasserversorgung Moskaus dienen, wird das Wasser gespeichert.

Der Kristallisationspunkt Moskaus war der Kreml. Um ihn herum entstanden im Laufe der Jahrhunderte ausgedehnte Wohnviertel, deren konzentrische Befestigungen heute die Boulevardringe andeuten. Vom Kreml aus strahlen breite Prospekte (Hauptverkehrsadern) bis zum 109 km langen Autobahnring, der die Stadtgrenze bildet. Hier gehen die Prospekte in 13 Fernstraßen über, die nach St. Petersburg, Archangelsk, Nischnij Nowgorod, Charkow, Minsk usw. führen.

Moskau bedeckt eine Fläche von 878,7 km^2, auf der über 9 Millionen Menschen leben. Rund 90 % davon sind Russen. Ein Drittel des Stadtgebietes sind Grünflächen: an die 100 Parks und über 800 gepflegte Anlagen, bereichert durch etwa 500 Teiche; auf jeden Moskauer kommt doppelt soviel Grün wie auf jeden Wiener und viermal mehr als in Paris. Ein 18 000 ha großer Wald- und Wiesengürtel jenseits des Autobahnrings dient zusätzlich als Naherholungsgebiet.

Das Verkehrsnetz von Moskau erreicht inzwischen fast 6000 km mit Autobus-, Trolleybus-, Straßenbahn- und U-Bahn-Linien. Moskau ist der größte Eisenbahnknotenpunkt Rußlands. In neun Bahnhöfen beginnen und enden die Strecken nach Astrachan, Baku, Charkow, Kiew, Odessa – Minsk, St. Petersburg, Archangelsk, Jekaterinburg und Wladiwostok (Transsibirische Eisenbahn). Auf den vier Moskauer Flughäfen Wnukowo, Domodedowo, Scheremetjewo und Bykowo starten täglich rund 1000 Flugzeuge nach 210 Städten der GUS und 83 Städten in 70 Ländern der Welt.

Der Volksbildung dienen über 1000 Grund-, Fach- und Berufsschulen; an den 76 Moskauer Hochschulen sind 635 000 Studenten eingeschrieben, darunter 12 000 Ausländer aus 130 Ländern. 20 Millionen Menschen besuchen jährlich die Moskauer Museen, 12 Millionen die 28 Theater. Dazu kommen ungezählte Konzertveranstaltungen, Kunstausstellungen, Vortragsabende, Zirkusvorstellungen und Kinoveranstaltungen. Das Frühjahrsfestival ›Moskauer Sterne‹ (5.–15. Mai) und das Winterfestival ›Russischer Winter‹ (25. Dezember – 5. Januar) bieten Opern-, Ballett- und Theateraufführungen von hohem Niveau.

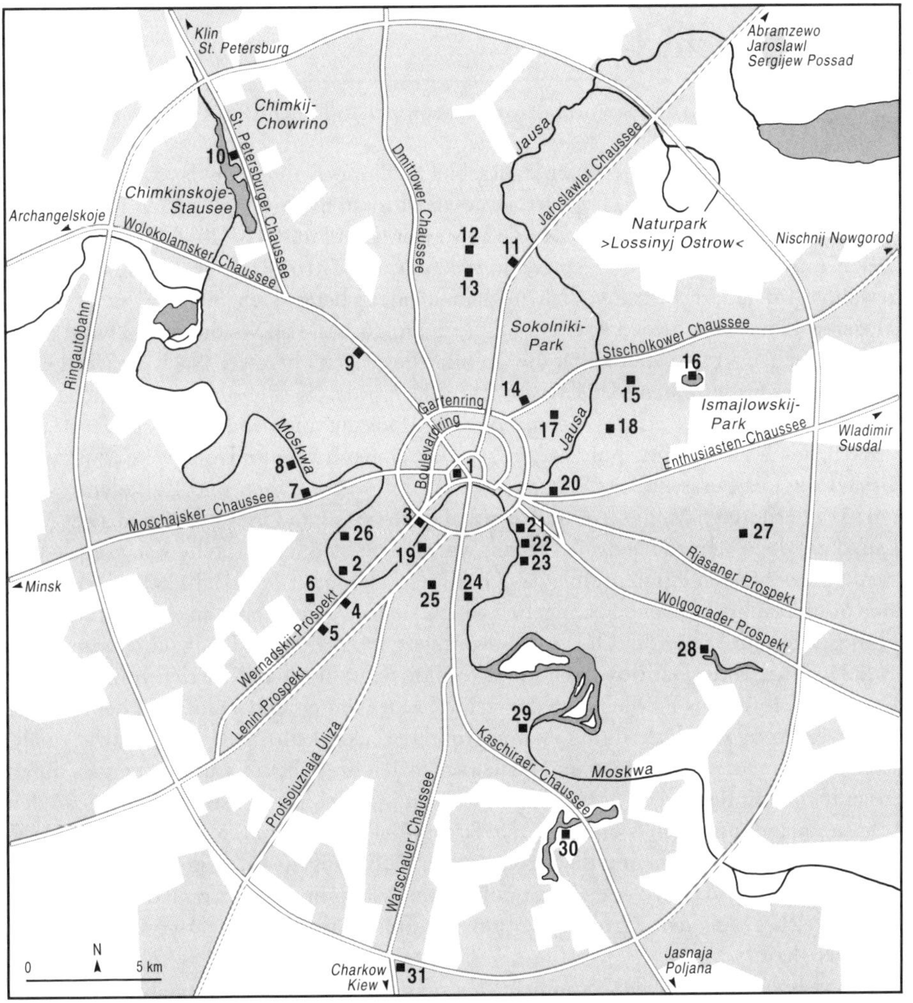

Moskau und Umgebung *1 Kreml 2 Luschniki-Sportkomplex 3 St.-Nikolaus-Kirche der Weber 4 Moskauer Stadtpalast der Jugend 5 Moskauer Zirkus 6 Lomonossow-Universität 7 Panoramamuseum ›Die Schlacht von Borodino‹ 8 Mariä-Schutz-Kirche in Fili 9 Belorussischer Bahnhof 10 Nördlicher Hafen 11 Volkswirtschaftsausstellung (WDNCh) 12 Landsitz Ostankino 13 Fernsehturm Ostankino 14 Petersburger, Jaroslawler und Kasaner Bahnhof 15 Preobraschenskoje-Friedhof 16 Ismajlowskij-Teich 17 Epiphanias-Patriarchal-Kirche 18 Wwedenskoje-Friedhof (Ausländerfriedhof) 19 Gorkij-Park 20 Andronikow-Kloster 21 Neues Erlöserkloster 22 Krutizkij-Hof 23 Simonow-Kloster 24 Danilow-Kloster 25 Donskoj-Kloster 26 Neues Jungfrauen-Kloster 27 Kuskowo 28 Kusminki 29 Kolomenskoje 30 Zarizyno 31 Hotel/Camping ›Solnetschnyj‹*

Stadtgeschichte

Archäologen fanden auf Moskauer Stadtgebiet Siedlungen, die bis in das 3. vorchristliche Jahrtausend zurückreichen. Der Ort, aus dem Moskau hervorging, entstand jedoch erst gegen Ende des 11. Jh. an der Stelle, wo heute der Kreml und das Hotel ›Rossija‹ stehen. Der Name ›Moskau‹ wurde erstmals in der **Ipatjew-Chronik** (Hypatios-Handschrift) erwähnt: Im Jahr 1147 trafen sich in dem kleinen, befestigten Sitz am Steilufer des Moskwa-Flusses die beiden Brüder Fürst Jurij Dolgorukij von Wladimir und Fürst Swjatoslaw von Tschernigow, um über die Zukunft der Rus zu beraten. Nach dem Tod ihres Bruders, des Großfürsten Mstislaw, im Jahr 1132 war das Kiewer Reich zusammengebrochen. 1147 wird daher als das Geburtsjahr von Moskau angesehen, obwohl der Marktflecken gewiß schon Jahrzehnte vorher bestand. 1156 umgab Jurij Dolgorukij Moskau als Grenzfeste des Fürstentums Wladimir-Susdal mit Wall, Graben und Palisaden.

1237 überfluteten Mongolen- und Tatarenhorden das Land und zerstörten auch Moskau, das jedoch schnell wieder aufgebaut wurde. Die Stadt entwickelte sich zum Mittelpunkt eines kleinen Fürstentums, das Großfürst Aleksandr Newskij 1263 seinem jüngsten Sohn Daniil übereignete. Umgeben von riesigen Wäldern, aber an einem schiffbaren Fluß gelegen, der über die Oka zur Wolga fließt, wuchs die Stadt unaufhaltsam.

1325 wurde **Iwan Danilowitsch** Fürst von Moskau. Er erhandelte sich vom Khan der Goldenen Horde das Privileg, von den zahlreichen Fürsten und Teilfürsten der Rus den Tribut einzutreiben. Dabei ging er mit größter Rücksichtslosigkeit vor, brachte mehr Geld zusammen, als nötig war, und behielt einen Teil für sich, um sein Fürstentum durch Ankauf von Ländereien zu erweitern. Iwan Kalita (= Geldsack) – so schimpfte man den geld- und landhungrigen Mann, den der Tatarenkhan 1328 zum Großfürsten von Wladimir ernannte – verdreifachte die Größe seiner Besitzungen. Er residierte weiterhin in Moskau und zog 1326 auch den Metropoliten aus Wladimir an den Kreml der Hauptstadt seines Reiches. Aus dem Großfürstentum Wladimir wurde das mächtige **Großfürstentum Moskau.**

Iwans Söhne setzten das ›Sammeln der russischen Erde‹ fort. Sein Enkel **Dmitrij Donskoj** (1359–1389) sicherte Moskau mit seinen inzwischen 14 000 Häusern durch einen Palisadenwall und ersetzte die morschen Holzkonstruktionen der Kremlbefestigung durch eine mächtige Kalksteinmauer mit Türmen und Toren. 1368 und 1370 erschienen die Litauer in Moskau, schafften es aber nicht, den neubefestigten Kreml zu bezwingen. 1378 und vor allem 1380 am Don schlug Dmitrij die Heere der Goldenen Horde. »Moskau, ruhmreiche Stadt«, sang der Mönch Sofonij von Rjasan in seinem Heldenlied. Die Tataren kamen zwar zwei Jahre später zurück, um ihre Niederlage zu rächen. Sie belagerten Moskau, lockten den Stadtkommandanten zu Friedensgesprächen in ihr Lager und erschlugen ihn und sein Gefolge. Dann verwüsteten sie die Stadt und töteten 24 000

Einwohner. Dennoch war die ganze Rus nach rund 150jähriger Tatarenherrschaft von Dmitrijs Siegen tief beeindruckt.

Dmitrijs Nachfolger Wassilij I. (1389–1425) zahlte den Tribut an die Goldene Horde nur noch gelegentlich und gewährte bedrohten Fürsten in Moskaus Mauern Asyl. 1407 erschienen die Tataren erneut, eroberten die Stadt, plünderten und mordeten. Und wieder erstand Moskau verjüngt aus Schutt und Asche. Handel und Gewerbe blühten, die Bevölkerung litt keine Not: »An Brot und Fleisch ist solcher Überfluß«, schrieb der venezianische Kaufmann Barbaro, »daß Rindfleisch nicht nach Gewicht, sondern nach Augenmaß verkauft wird.«

Iwan III. (1462–1505) nannte sich bereits ›Herrscher über ganz Rußland‹. Er heiratete Zoë, eine Nichte des letzten byzantinischen Kaisers. Moskau wurde eine Weltstadt, in der sich byzantinische Adlige, griechische Gelehrte und italienische Baumeister und Künstler trafen. Zwischen 1475 und 1508 entstanden die Mariä-Himmelfahrts-Kathedrale, die Verkündigungs-Kathedrale und die Erzengel-Kathedrale im Kreml. Der hölzerne Großfürstenpalast wurde durch den Facettenpalast ersetzt. Hinzu trat der Glockenturm, nach Iwan III. dem Großen benannt. »Über Moskau geht nur der Kreml, und über dem Kreml ist nur noch Gott«, sagten die Moskauer stolz.

Moskauer Stadtplan von 1549

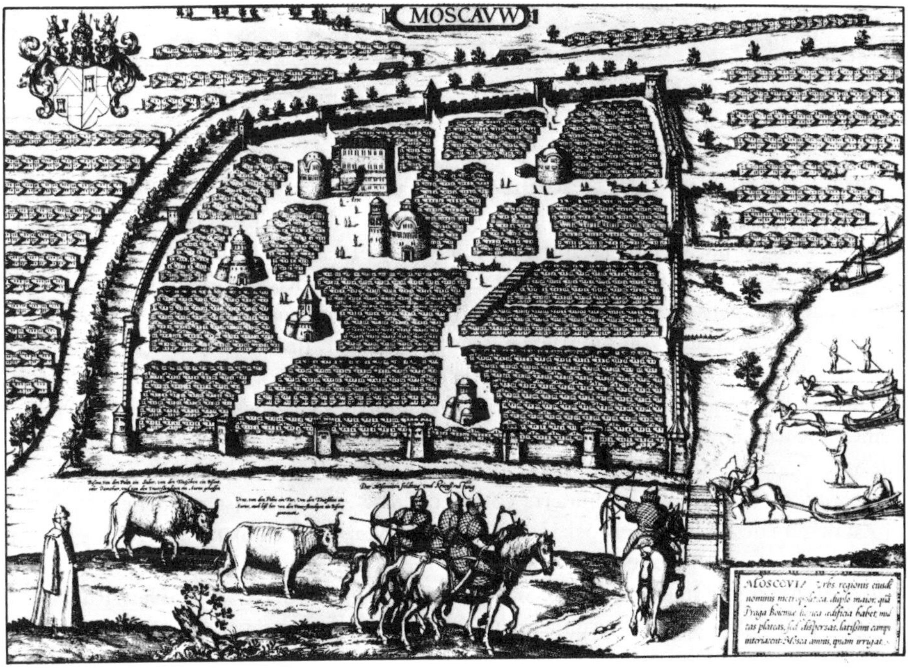

Hinrichtungen vor der Kremlmauer, 1656

Im 16. Jh. erhielt auch das Geschäftszentrum an der Kremlmauer, der Welikij Possad, eine Umwallung und nannte sich fortan Kitajgorod (= Umwallte Stadt). Ende des Jahrhunderts wurde die Wohnstadt Moskaus, Belygorod (= Weiße Stadt), mit einer turmbewehrten Ziegelsteinmauer umgürtet. Schließlich umgab noch ein 15 km langer Erdwall mit Eichenholzpalisaden Moskaus Außenstadt, den Semljannojgorod (= Erdstadt).

1610 wurde Moskau von polnischen Truppen erobert, doch schon zwei Jahre später von dem Fürsten Dmitrij Poscharskij und dem Stadtältesten Kosma Minin wieder befreit. Nach dem Wiederaufbau der zerstörten Stadtteile zeigte sich Moskau schöner denn je mit seinen »schlanken, golden funkelnden Kirchenkuppeln«. Um die Mitte des 17. Jh. zählte die Stadt bereits 27 000 Häuser, was einer Einwohnerzahl von rund 200 000 entsprach. In der zweiten Hälfte des Jahrhunderts entstanden die ersten russischen Schulen.

Zu Beginn des 18. Jh. war Moskau die größte Handelsstadt Rußlands. 1712 verlegte Zar Peter der Große die Hauptstadt des Russischen Reiches nach St. Petersburg. Doch Moskau blieb Krönungsstadt der Zaren, Sitz vieler Zentralbehörden und als ›Herz Rußlands‹ die heimliche Kapitale. 1755 gründete die Zarin Elisabeth Petrowna in Moskau die erste russische Universität.

1812 marschierte **Napoleon I.** mit seiner ›Grande Armée‹ nicht zur Hauptstadt St. Petersburg, sondern nach Moskau, um ›Rußlands Herz‹ zu treffen. Am 14. September rückte er in die fast menschenleere Stadt ein. Von den 275 000 Einwohnern waren nur 10 000 geblieben, die übrigen hatten die Stadt mit den russischen Truppen verlassen. Die fremde Soldateska plünderte und verwüstete die Häuser, Kirchen und Kaufläden. Am folgenden Tag stand ganz Moskau in Flammen, die acht Tage und Nächte wüteten und drei Viertel aller Gebäude verschlangen. Wer den Brand legte, ist bis heute ungeklärt. Vermutlich hatte der russische Gouverneur Graf Rostopschin den Befehl gegeben, um Napoleon die Sinnlosigkeit seines Feldzuges vor Augen zu führen. Seit Napoleon hat kein Eroberer mehr Moskauer Boden betreten.

Nach der Aufhebung der Leibeigenschaft im Jahr 1861 – die Stadt hatte inzwischen 350 000 Einwohner – entwickelte sich die Industrialisierung Moskaus in hohem Tempo. 1882 war die Einwohnerzahl bereits auf 750 000 gestiegen. Mit der Industrie wuchs auch das Proletariat, die ersten marxistischen Organisationen entstanden. 1902 überschritt die Einwohnerzahl der Stadt die Millionengrenze. Moskau gehörte zu den Zentren des revolutionären Kampfes: in der Revolution von 1905, in der Februarrevolution 1917 und in der Großen Oktoberrevolution desselben Jahres. Am 16. November besetzten bolschewikische Arbeiter- und Soldatenabteilungen nach siebentägigen Kämpfen den Kreml. Am 11. März 1918 verlegte Lenin die Sowjetregierung von Petrograd, dem ehemaligen St. Petersburg, nach Moskau, das seither wieder die Hauptstadt der Sowjetunion bzw. Rußlands ist.

Nach dem Ende des Bürgerkriegs wurden die Elendsviertel von Moskau saniert, Neubauviertel entstanden, ein großzügiges Straßennetz wurde angelegt, repräsentative öffentliche Gebäude schossen aus dem Boden. Die strahlen- und ringförmige Grundstruktur Moskaus blieb erhalten, seit 1935 verbanden die ersten U-Bahn-Strecken die City mit den Vororten. 1937 war der Moskwa-Wolga-Kanal vollendet.

Am 22. Juni 1941 marschierte die deutsche Wehrmacht in die Sowjetunion ein und stand am 19. Oktober vor Moskau. Doch die Novemberoffensive der Deutschen scheiterte. Das Wort eines Rotarmisten, »Rußland ist groß, doch wir haben keinen Raum zum Rückzug. Hinter uns liegt Moskau!«, spornte die Verteidiger zu unbeugsamem Widerstand an. Am 5. Dezember ging die Rote Armee zur Gegenoffensive über, die die Frontlinie weit nach Westen zurückschob.

Die Zeit nach dem Krieg war dem Ausbau, der Erweiterung und der Modernisierung der stark wachsenden Stadt gewidmet. Und dieser Prozeß ist noch lange nicht abgeschlossen. Die Planungen reichen bis über das Jahr 2000 hinaus und berücksichtigen auch den ständig zunehmenden Individualverkehr, die Bereitstellung von Arbeitsplätzen und zeitgemäßem Wohnraum, die Erhaltung von über 780 unter Denkmalschutz stehenden Gebäuden und Baukomplexen und nicht zuletzt den Umweltschutz.

Der Schock der Perestrojka und die beiden auf Moskau begrenzten Putschversuche von 1991 und 1993 verzögerten die Weiterentwicklung, doch nun verändert ausländisches Kapital zunehmend das Gesicht der russischen Hauptstadt.

Rundgänge durch Moskau

Der Kreml

Das russische Wort ›Kreml‹ bezeichnet eine Stadtburg, den hoch gelegenen, befestigten Kern der Stadt mit der Residenz des Fürsten, mit weltlichen und religiösen Einrichtungen. In der ersten Hälfte des 14. Jh. bedeckte der Kreml eine Fläche von 18 ha, vom 16. Jh. an umschloß die Backsteinmauer bereits ein Terrain von 28 ha.

Dreifaltigkeitsturm, westlicher Zugang zum Kreml

□ Mauern und Türme

Fürst Jurij Dolgorukij ließ eine erste Umwallung aus Holzpalisaden bauen, die das dreieckige Areal des Moskauer Kreml umschloß. Die Lage auf dem Borowizkij-Hügel zwischen der Moskwa und dem sumpfigen Nebenflüßchen Neglinnaja bot einen hervorragenden Schutz vor Angreifern. 1339 erneuerte Fürst Iwan Kalita den ersten Wall durch eine höhere und zudem längere Mauer aus Eichenstämmen; Archäologen fanden mehrere der 70 cm starken Balken. Ein 40 m breiter Graben schützte jetzt auch die bislang sehr gefährdete Nordostseite des Kreml. 1367 ersetzte Fürst Dmitrij Donskoj den Holzwall durch eine Kalksteinmauer, was Moskau den Beinamen ›Stadt aus weißem Stein‹ einbrachte. Auch diese Mauer hielt nicht lange, denn 1485 begannen russische und italienische Baumeister, auf Anweisung Iwans III. die heutige rote Backsteinmauer mit ihren imposanten Türmen zu errichten. Diese zinnengekrönte Kremlmauer ist 2235 m lang, 3,5 bis 6,5 m stark und je nach Bodenniveau 5 bis 19 m hoch. Die zweihörnigen Zinnen, ›Schwalbenschwanzzinnen‹ genannt, besaßen schmale Schießscharten. Zwanzig Türme erhöhten die Verteidigungskraft der Mauer, die Ecktürme sind rund oder mehreckig, die übrigen quadratisch. Vier der Türme besaßen ein Tor mit Zugbrücke und befestigtem Brückenkopf. Die Zugbrücken verschwanden bereits im 17. Jh. Im selben Jahrhundert wurde auch der Graben zugeschüttet, seit dem 19. Jh. fließt die Neglinnaja durch ein unterirdisches Rohrsystem.

Wir beginnen den Rundgang um die Mauer beim **Dreifaltigkeitsturm** (Troizkaja Baschnja, kurz Troiza-Turm), einem Torturm aus dem Jahr 1495, dessen Höhe von 76,35 m alle anderen Türme der Kremlmauer übertrifft. Die tiefen Kellergeschosse dienten früher als Munitionsdepot. Eine Steinbrücke über die einst hier fließende Neglinnaja verbindet den Troizkaja-Turm mit dem **Kutafja-Turm** aus dem beginnenden 16. Jh., der einzigen noch vorhandenen Brückenkopfbastion. Durch das Troizkaja-Tor ritt am 14. September 1812 Napoleon. Am 11. März 1918 fuhr Lenin durch dieses Tor, um vom Kreml aus die Große Revolution zu vollenden. – Nach Norden hin folgen die beiden Türme des Arsenals: der **Mittlere Arsenalturm** und der wuchtige, 60,2 m hohe **Arsenal-Eckturm,** ein Werk des italienischen Baumeisters Pietro Antonio Solari (Farbt. 3). Die Mauern seiner 18 (!) Seitenflächen sind bis zu 4 m stark. Ein Brunnen in der Tiefe des Turms spendet seit Jahrhunderten bestes Trinkwasser.

Unterhalb der Arsenalmauer bedeckt der **Alexandergarten** (Aleksandrowskij Sad) mit seinen herrlichen Blautannen, Linden und Blumenbeeten den kanalisierten Neglinnaja-Fluß. Die gepflegte Parkanlage schuf 1821–1824 der Architekt Ossip Bowe. Von Bowe stammt auch die reizvolle Grotte am Fuß des Mittleren Arsenalturms. Der **Obelisk** in der Hauptallee des Alexandergartens wurde 1913 aus Anlaß des 300jährigen Bestehens der Romanow-Dynastie aufgerichtet. Lenin ließ die Namen der Zaren und den Doppelkopfadler entfernen und weihte das Mal den großen russischen Denkern und Revolutionären. Der Garten endet im Norden beim **Grab des Unbekannten Soldaten.** Zehn dunkelrote Porphyrblöcke enthalten Erde der Städte St. Petersburg, Kiew, Minsk, Wolgograd, Sewastopol, Odessa, Kertsch, Noworossijsk, Tula und der Festung Brest, Schauplätze schwerer Kämpfe im Zweiten Weltkrieg. Hochzeitspaare legen vor dem Ewigen Feuer des Grabmals Blumen nieder, um der Toten des Großen Vaterländischen

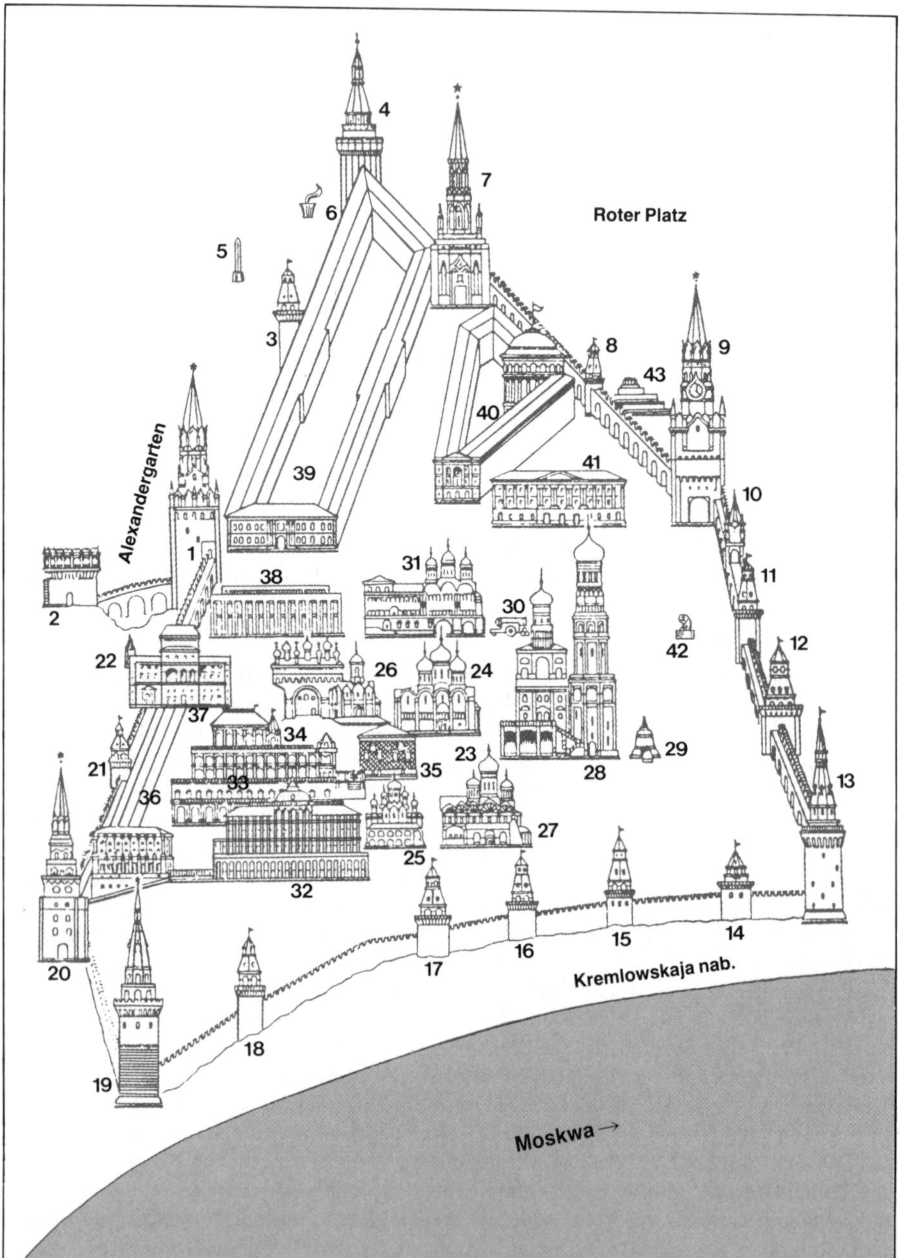
Roter Platz
Alexandergarten
Kremlowskaja nab.
Moskwa →
1
2
3
4
5
6
7
8
9
10
11
12
13
14
15
16
17
18
19
20
21
22
23
24
25
26
27
28
29
30
31
32
33
34
35
36
37
38
39
40
41
42
43

Krieges (1941–1945) zu gedenken. Am 6.Juli 1987 besuchte Bundespräsident Richard von Weizsäcker das Grab des Unbekannten Soldaten.

Am Roten Platz ragt der **Nikolaus-Turm** (Nikolskaja Baschnja) über 67 m empor (Farbt. 3). Er wurde 1492 erbaut und nach dem nahe gelegenen damaligen Nikolauskloster benannt. Ossip Bowe gab dem Turm 1816 sein spitzes Zeltdach im neugotischen Stil, nachdem das Bauwerk beim Rückzug der Franzosen 1812 erheblich beschädigt worden war. – Der kleine **Senatsturm** (Senatskaja Baschnja), ebenfalls 1492 errichtet, weist auf das jenseits der Kremlmauer liegende Regierungsgebäude hin. – Der wichtigste und zugleich schönste Turm des Kreml ist der 67,3 m hohe **Erlöserturm** (Spasskij-Turm, Spasskije Worota), 1491 von dem Italiener Pietro Antonio Solari geschaffen (Farbt. 1). 1624/25 erhielt der Torturm seine steinerne Zeltdachspitze und von dem englischen Uhrmacher Christopher Galloway eine Uhr mit Glockenspiel. Die Uhr wurde mehrmals ausgewechselt, zuletzt 1851/52.

Alle 15 Minuten ertönen die neun Viertelstundenglocken, den Stundenschlag übernimmt die über zwei Tonnen schwere Hauptglocke. Das heute elektronisch gesteuerte Glockenspiel gibt die genaue Moskauer Uhrzeit an und wird täglich um Mitternacht und um 6 Uhr morgens über den Rundfunk übertragen. Seinen Namen erhielt der Turm vor 300 Jahren, als man über der Tordurchfahrt eine Erlöser-Ikone anbrachte.

Der **Zarenturm** (Zarskaja Baschnja) daneben ragt nur 11,4 m über die Mauerkrone empor. Er wurde 1680 an der Stelle eines alten Holzturms errichtet. Von hier aus verfolgte die Zarenfamilie die Festlichkeiten auf dem Roten Platz. – Im **Sturmgeläutturm** (Nabatnaja Baschnja) hatte früher die Moskauer Feuerwache ihre Beobachtungsstation. Wenn ein Feuer ausbrach, läutete der Wachtposten die Glocke. Sie erklang aber nicht nur bei Feuersbrünsten, sondern auch beim Anmarsch feindlicher Heere und bei Volksaufständen. Zum letztenmal läutete sie bei der Pestrevolte des Jahres 1771. Als der Aufstand niedergeschlagen war, befahl Katharina II., »der aufrührerischen Glocke die Zunge auszureißen«; die Sturmglocke kam in die Rüstkammer des Kreml. – Der 36,8 m hohe **Konstantino-Jeleninskaja-Turm** wurde 1490 erbaut.

Der 46 m hohe, runde **Beklemischewskaja-Turm** sichert die Ecke der Kremlmauer zur Moskwa hin. Er wurde 1487 von dem Italiener Marco Ruffo errichtet und oft nach der nahen Moskwa-Brücke auch Moskworezkaja-Turm genannt. Es folgen der **Petrowskaja-Turm**, zwei namenlose Türme und schließlich der **Geheimgangsturm** (Tajnizkaja Baschnja), der älteste

Kreml *1 Dreifaltigkeitsturm 2 Kutafja-Turm 3 Mittlerer Arsenalturm und Grotte 4 Arsenal-Eckturm 5 Obelisk 6 Grab des Unbekannten Soldaten 7 Nikolaus-Turm 8 Senatsturm 9 Erlöserturm (Spasskij-Turm) 10 Zarenturm 11 Sturmgeläutturm 12 Konstantino-Jeleninskja-Turm 13 Beklemischewskaja-Turm 14 Petrowskaja-Turm 15 Mauerturm (ohne Namen) 16 Mauerturm (ohne Namen) 17 Geheimgangsturm 18 Mariä-Verkündigungs-Turm 19 Wasserturm 20 Borowizkaja-Torturm 21 Rüstkammerturm 22 Kommandantenturm 23 Kathedralenplatz 24 Mariä-Himmelfahrts-Kathedrale 25 Mariä-Verkündigungs-Kathedrale 26 Mariä-Gewandlegungs-Kirche 27 Erzengel-Kathedrale 28 Glockenturm ›Iwan der Große‹ mit Filarete-Anbau 29 Zarenglocke 30 Kanone Zar Puschka 31 Patriarchenpalast und Zwölf-Apostel-Kirche 32 Großer Kremlpalast 33 Terjem-Palast 34 Mariä-Geburts-Kirche 35 Facettenpalast 36 Rüstkammer 37 Lustschloß (ehem. Hoftheater) 38 Kongreßpalast 39 Arsenal 40 Alter Senat 41 Präsidium des Obersten Sowjets 42 Lenin-Denkmal 43 Lenin-Mausoleum*

Turm der Kremlbefestigungen; von ihm führte ein unterirdischer Gang zur Moskwa. – Der 30 m hohe, viereckige **Mariä-Verkündigungs-Turm** (Blagoweschtschenskaja Baschnja) wurde aus Kalksteinblöcken des alten Kreml (14. Jh.) erbaut. – Der fast 59 m hohe, runde **Wasserturm** (Wodoswodnaja Baschnja) bildet die südwestliche Eckbastion der Kremlmauer (Farbt. 2). Sein Name weist auf ein Wasserhebewerk hin, das hier 1633 installiert worden war und die Paläste und Gärten des Kreml über eine Bleirohrleitung mit Wasser versorgte. Man nennt den Wasserturm oft auch ›Swiblow-Turm‹ nach einem Bojaren, der sich am Bau der ersten steinernen Kremlmauer im 14. Jh. beteiligt hatte.

Der 51 m hohe **Borowizkaja-Torturm** hat seinen Namen von dem Waldgebiet, durch das die hier mündende uralte Straße führte. – Am Alexandergarten erheben sich noch der **Rüstkammerturm** (Oruschejnaja Baschnja) und der **Kommandantenturm** (Komendantskaja Baschnja).

Die Spitzen der fünf höchsten Türme, des Erlöser-, Dreifaltigkeits-, Nikolaus-, Borowizkaja- und des Wasserturms schmücken seit 1937 gewaltige Sowjetsterne, die aus vergoldetem Edelstahl und Rubinglas bestehen und auch heute noch in rotem Licht erstrahlen.

□ Rundgang durch den Kreml

Den Mittelpunkt des Kreml bildet der **Kathedralenplatz,** der von der Mariä-Himmelfahrts-Kathedrale, der Mariä-Verkündigungs-Kathedrale, der Erzengel-Kathedrale, der Kirche zur Gewandlegung der Muttergottes und dem Glockenturm ›Iwan der Große‹ umgeben ist.

Die **Mariä-Himmelfahrts-Kathedrale** (Uspenskij Sobor), erbaut 1475–1479 unter dem Moskauer Großfürsten Iwan III., war die Hauptkirche des Russischen Reiches. Der Name ›Uspenskij‹, den viele russische Kirchen tragen, bedeutet ›Tod, Entschlafen, Heimgang‹ und meint den Tod der Gottesmutter Maria. Danach wird ›Uspenskij Sobor‹ entsprechend der lateinischen Bezeichnung ›Dormitio Sanctae Mariae‹ oft mit ›Mariä-Entschlafens-Kathedrale‹ übersetzt oder unübersetzt als ‹Uspenie-Kathedrale‹ bezeichnet. Da aber nach dem römisch-katholischen Dogma von der Assumptio (= Himmelfahrt Mariä), das die Ostkirchen nicht übernahmen, die Gottesmutter nicht nur der Seele, sondern zugleich auch dem Leib nach in den Himmel aufgenommen wurde, wählen die meisten westlichen Autoren für das russische Wort ›Uspenskij‹ die für den Leser geläufigere Übersetzung ›Mariä Himmelfahrt‹.

In der Moskauer Uspenskij-Kathedrale wurden die Moskauer Großfürsten eingesetzt, von 1547 bis 1894 die Zaren gekrönt und die Metropoliten, später die Patriarchen in ihr Amt eingeführt. Im 12. und 13. Jh. standen hier nacheinander zwei Holzkirchen, die ebenfalls der ›Uspenskij‹, dem Heimgang Mariä, geweiht waren. 1326 ließ Großfürst Iwan I. Kalita eine Steinkirche bauen, die nach anderthalb Jahrhunderten so baufällig war, daß Iwan III., der ›Einiger Rußlands‹, 1472 den Bauunternehmer Golowa beauftragte, eine neue Kathedrale zu errichten. Doch in der langen Zeit der Tatarenherrschaft war das tech-

Mariä-Himmelfahrts-Kathedrale im Kreml

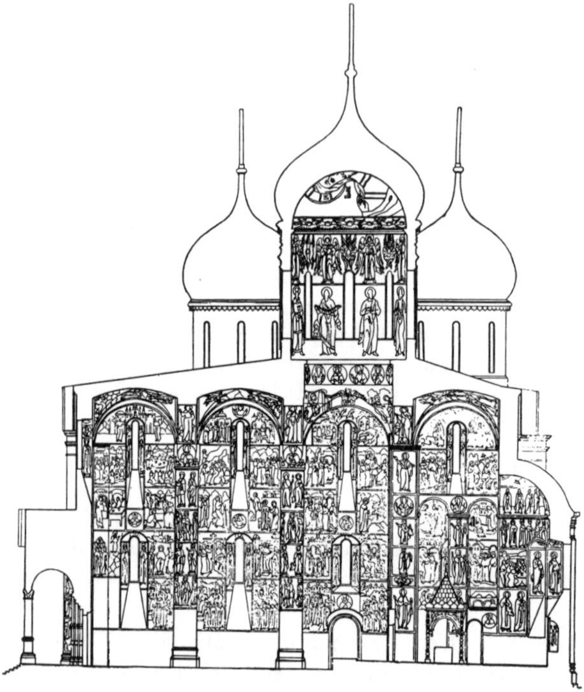

Mariä-Himmelfahrts-Kathedrale im Kreml. Schnitt von Westen nach Osten mit Schema der Ausmalung

nische Wissen um den Bau großer Gebäude verlorengegangen, und so stürzte die Kathedrale 1474 kurz vor ihrer Vollendung ein. Niemand wagte sich an einen Neubau – selbst die berühmten Baumeister aus Pskow nicht. Da riet Sofja, die Frau Iwans III., einen der fähigen Architekten Italiens, wo die Baukunst der Renaissance in voller Blüte stand, unter Vertrag zu nehmen. So kam der bolognesische Stadtbaumeister Aristotele Fioravanti 1475 nach Moskau und schuf bis 1479 eine der schönsten und kraftvollsten Kathedralen Rußlands, die bis heute nahezu unverändert überdauerte.

Die Uspenskij-Kathedrale in Wladimir, dem einstigen Machtzentrum der Rus, diente als Vorbild (s. S. 201). Altrussische Traditionen und modernste Technik verband Fioravanti unter Anwendung des Goldenen Schnitts zu einem durch seine ausgewogenen Proportionen und seine erhabene Schlichtheit beeindruckenden Bauwerk. Er wandte erstmals in Rußland eine Mischbauweise aus Ziegeln und weißen Natursteinquadern an. Die Gewölbe besitzen nur die Stärke eines Ziegels. Eisenbänder statt Eichenbalken verbinden die Bauteile. Zwei quadratische Pfeiler (hinter der Ikonostase) und vier Säulen (»wie Bäume, die durch den Stein gewachsen waren«) tragen die fünf vergoldeten Helmkuppeln und die abgeflachten Kreuzgewölbe. Auf Emporen verzichtete Fioravanti, so daß ein riesiger Raum entstand, den die Sonne durch schmale, aber hohe Fenster in den Wänden und in den Kuppeltambouren durchflutet. Wuchtige Eckpilaster verstecken die fünf nur leicht aus dem Baukörper tretenden Apsiden. Pilaster teilen die Fassaden in gleich große, von Halbkreisbogen abgeschlossene Wandfelder. In Höhe der unteren Fensterreihe schmücken Blendarkaden den Bau. Das besonders prächtige Südportal öffnet sich zum Kathedralenplatz hin (Farbt. 8). Die Innentür wurde 1410 aus Susdal herbeigeschafft und schmückte schon die Kathedrale Iwans I.; 20 biblische Szenen sind darauf in Goldmalerei auf schwarzem Lack dargestellt. Die Portalfresken entstanden um die Mitte des 16. Jh. – Nur wenige Jahre nach der Vollendung der Kirche fiel Aristotele Fioravanti beim Großfürsten in Ungnade und starb 1486 im Kerker.

Die etwa 16 m hohe Ikonostase zwischen Gemeinde- und Altarraum stammt aus dem 17. Jh.; ihre Ikonen reichen aber bis in das 11. Jh. zurück. Der ›Heilige Georg‹ (12. Jh.), der ›Erzengel Michael‹ (12./13. Jh.), der ›Erlöser mit dem goldenen Haar‹ (13. Jh.), die ›Dreifaltigkeit‹ (14. Jh.), vor allem aber die im ganzen orthodoxen Osten verehrte ›Muttergottes von Wladimir‹ (14. Jh.) sind die besonderen Kostbarkeiten der Ikonenwand.

1961 kamen bei der Restaurierung der Kirche Teile der alten Fresken von 1513–1515 (1642/43 erneuert) zum Vorschein. So erkennen Sie an der Westwand das Jüngste Gericht; die Nord- und die Südseite zeigen drei Zyklen: das Marienleben, die Lobpreisung der Gottesmutter und die ökumenischen Konzile. Die wuchtigen Säulen tragen Darstellungen von Heiligen und Märtyrern. In der Kathedrale sehen Sie den Holzthron Iwans IV. des Schrecklichen (1551), den steinernen Metropolitensitz (16. Jh.), ein bronzenes Gittergehäuse (1625), in dem eine Gewandreliquie Christi aufbewahrt werden sollte, sowie Kronleuchter und Kerzenhalter aus dem 17. Jh.

Schon wenige Jahre nach der Mariä-Himmelfahrts-Kathedrale erstand 1484–1489 neben dem Zarenpalast die **Mariä-Verkündigungs-Kathedrale** (Blagoweschtschenskij Sobor) als Hofkirche der Herrscherfamilie. Der 1397–1416 errichtete Vorgängerbau wurde 1482 wegen Baufälligkeit abgetragen, nur den hohen Natursteinsockel ließen die Baumeister aus Pskow (Pleskau) stehen. Die Grundform ist auch hier ein kubusförmiger Baukörper mit vier Pfeilern, Hauptapsis und Seitenapsiden. Auf den Pfeilern ruhen die Hauptkuppel und zwei östliche Nebenkuppeln. Um den Kubus lief eine offene Galerie. Vom Palast führt ein Über-

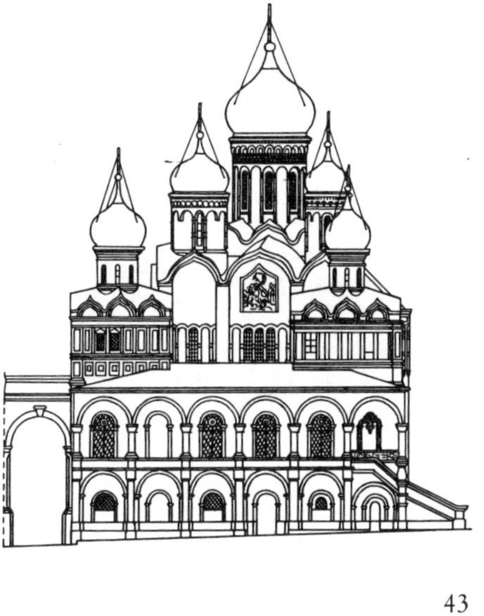

Mariä-Verkündigungs-Kathedrale im Kreml. Südseite

gang zur Empore der Kathedrale. Bei der Wiederherstellung der Kirche nach dem Brand von 1547 ließ Iwan IV. die Galerie schließen und auf die vier Ecken des Umganges kuppelbekrönte Kapellen setzen. Zwei westliche Nebenkuppeln ergänzten die beiden östlichen, so daß der Bau nunmehr insgesamt neun Kuppeln aufwies. Den achteckigen Tambour der Hauptkuppel schmücken Kokoschniki.

Die seit 1947 wieder freigelegten Wandfresken schuf größtenteils Feodosios, der Sohn des großen Kirchenmalers Dionysios. Von ihm stammen wohl auch die Herrschergestalten aus Byzanz, Kiew, Wladimir und Moskau auf den Pfeilern. Die Ikonostase, die aus dem Vorgängerbau in die neue Kathedrale übernommen wurde, zeigt Werke von Theophanes dem Griechen, Prochor aus Gorodez und dem Mönch Andrej Rubljow, der hier seinen Weg als Künstler begann. Mehrere Ikonen wurden bei dem Brand von 1547 erheblich beschädigt. Die untere Deesis-Reihe (Fürbitt-Reihe) stammt zweifellos von Theophanes, die Feiertags-Reihe darüber von Rubljow (links) und Prochor (rechts). – Unter Iwan IV. wurde der Fußboden der Kathedrale mit Jaspisplatten aus dem Ural belegt. – Das Kellergeschoß birgt eine Sammlung archäologischer Funde, die bei Ausgrabungen auf dem Kremlgelände zum Vorschein kamen.

Erzengel-Kathedrale im Kreml

Meister aus Pskow erbauten zur gleichen Zeit (1484–1486) die **Mariä-Gewandlegungs-Kirche** (Zerkow Risopoloschenija). Der kleine, nur von einer Kuppel gekrönte Bau diente als Hauskirche der Metropoliten und Patriarchen. Die seit 1951 freigelegten Fresken stammen von den Malern Sidor Ossipow, Boris Awramow und Iwan Borissow (1644). Die großartige Ikonostase schuf Nasari Istomin mit seinen Mitarbeitern. Die Kirche beherbergt heute eine Sammlung altrussischer Sakralkunst (Holz- und Steinskulpturen, geschnitzte Ikonen, Kruzifixe aus dem 15. bis 18. Jh.).

Eine gelungene Mischung aus russischer Bautradition und oberitalienischer Renaissance zeigt die **Erzengel-Kathedrale** (Archangelskij Sobor), erbaut 1505–1508 von dem Mailänder Architekten Alovisio Nuovo. Auch diese Kirche hatte eine Vorgängerin, die 1333 unter Iwan I. Kalita ebenfalls dem Erzengel Michael geweiht war. Die dreischiffig angelegte Kreuzkuppelkirche mit Hauptkuppel und vier Nebenkuppeln war die Grabkirche der Zaren.

Die ursprünglichen Fresken von Theophanes dem Griechen und Simeon Tschornyj verschwanden um die Mitte des 17. Jh. zusammen mit dem Mauerverputz. Die neuen Fresken schufen Moskauer Künstler des 17. Jh. Sie zeigen den Kampf um die nationale Einheit der Rus und den russischen Alltag. In Lebensgröße erkennen Sie Moskauer Großfürsten und an einem Pfeiler Aleksandr Newskij. – Die Ikonostase aus den Jahren 1680/81 enthält neben zeitgenössischen Arbeiten auch einige Ikonen aus dem 15. und 16. Jh., die Ikone ›Erzengel Michael‹ stammt aus der Wende vom 14. zum 15. Jh. Vom 14. Jh. an wurden in der Erzengel-Kathedrale fast alle Moskauer Großfürsten und die Zaren einschließlich ihrer Familienangehörigen beigesetzt. Nur Zar Boris Godunow fand seine Grabstätte im Dreifaltigkeits-Sergios-Kloster (s. S. 133 ff.). Seit Peter dem Großen ließen sich die Zaren – außer Peter II. – in St. Petersburg bestatten. 46 Sarkophage enthalten die Leichname von Iwan I. Kalita († 1341) bis Fjodor III. († 1682). Seit 1991 finden in der Erzengel-Kathedrale nach 74jähriger Unterbrechung wieder Messen statt.

Den Kathedralenplatz beherrscht der mächtige **Glockenturm ›Iwan der Große‹** (Kolokolnja Iwana Welikogo; Farbt. 2), ein Werk des Italieners Marco Ruffo (Mark Frjasin). Der Glockenturm entstand ab 1505 an der Stelle einer abgebrochenen Kirche. Über dem weißen Hausteinsockel ragen vier oktogonale Backsteinkörper empor, nach oben immer kleiner werdend und sich verjüngend. Bogenöffnungen in jedem Baukörper nahmen die Glocken auf. Ein Kokoschniki-Kranz schließt den Turm nach oben ab. Im Jahr 1600 erhielt der Glockenturm eine zweistöckige Bekrönung, so daß seine Gesamthöhe seitdem 81 m beträgt. 1532–1543 baute Petrok Maly einen monumentalen Glockenstuhl für die größten Glocken an. 1624 fügte Baschen Ogurzow den **Filarete-Glockenstuhl** hinzu. 1812 gab Napoleon bei seinem Abzug aus dem brennenden Moskau den Befehl, den Glockenturm mit seinen beiden Anbauten zu sprengen. Zerstört wurde nur der Filarete-Anbau, den Domenico Gilardi 1819 wiederherstellte. Noch heute hängen in dem Turmkomplex 21 Glocken, gegossen zwischen dem 16. und 19. Jh. Die größte Glocke, die Mariä-Himmelfahrts-Glocke, wiegt 70 Tonnen.

Neben dem Glockenturm ›Iwan der Große‹ steht die berühmte **Zarenglocke** (Zar Kolokol), die mit einem Gewicht von 205 Tonnen größte Glocke der Welt. 1733–1735 wurde sie von dem Gießmeister Iwan Motorin und seinem Sohn Michail gegossen. Beim großen Brand des Jahres 1737 befand sich die Glocke noch in der Gießerei, Löschwasser sprengte ein 11,5 Tonnen schweres Stück aus der glühenden Bronze.

Unweit der Zarenglocke steht die mächtige **Kanone Zar Puschka,** 1586 von dem Meister Andrej Tschochow in Bronze gegossen. Mit einem Kaliber von 89 cm galt sie als das größte Geschütz ihrer Zeit, war aber nie im Einsatz und auch nur für Kartätschen (Vorläufer des Schrapnells) bestimmt; die Kugeln aus Uraleisen neben der Kanone sollen nur die Mächtigkeit des Kalibers veranschaulichen. Die dekorative Eisenlafette stammt aus dem 19. Jh.

Als Nikita Minow 1652 vom Zar Aleksej zum Patriarchen ernannt wurde und den Namen Nikon annahm, gab er den Bau des **Patriarchenpalastes** (Patriarchije Palaty) in Auftrag. Nikons Reformen führten zur Spaltung der russisch-orthodoxen Kirche. Die Anhänger der alten, von Byzanz übernommenen Rituale, die Raskolniki, wurden aus der offiziellen Kirche ausgestoßen und brutal verfolgt. Nikons Streben, die kirchliche Macht über die weltliche zu stellen, führte schließlich zum Bruch mit dem Zaren und 1666 zu Nikons Absetzung. Der Strenge und Bestimmtheit des Patriarchen entpricht die Monumentalität des Palastes. Das 13 x 19 m große Kreuzgemach, Empfangs- und Zeremonialsaal, überspannt ein riesiges Muldengewölbe ohne jede Stütze. Nachdem Peter der Große das Patriarchenamt abgeschafft hatte, diente das Kreuzgemach als Salbölsaal; der Ofen zur Vorbereitung des Salböls und ein mächtiger Silberzuber weisen auf diese Verwendung hin. In den Repräsentationsräumen des Palastes und in der Hauskirche zu den Zwölf Aposteln zeigt das Museum der angewandten Kunst und materiellen Kultur Rußlands im 17. Jahrhundert einzigartige Kostbarkeiten aus den Depots der Rüstkammer: russische Trinkbecher für Wodka, Kwas und Wein, deutsches Silbergeschirr aus Hamburg und Augsburg, englische Uhren, Emailarbeiten, Ornamentstickereien, Mobiliar, Ikonen von Simon Uschakow, Fjodor Zubow, Kyrill Ulanow und anderen Moskauer Meistern.

Der **Große Kremlpalast** (Bolschoj Kremljowskij Dworez) beherrscht die Südseite des Kreml zur Moskwa hin (Farbt. 2). 1740–1753 schuf der italienische Baumeister Bartolomeo Francesco Rastrelli den Palast als Sitz der Zaren, wenn sie in Moskau weilten. Einst erhob sich an dieser Stelle das Herrenhaus der Großfürsten von Moskau, zuerst aus Holz, später aus Stein. Rastrellis Palast wurde 1838–1849 von dem russischen Architekten Konstantin Thon im Stil des Historismus umgestaltet. Weitere Umbauten und Restaurierungen fanden 1933/34 und 1966–1973 statt. Hier werden Staatsgäste und Diplomaten empfangen und herausragende Feierlichkeiten abgehalten. Der Palast kann nur mit Sondergenehmigung besichtigt werden, die allerdings nur schwer zu bekommen ist.

Der **Terjem-Palast** (Terjemnoj Dworez), nördlich des Großen Kremlpalastes und mit diesem verbunden, entstand im 16. Jh. Um 1635 bekam er die oberen Stockwerke und sein barockes Gewand. Der Terjem (=Turmhaus) enthielt die Privatgemächer der Zarenfamilie. Die zahllosen, verwirrend angeordneten kleinen und großen Räume sind lebhaft bunt im altrussischen Holzbaustil gehalten; sie erinnern an die Märchenschlösser des russischen Malers Iwan Bilibin. Das Mittelfenster des sogenannten Thronsaals hieß das ›Bittstellerfenster‹. Dort wurde täglich ein Holzbehälter herabgelassen, in den jedermann eine Bittschrift legen konnte. Das Volk nannte ihn den ›langen Kasten‹, denn die Gesuche brauchten viel Zeit, bis sie – wenn überhaupt – einen geneigten Beamten fanden. Über der Dachterrasse erhob sich ein Terjemok, ein penthouseartiger Aufbau, in dem die Zarenkinder wohnten. Sein hohes, rautengemustertes Walmdach war einst vergoldet.

Zum Terjem-Palast gehört eine Gruppe kleiner Kirchen, die als Hauskapellen für den Zaren, die Zarin und die Zarentöchter dienten. Die älteste dieser Kirchen, die der Auferstehung des Lazarus geweiht war und sich im Sockelgeschoß der **Mariä-Geburts-Kir-**

Kuppeln der Kirchen am Terjem-Palast im Kreml

che befindet, stammt aus dem Jahre 1393 und ist damit das älteste noch vorhandene Bauwerk des Kreml. 1680/81 wurden die Kirchen unter einem gemeinsamen Dach vereinigt und von elf grazilen Goldkuppeln auf schlanken, keramikbesetzten Tambouren gekrönt.

Das Goldene Gemach der Zarin, ein festlicher Empfangssaal, zum Teil unter der Oberen Erlöser-Kirche, der Auferstehungskirche des hl. Lazarus und der Kreuzigungskirche gelegen, entstand gegen Ende des 16. Jh.

Iwan III. beauftragte 1487 die beiden italienischen Architekten Marco Ruffo (Mark Frjasin) und Pietro Antonio Solari mit dem Bau des **Facettenpalastes** (Granowitaja Palata), einem der ersten steinernen Profanbauten Moskaus. Die dem Kathedralenplatz zugewandte Hauptfassade ist im Stil der italienischen Frührenaissance mit facettiertem Kalkstein geschmückt, dem der Palast seinen Namen und sein Aussehen verdankt. Das Obergeschoß nimmt ein etwa 22 x 22 m großer Saal ein, dessen flaches Kreuzgewölbe ein einziger Pfeiler trägt. Die wunderbaren Fresken des Saales erneuerten im 19. Jh. die Brüder Beloussow.

Die **Rüstkammer** (Oruschejnaja Palata), das älteste russische Museum, verwahrt die größten Schätze Rußlands (Besichtigung nur in der Gruppe nach Anmeldung über Intourist). Das heutige Gebäude der Staatlichen Rüstkammer errichtete der Architekt Konstantin Thon 1844–1851, die Geschichte der Sammlung reicht aber bis in das 14. Jh. zurück. Damals bestand im Kreml eine Werkstatt für die Herstellung von Waffen und Rüstungen. 1511 übernahm die Werkstatt auch die Lagerung und Wartung der großfürstlichen Paraderüstungen, der Hand- und Feuerwaffen. Die besten Handwerker der Rus wirkten in der Rüstkammer. Außer Waffen entstanden hier bald auch Satteldecken, Gold- und Silbergeräte, Schmuck, Staatsroben für den Zaren, den Patriarchen und den Hochadel. Im 17. Jh. gesellten sich Ikonenmaler und Buchillustratoren hinzu. Deutsche und englische Silberschmiede und Uhrmacher folgten dem Ruf des Zaren. Die Rüstkammer entwickelte sich nach und nach zu einem Zentrum künstlerischen Schaffens und zu einer Schatzkammer, in der Kriegstrophäen und Geschenke ausländischer Herrscher und Kaufleute aufbewahrt wurden.

Als Peter I. die Werkstätten in seine neue Residenz St. Petersburg verlegte, blieben die Schätze in den sicheren Mauern des Moskauer Kreml. Zu Beginn des 18. Jh. wurde die Rüstkammer Hofmuseum der Romanow-Dynastie. Nach der Oktoberrevolution ergänzten zahlreiche Kostbarkeiten aus allen Landesteilen die einzigartige Sammlung, deren Bestände nunmehr der Öffentlichkeit zugänglich gemacht wurden.

Die Sammlung der Staatlichen Rüstkammer ist heute in neun Ausstellungssälen untergebracht, deren Wände Flachreliefs der Großfürsten und Zaren, geschaffen im 18. Jh. von Fedot Schubin, schmücken. Die Rüstkammer wurde im Laufe ihrer Geschichte mehrmals geplündert: in den Fürstenfehden, während der mongolisch-tatarischen Herrschaft und des polnisch-litauischen Einfalls. Zeugnisse aus der Zeit des 11. bis 15. Jh. sind daher rar. Zu den ältesten Exponaten der Sammlung zählt der ›Rjasaner Schatz‹, der beim Näherrücken der Mongolen 1237 in Rjasan an der Oka vergraben und Anfang des 19. Jh. zufällig wiederentdeckt wurde. Dieser Schatz bestand u. a. aus zeremonialem Hals- und Kopfschmuck sowie aus Abendmahlskelchen. Nicht weniger berühmt ist die Krone, die Wladimir II. (1113–1125) angeblich vom byzantinischen Kaiser Alexios I. Komnenos erhielt. Aus dem 14. Jh. stammen ein Meßgewand des Metropoliten Alexis und das berühmte Morosow-Evangeliar. Zur Epoche Iwans des Schrecklichen gehören die Kasaner Krone, das Prunkgeschirr von Iwans Hochzeit mit der Tscherkessenprinzessin Marija Temrjukowna, das Evangeliar Iwans (Farbt. 7) und sein Elfenbeinthron. Persische Künstler schufen den Thron Boris Godunows.

Einen üppigeren Dekor zeigen die Schöpfungen des 17. Jh. Da ist der große Ornat des Zaren Michail Fjodorowitsch, des Begründers der Romanow-Dynastie, mit Krone, Zepter und Reichsapfel. Smaragde, Saphire, Rubine und Diamanten schmücken die dunkelgrün emaillierte Goldschale, die Patriarch Nikon 1653 dem Zaren Aleksej schenkte. Die Blütezeit der russischen Harnisch- und Panzerhemden-Schmiedekunst fiel in das ausgehende 16. und das 17. Jh. Der Ringpanzer des Zaren Boris Godunow setzt sich aus mehr als 10 000 Eisenringen zusammen, jeder Ring enthält die Inschrift »Wenn Gott mit uns, keiner gegen uns«.

Einen beträchtlichen Teil der Sammlung nehmen die Geschenke ausländischer Herrscher und Kaufleute ein. So schenkte Schah Abbas I. von Persien dem Zaren Boris Godunow 1604 einen Thron, der mit Blattgold belegt und dicht mit Rubinen und Türkisen besetzt ist. Persische Kunsthandwerker schufen auch den mit Perlen und Edelsteinen übersäten Thron des Zaren Michail. Den schönsten Thron, den sogenannten ›Diamantthron‹, überreichten armenische Kaufleute

1659 dem Zaren Aleksej, »dem mächtigen und unbesiegbaren Herrscher von Moskau«: Zwei Engel auf schwarzem Samt beschützen die russische Krone, Gold- und Silberplatten, zahlreiche Türkise und 800 Diamanten schmücken den herrlichen Sitz.

Gesandtschaftsgeschenke bestanden zumeist aus kunstvoll gearbeitetem Tafelsilber, vergoldet, ziseliert, auch emailliert. So enthält die Rüstkammer die größte Sammlung deutscher und englischer Silberschmiedekunst. Silberarbeiten Hamburger, Augsburger und Nürnberger Meister überbrachten hauptsächlich schwedische und dänische Gesandte; die deutschen Pokale, Krüge, Schalen und Leuchter waren im 30jährigen Krieg nach Skandinavien gekommen.

Seit dem Sieg Peters I. über die Schweden wuchs der Luxus des russischen Hofes. Ausländische Meister kamen nach St. Petersburg. Juweliere eröffneten Geschäfte, weltberühmt wurde Carl Fabergé. In Hofmanufakturen entstanden Tuche, Gobelins und Porzellane. Der Stil der kunsthandwerklichen Schöpfungen folgte dem dekorativen Barock und danach dem strengeren Klassizismus. Die Rüstkammer enthält eine Anzahl von Exponaten dieser Epoche: Krönungsgewänder der Zarinnen Katharina I., Anna Iwanowna, Elisabeth Petrowna und Katharina II., ferner Tabatieren, Vasen, Uhren, Schmuck usw.

Im Kaleschensaal der Rüstkammer sehen Sie die schönsten Equipagen Rußlands, darunter die Prunkkutsche des französischen Wagenbauers Bournigalle, die Kirill Rasumowskij, Hetman der Ukraine, 1757 der Zarin Elisabeth Petrowna schenkte. Die älteste Kutsche der Sammlung ist ein Geschenk des englischen Königs Jakob I. an Boris Godunow: die offene Kalesche mit einem Baldachin auf zierlichen Stützen besitzt starre Achsen, in den Kurven mußte die Eskorte den Wagen in die neue Richtung heben.

Im Gebäude der Rüstkammer befindet sich auch der ›*Diamantenfonds*‹ Rußlands (s. S. 50 f.). Für den Besuch benötigt man eine Sondergenehmigung. Beeindruckend sind die Fülle und die Qualität der gezeigten Juwelen. Daneben weckt eine erlesene Kollektion modern gestalteter Schmuckstücke aus Gold, Platin und Edelsteinen, alles Kreationen russischer Juweliere, das Interesse des Betrachters.

Das sogenannte **Lustschloß** (Poteschnyj Dworez) zwischen Rüstkammer und Dreifaltigkeitsturm wurde 1679 als Hoftheater erbaut.

Den sowjetischen Baustil repräsentiert der **Kongreßpalast.** Der Bau entstand 1961 nach Entwürfen eines Architektenkollektivs unter Leitung von Michail Possochin. Die riesige Glasfassade gibt den Blick auf das Foyer mit den breiten Treppen frei. Im großen Kongreßsaal können 6000 Personen Opern- und Ballettinszenierungen des Bolschoi-Theaters erleben. Hier werden Volksfeste gefeiert, hier fand mehrmals der Parteitag der KPdSU statt. Der Bankettsaal über dem Kongreßsaal faßt 2500 Personen. Mehr als 800 weitere Räume, wie Foyers, Wandelgänge, Künstlergarderoben, Probenräume, Räume für Presse, Fernsehen und Rundfunk, technische Räume, Verwaltungstrakte, Küchen usw., ergänzen die größte Kongreßhalle Rußlands.

Das langgestreckte **Arsenal** gab Peter der Große in Auftrag (Farbt. 3). Die 1702 begonnenen Bauarbeiten mußten wegen des Nordischen Krieges gegen Schweden schon bald eingestellt werden. Erst 1722 wurden sie fortgesetzt. 1737 brannte das Arsenal ab und wurde bis 1754 wiederaufgebaut. 1812 ließ Napoleon I. den Bau sprengen. Die Erneuerung (bis 1828) oblag dem russischen Architekten Ossip Bowe. Der Gebäudekomplex

Der Diamantenfonds Rußlands

Innerhalb der Rüstkammer des Moskauer Kreml besteht die besonders gesicherte und überwachte Abteilung des ›Diamantenfonds Rußlands‹, die wohl größte und bedeutendste Juwelensammlung der Welt neben der Kronkollektion der britischen Könige im Londoner Tower und der Schatzkammer der türkischen Sultane im Istanbuler Topkapi-Palast. Da funkeln Diamanten und andere Edelsteine, die einstmals dem Zarenhaus, dem Hochadel und der Kirche gehörten oder in neuerer Zeit auf russischem Boden, vor allem im sibirischen Jakutien, gefunden wurden.

Peter der Große gilt als Begründer der Sammlung, denn er übergab die kostbaren Geschenke, die ihm Staatsoberhäupter, Botschafter und hohe Gäste zukommen ließen, zusammen mit den Zaren-Insignien der staatlichen Obhut. Als im Jahr 1762 die neue Residenz in St. Petersburg bezogen werden konnte, kamen die Pretiosen in das ›Brillantenzimmer‹ des Winterpalastes, wo die Sammlung im Laufe der Jahre, vor allem unter Katharina der Großen, erheblich an Umfang gewann. Zu Beginn des Ersten Weltkrieges gelangten die Kostbarkeiten in die besser bewachte Rüstkammer des Moskauer Kreml, wo sie sogar die Wirren der Oktoberrevolution 1917 unbeschadet überdauerten. 1922 begann der Direktor des neu gegründeten ›Diamantenfonds Rußlands‹, Aleksandr Fersman, Mineraloge und Akademiemitglied, mit der wissenschaftlichen Beschreibung der ehemaligen Kronschätze. Seit 1967 dürfen Besuchergruppen die Exponate der auf der Welt wohl einzigartigen Sammlung besichtigen. Sieben Steine erlangten durch ihren Wert bzw. durch ihre Geschichte besondere Bedeutung.

So ist der ›Orlow‹ mit 189,62 Karat einer der größten geschliffenen Diamanten der Welt. Der Stein ist lupenrein und von bläulicher Farbe. Er wurde zu Beginn des 17. Jh. in Indien gefunden und in Form einer Rose geschliffen. Graf Grigorij Orlow, Günstling der großen Katharina, kaufte den Diamanten 1773 in Amsterdam und schenkte ihn der Zarin zu ihrem Namenstag. Die Zarin, die den Kauf des Diamanten selbst finanziert hatte, ließ ihn in ihr Zepter fassen.

kann nicht besichtigt werden. Vor dem Arsenal stehen Kanonen der Grande Armée Napoleons.

Matwej Kasakow baute 1776–1788 den dreieckigen Gebäudetrakt des **Alten Senats.** Der Hauptsaal gilt als Meisterwerk des Klassizismus. Diesen runden Kuppelsaal (27 m hoch und 25 m im Durchmesser) schmückt eine Kolonnade aus 24 Säulen; er wird häufig als ›russisches Pantheon‹ bezeichnet. In dem Gebäude des Alten Senats hat heute die Regierung Rußlands ihren Sitz. Vom zweiten Stockwerk des Alten Senats aus leitete Lenin von 1918 bis 1923 die Geschicke des jungen Sowjetstaates. Dort befanden sich sein Arbeitszimmer und seine Wohnung, die er mit seiner Frau und seiner Schwester teilte. In

Der 88,7karätige ›Schah‹-Diamant ist ebenfalls lupenrein, aber von gelblicher Farbe. Er hat die Form eines Oktaeders, auf seinen geschliffenen Oberflächen erscheinen die Namen der einstigen Besitzer. 1829 übergab der persische Prinz Chosrau-Mirso den Diamanten dem Zaren Nikolaj I. als Buße für die Ermordung des russischen Gesandten und Schriftstellers Aleksandr Gribojedow in Teheran.

Der dritte herausragende Stein ist mit einer Fläche von 7,5 cm^2 der größte flache Diamant, der je gefunden wurde. Er schmückt ein goldenes, überaus kunstvoll emailliertes Armband.

Im Auftrag des Zaren Aleksej Michailowitsch, der die russische Herrschaft in Sibirien im 17. Jh. bis China ausdehnte, kaufte der russische Botschafter in Peking einen 398,72karätigen Rubin, den zweitgrößten, aber reinsten der Welt in dieser Größenordnung. 1762 fügte der berühmte Juwelier Posier den Stein in die Große Zarenkrone, mit der Katharina II. gekrönt wurde.

Die längste Geschichte könnte sicher der 192,6 Karat schwere Chrysolith erzählen, der größte ›Goldstein‹, den Kreuzritter im 12. Jh. aus Palästina nach Europa brachten. Lange Zeit gehörte er zum Schatz des Kölner Doms. Wie er vom Rhein zur Newa kam, ist ins Dunkel gehüllt. Niemand kannte auch den Fundort dieses seltenen Steins, bis man 1900 auf einer Insel im Roten Meer das Vorkommen entdeckte.

Eine selten reine grüne Farbe zeichnet jenen 136,25karätigen Smaragd aus, der eine Brosche krönt. Im 16. Jh. fand man diesen Stein in Kolumbien, wo er einer Gottheit geweiht war. Auf dem Umweg über Indien gelangte er nach Europa.

Ein Saphir von tiefblauer Farbe, 258,8 Karat schwer und damit größer als jeder andere Stein dieser Art, stammt von der Insel Ceylon und ziert ebenfalls eine Brosche. Über einen Mittelsmann erwarb ihn der Zarenhof Ende des 18. Jh. in London.

Russische Diamanten werden zumeist im Ural gefördert. In den 30er Jahren entdeckte man die Diamantenvorkommen in Jakutien und in anderen Gebieten Sibiriens. Die größten und schönsten Exemplare, auch andere seltene Steine, kamen jeweils in den Russischen Diamantenfonds. Ob die zur Zeit der Sowjetunion entdeckten Steine, wie ›Oktjabrskij‹, ›Komsomolskij‹, ›Slata Praha‹ oder ›Walentina Tereschkowa‹, die zu den schönsten und kostbarsten Stücken des Fonds zählen, ihre Namen behalten werden, steht in den Sternen.

den angrenzenden Räumen waren der Rat der Volkskommissare, der Verteidigungsrat und das Politbüro der Kommunistischen Partei untergebracht.

Das Gebäude des **Präsidiums des Obersten Sowjets** in Höhe des Spasskij-Turms wurde 1932–1934 an der Stelle einiger baufälliger Klosterbauten errichtet. Es beherbergte zuerst eine Militärschule, später den Swerdlow-Klub, seit 1958 das Kremltheater und heute den Sitz des Präsidenten Rußlands. Hier überreichen Botschafter ihre Beglaubigungsschreiben, hier werden ausländische Delegationen empfangen.

Den Platz, auf dem im April 1919 der erste gesamtrussische ›Subbotnik‹ stattfand, schmückt heute eine Parkanlage. Unter Subbotnik (von *subbota* = Samstag) verstehen die

Russen eine Aktion freiwilliger und unentgeltlicher Gemeinschaftsarbeit. Am 50. Jahrestag der Oktoberrevolution, nach neuem Kalender am 7. November 1967, wurde in dem Park das **Lenin-Denkmal** des Bildhauers W. Pintschuk enthüllt. Es ist eines der sechs von einst 68 Lenin-Denkmälern, die nach einem Beschluß des Moskauer Stadtrates stehenbleiben sollen.

Der Rote Platz

Östlich des Kreml erstreckte sich bis zur Moskwa hin das alte Handels- und Handwerkerviertel Welikij Possad mit dem ›Torg‹, dem Marktplatz, dessen Fläche nach dem großen Brand von 1403 erheblich wuchs. Seitdem nannten die Moskauer ihren Torg ›Poschar Ploschtschad‹ (Feuerplatz). Hier trafen sich die Handelsstraßen aus allen Teilen des Reiches, Frachtkähne brachten Waren über die Moskwa heran. Als im 17. Jh. immer vornehmere Geschäftshäuser den Platz säumten, erhielt er den Namen ›Krasnaja Ploschtschad‹, was ›Schöner Platz‹, aber auch ›Roter Platz‹ bedeutet. Die Moskauer drängten sich, um hier zu kaufen, zu schauen und zu feiern, denn die Prunkzüge des Zaren wie auch die Prozessionen zur Uspenskij-Kathedrale führten über den Hauptplatz der Stadt. Hier floß das Blut der aufständischen Bojaren und der Strelitzen. Hier wurden der Leichnam des falschen Dmitrij zur Schau gestellt und der Bauernführer Stepan (Stenka) Rasin gevierteilt. Zur Zeit der Sowjetunion fanden auf dem Roten Platz Kundgebungen und Feierlichkeiten, Aufmärsche und Paraden statt, vor allem an den beiden wichtigsten Feiertagen: dem Jahrestag der Oktoberrevolution (7. November) und dem Tag der internationalen Solidarität der Werktätigen (1. Mai). Am 14. April 1961 umjubelten die Moskauer hier den Kosmonauten Jurij Gagarin, der als erster Mensch in einer Raumkapsel die Erde umkreist hatte. Heute erleben die Moskauer hier Jubiläumsveranstaltungen (z. B. 100 Jahre Kaufhaus GUM) und den Weihnachtsmarkt; für Demonstrationen ist der Platz noch immer tabu.

Der etwa 500 m lange und 150 m breite Rote Platz wird im Südwesten von der Kremlmauer und dem Lenin-Mausoleum, im Südosten von der Basilius-Kathedrale, im Nordwesten vom Historischen Museum und im Nordosten vom Kaufhaus GUM begrenzt.

Vor den Kremlmauern, zwischen Spasskij- und Nikolaus-Turm, erhebt sich das **Lenin-Mausoleum.** Als Lenin am 21. Januar 1924 in Gorki bei Moskau starb, wurde sein einbalsamierter Leichnam zunächst in einem provisorischen Holzmausoleum beigesetzt, bevor er 1930 seine endgültige Ruhestätte in dem feierlich-strengen Monumentalbau des Architekten Aleksej Schtschussew fand. Mit dunkelrotem Porphyr und schwarzem Labradorstein verkleidet, steigt das Mausoleum stufenförmig empor und wird von einem tempelartigen Aufbau gekrönt. Von der Dachterrasse aus grüßten die Führungsgremien von Partei und Staat sowie hohe Gäste die Festumzüge und Paraden.

In der in schwarzem, rotem und grauem Granit gehaltenen Grabkammer steht der gläserne Sarg mit der einbalsamierten Leiche Lenins. Millionen von Menschen, Bürger

Basilius-
Kathedrale

der UdSSR, aber auch Besucher aus aller Welt, defilierten am Sarg vorbei, um des Begründers der Sowjetunion zu gedenken. Nach dem Putsch des Jahres 1993 zog Präsident Boris Jelzin die Ehrenwache ab, deren stündliche Ablösung ein eindrucksvolles Schauspiel bot, und ließ das Mausoleum schließen. Lenin soll, seinem letzten Willen entsprechend, in St. Petersburg auf dem Wolkow-Friedhof neben seiner Mutter beigesetzt und das Mausoleum am Roten Platz in absehbarer Zeit abgerissen werden.

Ein Tannenhain vor der Kremlmauer birgt das **Revolutionspantheon** mit den Gräbern prominenter Sowjetbürger und ausländischer Mitkämpfer der kommunistischen Bewegung. Da ruhen die Parteiführer Kalinin, Swerdlow, Kirow, Dserschinskij, Schdanow, Frunse, Stalin, Breschnew, die Kommunisten Fritz Heckert, Clara Zetkin, MacManus, John Reed, Sen Katajama, Lenins Frau Nadeschda Krupskaja, seine Mitarbeiterin Inès Armand, der Dichter Maksim Gorkij, die Kosmonauten Komarow, Gagarin, Dobrowolskij, Wolkow, Passajew und andere. Auch diese Grabstellen sollen aufgelöst werden, die sterblichen Überreste will man auf den Friedhof des Neuen Jungfrauen-Klosters (s. S. 120) umbetten.

Im Südosten begrenzt die **Basilius-Kathedrale,** die »prächtigste aller russischen Kirchen«, den Roten Platz. Zum Gedenken an seinen Sieg über die Goldene Horde gab Iwan IV. der Schreckliche den Bau in Auftrag. Am 1. Oktober 1552 hatten seine Truppen die Stadt Kasan erobert. Da die russisch-orthodoxen Christen am 1. Oktober den Feiertag Pokrow, das Fest des Schutzmantels der Gottesmutter, begehen, nannte man das 1559 geweihte Gotteshaus zunächst nach diesem Tag *Pokrowskij Sobor na Rwu* (Mariä-Schutz-und-Fürbitte-Kathedrale am Graben).

Tür der Ikonostase in der Basilius-Kathedrale

Die russischen Baumeister Barma und Posnik Jakowlew – vermutlich ein und dieselbe Person – hatten für ihre Planung freie Hand. Nur sollte die Kathedrale »eine Hymne an die Freude« sein, sie sollte das Glück symbolisieren, das Zar und Volk erfüllte, als die Bedrohung durch mongolisch-tatarische Heere endgültig beseitigt war. Und in der Tat strahlt keine andere russische Kirche eine solche Fröhlichkeit aus wie der Pokrowskij Sobor. Übrigens behauptet die Legende, daß Iwan die beiden Baumeister blenden ließ, damit sie nirgendwo mehr eine solch schöne Kirche hätten errichten können.

Vier Kapellen bilden die Enden eines Kreuzes, eine fünfte beherrscht die Mitte, die Zwischenräume füllen vier weitere Kapellen, so daß ein sternförmiger Grundriß entsteht. Jede der neun Kapellen strebt turmförmig empor und wird von einer mächtigen Zwiebelkuppel gekrönt, nur der mittlere, deutlich höhere Kapellenturm endet in einer Zeltdachspitze mit einer kleinen Goldzwiebel obenauf. Keine Kuppel gleicht der anderen; ihre üppigen Formen und leuchtenden Farben lassen die Kathedrale wie eine Märchenkirche erscheinen. Sechs der Kapellen waren den Heiligen geweiht, an deren Feiertagen die ersten Kämpfe um Kasan stattfanden. Die siebente sollte an die Rückkehr des Zaren aus dem siegreichen Feldzug erinnern, die achte blieb vorerst ohne Namen und wurde später dem hl. Nikolaus gewidmet, die Hauptkapelle in der Mitte war dem Schutz Mariä anempfohlen, sie sollte – wie die ganze Kirche – die Erinnerung an den Siegestag bewahren. Zwei breite Außentreppen führen zu den Galerien empor, die die neun Kapellen miteinander verbinden. 1954 legten Restauratoren großartige Wandmalereien und Bauplastiken aus der Gründungszeit frei. Die ganze Turmkapellengruppe ruht auf einem gemeinsamen Sockelgeschoß, in dem heute die Ausstellung ›Der Pokrowskij Sobor als Denkmal der Bautechnik des 16. Jahrhunderts‹ gezeigt wird.

1588 ließ Zar Fjodor Iwanowitsch an die Kirche seines Vaters Iwan IV. eine zehnte Kapelle anbauen, in der die Gebeine des ›Gottesnarren‹ Wassilij beigesetzt wurden. Wassilij war ein Wanderprediger, der unter der Maske der Narrheit Ungerechtigkeiten der Obrigkeit anprangerte und deshalb vom Volk wie ein Heiliger verehrt wurde. Nicht einmal Iwan der Schreckliche hatte es gewagt, Wassilij Blaschennyj wegen seiner offenen Kritik hinrichten zu lassen. Fortan gaben die Moskauer dem Pokrowskij Sobor den Namen Wassilij-Blaschennyj-Kathedrale, kurz Basilius-Kathedrale. Im 17. Jh. erhielt die Kathedrale an ihrer Südostseite einen Glockenturm mit Zeltdach.

1611 wurde die Basilius-Kathedrale von den Polen geplündert und 1812 von den Franzosen als Pferdestall benutzt. Vor seinem Rückzug befahl Napoleon, den Bau bis auf die Grundmauern zu zerstören, doch General Lariboisière ignorierte den Befehl. – 1918 begannen erste Restaurierungsarbeiten, die sich bis in die Gegenwart fortsetzten.

Vor der Basilius-Kathedrale erinnert das **Denkmal von Minin und Poscharskij** (Umschlagvorderseite) an den Sieg über die Polen im Jahr 1612. Der Fleischermeister Kosma Minin organisierte den Aufstand gegen die polnische Besatzung, der Truppenführer Fürst Dmitrij Poscharskij vertrieb die Polen mit Hilfe der Volkswehr. 1818 schuf der Bildhauer Iwan Martos dieses erste weltliche Denkmal in Moskau; die Mittel dafür erbrachte eine öffentliche Sammlung. Von dem Granitpostament leuchtet die bronzene Inschrift: »Dem Bürger Minin und dem Fürsten Poscharskij das dankbare Rußland, im Jahr 1818.«

Vor dem Denkmal sehen Sie die Richtstätte (Lobnoje Mesto), eine runde Steinempore, die vor 400 Jahren errichtet wurde und in den achtziger Jahren des 18. Jh. ihr jetziges Aussehen erhielt. Von dieser Tribüne sprachen Zaren und Patriarchen zum Volk, verlasen Ausrufer die Erlasse der Regierung und der Kirche, verkündeten aber auch die Todesurteile, die dann am Festungsgraben vollstreckt wurden.

Die neue Frömmigkeit

Die meisten Russen neigen zu tiefer Frömmigkeit. Nur mit Feuer und Schwert konnten ihre Vorfahren vor 1000 Jahren von ihren nicht-christlichen Göttern getrennt werden. Und es brauchte Generationen, bis sie mit dem neuen Glauben an die göttliche Dreifaltigkeit und an die Gottesmutter Maria vertraut waren. Selbst Lenin erkannte, daß man den Glauben nicht verbieten kann, weder den Glauben an Gott noch den an Allah oder an Buddha. So gewährleistete die sowjetische Verfassung die Freiheit des Glaubens, was allerdings nicht verhinderte, daß der Staat die Macht der Kirche rigoros beschnitt, ihre Besitzungen enteignete und eine religiöse Betätigung der Bürger weitgehend mißbilligte.

Da die russische Kirche den Sowjetstaat im Zweiten Weltkrieg unterstützte, begann unter Stalin eine Zeit der Toleranz. Es mutet eigenartig an, wenn man zum Beispiel im St. Petersburger Newskij-Kloster vor Gräbern im Krieg gefallener, hochdekorierter Offiziere und Kommissare steht, deren Grabmal außer dem roten Sowjetstern auch ein orthodoxes Kreuz schmückt. In der Ära Chruschtschow folgte wieder ein religionsfeindlicher Kurs, der aber nicht verhindern konnte, daß weiterhin – in Moskau in 52 Kirchen – Gottesdienste stattfanden. Auch gab die Regierung nach wie vor Unsummen für die Erhaltung kunsthistorisch wertvoller Kirchen, Kathedralen und Klöster aus. Darin war aber keinesfalls eine Bestätigung der Institution Kirche zu sehen, sondern das Bewahren von Werken russischer Arbeiter.

Als 1988 die ›1000jährige Christianisierung Rußlands‹ gefeiert wurde, gingen Tausende von Kirchen aus staatlichem wieder in kirchlichen Besitz über und erhielten erneut ihre Weihe. In dieser Zeit wandten sich immer mehr Russen der Kirche zu, alte Frauen zumeist, schließlich auch viele junge Menschen. Tausende ließen sich taufen, dem Massenatheismus folgte nun Massenreligiosität.

Alexij II., ›Patriarch von Moskau und ganz Rußland‹, seit 1988 im sorgsam hergerichteten Danilow-Kloster zu Moskau residierend, ist davon überzeugt, daß die russische orthodoxe Kirche das nach 1917 entstandene »religiöse Vakuum« wieder füllt. So drängen zu jeder Liturgie die Gläubigen in die Kirchen, in denen es traditionsgemäß keine Sitzreihen gibt, sondern nur wenige Wandbänke für Gebrechliche. Die Gottesdienste ziehen sich über mehrere Stunden hin, und immer wieder erklingt das »Gospodin pomiluj« (Herr, erbarme Dich). Und in ergreifender Inbrunst fallen die

Die jahrhundertealte Tradition der Geschäfte und Handelshäuser am Roten Platz bewahrt das **Kaufhaus GUM** (Gossudarstwennyj Uniwersalnyj Magasin). 1888–1893 errichtete der Architekt A. Pomeranzew das riesige Gebäude unter Verwendung altrussischer Architekturformen. Bauherr war der Zar, er vermietete die Läden an Einzelhändler. Nach gründlicher Restaurierung wurde das Kaufhaus 1953 wiedereröffnet und gilt heute

Ein Kosak empfängt von einem Popen den Segen

mehrstimmigen Chöre ein (Orgel und andere Instrumente fehlen). Eine andächtige Stille ist in den Ostkirchen unbekannt. Die Gläubigen kommen und gehen, Kirchendiener eilen hin und her, beschneiden die Kerzen und putzen die Leuchter. Handwerker lackieren Türen und Bänke. Kinder schreien, Frauen schluchzen, und in langer Reihe drängt man zur Ikone, um ihre Glasabdeckung zu küssen. Der Pope segnet die Gemeinde und besprengt sie üppig mit Weihwasser. Hier und da kniet einer auf dem harten Steinboden. Und gesammelt wird natürlich auch, zumal es (noch) keine Kirchensteuer gibt: ›für die Erhaltung der Kirche‹, ›für die Heizung der Kirche‹, ›für Kerzen und Weihrauch‹. Auch als Ausländer gehört man ganz selbstverständlich zur Gemeinde, daher zieht man sich entsprechend an: Frauen tragen ein langärmeliges, knielanges Kleid und ein Kopftuch, Männer erscheinen mit langer Hose.

als das größte Warenhaus Rußlands. 1993 beging das GUM mit einem Volksfest auf dem Roten Platz sein hundertjähriges Bestehen.

Das 252 m lange und 88 m tiefe GUM besteht aus drei glasgedeckten Längspassagen, die durch Galerien und Brücken miteinander verbunden sind. Wer heute an den vielen hundert Läden und den plätschernden Springbrunnen vorbeiflaniert – insgesamt müßte

Passage im Kaufhaus GUM

er eine Strecke von 2,5 km zurücklegen –, kann es kaum glauben, daß sich noch vor wenigen Jahren mehr als 300 000 Käufer täglich durch das GUM drängten. Viele Läden, ja ganze Kaufhausabschnitte, werden inzwischen von westlichen Unternehmen betrieben. Die Waren sind in ›harten‹ Währungen zu bezahlen, ungern nimmt man auch Rubel. So verwundert es nicht, daß mehr Schaulustige als Käufer das GUM durchstreifen.

Ebenfalls im pseudorussischen Stil, nur märchenhafter und romantischer, präsentiert sich das **Historische Museum** (Istoritscheskij Musej) an der Nordwestseite des Platzes. Den prächtigen Bau aus rotem Backstein mit schneeweißen Dächern, zahlreichen Türmchen, Kokoschniki und anderem Beiwerk errichteten die Architekten Sherwood (Stcherwud) und Semjonow 1875–1883 im Auftrag der Archäologischen Gesellschaft. Vorher stand dort das Moskauer Rathaus, das der Gelehrte Lomonossow 1755 zur ersten Moskauer Universität bestimmte.

Das Historische Museum beherbergt die größte Sammlung zur Geschichte der Völker auf dem Territorium Rußlands von der Vorgeschichte bis zur Gegenwart. Von den mehr als 4,5 Millionen Objekten werden rund 300 000 in den 57 Sälen des Museums gezeigt, darunter die ›Russkaja Prawda‹, das vermutlich älteste Gesetzbuch Rußlands. Die Exponate sind nur zum kleinen Teil attraktive Schaustücke, sie haben vielmehr die Aufgabe, historische und soziale Zusammenhänge und Entwicklungen zu verdeutlichen. Wer das

Museum mit einigem Gewinn besuchen möchte, sollte sich in der Geschichte Rußlands ein wenig auskennen.

Neben dem Historischen Museum weihte der russische Patriarch Alexej II. im November 1993 die am Rande des Roten Platzes wiedererrichtete kleine **Kasan-Kathedrale.** Das Gotteshaus war 1936 auf Befehl Stalins abgerissen worden, um mehr Platz für die Militärparaden zu schaffen.

Kitajgorod

An den alten Marktplatz von Moskau, der im 17. Jh. den Namen ›Roter Platz‹ erhielt, schloß sich nach Osten hin das Handels- und Handwerkerviertel an. Im 16.Jh. erhielt dieser Stadtteil eine eigene Mauer mit Wehrtürmen und Schießscharten und damit den Namen Kitajgorod (von altruss. *kita* = mit Flechtwerk befestigter Erdwall, dann auch Festung; *gorod* = Stadt). Teile der Backsteinmauer sind noch am Ploschtschad Rewoljuzii und am Kitajskij Projesd erhalten. Zwischen den Mauern erstreckte sich ein dichtes Netz von Straßen und engen Gassen, an denen die Läden und Werkstätten lagen. Im 17. Jh. zählte man 72 Häuserreihen (Handelsreihen) mit rund 700 Geschäften. Im 19. und beginnenden 20. Jh. entwickelte sich das Stadtviertel zum Geschäftszentrum von Moskau, mit großen Kaufhäusern (darunter GUM), Handelskontoren, Lagerhäusern, Banken und Versicherungen. Ganze Häuserzeilen mußten inzwischen modernen Bauten weichen, wie das baufällige Viertel an der Moskwa, das heute vom Hotel ›Rossija‹ beherrscht wird. Alle erhaltenswerten Gebäude von Kitajgorod wurden jedoch sorgfältig restauriert und stehen unter Denkmalschutz.

Den Rundgang durch Kitajgorod beginnen Sie am besten an der Einmündung der Nikolskaja Uliza (НИКОЛСКАЯ УЛ.), der früheren Straße des 25. Oktober, auf dem Roten Platz.

Dem Historischen Museum gegenüber steht das Gebäude der ehemaligen Gouvernementsverwaltung aus dem Jahr 1740. Im Hof entdecken Sie die **Alte Münze** (Monetnyj Dwor), erbaut 1697. Hier war 1775 Jemeljan Pugatschow, der Anführer des größten Volksaufstandes in der Geschichte Rußlands, vor seiner Hinrichtung eingekerkert. Pugatschow wollte mit Hilfe der Uralkosaken und der russischen Leibeigenen einen Bauernstaat unter einem Bauernzaren errichten.

Im Hof des Hauses Nr. 7 stehen Reste des **Saikonospasskij-Klosters,** das 1600 gegründet und unter Peter dem Großen erweitert wurde. 1687 eröffnete das Kloster die erste höhere Lehranstalt Rußlands, die Slawisch-Griechisch-Lateinische Akademie. Hier studierte Lomonossow, der Gründer der Moskauer Universität. Von der einstigen Bedeutung des Klosters zeugt die Klosterkathedrale (Anfang 17. Jh.).

Im Haus Nr. 15, erbaut 1814, befand sich die Synodal-Druckerei; heute ist hier das **Historische Archiv** untergebracht. Im Hof sehen Sie zwei Steinbauten aus dem 17. Jh., die zum Kaiserlichen Druckereihof (Petschatnyj Dwor) gehörten. An ihrer Stelle stand jene Druckerei, in der Iwan Fjodorow im Jahre 1564 das erste Buch Rußlands druckte: die Apostelgeschichte; ein Exemplar der Erstausgabe befindet sich im Historischen Museum. Das Denkmal Fjodorows, eine Arbeit des Bildhauers S. Wolnuchin (1909), finden Sie am unteren Ende der Nikolskaja Uliza. 1703 erschien im Kaiserlichen Druckereihof die erste russische Zeitung: ›Wedomosti‹.

Im Nachbarhaus befindet sich das Restaurant **›Slawjanskij Basar‹**, berühmt für seine russische Küche. In diesem Restaurant beschlossen an einem Sommerabend des Jahres 1898 die beiden Schauspieler Stanislawskij und Nemirowitsch-Dantschenko, das Moskauer Künstlertheater (s. S. 87f.) zu gründen, von dem wesentliche Impulse auf die gesamte europäische Theaterwelt ausgehen sollten. Wer im ›Slawischen Basar‹ essen möchte, melde sich rechtzeitig telefonisch an.

Der Bogojawlenskij Projesd verbindet die Nikolskaja Uliza mit der Ilinka Uliza. Auf dem Weg passieren Sie die **Klosterkathedrale zur Erscheinung Christi** (Sobor Bogojawlenskogo Monastyrja), einen Barockbau des 17. Jh. Die Ilinka Uliza (ИЛИНКА УЛ.) leitet ihren Namen von dem biblischen Propheten Eli ab. Die Hauptgeschäftsstraße von Kitajgorod war einst die Pracht- und Paradestraße des Stadtteils, hier entlang führte auch der Weg zum Schafott auf dem Roten Platz. In den hohen Gebäuden der Jahrhundertwende, gebaut im Jugendstil oder im historisierenden altrussischen Stil, residieren heute vorwiegend Behörden und Institute.

Einen ganzen Straßenblock nimmt der **Alte Kaufhof** (Staryj Gostinyj Dwor) ein, den der große klassizistische Baumeister Giacomo Quarenghi 1790–1805 errichtete. Arkaden mit korinthischen Halbsäulenpaaren schmücken die monumentalen Fassaden des einstigen Großhandelshauses. Das gründlich restaurierte Gebäude beherbergt heute ein internationales Handels- und Bankenzentrum. – Ebenfalls zur Ilinka-Straße gehört die ehemalige Börse von Moskau. In dem Gebäude, das A. Kaminskij 1875 schuf, hat heute die Industrie- und Handelskammer Rußlands ihren Sitz.

Von der Warwanka Uliza bis zur Moskwa erstreckte sich früher das Hafenviertel Sarjadje, ein Konglomerat von Lagerhäusern, Industriebetrieben, Läden und Wohnhäusern, vor der Oktoberrevolution »einer der schmutzigsten und dichtestbevölkerten Ortsteile von Moskau«. Seit 1969 bedeckt der mächtige Koloß des **Hotels ›Rossija‹** (РОССИЯ = Rußland) fast das ganze Sarjadje. Das Hotel, das zu den größten Bauten dieser Art in der Welt zählt, bietet in 3172 Zimmern bis zu 6000 Gästen eine komfortable Übernachtungsmöglichkeit. Der 20geschossige Hotelkomplex, den ein 95 m hoher Turm überragt, besitzt außerdem einen Konzertsaal mit 2500 Plätzen, mehrere Restaurants und Cafés sowie zwei Kinos für 1550 Zuschauer. Im ›Rossija‹ finden Kongresse, Empfänge, Bälle und Neujahrsveranstaltungen statt.

Geradezu winzig wirkt die **Kirche zur unbefleckten Empfängnis der hl. Anna** (Zerkow Satschatija Anny) gewissermaßen zu Füßen des Hotelkolosses nahe dem Moskwaufer. Sie gehört zu den ältesten Gotteshäusern der Stadt (15. Jh.). - Gleich neben der Kirche führt der Kitajskij Projesd (КИТАЙСКИЙ ПР.) von der Moskwa weg und an einem restaurierten Teilstück der Stadtmauer von Kitajgorod vorbei.

Längs der Warwanka Uliza (ВАРВАНКА УЛ.) zieht sich vor dem Hotel ›Rossija‹ eine Reihe alter Bauten entlang. Da ist zuerst die kleine **St.-Barbara-Kirche** (Zerkow Warwary), ein schönes Beispiel des russischen Klassizismus (1794). Dann folgt der **Alte Englische Hof** (Staryj Anglijskij Dwor), ein kleines, aber wuchtiges Gebäude, das Iwan IV. 1556 dem Moskauer Kontor der englischen Kaufherren schenkte. Heute zeigt das Archäologische Institut der Akademie der Wissenschaften in dem Haus Fundstücke aus Moskauer Grabungen. In den Räumen der weißen **St.-Maxim-Kirche** (Zerkow Maksima) aus dem Jahr 1699 finden wechselnde Ausstellungen der Gesamtrussischen Naturschutzgesellschaft statt.

Jenseits der Hochstraße zum Hotel Rossija sehen Sie das **Kloster zu Mariä Erscheinung** (Snamenskij Monastyr) und den **Alten Regentenhof** (Staryj Gossudarjew Dwor). Auf dem Herrensitz residierten die Bojaren Romanow. Als der Bojar Michail Fjodorowitsch die Zarendynastie der Romanows begründete, stiftete er 1634 auf seinem Grundstück das Kloster zu Mariä Erscheinung. Die Kathedrale mit ihren fünf Kuppeln entstand 1679–1684 in der Regierungszeit des Romanow-Zaren Fjodor III. In ihr werden heute Konzerte gegeben. Zum Klosterkomplex gehören noch ein Glockenturm aus dem 18. Jh. und das sog. **Haus der Romanow-Bojaren** (Dom Musej Bojarina), ein kleines Museum mit dem Arbeitszimmer eines Bojaren, dem Speiseraum und den Frauengemächern. – Die Reihe der alten Bauten an der Warwanka Uliza endet mit der kleinen St.-Georg-Kirche (Zerkow Georgija) aus dem Jahr 1697.

In der nach Norden abzweigenden Nikitnikow-Gasse versteckt sich eine der schönsten Kirchen Moskaus: die **Dreifaltigkeitskirche in Nikitniki** (Zerkow Troizy w Nikitnikach). Auf einem hohen Sockelgeschoß, das als Warenlager diente, ließ der Kaufherr Grigorij Leontjewitsch Nikitnikow 1635–1653 neben seinem Handelshof die Kirche errichten. Den kubischen Baukörper krönen versetzte Koschniki-Reihen und fünf Kuppeln. Weinrote Wandflächen, bunte Keramikfriese und grüne Kuppeln schmücken das Äußere der Kirche. Spätere Anbauten - ein Glokkenturm und drei Kapellen - fügen sich harmonisch in das Ganze ein. Die ausdrucksstarken Wand- und Kuppelfresken in

Dreifaltigkeitskirche in Nikitniki

ihrer ursprünglichen Farbigkeit zeigen Szenen aus dem Leben Jesu; die Dargestellten treten in zeitgenössischer russischer Kleidung auf. Die Ikonostase gestalteten die besten Maler der Rüstkammer. Besonders genau sollten Sie sich die beiden bedeutendsten Tafelwerke ansehen: die ›Alttestamentliche Dreifaltigkeit‹ und ›Mariä Verkündigung‹. Jakow Kasanez, Gawriil Kondratjew und Simon Uschakow, der Begründer der russischen Helldunkelmalerei (Chiaroscuro), sind ihre Schöpfer. Die Südkapelle diente vermutlich als Grabstätte der Kaufherrenfamilie. In der Nordkapelle werden heute Freskofragmente aus verschiedenen Klöstern des 15. Jh. gezeigt.

Die Moskauer Metro

Bevor wir uns über die nähere Umgebung des Kreml in die einzelnen Stadtteile Moskaus vortasten, wollen wir uns das modernste und schnellste Verkehrsmittel der Stadt ansehen: die Metro, die schönste Untergrundbahn der Welt, ein wohl einmaliges unterirdisches Kunstmuseum (Plan der Moskauer Metro S. 364).

Im Dezember 1932 begannen die Bauarbeiten, am 15. Mai 1935 wurde der erste, 11,6 km lange Abschnitt feierlich eröffnet. Bis heute mißt das Streckennetz der Metro 259 km, bis zum Jahre 2000 sollen es mit oberirdischen Streckenabschnitten 408 km sein. Über 7000 Züge befördern täglich im Durchschnitt 9 Millionen Menschen, an manchen Tagen sogar bis zu 12 Millionen. Die Züge fahren elektronisch gesichert auf Breitspurgleisen (1524 mm), extrem beschleunigt und 48 bis 94 km/h schnell. Mit einer durchschnittlichen Betriebsgeschwindigkeit (einschließlich Haltestellen) von 39,5, auf der Schdanower Linie sogar von 44,4 km/h, ist die Moskauer Metro die schnellste U-Bahn der Welt. In den neuen Stationen zeigen Markierungen auf dem Bahnsteig, wo sich die Türen des Zuges jeweils befinden werden; dadurch ließen sich die Haltezeiten um 10 bis 15 Sekunden verkürzen. In den Stoßzeiten folgen die Züge im 80-Sekunden-Abstand aufeinander. In den nächsten Jahren soll die Metro vollautomatisiert werden, d. h. fahrerlos verkehren. Rund 500 Rolltreppen, oft steil und lang wie in London, aber erheblich schneller, schlucken die Menschenmassen auf den 140 Stationen und speien sie wieder aus.

1998 soll der Bau von unterirdischen Schnellbahnstrecken beginnen. Da die Stationen hierbei mindestens 5 statt 1 km voneinander entfernt sind, wird sich die durchschnittliche Betriebsgeschwindigkeit auf etwa 70 km/h erhöhen, wobei Spitzengeschwindigkeiten bis zu 120 km/h erreicht werden. Der rund 60 km lange erste Streckenabschnitt wird die beiden Vororte Butowo (im Süden) und Mitino (im Nordwesten) miteinander verbinden.

Fast jede Metro-Station ist ein Kunstwerk für sich, geschmückt mit Mosaiken, Fresken, Stuckarbeiten, Glasmalereien und Skulpturen. Die älteren Stationen zeigen sich in üppiger Pracht, die neuen, mit kostbaren Natursteinen, Metallegierungen und Glas verkleideten Stationen wirken sachlich, elegant, zum Teil futuristisch. Und immer bildet die Ausleuchtung durch Kristallüster, formschöne Lampen oder indirektes Licht ein wichtiges Element des Raumschmucks.

Metro-Station Prospekt Mira

Die interessantesten älteren Metro-Stationen finden Sie im Stadtzentrum: die Dreierstation Ploschtschad Rewoljuzii (ПЛОЩАДЬ РЕВОЛЮЦИИ), Teatralnaja (ТЕАТРАЛЬНАЯ) und Ochotnij Rjad (ОХОТНЫЙ РЯД), die Stationen Majakowskaja (МАЯКОВСКАЯ), Arbatskaja (АРБАТСКАЯ) und Kropotkinskaja (КРОПОТКИНСКАЯ) sowie die zwölf Stationen der Ringbahn (Linie 4). Die Station Majakowskaja wurde in New York mit dem Grand Prix ausgezeichnet. Motive aus den Dichtungen Puschkins schmücken die Station Puschkinskaja (ПУШКИНСКАЯ). Die prunkvollste Metro-Station der russischen Hauptstadt ist wohl Kiewskaja (КИЕВСКАЯ). Zwei schöne Beispiele moderner Metro-Architektur bieten die Stationen Elektrosawodskaja (ЭЛЕКТРОЗАВОДСКАЯ) im Nordosten und Juschnaja (ЮЖНАЯ) im Süden.

Auch die oberirdischen Zugänge der innerstädtischen Metro-Stationen gleichen oft kleinen Palästen oder Triumphbogen mit hohen Arkaden, Säulenportiken und Monumentalreliefs. Besonders reizvolle Eingangsbauten besitzen die Metro-Stationen Kropotkinskaja (КРОПОТКИНСКАЯ), Nowoslobodskaja (НОВОСЛОБОДСКАЯ), Komsomolskaja (КОМСОМОЛЬСКАЯ) und Krasnopresnenskaja (КРАСНОПРЕСНЕНСКАЯ). Meistens muß man schon sehr genau hinschauen, um in den imposanten Bauwerken Metro-Stationen zu erkennen. Das ›M‹ als Kennzeichen der Metro ist oft nur schwer auszumachen.

Ein Metro-Chip gibt den Weg zur ›Unterwelt‹ frei. Solche Chips bekommt man am Schalter jeder Station (am besten kaufen Sie zehn Stück oder das Mehrfache davon). Für Pfennigbeträge können Sie zwischen 5 Uhr morgens und 1 Uhr nachts das ganze Liniennetz abfahren, die Fahrgäste beobachten, nach Belieben umsteigen, die Stationen anschauen. Für ein solch geringes Entgelt läßt sich die Metro natürlich nicht wirtschaftlich betreiben. Doch sie ist ein Politikum, denn heute besitzt fast jede Moskauer Familie einen PKW, den sie aber – wegen der relativ hohen Benzinpreise – nur als Transportfahrzeug oder für Fahrten ins Grüne benutzt.

Von der Mochowaja zum Slawjanskaja-Platz

In weitem Bogen folgt die Mochowaja Uliza (МОХОВАЯ УЛ.) dem Lauf des Flüßchens Neglinnaja, das einst die Nordwestseite des Kreml sicherte. Die Prachtstraße beginnt bei der Moskwabrücke Bolschoj Kamennyj, von der aus Sie einen herrlichen Blick auf den gesamten Kreml haben. Die Brücke wurde 1938 erbaut und ist 187 m lang. Auf einem Hügel steht das **Paschkow-Haus,** 1784–1786 von Wassilij Baschenow im Stil des Klassizismus für einen reichen Gutsbesitzer errichtet. Seit 1862 beherbergte das Gebäude die Kunst- und Büchersammlung des Grafen Rumjanzew. 1923 kamen die Gemälde in das Puschkin-Museum der bildenden Künste (s. S. 69 ff.), die Bücher und Manuskripte bildeten den Grundstock für die Lenin-Bibliothek, die heutige **Russische Staatsbibliothek.** Ihr riesiger Gebäudetrakt, erbaut in mehreren Etappen zwischen 1928 und 1958, schließt sich an das Paschkow-Haus an. Die der Mochowaja Uliza zugewandte Fassade der Bibliothek schmücken Skulpturen von Arbeitern, Bauern und Soldaten sowie Flachreliefs bedeutender Schriftsteller und Gelehrter. Mit über 29 Millionen Büchern, Zeitschriftenbänden und Manuskripten ist die Russische Staatsbibliothek eine der größten Bibliotheken der Welt. Zu ihrer Sammlung zählen slawische Handschriften vom 11. Jh. an sowie Erstausgaben der Werke von Nikolaus Kopernikus und Giordano Bruno.

In Höhe der Kutafja-Bastion (s. S. 37) nimmt die ehemalige Moskauer Reitschule **Manege** ein ganzes Häuserviertel von 170 x 45 m Größe ein. 1817 konstruierte der Militäringenieur A. Béthencourt das Gebäude mit seiner stützenlosen Dachkonstruktion, seinerzeit eine technische Meisterleistung. Heute dient die Manege als Zentraler Ausstellungssaal. 1993 weckte z. B. eine Ausstellung über die Romanow-Dynastie sehr starkes Interesse.

Hinter der Manege geht die Mochowaja Uliza in den riesigen **Manegeplatz** (МАНЕЖНАЯ ПЛ.) über. Dieser entstand während der 30er Jahre im Zuge der Altstadtsanierung. Niemand vermag sich heute mehr vorzustellen, daß hier noch im 19. Jh. Wassermühlen an den Ufern der Neglinnaja Korn mahlten. Unter dem Platz entstand in den vergangenen Jahren ein dreistöckiges Einkaufszentrum, zur Zeit das größte in Rußland. Und über dem Platz erhielt Georgij Schukow (1896–1974), Marschall der Sowjetunion und Bezwinger Nazi-Deutschlands, 1957 unter Stalin in Ungnade gefallen, 1995 mit einem monumentalen Denkmal seine Rehabilitierung.

Mit seiner prachtvollen Südwestfassade grenzt das **Hotel ›Moskwa‹**, der erste Hotelneubau unter sowjetischer Regie (1933–1935) an den Manegeplatz, der in Höhe des Historischen Museums (s. S. 58 f.) in den Platz der Revolution (Ploschtschad Rewoljuzii; ПЛ. РЕВОЛЮЦИИ) übergeht. Aleksej Schtschussew, der große sowjetische Architekt, plante den Hotelkoloß mit seinen rund 1700 Betten (einschließlich denen in den späteren Anbauten). In dem kleinen Café-Restaurant ›Über Moskau‹ im 15. und obersten Stockwerk des Hotels kann man gut und preiswert essen; allerdings spricht hier niemand Deutsch oder Englisch, so daß das Bestellen ein kleines, aber reizvolles Abenteuer ist (nur russische Küche).

Das Gebäude, in dem sich heute der **Sitz des Oberbürgermeisters** befindet, entstand 1891–1892 und diente bis 1924 der Stadtduma als Versammlungsort. Danach beherbergte es das ›Zentrale Lenin-Museum‹, mit rund 800 000 Dokumenten, Manuskripten, Erstausgaben und Gegenständen aus Lenins Privatbesitz die größte Lenin-Sammlung überhaupt. Im November 1993 ließ Boris Jelzin das Museum schließen.

Das **Haus der Gewerkschaften** (Dom Sojusow), ein Meisterwerk des Klassizismus, wurde 1784 von dem großen Baumeister Matwej Kasakow für den Fürsten Dolgorukij-Krymskij erbaut. Im 19. Jh. diente das Gebäude als Klubhaus des Moskauer Adels. Sein Säulensaal – früher nannte man ihn Adelssaal – gilt als der schönste Konzertsaal Moskaus. Hier spielten schon Tschaikowskij, Rimskij-Korssakow, Rachmaninow, Liszt und Clara Schumann. Noch heute lassen die vielstufigen Kristallüster bei festlichen Konzerten und Galaveranstaltungen die schneeweißen korinthischen Marmorsäulen aufleuchten.

Der Ochotnyj Rjad (ОХОТНЫЙ РЯД), die Verlängerung der Mochowaja Uliza, erreicht nun den **Theaterplatz** (Teatralnaja Ploschtschad; ТЕАТРАЛЬНАЯ ПЛ.). In der Mitte des Platzes steht auf einem gewaltigen Granitblock noch immer Karl Marx. – Nach dem großen Brand von Moskau (1812) erhielt der Architekt Ossip Bowe den Auftrag, aus dem eingeäscherten Häuserviertel zu beiden Seiten der Neglinnaja einen repräsentativen Platz zu schaffen. Er zwängte den Fluß in ein unterirdisches Kanalsystem, baute danach das Bolschoi-Theater und setzte das Kleine Theater daneben.

Die Geschichte des **Bolschoi-Theaters** (Bolschoj Teatr), eines der bedeutendsten Opern- und Balletthäuser der Welt, begann am 28. März 1776. Damals erhielt Fürst Urusow von der Regierung das Alleinrecht, in Moskau Schau- und Singspiele aufführen zu dürfen. An das Alleinrecht war die Bedingung geknüpft, innerhalb von fünf Jahren ein »Theater aus Mauerwerk« zu errichten, das »außen so schmuck sein soll, daß es der Stadt zur Zierde gereiche«. 1781 hatte der Architekt Rosberg das ›Petrowskij-Theater‹ – nach der vorbeiführenden Uliza Petrowka benannt – fertiggestellt. Den Kern des Theaterensembles bildete anfangs die Leibeigenentruppe des Fürsten. Später kamen Mitglieder mehrerer Theatergesellschaften und der Moskauer Universität dazu. Der geniale Impresario M. E. Maddox übernahm auch Leibeigenenensembles anderer Fürstenhäuser. Aufgeführt wurden Schauspiele und Opern, die Mimen waren zugleich Sänger und umgekehrt.

Frontispiz des Bolschoi-Theaters

Schon bald gründete das Theater eine eigene Tanzschule, aus der das heutige Akademische Institut für Choreographie hervorging.

1805 brannte das Petrowskij-Theater nieder. 1806 wurde der berühmte Architekt Carlo Rossi, der ›Stadtplaner von St. Petersburg‹, mit einem Neubau im Stadtteil ›Arbat‹ (s. S. 80), betraut; das Opernhaus erhielt den Namen Bolschoi-Theater (= Großes Theater). 1812 fiel es dem Brand von Moskau zum Opfer. 1822–1825 errichtete der Architekt Ossip Bowe nach Entwürfen von Professor A. Michailow wieder an der Petrowka den heutigen Bau im Stil des russischen Klassizismus mit monumentaler Eingangskolonnade und einer Bronze-Quadriga auf dem Frontispiz. 1853 brannte die Inneneinrichtung, der Architekt Cavos stattete das Bolschoi prunkvoller denn je aus.

Schauspiele wurden im Bolschoi nicht mehr aufgeführt, hierfür stand u. a. das benachbarte Kleine Theater zur Verfügung. Das Grundrepertoire bildeten komische Opern russischer Komponisten. Auch Opern mit Themen aus der Geschichte Rußlands erschienen im 19. Jh. immer häufiger auf dem Spielplan. Inzwischen hatte die Ballettgruppe des Bolschoi auf den Grundlagen des russischen Volkstanzes ihren nationalen klassischen Tanzstil entwickelt. Um die Mitte des Jahrhunderts begeisterte die Sankowskaja, die erste russische Ballerina, die es mit den besten Tänzerinnen der Welt aufnehmen konnte, das Moskauer Publikum.

Unter seinem Direktor Aleksej Werstowskij (1799–1862), von dem die damals vielbeachtete Oper ›Askolds Grab‹ stammt, strebte das Bolschoi ein immer höheres Niveau an. 1842 leitete Werstowskijs Schüler Michail Glinka mit seiner Oper ›Das Leben für den Zaren‹ die Epoche der großen russischen Meister am Bolschoi ein. Die umjubelte Aufführung von Verdis ›Troubadour‹ im Jahr 1859 bewegte die kaiserliche Theaterdirektion dazu, das Bolschoi 1861 an eine italienische Operngesellschaft zu verpachten. Nacheinander erschienen Gounods ›Margarethe‹ und Verdis ›La Traviata‹, ›Don Carlos‹, ›Aida‹ und ›Rigoletto‹ auf dem Spielplan. Für die Aufführung russischer Opern stand nur noch ein Abend je Woche zur Verfügung. Der starke Einfluß der Musik Verdis und die ausgefeilte Technik der italienischen Gesangsschule forderten die russischen Komponisten und Sänger heraus. Den Durchbruch schaffte Peter Tschaikowskij mit seinem Ballett ›Schwanen-

Aufführung des Bolschoi-Balletts

see‹ (1877) und seiner Oper ›Eugen Onegin‹ (1879). Beide Werke erlebten ihre Uraufführung im Moskauer Bolschoi-Theater. ›Schwanensee‹ vollendete eine Entwicklung, die mit den Tanzeinlagen in Glinkas Werken begann, sich in Adams ›Giselle‹ und Minkus' ›Don Quixote‹ fortsetzte und das klassische Ballett nunmehr ebenbürtig neben die Oper stellte.

Dann folgten Schlag auf Schlag die großen russischen Opern und Ballette von Mussorgskij (›Boris Godunow‹), Rimskij-Korssakow (›Schneeflöckchen‹), Borodin (›Fürst Igor‹), Glasunow (›Raimonda‹) usw., fast ausschließlich zuerst in St. Petersburg aufgeführt. Musikmäzene wie Fürst Scheremetjew und der Kaufmann Mamontow unterstützten das Moskauer Opernhaus, das es naturgemäß schwer hatte, neben der Petersburger Bühne zu bestehen. Nur allzu schnell brachte ein Engagement Komponisten und Künstler an die Newa. Einige allerdings hielten Moskau die Treue, wie Fjodor Schaljapin, der größte Bassist aller Zeiten, der von 1899 bis 1918 dem Bolschoi-Ensemble angehörte.

Das Wetteifern um die beste Opern- und Balletttruppe ist geblieben. Dabei kann man dem Bolschoi-Theater die Führung im Opern- und Ballettschaffen innerhalb Rußlands heute kaum mehr absprechen. Von den rund 800 Mitgliedern des Moskauer Ensembles ist immer ein großer Teil auf Tournee durch die ganze Welt, so daß nicht nur das Moskauer

Publikum in den Genuß der weltbekannten Stimmen kommt. Das Bolschoi-Ballett repräsentieren vor allem die unvergessenen Primaballerinen Galina Ulanowa und Maja Plissezkaja. Langjähriger Leiter des Bolschoi-Balletts ist Jurij Grigorowitsch, dessen Choreographie zu ›Spartacus‹ nach der Musik von Chatschaturjan zum Inbegriff des modernen sowjetischen bzw. russischen Balletts wurde.

Einen Opern- oder Ballettabend im Bolschoi-Theater sollte sich kein Moskaubesucher entgehen lassen. Die Karten sind knapp, denn viele Moskauer hungern lieber, als daß sie auf Kunstgenuß verzichten. Für ausländische (›harte‹) Währung sind jedoch fast immer Karten zu bekommen.

Dem Bolschoi-Theater benachbart ist das **Staatliche Akademische Kleine Theater** (Malyj Teatr), 1821 errichtet, 1824 von Ossip Bowe im klassizistischen Stil umgebaut. Da hier alle Werke des Dramatikers und Schöpfers des nationalen russischen Theaters Aleksandr Ostrowskij (1823–1886) uraufgeführt wurden, nennt man es auch ›Ostrowskij-Haus‹. Vor dem Gebäude steht Ostrowskijs Denkmal (1929).

Dem Kleinen Theater gegenüber liegt das **Zentrale Kindertheater** (Detskij Teatr), ein ebenfalls klassizistisches Bauwerk aus dem Jahr 1821. Seit 1921 werden in diesem Haus kindergeeignete Theaterstücke aufgeführt, um die Jugend behutsam an die Schöpfungen der großen Meister heranzuführen.

Das **Hotel ›Metropol‹** an der Ostseite des Theaterplatzes wurde 1899–1903 im Jugendstil errichtet. Die Hotelfassade schmückt ein großes Majolikabild, ›Prinzessin Gresa‹, nach Entwürfen von Michail Wrubel (1856–1910), dem Hauptvertreter des russischen Symbolismus.

Hinter dem Theaterplatz steigt der Theaterprospekt (ТЕАТРАЛЬНЫЙ ПР.) zum Lubjanskaja Ploschtschad (ЛУБЯНСКАЯ ПЛ.) an. Hier stand seit 1957 ein gewaltiges Standbild Feliks Dserschinskijs, des Gründers der sowjetischen Geheimpolizei ›Tscheka‹ (später KGB), bis es 1991 unter dem Jubel von 15 000 Menschen vom Sockel gestürzt wurde. Das große, graue Gebäude an der Nordseite des Platzes beherbergt heute die russische Zentrale des Staatssicherheitsdienstes. Ihm gegenüber erinnert ein Gedenkstein an die **›Opfer der Repressionen‹**. Am 30. Oktober 1974 hatten die politischen Häftlinge mehrerer Lager an der mittleren Wolga, der Mordwinischen Lager, mit einem Hungerstreik gegen den sowjetischen Terror demonstriert. Aus diesem Anlaß gedenken seit 1990 viele Russen alljährlich am 30. Oktober der Opfer des Sowjetregimes.

Die Westseite des Lubjanskaja-Platzes nimmt das Kinderkaufhaus **›Detskij Mir‹** (= Welt des Kindes) ein, das 1957 als größtes Kaufhaus dieser Art in der Welt entstand. Von Kinderbekleidung über Kindermöbel, Schulbedarf, Bücher, Sportartikel bis zum Spielzeug gibt es hier alles, was die russische Industrie für die jüngsten Bürger des Staates herstellt. – Rechts stehen Sie wieder vor dem Denkmal Iwan Fjodorows, des ersten russischen Buchdruckers (s. S. 60).

An der Einmündung des Projesd Serowa (ПР. СЕРОВА) auf den Lubjanskaja-Platz (Haus 3/6) wurde 1974 das **Majakowskij-Museum** eröffnet. Hier lebte und arbeitete der Dichter Wladimir Majakowskij (1893–1930), der Hauptrepräsentant des russischen Futurismus. Er verherrlichte in Schauspielen und Gedichten die Revolution und ihre Führer, kritisierte aber auch das neue Spießertum und die Bürokratie. Im Ausland wurde er vor allem durch seine satirischen Komödien ›Die Wanze‹ (1928) und ›Das Schwitzbad‹ (1929) sowie durch seine Lyrik bekannt. Am 14. April 1930 erschoß sich Majakowskij in seiner Wohnung.

Wer sich für die Geschichte der Technik in Rußland interessiert, findet im nahen **Polytechnischen Museum** (Politechnitscheskij Musej) zwischen dem Projesd Serowa und dem Neuen Platz (Nowaja Ploschtschad, НОВАЯ ПЛ.) mehr als 20 000 Exponate von den einfachsten Maschinen bis zur Atomtechnik. Das Museum wurde 1872 gegründet, die Gebäudeteile stammen aus der Zeit von 1877 bis 1907.

Die ehemalige Kirche Johannes der Evangelist, ein schöner Bau des Klassizismus, genauer des aus Frankreich übernommenen Empirestils, beherbergt das **Museum der Geschichte und Rekonstruktion Moskaus** (Musej Istorii i Rekonstrukzii Moskwy) kurz: ›Moskau-Museum‹. Das Museum liegt dem Polytechnischen Museum genau gegenüber ebenfalls am Neuen Platz und zeigt eine umfangreiche stadtgeschichtliche Sammlung (Pläne, Graphiken, Modelle, Fotos).

Südlich des Polytechnischen Museums fällt der **Iljinskij-Park,** dessen Name an ein Tor der Kitajgoroder Stadtmauer erinnert, zum Slawjanskaja Ploschtschad (СЛАВЯНСКАЯ ПЛ.) ab. Die interessantesten Gebäude im Umkreis des Platzes sind der **Geschäftshof** (Delowoj Dwor) aus dem Jahr 1912 und die im 14. Jh. von Dmitrij Donskoj gegründete **Kirche Allerheiligen in Kulischki.**

Vom Kreml zu den Sperlingsbergen

Vom Borowizer Platz an der Westecke des Kreml führt eine alte Straße, die Wolchonka (УЛ. ВОЛХОНКА), nach Südwesten. Das sorgsam restaurierte Haus Nr. 8 war im 17. Jh. der Wohnsitz eines Bojaren.

Wenige Häuser weiter treffen Sie auf das **Staatliche Museum der bildenden Künste A. S. Puschkin,** meist kurz ›Puschkin-Museum‹ genannt, die nächst der St. Petersburger Ermitage (s. S. 224 ff.) größte Sammlung westeuropäischer Kunst in Rußland. 1858 hatte der erste Inhaber des Lehrstuhls für Kunstgeschichte an der Moskauer Universität, K. K. Hertz, angeregt, für seine Studenten ein Museum mit Gipsabgüssen berühmter Plastiken einzurichten. Da die Universität kein Geld bereitstellte, mußten die Baukosten durch Spenden finanziert werden. 1898–1912 baute der Architekt R. I. Klein das Museumsgebäude im neoklassizistischen Stil mit einem beherrschenden Portikus, einem langen Säulengang und einer repräsentativen Treppe. Da das Museum ursprünglich nur Kopien enthalten sollte, verwendetete der Architekt bei der Außen- und Innengestaltung des Gebäudes alte Motive. So sind die Marmorsäulen des Portikus Nachbildungen der Säulen des Athener Erechtheion (421–406 v. Chr.). Der Italienische Hof im Innern des Puschkin-Museums gleicht dem Palazzo del Popolo in Florenz (1260–1320). Die Ausstattung eines jeden einzelnen Saales entsprach bauhistorisch der Epoche der darin aufzustellenden Repliken.

Iwan Zwetajew, Kunsthistoriker und Professor an der Moskauer Universität, besorgte in ganz Europa originalgetreue Gipsabgüsse von griechischen, römischen, mittelalterlichen und Renaissanceplastiken. Dazu kamen galvanische Reproduktionen antiker Silberarbeiten. Gemälde italienischer Meister des 13. und 14. Jh. und französische Bronzen des 18. und 19. Jh. ergänzten die einzigartige Sammlung. Nach der Oktoberrevolution kamen Gemälde niederländischer und französischer Meister aus der Tretjakow-Galerie sowie die gesamte Kunstkollektion des Grafen Rumjanzew hinzu.

1924 wurden die ersten vier Säle der Gemäldegalerie zur Besichtigung freigegeben. Im selben Jahr entstand auch das Graphikkabinett mit Zeichnungen und Stichen, darunter 355 Rembrandt-Radierungen, eine Kollektion japanischer Holzschnitte und chinesischer Tuschzeichnungen sowie russische Graphiken. Ende der 20er Jahre erhielt das Museum zahlreiche Gemälde aus russischen Adelspalästen, zumeist italienische Werke des 18. Jh. und Werke französischer Romantiker aus dem beginnenden 19. Jh. Anfang der 30er Jahre vervollständigte die Sammlung altägyptischer Objekte des Orientalisten Wladimir Golenistschew die Bestände. Schließlich gab auch die Leningrader Ermitage mehrere Gemälde ab. 1937 erhielt das Museum aus Anlaß des hundertsten Todestages von Aleksandr Puschkin den Namen des großen Dichters. 1948 übernahm das Puschkin-Museum gemeinsam mit der Ermitage die bedeutenden Werke französischer Maler des Impressionismus und der Klassischen Moderne, die die beiden Moskauer Industriellen Sergej Schtschukin und Iwan Morosow zwischen 1866 und 1914 in Paris zusammengetragen hatten und die 1918 verstaatlicht worden waren. Beide Kunstsammler waren miteinander befreundet, jeder aber hatte andere Lieblingsmaler. So bevorzugte Morosow Renoir und Cézanne, während Schtschukin Picasso für sich entdeckte. 1993 wurden 120 dieser im Westen kaum bekannten Meisterwerke erstmals im Ausland, im Essener Museum Folkwang, gezeigt.

Insgesamt verfügt das Museum A. S. Puschkin heute über eine Sammlung von rund 3000 Gemälden, 350 000 Graphiken und mehr als 1 000 Gipsabgüssen, Originalplastiken und altorientalischen Exponaten. Das Graphikkabinett befindet sich in einer benachbarten Villa, Eingang: Uliza Marschala Schaposchnikowa Nr. 4. Im folgenden eine Auswahl der interessantesten Exponate:

Ägyptische Kunst
Der Schatzmeister Isi (Sandsteinrelief, Mitte 3. Jt.)
Pharao Amenemhet III. (Basaltbüste, 19. Jh. v. Chr.)
Schminklöffel (Holz und Elfenbein, 15. Jh. v. Chr.)
Totenklage (Sandsteinrelief, 14. Jh. v. Chr.)
Bildnis eines bärtigen Mannes (Totenporträt aus Fayum, 1.–2. Jh.)

Antike Kunst
Rotfiguriger Krater mit Hermes und Dionysos (Griechenland, 440 v. Chr.)
Kopf des Kaisers Trajan (Marmor, Rom, 2. Jh.)

Byzantinische Kunst
Der hl. Pantaleon (Ikone, 10. Jh.)

Italienische Malerei
Sandro Botticelli (1445–1510): Verkündigung

Puschkin-Museum: Der ›Farnesische Stier‹

Perugino (um 1446–1523): Madonna mit dem Kind
Giovanni Antonio Boltraffio (1467–1516): Hl. Sebastian
Agnolo Bronzino (1503–1572): Heilige Familie
Bernardo Strozzi (1581–1644): Kokette Alte
Alessandro Magnasco (1667–1749): Landschaft mit Figuren

Niederländische Malerei
Michel Sittow (1469–1525): Gang nach Golgatha
Joachim Beuckelaer (1533–1573): Auf dem Markt
Jan van Goyen (1596–1656): Blick auf den Waal bei Nijmegen
Abraham van Beyeren (1620/21–1690): Frühstück
Gerard Terborch (1618–1681): Dame mit Fächer
Rembrandt Harmensz van Rijn (1606–1669): Die Vertreibung der Händler aus dem Tempel; Der ungläubige Thomas; Bildnis einer alten Frau; Adreaen van Rijn, der Bruder des Künstlers; Ahasver, Haman und Esther
Peter Paul Rubens (1577–1640): Apotheose der Infantin Isabella; Bacchanal
Jacob Jordaens (1593–1678): Satyr zu Gast bei einem Bauern

Spanische Malerei
El Greco (1541–1614): Rodrigo Vasquez
Antonio Pereda (um 1608–1678): Stilleben mit Uhr

Französische Malerei
Nicolas Poussin (1594–1655): Rinaldo und Armida
Antoine Watteau (1684–1721): Feldlager
Jean-Baptiste Siméon Chardin (1699–1779): Stilleben mit Kunstattributen
Jacques-Louis David (1748–1825): Andromache beweint den Tod Hektors
Jules Dupré (1811–1889): Eichen am Weg
Camille Corot (1796–1875): Heuwagen

Impressionisten und Nachimpressionisten
Claude Monet (1840–1926): Kathedrale von Rouen am Abend
Pierre-Auguste Renoir (1841–1919): Akt
Edgar Degas (1834–1917): Tänzerinnen in Blau
Paul Cézanne (1839–1906): Pfirsiche und Birnen; Aquädukt
Paul Gauguin (1848–1903): Die Frau des Königs
Vincent van Gogh (1853–1890): Rote Weingärten in Arles
Henri Matisse (1869–1954): Stilleben mit Goldfischen
Pablo Picasso (1881–1973): Bettler mit einem Knaben; Akrobatin auf einer Kugel

Zwischen der Uliza Wolchonka und der Moskwa ragt die **Christus-Erlöser-Kathedrale** (Spasskij Sobor) 102 m hoch in den Himmel. 1837 bis 1883 war das damals größte Gebäude Rußlands zum Gedenken an den Abzug der Franzosen im Jahr 1812 von dem Architekten Konstantin Ton im russisch-byzantinischen Stil erbaut worden. Als Ton für den Neubau das alte Aleksejew-Nonnenkloster abriß, prophezeite die Äbtissin: „Nichts an dieser Stelle wird Bestand haben."

1931 ließ Stalin die Kathedrale abbrechen, um an ihrer Stelle den gewaltigen ›Palast der Sowjets‹ als höchstes Bauwerk der Welt zu errichten. Der sumpfige Boden neben der Moskwa aber ließ die Verwirklichung dieses Mammutplans nicht zu. So entstand in den 60er Jahren der riesige Schwimmkomplex ›Moskwa‹, das größte Freibad Europas, mit einem kreisrunden Becken von 130 m Durchmesser, dessen 24 000 m^3 Wasser im Sommer wie im Winter gleichbleibend 28° C warm waren.

Gleich zu Beginn der Perestrojka (1987) reifte der Gedanke an einen Wiederaufbau der Erlöserkathedrale. Doch erst im Sommer 1994 setzten Präsident Boris Jelzin und der Moskauer Bürgermeister Jurij Luschkow den Baubeginn fest. Am 7. Januar 1995 folgte die Grundsteinlegung durch Patriarch Aleksej II. 500 bis 2000 Bauarbeiter wirkten nun täglich in drei Schichten rund um die Uhr. Bereits im August 1997, rechtzeitig zu den Feierlichkeiten anläßlich des 850jährigen Bestehens der russischen Metropole, wurde das Gotteshaus, das zugleich Hauptkirche des Patriarchen ist, geweiht. Die künstlerische Ausgestaltung des Inneren aber wird noch Jahre dauern.

Die Uliza Wolchonka mündet auf den **Kropotkinplatz** (Kropotkinskaja Ploschtschad; КРОПОТКИНСКАЯ ПЛ.). Fürst Pjotr Kropotkin (1842–1921) war Offizier des Zaren, Geograph und seit 1872 Revolutionär. Der breite Grüngürtel, der sich von hier aus in weitem Abstand um den Kreml und um Kitajgorod zieht, markiert den Verlauf des dritten Befestigungsringes. Fjodor Konj, der ›Meister steinerner Bauten‹, errichtete im ausgehenden 16. Jh. die Backsteinmauer, die Belygorod, die ›Weiße Stadt‹, umschloß. Belygorod war das neue Moskau. An die Stadtbefestigung erinnern noch einige Namen der einstigen Stadttore (= Worota), wie z. B. Nikitskije Worota bei der Herzenstraße.

Jenseits des Platzes beginnt ein »Labyrinth sauberer, ruhiger und verwinkelter Straßen und Gassen, das Moskauer Saint-Germain« (Aleksandr Herzen). Zwei Straßen durchschneiden heute das Viertel: die Ostoschenka und die Pretschistenka. Die Ostoschenka-Straße (ОСТОШЕНКА УЛ.) führt in fast gerader Linie zum Luschniki-Sportkomplex, dem früheren ›Lenin-Stadion‹. Die Pretschistenka (ПРЕЧИСТЕНКА УЛ.) zeigt eine Fülle klassizistischer Bauwerke und steht heute weitgehend unter Denkmalschutz. An ihr lag einst der kaiserliche Marstall. Da die großen Prozessionen vom Kreml zur Ikone der Smolensker Gottesmutter (Pretschistenka) im Neuen Jungfrauen-Kloster hier vorbeiführten, erhielt die Straße im 17. Jh. den heutigen Namen. Im 18. Jh. bauten Gutsbesitzer und Geschäftsleute an der Pretschistenka vornehme Villen. Leider wurden viele Herrenhäuser um die Jahrhundertwende durch Mietskasernen ersetzt.

Eine der alten Villen, Pretschistenka Nr. 12, enthält das **Puschkin-Museum** (Dom Puschkina); nicht zu verwechseln mit dem Puschkin-Museum der bildenden Künste!

Das klassizistische Haus wurde 1814 nach dem Brand von Moskau von dem Architekten Grigorjew gebaut. Wer sich für Aleksandr S. Puschkin (1799–1837), den größten russischen Dichter, interessiert, findet in dem Museum viel Sehenswertes: Briefe, Manuskripte, Erstausgaben, persönliche Gegenstände, Erinnerungen an das alte Moskau. Mehrere seiner Dichtungen, wie das Märchenepos ›Ruslan und Ljudmila‹, der Versroman ›Eugen Onegin‹, die Tragödie ›Boris Godunow‹, die kleinen Dramen ›Der steinerne Gast‹ und ›Mozart und Salieri‹ sowie die Novelle ›Pique Dame‹ bildeten die literarischen Vorlagen für die großen russischen Opern.

Lew Tolstoj (Kreidezeichnung von Ilja Repin, 1891)

Auch das einstöckige Haus Nr. 11 auf der gegenüberliegenden Straßenseite ist ein Werk des Architekten Grigorjew, erbaut 1816–1822 im Empirestil mit elegantem Portikus. In seinen mit kunstvollen Stuckarbeiten und Wandmalereien geschmückten Sälen beherbergt das Haus ein **Tolstoj-Museum** (Musej Tolstogo). Lew Tolstoj (Leo Tolstoi; 1828–1910), der wohl bedeutendste russische Schriftsteller, wurde durch seine Romane ›Krieg und Frieden‹ (1868/69) und ›Anna Karenina‹ (1878) weltberühmt. Das Tolstoj-Museum bewahrt über eine Million Manuskriptblätter des Autors, Abschriften seiner Ehefrau Sofia Andrejewna und Archivmaterialien, ferner 150 000 Bände seiner Werke in nahezu allen Sprachen der Welt, eine umfangreiche Sammlung von Literatur über Tolstoj, Skulpturen und Porträts zeitgenössischer Meister, wie Repin, Kramskoj, Nesterow, Gay (Ge), Pasternak, mehr als 17 000 Fotografien aus dem Leben Tolstojs, zahlreiche Dokumentarfilme und Gegenstände aus seinem persönlichen Besitz. Edison schenkte Tolstoj einen seiner ersten Phonographen, auf dem Tolstojs Stimme zu hören ist.

Das Haus Nr. 16, ein Herrenhaus aus der Jahrhundertwende mit einem großen Anbau aus den dreißiger Jahren, ist das **Klubhaus der Moskauer Wissenschaftler** (Dom Utschonych). – Das klassizistische Haus Nr. 20, erbaut im ausgehenden 18. Jh., gehörte General Jermolow. – Das Nachbarhaus Nr. 22 beherbergt seit rund 180 Jahren die Verwaltung der Moskauer Feuerwehr. – Das Haus Nr. 17a auf der anderen Straßenseite gehörte dem Dichter Denis Dawydow, der weniger durch seine Verse als durch seine Heldentaten im Krieg von 1812 bekannt wurde. - In den Häusern 19 und 21, entstanden 1790 und Anfang des 19. Jh., sind die **Akademie der bildenden Künste** und das **Institut für Kunstgeschichte** untergebracht; hier finden fast ständig nationale und internationale Kunstausstellungen statt.

In der Pretschistenka Uliza lebten vier der bedeutendsten russischen Maler der Jahrhundertwende: der Historienmaler Wassilij Surikow (Haus Nr. 1), der impressionistische

Landschaftsmaler Isaak Lewitan (Haus Nr. 10), der Impressionist Walentin Serow (Haus Nr. 38) und der Symbolist Michail Wrubel, der im Haus Nr. 39 seine berühmten Bilder ›Pan‹ und ›Schwanenkönigin‹ malte. – Im Haus Nr. 36, der ehemaligen Stadtvilla des Fürsten Trubezkoj, hat sich 1987 das erste genossenschaftliche Café Moskaus, besser gesagt ein Schlemmerlokal, etabliert. Ohne Voranmeldung hat selbst ein Ausländer keine Chance, einen freien Stuhl zu bekommen.

Der Scholochowa Ploschtschad (ШОЛОХОВА ПЛ.) am Ende der Pretschistenka Uliza gehört zum **Gartenring** (Sadowoje Kolzo), einem Straßenring, der an die Stelle eines im 16. Jh. errichteten, 15 km langen Erdwalles mit eichener Schutzmauer und zahlreichen Türmen getreten ist. Dieser hatte die sog. Erdstadt (Semljannojgorod), Moskaus Vororte, umzogen. Jenseits des Rings lag hier das Jungfrauenfeld (Dewitschje Polje), das sich bis zu den Mauern des Neuen Jungfrauen-Klosters (s. S. 117 ff.) hinzog. Auf dem Feld traf sich an Festtagen ganz Moskau, um sich zwischen Schaukeln, Karussells und Schaubuden zu vergnügen. Von 1880 bis 1890 wurde auf dem Jungfrauenfeld, an der Uliza Jelanskogo, die erste Hochschule des Landes für Medizin, die Setschenow-Universität, erbaut. Iwan Setschenow (1829–1905) gilt als Begründer der russischen Experimentalphysiologie. Weitere Institute und Kliniken erstrecken sich längs der Bolschaja Pirogowskaja Uliza (БОЛ. ПИРОГОВСКАЯ УЛ.).

Ziemlich am Anfang dieser Straße sehen Sie inmitten einer Grünanlage das **Tolstoj-Denkmal**. Der Bildhauer A. Portjanko hat die wuchtige Gestalt des Autors von ›Krieg und Frieden‹ aus einem riesigen granitenen Monolith gemeißelt; 1972 wurde das Denkmal enthüllt. Tolstoj spazierte gerne über das Jungfrauenfeld, als er in den Jahren von 1882 bis 1901 die Wintermonate in seinem Haus in der Langen Chamowniki-Gasse, der heutigen Uliza Lwa Tolstogo (УЛ. ЛЬВА ТОЛСТОГО), verbrachte. Hier schrieb Tolstoj den Roman ›Auferstehung‹, die Novelle ›Kreutzersonate‹, das Theaterstück ›Der lebende Leichnam‹ und rund 60 weitere Werke. Hier diskutierte er mit Malern, Musikern, Schauspielern und Schriftstellern. Hier sang Fjodor Schaljapin für ihn. Die Originaleinrichtung erweckt den Eindruck, als wohnte Tolstoj noch heute in diesem schönen Haus.

Jenseits der Bahnlinie erreichen Sie den **Luschniki-Sportkomplex**, der von einer Flußschleife der Moskwa umrahmt, den alten Vorort Luschniki einnimmt. Noch in den 50er Jahren unseres Jahrhunderts war Luschniki von alten, baufälligen Holzhäusern bedeckt. 1955–1956 entstand hier auf einer Fläche von 187 ha ein Sportpark mit 130 Anlagen. Die Große Arena, bis vor einigen Jahren ›Lenin-Stadion‹ genannt, faßt 103 000 Zuschauer, unter den Tribünen befinden sich rund 900 Räume: Umkleideräume mit Duschen und sanitären Anlagen, Versorgungseinrichtungen, Sportsäle, ein Restaurant, ein Hotel. Die Kleine Arena hat 9500 Plätze. Im Sportpalast können bis zu 12 000 Menschen Eiskunstlauf und Eishockeyspiele verfolgen. Dazu kommen eine Mehrzweckhalle, eine Eisschnellaufhalle, 24 Turnhallen, ein Hallenbad, ein Freiluftbad, 10 Fußballfelder, Tennisplätze, kleine Trainingsplätze, ein Museum für Körperkultur, sportmedizinische Institute, Cafés und Restaurants. 1980 war das Lenin-Stadion der zentrale Austragungsort für die Olympischen Sommerspiele. Metrostation: Sportiwnaja (СПОРТИВНАЯ).

Blick von den Sperlingsbergen auf das Olympia-Stadion

Der Komsomolskij-Prospekt (КОМСОМОЛЬСКИЙ ПРОСПЕКТ; ›Komsomol‹ ist die Abkürzung für ›Kommunistitscheskij Sojus Molodjoschi‹ = Kommunistischer Jugendverband; die Organisation für Jugendliche zwischen 14 und 26 Jahren) – den Namen wird man wohl demnächst ändern – überquert auf der doppelstöckigen **Luschnikowskij-Brücke** die Moskwa. Oben rollt der Autoverkehr, unten die U-Bahn. Die ringsum verglaste Metrostation ›Leninskije Gory‹ (Leninberge; ЛЕНИНСКИЕ ГОРЫ) befindet sich über den Fluten der Moskwa.

Das interessanteste Bauwerk am 80 m breiten Komsomolskij-Prospekt mit seinen Linden- und Apfelalleen ist stadteinwärts die **St.-Nikolaus-Kirche der Weber** (Zerkow Nikoly w Chamownikach) nahe der Metrostation Park Kultury (ПАРК КУЛЬТУРЫ). Seit dem 17. Jh. wohnten die Weber in diesem Stadtteil, der daher Chamowniki-Sloboda (= Weberviertel) hieß. Die wunderschöne Kirche mit den rot-grünen Steinmetzarbeiten vor weißen Mauern, mit den dreireihigen Kokoschniki, den fünf kleinen goldenen Zwiebelkuppeln und dem spitz aufsteigenden Glockenturm wurde 1659–1662 erbaut und zählt zu den schönsten Barockbauten Moskaus. Die Kirche ist sorgsam restauriert und für den Gottesdienst geöffnet.

Südlich der Moskwa erheben sich die **Sperlingsberge** (Worobjowy Gory) mit der Lomonossow-Universität 85 m über den Flußspiegel. Jenseits der Luschnikowskij-

Brücke beginnt der Wernadskij-Prospekt (ПРОСПЕКТ ВЕРНАДСКОГО), der über die Sperlingsberge führt. Wernadskij war ein bekannter Geochemiker und begründete in Rußland die Radiogeologie.

Linker Hand sehen Sie den **Moskauer Stadtpalast der Jugend**, ein Beispiel sowjetischer Architektur, erbaut 1960–1962. Zu dem Komplex gehören 450 Räume, in denen die Moskauer Jugend den unterschiedlichsten Hobbys nachgehen kann; da gibt es Werkstätten, Foto- und Filmlabors, Studios für Malerei und Bildhauerei, Musiksäle, eine Sternwarte mit Planetarium, mehrere Säle für Ausstellungen, Feierlichkeiten und Konzerte, ein Stadion mit Turn- und Schwimmhalle usw.

Weiter südlich treffen Sie auf die modernen Bauten des **Musiktheaters für Kinder** und des **Moskauer Zirkus**. Das Kindertheater (1980), übrigens das einzige seiner Art in der Welt, spricht in dem bewußten Wechsel von runden und kubischen Formen das Vorstellungsvermögen der Kinder an; der blaue Vogel auf dem Dach weckt märchenhafte Assoziationen. Der neue Moskauer Zirkus, erbaut 1971, ist ein Wunderwerk der Technik. Fast übergangslos läßt sich die Arena in eine Eisfläche oder in ein 2,8 m tiefes Wasserbecken verwandeln. Fontänen, Wasserfälle, raffinierte Lichteffekte ergänzen die einzigartigen Darbietungen der Artisten, Dompteure, Clowns und Magier. Auch wer sonst am Zirkus kaum interessiert ist, sollte eine Vorstellung des Moskauer Staatszirkus in sein Besuchsprogramm einplanen; er wird es nicht bereuen.

Hauptgebäude der Lomonossow-Universität

Die gegenüberliegende Seite des Wernadskij-Prospektes beherrscht der gigantische Komplex der **Lomonossow-Universität.** Michail Lomonossow (1711–1765), Dichter und Wissenschaftler, studierte 1731–1741 in Moskau, St. Petersburg, Marburg und Freiberg in Sachsen Physik, Chemie, Philosophie, Bergbau und Metallurgie. 1739 heiratete er in Marburg Elisabeth-Christine Zilch, die Tochter eines Bierbrauers. Danach lehrte er in St. Petersburg und Moskau und verfaßte zahlreiche vielbeachtete naturwissenschaftliche Arbeiten, außerdem eine Russische Grammatik und mehrere Poeme. 1755 regte Lomonossow die Gründung der Moskauer Universität an. 1763 wählte ihn die Russische Akademie der Künste für seine Gemälde und Mosaiken zu ihrem Mitglied. Er förderte die Erforschung Sibiriens, denn »in Sibirien wird die Macht Rußlands emporwachsen«. Aleksandr Puschkin schrieb über Lomonossow, den ersten russischen Gelehrten von Weltruf und Vater der modernen russischen Wissenschaft: »Lomonossow war ein großer Mann. Zwischen Peter I. und Katharina II. ist er allein ein herausragender Streiter für die Aufklärung. Er schuf die erste russische Universität, besser gesagt, er war selbst unsere erste Universität.«

Die Moskauer Lomonossow-Universität (diesen Namen trägt sie seit 1940) ist die größte Hochschule Rußlands. An ihren 17 Fakultäten studieren 30 000 Frauen und Männer. Über 1000 Forschungsinstitute, mehrere Museen und die Gorkij-Bibliothek mit mehr als einer Million Bänden sind der Universität angegliedert. Das 360 ha große Universitätsviertel am Lomonossowskij-Prospekt (ЛОМОНОСОВСКИЙ ПРОСПЕКТ) mit rund 60 Gebäuden, Sportanlagen, Kindergärten, Supermärkten, ausgedehnten Grünanlagen und einem botanischen Garten (47 ha) mit großem Alpinarium entstand zwischen 1949 und 1970.

Das 240 m hohe und 450 m breite Hauptgebäude, 1953 fertiggestellt, zeigt den monumentalen Baustil der Nachkriegszeit, einen Stil, der den Überlebens- und Repräsentationswillen des sowjetischen Volkes nach der Katastrophe des Zweiten Weltkriegs symbolisch demonstriert. Die Portalstatuen, ein Jüngling und ein Mädchen, schuf die Bildhauerin Wera Muchina. Vor der gigantischen Fassade des Kolosses steht das Denkmal des Universitätsgründers Lomonossow.

Wenn Sie durch den Universitätspark zur Moskwa pilgern, treffen Sie auf eine **Aussichtsterrasse**, von der sich Ihnen der schönste Blick auf den Luschniki-Sportkomplex, das neue Jungfrauen-Kloster und auf das ganze Moskauer Panorama bietet. Hochzeitspaare kommen hierher, um sich vor dem Hintergrund ihres geliebten Moskau fotografieren zu lassen. Im Winter wird hier gerodelt, Skispringen finden statt, und auf der zugefrorenen Moskwa flitzen die Eisläufer entlang. In der restaurierten **Dreifaltigkeitskirche** neben der Terrasse finden regelmäßig Gottesdienste statt. Die kleine Kirche wurde Ende des 19. Jh. auf den Sperlingsbergen hoch über dem Fluß erbaut und gilt nicht gerade als eine Kostbarkeit russischer Sakralkunst.

Vom Kreml zum Kutusow-Prospekt

An den gewaltigen Komplex der Russischen Staatsbibliothek (s.S. 64) schließt sich in der Wosdwitschenka Uliza (ВОЗДВИЧЕНКА УЛ.) das **Schtschussew-Architekturmuseum** an. Das Gebäude wurde 1787 von Matwej Kasakow entworfen und nach dem Brand von 1812 erneuert. Aus dem 18. Jh. stammt nur noch das Treppenhaus mit seinen Wandmalereien. Aleksej Schtschussew (1873–1949), Schöpfer des Lenin-Mausoleums und einer der größten sowjetischen Städtebauer, richtete dieses Museum ein, das die Entwicklung der sowjetischen Architektur und Stadtplanung seit 1917 zeigt. Zur Zeit ist es leider geschlossen.

Der Arbat

Im selben Jahr, als Michail Gorbatschow an die Spitze der Sowjetunion trat (1985), wurde der Arbat, eine der ältesten Straßen Moskaus, zur Fußgängerzone erklärt, zur ersten und für lange Zeit einzigen autofreien Straße der russischen Kapitale. Auf dem Arbat traten nun die ersten Protestsänger des Sowjetstaats vor ein ständig größer werdendes Publikum. Polizei und Geheimdienst waren angewiesen, ein Auge zuzudrücken. Der Arbat wurde zum Podium für heiße Diskussionen über den Wert des Menschen, über seine Grundrechte, seine Freiheiten. Künstler gesellten sich hinzu: Maler, Musiker, Akrobaten, Pantomimen, Puppenspieler, Schauspieler, Wahrsager, Autoren, die aus ihren Werken lasen, Kleinsthändler. Es war ein munteres Treiben, das

abends und an Feiertagen seinen Höhepunkt erreichte, wenn sich Tausende von Menschen durch den Arbat schoben. Ganz Moskau schien sich hier zu versammeln. Der Arbat wurde zum Symbol einer neuen Freiheit.

Das Wort ›Arbat‹ brachten Kaufleute im 15. Jh. aus dem Orient, denn das arabische ›arbad‹ bedeutet ›Siedlung vor den Stadttoren‹. Im anfangs noch sumpfigen Arbat-

Viertel ließen sich zunächst Handwerker und Kutscher nieder, später bauten hier auch kleine Geschäftsleute und vor allem die Strelitzen ihre Häuser. Um die Mitte des 18. Jh. entwickelte sich der Arbat, speziell die heute ›Arbat‹ genannte einstige Hauptstraße des Viertels, zu einer vornehmen Wohngegend, in der hauptsächlich der Adel residierte. Im späten 19. Jh. verdrängten Kaufleute den Adel und ersetzten die Aristokraten-Wohnsitze durch große Geschäfts- und Mietshäuser.

In den 60er Jahren des 20. Jh. durchschnitt man mit dem 90 m breiten Kalinin-Prospekt, der heutigen Neuen Arbatstraße, das Viertel. Die alte Arbatstraße, der ›Arbat‹, bisher vom Verkehr völlig überlastet, wurde 1973 unter Denkmalschutz gestellt. Seitdem beherrschen Baustellen die Straße, die von Jahr zu Jahr ansehnlicher und farbiger wird und viel Interessantes bietet. Denn im Arbat wohnten und wirkten besonders im 18. Jh. viele berühmte Russen. Aleksandr Puschkin sprach in seinen Briefen von der »vielfältigen und lebendigen Schönheit der Straße«. Seine Zeitgenossen nannten den Arbat ein »erstaunliches, überwältigendes Konglomerat aus Geschäftigkeit, Eitelkeit, wahrem Ruhm und wahrer Größe, Unwissenheit und Aufgeklärtheit ...«

Westliche Besucher sind heute meistens ein wenig enttäuscht, wenn sie den mit nostalgischen Straßenlaternen bestückten Arbat entlangflanieren. Geschäfte sind selten, Lokale ebenso. Nur hier und da singt oder spielt jemand traurige Weisen. Ein Kinderfotograf wartet vor lustig-bunter Kulisse auf Kundschaft. Mehr Betrieb ist am Anfang der Straße, wo sie vom Arbatskaja Ploschtschad abzweigt. Dort spielt gelegentlich eine kleine Blaskapelle, die jedesmal, wenn eine Touristengruppe naht, die entsprechende Nationalhymne intoniert. Dutzende von Kunststudenten konterfeien Passanten, realistisch oder als Karikatur, wie es heute in fast allen Großstädten Brauch ist. Eine lange Menschenreihe bietet Welpen und junge Katzen zum Verkauf. Heute hört man keine revolutionären Lieder mehr, keine Diskussionen über die Grundrechte der Menschen. Der Arbat ist eine schöne, eine nostalgische, eine friedliche Straße wie viele andere auch.

Im Hof des Hauses Nr. 6 auf der gegenüberliegenden Seite der Wosdwitschenka entdecken Sie ein Herrenhaus, das der Baumeister Wassilij Baschenow 1778 entwarf. Das von einem Säulenkranz umgebene Haus Nr. 8 schenkte Fürst Nikolaj Scheremetjew 1780 der großen Opernsängerin Schemtschugowa, die zum Ensemble seines Leibeigenen-Theaters Ostankino gehörte und später seine Frau wurde. – Die maurische Villa, wohl das Traumhaus des Kaufmanns und Industriellen Iwan Morosow (Ende 19. Jh.), dient heute unter dem Namen **Haus der Freundschaft und kulturellen Verbindungen mit den Völkern des Auslands** als internationaler Friedensklub.

Auf dem Arbatskaja Ploschtschad (Arbat-Platz = Vorstadt-Platz) befinden Sie sich im Zentrum des einstigen **Arbat**, einer der ältesten Vorstädte Moskaus. Im 19. Jh. entwickelte sich der Stadtteil zu einem lebensprühenden Quartier der Maler, Literaten und Schauspieler. Im Arbat stand das erste Bolschoi-Theater, und wenn Sie durch die Straßen und Gassen abseits der Nowyj Arbat Uliza streifen, durch die reizvoll restaurierte Uliza Arbat (УЛ. АРБАТ) zum Beispiel oder durch die Uliza Wachtangowa (УЛ. ВАХТАНГОВА), dann spüren Sie das Flair des alten Moskau. Die Arbatstraße wird von Gebäuden der unterschiedlichsten Stilrichtungen flankiert, die die charakteristischen Merkmale des Klassizismus, des Empire, der Eklektik und des Konstruktivismus der 20er Jahre zeigen. Architektonische Meisterwerke wird der Besucher allerdings nicht entdecken. Das Haus mit dem Säulenportikus (Uliza Arbat 26) ist das **Wachtangow-Theater**, das der auch im Westen bekannte Regisseur Jewgenij Wachtangow (1883–1922) im Jahr 1921 gründete. In der Uliza Wachtangowa 11 verbrachte der Komponist Aleksandr Skrjabin (1872–1919) seine letzten Lebensjahre; 1922 wurde in dem Haus ein **Skrjabin-Museum** eingerichtet. Im Spassopeskowskij Pereulok ein Stück weiter westlich treffen Sie auf die **Erlöserkirche in Peski** (Zerkow Spassa na Peskach) aus dem 17. Jh. – Das azurblaue Haus Chitrowo, Uliza Arbat 53, enthält eine Puschkin-Gedenkstätte. Nur drei Monate, von Februar bis Mai 1831, lebte Aleksandr Puschkin in der 5-Zimmer-Wohnung des ersten Stockwerks und verbrachte hier seine Flitterwochen. Heute finden in Puschkins Wohnung Lesungen und Konzerte statt. – Übrigens: Am Arbatskaja Ploschtschad empfiehlt sich das Jugendstil-Restaurant ›Praga‹, das gelegentlich auch böhmische Spezialitäten bietet. Beachtung verdienen auch das schöne Gebäude der Metrostation Arbatskaja und das Bronzedenkmal für den großen russischen Schriftsteller Nikolaj Gogol (1952) inmitten der Grünanlagen südlich des Platzes.

Westlich vom Arbat-Platz erreicht die Nowyj Arbat Uliza futuristische Dimensionen, die der Architekt Michail Possochin mit seinem Team entwickelte; für seine städtebauliche Leistung erhielt Possochin, der bedeutendste sowjetische Architekt, 1966 den ›Grand-Prix‹ des Pariser Zentrums für Architekturforschung. Auf der Nordseite ragen hinter dem scheinbar winzigen **Kirchlein Simeon Stolpnik** (St. Simeon der Säulenheilige) aus dem 17. Jh. 23stöckige Turmwohnhäuser mit Geschäften in den unteren Etagen empor. Dazwischen lugt das niedrigere **Haus des Buches,** die größte Buchhandlung Rußlands, hervor. Auf einer Verkaufsfläche von 3600 m^2 werden etwa 45 000 Buchtitel angeboten, darunter auch zahlreiche deutschsprachige. Ferner können Sie hier Kunstpostkarten, Dias, gutes

Kunstgewerbe, Graphiken und Poster erstehen. Eine Antiquariatsabteilung führt sogar kostbare alte Werke. Weiter westlich erkennen Sie an dem monumentalen Mosaikkranz das ›**Oktjabr**‹, einen Kino- und Konzertsaal für 3000 Besucher. Da die Mosaike das Thema ›Oktoberrevolution‹ behandeln, werden sie demnächst wohl entfernt werden.

Die gegenüberliegende Seite beherrscht eine Gruppe leicht gewinkelter, 25stöckiger Verwaltungsgebäude, in denen mehrere Industrieministerien ihren Sitz haben. Verbunden sind die Hochhäuser durch eine Geschäftszeile, in der Sie fast alles kaufen können, wonach Ihr Herz begehrt: teuerste Pelze, feinste Lackarbeiten, St. Petersburger Porzellan, Silbergeschirr usw.

Jenseits der Uliza Tschaikowskogo (Tschaikowskij-Straße; УЛ. ЧАЙКОВСКОГО) streben die geschwungenen Glasflügel des **Rathauses** 105 m hoch in den Himmel. Das Hochhaus, ebenfalls eine Schöpfung Possochins, entstand 1969 und diente dem COMECON (›Council for Mutual Economic Assistance‹ = Rat für gegenseitige Wirtschaftshilfe, das Gegenstück zur westlichen EG) als Zentrale. Am 3. Oktober 1993 tobten hier Kämpfe zwischen Regierungstruppen und Putschisten.

Dem Moskwaufer ist die schneeweiße Marmorfassade des ›**Weißen Hauses**‹ zugewandt. In dem gewaltigen, 21stöckigen Bauwerk mit dem viereckigen Uhrturm obenauf tagt das russische Parlament: die Staatsduma und der Föderationsrat. Erbaut wurde es in den späten 70er Jahren für den Sowjet der Russischen Sozialistischen Föderativen Sowjetrepublik (RSFSR); hier hatten das Präsidium des Obersten Sowjets der RSFSR und der Ministerrat der RSFSR ihren Sitz. Weltweit bekannt wurde das ›Weiße Haus‹ Moskaus,

Das ›Weiße Haus‹

als Präsident Jelzin im August 1991 vor dem Gebäude auf einem Panzerwagen stehend den Putsch gegen Gorbatschow für verfassungswidrig erklärte und zum Generalstreik aufrief. Bei dem Oktoberputsch des Jahres 1993 stand das ›Weiße Haus‹ wiederum im Mittelpunkt des Geschehens. Diesmal rebellierte die nationalkommunistische Mehrheit des russischen Parlaments gegen Präsident Jelzin, der den Putsch jedoch mit Waffengewalt niederschlug, wobei das ›Weiße Haus‹ stark in Mitleidenschaft gezogen wurde.

Die reizvolle kleine **Bucklige Brücke** (Gorbaty Most) erinnert zusammen mit der bronzenen Figurengruppe auf hohem Postament an die Revolution von 1905, als hier Arbeiter einer zaristischen Militäreinheit den Weg in den aufständischen Arbeiterbezirk Presnja versperrten. Teich und Brücke wurden später verschüttet, erst 1979 wieder freigelegt und restauriert.

Die **Kalininbrücke** (Kalininskij Most) über die Moskwa wurde 1957 erbaut und trägt noch immer den Namen des sowjetischen Politikers Michail Kalinin, der 1919–1946 nominelles Staatsoberhaupt der UdSSR war. Hinter der Brücke beginnt der Kutusow-Prospekt (Kutusowskij Prospekt; КУТУЗОВСКИЙ ПРОСПЕКТ), die alte Smolensker Landstraße. Michail Kutusow befehligte in der Schlacht bei Austerlitz (1805) das österreichisch-russische Heer und verlor gegen die Franzosen. Auch in der Schlacht bei Borodino (1812) konnte sich Kutusow gegen Napoleon nicht durchsetzen; stark geschwächt erreichten Napoleons Truppen sieben Tage darauf Moskau.

Zu den prunkvollen Bauwerken im Stil der 50er Jahre gehört das 28stöckige **Hotel ›Ukraina‹** mit seiner 170 m hoch aufragenden Turmspitze. Das Denkmal vor dem Haupteingang erinnert an Taras Schewtschenko (1814–1861), den größten ukrainischen Dichter und Maler. Er war Leibeigener, wurde 1838 freigekauft, studierte bis 1843 an der Petersburger Kunstakademie, wurde 1847 wegen seiner revolutionären Dichtungen nach Sibirien verbannt, 1857 begnadigt. Sein Denkmal schmücken stets frische Blumen als Zeichen der Verbundenheit mit dem Dichter der Freiheit.

Der hohe, sterngekrönte Granitobelisk an der Einmündung der Bolschaja Dorogomilowskaja Uliza in den Kutusow-Prospekt erinnert an die Verleihung des Ehrentitels ›Heldenstadt‹ an Moskau im Jahre 1965. Drei Skulpturen – Arbeiter, Arbeiterin und Soldat – symbolisieren die Einheit von Front und Hinterland.

Die Bolschaja Dorogomilowskaja Uliza (БОЛЬШАЯ ДОРОГОМИЛОВСКАЯ УЛ.) endet vor der **Borodiner Brücke** (Borodinskij Most), die 1912 anläßlich des 100. Jahrestages der Schlacht bei Borodino über die hier 150 m breite Moskwa gespannt wurde. Obelisken nennen die Namen der russischen Generale und Partisanenführer. 1954 wurde die Brücke um das Doppelte verbreitert und restauriert. Die Borodinskij Most führt auf den Smolensker Platz (Smolenskaja Ploschtschad) zu, an dem das imposante Hochhaus des Außenministeriums aufragt. Es zählt zu den machtvollen Bauten der Stalinära.

Über der Eisenbahnlinie steigt der Prospekt zum **Poklonnaja-Hügel** hinauf. Hier pflegten die Reisenden die Stadt mit tiefer Verbeugung zu begrüßen (russ. *Poklon* = Verneigung). An dieser Stelle wartete Napoleon vergeblich auf eine Abordnung der Bürgerschaft, die ihm die Unterwerfung Moskaus und ganz Rußlands anbieten sollte.

Die Geschehnisse des Vaterländischen Krieges von 1812 ruft das **Panoramamuseum ›Die Schlacht bei Borodino‹** wach. 1912 hatte der Maler Franz Rubo (1856–1928), Mitglied der Petersburger Kunstakademie, das 115 m breite und 15 m hohe Panoramagemälde der Schlacht geschaffen, das 1962 aus Anlaß des 150. Jahrestages des Krieges in dem kreisrunden Hauptsaal des Museumsneubaus aufgestellt wurde. In Nebensälen berichten weitere Gemälde, Skulpturen, Stiche und Zeichnungen von den Ereignissen des Jahres 1812. Den Eingang flankieren französische Beutekanonen und zwei Wandmosaiken von W. Talberg: ›Volkswehr und Brand von Moskau‹, sowie ›Sieg der russischen Truppen und Vertreibung Napoleons›.

Ein **Kutusow-Denkmal** (1973) zeigt den russischen Oberbefehlshaber hoch zu Roß. – Auch die Isba, jene Bauernkate, in der der ›Kriegsrat in Fili‹ gehalten wurde, ist noch vorhanden. Die Kutusow-Hütte, restauriert und nach alten Darstellungen wieder eingerichtet, gehört heute zum Museumskomplex. Auf dem Ploschtschad Pobedy (Platz des Sieges) erinnert ein **Triumphbogen** an den glücklichen Ausgang des Vaterländischen Krieges 1812. Ossip Bowe baute das Monument im Jahr 1834, 1968 wurde es erneuert.

Bis zur Moskwaschleife nordwestlich des Panoramamuseums hin hatten die Bojaren Naryschkin ihre ausgedehnten Besitzungen. Hier steht am Flußufer die **Mariä-Schutz-Kirche in Fili** (Zerkow Pokrowa w Filjach), 1693 von einem Onkel Peters des Großen als eines der ersten Gebäude im ›Naryschkin-Stil‹, besser bekannt unter der Bezeichnung ›Moskauer Barock‹, gestiftet. Von dem alten Dorf Fili überdauerte nur der ausgedehnte Park inmitten zahlreicher Industriebetriebe und darin die wunderschöne Kirche. Des Zaren Onkel Lew Kirillowitsch gehörte dem Adelshaus der Naryschkin an, von dem der Baustil seinen Namen erhielt. Im Untergeschoß des Kirchenbaus, der sich im leuchtenden Rot und Weiß der Ziegel- und Kalksteinfassade darstellt, befindet sich hinter einem Arkadengang die beheizbare Winterkirche. Drei repräsentative Treppen führen zu der von einer Terrasse umschlossenen Sommerkirche im Hauptgeschoß empor. Diese großartig ausgestaltete Hauptkirche wurde der ›Ikone des nicht von Menschenhand geschaffenen Erlösers‹ geweiht. Die zehnreihige Ikonostase ist ein Meisterwerk der Holzschnitzkunst des späten 17. Jh. Reiches Schnitzwerk rahmt auch die Fenster, schmückt die Gewölbe und die Zarenloge. Die Wandmalereien stammen aus dem 19. Jh.

Mariä-Schutz-Kirche in Fili

Die Schlacht vor Moskaus Toren – Borodino

Ursprünglich hatte Napoleon gar nicht die Absicht, mit seiner Grande Armée bis Moskau zu marschieren. Er hoffte, die Russen in der Nähe ihrer Westgrenze besiegen und einen Friedensvertrag nach seinen Vorstellungen abschließen zu können. Am 24. Juni (12. Juni des russischen Kalenders) des Jahres 1812 überschritt die Große Armee mit 647 000 Mann, davon 350 000 Franzosen und 250 000 Deutsche, den Njemen und drang auf russisches Territorium vor. Angesichts der mehrfachen Überlegenheit der napoleonischen Truppen wichen die beiden russischen Heeresgruppen unter den Generalen Barclay de Tolly, einem Deutschbalten, und Fürst Pjotr Iwanowitsch Bagration zurück. Sie hinterließen niedergebrannte Dörfer und zerstörten Vorräte, so daß sich die Versorgung der napoleonischen Armada immer schwieriger gestaltete. Napoleons Truppen marschierten über Wilna nach Witebsk, wo der Kaiser endlich die ›Große Entscheidungsschlacht‹ zu schlagen hoffte. Aber wieder verschwanden die Russen. Nur einen Tag lang verteidigten sie die Stadt Smolensk, die sie dann als rauchenden Trümmerhaufen zurückließen. Auch die große Brücke über den Dnjepr versank hinter ihnen in den Fluten. Napoleons Generale begannen zu murren, der Kaiser konnte bald seine wachsende Unsicherheit nicht mehr verbergen. Je mehr sich die Front Moskau näherte, desto stärker wurde die patriotische Leidenschaft der russischen Bevölkerung. Da das ständige Ausweichen Barclays vor dem übermächtigen

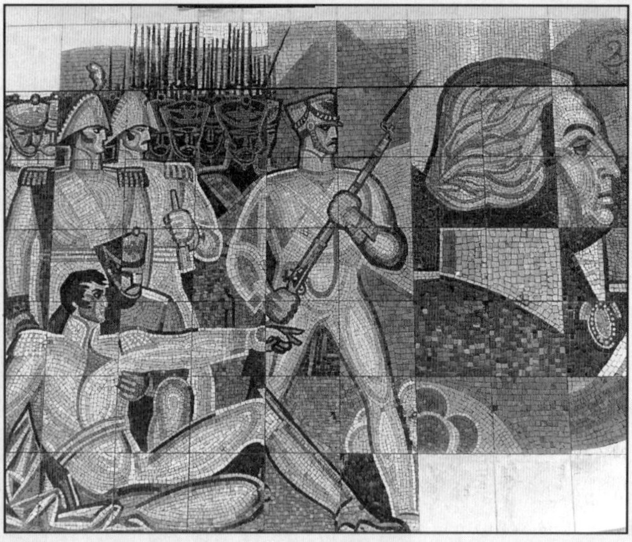

Mosaik im Panoramamuseum ›Die Schlacht bei Borodino‹

Feind das Ehrgefühl der Russen verletzte, sah sich Zar Alexander gezwungen, den Oberbefehl Michail Ilarionowitsch Kutusow zu übertragen.

Als Napoleons Grande Armée nur noch aus 120 000 Mann bestand - alle anderen hatte er auf dem Wege zurücklassen müssen, um seinen Rückzug zu sichern -, wagte Kutusow bei dem Dorf Borodino, etwa 100 km westlich von Moskau, endlich die Schlacht, die der Zar und alle Russen sehnsuchtsvoll erwarteten. Er glaubte nicht an einen Sieg, denn Napoleons Soldaten waren weit besser ausgebildet als Kutusows ›Bauern‹. Am Morgen der Schlacht, dem 26. August (7. September), knieten die Russen, die in der Nacht zuvor gebeichtet und das Abendmahl genommen hatten, nieder und beteten, Popen besprengten sie mit Weihwasser. Kutusow ließ die wundertätige Ikone der Muttergottes von Wladimir an seinem Heer vorübertragen. Dann setzte eine Kanonade aus mehr als 1200 Rohren ein. Die Franzosen stürmten stundenlang auf die russischen Schanzen zu, die von den Truppen des Generals Bagration gehalten wurden. Erst als der General fiel, durchbrachen die Franzosen die Stellungen, kamen aber nicht sehr weit, weil sich die Linien immer wieder schlossen. Am Abend waren 28 000 Franzosen und 50 000 Russen tot oder verwundet. Die Russen hatten ihre Stellungen weitgehend halten können, Napoleon war es nicht gelungen, Kutusows Armee zu überrennen. Am nächsten Tag zogen sich die Russen ohne besondere Eile in Richtung Moskau zurück, zwar nicht als Sieger, aber auch nicht als Geschlagene.

Am 1. (13.) September hielt Kutusow im Dorf Fili Kriegsrat. Er teilte seinen Generälen kurz und bündig mit, daß er die restliche, immerhin 60 000 Mann starke Armee, erhalten wolle und daher Moskau preisgeben müsse. Nur Barclay stimmte zu, alle anderen Offiziere waren gegen den Entschluß. Trotzdem befahl Kutusow den Rückzug. Der weitere Verlauf des Krieges bestätigte seine unpopuläre Entscheidung.

Moskau wurde geräumt, von seinen 240 000 Einwohnern blieben nur etwa 10 000 dort – die Ärmsten, etliche Deserteure und viele Ausländer. Am 2. (14.) September 1812 rückte Napoleons Armee ein. Der Kaiser wartete vergeblich auf eine Abordnung der Russen. Ein merkwürdiges Gefühl überkam ihn, als er durch die leeren Straßen fuhr. Abends brachen an zahlreichen Stellen der Stadt Brände aus. Ein starker Wind fachte die Feuersbrünste an. Am folgenden Tag brannte halb Moskau, Pulvermagazine explodierten. Napoleon war entsetzt: »Seine eigenen Städte verbrennen! Was für eine wilde Entschlossenheit! Was für ein Volk!« Als drei Tage später starker Regen den Brand löschte, waren fast 90 Prozent aller Häuser eingeäschert.

Napoleon blieb noch wenige Tage, immer hoffend, daß von den Russen ein Friedensangebot käme. Als der erste Schnee fiel, entschloß er sich, mit den Resten seiner Armee heimzukehren. Am 7. (19.) Oktober verließ er mit etwa 100 000 Mann Moskau. Die russische Armee zwang Napoleon, auf der ausgebrannten Anmarschroute zurückzukehren. In Smolensk hatte er nur noch 47 000 Mann, über den Dnjepr kamen nur 24 000. Pausenlos wurde die Armee von Partisanen und regulären Truppen angegriffen und stark dezimiert. Beim Übergang über die Beresina starben Tausende von Franzosen und Deutschen in den eisigen Fluten des Flusses. Als die Kälte Temperaturen von –27 °C und weniger erreichte, trennte sich Napoleon von den traurigen Resten seiner Armee und reiste alleine nach Paris zurück.

Vom Manegeplatz zum Gartenring

Am Nordende der Manege zweigt von der Mochowaja Uliza (МОХОВАЯ УЛ.) die Herzenstraße (Uliza Gerzena, УЛ. ГЕРЦЕНА) ab, die nach dem Schriftsteller und Sozialrevolutionär Aleksandr Iwanowitsch Herzen (Gerzen; 1812–1870) benannt ist, der vor allem durch seine geistreichen Memoiren bekannt wurde. Man passiert zunächst mehrere monumentale Gebäude der Lomonossow-Universität (s. S. 76 f.), wie das **Museum für Anthropologie** mit Werkzeugen, Skeletten und berühmten Nachbildungen des Urmenschen und das **Zoologische Museum**, dessen riesige Sammlung zum Teil schon seit 200 Jahren existiert. - Die Südseite der Straße beherrschen das sog. Menschikow-Palais und das **Tschaikowskij-Konservatorium**. An dem Konservatorium, dessen Gebäude vom Ende des 18. Jh. stammt, studierten die großen Komponisten und Interpreten Sergej Rachmaninow, Aleksandr Skrjabin, Swjatoslaw Richter, Dawid Oistrach und andere. Das Denkmal Tschaikowskijs vor dem Gebäude gestaltete Wera Muchina (1954). Alljährlich am Tag des Liedes begrüßen hier viele russische Chöre den Frühling.

Die **Kleine Himmelfahrtskirche** (Zerkow Maloje Wosnessenije; Anfang 18. Jh) dem Konservatorium gegenüber zeigt eine interessante Sammlung von Musikinstrumenten aller Zeiten mit Violinen von Giacomo Stradivari, Nicola Amati, Andrea und Giuseppe Guarneri und von Iwan Batow, dem ›russischen Stradivari‹.

Das **Volkskunstmuseum** (Musej Narodnogo Iskusstwa) lohnt den kleinen Abstecher in die nordwärts abzweigende Stanislawskogo Uliza (СТАНИСЛАВСКОГО УЛ.). Das malerische, im Stil des 17. Jh. erbaute Haus zeigt kunsthandwerkliche Arbeiten aus dem 17. bis 20. Jh. Wer ein ordentliches Souvenir sucht, kann sich in diesem Museum einen guten Überblick verschaffen.

Auf dem Nikitskije Worota Ploschtschad (Nikitskijer Torplatz, НИКИТСКИЕ ВОРОТА ПЛ.) kreuzt die Herzenstraße den **Boulevardring**, die ›grüne Magistrale Moskaus‹, die sich hufeisenförmig um die ›Weiße Stadt‹ zieht. 1586–1593 errichtete der Festungsbaumeister Fjodor Kon die 10 km lange Stadtmauer. Die Bezeichnung ›Worota‹ weist auf ein Stadttor jener Zeit hin. Ende des 18. Jh. trug man die inzwischen nutzlos gewordene Mauer ab und gestaltete dafür einen Ring aus zehn parkartigen Boulevards. Die Moskauer lieben diese Boulevards, hier lassen sie ihre Kinder herumtollen, hier schwatzen und turteln sie, hier spielen sie mit Freunden Schach. Den Platz schmückt ein Denkmal des russischen Naturforschers Kliment Timirjasew, eines Pflanzenphysiologen, der im 19. Jh. die Lehre von der Photosynthese entwickelte.

Vor der einstigen Stadtmauer stand eine alte Holzkirche, die gegen Ende des 17. Jh. von der steinernen **Großen Himmelfahrtskirche** (Zerkow Bolschogo Wosnessenija) abgelöst wurde. Sein heutiges Aussehen im Übergangsstil vom Klassizismus zum Empire erhielt der Bau in den 20er Jahren des 19. Jh. 1831 ließen sich in der Kirche Aleksandr Puschkin und seine Frau Natalja Nikolajewna trauen (s. S. 245).

Vom Nikitskijer Torplatz zweigt die Katschalowa Uliza (КАЧАЛОВА УЛ.) ab, die fast parallel zur Herzenstraße dem Gartenring (Sadowoje Kolzo) zustrebt. Die **Villa Rjabu-**

schinskij (Haus Nr. 6), heute eine Gorkij-Gedenkstätte, zählt zu den schönsten und originellsten Jugendstilhäusern Moskaus. Fjodor O. Schechtel hat die Villa für den Moskauer Bankier und Eigentümer der Zeitung ›Utro Rossii‹, Rjabuschinskij, konzipiert (1902–1904). Maksim Gorkij wohnte und arbeitete hier von 1931 bis 1936; zu dem Kreis seiner Gäste gehörten die Nobelpreisträger Romain Rolland und George Bernhard Shaw sowie zahlreiche in- und ausländische Literaten, Schauspieler und Künstler.

Von der Twerer Straße zum Chimkinskoje-Stausee

Von 1936, dem Todesjahr des großen russischen Schriftstellers Maksim Gorkij (1868–1936), bis zur politischen Wende trug Moskaus beliebteste Einkaufs- und Flanierstraße, an der sich zahllose Geschäfte, Restaurants und Cafés, Theater und Museen drängen, seinen Namen. Gorkij (= der Bittere), der eigentlich Aleksej Peschkow hieß, war mit Lenin befreundet und unterstützte die Bolschewiken, wo er nur konnte, was ihn aber nicht daran hinderte, sie gelegentlich auch scharf zu kritisieren, weshalb er sich zeitweise ins westliche Ausland absetzen mußte. Seit 1991 trägt die Gorkijstraße zwischen Manegeplatz und Majakowskijplatz wieder ihren früheren Namen **Twerer Straße** (Twerskaja Uliza, ТВЕРСКАЯ УЛ.). Im 15. Jh. fuhren auf dieser Straße die Wagen und Schlitten nach Twer an der Wolga und weiter nach Nowgorod. Im 18. Jh. markierte die inzwischen gepflasterte Twerskaja die Straße zur neuen Hauptstadt St. Petersburg. Nur das Straßenstück vom Manegeplatz bis zum Gartenring wurde 1991 umbenannt. Dahinter heißt die Straße weiterhin Gorkijstraße.

Nach der Machtübernahme durch die Sowjets gehörte die Twerskaja zu den ersten Straßen Moskaus, die völlig neu gestaltet wurden. Was häßlich war, wurde abgerissen und durch prunkvolle Neubauten ersetzt. Das Erhaltenswerte wurde kurzerhand versetzt und versteckt sich heute in den Höfen der neuen Wohn- und Verwaltungskolosse, so z. B. die prächtige **Stadtvilla der Bojaren Trojekurow** aus dem 17. Jh. im Hof des Hauses Nr. 4, in dem sich das Café ›Kosmos‹ befindet.

In der zweiten Gasse rechts, dem Projesd Chudoschestwennogo Teatra (ПР. ХУДОЖЕСТВЕННОГО ТЕАТРА) treffen Sie auf das **Moskauer Künstlertheater** (Moskowskij Chudoschestwennyj Akademitscheskij Teatr, abgekürzt ›MChAT‹ [МХАТ]). Das Theater war 1898 von Konstantin Stanislawskij und Wladimir Nemirowitsch-Dantschenko gegründet worden (s. S. 60). Stanislawskij (1863–1938) strebte als Regisseur eine verinnerlichte Schauspielkunst an und übte auch starken Einfluß auf das westliche Theater aus. Auf seiner Bühne erreichten die großen Dramen von Tschechow, Turgenjew, Gogol, Gorkij und Tolstoj ihre höchste Vollendung. Unauslöschlich blieb dem Moskauer Theaterpublikum die Uraufführung von Anton Tschechows ›Die Möwe‹ (1898) im Gedächtnis. An die Aufführung erinnert noch eine Möwe auf dem Bühnenvorhang. Nemirowitsch-Dantschenko (1858–1943) leitete das Theater literarisch und organisatorisch. Nach Stanislawskijs Tod im Jahr 1938 blieb er alleiniger Direktor. 1973 bezog das

Ensemble ein neues Haus am Twerskoj Bulwar Nr. 24. 1987 kehrte das MChAT wieder in das alte, inzwischen völlig restaurierte Gebäude zurück. Das moderne Haus am Twerskoj Bulwar, eine vielbeachtete Schöpfung des Architekten Wladimir Kubassow, wurde zum ›Theater der Völkerfreundschaft‹ umgewandelt, in dem ausschließlich Gastvorstellungen stattfinden.

Zwei Häuserviertel weiter entdecken Sie im Haus Nr. 14 das Feinkostgeschäft ›**Gastronom Nr. 1**‹. Dieses Haus aus dem frühen 19. Jh. gehörte der Fürstin Wolkonskaja, der ›Königin der Muse und der Schönheit‹, die hier einen literarischen Salon führte, in dem auch Puschkin verkehrte. 1826 folgte die Fürstin ihrem Mann nach Sibirien, der als Dekabrist dorthin verbannt worden war. Eine Gedenkstätte im Obergeschoß erinnert an den russischen Schriftsteller Nikolaj Ostrowskij (1904–1936), der nach schweren Verwundungen im Bürgerkrieg gelähmt war und erblindete. Ostrowskij wurde zum Leitbild der sowjetischen Jugend.

Auf dem **Puschkin-Platz** (Puschkinskaja Ploschtschad; **ПУШКИНСКАЯ ПЛ.**), dem ›Moskauer Hydepark‹, steht, von schönen alten Laternen umgeben, das Denkmal Aleksandr Puschkins. Die Glasfassade hinter der Parkanlage gehört zu einem der größten Moskauer Kinos, dem ›Rossija‹. Nördlich des Kinos versucht sich die reizvolle **Mariä-Geburt-Kirche in Putinki** (Zerkow Roschdestwa Bogorodizy w Putinkach) zwischen

Puschkin-Denkmal am ›Moskauer Hydepark‹

den engen Häuserschluchten in der Tschechowstraße (Uliza Tschechowa; УЛ. ЧЕХОВА) zu behaupten. Die Kirche entstand von 1649 bis 1652, als den nahen Boulevard noch die turmbewehrte Ziegelmauer der ›Weißen Stadt‹ ausfüllte, und ersetzte eine 1648 abgebrannte Holzkirche. Das Bauwerk besteht aus zwei Teilen: aus der eigentlichen Mariä-Geburt-Kirche und aus der Neopalimaja-Kupina-Kirche, der Kirche der ›Gottesmutterikone mit dem brennenden Dornbusch‹. Hohe Zeltdächer mit aufgesetzten kleinen Kuppeln krönen das kokoschnikigeschmückte Dach.

Jenseits des Puschkin-Platzes liegt an der Twerskaja ein schönes klassizistisches Palais mit Achtsäulenportikus, 1780 im Auftrag Fürst Tscheraskows erbaut, nach 1812 erneuert und dem Englischen Club zur Verfügung gestellt. 1924 nahm es die Sammlung aller Gegenstände und Dokumente auf, die mit der Geschichte der Russischen Revolutionen, besonders der Großen Oktoberrevolution, in Zusammenhang stehen. Zur Zeit ist das Haus geschlossen, doch man plant, der revidierten Sammlung die historisch wichtigsten Exponate des früheren Zentralen Lenin-Museums hinzuzufügen und das Haus als **Museum der Revolutionen** wiederzueröffnen. Gleich hinter dem Museumsbau mit dem imposanten Löwentor vereinigen sich der Tschaikowskij-Konzertsaal, das Theater der Satire, das Mossowjet-Theater, das Jugendtheater und das Stanislawskij-Theater zu einem zweiten Moskauer Kulturzentrum neben dem Bolschoi-Komplex.

Die Gorkijstraße, die Fortsetzung der Twerskaja jenseits des Gartenrings, endet am **Belorussischen Bahnhof**, der Endstation aller Züge aus dem Westen, aus Berlin, Paris, Rom, London, Wien, Oslo. Hier beginnt der 120 m breite St. Petersburger Prospekt (СТ. ПЕТЕРБУРГСКОЕ ПР.). In seinem Umkreis finden sich die Redaktions- und Verlagsgebäude der ›Prawda‹, der zwischenzeitlich mehrfach verbotenen, aber nach wie vor existierenden russischen Tageszeitung (Uliza Prawdy, УЛ. ПРАВДЫ), das berühmte Zigeunertheater ›Romen‹ (im Hotel ›Sowjetskaja‹) und das weltberühmte Dynamo-Stadion.

Den märchenhaften **Peterpalast** (Petrowskij Dworez) neben dem Stadion baute Matwej Kasakow 1775–1782 für den Zaren, der hier auf seiner Anreise von St. Petersburg zu nächtigen pflegte, um am folgenden Tag feierlich in Moskau einzuziehen. Als Moskau 1812 zu brennen begann, wechselte Napoleon aus dem Kreml in den Peterpalast. »Von hier aus sah er grausig schön sein Glück in Flammen untergehn ...«, dichtete Puschkin. Der Palast verbindet die strengen Formen des Klassizismus mit pseudogotischer Ornamentik. Heute ist hier eine Akademie der Luftstreitkräfte untergebracht; eine Besichtigung ist daher nicht möglich.

Kurz bevor der St. Petersburger Prospekt nach Norden abknickt und in die St. Petersburger Chaussee (СТ. ПЕТЕРБУРГСКОЕ ШОССЕ) übergeht, erinnert rechter Hand das gewaltige Monument ›Triumph des Sieges‹ an die sowjetische Gegenoffensive im Dezember 1941. Geradeaus führt die Wolokolamsker Chaussee (ВОЛОКОЛАМСКОЕ ШОССЕ) zum Herrensitz Archangelskoje (s. S. 127). Zwischen beiden Chausseen ragt das 26stökkige **Hochhaus ›Hydroprojekt‹** in den Himmel; in diesem Planungs- und Forschungsinstitut werden alle großen Wasserbauvorhaben Rußlands (Talsperren, Schiffahrtskanäle, Flußumleitungen, Bewässerungsmaßnahmen) vorbereitet.

Kilometerlang begleitet die St. Petersburger Chaussee nun den langgestreckten **Chimkinskoje-Stausee** mit mehreren Wassersportstätten (›Dynamo‹, ›Wodnik‹, ›DOSAAF‹) und dem **nördlichen Hafen.** Mit den offenen Galerien und dem 85 m hohen Mast stellt sich das Hafengebäude wie ein vor Anker liegendes riesiges Schiff dar. Seine beiden Terrassen enden im Süden vor der ›Schwarzmeerfontäne‹ mit den Plastiken springender Delphine und im Norden vor der ›Nordpolfontäne‹ mit Marmorbären und bronzenen Meeresvögeln. Parkanlagen säumen den Hafen, und im Sommer wimmelt es auf dem See von Ausflugsschiffen, Tragflächenbooten, Segel- und Motorbooten jeder Größe. Metrostation: Retschnoj Woksal (РЕЧНОЙ ВОКЗАЛ).

Östlich des Stausees und der St. Petersburger Chaussee erstreckt sich der supermoderne Stadtteil **Chimkij-Chowrino,** eine Stadt im Grünen mit Kulturpalast, Konzertsaal, Kinos, Hotels, Sportanlagen, Parks – das Paradebeispiel moderner sowjetischer Stadtplanung, in Paris mit dem Grand-Prix ausgezeichnet. Zahlreiche umweltfreundliche Industriebetriebe, Forschungsinstitute, eine Fernhochschule für Handel, eine technische Zentralbibliothek usw. ergänzen die Wohnviertel.

Jenseits des Bolschoi-Theaters

Beim Haus der Gewerkschaften (s. S. 65) verläßt die Puschkinskaja Uliza (ПУШКИНСКАЯ УЛ.) den Ochotnyj Rjad. Das Haus Nr. 6 gehörte dem Großindustriellen Mamontow, der 1888 darin eine Bühne eröffnete, auf der Fjodor Schaljapin als Sänger debütierte und der Komponist Sergej Rachmaninow seine Dirigentenlaufbahn begann. Seit 1961 befindet sich in diesem Haus das **Moskauer Operettentheater,** mit 2000 Plätzen die größte Operettenbühne der Welt. Fast alle älteren Häuser der Puschkinstraße und ihrer Seitengassen haben etwas mit Theater zu tun. Ein rundes Dutzend kleiner Bühnen entstand im 19. Jh. als Privattheater und dient heute als Zweitbühnen, Auditorien oder Schauspielschulen. Berühmte Künstler des Bolschoi hatten in diesem Viertel ihren Wohnsitz.

Rechts vom Bolschoi-Theater führt die Uliza Petrowka (УЛ. ПЕТРОВКА) nach Norden, jene Straße, die dem Vorläuferbau des Bolschoi ihren Namen gab. Das siebengeschossige Eckgebäude im neugotischen Stil, 1906–1908 von dem Architekten R. Klein gebaut, ist das **Zentrale Warenhaus (ZUM);** 1975 erhielt es einen modernen Anbau.

Auf einer kleinen Anhöhe steht das restaurierte **Petrowskij-Kloster** (Wysoko Petrowskij Monastyr), dessen Geschichte bis in das 14. Jh. zurückreicht. 1380 wurde das Kloster von Dmitrij Donskoj gegründet, Peter I. ließ die Holzbauten abreißen und durch Steinbauten ersetzen. Über dem dreibogigen Haupteingang, dem Heiligen Tor, ragt ein mehrstufiger, oktogonaler Turm 40 m in die Höhe. Schmucke Arkaden umgeben den Repräsentationshof des Klosters, dessen Mitte die Kirche des hl. Sergios von Radonesch einnimmt. Arkaden verbinden auch die Wohn- und Wirtschaftsbauten des Innenhofes. Kloster und Kirche wurden 1996 von Grund auf restauriert.

An den kleinen Fluß, der oft genug die Moskauer Innenstadt überflutete und daher bereits vor 200 Jahren kanalisiert und 1817–1819 überwölbt wurde, erinnert die Neglinnaja Uliza (НЕГЛИННАЯ УЛ.). Hier finden Sie die **Staatsbank Rußlands,** in den 90er Jahren des vorigen Jahrhunderts im Stil der Neorenaissance erbaut. Zur gleichen Zeit entstand das benachbarte **Sandunow-Bad** (Sandunowskije Bani), ein russisches Dampfbad mit dem ganzen Pomp des Fin de siècle.

Die Roschdestwenka Uliza (РОЖДЕСТВЕНКА УЛ.) endet beim **Christi-Geburts-Kloster** (Roschdestwenskij Monastyr), das 1386 dem Petrowskij-Kloster gegenüber auf dem steilen Ufer der Neglinnaja entstand. Der älteste Bau der Klosteranlage ist die einkuppelige Kathedrale (1501–1505). Die anderen Klosterbauten stammen aus dem 17. und 18. Jh.

Alle drei Straßen verbindet die **Schmiedebrücke** (Kusnezkij Most; КУЗНЕЦКИЙ МОСТ), die früher über die Neglinnaja zum Schmiedeberg führte, wo die Grob- und Feinschmiede ihre Werkstätten hatten. Seit Katharina II. ließen sich an der Kusnezkij Most Tuchhändler und Schneider nieder, heute befindet sich hier das **Haus der Mode**, die Zentrale der russischen Haute Couture. Ansonsten treffen Sie in dieser Straße hauptsächlich auf Buchhandlungen und Kunstgalerien.

□ Die Volkswirtschaftsausstellung (ВДНХ) am Prospekt Mira

Man fährt ins Ausland, um fremde Kulturen kennenzulernen, Bauwerke aus vergangenen Zeiten zu bewundern, Kunstschätze zu betrachten, die Lebensgewohnheiten der Bewohner zu studieren. Aber welcher Tourist interessiert sich für eine Volkswirtschaftsausstellung? Skepsis schlägt jedem Reiseleiter in Moskau entgegen, wenn er ›Die Leistungsschau der Errungenschaften der russischen Volkswirtschaft‹ als Besuchsziel empfiehlt. Trotz aller Skepsis sollten Sie dieser einzigartigen, vielleicht sogar größten ständigen Schau der Welt einen halben Tag widmen. Sie werden staunen. Metrostation: WDNCh (ВДНХ), das ist die offizielle Abkürzung für die Ausstellung ›Wystawka Dostischenij Narodnogo Chosjajstwa‹.

Gleich neben der Metrostation raubt das **Sputnik-Denkmal,** das 96 m hohe ›Monument zu Ehren der Kosmosbezwinger‹ (1964), dem Besucher den Atem. Einen gleißenden Titanstrahl hinter sich herziehend, rast die Rakete steil in den Weltraum. Reliefs auf dem Granitsockel veranschaulichen die Entwicklung der sowjetischen Raumfahrt, die mit dem Start des ersten Satelliten ›Sputnik 1‹ am 4. Oktober 1957 begann (Sputnik = Gefährte).

Im Unterbau des Monuments befindet sich ein **Museum der sowjetischen Raumforschung.** Hier sehen Sie u. a. den ersten sowjetischen Erdsatelliten und das Wostok-Raumschiff, mit dem Jurij Gagarin 108 Minuten lang die Erde umkreiste. In ›Kosmonautensitzen‹ können Sie eine phantasievolle Reise in die Vergangenheit und in die Zukunft antreten. Das Denkmal vor dem Museum erinnert an Konstantin Ziolkowskij (1857–1935), den Wegbereiter der russischen Kosmonautik.

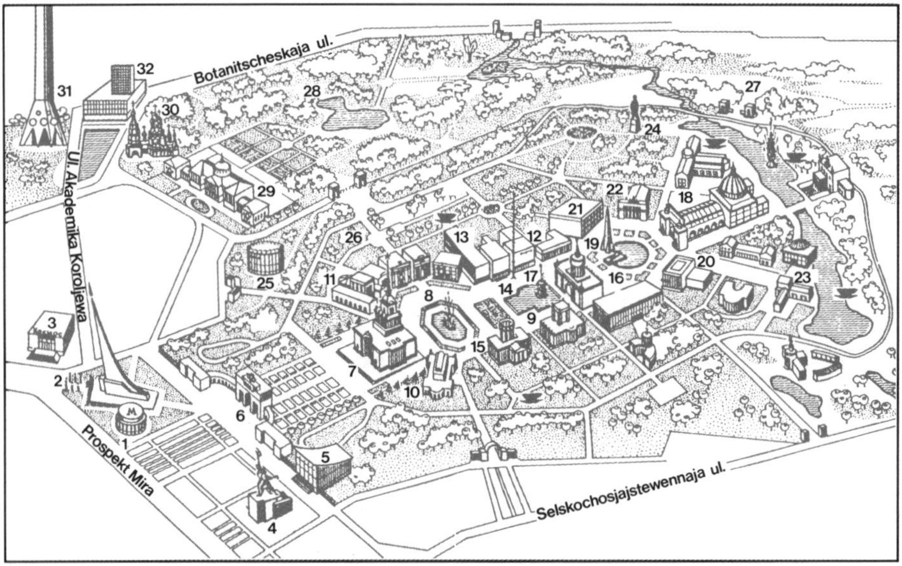

Volkswirtschaftsausstellung ›WDNCh‹ und Landsitz Ostankino *1 Metrostation ›WDNCh‹ 2 Monument zu Ehren der Kosmosbezwinger (›Sputnikdenkmal‹), Allee der Kosmonauten, Konstantin-Ziolkowskij-Denkmal 3 Lichtspielhaus ›Kosmos‹ 4 Denkmal ›Arbeiter und Kolchosbäuerin‹ 5 UdSSR-Pavillon (Weltausstellung 1967 in Montreal) 6 Triumphbogen (Haupteingang) 7 Hauptgebäude 8 Fontäne ›Völkerfreundschaft‹ 9 Fontäne ›Steinerne Blume‹ 10 Pavillon ›Atomenergie‹ 11 Pavillon ›Volksbildung‹ 12 Pavillon ›Mechanisierung und Elektrifizierung der Landwirtschaft‹ 13 Pavillon ›Metallurgie‹ 14 Pavillon ›Gesundheitswesen Rußlands‹ 15 Pavillon ›Russische Kultur‹ 16 Pavillon ›Ackerbau‹ 17 Pavillon ›Radioelektronik‹ 18 Pavillon ›Kosmos‹ 19 Weltraumschiff ›Wostok‹ 20 Pavillon ›Elektrifizierung Rußlands‹ 21 Pavillon ›Chemieindustrie‹ 22 Pavillon ›Verkehrswesen‹ 23 Pavillon ›Viehwirtschaft‹, Vorführungsplatz 24 Mitschurin-Obstgarten 25 Panoramakino 26 Jahrmarkt 27 Großer Botanischer Garten der Russischen Akademie der Wissenschaften 28 Kulturpark 29 Schloß von Ostankino, Museum für das Kunstschaffen der Leibeigenen 30 Dreifaltigkeitskirche 31 Fernsehturm, Restaurant ›Zum Siebenten Himmel‹ 32 Technischer Komplex des Fernsehzentrums*

Daran schließt sich eine ›**Allee der Kosmonauten**‹ mit den Bronzebüsten der Pioniere der Raumfahrt an: Jurij Gagarin, der am 12. April 1961 als erster Mensch die Erde umkreiste und 1968 bei einem Flugzeugabsturz den Tod fand, Walentina Tereschkowa, die erste Frau im Weltall, P. Beljajew und A. Leonow, die als erste Menschen ein Raumschiff verließen und im Weltall schwebten, die drei Kosmonauten G. Dobrowolskij, W. Wolkow und V. Patsajew, die 1971 nach 22tägigem Aufenthalt in der Forschungsstation Saljut 1 beim Wiedereintritt in die Erdatmosphäre verglühten.

Ein Stück weiter nördlich sehen Sie links vom Friedensprospekt (Prospekt Mira; ПРОСПЕКТ МИРА) das 35 m hohe Monument ›**Arbeiter und Kolchosbäuerin**‹, die erste Plastik aus rostfreiem Chromnickelstahl in der Geschichte der Bildhauerei. Das kraftvoll bewegte Standbild, das ohne Sockel 25 m hoch ist und 75 Tonnen wiegt, schuf Wera Muchina 1937 für die Weltausstellung in Paris.

Die Leistungsschau der russischen Volkswirtschaft wurde 1954 als Landwirtschaftsschau der Kolchosen und Sowchosen gegründet. 1956 kam die Industrieschau hinzu. Heute ist die WDNCh eine Selbstdarstellung sämtlicher russischer Wirtschaftszweige. Die Palette der über 100 000 Exponate reicht vom Industrieroboter bis zum quicklebendigen Sikahirsch, vom Weltraumlabor bis zur Puppe in der Puppe. Ein mächtiger **Triumphbogen,** gekrönt von einem Bauernpaar, gibt den Weg auf das 310 ha große Ausstellungsgelände frei. 60 km müßten Sie laufen, wenn Sie alles sehen wollten. Eine halbstündige Rundfahrt mit der Ausstellungsbahn durch Parkanlagen, Wildgehege und Blumenfelder, an Hallen, Pavillons und Wasserspielen vorbei, vermittelt einen ersten Überblick.

Hinter dem Eingang zieht das gigantische Hauptgebäude der Leistungsschau im Stil der repräsentativen Architektur der frühen 50er Jahre den Blick auf sich. In dieser Halle stellt sich Rußland mit seinen Republiken und Regionen vor. 78 weitere Hallen und Pavillons, teils in märchenhafter Pracht, teils sachlich-streng, teils ästhetisch-funktional, bieten einen reizvollen Exkurs in die einzelnen Perioden der sowjetischen und russischen Baukunst von 1954 bis heute. Die 30 000 m^2 große Ausstellungshalle im Nordbereich des Geländes entwarf der Architekt Possochin als Pavillon der UdSSR für die Expo '67 in Montreal (Kanada).

32 Hallen befassen sich mit Landwirtschaft, Gartenbau, Forst- und Jagdwirtschaft. Auf einem 22 000 m^2 großen Feld mit Tribünen für 2000 Zuschauer werden fast stündlich edle Pferde und prämiiertes Vieh vorgeführt: hier finden regelmäßig auch Auktionen statt, an denen sich Aufkäufer aus westlichen Ländern beteiligen. Zweimal täglich werden Führungen auf einem Jagdpfad veranstaltet, auf dem der Besucher Maralhirsche, Wildschweine, Polarfüchse, Marder, Rentiere, Fasane usw. in großräumiger Wildbahn beobachten kann.

21 Hallen sind der Industrie und ihren Erzeugnissen gewidmet. Auch Laien entdekken in den Hallen ›Maschinenbau‹, ›Verkehrswesen‹, ›Erdgasindustrie‹ viel Interessantes. In mehreren weiteren Hallen präsentiert die Akademie der Wissenschaften die neuesten

›Arbeiter und Kolchosbäuerin‹

Erkenntnisse aus Physik, Chemie, Biologie, Astronomie, Medizin, Umweltschutz usw. - Einige Hallen befassen sich mit den Themenbereichen Volkskunst, Presse, Rundfunk, Fernsehen und Film.

Ziel aller westlichen Touristen ist die **Kosmoshalle** mit Weltraumraketen, Raumstationen, Landefähren, Mondfahrzeugen. Hier sehen Sie ein Modell des ersten Satelliten, des 83,5 kg schweren Sputnik 1, ferner Luna-Sonden, die Fahrzeuge auf der Oberfläche des Erdtrabanten absetzten und Mondgesteinsproben zur Erde brachten. Modelle der bemannten Raumstationen ›Saljut‹ und ›Mir ‹, der Raumfähren ›Sojus‹ und ›Progress‹ sowie ›Wostok‹-Kabinen, die Raumkörper des sowjetisch-amerikanischen Unternehmens Apollo-Sojus vom Juli 1975. Vor der Halle steht eine Mehrstufenrakete jenes Typs, mit dem Gagarin 1961 ins Weltall startete.

Berühmt sind die 20 **Wasserspiele** der Leistungsschau, die großen Fontänen, die mehrmals täglich im Sonnen- oder Scheinwerferlicht funkelnde Wassermassen in den Himmel schleudern. Die Fontäne ›Völkerfreundschaft‹ zeigt 15 weibliche Bronzefiguren, die die 15 früheren Unionsrepubliken symbolisieren und sich in dem gischtenden Wasser zu drehen scheinen (Farbt. 4).

Die Fontäne ›Steinerne Blume‹ entstand nach Märchenmotiven und ist mit Halbedelsteinen aus dem Ural verkleidet, die in den tausend sich überschneidenden Wasserstrahlen verschiedener Stärke und Höhe zu leben beginnen. Dünnwandige, mit einem Goldüberzug versehene Betonelemente bilden die ›Ährenfontäne‹, das gleißende und glitzernde Symbol der Fruchtbarkeit und des Überflusses.

Ein weiträumiger Kinderspielplatz beschäftigt die Kleinen. Imbißstände, Getränkeautomaten und Restaurants der verschiedenen Regionsküchen sorgen für das leibliche Wohl der Besucher. Mehrere Verkaufsstellen bieten Meisterwerke der russischen Volkskunst, vom Lackteller bis zum emaillierten Silberbecher. Freilichtbühnen, vor allem aber das Rundkino, unterhalten die Gäste; auf eine Leinwand, die die Wände eines runden Raumes bedeckt, projizieren mehrere Kameras gleichzeitig einen Film.

Vom 25. Dezember bis 5. Januar findet alljährlich auf dem Gelände der Leistungsschau das Festival ›Russischer Winter‹ statt, mit Akrobaten, tanzenden Bären, fröhlichen Wettkämpfen im Schnee; Trojkaschlitten- und Rentiergespanne traben durch die tief verschneiten Parks. Leider hat die Volkswirtschaftsausstellung in den Jahren seit der politischen Wende erheblich an Attraktivität verloren. Viele Exponate sind verschwunden, dafür wimmelt es von Verkaufsbuden aller Art.

□ Ostankino

Der **Landsitz Ostankino** entstand im 16. Jh., vielleicht auch schon früher. Um die Mitte des 18. Jh. gingen die Ländereien, die den heutigen Kulturpark, den Botanischen Garten und das Ausstellungsgelände WDNCh (ВДНХ) umfassen, in den Besitz des Fürsten Pjotr Scheremetjew über. Doch der Fürst kümmerte sich vorrangig um den Ausbau seines Landsitzes Kuskowo (s. S. 120 f.). Erst sein Sohn Nikolaj begann 1792 mit umfangreichen Bauarbeiten. Nach dem Entwurf des italienischen Architekten Giacomo Quarenghi errichteten die leibeigenen Handwerker und Künstler ein Palais im klassizistischen Stil. Der weiße Verputz läßt nicht erkennen, daß das Gebäude vollkommen aus Holz besteht. Heute ist hier ein ›Museum für das Kunstschaffen der Leibeigenen‹ (Musej Twortschestwa Krepostnych) untergebracht.

Das Außergewöhnliche am Palais von Ostankino ist sein Theater, das einen Teil des Hauptgebäudes beansprucht. Es zählt zu den ältesten Einrichtungen dieser Art überhaupt, und seine technische Ausrüstung ist die wohl einzige, die aus dem 18. Jh. erhalten blieb. In diesem Jahrhundert waren Bühneneffekte überaus beliebt. Eine ausgeklügelte Maschinerie ermöglichte die raffiniertesten Erscheinungen und Vorgänge, wie z.B. das Herabschweben von Schauspielern, das Verschwinden von Requisiten. Der Zuschauersaal ließ sich innerhalb von 30 Minuten mit der Bühne zu einer einzigen Tanzfläche für große Bälle vereinigen.

Fürst Nikolaj Scheremetjew galt als ein eifriger Förderer der Museen, seine leibeigene Theatertruppe zählte über 200 Mitglieder: Schauspieler, Sänger, Tänzer und Musiker. Die Bühne von Ostankino genoß zeitweise mehr Ruhm als das Bolschoi-Theater.

Das ganze Schloß mit seinem Theater und den Sälen ist prachtvoll mit Stukkaturen, vergoldeten Holzschnitzereien, Wand- und Deckenmalereien, Parkettböden ausgestattet, alles Arbeiten ausländischer Künstler und leibeigener Meister. Ein kurzer Gang verbindet das Theater mit dem Ägyptischen Pavillon, der als Konzertsaal diente. Kopien und antike Originalplastiken schmükken den prunkvollen Italienischen Pavillon, den Empfangssaal des Schlosses. Der sogenannte Rundsaal, ursprünglich ein Foyer, war das Arbeitszimmer des Zaren Alexander II., der öfter in Ostankino weilte.

Die ehemaligen Theatergarderoben enthalten eine Ausstellung über die leibeigenen Künstler von Ostankino. In den einzelnen Sälen sehen Sie herrliche Leuchter, kostbare Uhren, Bronze- und Farbglasvasen, Porzellane, fast ausschließlich Schöpfungen russischer Handwerkskunst, dazu werden zeitgenössische Porträts und Gemälde westeuropäischer Meister des 17. und 18. Jh. ausgestellt.

Westlich vom Schloß weist die **Dreifaltigkeitskirche** (Zerkow Troizy) mit ihren fünf Kuppeln auf die Bedeutung hin, die dem Landsitz Ostankino schon im 17. Jh. zukam. 1678–1692 schuf der leibeigene Baumeister Pawel Potechin das schöne Gotteshaus im Stil des ›Moskauer Barock‹. Weiße Kalksteindekorationen und polychrome Keramik mit Blumen- und Vogeldarstellungen schmücken die roten Ziegelmauern.

Im einstigen Schloßpark, dem heutigen Kulturpark, vergnügen sich die Moskauer. 360 ha des Parkgeländes bilden seit 1945 den **Botanischen Garten** der Akademie der Wissenschaften. 20 000 verschiedene Pflanzen aus allen Teilen der Welt, davon allein 2500 Rosenarten in einem besonderen Rosarium, kann der Besucher studieren. Ein 5000 m^2 großes Treibhaus enthält tropische und subtropische Gewächse aus Afrika, Südamerika, Australien , Indien und Polynesien. Ein riesiges Arboretum (Baumgarten), ein japanischer Garten, ein Alpinarium und eine glasgeschützte Anlage für exotische Wasserpflanzen ergänzen die besuchenswerte Gartenanlage. – Metrostation: Botanitscheskij Sad (БОТАНИЧЕСКИЙ САД).

Südlich vom Schloß ragt der **Fernsehturm Ostankino** 537 m empor. Nur der Fernsehturm von Toronto (Kanada) ist mit 553 m noch ein wenig höher. Die 385 m hohe Säule des Turms ruht auf zehn Betonpfeilern, über der Säule strebt der Antennenmast weitere 152 m zu den Wolken hinauf. Bei starkem Wind schwankt die Turmspitze bis zu 8,5 m. Sieben elektronisch gesteuerte Schnellaufzüge (7 m/sec) bringen die Gäste zum dreistökkigen, drehbaren Aussichtsrestaurant ›Sedmoje Nebo‹ (= Zum Siebenten Himmel) in über 300 m Höhe. Tischreservierungen nehmen Ausländer am besten über ihre Hotelrezeption vor.

Von der Mjasnizkaja zum Ismajlowskij-Park

Vom Lubjanskaja-Platz (s. S. 68) aus führt die Mjasnizkaja Uliza (Fleischerstraße; МЯСНИЦКАЯ УЛ.) nach Nordosten. Im 16. Jh. befanden sich hier die Moskauer Schlachthöfe und Metzgereien. Im 19. Jh. entwickelte sich das Viertel zu einem blühenden Geschäftszentrum. Aus der Zeit vor dem Brand von 1812 blieben nur wenige Gebäude, z. B. das Haus Nr. 7 (frühes 18. Jh.) und das Haus Nr. 21 (Juschkow-Haus), erbaut um 1790 von Wassilij Baschenow. Im **Juschkow-Haus** stellten sich die Peredwischniki (= Wanderer) in einer ersten gemeinsamen Ausstellung der Öffentlichkeit vor. Zu dieser Gemeinschaft zählten 14 Maler, darunter Kramskoj, Gay, Perow, die sich gegen die erstarrten Kunstauffassungen der St. Petersburger Akademie auflehnten und der Malerei neue Impulse gaben.

Jenseits des Turgenjew-Platzes begleiten vornehme Stadtvillen aus der Wende vom 18. zum 19. Jh. die Mjasnizkajastraße, entworfen von Bowe (Nr. 33–37), Camporessi (Nr. 43) und Kasakow (Nr. 42). 1929–1936 gab der berühmte schweizerische Architekt Le Corbusier mit einem riesigen Glasbau sein Moskauer Debüt (Nr. 39). Das Gebäude beherbergt das **Staatliche Komitee für Statistik.**

Hinter einer Eisenbahnüberführung erreichen Sie den Komsomolskaja Ploschtschad (КОМСОМОЛЬСКАЯ ПЛ.) mit einem Dreigestirn schöner und wichtiger Bahnhöfe. Den **Petersburger Bahnhof** (Petrogradskij Woksal) baute der Architekt Konstantin Thon 1849–1851 im historisierenden Stil. Heute flankieren zwei moderne Schalterhallen den Zentralbau des ältesten Moskauer Bahnhofs. 1851 fuhr der erste Zug von St. Petersburg nach Moskau, nur 16 Jahre nach der Eröffnung der ersten deutschen Eisenbahn von Nürnberg nach Fürth (s. S. 254 f.).

Komsomolskaja-Platz

1902 entstand der **Jaroslawler Bahnhof** (Jaroslawskij Woksal) im Jugendstil mit Elementen des russischen Nordens. Farbige Fayencen verkleiden den oberen Teil der Fassaden (Architekt F.O. Schechtel). In der Halle quirlt ein buntes Völkergemisch. Täglich um 14.30 Uhr startet hier der Transsibirien-Expreß nach Wladiwostok auf der längsten Eisenbahnlinie der Welt (9302 km). Neuerdings werden auch Sonderzüge für ausländische Touristen eingesetzt, zum Beispiel der mit allem Komfort ausgestattete ›Rus‹-Expreß im historischen Gewand, der bis Wladiwostok mit mehreren Besichtigungspausen 12 Tage benötigt. Wer allerdings auch die Menschen Rußlands kennenlernen möchte, der fährt im normalen Expreß und genießt in der niedrigeren Wagenklasse die sprichwörtliche Gastfreundschaft des Ostens mit Tee, Wodka, Piroggen, Schinken und Brot. Auch wenn er außer ›spassibo‹ (danke) und ›nastrowje‹ (prosit) kein drittes Wort der russischen Sprache versteht, wird er sich hier bald wohler fühlen als im Kreise westlicher Touristen.

Im Stil des russischen Barock entwarf der Architekt Aleksej Schtschussew den **Kasaner Bahnhof** (Kasanskij Woksal; 1914–1926). Stuckarbeiten und Malereien von Nikolaj Roerich und Boris Kustodijew schmücken die Innenräume. Die Decke des Restaurants gestaltete der Maler und Bühnenbildner Jewgenij Lansere (Lanceray).

In dem 600 ha großen **Sokolniki-Park** ein gutes Stück nördlich der Bahnhöfe gingen die Zaren einst der Falkenjagd auf Füchse und Hasen nach (russ.: *sokolnik* = Falkner). Von den internationalen Ausstellungen, die hier seit den 50er Jahren stattfanden, blieb der Pavillon der USA (1959) erhalten. In den 70er Jahren entstand der eindrucksvolle Sportpalast ›Sokolniki‹, eine riesige Glashalle mit Tribünen für 11000 Zuschauer. Strahlenförmig ziehen sich Alleen aus Birken, Linden und Ahornen durch den Park, im Spätsommer blühen 30 000 Rosenstöcke. – Metrostation: Sokolniki (СОКОЛЬНИКИ).

Der Sokolniki-Park erstreckt sich im Osten bis zu den Ufern der **Jausa**, eines kaum 50 km langen Flüßchens, das in den Sümpfen nordöstlich von Moskau entspringt und bei dem riesigen Hotel ›Kotelnitscheskaja‹, das in seinem Stil dem Hotel ›Ukraina‹ und der Lomonossow-Universität gleicht, in die Moskwa mündet. Um die Jahrhundertwende war die Jausa eine stinkende und schlammige Industriekloake, heute zeigt sich der 25 bis 30 m breite Fluß in Granit und Beton gekleidet, Kläranlagen sorgen für sauberes Wasser, Schleusen erhöhen den Wasserspiegel. Wildenten und andere Wasservögel tummeln sich in den Fluten, Angler fangen Plötzen, Rotaugen und sogar Hechte.

Östlich der Jausa dehnen sich die Ländereien der ehemaligen Zarensiedlung **Preobraschenskoje** (Christi Verklärung) aus. 1657 ließ sich hier Zar Aleksej ein Holzschloß als Sommer- und Jagdwohnsitz errichten. Am Ufer der Jausa baute sein Sohn Peter eine Spielfestung mit richtigen Mauern und Türmen und drillte seine dörflichen Altersgenossen im Erstürmen und Verteidigen dieser Anlage. Man sagt, daß aus dieser Spieltruppe das spätere Garderegiment ›Preobraschenskij‹ hervorging, das entscheidend zum Sieg in der Schlacht bei Poltawa (1709) beitrug. Eine moderne Wohnstadt bedeckt heute das Gebiet von Preobraschenskoje; vom Holzsschloß des Zaren fehlt jede Spur.

Von der Metrostation Preobraschenskaja Ploschtschad (ПРЕОБРАЖЕНСКАЯ ПЛОЩАДЬ) führt der Preobraschenskij-Wall zum **Preobraschenskoje-Friedhof**, der von einer Mauer mit imposanten Ecktürmen eingefaßt ist. In der Friedhofskirche aus dem frühen 19. Jh. finden Gottesdienste statt. Südlich vom Friedhof, nahe dem Stadion ›Spartak‹ (nach Spartacus, dem Führer des römischen Sklavenaufstandes 79–71 v. Chr.), treffen Sie auf sehenswerte Reste des alten **Nikolskij-Klosters** mit der Kirche des Propheten Elias (Zerkow Sapowednika Elia) und der Himmelfahrtskathedrale (Wosnessenskij Sobor).

Weiter östlich erreichen Sie den 1500 ha großen **Ismajlowskij Kultur- und Erholungspark,** einen der größten Stadt- und Freizeitparks der Welt. Den Park sollten Sie an sonnigen Wochenenden besuchen, wenn Tausende von Moskauern die ausgedehnten Anlagen mit ihren Kiefernforsten, Wiesen und Teichen bevölkern. Samstags und sonntags findet hier im Sommer von 10–18 Uhr der Ismajlowskij-Markt statt, ein Kunstmarkt, auf dem alles, was irgendwie mit Kunst und Kunsthandwerk zu tun hat und nicht allzu wertvoll ist, angeboten wird. – Metrostation: Ismajlowskij Park (ИСМАЙЛОВСКИЙ ПАРК).

Nahe der Metrostation erheben sich fünf 30stöckige Hotelbauten; sie wurden zur Olympiade 1980 erstellt und bieten 10 000 Gästen eine komfortable Übernachtungsmöglichkeit. Eine Brücke führt zur 34 ha großen Insel auf dem Ismajlowskij-Teich, die bereits im 17. Jh. künstlich angelegt wurde. Auf diese Insel zogen sich die Zaren zurück, wenn sie in den großen Wäldern ringsum jagen wollten. Das Zarenschloß aus Holz ist verschwunden, dafür wurden zehn zum Herrensitz gehörende Bauten aus den 70er Jahren des 17. Jh., also aus der Zeit des Zaren Aleksej, sorgfältig restauriert: das monumentale dreibogige Schloßtor mit Zeltdach, ein Brückenturm, ein Jägerhäuschen, die Imkerei, einige Wohnhäuser der Bediensteten, die kleine St.-Josaphat-Kirche und vor allem die malerische Mariä-Schutz-Kathedrale (Pokrowskij Sobor) im üppigen Moskauer Barockstil.

Die Südgrenze des Ismajlowskij-Parks bildet die **Enthusiasten-Chaussee** (ШОССЕ ЭНТУЗИАСТОВ), die beim früheren Grenzposten auf dem heutigen Ploschtschad Iljitscha beginnt und jenseits des Autobahnrings in die Landstraße nach Wladimir und Nischnij Nowgorod übergeht. Jahrhundertelang zogen hier die Kolonnen der Verbannten entlang; aufsässige Leibeigene, in Ungnade gefallene Adlige mit ihren Familien, politische Sträflinge, Arbeiterführer, Revolutionäre. Nur wenige kehrten aus der Verbannung zurück und zogen an der Steinsäule des Grenzpostens vorbei, in der die Worte »Zwei Werst bis Moskau. 1783« (1 Werst = 1,067 km) eingemeißelt sind. Zu Ehren der ersten russischen Revolutionäre wurde die Straße ›Chaussee der Enthusiasten‹ genannt.

Im Nordosten Moskaus erstreckt sich - von der Ringautobahn durchschnitten - der 10 000 ha große **Nationalpark ›Lossinyj Ostrow‹** (= Elchinsel). In diesem einzigartigen Naherholungsgebiet trifft der Wanderer Elche, Sikahirsche, Rehe, Wildschweine und Füchse in freier Wildbahn. An den Waldrändern stehen 100 bis 120 Jahre alte Eichen und Linden, 250jährige Kiefern bilden den ausgedehnten Aleksej-Hain, das einstige Jagdgebiet des Zaren Aleksej Michailowitsch, des Vaters von Peter dem Großen. In dem sumpfigen Quellgebiet der Jausa nisten Fischreiher und andere seltene Wasservögel. Autofahren ist hier natürlich verboten. Die Förster überwachen ihre Reviere hoch zu Roß. Wenn Sie wollen, können Sie Reitpferde oder Kutschen mieten.

Nemezkaja Sloboda (Deutsche Vorstadt)

Die Metrostation ›Baumanskaja‹ (БАУМАНСКАЯ) liegt im Zentrum eines alten, weitgehend unter Denkmalschutz stehenden Stadtviertels, das noch heute den Namen Nemezkaja Sloboda (= Deutsche Vorstadt) trägt. Diese ›Deutsche Vorstadt‹ entstand im ersten Drittel des 16. Jh.; ihre Bewohner waren anfangs Kriegsgefangene des Livländischen Krieges (1558–1582/83), also Angehörige des Deutschen Ordens, später kamen Kaufleute, Ärzte, Apotheker und Handwerker hinzu. 1665 zählte die ›Deutsche Vorstadt‹ etwa 1500 Einwohner in mehr als 200 Häusern. Der wohl bekannteste deutsche Bürger dieser Zeit war der lutherische Pastor Johann Gottfried Gregorij (1631–1675), der an der lutherischen Offizierskirche predigte und mit Gemeindemitgliedern Theateraufführungen veranstaltete. 1672 befahl ihm Zar Aleksej, mit seiner Schauspieltruppe am Herrscherhof aufzutreten, eigene Komödien zu verfassen und diese im neuen Hoftheater der zaristischen Sommerresidenz zu Preobraschenskoje aufzuführen. Gregorij gilt somit als Begründer des russischen Theaters.

Die Deutsche Vorstadt durfte sich von Anfang an selbst verwalten, erst Peter I. unterstellte die Sloboda der Moskauer Stadtverwaltung. Dennoch blühte sie weiter, zumal der Zustrom deutscher Techniker, Gelehrter und Künstler unter Peters Herrschaft anschwoll. Aus dem 16. und 17. Jh. ist kein Bauwerk mehr erhalten, die meisten Herrenhäuser und Kirchen stammen aus dem späten 18. bis 19. Jh. Geblieben aber sind die alten Straßenzüge, die sich dem Flußlauf der Jausa bogenförmig anpassen.

Von der Metrostation ›Baumanskaja‹ treten Sie zuerst in die nach Westen führende Spartakowskaja Uliza (СПАРТАКОВСКАЯ УЛ.) und stehen vor der **Epiphanias-Patriarchal-Kathedrale** (Bogojawlenskij Patriarchij Sobor), der größten Kirche Moskaus. Sie entstand zwischen 1837 und 1846 durch Umbau einer Pfarrkirche aus dem frühen 18. Jh. 1943 bestimmte sie der Patriarch von Moskau und ganz Rußland zur Hauptkirche aller russisch-orthodoxen Christen. Kirchliche Feste werden hier mit großem Pomp und tiefer Gläubigkeit begangen. Die Innenausstattung stammt aus dem 19. Jh., nur die Ikonostase enthält einige ältere und überaus kostbare Tafelwerke: die Ikone der Gottesmutter von Kasan, die das Volksheer Minins und Poscharskijs im Kampf gegen die Polen begleitete, die Ikone der Gottesmutter von Tichwin und die Ikone des hl. Nikolaus von Myra (Kleinasien). Der Schrein vor der Ikonostase bewahrt die Reliquien des hl. Aleksej, Metropolit von Moskau († 1378). Berühmt ist die Patriarchen-Kathedrale für ihre drei Chöre. Wenn an kirchlichen Feiertagen der Hauptchor, der ›Patriarchen-Chor‹, singt, ist es nicht leicht, in der Kirche noch Platz zu finden.

Die nach rechts abbiegende Nowaja Basmannaja Uliza (НОВ. БАСМАННАЯ УЛ.) zeigt sich noch fast vollständig im klassizistischen Gewand. Von Kasakow stammen die drei Herrensitze Haus Nr. 4, 6 und 26. An dieser Straße ließ Peter I. zuvor eine Offizierssiedlung anlegen. Die **Peter-und-Paul-Kirche** (Zerkow Petra i Pawla) schuf der Architekt Sarudnyj 1705–1717 nach Entwürfen des Zaren. 1740–1744 kam der Glockenturm hinzu. – An der Staraja Basmannaja Uliza (СТАРАЯ БАСМАННАЯ УЛ.), die die Sparta-

Der heilige Doktor von Moskau

Am 19. August 1853, einem stickig-schwülen Mittwochvormittag, gaben mindestens 20 000 Menschen einem Toten das Geleit zur letzten Ruhestätte auf dem Wwedenskoje-Friedhof, dem Friedhof der nicht-orthodoxen Ausländer. Vorsichtshalber war dem Polizeimeister Cinskij befohlen worden, mit einer ansehnlichen Abteilung Kosaken die Ordnung des Zuges aufrechtzuerhalten. Aber Cinskij sah bald, daß keine Unruhe zu befürchten sei. Die Menschen schritten mit Tränen in den Augen hinter dem Sarg her. So entließ der Polizeimeister die Kosaken und folgte zu Fuß der Menge zum Friedhof.

In dem Sarg lag Dr. Friedrich Joseph Haass, der ›heilige Doktor von Moskau‹, der vielleicht berühmteste und beliebteste Arzt, den Rußland je hatte. Ein guter Teil der Menschen, die jetzt seinen Sarg begleiteten, waren jene Armen und Kranken, die der deutsche Arzt irgendwann einmal betreut, die er geheilt oder getröstet, deren Los er erleichtert hatte. Er, der Arzt der Bettler und Gefangenen, der Vornehmen wie der Elenden, hatte alles, was er geben konnte, seine Einkünfte, seine Gesundheit, sein Herz, den einfachen Menschen Rußlands geopfert. Jetzt kamen alle, die von seinem Ableben erfahren hatten, um ihm zu danken. Noch heute, fast anderthalb Jahrhunderte nach seinem Tod, schmücken stets frische Blumen sein Grab.

Friedrich Joseph Haass wurde am 10. August 1780 in Münstereifel als Sohn eines Kölner Apothekers geboren. Er besuchte das dortige Gymnasium, begann 1799 in Köln ein Studium der Schönen Künste, der Naturwissenschaften und der Medizin, studierte anschließend in Jena und Göttingen, wo er 1805 promovierte, und genoß bis 1806 in Wien eine Ausbildung zum Facharzt für Augenheilkunde. In Wien befreite er einen russischen Adligen von einem Augenleiden, der ihm empfahl, sich in Rußland niederzulassen. So ging Haass 1806 mit einer Patientin, der Fürstin Repnin, nach St. Petersburg und eröffnete schon nach kurzer Zeit eine Praxis in Moskau. Als in einem der Moskauer Spitäler eine epidemische Augenkrankheit ausbrach, erregte er durch seinen erfolgreichen Einsatz die Aufmerksamkeit des Hofes. 1807 ernannte die Zarin den 27jährigen Arzt zum Chefarzt des Paulskrankenhauses, 1808 schlug sie ihn zum Ritter des Ordens vom hl. Wladimir, weil er neben seiner Tätigkeit als Klinikleiter noch unentgeltlich zahllose Augenkranke in den Armenhäusern Moskaus betreute. 1812 begleitete er die russische Armee bei ihrer Verfolgung der Franzosen und versorgte die Verwundeten, erst auf eigene Rechnung, ab 1814 als Sanitätsoffizier. Auf diesem Weg kam er auch nach Münstereifel, wo er von seinem sterbenden Vater Abschied nahm.

Wieder in Moskau, widmete sich Haass voll und ganz seiner Privat- und Armenpraxis. 1822 wurde er Stadtphysikus und Leiter des pharmazeutischen Depots für alle Moskauer Krankenhäuser. Aber es drängte ihn zu seinen Patienten, so daß er schon 1825 wieder in seiner eigenen Praxis arbeitete. Die Augenkranken kamen aus allen

Teilen Rußlands zu ihm, so daß er schon bald, obwohl er von den Armen kein Honorar nahm, ein reicher Mann war und zu den gefeiertsten Ärzten Rußlands zählte.

1827 berief ihn sein Freund Fürst Golizyn, Generalgouverneur von Moskau, in das Gefängniskomitee und ernannte ihn zum Chefarzt aller Gefängnisspitäler. Fortan setzte Haass seine ganze Kraft und sein Vermögen dafür ein, das unsagbare Elend der Gefangenen, der zur Zwangsarbeit in Sibirien Verurteilten, der von der Kirche verfolgten Raskolniki (Altgläubigen), der verkauften Leibeigenen zu mildern. Mit größter Ausdauer und Zähigkeit kämpfte er gegen die Gleichgültigkeit der Behörden. Unermüdlich versuchte er, die grauenhaften Zustände in den Gefängnissen, Spitälern und auf den Transporten zu ändern, kaufte Leibeigene frei, löste Schuldgefangene aus, führte Kinder wieder ihren Eltern zu. In dem Gefängnis auf den Sperlingsbergen, das alle nach Sibirien Verbannten durchliefen, dürfte Fedor Petrowitsch, wie man den deutschen Arzt nannte, innerhalb von 25 Jahren mehr als 200 000 Gefangenen Trost zugesprochen, ihnen an Leib und Seele geholfen haben. Haass schaffte den Prut ab, jene gefürchtete Eisenstange, an die acht bis zehn Gefangene auf ihrem monatelangen Weg nach Sibirien mit den Handgelenken angekettet wurden. Er richtete ein Polizeispital ein, das schon nach kurzer Zeit ›Haassowka‹ hieß und alle Überfahrenen, Vergifteten und Zusammengeschlagenen Moskaus, kurz »seine geliebten Barfüßler und sonstigen Lumpen« aufnahm, wie manch hoher Beamter spottete. Für die Alten besorgte Haass Plätze in den Armenasylen, für verwaiste Kinder fand er liebevolle Pflegeeltern. So wurde er in den Augen vieler Tausender Armer, Gefangener, Geächteter ein ›Gottesmensch‹, der fast immer zu helfen vermochte.

1853 war seine Lebensuhr abgelaufen, Fedor Petrowitsch hatte sich eine bösartige Blutvergiftung zugezogen. Am 19. August schloß Dr. Friedrich Joseph Haass, der ›heilige Doktor von Moskau‹, für immer die Augen.

kowskaja Uliza zur Stadtmitte hin fortsetzt, sehen Sie die **Kirche zum Märtyrer Niketas** (Zerkow Nikity Mutschenika), ein Bauwerk aus dem 17. Jh., das um die Mitte des 18. Jh. erneuert wurde.

Die Baumanskaja Uliza (БАУМАНСКАЯ УЛ.), einst die Hauptstraße der deutschen Siedlung, folgt in südlicher Richtung dem Flußlauf der Jausa. Der Straßenname erinnert an den Arbeiterführer, der hier im Jahr 1905 an der Spitze eines Demonstrationszuges von einem Regierungsagenten erschossen wurde. – Im Haus Nr. 26, gegenüber der Metrostation ›Baumanskaja‹, befindet sich das berühmte **Moskauer Puppentheater**.

Eines der wenigen Relikte aus der Zeit Peters I. ist das kleine Ziegelhaus in der Seitengasse Starokirpitschnyj Pereulok 6 (СТАРОКИРПИЧНЫЙ ПЕР.). Dieses hübsche Häuschen mit den verzierten Ecksäulen und einer Holzmansarde erinnert an die Romanze zwischen der schönen Anna Mons, Tochter eines deutschen Weinhändlers, und dem jungen Pjotr Aleksejewitsch, der als Peter der Große in die Geschichte einging.

Einen großen Teil der einstigen deutschen Siedlung nimmt heute das **Zentrale Aerodynamische Institut** ein, in dem die ersten sowjetischen Flugzeuge konstruiert und die Grundlagen für die Tupolew-Maschinen erarbeitet wurden. – Auf die Nemezkaja Sloboda weist auch der große **Lefort-Palast** am Lefortowskaja Ploschtschad hin. Peter I. ließ den Palast am Ufer der Jausa von dem Architekten D. Aksamitow 1697–1699 bauen. 1707 schenkte er den Palast, der ursprünglich dem Admiral der russischen Flotte, Franz Lefort, zugedacht war, seinem Freund und Ratgeber Aleksandr Menschikow. Heute belegt das Militärhistorische Archiv die Palasträume.

Das Schloß neben dem Lefort-Palast entstand in den 40er Jahren des 18. Jh. und wurde Ende des 18. Jh. von Giacomo Quarenghi umgebaut. Nach dem Brand von 1812 erneuerte es Domenico Gilardi (Dementij Schiljardi) im Empirestil. 1832 zog eine Technische Hochschule, das heutige **Technische Bauman-Institut**, in das Schloß ein. Der Golowyn-Palast auf der anderen Uferseite ist bis auf einige Wirtschaftsbauten aus dem beginnenden 18. Jh. nicht erhalten geblieben. Dagegen überstand der rund 200 m lange **Katharinenpalast** am Ende des Golowyn-Parks, eine Schöpfung der italienischen Baumeister Rinaldi, Quarenghi und Camporessi (18. Jh.), die Wirren der Zeit.

Die Uliza Gospitalnyj Wal (УЛ. ГОСПИТАЛЬНЫЙ ВАЛ) führt zum **Wwedenskoje-Friedhof,** dem ›Ausländerfriedhof‹, dem alten Deutschen Friedhof. Hier ruhen u. a. der russische Maler Wiktor Wasnezow (1848–1926) und der deutsche Arzt Dr. Friedrich Joseph Haass (1780–1853), der ›heilige Doktor von Moskau‹.

Samoskworetschje, der Stadtteil ›jenseits der Moskwa‹

In einer mächtigen Schleife nähert sich die Moskwa der Südmauer des Kreml. Innerhalb dieser Schleife liegt Samoskworetschje, einer der ältesten Stadtteile von Moskau. Schöne alte Kirchen und Herrenhäuser, vor allem aber die berühmte Tretjakow-Galerie, locken den Besucher vom Kreml aus über die beiden Moskwabrücken, über die Moskworezkij

Haus des Duma-Sekretärs Awerki Kirillow mit Nikolaus-Kirche

Most (vom Roten Platz aus) oder über die Kamennyj Most (vom Borowizker Platz aus). – Metrostation: Nowokusnezkaja / Tretjakowskaja (НОВОКУЗНЕЦКАЯ/ТРЕТЬЯКОВСКАЯ).

Schon im 14. Jh. war Samoskworetschje ein dicht besiedeltes Kaufmanns- und Handwerkerviertel. Hier endeten die alten Handelsstraßen vom Schwarzen Meer und vom Kaspischen Meer, hier kamen die Rinder-, Schaf- und Pferdeherden aus der Ukraine zum Verkauf. Iwan der Schreckliche siedelte in dem Viertel seine Strelitzen mit ihren Familien an. Im 19. Jh. traten immer mehr Fabriken und Manufakturen an die Stelle der gepflegten Kaufmannshäuser. Um die Jahrhundertwende entwickelte sich der Stadtteil zu einer Keimzelle des sozialistischen Umschwungs.

Katharina II. ließ 1783–1786 im alten Flußbett der Moskwa einen Kanal bauen, der das Südufer entsumpfen sollte und mit dem Fluß eine große Insel bildete. Die interessanteste Sehenswürdigkeit dieser Insel ist das **Haus des Duma-Sekretärs Awerki Kirillow,** eine der ältesten Bojarenvillen Moskaus (Anfang 16. Jh., erneuert 1657). Das hübsche Haus errichtete der einflußreiche Beamte des Zaren auf seinem Hof Bersenjewka am Westende der Insel nahe dem Moskwaufer. Arkadengalerien verbinden das Wohnhaus mit der **Nikolaus-Kirche,** der Hauskirche der Familie Kirillow (1656–1657). Zwei Kokoschniki-Reihen leiten zu den fünf üppig dekorierten Kuppeltambouren über. Die Hauptfassaden der Kirche und des Wohngebäudes weisen zum Fluß hin. Farbig gemusterte Kacheln auf weißem Grund schmücken die Außenwände der Villa. Die prächtige Attika des Mittelrisalits weist in ihren barocken Formen bereits auf die Zeit Peters I. hin.

In der Parkanlage östlich der Uliza Serafimowitscha – Aleksandr Serafimowitsch (1863–1949) gilt neben Maksim Gorkij als Hauptrepräsentant der vorrevolutionären sozialistischen Literatur –, die auf der Insel die Große mit der Kleinen Kamennyj Most (= Steinbrücke) verbindet, entdecken Sie das Denkmal des Malers Ilja Repin (1956). Die

Attraktion des Parks ist eine Wasserorgel, deren farbig angestrahlte Fontäne bis zu 20 m in die Höhe schießt. 1671 wurde hier der Leichnam des hingerichteten Bauernführers Stenka Rasin zur Schau gestellt. Und nochmals hundert Jahre darauf, 1775, wurde Jemeljan Pugatschow, Donkosak und Bauernzar, in einem Käfig hergebracht und hingerichtet. Auf einer künstlichen Moskwa-Insel erhebt sich seit 1997 in gewaltiger Größe Zar Peter der Große, eine monströse Skulptur des georgischen Bildhauers Surab Zereteli.

Die Uliza Bolschaja Ordynka (УЛ. БОЛ. ОРДЫНКА = Straße der Goldenen Horde) durchzieht von der Moskworezkij Most her als Hauptstraße den Stadtteil. In ihr wohnten seit dem 15. Jh. die Böttcher, später kamen Leinenweber hinzu. Tuchhändler, Hoflieferanten des Zaren, waren es, die die **Auferstehungskirche in Kadaschi** (Zerkow Woskressenija w Kadaschach = in der Böttchervorstadt) stifteten. 1687–1713 wurde die Kirche mit Refektorium und vielfach abgestuftem Glockenturm im schönsten Moskauer Barock errichtet. Statt der üblichen Kokoschniki zieren sog. ›Hahnenkämme‹ den Übergang vom kubischen Baukörper zu den fünf Kuppeln. Als Architekt wirkte vermutlich Sergej Turtschaninow. Die herrliche Ikonostase schnitzten die Rüstkammermeister Peljajew, Solomonow und Korobow.

Im Tschernigowskij Pereulok (ЧЕРНИГОВСКИЙ ПЕР.) finden Sie zwei Kirchen, die einander gegenüberstehen: die Michail-und-Fjodor-Kirche (17. Jh.) und die Kirche Johannes des Täufers am Wald (16.–17. Jh.). – Die **Kirche der Gottesmutter aller Leidtragenden** (Zerkow Bogomateri Wsjech Skorbjaschtschich) an der Hauptstraße geht auf ein Gotteshaus des 17. Jh. zurück. 1787 wurde sie von Wassilij Baschenow neu gebaut und 1828–1833 von Ossip Bowe zu einer spätklassizistischen Rotunde umgestaltet. Die Wandfresken im Innern entstanden um die Wende vom 18. zum 19. Jh. Kacheln nach Entwürfen von Bowe schmücken den Fußboden.

Im Bolschoj Tolmatschowskij Pereulok Nr. 3 (БОЛ. ТОЛМАЧОВСКИЙ ПЕР.) sehen Sie das **Demidow-Haus,** die Stadtvilla der Familie Demidow, die mehrere Bergwerke im Ural besaß. Das mit einem sechssäuligen korinthischen Portikus versehene Gebäude, ein Werk des Architekten Matwej Kasakow, zählt zu den schönsten Profanbauten des russischen Klassizismus und zu den prächtigsten Palästen Moskaus aus der Zeit vor 1812. Die Innenausstattung mit vergoldeten Schnitzereien, Stukkaturen, Deckenmalereien und bestickten Stofftapeten gab den Repräsentationsräumen die Bezeichnung ›Goldene Gemächer‹. Heute ist im Demidow-Haus die Wissenschaftlich-Pädagogische K. Uschinskij-Bibliothek untergebracht.

Ein Strelitzenregiment stiftete die **Nikolaus-Kirche in Pyschi** (Zerkow Nikoly w Pyschach) in der Bolschaja Ordynka, Bauzeit 1647–1670. Die pfeilerlose Fünfkuppelkirche liegt mit dem schlanken Zeltdachglockenturm und der Trapesa in einer Flucht. Auf der gegenüberliegenden Straßenseite versteckt sich hinter einer Mauer ein reizvolles Ensemble im altrussischen Stil, 1908–1912 von Aleksej Schtschussew geschaffen. Hier befindet sich heute das **Restaurationszentrum für bildende Künste.**

Erwähnt sei auch die **Kirche Iwans des Kriegers** (Zerkow Iwana Woina) in der Uliza Dimitrowa (УЛ. ДИМИТРОВА). Die Kirche mit Glockenturm und Trapesa entstand

1709–1717 nach genauen Anweisungen Peters I. und gilt als typisches Beispiel für die Übergangsphase zum Barock: Lukarnen, Balustraden, Gebälke und Voluten verdecken die Verbindung vom kubischen Baukörper zu den oktogonalen Oberbauten. Die Ikonostase datiert aus dem beginnenden 18. Jh., das prächtige Außengitter wurde 1746–1758 geschmiedet. Der Zar stiftete die Kirche zum Gedenken an den Sieg bei Poltawa (1709), die entscheidende Schlacht des Nordischen Krieges zwischen Rußland und Schweden.

Der Kirche gegenüber fällt das stattliche **Haus des Kaufmanns Igumnow** (Dom Rupza Igumnowa) auf, das 1892 von dem Architekten Nikolaj J. Posdejew im altrussischen Stil errichtet wurde. Die Villa Igumnow ist ein Musterbeispiel der Rückbesinnung auf eine nationaltypische Architektur. Die ziegelverkleidete Fassade und die üppige Innenausstattung erinnern an die malerischen Ausdrucksformen der mittelalterlichen Kunst Rußlands, aber auch an die märchenhaft gestalteten Holzbauten des 17. Jh.

Südlich vom Krymskij Wal (УЛ. КРЫМСКИЙ ВАЛ = Krimwall) öffnen sich säulengeschmückte Propyläen zum **Gorkij-Park,** dem ersten Moskauer Kultur- und Erholungspark (1928). Mit einer Fläche von inzwischen 275 ha zieht er sich an der Moskwa entlang. – Metrostationen: Park Kultury (ПАРК КУЛЬТУРЫ) und Oktjabrskaja (ОКТЯБРЬСКАЯ). Der Gorkij-Park, dessen Name an den russischen Schriftsteller und Dramatiker Maksim Gorkij (1868–1936) erinnert, ging aus dem wesentlich kleineren Neskutschnyj Sad (= Lustgarten) hervor, den der Bergwerksbesitzer Demidow Ende des 18. Jh. als botanischen Garten anlegen ließ. Ein Pavillon von Matwej Kasakow am Flußufer gehört zu den reizvollen Relikten dieses Gartens. Stille Haine und einsame Alleen wechseln mit Konzertpavillons, Tanzflächen, Open-air-Kinos und Freilichtbühnen ab. Die größte Bühne, ein weißschimmerndes Amphitheater, faßt 12 000 Menschen. Granittribünen führen am Ufer der Moskwa zum Wassersportstadion hinab. Ein Rummelplatz mit Riesenrad und anderen Attraktionen, Schachpavillons, Ausstellungssäle, Leihbibliotheken, Restaurants und Cafés ergänzen das üppige Freizeitangebot der weitläufigen Parkanlage.

›Entsorgte‹ Denkmäler

Dem Gorkij-Park gegenüber steht inmitten einer weiträumigen Parkanlage am Ufer der Moskwa das **Zentrale Haus des Künstlers,** in dem wechselnde Ausstellungen moderner Kunst stattfinden, aber auch Werke aus den Beständen der Tretjakow-Galerie gezeigt werden. An Sonn- und Feiertagen zeigen unzählige Moskauer Maler vor dem Künstlerhaus ihre Werke, darunter beachtliche Arbeiten, zumeist aber Kitsch. Der Park war als Freilichtmuseum moderner Bildhauerkunst gedacht, doch leider wurden seit der politischen Wende zahlreiche Skulpturen beschädigt oder gar zerstört. In einem hinteren Teil des Parks stellte man die seit 1991 entfernten Denkmäler großer Bolschewiken auf; dort sind Kalinin, Swerdlow, Stalin und andere Größen wie in einem Panoptikum vereint (s. Abb. S. 105).

□ Die Tretjakow-Galerie

Die Tretjakow-Galerie, wenige Schritte hinter dem Demidow-Haus gelegen, ist neben dem Russischen Museum in St. Petersburg die größte und bedeutendste Sammlung russischer Kunst vom 11. Jh. bis zur Gegenwart. – Metrostation: Tretjakowskaja (ТРЕТЬЯКОВСКАЯ).

Schon als junger Mann begann Pawel Tretjakow (1832–1898), Sohn eines reichen Kaufmanns und Fabrikanten, sich für die Kunst zu interessieren. 1856 erwarb er seine ersten beiden Gemälde: ›Die Versuchung‹ von Nikolaj Schilder und ›Scharmützel mit finnischen Schmugglern‹ von Wassilij Chudjakow. Kaum jemand kennt die beiden Maler, doch mit ihnen begann die Geschichte der Tretjakow-Galerie. Tretjakow kaufte alles, was ihm gefiel, auch Stiche westeuropäischer Meister und Landschaften holländischer Maler des 17. Jh. Auf einer seiner Reisen nach St. Petersburg lernte er die Privatsammlung Prjanischnikow kennen, die fast ausschließlich aus Werken russischer Künstler bestand. Tretjakow war tief beeindruckt und beschloß, sich fortan nur noch der russischen Kunst zu widmen. Er kaufte Werke der besten Moskauer und Petersburger Maler, ließ sich von Iwan Kramskoj und Ilja Repin sowie dem Kunstkritiker Wladimir Stassow beraten und tastete sich zwischendurch auch zu älteren Werken vor. Da auch Pawels Bruder Sergej Gemälde zu sammeln begann, meist jedoch die französischer und niederländischer Künstler, wurde ihr Haus in der Lawruschinskij-Gasse bald zu eng und mußte durch Anbauten erweitert werden.

1874 machte Pawel Tretjakow seine Sammlung der Öffentlichkeit zugänglich; 1892 schenkte er sie der Stadt Moskau, die ihn zum Kurator auf Lebenszeit bestellte. 1902 ließ die Stadt einen Museumsneubau im altrussischen Stil errichten, die Fassade gestaltete der Maler Wiktor Wasnezow. In den 20er und 30er Jahren kamen zahlreiche Gemälde und Graphiken aus der Rumjanzew-Sammlung, der Zwetkow-Galerie, dem Ostrouchow-Museum sowie aus Schlössern, Kirchen, Landsitzen und Privathäusern hinzu. Dafür übernahm das Puschkin-Museum der bildenden Künste die westeuropäischen Objekte. Heute bewahrt die Tretjakow-Galerie mehr als 47000 russische und sowjetische Kunstwerke. Das Denkmal für Pawel Tretjakow vor dem Hauptportal entwarf Aleksandr Kibalnikow (1980).

Denkmal Pawel Tretjakows vor der nach ihm benannten Galerie

Die Tretjakow-Galerie wurde 1986 bis 1995 renoviert und auf eine Ausstellungsfläche von 18 000 m^2 erweitert. Präsident Boris Jelzin ließ es sich nicht nehmen, die zu den bedeutendsten Kunstsammlungen der Welt zählende Galerie persönlich wiederzueröffnen.

Hier eine Auswahl der wichtigsten Exponate:

Altrussische Kunst
Gottesmutter von Wladimir. Byzanz, 12. Jh.
Demetrios von Saloniki. Mosaik, 1111–1112
Der Prophet Elias in der Wüste, Pskower Schule, 13. Jh.
Boris und Gleb. Mitte 14. Jh.
Vier Heilige. Pskower Schule, Ende 14. Jh.
Gottesmutter vom Don. Rückseite: Mariä Himmelfahrt. Theophanes der Grieche, 1392
Der hl. Georg als Drachentöter. Nowgoroder Schule, Anfang 15. Jh.
Alttestamentliche Dreifaltigkeit. Andrej Rubljow, um 1420 (Farbt. 6)
Der Erlöser. Andrej Rubljow, um 1420
Schlacht der Nowgoroder mit den Susdalern. Nowgoroder Schule, Ende 15. Jh.
Kreuzigung. Dionissi, um 1500

18. Jahrhundert
Iwan Nikitin (um 1680–etwa 1742): Bildnis des Kanzlers Graf Gawriil Golowkin, um 1720
Aleksej Antropow (1716–1795): Bildnis der Fürstin Tatjana Trubezkaja, 1761
Anton Lossenko (1737–1773): Hektors Abschied von Andromache, 1773

Fjodor Rokotow (um 1735–1808): Bildnis einer Unbekannten in rosa Kleid, um 1770
Dmitrij Lewizkij (1735–1822): Bildnis Maria Djakowa, 1778
Fedot Schubin (1740–1805): Porträtbüste A. Golizyn, 1775

Ende 18. bis erste Hälfte 19. Jahrhundert
Fjodor Aleksejew (1753–1824): Kathedralplatz im Moskauer Kreml, Anfang 19. Jh.
Wassilij Tropinin (1776–1857): Bildnis des Sohnes, um 1818; Die Spitzenklöpplerin, 1823
Aleksej Wenezianow (1780–1847): Bei der Ernte, um 1820
Orest Kiprenskij (1782–1836): Bildnis der Gräfin Jekaterina Rostoptschina, 1809; Bildnis Aleksandr Puschkin, 1827
Karl Brüllow (1799–1852): Reiterin, 1832; Bathseba, 1832; Selbstbildnis, 1848
Aleksandr Iwanow (1806–1858): Christus erscheint dem Volk, 1837–1857
Pawel Fedotow (1815–1852): Die Brautschau des Majors, 1848; Junge Witwe, 1851–1852
Iwan Ajwasowskij (1817–1900): Meeresküste, 1840

Zweite Hälfte 19. Jahrhundert
Nikolaj Gay (Ge) (1831–1894): Peter I. verhört den Zarewitsch, 1871; Golgatha, 1892
Iwan Schischkin (1832–1898): Eichen am Abend, 1887
Wassilij Perow (1834–1882): Letztes Geleit, 1865; ›Dreigespann‹. Lehrlinge bringen Wasser, 1866; Die letzte Schenke vor dem Stadttor, 1868; Bildnis Fjodor Dostojewskij, 1872
Iwan Kramskoj (1837–1887): Christus in der Wüste, 1872; Bildnis Lew Tolstoj, 1873; Die Unbekannte, 1883
Wassilij Werestschagin (1842–1904): Apotheose des Krieges, 1871; Die Türen des Timur-Mausoleums, 1871–1872
Konstantin Sawizkij (1844–1905): Empfang der Ikone, 1878
Wassilij Polenow (1844–1927): Hof in Moskau, 1878
Ilja Repin (1844–1930): Bildnis des Komponisten Modest Mussorgskij, 1881; Kreuzprozession im Gouvernement Kursk, 1880–1883; Unerwartet, 1884–1888
Wladimir Makowskij (1846–1920): Auf dem Boulevard, 1886–1887
Wassilij Surikow (1848–1916): Am Morgen der Strelitzenhinrichtung, 1881; Menschikow in Berjosowo, 1883; Die Bojarin Morosowa, 1887
Wiktor Wasnezow (1848–1926): Aljonuschka, 1881; Recken, 1881-1898; Der Moskauer Kreml, Kathedralen, 1894
Fjodor Wassiljew (1850–1873): Tauwetter, 1871

Ende 19. bis Anfang 20. Jahrhundert
Michail Wrubel (1856–1910): Der sitzende Dämon, 1890; Kartenlegerin, 1895; Pan, 1899; Die Schwanenkönigin, 1900
Isaak Lewitan (1860–1900): März, 1895; Frühlingshochwasser, 1897
Andrej Rjabuschkin (1861–1904): Hochzeitszug in Moskau, 1901
Konstantin Korowin (1861-1939): Kaffeehaus in Jalta, 1905
Abram Archipow (1862–1930): Wäscherinnen, um 1900
Michail Nesterow (1862–1942): Die Vision des Knaben Bartholomäus, 1889–1890
Sergej Iwanow (1864–1910): Ankunft von Ausländern in Moskau, 1901
Pawel Trubezkoj (1866–1938): Bildnis des Malers Lewitan. Bronze, 1889
Wassilij Kandinskij (1866–1944): Damen mit Reifröcken, 1909
Wiktor Borissow-Mussatow (1870–1905): Der Weiher, 1902
Nikolaj Roerich (Rerich) (1874–1947): Gäste aus Übersee, 1901
Jewgenij Lansere (Lanceray) (1875–1946): Die Zarin Elisabeth Petrowna in Zarskoje Selo, 1905
Boris Kustodijew (1878–1927): Jahrmarkt, 1906
Pawel Kusnezow (1878–1968): Schlafende Frau, 1911

Kasimir Malewitsch (1878–1935): Heumahd, 1909
Kusma Petrow-Wodkin (1878–1939): Baden des roten Pferdes, 1912; Mädchen an der Wolga, 1915
Martiros Sarjan (1880–1972): Dattelpalme, 1911
Natalja Gontscharowa (1881–1962): Fischfang, 1908; Waschen von Leinwand, 1910
Ilja Maschkow (1881–1944): Früchte in einer Schale, 1910
Marc Chagall (1887–1985): Die Uhr, 1914; Über der Stadt, 1914–1918; Hochzeit, 1914–1918

Kunst der sowjetischen Zeit
Abram Archipow (1862–1930): Mädchen mit Krug, 1927
Michail Nesterow (1862–1942): Bildnis des Akademiemitglieds Iwan Pawlow, 1935; Bildnis der Bildhauerin Wera Muchina, 1940; Am Stadtrand von Moskau, 1941
Arkadij Rylow (1870–1939): In blauer Weite, 1918
Boris Kustodijew (1878–1927): Bolschewik, 1920
Kusma Petrow-Wodkin (1878–1939): Das Jahr 1918 in Petrograd, 1920; Der Tod des Kommissars, 1927
Aleksandr Matwejew (1878–1960): Frauenfigur. Bronze, 1937
Pawel Kusnezow (1878–1968): Bildnis der Künstlerin Jelena Bebutowa, 1922
Ilja Maschkow (1881–1944): Moskauer Kost, 1924

Boris Kustodijew (1878–1927): Jahrmarkt, 1906

Aleksandr Gerassimow (1881-1963): Bildnis der Tänzerin Olga Lepeschinskaja, 1939
Aleksandr Schewtschenko (1883–1948): Kolchosbäuerinnen, 1933
Isaak Brodskij (1884–1939): W. I. Lenin im Smolnyj, 1930
Sergej Gerassimow (1885–1964): Die Mutter des Partisanen, 1943–1950
Wera Muchina (1889–1953): Arbeiter und Kolchosbäuerin. Bronzemodell, 1936
Jewgenij Kazman (1890–1976): Spitzenklöpplerinnen aus Kaljasinsk, 1928
Pawel Korin (1892–1967): Bildnis des Schriftstellers Maksim Gorkij, 1932; Aleksandr Newskij, 1942
Arkadij Plastow (1893–1972): Ein Faschist flog vorüber, 1942; Frühling, 1954; Abendbrot der Traktoristen, 1961
Aleksandr Dejneka (1899–1969): Bau neuer Werkhallen, 1926; Mutter, 1932; Am Stadtrand von Moskau, 1941
Jurij Neprinzew (geb. 1909): Nach dem Gefecht, 1955
Michail Sawizkij (geb. 1922): Partisanenmadonna, 1967
Wiktor Iwanow (geb. 1924): Vesper, 1964–1966
Dmitrij Schilinskij (geb. 1927): Familie am Meer, 1962–1964
Nikolaj Andronow (geb. 1929): Flößer, 1960–1961
Wiktor Popkow (1932–1974): Die Erbauer von Bratsk, 1960–1961; Zu zweit, 1966

Die Wehrklöster Moskaus

Im 16. Jh. wurde Moskau neu befestigt: 1534–1538 umschloß eine Mauer das Handelsviertel Kitajgorod; 1586–1593 kamen auch die übrigen Stadtviertel nördlich der Moskwa hinter schützende Mauern; 1591–1592 schlug ein mächtiger Erdwall einen gigantischen Kreis um die gesamte damalige Stadt. Im 16. Jh. erhielten auch die Klöster im Süden Moskaus moderne Befestigungen: das Andronikow-Kloster, das Neue Erlöserkloster, das Simonow-Kloster, das Danilow-Kloster, das Donskoj-Kloster, das Neue Jungfrauen-Kloster. Ein Ring wehrhafter Klöster vor den eigentlichen Stadtbefestigungen verstärkte somit die Verteidigungskraft Moskaus.

□ Das Andronikow-Kloster

Am linken Jausaufer unweit der Eisenbahnlinie liegt das Andronikow-Kloster, dessen Besuch allein wegen der eindrucksvollen russischen Tafelwerke aus dem 14. bis 16. Jh. lohnt. Kurz nach der Gründung des Klosters wirkte hier Andrej Rubljow, der größte russische Ikonenmaler. Die Bildhauerin Wera Lenskaja entwarf sein Denkmal, das Sie im Park vor dem Haupteingang sehen. – Metrostation: Ploschtschad Iljitscha (ПЛОЩАДЬ ИЛЬИЧА).

Seit der Christianisierung der Rus durch Wladimir I. den Heiligen im Jahr 988 betraute der Patriarch von Konstantinopel immer einen Griechen mit dem Amt des Metropoliten der russischen Kirche. Die gestiegene Bedeutung Moskaus veranlaßte den Großfürsten Simeon, für die Besetzung des vakant gewordenen Amtes erstmals einen Russen vorzuschlagen. Nach langen diplomatischen Bemühungen entsprach der Patriach dem Wunsch des Großfürsten und ernannte den russischen Mönch Aleksej, einst ein gefürchteter Krieger mit dem bürgerlichen Namen Jelewferi Plestschew, zum Metropoliten. 1352 traf Aleksej in Moskau ein und beschloß, an der Stelle, an der er vom hohen Ufer der Jausa erstmals den Kreml erblickte, ein Kloster zu gründen, als Dank für seine Ernennung und die glückliche Heimkehr.

Die Wahl des Klosterstandortes bestimmten allerdings mehr strategische Erwägungen, denn an dieser Stelle trafen sich die Straßen aus Rjasan und Nischnij-Nowgorod; beide Städte waren damals mit Moskau verfeindet. Erster Abt der 1359 fertiggestellen klösterlichen Wehranlage wurde Andronikos, der dem Kloster seinen Namen gab: Andronikos- bzw. Andronikow-Kloster.

Das Kloster entwickelte sich bald zu einem Zentrum der russischen Kultur: Chroniken wurden hier verfaßt, alte Manuskripte abgeschrieben, geistliche Künstler widmeten sich der Kalligraphie und der Ikonenmalerei. Aus dem Dreifaltigkeits-Sergios-Kloster (s. S. 133 ff.) kam der Mönch und Ikonenmaler Andrej Rubljow (1360/70–1427/30), der die altrussische Malerei zu ihrem Höhepunkt führte. Mit den großen Meistern der Moskauer Malerschule, Daniil Tschornyj, Prochor von Gorodez und Theophanes dem Griechen, schuf er die ergreifendsten Fresken und Ikonostasen, z. B. in der Moskauer Mariä-Verkündigungs-Kathedrale und in der Wladimirer Mariä-Himmelfahrts-Kathedrale. Rubljow wandte sich von den erstarrten Formen der russischen Ikonenmalerei ab, gab seinen Bildern eine verinnerlichte Schönheit, die die Hoffnung und den Glauben an das Glück des Volkes und des einzelnen Menschen ausdrückt. Sein berühmtestes Werk, die Dreifaltigkeitsikone (Farbt. 6), schuf er im Andronikow-Kloster wenige Jahre vor seinem Tod; die Ikone gehört noch zur Sammlung der Tretjakow-Galerie, soll aber – gegen den entschiedenen Widerstand vieler Kunsthistoriker – in die Kasan-Kathedrale am Roten Platz überführt werden.

1420–1427 wurde die hölzerne **Erlöserkathedrale** (Spasskij Sobor), die Hauptkirche des Klosters, durch einen Steinbau ersetzt, dessen Massigkeit die Kraft des Christentums ausdrückt. Eine Pyramide aufstrebender Kokoschniki leitet vom Kubus in ein Achteck über, das ein hoher Tambour mit Helmhaube krönt. Die Kuppelfresken Rubljows wurden leider im 17. Jh. entfernt.

Die **Trapesa** (Refektorium) aus dem Jahr 1504 gleicht mit ihren schießschartenähnlichen Fenstern einer Festung. Das Obergeschoß enthielt den repräsentativen Empfangs- und Speisesaal. Das Kellergeschoß diente als Gefängnis; hier wartete der Erzpriester und Begründer der Altgläubigenbewegung Awwakum 1682 auf seine Hinrichtung auf dem Scheiterhaufen. Petrowitsch Awwakum (1620/21–1682) bekämpfte zeit seines Lebens in Predigten und Schriften den Sittenverfall innerhalb der Kirche. Als der Patriarch Nikon gar Neuerungen im Ritus einführte, begann der offene Kampf. Awwakum wurde mehrmals aus Moskau verbannt und starb schließlich den Märtyrertod, weil er nach wie vor die Reformen des Nikon öffentlich mißbilligte. Bereits lange vor Awwakums Tod führten die Nikonschen Reformen zur Kirchenspaltung (Raskol), die Altgläubigen (Altritualisten, Raskolniki) wurden verfolgt und grausam gemartert. Um den Folterungen zu entgehen, verbrannten viele sich und ihre Familien oder flohen in abgelegene Gebiete Sibiriens.

Zar Aleksej duldete die Reformen, hoffte er doch, mit ihrer Hilfe die Kirche dem Staat unterordnen zu können. Der Patriarch Nikon jedoch erwartete ein Primat der geistlichen Macht. So kam es zum Bruch zwischen Zar und Patriarch. Nikon, der bereits den Titel ›Großer Herrscher‹ führte, wurde 1660 auf Veranlassung des Zaren abgesetzt. Die Reformen aber blieben bestehen, und erst 1971 erklärte das Unionskonzil der orthodoxen Kirche in Moskau die Kirchenspaltung für aufgehoben.

Die **Erzengel-Michael-Kirche** (Zerkow Michaila Archangela) war erstmals 1380 als Holzkirche erbaut worden. Als Peter I. 1689 mit Jewdokija Lopuchina verheiratet wurde, erhielt die einflußreiche Bojarenfamilie Lopuchin das Patronat über das Andronikow-Kloster. 1691 begannen die Arbeiten an einer neuen Erzengel-Michael-Kirche im Stil des Naryschkin-Barock. 1697 verbannte Peter seine Frau in das Kloster, 1718 fielen die Lopuchins vollends in Ungnade, weil sie an einem Komplott des Zarewitsch Aleksej beteiligt waren. Erst nach Peters Tod wurde die Kirche fertiggestellt (1729).

Das Untergeschoß diente als Begräbnisstätte der Lopuchins. Breite Aufgänge – heute ist nur noch die Nordtreppe erhalten – führten zur eigentlichen Kirche mit rechteckigem Altarraum hinauf. Darüber befindet sich eine zweite, achteckige Kirche, die dem hl. Aleksej, dem Gründer des Klosters und Namenspatron des Zarewitsch Aleksej, geweiht war.

Das Kloster mit seinen Mauern und Türmen bildet ein unregelmäßiges Viereck. Durch das mehrmals umgebaute Heilige Tor betreten Sie die Anlage, die heute das **Museum für altrussische Kunst ›Andrej Rubljow‹** beherbergt. Zu den kostbarsten Stücken der Sammlung zählen die Ikonen ›Erlöser, nicht von Menschenhand gemalt‹ (14. Jh.), ›Der hl. Georg mit Vita-Darstellungen‹ (um 1500), ›Entschlafen der Gottesmutter‹ (16. Jh.), ›Gottesmutter von Wladimir mit dem hl. Wassilij und der hl. Solomonia‹ (16. Jh.) und ›Gottesmutter von Tichwin‹ (1680). Rubljow selber ist im Andronikow-Kloster nur durch Kopien von Wandfresken vertreten. Er starb im Andronikow-Kloster und wurde dort auch beigesetzt, aber die Stelle seines Grabes ist nicht bekannt.

□ Das Neue Erlöserkloster

Auf dem Weg von der Metrostation ›Proletarskaja‹ (ПРОЛЕТАРСКАЯ) zur Moskwa erreichen Sie das Neue Erlöserkloster (Nowospasskij Monastyr). Das Kloster wurde 1462, bald nach dem Herrschaftsantritt Iwans III., des ›Einigers von Rußland‹, gegründet. Iwan III. brauchte Platz für einen neuen Palast und befahl daher die Umsiedlung der Klostergemeinschaft aus dem Kreml in den Süden Moskaus. Er sparte nicht mit Geld, um die wegen der Ausweisung empörte Geistlichkeit wieder zu besänftigen.

Die Bauten aus dem 15. Jh. sind nicht erhalten geblieben. Die heutigen Mauern mit den Ecktürmen wurden 1640–1642 errichtet. Die fünfkuppelige **Erlöserkathedrale** entstand 1645–1647; in ihrem Untergeschoß befand sich die Grabstätte der Bojaren Romanow, der Verwandten der Zarenfamilie. Die großartigen Fresken des Innenraumes schufen Meister der Moskauer Rüstkammer um das Jahr 1689: Szenen der Apokalypse, des schrecklichen Weltendes nach der Offenbarung des Johannes, Bildnisse russischer Fürsten, kirchlicher Würdenträger und antiker Den-

Erlöserkathedrale im Andronikow-Kloster

ker, Gestalten von Seligen. Ebenfalls aus dem 17. Jh. stammen die **Trapesa,** die **Nikolaus-Spitalkirche** und zwei Wohntrakte für die Mönche. Die klassizistische **Kirche der Gottesmutter des Zeichens** stiftete 1791 Graf Scheremetjew.

Das markanteste Bauwerk des Klosters ist der 78 m hohe **Glockenturm** über dem Haupttor, den der Baumeister Iwan Scherebzow 1759–1783 im russischen Barockstil errichtete; das ursprünglich geplante fünfte Geschoß blieb unausgeführt. Gegenwärtig beherbergt das Nowospasskij-Kloster die Hauptrestaurationswerkstätten Rußlands; eine Besichtigung ist nur mit besonderer Genehmigung möglich.

□ Der Krutizkij-Hof

Südlich des Nowospasskij-Klosters erhebt sich auf den Hügeln des Moskwaufers der Krutizkij-Hof (Krutizkoje Archijerejskoje Podworje), die einstige Residenz der Moskauer Erzbischöfe. Das Meisterwerk altrussischer Baukunst wurde im 17. Jh. an der Stelle eines kleinen Klosters errichtet. Den Mittelpunkt der Anlage bildet die **Mariä-Himmelfahrts-Kirche** (Uspenskij Sobor, 1667–1688), oft als ›Krutizer Klosterkirche‹ bezeichnet. Eine zweigeschossige Galerie umzieht den kubischen Baukörper; fünf kleine Kuppeln krönen ihn. Ein Zeltdach-Glockenturm begleitet die Kirche, die eine Galerie mit aufgesetzter Bogenreihe mit dem Haupthaus, dem berühmten ›**Terjemok**‹, verbindet. Dieser ›Terjemok‹ steht auf zwei wuchtigen Torbogen und ist über und über mit grazilen Säulchen und farbigen, ornamentierten Kacheln geschmückt. An diesem Gebäude erreichte die Kunst der russischen Keramikverkleidung zweifellos ihren Höhepunkt. Ossip Starzew baute den ›Terjemok‹ 1688–1694. In einem der unterirdischen Gewölbe der Vorgängerkirche wurde im 17. Jh. der Erzpriester Petrowitsch Awwakum gefangengehalten, bevor man ihn 1682 zur Hinrichtung in das Andronikow-Kloster brachte (s. S. 111). Vor wenigen Jahren wurde die erzbischöfliche Residenz restauriert und zeigt heute Wechselausstellungen zur Geschichte und Kunst früherer Zeiten.

□ Das Simonow-Kloster

Einige hundert Meter südlich des Krutizkij-Hofes ragen am Ufer der Moskwa die Reste des einst mächtigen Simonow-Klosters (Simons-Kloster) empor: die Südwestmauer mit zwei quadratischen Türmen und dem furchteinflößenden, sechzehnseitigen Eckturm ›Dula‹ (= Mündung) sowie die Trapesa. Das Kloster wurde 1379 gegründet, Mauern und Türme stammen aus dem 16. Jh., die um 1680 erbaute Trapesa zählt zu den eindrucksvollsten Schöpfungen des russischen Barock.

□ Das Danilow-Kloster

Unweit der Metrostation ›Tulskaja‹ (ТУЛЬСКАЯ) erheben sich neben der Eisenbahnlinie, die Moskau vom Pawelezker Bahnhof aus mit der unteren Wolga verbindet, die mächtigen Mauern und Türme des Danilow-Klosters (Danilowskij Monastyr). 1983 übergab der Sowjetstaat diesen ältesten Moskauer Mönchskonvent der russisch-orthodoxen Kirche, die hier ihr religiöses und administratives Zentrum einrichtete. Die umfangreichen

Patriarchat im Danilow-Kloster

Restaurierungsarbeiten an den vier noch vorhandenen Kirchen wurden 1988, zur Tausendjahrfeier der ›Taufe Rußlands‹, der Christianisierung der Rus, abgeschlossen.

Das Kloster wurde um 1282 von dem Fürsten Daniil Aleksandrowitsch (1261–1303), dem jüngsten Sohn von Aleksandr Newskij und Stammvater der Moskauer Dynastie der Danilowitschi, gegründet. Die Mönche weihten die erste Kirche des Klosters – noch ein Holzbau – ihrem Hauptheiligen Daniil Stolpnik und gaben seinen Namen auch dem Kloster. 1330 überführte Großfürst Iwan I. Kalita die Klostergemeinschaft in das Nowospasskij-Kloster, das sich zu dieser Zeit noch im Kreml befand. Nur einige Mönche blieben zurück, um die Kirche und das Grab des Fürsten Daniil zu hüten. In der Herrschaftszeit Iwans des Schrecklichen (1547–1584) zog alljährlich eine Prozession zum Grab des Fürsten. Zar Aleksej, der Vater Peters des Großen, ließ 1652 eine neue Danilow-Kirche bauen, die auch die sterblichen Überreste des Fürsten Daniil aufnahm. Das Klosterterrain umzog fortan eine Ziegelmauer mit sieben Türmen und einer Torkirche.

Im 18. Jh. erstand die Kathedrale der Sieben Ökumenischen Kirchenversammlungen mit der Kirche Mariä Schutz und Fürbitte (Pokrow-Kirche). 1838 errichtete der Architekt Jewgraf Tjurin die Dreifaltigkeitskathedrale im Stil des späten russischen Klassizismus. Während der Balkankriege und im Ersten Weltkrieg diente das Danilow-Kloster als Militärlazarett, seit den 30er Jahren beherbergte es ein Waisenhaus und zeitweilig auch ein Gefängnis für jugendliche Kriminelle. Der Klosterbereich umfaßt heute die Residenz des Patriarchen von Moskau und ganz Rußland sowie des Heiligen Synod.

□ Das Donskoj-Kloster

Noch innerhalb der großen Moskwaschleife, die sich im Norden bis zum Fuß des Kreml hinzieht, liegt das Donskoj-Kloster (Don-Kloster). – Metrostation: Schabolowskaja (ШАБОЛОВСКАЯ). Von der Station ist es nicht weit bis zum Donskaja Ploschtschad vor dem Klosterbezirk.

An dieser Stelle hatte Boris Godunow sein Heer versammelt, um die Krimtataren des Khans Kasy-Girej zu vernichten, die immer wieder, zuletzt im Jahr 1571, auf Raubzügen bis Moskau vorstießen; Boris Godunow stammte übrigens selber aus einem tatarischen Adelsgeschlecht. 1591, als Dmitrij, der letzte Sohn Iwans des Schrecklichen, als achtjähriges Kind ermordet wurde, baute Godunow das Wehrkloster. Seinen Namen erhielt das Kloster von der berühmten Ikone der Gottesmutter vom Don, der Schutzpatronin der russischen Heere im Kampf gegen die Tataren.

Die großartige Mauer, die das Kloster mit ihren zwölf Türmen und dem Wehrgang fast quadratisch umschließt, wurde 1686–1711 errichtet. Von den sieben Kirchenbauten innerhalb der Mauern ist die **Kleine (Alte) Kathedrale** (Malyj [Staryj] Sobor) am interessantesten. Die Entstehungszeit 1591–1593 weist sie als älteste Kirche des Klosters aus. Über dem kubischen Baukörper leiten dreireihige rot-weiß-grüne Stufenbogen zur blauen Kuppel über. Die Trapesa und der Glockenturm wurden später hinzugefügt.

Ende des 17. Jh. entwickelte sich das kleine Wehrkloster zu einem politischen Zentrum der Rus und unterhielt rege Beziehungen zu anderen Staaten. In dieser Zeit, 1684–1693, entstand die **Große Kathedrale** (Bolschoj Sobor), ein prächtiger Bau im Stil des Moskauer Barocks. Fünf Kuppeln krönen den kubischen, auf allen vier Seiten mit Halbkreisapsiden versehenen Baukörper (die Ostapsis flankieren zwei Nebenapsiden als Diakonikon und Prothesis). Drei Treppen führen zur ringsum laufenden Galerie und zum Kirchenraum hinauf.

Die zweistöckige, geschlossene Galerie zeigt eine ständige Ausstellung von Bauzeichnungen, Entwürfen, Modellen, Architekturfragmenten usw. Hier erhält jeder, der sich für die Entwicklung der russischen Architektur vom 10. bis zum 19. Jh. interessiert, einen vorzüglichen Überblick. Er lernt die Werke der großen Architekten und Stadtplaner, die zum Teil aus dem westlichen Ausland kamen und in Rußland blieben, kennen, die Meister des russischen Spätbarock und des Klassizismus.

Im Kirchenraum beeindruckt die kunstvoll geschnitzte Ikonostase, ein Werk von Meistern der Moskauer Rüstkammer (1693–1699). Die in rechteckige Rahmen eingelassenen Wandfresken schuf Wassilij Baschenow in der zweiten Hälfte des 18. Jh.

Innerhalb des Donskoj-Klosters sind auch die **St.-Michael-Kirche** (Michailow-Kirche; 1809), die Grabkirche der Fürstenfamilie Golizyn mit Grabmälern und Sarkophagen, sowie die **Kapelle der Gottesmutter von Tichwin** (1713–1714) über dem Nordtor der Klostermauer sehenswert. Während die Torkapelle den Übergang zur Architektur der Petrinischen Epoche zeigt, gehört die St.-Michael-Kirche bereits dem russischen Klassizismus an.

Der **Friedhof** des Donskoj-Klosters zählt mit seinen verschiedenartigen Grabmälern zu den interessantesten Rußlands. Neben den üblichen Kreuzen erscheinen steinerne Kenotaphe, Pyramiden, mächtige Kuben und Säulen auf den Stätten der Verstorbenen. Heilige Bäume mit abgebrochenen Ästen bezeichnen Freimaurergräber. Früher bestanden fast alle Grabsteine aus weißem Kalkstein, der in leuchtenden Farben bemalt war; der ganze Friedhof glich damals einem fröhlichen Platz. In der zweiten Hälfte des 19. Jh. wurde die Donskoj-Nekropole zum Prominentenfriedhof der Moskauer, auf dem der Architekt Ossip Bowe, der Maler Wassilij Perow, der Begründer der russischen Luftfahrt, Nikolaj Schukowskij, und andere große Russen ihre letzte Ruhestätte fanden.

1997 wurde hier auch der jüdisch-ukrainische Schriftsteller Lew Sinowjewitsch Kopelew (1912–1997) beigesetzt. Kopelew wurde während eines Aufenthaltes in der Bundesrepublik Deutschland im Januar 1981 von den Sowjets ausgebürgert. In Köln fand er seine neue Wahlheimat und erhielt noch im selben Jahr den Friedensnobelpreis des Deutschen Buchhandels.

□ Das Neue Jungfrauen-Kloster

Im Südwesten des Ringes von Wehrklöstern, den Wassilij III. nach der Befreiung der Stadt Smolensk von der polnisch-litauischen Herrschaft um Moskau anlegte, wurde 1524 das Neue Jungfrauen-Kloster (Nowodewitschij Monastyr) gegründet. Als Iwan IV. der Schreckliche die aufsässigen Bojaren hinrichtete, zwang er ihre Witwen, in das Kloster einzutreten und der Institution Land, Geld und Schmuck zu übereignen. Das Neue Jungfrauen-Kloster wurde somit zum reichsten aller Moskauer Klöster. Im 17. Jh. traten etliche Zarinnen und Zarentöchter mehr oder weniger freiwillig in das Kloster ein, so daß es schließlich 36 Dörfer mit 179 000 ha Land besaß. Seine Blüte erlebte das Kloster in

Mauertürme des Neuen Jungfrauen-Klosters

jener Zeit, als Sofja für ihren geistesschwachen Bruder Iwan V. und den noch unmündigen Peter I. regierte. In diesen Jahren 1682–1689 ließ sie das Neue Jungfrauen-Kloster gründlich erneuern. 1689 wies Peter I. seine herrschsüchtige Halbschwester in das Kloster ein. Nach dem Aufstand der Strelitzen mußte sie 1697 den Schleier nehmen. Von da an erfuhr das Kloster keine Unterstützung mehr und begann zu verfallen. 1923 wurde das Neue Jungfrauen-Kloster aufgelöst und 1934 dem Historischen Museum von Moskau unterstellt. Inzwischen hat man die Klosteranlagen restauriert und zur Besichtigung freigegeben.

Das Neue Jungfrauen-Kloster präsentiert sich dem Besucher als die schönste geschlossene Klosteranlage Moskaus. Fast alle seine Bauten erstrahlen im festlichen ›Moskauer Barock‹ aus der Zeit der Regentin Sofja (spätes 17. Jh.). Die Mauern, zwölf Türme und Torkirchen stammen – wie sie sich heute darstellen – aus dieser Epoche, als das Kloster keine Verteidigungsaufgaben mehr zu erfüllen hatte und der Umwallung nur noch eine symbolische Bedeutung zukam.

Den Haupteingang des Klosters bildet der dreibogige Portalbau im Norden, über dem die **Christi-Verklärungs-Kirche** (Preobraschenskaja Zerkow) aufragt. Der weiße Kalksteinschmuck an der roten Ziegelwand geht auf niederländische Einflüsse zurück, die den Moskauer Barockstil prägten. Das Dach krönen große, weiße Muscheln und fünf grazile Türmchen mit gedrechselt wirkenden schwarzen Kuppeln. – An die Verklärungskirche schließt sich die **Lopuchin-Palata** an. Der reiche Fassadenschmuck des Obergeschosses weist auf die fürstlichen Gemächer der Palata (= Palast) hin, das schmucklose Untergeschoß enthielt die Wirtschaftsräume.

Das Südtor der Klosteranlage entspricht im wesentlichen der Konzeption des Nordtores. Auch hier sitzt auf einem dreibogigen Torbau eine Kirche, die **Mariä-Schutz-Kirche** (Pokrow Zerkow), nur ist sie kleiner und weniger gut erhalten als die Verklärungskirche. Drei Kuppeln in einer Reihe, die mittlere größer und auf erhöhtem Sockel, verraten ukrainische Stileinflüsse. Neben der Torkirche lehnt sich die **Marien-Palata** an den Mauerring.

Mittelpunkt des Neuen Jungfrauen-Klosters ist die **Kathedrale der Gottesmutter von Smolensk.** Die berühmte Ikone der Gottesmutter, die einst als Beschützerin von Konstantinopel galt, blieb in Smolensk und ging in den Kriegswirren von 1941 verloren. Die Kopie der Ikone, eine Arbeit Moskauer Künstler des 15. Jh., kam in das Neue Jungfrauen-Kloster und befindet sich heute in der Tretjakow-Galerie.

Die bis auf einige Pilaster völlig schmucklose, weiße Kathedrale wirkt streng und unnahbar, mit ihren wuchtigen Mauern und schmalen Fenstern wie eine Festung, zumal ihre fünf Kuppeln ursprünglich die Form eines Helms aufwiesen und nicht die einer Zwiebel. Die Kathedrale ruht auf einem breiten Kellergeschoß, umgeben von einer Bogengalerie, die seit dem ausgehenden 16. Jh. in zwei Kapellen endet. Die nördliche Kapelle war den Heiligen Prochor, Nikanor, Timon und Parmen geweiht, an deren Feiertag, dem 28. Juli, im Jahr 1514 Smolensk befreit wurde.

Die mittlere Kuppel erreicht eine Höhe von 33,7 m. An der Ostwand sehen Sie als Fresko die Gottesmutter mit dem jungen Christus, ein Abbild der berühmten Ikone. Den Erzengeln auf den östlichen Pfeilern folgen, über den ganzen Kirchenraum verteilt, Heerscharen von Heiligen, deren kämpferische Haltung die Bereitschaft ausdrückt, das Großfürstentum Moskau und die ganze Rus gegen jeden Angreifer zu verteidigen. Da erkennen Sie Georg den Drachentöter als Beschützer Moskaus, Demetrius von Saloniki als Patron der Slawen, Mercurius als Schutzherr von Smolensk, Mina als Befreier vom mongolisch-tatarischen Joch. Eine rings um den Kirchenraum laufende Inschrift vermerkt, daß Boris Godunow 1599 die Kathedrale bauen und ausmalen

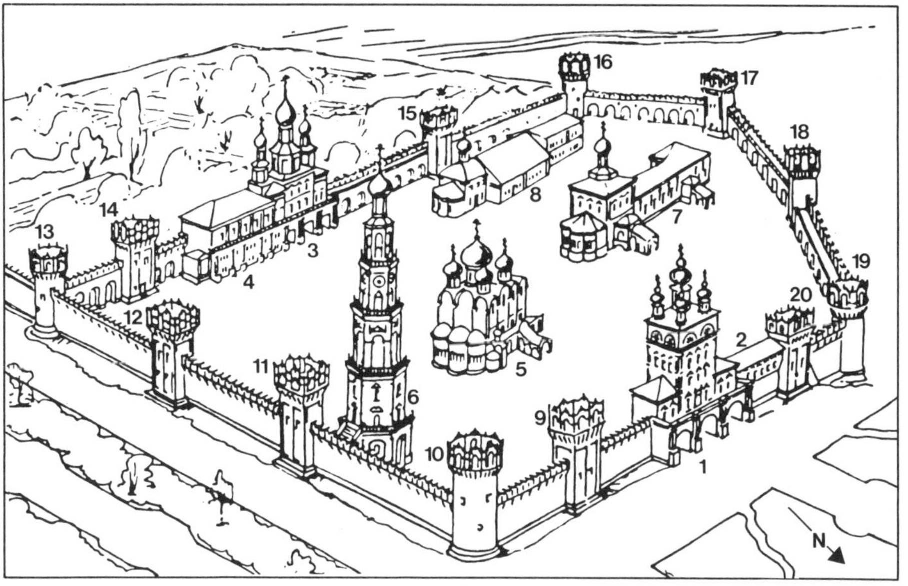

Neues Jungfrauen-Kloster *1 Nordtor (Haupteingang) mit Christi-Verklärungs-Kirche 2 Lopuchin-Palata 3 Südtor mit Mariä-Schutz-Kirche (Pokrow Zerkow) 4 Marien-Palata 5 Kathedrale der Gottesmutter von Smolensk 6 Glockenturm 7 Trapesa und Mariä-Himmelfahrts-Kirche 8 Ambrosius-Kirche mit Palata der Irina Godunowa 9 Zarinnen-Turm 10 Nikolaus-Turm 11 Josefs-Turm 12 Schneider-Turm 13 Schuhmacher-Turm 14 Mariä-Schutz-Turm 15 Irina-Turm 16 Setunskij-Turm 17 Facetten-Turm 18 Sawwin-Turm 19 Naprudnij-Turm 20 Lopuchin-Turm*

ließ. Gebaut wurde sie früher, doch die Fresken gehören zweifelsfrei der Herrschaftszeit des Zaren an. Godunow gab auch die Ikonostase in Auftrag, die allerdings Sofja durch eine neue ersetzen ließ; nur einige Ikonen des 16. Jh. wurden dabei übernommen, so die Kopie der ›Smolensker Gottesmutter‹, ›Johannes der Täufer‹ und ›Boris und Gleb‹.

An der Ostmauer schwingt sich der **Glockenturm** (Kolokolnja), erbaut 1690, in fünf abgesetzten oktogonalen Geschossen 72 m hoch empor. Das dritte Oktogon öffnet sich in weitgreifenden Bogen für das Große Geläut, das fünfte enthielt das Kleine Geläut. Eine goldene Zwiebelkuppel über einem schlanken Aufsatz krönt den Glockenturm.

Westlich der Kathedrale ruht die **Trapesa** (Trapesnaja), der große, stützenlos von einer Flachtonne mit Stichkappen überwölbte Speisesaal des Klosters, auf dem Küchen- und Lagergeschoß. Die Regentin Sofja ließ das Gebäude 1685–1687 an der Stelle eines Refektoriums aus der Zeit Boris Godunows errichten. Die Trapesa diente als Speisesaal für die Nonnen und als repräsentativer Empfangssaal.

Zu jeder Trapesa gehört ein kleines Bethaus; hier ist es die **Mariä-Himmelfahrts-Kirche** (Uspenskij Zerkow), die mit der Trapesa eine geschlossene Einheit aus roten Ziegelmauern und weißem Kalksteinschmuck bildet. Nach dem Brand von 1796 wurden die umlaufenden Galerien nicht wiederhergestellt, auch das Dach der Kirche schmückt seitdem nur noch eine einzige statt der ursprünglich fünf Kuppeln. Die überdeckten Treppenaufgänge entstanden im 19. Jh. Die Uspenskij Zerkow zählt zu den wenigen russischen Kirchen, in denen in sowjetischer Zeit Gottesdienste stattfanden. An Festtagen zelebriert der Metropolit von Moskau die Messe. – Zwischen Uspenskij Zerkow und Südmauer duckt sich ein länglicher Bau, der aus der **Ambrosius-Kirche,** einer **Trapesa** und der **Palata der Irina Godunowa,** der Gemahlin des Zaren Fjodor I. und Schwester Boris Godunows, besteht (Ende 16. Jh.).

An die Südseite des Klosters grenzt der berühmte **Neue-Jungfrauen-Friedhof** (Nowodewitschje Kladbischtsche), auf dem zahlreiche große Russen ihre letzte Ruhestätte fanden. Der Prominentenfriedhof ist oft nur mit Sondergenehmigung zugänglich. Hier finden Sie die Gräber der Dramatiker Aleksandr Ostrowskij und Anton Tschechow, des Dichters Wladimir Majakowskij, des Malers Walentin Serow, der Bildhauerin Wera Muchina, der Komponisten Aleksandr Skrjabin, Sergej Prokofjew und Dmitrij Schostakowitsch, der Regisseure Konstantin Stanislawskij und Sergej Eisenstein, des langjährigen Außenministers Wjatscheslaw Molotow und vieler anderer bedeutender Russen.

Der Herrensitz Kuskowo

Feldmarschall Boris Scheremetjew, der Peter dem Großen in der Schlacht bei Poltawa zum Sieg über die Schweden verhalf, erhielt vom Zaren als Dank und Anerkennung mehrere Güter mit rund 150 000 Leibeigenen. Eines dieser Güter war Kuskowo. Des Feldmarschalls Sohn Pjotr Scheremetjew ließ den Landsitz ab 1749 so prachtvoll gestalten, daß nicht einmal die Sommerresidenzen der Zaren einen größeren Reichtum aufwiesen. Das Parkensemble Kuskowo im Osten Moskaus ist als einer der wenigen Herrensitze im Stil des frühen Klassizismus bis heute erhalten geblieben. – Metro-Endstation Nowogirejewo (НОВОГИРЕЕВО) oder – erheblich näher – Haltepunkt Kuskowo (КУСКОВО) der Vorortbahn vom Kursker Bahnhof aus, Metrostation Kurskaja (КУРСКАЯ).

Nach Entwürfen des französischen Architekten de Vailly erstellten leibeigene Baumeister in der zweiten Hälfte des 18. Jh. an einem künstlichen See eine großartige Architekturkomposition, die – etwas übertrieben – das ›Moskauer Versailles‹ genannt wurde. Die Arbeiten dauerten von 1749 bis 1792. 1754 entstand der große See. Das Herrenhaus wurde 1769–1775 auf einem Steinsockel in Holz ausgeführt. Die Mitte des Gebäudes beherrscht ein Portikus mit ionischen Säulen. Feinste Holzschnitzerei ziert die Giebel. Die Innenräume sind kostbar mit Schnitz- und Stuckarbeiten verziert, flämische Gobelins des 17. Jh., Stiche englischer, deutscher und französischer Meister des 18. Jh., Porträts russischer Zaren und ausländischer Herrscher schmücken die Wände. Besonderes Interesse wecken vier lebendige Büsten des russischen Bildhauers Fedot Schubin (1740–1805). Die Fenster und Türen des ›Weißen Tanzsaales‹, in dem das Leibeigenenorchester Konzerte gab und Hector Berlioz und Franz Liszt als Gäste weilten, öffnen sich auf den Französischen Park mit seinen symmetrischen Blumenrabatten, Marmorskulpturen, Lauben und Wasserspielen. Gartenarchitekten haben die Parkanlage nach alten Stichen rekonstruiert.

Das Herrenhaus beherbergt seit 1932 ein **Porzellanmuseum** mit der reichsten und umfassendsten Sammlung innerhalb Rußlands. Über 18 000 Exponate gehören zum Bestand des Museums Kuskowo, nur ein repräsentativer Teil davon füllt die Vitrinen. Da finden Sie das ›Service mit Kameen‹, bestellt von Katharina II., und das ›Ägyptische Service‹, ein Geschenk Napoleons I. an Alexander I., russisches Porzellan aus der 1746 gegründeten Porzellanmanufaktur St. Petersburg, die berühmten Ordensservice der Gardner-Manufaktur bei Moskau, aber auch Exponate berühmter westeuropäischer Manufakturen, wie Meißen, Chelsea, Wedgwood oder Sèvre. Schließlich nimmt auch das moderne sowjetische und russische Porzellan einen wichtigen Platz in der Sammlung ein.

Neben dem Schloß stehen eine kleine Kirche, ein Glockenturm und ein Küchenhaus. Wirtschaftsgebäude fehlen weitgehend, da Kuskowo von den Fürsten Scheremetjew als ›Stätte der Kultur‹ konzipiert war. Dafür finden Sie über den Park verteilt ein **Holländisches Häuschen** (1749), das den Gästen des Fürsten die Wohnkultur der niederländischen Schiffsbaumeister vor Augen führen sollte, die kuppelgekrönte **Ermitage** (1765–1767) mit ihren gewölbten Vorsprüngen und den **Italienischen Pavillon** (1754/55) in Gestalt eines winzigen Palazzo. In dem mit Muscheln und Steinen des Mittelmeers ausgekleideten Pavillon (1755) am Italienischen Teich, ›Grotte‹ genannt, wurde die Festtafel für Katharina II. gedeckt. Die Hauptallee des Parks endet vor der **Orangerie**, deren Mitte ein Konzertsaal einnahm.

Der Landsitz Kusminki

Inmitten der neuen Wohnstadt Kusminki im Südosten Moskaus, durch die sich der Wolgogradskij Prospekt (ВОЛГОГРАДСКИЙ ПРОСПЕКТ) zieht, liegt der ehemalige Sommersitz der Fürsten Galizyn, heute einer der vielen Erholungsparks der Moskauer. – Metrostation: Kusminki (КУЗЬМИНКИ).

Kusminki ist ein hervorragendes Beispiel für »eine harmonische Einheit zwischen den Schöpfungen menschlicher Hände und der Natur«. 1820 beauftragte der Fürst den italienischen Architekten Domenico Gilardi (Dementij Schiljardi) mit der Ausführung des Bauensembles. Gilardi gehörte zu dem Architektenkreis, der nach dem großen Brand von 1812 maßgeblich am Wiederaufbau Moskaus beteiligt war. 1915 brannte das Hauptgebäude bis auf den linken Flügel ab. Leider berücksichtigte die Erneuerung nicht die architektonischen Details, wahrte aber die Proportionen und Linien des ursprünglichen Herrenhauses.

Die Nebengebäude des Landsitzes wurden in den 80er Jahren sorgfältig restauriert: Im Ägyptischen Pavillon, einer Schöpfung des klassizistischen Architekten Andrej Woronichin (1759–1814), treffen sich heute die Moskauer Schachspieler; im Klassischen Pavillon finden Ausstellungen statt; das Rot-gelbe Landhaus hat eine öffentliche Bibliothek aufgenommen; im Konzertpavillon erklingt wieder Musik; das Haus am Damm enthält ein kleines Museum. – Am Westufer des Sees steht das schönste Bauwerk von Kusminki, der Marstall mit seinem monumentalen Bogentor und den weißen Kolonnaden, ein Meisterwerk Gilardis. Die herrlichen Rossebändiger zu beiden Seiten des Torbogens schuf der deutschstämmige Bildhauer Peter Klodt von Jürgensburg. Überall in dem 200 ha großen, romantischen Parkgelände zu beiden Seiten eines langen, gewundenen Sees stoßen Sie auf kunstvolle schmiedeeiserne Arbeiten, auf Brücken, Grotten und Dämme.

Kolomenskoje und Zarizyno

Südlich des Stadtkerns liegt an einer Moskwaschleife inmitten einer Parklandschaft mit 600jährigen Eichen **Kolomenskoje,** die einstige Sommerresidenz der Zaren, mit einigen der schönsten alten Kirchen und Profanbauten Moskaus. – Metrostation: Kolomenskaja (КОЛОМЕНСКАЯ).

Nach seinem Sieg über die Tataren auf dem Schnepfenfeld (1380) erbaute sich Dmitrij Donskoj an dieser Stelle, hoch über der Moskwa, einen Sommersitz. Im Lauf der Jahrhunderte wurde der Palast mehrmals erneuert, zuletzt 1667–1668 unter Zar Aleksej, dem Vater Peters des Großen. Die Russen bezeichneten das riesige, ganz aus Holz errichtete Gebäude als achtes Weltwunder, denn es war nicht nur prächtig mit Zwiebeltürmen, Zeltdächern, pyramidenförmigen Aufbauten, Balkonen, Veranden und Arkaden geschmückt, sondern auch mit den modernsten technischen Neuerungen, wie Personen- und Lastenaufzügen, Bädern und Toiletten, ausgestattet (das zur gleichen Zeit erbaute Schloß von Versailles besaß weder Bäder noch Toiletten).

Im Palast von Kolomenskoje verbrachte Peter I. seine Kindheit. Hier residierten die Zarinnen Katharina I., Anna und Elisabeth. 1768 wurde der inzwischen baufällig gewordene Palast abgebrochen, denn Katharina II. die Große bevorzugte Zarskoje Selo bei St. Petersburg als Sommersitz. Leider kennen wir den Palast, den der deutsche Diplomat Reitenfels mit »einer eben aus dem Futteral entnommenen Kostbarkeit« verglich, nur aus Beschreibungen und Bauzeichnungen, die Katharina vor dem Abbruch des Gebäudes anfertigen ließ.

Das **Eingangstor** zum Museumsreservat (›Erlösertor‹ oder ›Hinteres Tor‹) deckt ein Botschka-Dach, eine typisch altrussische Dachform (17. Jh.).

Die von tiefblauen, sterngeschmückten Zwiebeltürmen überragte **Kirche der Gottesmutter von Kasan** (Zerkow Kasanskoj Bogomateri) hatte Zar Aleksej 1660, also fast zeitgleich mit seinem Palast, als Hauskirche errichten lassen. Ein unterirdischer Gang verband Kirche und Palast. Das Sockelgeschoß diente als Vorratslager, denn im 17. Jh. konzentrierten sich mehrere Volksaufstände auf den Zarenhof Kolomenskoje. In der Kasaner Kirche finden heute wieder Gottesdienste statt; wenn Sie Glück haben, erleben Sie eine feierliche Trauung oder eine Kindtaufe nach russisch-orthodoxem Ritus.

Der **Torbau** mit dem **Glockenturm** (›Vorderes Tor‹) stammt aus den Jahren 1672/73. Der Uhrenmechanismus wurde inzwischen erneuert und mit den Glocken verbunden. Der Turmbau und die anliegenden, zum einstigen Zarenhof gehörenden Kanzlei- und Wirtschaftsgebäude enthalten heute interessante Sammlungen: russische Metallkunst aus dem 15.–18. Jh., Turmuhrmechanismen des 16.–19. Jh., Holzgeräte des 17.–19. Jh., Baukeramik des 10.–19. Jh., Temperamalereien und Ikonen des 16.–18. Jh. Ein Modell des berühmten Zarenpalastes von Aleksej fertigte der Holzschnitzer Smirnow in der zweiten Hälfte des 19. Jh. anhand originaler Bauzeichnungen.

Unmittelbar am Steilufer der Moskwa erhebt sich die **Christi-Himmelfahrts-Kirche** (Zerkow Wosnessenija Gospodnja), die größte und schönste steinerne Zeltdachkirche der Rus. Wassilij III. hatte diese Kirche anläßlich der Geburt des Thronfolgers Iwan IV. im Jahr 1530 gestiftet, zwei Jahre später wurde sie geweiht. Nach einem zeitgenössischen Bericht ordneten der Großfürst Wassilij und der Metropolit Daniil zur Einweihung dreitägige Feiern an. Zeltdachkirchen wurden zuvor stets aus Holz gebaut. Hier versuchten die unbekannten Baumeister erstmals, den überlieferten russischen Holzbaustil in Stein zu übertragen. Das Fundament des 63 m hohen Gotteshauses bildet ein Viereck, auf dem der oktogonale Kirchenraum ruht, der durch Kokoschniki mit dem achtekkigen Tambour und dem spitzen Zeltdach verbunden ist. Zweigeschossige, offene Galerien mit Arkaden und Treppenaufgängen umschließen den Sockel. Die Lage auf einem Hügel, die schlanken Pfeiler, die dreifach gestaffelten Kokoschniki, die gotisch aufragende Gestalt der Kirche, alles versinnbildlicht das Streben zu Gott, die Himmelfahrt Christi, aber auch den Ruhm des Russischen Reiches. Ein Zeitgenosse schrieb, daß die Kirche »in ihrer Höhe, Schönheit und Lichtheit ein so großes Wunder sei, wie es früher in Rußland noch keines gegeben habe.«

Christi-Himmelfahrts-Kirche

Aus dem 16. Jh. stammt der **St.-Georgs-Glockenturm.** Im 17. Jh. entstand der mächtige **Wasser-Torturm,** auch ›Falkenturm‹ genannt, weil die Zaren von hier aus der Beizjagd nachzugehen pflegten.

Aus verschiedenen Landesteilen Rußlands kamen die Holzbauten, die auf dem Gelände des Museumsreservats wieder aufgebaut wurden. Da ist das kleine Holzhaus, in dem Peter der Große auf der Insel Markow bei Archangelsk wohnte, um den Bau der Festung zu überwachen (1702). Eine Freitreppe und eine kleine Galerie führen zu den drei niedrigen Zimmern, die der hochgewachsene Zar nur in gebückter Haltung betreten konnte. – Am Weißen Meer stand der reizvolle, balkengefügte Torturm des Nikolaus-Klosters (1691/92). Die Holzmauer zu beiden Seiten des Turms ist überdacht, der quadratische Turm geht über dem Torbogen in ein Achteck über, das sich bis zum Dachansatz nach außen erweitert. Ein Ausgucktürmchen krönt das achtkantige Zeltdach. – Einen wuchtigen Eindruck hinterläßt der Ostrog (Wachturm) aus Bratsk in Sibirien (1652). – Auch eine Moskauer Metbrauerei aus dem 17. Jh., die den großen Brand von 1812 überdauert hat, erhielt hier ihren neuen Standort.

Ein etwa anderthalbstündiger Spaziergang, teils entlang der Moskwa, in südlicher Richtung bringt Sie zur Zarenresidenz **Zarizyno,** zu den Zarinskije-Teichen mit den eindrucksvollen Schloßbauten aus der Zeit Katharinas der Großen. Mit dem Wagen folgen Sie der Kaschirskoje Chaussee (КАШИРСКОЕ ШОССЕ) und biegen gleich hinter der Bahnunterführung nach rechts in den Schipilowskij Projesd (ШИПИЛОВСКИЙ ПР.) ab. – Metrostationen: Orechowo (ОРЕХОВО) oder Zarizyno (ЦАРИЦЫНО).

1755 erwarb Katharina II. von dem Bojaren Kantemir das Landgut, das seine Familie zu Beginn des 18. Jh. von Peter dem Großen geschenkt bekommen hatte. Die Zarin wollte hier »als einfache Gutsbesitzerin leben« und beauftragte 1776 Wassilij Baschenow mit dem Bau der ländlichen Zarenresidenz im Stil der ›russischen Gotik‹ (Pseudogotik bzw. National-Romantik). Baschenow zauberte ein romantisches Palast- und Parkensemble mit grazilen Pavillons, bizarren Brücken, Triumphbogen und künstlichen Ruinen. Als sich aber Katharina 1785 die fast vollendete Anlage ansah, war sie enttäuscht und übertrug die weitere Leitung des Projektes Baschenows Schüler Matwej Kasakow. Kasakow mußte den Palast zum Teil abbrechen und neu konzipieren. Als die Zarin 1796 starb, war der Neubau noch immer unvollendet und verfiel. Seit einigen Jahren werden die prächtigen Ruinen und Parkanlagen von Zarizyno restauriert, können aber weiterhin besichtigt werden.

Der Palast besteht aus zwei Gebäudeteilen, die durch einen Querbau miteinander verbunden sind. In dem einen Teil sollte die Zarin wohnen, in dem anderen ihr Sohn, Erbprinz Paul. Eine lange Galerie mit Torbogen verbindet den Palast mit dem sog. ›Brothaus‹, dem Wirtschaftsgebäude des Palastes. Zu Beginn des 19. Jh. kamen einige Pavillons (Kavaliershäuser) im klassizistischen Stil hinzu, der Bellevuepavillon zum Beispiel und der Cerestempel. Märchenhaft wirken das Figurentor und die beiden Brücken, die die Zufahrt über tiefe Bodensenken ermöglichen.

Torbogen in Zarizyno

Die Umgebung von Moskau

Der Landsitz Abramzewo

Ein touristischer Leckerbissen besonderer Art ist das Museumsreservat Abramzewo (АБРАМЦЕВО). Sie erreichen den kleinen Landsitz mit der Eisenbahn vom Jaroslawler Bahnhof (s. S. 97) aus, mit dem Auto über den Prospekt Mira und die Jaroslawler Chaussee (etwa 60 km).

In dem »überaus lieblichen Dörfchen«, »einem irdischen Paradies«, besaß der Schriftsteller Sergej Aksakow (1791–1859), neben Turgenjew einer der Begründer des russischen Realismus in der Prosaliteratur, ein schönes Landhaus. Die Familie Aksakow war für ihre Gastfreundschaft berühmt; so trafen sich hier regelmäßig die Schriftsteller Gogol und Turgenjew, der Schauspieler Schtschepkin, der Kritiker Belinskij und viele andere.

Nach Aksakows Tod wurde es in Abramzewo still, bis 1870 der Industrielle und Kunstmäzen Sawwa Mamontow den Landsitz erwarb. Diesmal trafen sich in Abramzewo bedeutende Männer der schönen Künste, Männer, die Mamontow entdeckt hatte und die er ideell und materiell förderte. Zu diesem Kreis gehörten die Maler Ilja Repin, Wiktor Wasnezow, Wassilij Polenow, Michail Wrubel und Walentin Serow, der Bühnenbildner Konstantin Korowin, der Bildhauer Mordechai Antokolskij und nicht zuletzt der große Sänger Fjodor Schaljapin. Sie alle verband die Opposition zur St. Petersburger Kunstakademie, sie forderten eine Reform von Gesellschaft und Kunst.

Das ehemalige Wohngebäude der Aksakows und Mamontows, ein schlichtes Holzhaus im Stil des 18. Jh., besteht aus großen, gemütlichen Räumen, in denen die alten Möbel, persönliche Gegenstände und Werke an den Literaten- und den Künstlerkreis

Iwan Turgenjew (1818–1883)

erinnern. In den 80er Jahren des 19. Jh. ließ Mamontow in dem Park ein Atelier für die Maler und Bildhauer, eine Kunsttischlerei, eine Keramikwerkstatt und schließlich auch eine kleine Kirche nach Entwürfen von Polenow und Wasnezow errichten. Der Glockenturm diente als Ruhestätte der Familie Mamontow. Wasnezow entwarf auch die ›Hütte auf Hühnerbeinen‹, nach dem Märchen das Haus der Hexe Baba Jaga. In dem kleinen Haustheater von Abramzewo traten große Schauspieler gemeinsam mit den Malern auf; Wasnezow, Serow, Polenow und Wrubel gestalteten die Bühnenbilder und Kostüme.

Der Herrensitz Archangelskoje

Im Nordwesten der Stadt befindet sich der wohl schönste Herrensitz Moskaus, Archangelskoje (АРХАНГЕЛЬСКОЕ). Zur Zeit ist nur der Park ganzjährig geöffnet, das Schloß wird restauriert und kann daher nicht besichtigt werden. Die Arbeiten sollen Ende der 90er Jahre abgeschlossen sein. – Ab Metrostation Sokol (СОКОЛ) mit Bus 541 oder ab Metrostation Tuschinskaja (ТУШИНСКАЯ) mit Bus 549k. Mit dem Wagen fährt man am besten über die Wolokolamskojer Chaussee (ВОЛОКОЛАМСКОЕ ШОССЕ).

Um die Mitte des 17. Jh. erhielt das kleine Dorf an den Uferhängen der Moskwa nordwestlich von Moskau mit dem Bau der Erzengel-Michael-Kirche den Namen ›Archangelskoje‹. 1703 übernahm Fürst Dmitrij Golizyn, ein Weggefährte Peters des Großen, den Bojarenhof samt Dorf und Ländereien. Gegen Ende des 18. Jh. entstand das Schloß nach einem Entwurf des Pariser Architekten Charles de Guerne, der Italiener Giacomo Grombaro gestaltete den Park. 1810 erwarb Fürst Nikolaj Jussupow, Botschafter unter Katharina II. und Sammler westeuropäischer Kunst, das Landgut (Ussadba). Nach schweren Schäden durch napoleonische Truppen wurde der Herrensitz 1813–1830 erneuert.

Das in klassizistischem Stil gehaltene Schloß bewahrt eine kostbare Sammlung von Möbeln, Kristall, Porzellan und Gemälden. Viele Gemälde Jussupows kamen in die Petersburger Ermitage, aber auch das, was in Archangelskoje verblieb, besitzt einen unvorstellbaren Wert. Die klassizistischen Möbel fertigten fast ausschließlich russische Werkstätten. Das Porzellan wurde in der Archangelskojer Manufaktur hergestellt. Die Bibliothek umfaßt 16 000 Bände überwiegend französischer Herkunft. Jussupow, der über mehrere Jahre die kaiserlichen Theater leitete, ließ 1817 auf seiner Ussadba ein Theater im spätklassizistischen Stil bauen, in dem eine berühmte Truppe aus leibeigenen Schauspielern und Musikern auftrat.

Vom hochgelegenen Schloß zieht sich der im englischen Stil gehaltene Park in mehreren von Balustraden und Marmorgruppen gesäumten Terrassen zur Moskwa hinab. Die Skulpturen sind vorwiegend Kopien antiker Originale; einen besonderen Reiz üben die zahlreichen Löwen aus, die – mal majestätisch oder drohend, mal drollig oder verspielt – den Park beleben. Den kleinen, tempelartigen Pavillon ließ Jussupow zu Ehren der Zarin Katharina II. errichten. Die Puschkin-Allee mit einem Puschkin-Denkmal (1903) soll an den mehrmaligen Aufenthalt des Dichters in Archangelskoje erinnern.

Der Goldene Ring

Kapelle an der Uliza Krestjanskaja in Jaroslawl

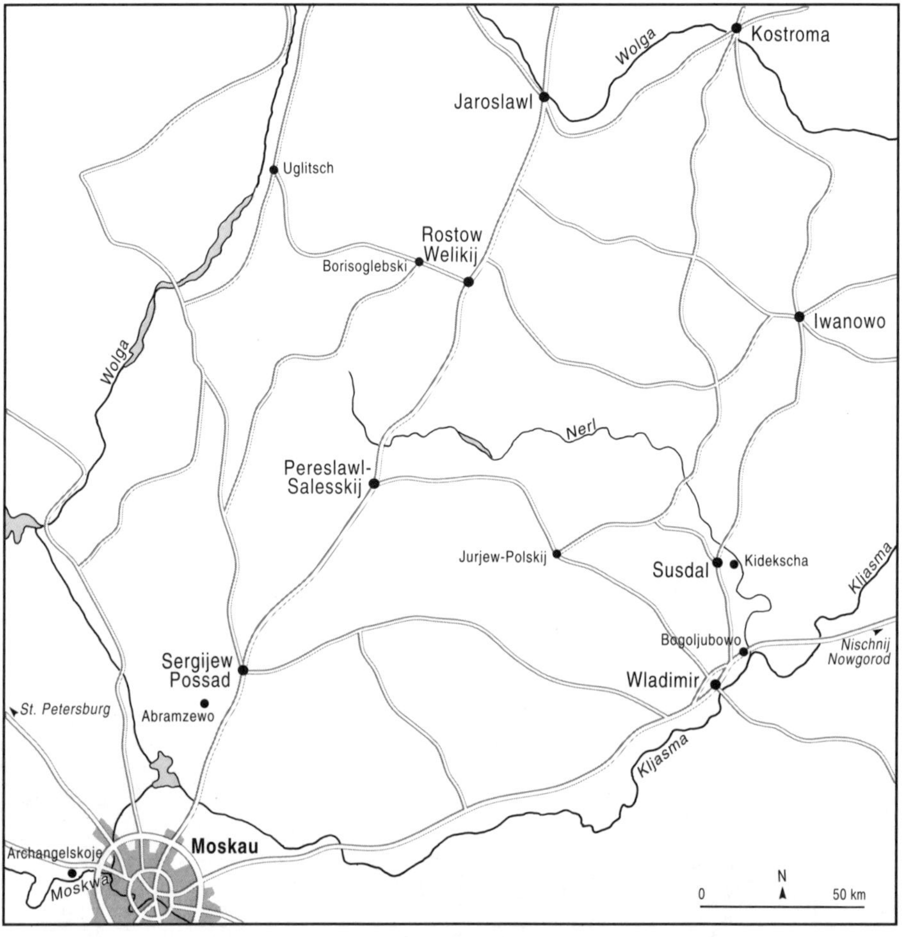

Der Goldene Ring

Nordöstlich von Moskau zieht sich bis zur Wolga ein Ring von altrussischen Städten und Klöstern hin, die liebevoll restauriert und für den Tourismus zugänglich gemacht wurden. Sergijew Possad, Pereslawl-Salesskij, Rostow Welikij, Jaroslawl, Kostroma, Susdal, Bogoljubowo und Wladimir sind die funkelnden Brillanten des ›Goldenen Ringes‹, Orte, die den Besucher kaum weniger beeindrucken als Moskau und St. Petersburg. Neben einzigartigen Bauwerken lernen Sie auf dieser Reise durch das alte Rußland das Leben der Menschen auf dem Lande kennen und erleben die Weite und Schönheit der russischen Landschaft. Und nirgendwo anders offenbart sich Ihnen die Köstlichkeit der russischen

Küche besser als in den gepflegten Restaurants der historischen Städte. Die historische Bedeutung und die Schönheit dieser Städte und Stätten ließen zu Beginn der 70er Jahre unseres Jahrhunderts den Namen ›Goldener Ring‹ entstehen.

Zahlreiche Reiseunternehmen veranstalten mehrtätige Reisen durch den Goldenen Ring; am schönsten ist es jedoch, die einzelnen Stätten der 780 km langen Route mit dem Pkw (eigener oder Mietwagen) zu besuchen und in Ruhe zu studieren.

Sergijew Possad

Etwa 70 km nordöstlich von Moskau liegt die Stadt Sergijew Possad (СЕРГИЕВ ПОСАД), das ehemalige Sagorsk. Seine 115 000 Einwohner leben hauptsächlich von der Industrie (Elektrotechnik, Optik, Mechanik, Lackfarbenproduktion, Spielzeugherstellung). Kein Tourist würde die Stadt zur Kenntnis nehmen, läge nicht an ihrem östlichen Rand das im 14. Jh. gegründete berühmte Dreifaltigkeits-Sergios-Kloster (Troize Sergijewa Lawra).

Schon Ende des 14. Jh. bildeten sich um das Kloster herum mehrere Siedlungen, die 1782 unter dem Namen Sergijew Possad (= Sergios-Markt) zusammengefaßt wurden und 1919 das Stadtrecht erhielten. 1930 wurde Sergijew Possad in Sagorsk umbenannt, nach dem Revolutionär Wladimir Sagorskij, der 1919 einem Attentat zum Opfer gefallen war. Seit dem Zusammenbruch der Sowjetunion führt die Stadt wieder ihren alten Namen.

Das Dreifaltigkeits-Sergios-Kloster ist eine ›Lawra‹, das heißt ein Kloster von größter Bedeutung für das geistige und religiöse Leben Rußlands. Das entschlossene Eintreten seiner Igumen (= Äbte) für die Einigkeit und Unabhängigkeit der alten Rus verlieh ihm die besondere Stellung. Neben dem Sergios-Kloster besitzen nur drei weitere russisch-orthodoxe Klöster die Eigenschaft einer Lawra: das Kiewer Höhlenkloster, das Kloster von Potschajewsk in Wolhynien und das Aleksandr-Newskij-Kloster in St. Petersburg. 1575 schrieb der dänische Gesandte Jacob Ulfeldt über die Troize Sergijewa Lawra: »Dieses Kloster ist groß und von Türmen, Erdwällen und einer Steinmauer umgeben; in ganz Rußland gibt es kein berühmteres Kloster.« Und im 17. Jh. bekannte der syrische Archidiakon und Weltreisende Paul von Aleppo: »Dieses Kloster hat nicht seinesgleichen, weder im Lande der Moskowiter noch überhaupt in der Welt.«

Sie erreichen Sergijew Possad mit der Eisenbahn vom Jaroslawler Bahnhof aus oder mit dem Wagen über den Prospekt Mira und die Jaroslawler Chaussee. Auf einer autobahnähnlichen Straße geht es durch eine wellige Landschaft mit Äckern und Tannenwäldern. Ab und zu taucht ein Dorf mit schmucken Holzhäusern auf. Einsame Kirchen krönen sanfte Hügel. Dann erscheint wieder ein Pulk moderner Datschas, und wieder durchfahren Sie Wiesen und Felder. Beim Wegweiser ›Sergijew Possad‹ verlassen Sie die Jaroslawler Landstraße.

Sergios (Sergej von Radonesch, mit bürgerlichem Namen Warfolomej Kirillowitsch, 1313 [1321]–1391), Sohn eines nicht sehr wohlhabenden Bojaren, zog 1345 mit seinem

Bruder Stepan in den Wald von Radonesch, um als Mönch ein Leben in Askese und religiöser Vertiefung zu führen. Die beiden Eremiten bauten auf dem Hügel Makowez an der Mündung eines Baches in die Kontschura eine winzige Klause und eine Holzkirche. Bald gesellten sich andere Mönche hinzu, so daß sich um 1355 eine klösterliche Gemeinschaft mit Refektorium, Küchenhaus, Bäckerei und zwei neuen Kirchen herausbildete. 1357 erhob der Moskauer Metropolit den Mönch Sergios zum Abt des Klosters, das der Dreifaltigkeit geweiht war.

Als Reformator des russischen Asketentums machte Sergios sein Kloster zum Vorbild für die Entwicklung des russischen Mönchtums. Er veranlaßte zahlreiche Tochtergründungen, wie das Moskauer Andronikow-Kloster und das Boris-und-Gleb-Kloster bei Rostow Welikij, und förderte tatkräftig die Missionierung und Kolonisation im Norden und Osten des Landes. Seine wachsende Autorität gab ihm die Möglichkeit, ständig auflodernde Fürstenfehden zu schlichten und zur Einigkeit der Rus im Kampf gegen die tatarischen Oberherren aufzurufen. Als der Moskauer Großfürst Dmitrij Donskoj 1380 das Heer der Goldenen Horde auf dem Schnepfenfeld besiegte, war das mit ein Verdienst des Abtes Sergios. Aber als Sergios die Nachfolge des verstorbenen Metropoliten antreten sollte, lehnte er ab, da er die religiöse Verinnerlichung über das Weltlich-Politische stellte.

1408 plünderten und brandschatzten die Tataren auf einem Rachezug gegen Moskau das Dreifaltigkeits-Kloster, doch die Unterstützung des Großfürsten Wassilij I., reiche Schenkungen der Bojaren und Opfergaben des Volkes ermöglichten einen schnellen Wiederaufbau der zerstörten Klosteranlagen. 1422–1423 wurde über dem Grab des inzwischen heiliggesprochenen Sergios die Dreifaltigkeits-Kathedrale errichtet. Unter Iwan IV. dem Schrecklichen entstand die Mariä-Himmelfahrts-Kathedrale, der größte Sakralbau des Klosters, der die Macht und den Reichtum des Klosters und der Rus symbolisierte. In dieser Zeit arbeiteten auf den riesigen Ländereien des Klosters 12 000 leibeigene Bauern. Das Kloster entwickelte sich zu einem bedeutenden Wirtschafts- und Handelszentrum des Landes, das den Schutz und die Förderung des jeweiligen Zaren genoß.

Der polnisch-litauischen Invasion zu Beginn des 17. Jh. erlagen alle Städte und Wehrklöster des Moskauer Reiches, nur das Dreifaltigkeits-Sergios-Kloster hielt 1608–1610 sechzehn Monate lang der Belagerung durch ein 30 000 Mann starkes polnisches Truppenaufgebot stand, bis das Volksheer Minins und Poscharskijs den Belagerungsring sprengte und die Polen vertrieb. Das Kloster war zum Symbol des nationalen Widerstandes geworden, zu einem Symbol, das auch im Großen Vaterländischen Krieg (1941–1945) Christen wie Atheisten die Kraft zur Verteidigung ihrer Heimat gab.

Im 17. Jh. erreichte das Kloster die Höhe seiner Machtentfaltung. Nächst dem Zaren war es der reichste Grundherr Rußlands mit fast 17 000 Bauernhöfen. Mit gutem Gespür für die politischen Tendenzen standen die Äbte des Dreifaltigkeits-Klosters immer auf der Seite der letztendlich Stärkeren. So gewährten sie 1688 dem jungen Zaren Peter I. und seinem Bruder Iwan V., für die noch ihre Stiefschwester Sofja regierte, Schutz vor den blutrünstigen Horden der aufständischen Strelitzen. Peter der Große dankte es dem Kloster später durch besondere Fürsorge und reichliche Zuwendungen.

1764 ordnete Katharina II. die Säkularisation der Klöster an. Dadurch verlor auch das Dreifaltigkeits-Kloster seine riesigen Besitzungen und damit seinen wirtschaftlichen und politischen Einfluß. Doch wohlhabend blieb es dank zahlreicher Spenden aus Adels- und Finanzkreisen und Gaben des Volkes, das zum Grab des hl. Sergios pilgerte. 1920 wurde das Kloster aufgelöst. 1938 begann der Staat mit Restaurierungsarbeiten an den verfallenden Gebäuden. Nach dem Kriegsende 1945 wurde das Kloster wieder der russisch-orthodoxen Kirche zur Verfügung gestellt. Heute gilt das Dreifaltigkeits-Sergios-Kloster als Nationalheiligtum und zugleich als Zentrum des russisch-orthodoxen Christentums. Es ist Sitz der Moskauer theologischen Akademie und setzt mit fast 200 Seminaristen die Tradition des 1742 gegründeten Priesterseminars fort.

□ Das Dreifaltigkeits-Sergios-Kloster

Das bis ins Detail restaurierte Kloster umgibt eine 1370 m lange, 10–14 m hohe und durchschnittlich 6 m starke Mauer mit drei Verteidigungsstockwerken. Die Kasematten ganz unten besitzen Schießscharten dicht über dem Boden, das zweite Stockwerk bildet ein nach innen offener Arkadengang, die geschützte Galerie ganz oben ist mit schmalen Schießscharten und mit Pechnasen versehen. Elf Türme, davon zwei als Tortürme, verstärkten die Mauern. Der Ausbau der Wälle und Palisaden zu steinernen Wehrmauern erfolgte 1540–1550 nach dem Vorbild des Moskauer Kreml. Während der polnischen Belagerung (1608–1610) wurden die Verteidigungsanlagen stark in Mitleidenschaft gezogen und mußten zum Teil erneuert werden. In dieser Zeit erhielt der **Ententurm** in der Nordostecke der Klosterfestung eine durchbrochene Arkade mit aufgesetzten Fialen und Kugeln. Eine aus weißem Kalkstein gearbeitete Ente hockt auf der Spitze des roten Ziegelturms; sie kam erst gegen Ende des 17. Jh. auf das Dach, angeblich, weil Peter I. von diesem Turm aus Wildenten zu jagen pflegte.

Sie betreten den Klosterkomplex durch das Heilige Tor, hinter dem die **Torkirche Johannes' des Täufers** aufragt. Sie wurde 1692–1699 errichtet und stellt eine bizarre Variante des Moskauer Barocks dar. Fünf goldene Kuppeln krönen den roten Backsteinturm, den weiße Pilaster und ein Muschelkranz schmücken. Fresken an den Wänden des Durchgangs berichten aus dem Leben und Wirken des hl. Sergios.

Die **Mariä-Himmelfahrts-Kathedrale** (Uspenskij Sobor; Umschlaginnenklappe vorne) stiftete Iwan Grosnyj zur Erinnerung an die Eroberung von Kasan und Astrachan. 1559 nahm der Zar persönlich an der Grundsteinlegung teil. Während der Bauarbeiten entzog Iwan dem Kloster die Unterstützung, weil er die Mönche verdächtigte, seine innenpolitischen Maßnahmen zu hintertreiben. So konnte die Kathedrale erst 1585 unter Iwans Sohn Fjodor I. geweiht werden. Ihr Vorbild war die gleichnamige Kathedrale im Moskauer Kreml, ein Kreuzkuppelbau also mit Hauptapsis und vier Nebenapsiden. Hohe, von Pilastern gegliederte Wände enden in weit ausgreifenden Sakomaren (Rundgiebeln). Dicht nebeneinander stehen die fünf wuchtigen Kuppeln, vier in hellem Blau mit goldenen Sternen, die mittlere in strahlendem Gold. Unter der Kathedrale entstand Ende

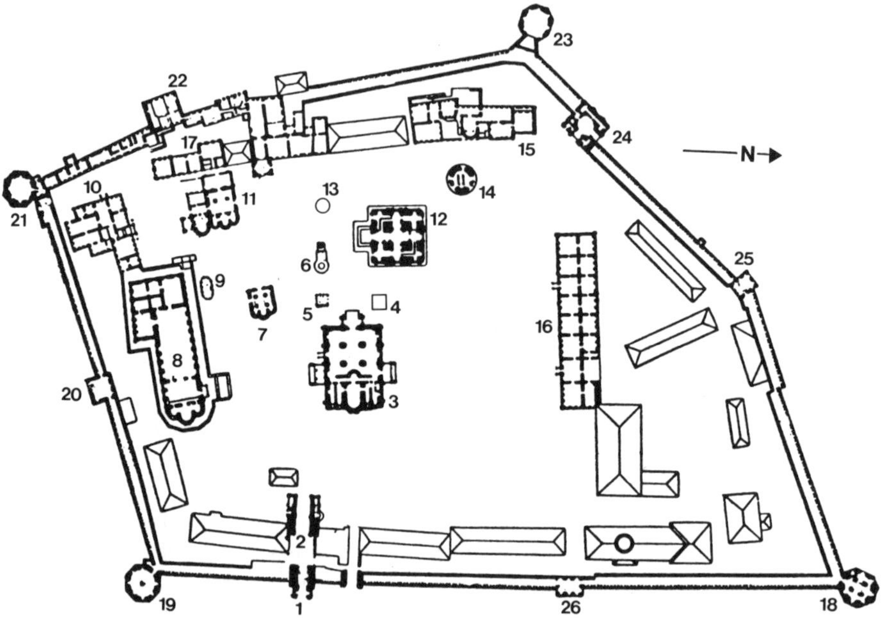

Sergijew Possad, Dreifaltigkeits-Sergios-Kloster *1 Heiliges Tor 2 Torkirche Johannes' des Täufers 3 Mariä-Himmelfahrts-Kathedrale 4 Grabbau Boris Godunow 5 Brunnenkapelle 6 Ziborium 7 Heilig-Geist-Kirche 8 Trapesa und Sergios-Kirche 9 Michej-Kirche 10 Metropolitenpalast 11 Dreifaltigkeits-Kathedrale und Nikon-Nebenaltar 12 Glockenturm 13 Obelisk 14 Kirche der Gottesmutter von Smolensk 15 Klosterspital mit Sossima-und-Sawwati-Kirche 16 Zaren-Kartause 17 Historisches Museum 18 Ententurm 19 Pjatniza-Turm 20 Zwiebelturm 21 Wasserturm am Wassertor 22 Brauturm 23 Gezimmerter Turm 24 Kalitschja-Torturm 25 Klingender Turm 26 Trockenkammerturm*

des 19. Jh. eine Krypta für die Förderer des Klosters. Hier ruht auch der 1970 verstorbene Patriarch Alessio, der für seine Tapferkeit im belagerten Leningrad den höchsten sowjetischen Kriegsorden erhielt.

Die Wandmalereien, eine Gemeinschaftsarbeit von 35 Meistern unter Leitung von Dmitrij Grigorjew, zeigen Szenen vom Heimgang Mariä, vom Jüngsten Gericht und von Kirchenversammlungen. Vom berühmten Moskauer Ikonenmaler Simon Uschakow stammen mehrere Tafelbilder der gewaltigen Ikonostase. Hinter der Bilderwand versteckte sich hoch oben der Chor, so daß die Gläubigen meinten, der Gesang käme ›direkt vom Himmel‹.

In der Nordwestecke hinter der Kathedrale steht im Schatten alter Linden ein niedriger **Grabbau**, in dem Zar Boris Godunow, der ›Emporkömmling und Außenseiter‹ unter den

Zaren, gemeinsam mit seiner Frau und seinen beiden Söhnen beigesetzt wurde. – Leuchtende Farben und überreiche Schnitzereien lassen die **Brunnenkapelle** (Ende 17. Jh.) in reizvollen Kontrast zu der strengen Mariä-Himmelfahrts-Kathedrale treten (Umschlaginnenklappe vorne). Die Gläubigen schreiben dem hier geschöpften ›Wasser des hl. Sergios‹ noch heute heilende Kräfte zu. – Das **Ziborium** neben der Kapelle entstand Ende des 19. Jh. in historisierendem Stil.

Meister aus Pskow bauten 1476 die **Heilig-Geist-Kirche** (Zerkow Duchowskaja), deren Trommelaufsatz über dem kubischen Baukörper zugleich als Glockenturm diente. Sie ist das älteste Bauwerk dieser Art, das bis heute erhalten blieb. Die Zwiebelkuppel stammt aus späterer Zeit.

Der prunkvollste Bau im Dreifaltigkeits-Sergios-Kloster ist die **Refektoriumskirche,** die Trapesa mit der östlich anschließenden Sergios-Kirche. Hohe, von buntem Weinlaub umrankte Säulen, bizarr geformte Fenstereinfassungen und Kokoschniki-Reihen mit eingelassenen Muscheln ergänzen das vielfarbige Rautenmuster der Außenwände. Eine offene Galerie mit zwei breiten Treppenaufgängen umgürtet den Bau. Im Kellergeschoß sind Küche, Bäckerei, Vorratskammern und andere Wirtschaftsräume untergebracht. Den fast 500 m^2 großen, stützenlosen Zeremonialsaal schmücken religiöse Wand- und Deckenfresken sowie barocke Stuckarbeiten. Eine holzgeschnitzte Ikonostase leitet zum Kirchenraum über. Unvorstellbaren Reichtum, aber auch die Wirren der Zeit drückt die pomphafte, etwas konfuse Gestaltung der Trapesa aus, die 1686–1692 unter der Regentin Sofja und der Doppelherrschaft der beiden Zaren Iwan V. und Peter I. errichtet wurde.

Die kleine **Michej-Kirche** neben der Trapesa zeichnet sich durch ein mächtiges Bogendach im holländischen Stil aus (1734). – Der **Metropolitenpalast** in der Südwestecke hinter der Trapesa stammt aus dem Ende des 17. Jh., wurde aber in der zweiten Hälfte des 18. Jh. stark verändert. Auf den ursprünglichen Bau weisen noch die bunten Kachelstreifen an den Fassaden hin. Am Palastgiebel erkennen Sie die Insignien des Moskauer Metropoliten.

1408 verheerten die Tataren auf einem ihrer Raubzüge das Kloster und äscherten auch die hölzerne Grabkirche des Sergios, die alte **Dreifaltigkeits-Kathedrale** (Troizkij Sobor), ein. 1422/23 erstand eine neue Kathedrale, diesmal aus Stein. Sie war und blieb auch nach der Erweiterung des Klosterterrains im 17. Jh. die Hauptkirche des Klosters. Die Dreifaltigkeits-Kathedrale gehört dem im frühen 15. Jh. in der Moskauer Baukunst verbreiteten Typ der einkuppeligen Vierpfeilerkirche an. Lisenen gliedern die Fassaden in je drei Mauerabschnitte, die oben in Sakomaren enden. Dreireihige Ornamentbänder umziehen die Fassaden, Apsiden und den Tambour mit seiner Helmhaube (Farbt. 9).

Schmale Fenster lassen nur wenig Licht in den Innenraum, mit dessen Ausschmückung der Abt Nikon (nicht zu verwechseln mit dem Patriarchen Nikon) die Mönche Andrej Rubljow und Daniil Tschornyj beauftragt hatte. Leider wurden die Fresken bei einer Restauration im 17. Jh. entfernt. Auch die Ikonostase (1425–1427) – heute nur noch eine Kopie, das Original befindet sich in der Tretjakow-Galerie in Moskau – war ein Werk der beiden Meister. Von Rubljow stammen mit größter Wahrscheinlichkeit auch die beiden

Ikonen ›Apostel Paulus‹ und ›Erzengel Gabriel‹ der Deesis-Reihe, vielleicht auch die Ikonen ›Taufe‹ und ›Christi Verklärung‹ aus der Festtagsreihe. Rechts von der Ikonenwand steht unter einem silbernen Baldachin der Sarkophag des hl. Sergios aus ziseliertem Silber.

An die Südseite der Dreifaltigkeits-Kathedrale lehnt sich der **Nikon-Nebenaltar** (1548–1623), eine kleine Kirche über dem Grab des Igumen Nikon (Farbt. 9).

Die baukünstlerische Dominante des Klosterensembles bildet der **Glockenturm,** der höchste und einer der schönsten Rußlands. Mit einer Höhe von 87 m ist er noch 6 m höher als der Glockenturm Iwan der Große im Moskauer Kreml. Seine Bauzeit betrug 30 Jahre (1740–1770), weil Mängel im Entwurf des Hofbaumeisters Schumacher und Streitigkeiten in der künstlerischen Gestaltung zwischen den ausführenden Architekten und dem Klerus den Fortgang der Bauarbeiten immer wieder verzögerten. Auf einem quadratischen Unterbau erheben sich die vier Stockwerke des Geläuts. Schlanke Säulen geben dem Turm ein aufstrebend-elegantes Aussehen, verleihen ihm eine Schwerelosigkeit, die keines der umliegenden Gebäude erdrückt.

Sossima-und-Sawwati-Kirche, Kalitschja-Torturm, Kirche der Gottesmutter von Smolensk im Dreifaltigkeits-Sergios-Kloster

Die **Kirche der Gottesmutter von Smolensk** (1745–1753) erscheint im Stil des Petersburger Barocks wie ein Parkpavillon. Ihr Schöpfer war der Moskauer Architekt Dmitrij Uchtomskij. – Neben der Kirche wurde 1635–1638 das Klosterspital mit der **Sossima-und-Sawwati-Kirche** errichtet. Aus der Mitte des flachen Spitals wächst der weiße, elegante Zeltdachturm der Kirche empor; die beiden Mönche Sossima und Sawwati gründeten im 16. Jh. auf einer Insel im Weißen Meer das berühmte Solowezker Kloster. Zeltdachkirchen gingen aus der nordrussischen Holzarchitektur hervor; so dokumentiert diese Spitalkirche zugleich die Verbundenheit des Dreifaltigkeits-Klosters mit dem russischen Norden.

Im ausgehenden 17. Jh. entstand die **Zaren-Kartause** (russ. Tschertogi = Palast), ein 85 m langes und 20 m breites, zweistöckiges Gebäude im Stil der kurz zuvor vollendeten Trapesa. Auch hier schmücken polychrome Schachbrettmuster sowie üppig ornamentierte und mit Fayencen versehene Fensteröffnungen die Fassaden. Die beiden Prunktreppen sind nicht mehr vorhanden. Unten lagen die Wirtschaftsräume, oben die Repräsentations- und Wohnräume. In diesem geschlossenen Gebäude, das vielfach als Prototyp der Zarenpaläste des 18. und 19. Jh. angesehen wird, war häufig Peter der Große zu Gast. Die früheren Paläste, vor allem die Holzbauten, bestanden aus einem Konglomerat einzelner Gebäude, die durch Galerien, Brücken und Treppen miteinander verbunden waren. Seit 1814 beherbergt die Zaren-Kartause die Theologische Akademie.

Die Gebäudezeile hinter der Dreifaltigkeits-Kathedrale entlang der Mauer diente als zentrale Sakristei, Klosterverwaltung und Schatzamt; heute ist hier das **Historische Kunstmuseum** untergebracht. Es enthält Werke russischer Malerei vom 14. bis 18. Jh., darunter die berühmten Zellenikonen des hl. Sergios ›Nikola Mirlikiskij‹ und ›Gottesmutter Hodegetria‹, ferner ›Das Heilige Abendmahl‹ von Simon Uschakow (1626–1686), Porträts von Iwan Nikitin (um 1690–1741) und Aleksej Antropow (1716–1795). Besonders sehenswert ist die umfangreiche Sammlung an Plattstichstickereien aus dem 15.–17. Jh., zumeist Geschenke von Zaren, Bojaren und Kaufleuten. Das Sakraltuch ›Beweinung Christi‹ (1561) stammt aus den Werkstätten der Fürstin Starizkaja, die die besten Stickerinnen des Landes beschäftigte. Außerdem enthält die Museumssammlung liturgisches Gerät, Gold- und Silberschmiedearbeiten, Kleinplastiken, Holzschnitzereien, auch modernes russisches Kunstgewerbe.

Pereslawl-Salesskij

Von Sergijew Possad aus führt die Straße schnurgerade, leicht ansteigend und wieder abfallend, durch immer dichtere Wälder. 7 km vor Pereslawl-Salesskij (ПЕРЕСЛАВЛЬ-ЗАЛЕССКИЙ) sehen Sie linker Hand eine hübsche Kapelle aus dem 17. Jh., die mit *Chapel Krest* (= Kreuzkapelle) bezeichnet ist, aber auch Fjodor-Kapelle genannt wird. Am 9. Juni 1557 soll Anastassija, die Gattin Iwans des Schrecklichen, auf der Reise nach Moskau an dieser Stelle ihren Sohn Fjodor Iwanowitsch, den späteren Zaren Fjodor I., geboren

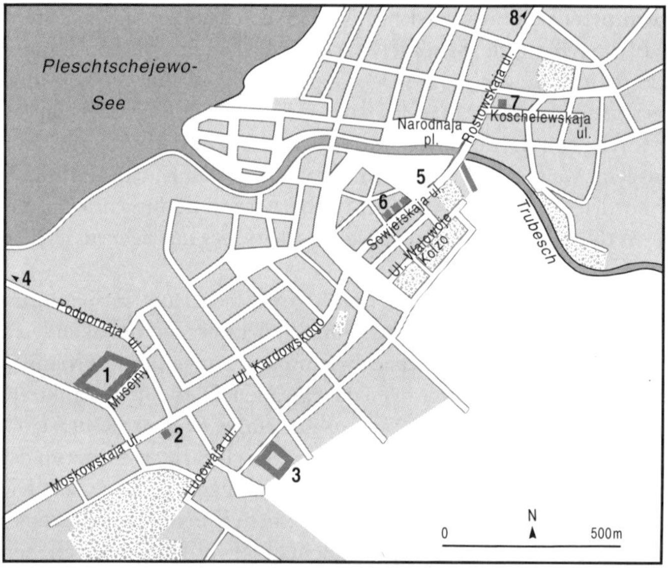

Pereslawl-Salesskij
1 Gorizkij-Kloster
2 Kirche zu Mariä Reinigung
3 Daniil-Kloster
4 Museum ›Botik‹
5 Christi-Verklärungs-Kathedrale
6 Kirche des Metropoliten Peter, Kirche der Gottesmutter von Wladimir, Aleksandr-Newskij-Kirche
7 Simeon-Kirche
8 Niketas-Kloster

haben. Auf der gegenüberliegenden Straßenseite führt ein kurzer Waldweg zu einem zauberhaften Restaurant in traditioneller Holzbauweise, davor glitzert ein kleiner Teich. Hier sollten Sie einkehren und die vortreffliche russische Küche genießen.

Vom Poklonnaja-Hügel aus verläuft die Straße abwärts und bietet einen wunderschönen Blick auf das Meer der braunen Holzhäuser Pereslawl-Salesskijs, aus dessen Mitte die leuchtenden Kuppeln alter Kirchen herausragen. Im 9. Jh. ließen sich Slawen aus den Steppen am Dnjepr hier nieder und nannten die neue Siedlung nach ihrem Heimatort Perejaslawl. Erst im 12. Jh. begann sich Perejaslawl zu entfalten, besonders unter dem Fürsten Jurij Dolgorukij von Rostow-Susdal. 1147 befestigte Jurij die unscheinbare Siedlung an der Moskwa, die später unter dem Namen ›Moskau‹ die Hauptstadt der Rus werden sollte. Fünf Jahre später, 1152, umgab er auch Perejaslawl mit Wall und Graben. Verhindern konnten die starken Befestigungen aber nicht, daß die Stadt im Lauf ihrer Geschichte zwölfmal erobert und verwüstet wurde, fünfmal von der Goldenen Horde, fünfmal innerhalb der Fürstenfehden und zweimal von polnisch-litauischen Truppen. Ihre höchste Blütezeit erreichte die Stadt unter den Wladimirer Großfürsten Wsewolod (1176–1212) und Jaroslaw (1238–1246); in dieser Zeit entwickelte sie sich zu einem der bedeutendsten Kulturzentren der Rus. 1252 vernichtete Batu Khan bei Perejaslawl das Heer einer russischen Koalition; Aleksandr Newskij, Fürst von Nowgorod, hielt sich klugerweise heraus und wurde von Batu Khan zum Großfürsten von Wladimir, dem höchsten Repräsentanten der Rus, bestellt. 1302 kam Perejaslawl zum Fürstentum Moskau. Im 15. Jh. setzte sich die Kurzform des Ortsnamens ›Pereslawl‹ durch, dafür wurde das Beiwort ›Salesskij‹ (= hinter dem Wald) hinzugefügt.

□ Das Gorizkij-Kloster

Bei der Einfahrt in die Stadt folgen Sie dem Hinweisschild ›МУЗЕЙ/Musej‹ nach links und erreichen nach wenigen hundert Metern das Mariä-Himmelfahrts-Kloster, das allgemein Gorizkij-Kloster (= Bergkloster) genannt wird und in großartiger Lage Stadt und See überragt (Farbt. 14). Unter Iwan I. Kalita (1328–1341) war das Kloster gegründet worden. 1382 wurde es von dem Tatarenkhan Tohtamysch geplündert und zerstört, danach von der Großfürstin Jewdokija, der Frau von Dmitrij Donskoj, wiederaufgebaut. Reiche Schenkungen von Großfürsten und Zaren füllten die Schatzkammer, zahlreiche Dörfer mit 5000 Leibeigenen, Wäldern, Mühlen und Salzsiedereien bildeten seinen Besitz. Im 16. und 17. Jh. konnte das Kloster die Holzbauten und Palisadenwälle durch Steinbauten ersetzen. 1744 bestimmte die Zarin Elisabeth das Kloster zur Residenz eines Bischofs, ihr Beichtvater Arsenij Mogiljanskij wurde erster Vorsteher des neuen Bistums Pereslawl-Salesskij. Alle alten Bauten wurden abgerissen, um Platz für eine neue, würdige Residenz zu schaffen. Der Neubau einer großen Kathedrale und eines Palastes dauerte Jahrzehnte und war noch nicht abgeschlossen, als Katharina II. 1788 das Bistum und auch das Bergkloster auflöste. Die angesammelten Schätze kamen in den Moskauer Kreml, die Glocken nach St. Petersburg, die Bediensteten wurden entlassen. Daraufhin verfiel das Kloster, bis 1881 das Theologische Seminar einzog. 1919 begannen die Restaurierungsarbeiten.

Das ganze Kloster ist von einer trutzigen Mauer mit Türmen umgeben; und so fragt man sich, warum gerade an der ebenerdigen und deshalb besonders gefährdeten Südostecke der Wehrturm fehlt. Vermutlich kam diesem Mauerabschnitt zur Zeit seines Aufbaus unter Zar Aleksej nur noch eine symbolische und keine fortifikatorische Bedeutung mehr zu. Und da hier die beiden Haupteingänge des Klosters lagen, das große Osttor und das Heilige Tor auf der Südseite, wurde dieser Mauerteil besonders liebevoll dekoriert. Das **Heilige Tor** trägt eine kleine Kirche, die Mauerecke nimmt das Torhüterhaus mit seinen wundervollen Steinmetzarbeiten ein. Das Osttor gleich daneben, der heutige Eingang in das Kloster, zählt zu den schönsten Torbauten des Goldenen Ringes. Für dieses üppig geschmückte Mauer-Tor-Ensemble verwendeten die Maurer zehn verschiedene Ziegelsteinformen, die sie in raffinierter Reihenfolge verlegten. Galoppierende Rosse, die in der altrussischen Architektur höchst selten vorkommen, bilden die wichtigsten Elemente des Dekors. – Besonders kraftvoll wirkt der wuchtige Südwestturm, während die im späten 18. Jh. aufgeführten Nordtürme mit ihren großen Fenstern keine Verteidigungsaufgaben mehr zu erfüllen hatten.

Im Stil des russischen Barocks präsentiert sich die siebenkuppelige **Mariä-Himmelfahrts-Kathedrale** (Uspenskij Sobor), 1752-1762 erbaut. Die Zarin Elisabeth nahm persönlich an der Kirchenweihe teil. So schlicht sich das Äußere der Kathedrale darbietet, so prunkvoll wirkt der Innenraum: Stuckarbeiten und Fresken schmücken Wände und Gewölbe; die 19 m hohe und 16 m breite Ikonostase, mit kunstvoll geschnitzten Rahmungen und 35 Tafelbildern der Moskauer Malerschule unter Jakow Schukow, zählt zu den

Gorizkij-Kloster

Meisterwerken des russischen Barocks; die Heilige Pforte der Ikonostase zeigt das Abendmahl und die Symbole der vier Evangelisten.

Das **Refektorium** aus dem 17. Jh. wurde im 18. und 19. Jh. umgebaut, soll aber sein einstiges Aussehen wiedererhalten. Das Deckengewölbe des 300 m^2 großen Repräsentationssaales ruht auf einem achteckigen Stützpfeiler. In den Räumen des Refektoriums ist eine umfangreiche Sammlung von Ikonen, kunsthandwerklichen Arbeiten, vor allem Holzschnitzereien, Schmuck, Kleidung, Stickereien, Kirchenfahnen, Büchern und Urkunden untergebracht. – Der massige **Glockenturm** an der Ostmauer des Klosters entstand in der zweiten Hälfte des 18. Jh.

Wenn Sie wieder zur Hauptstraße, der Moskowskaja Uliza, zurückkehren, treffen Sie auf die klassizistische **Kirche zu Mariä Reinigung** (1778). Hinter dieser Kirche erreichen Sie das **Daniil-Kloster,** das im Jahr 1508 von dem Mönch Daniil aus dem Gorizkij-Kloster gegründet wurde. Daniil war Beichtvater des Moskauer Großfürsten Wassilij III. (1505–1533). Nach der Geburt von dessen Sohn Joann, dem späteren Großfürsten und Zaren Iwan IV., im Jahr 1530 stiftete der stolze Vater die Dreifaltigkeits-Kathedrale, 1530–1532 von Grigorij Borissow aus Rostow Welikij errichtet. Die Fresken der Innenwände schuf

1662–1668 eine Malerschule aus Kostroma an der Wolga unter Leitung der Meister Jurij Nikitin und Sila Sawin.

□ Am Pleschtschejewo-See

Um den etwa 8 km im Durchmesser großen Pleschtschejewo-See ranken sich seit alten Zeiten Legenden und Geschichten. Da gibt es einen mächtigen blaugrauen Findling, den schon die ugrischen Merjanen, seit dem 9. Jh. auch die zugewanderten Slawen verehrten. An bestimmten Festtagen schmückten sie den heiligen Stein mit Blumen und tanzten um ihn. Jahrhunderte kämpfte die Kirche vergeblich gegen den heidnischen Brauch, im 18. Jh. versenkte die Geistlichkeit von Pereslawl den Stein in einer Grube, aber das Frühjahrshochwasser schwemmte ihn wieder frei. Schließlich beschlossen die Priester, über dem Stein eine Kirche zu errichten, damit er künftig dem christlichen Glauben diene. Als sie ihn über den zugefrorenen See an den vorgesehenen Bauplatz transportierten, brach das Eis, und der Stein versank. Nach etwa sechzig Jahren fand man ihn an einer seichten Stelle wieder, und Jahr um Jahr trat er mehr aus dem Wasser heraus und glitt dem Ufer zu. Dort, am Nordostufer des Sees, können Sie den ›Götzenstein‹ noch heute sehen.

Am Ufer des Sees träumte auch der junge Zar Peter I. von einer großen Flotte, mit der er die Weltmeere beherrschen würde. 1688, gerade 16 Jahre alt, brachte er den holländischen Schiffsbaumeister Karsten Brant nach Pereslawl; er mußte eine Anzahl kleiner Fregatten bauen, mit denen Peter auf dem See gewagte Manöver durchführte. Als Peter I. 1696 die Alleinherrschaft über das Russische Reich antrat, ließen ihm die Staatsgeschäfte keine Zeit mehr für seine ›Seekriegsspiele‹. Erst 1722, inzwischen Sieger über die mächtige Schwedenflotte, kam er noch einmal an ›seinen‹ See und fand Schiffe und Werftgebäude verrottet vor. Zornig befahl er dem Wojewoden von Pereslawl, die Reste seiner ›Spielflotte‹ sorgsam unter einem Schutzdach zu verwahren. 1783 fiel die Stadt einer Feuersbrunst zum Opfer, von den 97 Schiffen Peters blieb nur der Kahn ›Fortuna‹ verschont.

1803 baute man um dieses kleine Schiff ein Haus: das **Museum ›Botik‹** (БОТИК = kleines Boot). 1852 kam ein Triumphbogen hinzu und ein Obelisk aus rotem finnischem Granit mit dem Emblem der russischen Flotte und dem Ukas Peters des Großen aus dem Jahr 1722, der wohl ältesten Denkmalschutzverordnung. Und noch in dieser Zeit pflegte die Geistlichkeit von Pereslawl-Salesskij einmal im Jahr in einem Prunkboot auf den See hinauszufahren, um in einem bunten Korso von Fischerbooten das Wasser im Gedenken an Peter den Großen zu segnen.

Das Museum ›Botik‹ erreichen Sie, wenn Sie auf der Straße unterhalb des Gorizkij-Klosters zum Seeufer fahren (Hinweisschild: ›Peter I Boat‹). Der kleine klassizistische Museumsbau mit seinem viersäuligen Portikus zeigt eine interessante Ausstellung zum Thema ›Der Pleschtschejewo-See, die Wiege der russischen Kriegsflotte‹.

□ Der Kreml

Eine Anhäufung schöner, alter Kirchen in der Innenstadt weist auf den Kreml hin. Die Uliza Walowoje Kolzo (Wallring) folgt dem fast 2,5 km langen Erddamm, den Jurij Dolgorukij 1152 aufschütten ließ. Noch heute erreicht der grasüberwachsene Wall nahezu seine ursprüngliche Höhe von 10–18 m bei einer 6–8 m breiten Krone. Von den Kremlmauern und den zwölf Türmen ist allerdings nichts mehr vorhanden. Immerhin umfaßte der Wall eine Fläche von 28 ha, was der Größe des Moskauer Kreml Anfang des 16. Jh. entsprach. Ein Spaziergang auf dem Wall, der im Norden an das Flüßchen Trubesch grenzt, ist äußerst reizvoll.

Vier Kirchen, die zum Teil noch auf ihre Restaurierung warten, stehen im Kerngebiet des Kreml. Das älteste Gotteshaus ist die **Christi-Verklärungs-Kathedrale** (Preobraschenskij Sobor), erbaut 1152–1157. Ihre Hauptfassade wendet sie dem Krasnaja Ploschtschad, dem Roten (Schönen) Platz, zu. Ihr Aussehen blieb unverändert, nur ihre Helmhaube mußte um 1700 einer Zwiebelkuppel weichen. Der Kreuzkuppelbau wirkt schlicht, streng, wehrhaft, ganz im Stil der frühchristlichen Kirchen des Kiewer Reiches. Schmale, hohe Fenster, Lisenen, ein Bogenfries an den drei Apsiden, ein Zahnschnittfries am Kuppeltambour sind der einzige Schmuck, der die kalksteinweißen Wände unterbricht. Vom Innenschmuck ist nichts erhalten.

Auf dem Krasnaja Ploschtschad steht ein **Aleksandr-Newskij-Denkmal.** Aleksandr, Sohn des Großfürsten Jaroslaw von Wladimir-Susdal, soll um 1220 in Pereslawl zur Welt gekommen sein. Er zählt zu den größten russischen Herrscherpersönlichkeiten. Erfolgreich wehrte er die Angriffe der Schweden und der Deutschordensritter ab und verfolgte gegenüber der tatarisch-mongolischen Goldenen Horde eine äußerst geschickte Politik (s. S. 15 f.).

Die **Kirche des Metropoliten Peter** (Zerkow Petra Mitropolita) an der Südseite des Platzes erinnert an die Wirren und Machtkämpfe zu Beginn des 14. Jh., als die Fürstentümer Moskau und Twer um die Vorherrschaft in der Rus rangen. Die politische Situation war äußerst verworren. Fürst Michail von Twer fungierte zugleich als Großfürst von Wladimir-Susdal. Das Fürstentum Pereslawl war 1302 durch Erbschaft an das Fürstentum Moskau gekommen. Der Metropolit der russischen Kirche hatte formal seinen Sitz in Wladimir, residierte faktisch aber in Moskau. 1304 erlitten die Twerer gegen die vereinigten Moskowiter und Pereslawler Truppen eine empfindliche Niederlage. Um diese Niederlage zu rächen, verleumdeten sie den moskaufreundlichen Metropoliten Peter. Auf der Bischofsversammlung des Jahres 1311 in der Christi-Verklärungs-Kathedrale von Pereslawl klagten sie ihn wegen Korruption, Veruntreuung und Bestechung an, Peter aber konnte seine Unschuld beweisen und wurde freigesprochen. Übrigens gilt Peter († 1326) als erster Metropolit Moskaus.

Die Kirche des Metropoliten Peter, 1585 anstelle einer gleichnamigen Holzkirche erbaut, besteht aus einem gedrungenen Oktogon, über dem statt eines Tambours mit Kuppel ein strenges, achteckiges Zeltdach aufstrebt, dessen Spitze eine winzige Zwiebelkuppel bildet. Das Kellergeschoß diente als Kerker, später als Schatzkammer und Waffenarsenal. Die Galerie stammt aus dem 18. Jh., der Glockenturm aus dem 19. Jh.

Nach Südwesten schließen sich zwei gleichartige Kirchen an: die **Kirche der Gottesmutter von Wladimir** (1745) und die **Aleksandr-Newskij-Kirche** (1746). Schlanke Tamboure und übermächtige Zwiebelkuppeln sind das Charakteristikum der beiden dem russischen Barock zuzuweisenden Kirchen.

Schon jenseits des Trubesch-Flusses, also außerhalb des Kreml in Richtung Rostow Welikij, passieren Sie die **Simeon-Kirche,** die ›Kirche Simeons des Säulenheiligen‹. Der Kaufmann Rastorgujew ließ die fünfkuppelige Barockkirche 1771 errichten. Der Zeltdach-Glockenturm wurde rund 100 Jahre später an die Kirche angeschlossen.

□ Das Niketas-Kloster

Ganz im Norden von Pereslawl-Salesskij liegt das im 12. Jh. gegründete Niketas-Kloster, erneuert unter Wassilij III. (1505–1533) und seinem Sohn Iwan IV. dem Schrecklichen (1533–1584). Niketas (12. Jh.) war ein gefürchteter Steuereintreiber, verschlagen, gierig und bestechlich. Als er erfuhr, daß Michail von Tschernigow die Stadt aufsuche, um ihn zu bestrafen, begab er sich geschwind in Ketten und Büßergewand in das Kloster, um seine Taten zu bereuen und für seine Sünden zu büßen. Der Fürst kam allerdings nur, um geheilt zu werden. Der reuige Steuereintreiber gab dem Fürsten, der Legende nach, einen Lindenzweig, woraufhin dieser genas. Niketas wurde im 16. Jh. heiliggesprochen.

Das Niketas-Kloster besaß eine strategisch günstige Lage, denn von seinen sechs Türmen konnte man das Land weithin beobachten und unter Kontrolle halten. Das Kloster wurde inzwischen restauriert, und wie einst krönen Zeltdächer aus Holz die wuchtigen Türme. Auch die Galerien der Mauern tragen wieder die ursprünglichen Überdachungen.

Das größte Bauwerk des Klosters ist die **Niketas-Kathedrale** (1561-1564). Details ihrer Konstruktion, wie der mächtige Mitteltambour und die in der russischen Baukunst bis dahin unbekannten Spitzbogen, lassen vermuten, daß die Architekten Armenier waren, die mit der zweiten Frau Iwans, der Tscherkessenprinzessin Marija Temrjukowna, aus dem Kaukasus in die Rus kamen.

Niketas-Kloster

Rostow Welikij

Etwa 190 km von Moskau entfernt liegt am Ufer des bezaubernden Nerosees die alte Stadt Rostow (POCTOB) mit dem faszinierendsten Kreml Rußlands. ›Rostow Jaroslawskij‹, wie die Stadt heute offiziell heißt, damit man sie nicht mit der Millionenstadt Rostow am Don verwechselt, hat 35 000 Einwohner und eine beachtliche Textil-, Nahrungsmittel- und feinmechanische Industrie.

Rostow zählt zu den ältesten Städten Rußlands. 862 wurde es erstmals erwähnt, doch Archäologen fanden eine städtische Ansiedlung der finno-ugrischen Merjanen, die bis in das 8. Jh. zurückreicht. Ugrisch ist auch der Name des großen Sees. Die Christianisierung von Rostow traf auf erbitterten Widerstand des Volkes: Die ersten beiden Bischöfe, Fjodor und Illarion, wurden fortgejagt, der dritte, Leontij, starb 1071 als Märtyrer.

Seit dem 11. Jh. gehörte Rostow zum Fürstentum Wladimir-Susdal, aber das Verhältnis der mächtigen Rostower Bojaren zu den schwachen Fürsten war recht locker. Was in Rostow geschah, bestimmte nicht der Fürst, sondern die ›Wetsche‹, die Vertretung der selbstbewußten Bojarenschaft. Durch Zukauf großer Ländereien wuchs die Bedeutung Rostows so stark, daß die Stadt im 12. Jh. den Beinamen ›Welikij‹ (= Groß) erhielt, einen stolzen Titel, den nur noch Nowgorod im Norden der Rus führte.

Im 13. Jh. erlebte Rostow seine höchste Blüte. Handel, Handwerk und Kunst genossen die Förderung der Bojaren. Selbst unter der Herrschaft der Goldenen Horde bewahrte die Stadt ihre führende Position. 1390 wurde Rostow Erzbistum. 1474 verkaufte Fürst Iwan der Lange seine restlichen Ländereien an den Moskauer Großfürsten Iwan III., wodurch Rostow jegliche politische Bedeutung verlor.

Als Zar Fjodor I. Iwanowitsch im Jahr 1589 den Metropoliten von Moskau zum Patriarchen der gesamten russisch-orthodoxen Kirche ernannte, kam der Erzbischof von Rostow in den Rang eines Metropoliten. Die Ländereien im weiten Umkreis um den Nerosee unterstanden jetzt dem Klerus, der eine neue Blüte der Stadt einleitete.

Im 17. Jh. versuchte der Patriarch Nikon, das Primat der Kirche über den Staat durchzusetzen, doch sein einstiger Förderer Zar Aleksej war auf der Hut und wandte sich von ihm ab, woraufhin sich Nikon schmollend in das Kloster Neu-Jerusalem bei Moskau zurückzog. Mit der Wahrnehmung der Geschäfte des Patriarchen betraute der Zar den Metropoliten von Rostow, Jona Syssojewitsch. Eines Tages, als Jona in der Mariä-Himmelfahrts-Kathedrale zu Moskau den Gottesdienst zelebrierte, erschien Nikon und verwirrte den Metropoliten dermaßen, daß dieser von ihm den Segen erbat. Damit hatte sich Jona öffentlich auf die Seite Nikons gestellt und die sichere Chance vertan, durch das Konzil von Moskau (1666/67), das Nikon seines Amtes enthob und in ein fernes Kloster verbannte, zum neuen Patriarchen gewählt zu werden. Der Zar schickte Jona nach

1 MOSKAU Erlöserturm (Spasskij-Turm) und Kremlmauer ▷

2 MOSKAU Blick auf den Kreml: Wasserturm, Großer Kremlpalast, Glockenturm ›Iwan der Große‹

4 MOSKAU Volkswirtschaftsausstellung: Fontäne ›Völkerfreundschaft‹ [

3 MOSKAU Blick über den Kreml: Nikolaus-Turm, Arsenal, Arsenal-Eckturm

6 MOSKAU Tretjakow-Galerie: Dreifaltigkeits-Ikone von Andrew Rubljow aus dem Sergios-Kloster in Sergijew Possad, um 1420

◁ 5 MOSKAU Kreml und Stadtpanorama

7 MOSKAU Rüstkammer des Kreml: Evangeliar Iwans des Schrecklichen, 1571 ▷

8 MOSKAU Südportal der Mariä-Himmelfahrts-Kathedrale im Kreml

9 SERGIJEW POSSAD Sergios-Kloster: Dreifaltigkeits-Kathedrale mit Nikon-Nebenaltar

10 ROSTOW WELIKIJ Erlöser-Jakob-Kloster am Nerosee ▷

12 JAROSLAWL Portal der Kirche Johannes' des Täufers in Toltschkowo
11 JAROSLAWL Epiphanias-Kirche
13 JAROSLAWL Mönchszellen im Erlöser-Kloster

14 PERESLAWL-SALESSKIJ Gorizkij-Kloster

16 SUSDAL Antipij-Kirche mit Glockenturm ▷

15 SUSDAL Heiliges Tor des Klosters zur Gewandniederlegung Mariä

18 ST. PETERSBURG Christi-Auferstehungs-Kirche und Gribojedow-Kanal
◁ 17 ST. PETERSBURG Akademie der Wissenschaften, Kunstkammer, Rostrasäule, Peter-Paul-Kathedrale
19 ST. PETERSBURG Generalstabsgebäude mit Triumphbogen

21 ST. PETERSBURG Michailow-Palais (Russisches Museum) und Puschkin-Denkmal
◁ 20 ST. PETERSBURG Admiralität 23 ST. PETERSBURG Kuppel der Isaaks-Kathedrale ▷
22 SCHLOSS PAWLOWSK mit Kentaurenbrücke

25, 26 ›Isbas‹, die traditionellen Holzhäuser auf dem Lande

◁ 24 PETERHOF (Petrodworez) Große Kaskade

Rostow zurück, wo der Metropolit den Ärger über seine Fehlreaktion durch eine außergewöhnliche Bauwut zu kompensieren suchte. Fast all die herrlichen Kirchen und Profanbauten, die im Metropolitenhof, dem einstigen Kreml, stehen, gehen auf die Initiative des Metropoliten Jona Syssojewitsch zurück; sie wurden innerhalb von 13 Jahren, von 1670 bis 1683, in einem Zuge errichtet.

Die Säkularisation des Kirchenbesitzes und die Verlegung der Metropolitenresidenz nach Jaroslawl führten im 18. Jh. zum Verfall des Rostower Kreml. Eine anderweitige Nutzung der Bauwerke war nicht möglich, so daß die Stadtverwaltung Anfang des 19. Jh. deren Abbruch beschloß. Zum Glück blieb es beim Beschluß. In den 70er Jahren des 19. Jh. begann man mit der Instandsetzung der baufälligen Gebäude und gründete ein Museum. Der verheerende Orkan von 1953 verwüstete die ganze Stadt und riß auch zahlreiche Kuppeln und Dächer von den historischen Bauten. Danach wurde das gesamte Kreml-Ensemble gründlich restauriert.

□ Kreml und Kathedralenplatz

Die **Mariä-Himmelfahrts-Kathedrale** (Uspenskij Sobor) nördlich der schneeweißen Kremlmauern wurde im 16. Jh. erbaut und ist daher das älteste noch vorhandene Gotteshaus im Rostower Stadtkern. Seit der Mitte des 18. Jh. umgibt den Kathedralenplatz eine niedrige Mauer; das heute meist verschlossene Eingangstor auf der Westseite des Platzes trägt eine winzige Kapelle. Der Besucher erreicht den Platz durch ein Tor auf der Ostseite.

An der Stelle der Kathedrale stand schon im 10. Jh. eine Kirche aus Holz, die Andrej Bogoljubskij im 12. Jh. durch einen Steinbau ersetzte. Das 60 m hohe Gebäude des 16. Jh. imitiert den Stil der altrussischen Kirchen mit flachen Pilastern und verbindenden kielförmigen Sakomaren. Ein breiter Blendbogenfries umzieht den rechteckigen Baukörper (20 x 30 m) zwischen den beiden Fensterreihen. Fünf mächtige Zwiebelkuppeln – früher waren es Helmhauben – leuchten in silbernem Glanz auf hohen Tambouren. Die kupfernen Löwenkopf-Türgriffe an den Innentüren des Westportals stammen von dem Vorgängerbau des 12. Jh. In jenem Jahrhundert entstand auch die Grabstätte des hl. Leontij, der 1071 als Bischof von Rostow unter den Dolchen heidnischer Priester den Märtyrertod erlitt. Sechs hexagonale Pfeiler stützen das Kuppelgewölbe. Die Wandmalereien schufen die Meister Jurij Nikitin und Sila Sawin aus Kostroma in der zweiten Hälfte des 17. Jh.

Neben der Kathedrale erhebt sich der gewaltige **Glockenstuhl,** der wohl berühmteste von ganz Rußland, zwischen 1682 und 1687 unter dem Metropoliten Jona Syssojewitsch erbaut. Als architektonisches Vorbild diente sicher der Glockenstuhl Iwan der Große im Moskauer Kreml. Die vier großen Schallöffnungen liegen nebeneinander (die vierte kam erst später hinzu). Hohlräume vom Fundament bis zum Dach sorgten für eine hervorragende Resonanz. Noch heute hängen die 15 ursprünglichen Glocken im Turm. Die schwerste der Glocken, die ›Syssoja‹, wiegt 2000 Pud (= 32,76 Tonnen); ihren Klang vernahm man über eine Entfernung von 25 km. Der französische Komponist Hector Berlioz kam eigens nach Rostow, um die 18 verschiedenen Melodien des Großen Geläuts zu stu-

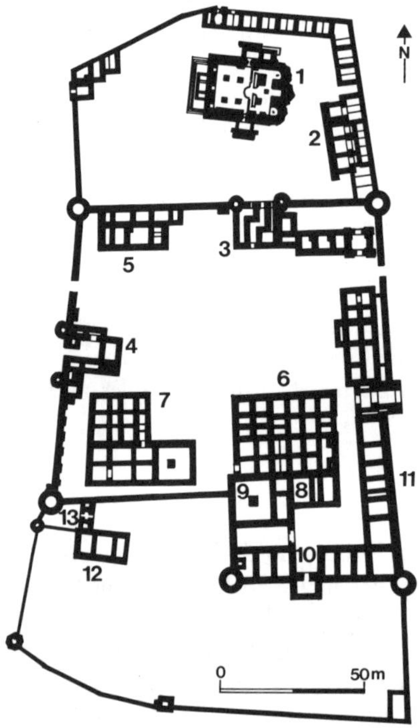

Rostow Welikij, Kreml (Metropolitenhof)
1 *Mariä-Himmelfahrts-Kathedrale*
2 *Glockenstuhl*
3 *Christi-Auferstehungs-Torkirche*
4 *Torkirche des Evangelisten Johannes*
5 *Hodegetria-Kirche*
6 *Samuelbau*
7 *Roter Palast*
8 *Erlöserkirche (Christi-Verklärungs-Kirche)*
9 *Weißer Saal (Rostower Museum)*
10 *Fürstenpalast*
11 *Erzbischöflicher Palast*
12 *Kirche Grigorijs des Theologen*
13 *Marstall*

dieren, die vom 17. Jh. an den Glöcknern von Rostow Welikij großen Ruhm einbrachten. Heute erklingen die Glocken von Rostow nur noch selten, denn fünf geübte Glöckner sind nötig, um den Jona-Klang, den Akim-Klang, den Iegor-Klang oder den Jonathan-Klang meisterhaft ertönen zu lassen. Die verschiedenen Geläute wurden übrigens aufgenommen, und wenn Sie Glück haben, bekommen Sie die Schallplatte in einem der Souvenirläden von Rostow.

Den Kreml oder, richtiger gesagt, den **Metropolitenhof** umgibt eine bis zu 12 m hohe und 2 m starke Mauer mit elf mächtigen Rundtürmen. Schindeln aus silbern glänzendem Espenholz decken die pyramiden- und zwiebelförmigen Dächer mit den Beobachtungsständen. Von den Spitzen blinken kupferne Wetterfahnen. Die eindrucksvolle Wehranlage ließ Jona unter den Romanow-Zaren Aleksej und Fjodor III. sowie der Regentin Sofja errichten, in einer Zeit, in der Übergriffe fremdländischer Invasoren nicht zu befürchten waren. So dienten die Mauern und Türme, denen wesentliche fortifikatorische Einrichtungen wie Geschützgalerien usw. fehlen, mehr der Repräsentation als der Sicherheit des Metropolitenhofs.

Das Haupttor vom Kathedralenplatz zum Metropolitenhof bildet die **Christi-Auferstehungs-Torkirche** (1670). Sie wird von zwei runden Türmen flankiert, wodurch sie recht wehrhaft wirkt. – Fast alle Gebäude des Metropolitenhofs lehnen sich an die Mauer

Glockenstuhl der Mariä-Himmelfahrts-Kathedrale

und umgeben einen großen, parkähnlichen Platz mit einem Weiher. Da ist die **Torkirche des Evangelisten Johannes** (1683) mit Fresken von Dmitrij Grigorjew, die aus dem Leben des hl. Abraham von Rostow berichten, dem der Jünger Johannes erschienen sein soll. In beiden Torkirchen ersetzt eine steinerne Altarwand die Ikonostase, ein typisches Merkmal der Rostower Architektur im 17. Jh. – Besonders fällt die schöne Rautenfassade der **Hodegetria-Kirche** auf, die unter dem Metropoliten Jossaf, dem Nachfolger Jonas, mit einer Zwiebelkuppel auf schlankem Tambour erbaut wurde. Als ›Hodegetria‹ (=Wegführerin) bezeichneten die russischen Gläubigen die Gottesmutter von Smolensk, deren berühmte Ikone die Truppen in die Schlacht begleitete. Die Hodegetria-Kirche war Teil einer Trapesa, im Kellergeschoß befanden sich die Küchen- und Wirtschaftsräume.

Im Zentrum des Metropolitenhofs steht der dreigeschossige **Samuelbau.** Sein Untergeschoß stammt aus dem 16. Jh., im 17. Jh. ließ Jona ein zweites Stockwerk daraufsetzen, die dritte, obere Etage entstand im 18. Jh. unter dem Metropoliten Samuel. Dieser Bau war der Amtssitz des Metropoliten mit Kreuzgewölbezimmer, Gerichtsstube und Verwaltungsräumen. Heute ist hier ein Museum untergebracht.

Eine malerische Vortreppe und eine Terjemok-Galerie führen zum **Roten Palast** (1680), dem Wohnhaus des Zaren. Mittelpunkt des Palastes ist das Rote Gemach, ein fast

250 m^2 großer Saal, dessen Decke ein einziger Pfeiler stützt. Von der einstigen Innenausstattung blieb nichts erhalten, das stark verfallene Gebäude mußte im Zuge der Restauration nahezu neu gebaut werden. Heute dient der Rote Palast als Jugendherberge.

Eine andere Treppe führt zur Vorhalle des Weißen Saales, über dem die **Erlöserkirche,** auch Christi-Verklärungs-Kirche, aufsteigt. Der schmucklose Bau mit seinem Kreuzgiebeldach trägt auf einem hohen Tambour eine vergoldete Zwiebelkuppel, die einzige Goldkuppel übrigens des Kremlbereichs. Die Erlöserkirche (1675) war die Hauskirche des Metropoliten. So schlicht ihr Äußeres erscheint, so prunkvoll und festlich präsentieren sich die Innenräume: Die Wandmalereien zeigen Szenen aus dem Leben und Wirken Christi, sein Erscheinen nach der Auferstehung und schließlich das Jüngste Gericht an der Westwand. Hinter der um acht Stufen erhöhten Solea ragt wie in den beiden Torkirchen eine steinerne Altarmauer als Ikonostase auf.

Von der Vorhalle führt ein Portal durch einen Empfangsraum in den **Weißen Saal,** dessen breites Gewölbe ein wuchtiger Rundpfeiler trägt. Von den einstigen Fresken und Stukkaturen blieb nichts erhalten. Dieser Saal und seine Nebenräume beherbergen seit 1883 das sehenswerte Rostower Museum. Zu den interessantesten Exponaten zählen ein ›Marienmedaillon der Gottesmutter Orante‹ (Byzanz, 12. Jh.; ›Orante‹ bezeichnet die antike Gebetshaltung mit erhobenen Armen und nach oben gewendeten Handflächen), ein Grabkreuz (1458), die Holzskulptur ›Hl. Georg als Drachentöter‹ (15. Jh.), die Heilige Pforte der Isidorkirche von Rostow (1572), die Ikonen ›Erzengel Michael‹ (14./15. Jh.), ›Gottesmutter von Wladimir‹ (um 1500), ›Rostower Heilige und Sergios von Radonesch‹ (um 1500), ›Gottesmutter im blauen Gewand‹ (16. Jh.), ›Grigorij der Gottesgelehrte‹ (16. Jh.), mehrere kostbare Sakraltücher aus dem 16. und 17. Jh., alles Geschenke Moskauer Großfürsten, Zaren und Metropoliten an Rostower Klöster und Kirchen, ferner liturgisches Gerät, Gebrauchsgegenstände und einige der berühmten Rostower Emailminiaturen.

Hl. Georg als Drachentöter, 15. Jh.

Hinter dem Weißen Saal liegt der alte **Fürstenpalast** aus dem 16. Jh. mit kleinen Wohnräumen, Geheimgängen und Kerkern, ein Relikt aus der Zeit Iwans des Schrecklichen. Die schönen Kachelöfen in den Gewölbezimmern erhielten ihre Verkleidung erst unter Peter dem Großen. – Im **Erzbischöflichen Palast** an der Ostmauer wohnten die Erzbischöfe und Metropoliten bis zur Errichtung des Metropolitenhofs unter Jona. Vergoldete Schornsteine schmücken das Dach. Seit Jona diente der Palast als Wirtschaftsgebäude.

In der Südwestecke außerhalb der inneren Kremlmauer nimmt die **Kirche Grigorijs des Theologen** die Stelle ein, an der Jaroslawler Mönche im damaligen Grigorij-Kloster die erste Lehranstalt im Nordosten der Rus gründeten. – Das große, einstöckige Gebäude hinter der Kirche war der **Marstall** des Metropolitenhofs, das einzige in Rußland erhaltene Baudenkmal dieser Art aus dem 16. und 17. Jh.

An die Nordseite des Kathedralenplatzes grenzt der frühere ›Torg‹ (= Marktplatz) von Rostow. Hier stehen heute die **Handelsreihen** und Kaufhöfe aus den 30er Jahren des 19. Jh. mit umlaufenden Arkadengängen. Hier erhebt sich auch die mächtige **Erlöserkirche am Markt,** erbaut 1685–1690. Über Dreieckgiebeln ragen die fünf Kuppeln empor.

□ Das Erlöser-Jakob-Kloster

Westlich vom Stadtkern liegt unmittelbar am Nerosee das frisch restaurierte Erlöser-Jakob-Kloster (Spassa Jakowlewskogo Monastyr). Seine Türme sind das erste, was der aus Moskau kommende Reisende schon viele Kilometer vor Rostow erblickt (Farbt. 10). Das Kloster geht auf Bischof Jakob zurück, der Ende des 14. Jh. in Rostow residierte. Die interessantesten Bauwerke sind die Mariä-Empfängnis-Kirche mit ihren fünf besonders schönen Kuppeln, 1686 unter dem Metropoliten Jona erbaut, und die anschließende Jakobskirche aus dem Jahr 1725. Zu den schönsten klassizistischen Kirchen des Goldenen Ringes zählt die Demetrioskirche, ein Werk des Moskauer Baumeisters Nasarow.

Jaroslawl

Jaroslawl (ЯРОСЛАВЛЬ), mit 630 000 Einwohnern Gebietshauptstadt an der oberen Wolga, hat einen Flußhafen, eine vielfältige Industrie (Maschinenbau, Gummiherstellung, Baumaterialien, Nahrungsgüter), eine Universität und drei Fachhochschulen sowie das älteste Theater Rußlands. Von touristischem Interesse sind seine großartigen alten Bauten und der Reiz seiner Lage am größten Strom Europas.

Archäologen entdeckten im Stadtgebiet eine befestigte slawische Siedlung aus dem 9. Jh. 1010 gründet Fürst Jaroslaw die Stadt, die seinen Namen trägt. Neun Jahre später wurde Jaroslaw Großfürst von Kiew und damit Beherrscher der Rus (1019–1054); die Historiker verliehen ihm den Beinamen ›der Weise‹. Nach der Legende soll er im ›Bärenwinkel‹, der spitzen Landzunge an der Mündung des Kotorosl in die Wolga, mit bloßen Händen einen Bären erlegt haben. Der Bär wurde das Wappentier der Stadt. Nahe dem

Prospekt Oktjabrja
Krasnaja pl.
Perwomajskaja ul.
Sowjetskaja ul.
Ul. Tschaikowskogo
Ul. Uschinskogo
Ul. Respublikanskaja
Ul. Swobody
Pl. Wolkowa
Ul. Trefolewa
Malofewralskaja ul.
Ul. Wolkowa
Ul. Kirowa
Ul. Komsomolskaja
Bolschaja Oktjabrskaja ul.
Sowjetskaja pl.
Narodnyj per.
Sowjetskij per.
Wolschskaja nab.
Pl. Podbelskogo
Rewoljuzionnaja ul.
Toltschkowo
Malaja Proletarskaja ul.
Moskowskij prospekt
Ul. Jemeljana Jaroslawskogo
Melnitschnaja ul.
Melnitschnyj per.
Kotorosl
Bärenwinkel
Korowniki
Wolga
N
0
300 m
1
2
3
4
5
6
7
8
9
10
11
12
13
14
15
16
17
18
19
20
21
22
23
24

›Bärenwinkel‹ stand auch der älteste Teil der Stadt, an der Stelle, an der sich heute das Erlöserkloster befindet.

Im 12. Jh. gehörte Jaroslawl zum Fürstentum Rostow-Susdal und wurde 1218 zum Zentrum eines selbständigen Teilfürstentums. Lange konnte sich die erste russische Stadt an der Wolga ihres wirtschaftlichen Aufschwunges nicht erfreuen, denn 1238 wurde sie von den Tataren überrannt und völlig zerstört. 1463 kam das Fürstentum zu Moskau. Seit dem 16. Jh. entwickelte sich Jaroslawl zu einem bedeutenden Handelszentrum und war um die Mitte des 17. Jh. nach Moskau bereits die zweitgrößte Stadt des Russischen Reiches. 1658 fielen sämtliche Brücken, drei Klöster, 29 Kirchen und über 1500 Häuser einer verheerenden Feuersbrunst zum Opfer. Kaufleute waren es, die die zerstörte Stadt in kurzer Zeit wieder aufbauten und neue Gotteshäuser stifteten, einzigartige Kirchen, in denen sich altrussische Stilelemente mit neuen Formen verbanden und das Kacheldekor eine herausragende Rolle spielte. Das Stadtzentrum zwischen Kotorosl und Wolga steht heute unter Denkmalschutz, das neue Jaroslawl mit seinen modernen Wohnbauten und Fabriken liegt weit außerhalb zu beiden Seiten der Wolga und wird von den Reisenden kaum wahrgenommen.

□ Das Erlöserkloster

Der Moskowskij Prospekt (Moskauer Prospekt) überquert den Fluß Kotorosl und endet auf dem Ploschtschad Podbelskogo (ПЛ. ПОДБЕЛЬСКОГО) mit der Kirche der Erscheinung Christi und dem Erlöserkloster (Spasskij Monastyr), der Keimzelle Jaroslawls. Das Kloster entstand im 12. Jh. an der Stelle des alten Kreml und besaß eine berühmte Bibliothek. Hier entdeckte 1795 Graf Mussin-Puschkin das berühmte ›Igorlied‹, das ›Lied von der Heerfahrt Igors‹, die bedeutendste altrussische Heldendichtung, vergleichbar mit dem altfranzösischen ›Rolandslied‹, dem altenglischen ›Beowulf‹ und dem mittelhochdeutschen ›Nibelungenlied‹. Ein unbekannter Autor hatte das Werk um 1187 unmittelbar nach dem historischen Ereignis verfaßt. Das Igorlied beschreibt den verhängnisvollen Heerzug von vier russischen Kleinfürsten gegen das Turkvolk der Polowzer (Kumanen) und ist ein Aufschrei gegen die Ohnmacht und die politische Zerrissenheit des Vaterlandes. 1812 ging die Handschrift beim Brand von Moskau unter, erhalten blieben mehrere moderne Abschriften und Bearbeitungen.

Jaroslawl *1 Erlöserkloster 2 Kirche der Erscheinung Christi (Epiphanias-Kirche) 3 Erzengel-Michael-Kirche 4 Christi-Verklärungs-Kirche in der Stadt 5 Nikola-Rubleny-Kirche 6 Metropolitenpalast 7 Wolgaturm 8 Haus der ehem. Ärztegesellschaft 9 Kunstmuseum (Haus des Gouverneurs) 10 Nikola-Nadejn-Kirche 11 Christi-Geburts-Kirche 12 Prophet-Elias-Kirche 13 Revolutionsdenkmal 14 Gefallenenmal 1941–1945 15 Wlassjew-Torturm 16 Wolkow-Theater 17 Handelsreihen 18 Kaufhof 19 Kirchenensemble in Korowniki 20 Kirche Johannes' des Täufers in Toltschkowo 21 Kirche Nikolaus' des Wasserträgers 22 Kirche der Gottesmutter von Tichwin 23 Haus des Kaufmanns Iwanow 24 Flußhafen*

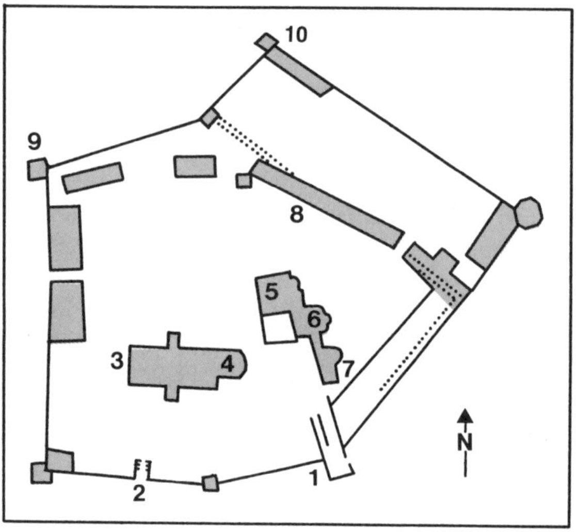

Jaroslawl, Erlöser-Kloster
1 Heiliges Tor
2 ›Pforte für alle Tage‹
3 Haus des Klosterabtes
4 Trapesa
5 Christi-Verklärungs-Kathedrale
6 Kirche der Jaroslawler Wundertäter
7 Glockenturm
8 Mönchszellen
9 Gottesmutter-Turm
10 Uglitsch-Turm

Vom 15. bis 17. Jh. war das Erlöserkloster eines der größten und reichsten in der Rus. Steinmauern und Türme machten es im 16. Jh. zu einer der stärksten Festungen im Wolgagebiet. 1609 wehrte das Kloster erfolgreich eine Belagerung durch polnische Truppen ab; hier war auch der Stab der Volkswehr Minins und Poscharskijs untergebracht. Seit 1787 residierte der Erzbischof von Jaroslawl in dem Erlöserkloster.

Das **Heilige Tor** (1516) ist das einzige Relikt der Klosterbefestigungen aus dem 16. Jh. Alle anderen inzwischen restaurierten schneeweißen Mauern, Türme und Tore stammen aus der ersten Hälfte des 17. Jh., so der wuchtige Gottesmutter-Turm und der schöne Uglitsch-Turm. Um 1800 verringerte man die Höhe der Südmauer, um den nahenden Pilgern einen besseren Blick auf das reizvolle Klosterensemble zu bieten; bei dieser Gelegenheit wurden zwei schwere Wachttürme durch zierliche, dekorative Rundtürme ersetzt.

Das Kloster betreten Sie heute von der Flußseite her durch die **›Pforte für alle Tage‹.** Vor Ihnen liegt das **Haus des Klosterabtes,** oft auch als ›Erzbischöfliche Gemächer‹ bezeichnet. Es wurde im 17. Jh. an die **Trapesa** angebaut, die in der ersten Hälfte des 16. Jh. entstand. Der Bau wirkt überaus schlicht, nur Lisenen und Fenster in bogenförmigen Nischen durchbrechen die glatte Fassade.

An zentraler Stelle des Klosters, auf den Fundamenten der fürstlichen Kathedrale aus dem 13. Jh., steht die **Christi-Verklärungs-Kathedrale** (1506–1516). Das hohe Sockelgeschoß des dreischiffigen Gotteshauses umgibt eine offene, zweigeschossige Galerie. Moskauer und Jaroslawler Meister schufen die Fresken der Innenwände, den ›Pantokrator‹, ›Das Jüngste Gericht‹, ›Johannes den Täufer‹. Die Wiedergabe altrussischer Bauten, Kathedralen, Kirchen und Glockentürme ergänzt die religiösen Themen. – 1827–1831 wurde die spätklassizistische **Kirche der Jaroslawler Wundertäter,** auch ›Kirche des Einzugs in Jerusalem‹ genannt, an die Kathedrale angebaut. – Über der Kirche der Gottesmutter vom Höhlenkloster erhebt sich der **Glockenturm** (16. Jh.), der zu Beginn des 19. Jh. einen pseudogotischen Aufbau mit einer kleinen Rotunde erhielt. Von der Höhe des Glockenturms genießen Sie einen herrlichen Ausblick auf Jaroslawl und die Wolga. – Die Reihe der **Mönchszellen** entstand im ausgehenden 17. Jh. (Farbt. 13).

□ Rundgang durch das Stadtzentrum

Dem Erlöserkloster gegenüber steht die **Kirche der Erscheinung Christi,** die Epiphanias-Kirche (Zerkow Bogojawlenija), 1684–1693 von dem Kaufmann Aleksej Subtschaninow gestiftet. Den roten Backsteinbau schmücken zahlreiche grünleuchtende Kacheln, zwei Kokoschniki-Reihen und fünf grüne Zwiebelkuppeln (Farbt. 11).

Am Ufer des Kotorosl folgen östlich vom Erlöserkloster drei schöne Kirchen aus dem 17. Jh.: die Erzengel-Michael-Kirche, die Christi-Verklärungs-Kirche in der Stadt und die Nikola-Rublenyj-Kirche. Die **Erzengel-Michael-Kirche** steht genau zwischen dem Kreml und dem ›Torg‹, dem alten Marktplatz von Jaroslawl. Die **Christi-Verklärungs-Kirche in der Stadt** wurde 1672 gebaut und enthält recht interessante Wandmalereien, die von der Christianisierung der Rus berichten, Städteansichten, Prozessionen und Schlachtenszenen zeigen. 1695 entstand auf dem Gebiet der Holzstadt (Rublenyj Gorod), später der Fürstenresidenz, die **Nikola-Rublenyj-Kirche,** ein Bauensemble aus fünfkuppeliger Kirche, niedriger Trapesa und Zeltdach-Glockenturm.

An der Mündung des Kotorosl in die Wolga erreichen Sie die großartige **Uferpromenade,** die in weitem Bogen den ›Bärenwinkel‹ streift, auf dem sonntags mächtige Fontänen aufsteigen. Zierliche Pavillons schützen vor dem Regen, der auch in Sommermonaten urplötzlich aus den Wolken bricht. Auf den Bänken der schattigen Uferpromenade kann man stundenlang sitzen, die Sonntags- und Feierabendspaziergänger und das bunte Treiben auf dem Fluß beobachten. Jenseits der Kotorosl-Mündung schimmert die Silhouette des Kirchenensembles von Korowniki aus dem Dunst (s. S. 179 f.).

Auf der Uferpromenade, der Wolschskaja Nabereschnaja (ВОЛЖСКАЯ НАБЕРЕЖНАЯ), kommen Sie am **Metropolitenpalast** vorüber, der in den 80er Jahren des 17. Jh. von Baumeistern des Metropoliten Jona von Rostow errichtet wurde. In dem Gebäude befindet sich heute eine Sammlung altrussischer Malerei mit sehenswerten Ikonen aus dem 13.–17. Jh. – Zu den wenigen Resten der alten Stadtbefestigung zählt der **Wolgaturm** (Arsenalturm) am Steilufer des Flusses (spätes 17. Jh.); er wurde mehrmals umgebaut. – Das Haus an der Ecke des Sowjetskij Pereulok (СОВЕТСКИЙ ПЕР.) gehörte um 1800 der damaligen Ärztegesellschaft von Jaroslawl. – Beim Weitergehen auf der Uferpromenade treffen Sie an der Ecke Narodnyj Pereulok (НАРОДНЫЙ ПЕР.) auf das Haus des Gouverneurs, das in den 20er Jahren des 19. Jh. erbaut wurde und heute das **Kunstmuseum** der Stadt mit Werken der weltlichen Malerei vom 18. Jh. bis zur Gegenwart beherbergt.

Dem Kunstmuseum gegenüber steht die **Nikola-Nadejn-Kirche,** die Kirche Nikolaus' des Hoffnungsverheißenden, die älteste Gemeindekirche von Jaroslawl, 1620–1622 im Auftrag des Kaufmanns Nadej Sweschnikow erbaut. Leider wurde die Kirche um 1700 stark verändert, von den ursprünglich fünf Kuppeln blieb nur eine übrig, hinzu kam ein Glockenturm. Die Innenausmalung (1640/41) berichtet aus dem Leben des beliebtesten russischen Heiligen, Nikolaus. Sehenswert ist auch die Mariä-Verkündigungs-Kapelle, der Nebenaltar der Kaufmannsfamilie Sweschnikow; hier erscheint die Ikonostase in der Form einer blaugefaßten Altarschranke, die Fresken sind den Visionen des Johannes Klimakos gewidmet. – Nur wenige Schritte entfernt entdecken Sie in der Malofewralskaja Uliza (МАЛОФЕВРАЛЬСКАЯ УЛ.) eine weitere Kirche des 17. Jh., die **Christi-Geburts-Kirche** (1635–1644), eine Stiftung der Kaufmannsfamilie Nasarow.

Die schönste und interessanteste Kirche von Jaroslawl ist zweifellos die **Prophet-Elias-Kirche** auf dem Sowjetskaja Ploschtschad (СОВЕТСКАЯ ПЛ.), dem zentralen Platz des alten Stadtkerns, auf den sieben Straßen zulaufen. Die Eliaskirche wurde 1647–1650 für die Kaufmannsfamilie Skripin geschaffen, die dem Zaren- und Patriarchenhof nahestand und über unermeßliche Reichtümer verfügte. Trotz der asymmetrischen Gruppierung der einzelnen Gebäudeteile (fünfkuppeliges Haupthaus, Nebenaltar mit Zeltdachturm, Glockenturm, Galerien und Vortreppen) wirkt das Bauensemble in Form und Farbe außergewöhnlich harmonisch. Der Nebenaltar an der Nordostseite der Kirche ist

Prophet-Elias-Kirche

Keramikschmuck an der Prophet-Elias-Kirche

den Hütern des heimischen Herdes, Gurij, Samon und Awiw, geweiht, an der Südwestseite befindet sich der Nebenaltar zur Gewandniederlegung.

Die Fresken der Meister Jurij Nikitin und Sila Sawin aus Kostroma (1680–1681) hielten sich bis zum heutigen Tag. In märchenhafter Sprache erscheinen an den Wänden Szenen aus dem Leben der Propheten Elias und Jesaja, bereichert durch köstliche Darstellungen aus dem zeitgenössischen Rußland. So zählt das Bild ›Ernte‹ zu den besten Landschaftsdarstellungen in der altrussischen Malerei. Die Ikonostase (1670–1680) im Stil des Hochbarocks enthält einige Tafelbilder aus dem 17. Jh., z. B. die Namensikone ›Prophet Elias‹.

Über die Uliza Kirowa (УЛ. КИРОВА) erreichen Sie den Ploschtschad Wolkowa (ПЛ. ВОЛКОВА) mit dem wuchtigen **Wlassjew-Torturm,** der im späten 17. Jh. zur Stadtbefestigung gehörte, und dem **Wolkow-Theater,** das der Kaufmann Fjodor Wolkow bauen ließ. 1750 wurde das Haus eröffnet und gilt somit als das erste ständige Theater Rußlands (St. Petersburg folgte 1755 und Moskau 1757). 1973 gestaltete der Bildhauer A. Solowjow das Fjodor-Wolkow-Denkmal vor dem Schauspielhaus. – Südlich vom Wlassjew-Turm folgen die Handelsreihen (Ende 18. Jh.) und der kreisrunde **Kaufhof** (1814–1818) an der Perwomajskaja Uliza (ПЕРВОМАЙСКАЯ УЛ.), die zum Erlöserkloster führt.

□ Das Kirchenensemble in Korowniki

Bereits von der Uferpromenade aus sahen Sie das großartige Kirchenensemble in Korowniki an der Mündung des Kotorosl in die Wolga. Mit dem Wagen fahren Sie über die Kotorosl-Brücke und den Moskauer Prospekt, biegen an der ersten Verkehrsampel nach links in die Mal. Proletarskaja Uliza (МАЛ. ПРОЛЕТАРСКАЯ УЛ.), folgen der Melnitschnaja Uliza (МЕЛЬНИЧНАЯ УЛ.) und dem Melnitschnyj Pereulok (МЕЛЬНИЧНЫЙ ПЕР.) zur Wolga.

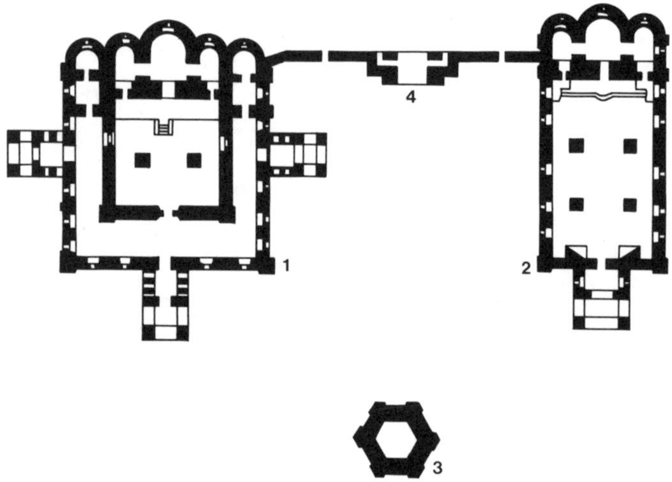

Jaroslawl, Kirchenensemble in Korowniki
1 Johannes-Chrysostomos-Kirche
2 Kirche der Gottesmutter von Wladimir
3 Glockenturm
4 Heiliges Tor

Der Name ›Korowniki‹ weist darauf hin, daß hier früher Rinder gezüchtet wurden. Den Kern der Gebäudegruppe bildet die **Johannes-Chrysostomos-Kirche,** die 1649–1654 im Auftrag der Kaufmannsfamilie Neschdanowskij erbaut wurde. Über dem gedrungenen Baukörper ragen fünf Kuppeln auf hohen Tambouren auf, die große Mittelkuppel fast doppelt so hoch wie die Nebenkuppeln. Flankiert wird der Bau von zwei Kapellen mit Zeltdächern. Den üppigen Bauschmuck erhielt die Kirche erst nach 1680. Beachten Sie die wundervolle, 5 m hohe Kachelrahmung des Fensters der zentralen Apsis.

15 Jahre nach der Hauptkirche entstand die **Kirche der Gottesmutter von Wladimir,** die kleinere Winterkirche. Den Brauch, neben die große Haupt- oder Sommerkirche eine kleinere, meist beheizbare Winterkirche zu stellen, finden Sie in vielen ländlichen Gegenden des alten Rußland. Oft wurde, wie in Korowniki, zur besseren Wärmeausnutzung noch ein Zwischengewölbe eingebaut, so daß die Winterkirche innen wesentlich niedriger ist, als sie von außen vermuten läßt. Im allgemeinen sorgten schon die vielen brennenden Kerzen für eine Erwärmung des Gemeindesaals. In den Winterkirchen wurden auch Kindtaufen und Hochzeiten mit den üblichen festlichen Gelagen gefeiert.

In gleichem Abstand von den beiden Kirchen erhebt sich der nach oben spitz zulaufende **Glockenturm,** wegen seines Aussehens ›Jaroslawler Kerze‹ genannt. Der achteckige Turm mit Zeltdach und drei Reihen von Schallöffnungen erreicht eine Höhe von 37 m. Sommer- und Winterkirche verbindet eine Mauer mit kleinen Durchgängen und dem **Heiligen Tor** (um 1800).

□ Sehenswürdigkeiten außerhalb des Stadtzentrums

Wenn Sie auf der Rückfahrt den Moskauer Prospekt kreuzen und auf der Südseite des Kotorosl weiterfahren, kommen Sie kurz vor der Eisenbahnbrücke zur **Kirche Johannes' des Täufers,** die viele Kenner noch mehr rühmen als die Prophet-Elias-Kirche. Sie wurde 1671–1687 als Hauptkirche von Toltschkowo, der reichen Gerbervorstadt, errichtet (Farbt. 12).

An den dreischiffigen Kernbau lehnen sich zwei Kapellen, deren Apsiden die Höhe der drei Mittelapsiden erreichen. Fünf kleine Kuppeln krönen jede Kapelle, über dem Hauptraum steigen die fünf großen Kuppeln auf. Eine dreiseitig umlaufende Galerie verbindet die drei vorgebauten Portale mit dem Kirchenraum und den beiden Kapellen. Das ganze Äußere der Kirche bedecken wunderbar geformte und glasierte Kacheln, zum Teil mit Tiermotiven, die von barokken floralen und geometrischen Ornamenten gerahmt sind. Solche Kacheln ließen die Kirchen reich und prächtig erscheinen, und doch waren sie ein Notbehelf. Nie hätte die Jaroslawler Kaufmannschaft so viele gute Steinmetzen unter Vertrag nehmen können, um die im Jahr 1658 niedergebrannten Kirchen in so kurzer Zeit in vollem Schmuck wiedererstehen zu lassen. Formkacheln mit bunten, naiven Darstellungen ließen sich dagegen in Manufakturen relativ schnell fertigen. So wurde aus der Not eine Tugend.

Einzigartig ist auch die Ausschmückung des Kirchenraums, der Kapellen und Galerien mit Fresken, denn in bezug auf Fläche und Themenzahl übertrifft die Kirche in Toltschkowo sämtliche (!) Kirchen Rußlands. Innerhalb von nur fünf Monaten schmückte eine Malergenossenschaft unter Leitung der beiden großen Meister Dmitrij Grigorjew und Fjodor Ignatjew 1694/95 den gesamten Innenraum mit Szenen aus dem Alten und Neuen Testament und mit allen Heiligen des orthodoxen Christentums. Besonders interessant ist die in der Südgalerie gezeigte Szene mit Joseph, dem ägyptischen Beamten Potiphar und Potiphars Frau (Genesis 39). Beachten sollten Sie auch die riesige Ikonostase mit Tafelbildern aus dem 17. und 18. Jh. Der siebengeschossige Glockenturm südlich der Kirche ragt 45 m hoch.

Auf der gegenüberliegenden Seite des Kotorosl kommen Sie über die Bolschaja Oktjabrskaja Uliza (БОЛ. ОКТЯБРЬСКАЯ УЛ.) zur **Kirche Nikolaus' des Wasserträgers** (1665–1672) und der **Kirche der Gottesmutter von Tichwin** (1686). Die Zerkow Nikoly Mokrogo ist eine Kreuzkuppelkirche mit fünf Kuppeln, Galerien und Zeltdachkapellen; der Glockenturm schließt an die Nordwestecke an. Glasurkachelrahmungen und winzige gebündelte Säulen schmücken die Fassaden. Die Wandmalereien, wie ›Christus erscheint Lukas und Kleopas‹, markieren den Beginn der Blütezeit der Jaroslawler Malerei im 17. Jh. Wohl noch großartiger ist der Kacheldekor der Winterkirche Zerkow Tichwinskoj Bogomateri. – In der Nähe der Nikolauskirche steht das **Haus des Kaufmanns Iwanow** (Uliza Tschaikowskogo 4, УЛ. ЧАЙКОВСКОГО), ein typisches Stadthaus des 17. Jh. mit Lagerräumen im hohen Untergeschoß und Wohnräumen darüber. Der Fassadenschmuck beschränkt sich auf die Fenstereinfassungen, das Gesims und ein Zierband zwischen den beiden Geschossen.

Kostroma

Kostroma (КОСТРОМА), mit über 300 000 Einwohnern Gebietskapitale und zugleich eine der schönsten Städte an der oberen Wolga, besitzt eine umfangreiche Industrie (Textilherstellung und -bearbeitung, Flachsspinnereien, Maschinenbau). Touristisch interessant sind sein provinzial-klassizistischer Stadtkern, von dem aus alle Straßen strahlenförmig nach außen verlaufen, und das bedeutende Ipatjew-Kloster jenseits des Kostromaflusses, der hier in die Wolga mündet. Kostroma ist die ›Stadt der Romanows‹, denn von hier kam im Jahre 1613 Michail, der erste Zar dieser Dynastie, die bis 1917 bestehen sollte. Riesige Wälder umgeben die Stadt, so daß Jagdausflüge ein wesentlicher Bestandteil des

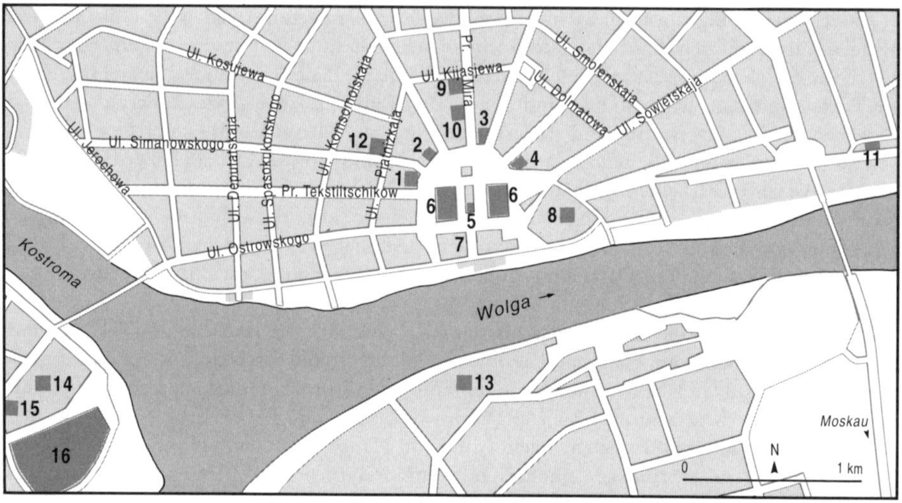

Kostroma *1 Feuerwache 2 Stadtwache 3 Borschtschow-Haus 4 Gouvernementsgebäude 5 Iwan-Susanin-Denkmal 6 Handelsreihen 7 Moskauer Tor 8 Ostrowskij-Pavillon 9 Haus der Adelsversammlung 10 Kunstmuseum 11 Auferstehungskirche im Wald 12 Kloster zu Christi Erscheinen (Bogojawlenskij-Kloster) 13 Christi-Verklärungs-Kirche 14 Ipatjew-Kloster 15 Kirche Johannes des Evangelisten 16 Freilichtmuseum der Volksbaukunst*

touristischen Angebots sind. Der Wald ist auch der Grund, weshalb so viele Häuser in Kostroma aus Holz gebaut sind. Die Holzfäller, Zimmerleute und Tischler waren schon im 11. Jh. für ihr Können berühmt.

Nachdem sich schon im 11. Jh. slawische Siedler in der Landecke zwischen den Flüssen Wolga und Kostroma niedergelassen hatten, um vor allem Jagd und Fischfang zu betreiben, erhob Jurij Dolgorukij, Fürst von Rostow Welikij und Susdal, diese Siedlung im Zusammenhang mit seinen Kolonisierungsbestrebungen im Wolgagebiet 1152 zur Stadt. Der Name dieser Stadt, ›Kostroma‹, erschien erstmals 1213 in einer Chronik des Rostower Fürsten Konstantin, der sie im Verlauf seines Kampfes um die Herrschaft von Wladimir einäscherte. Kaum wiederaufgebaut, fiel Kostroma 25 Jahre später, 1238, erneut den Flammen zum Opfer, als die Mongolen unter Batu Khan die Stadt überrannten. So schnell wie sie kamen, verschwanden die asiatischen Heerscharen wieder. Einige Jahrzehnte später wurde Kostroma Kapitale eines selbständigen Fürstentums. Im Jahre 1364 schloß es sich – mehr oder weniger freiwillig – dem Moskauer Fürstentum an und wurde zu einer starken Festung an der Wolga ausgebaut. Neben dem Kreml entwickelte sich im 15. und 16. Jh. ein Handels- und Handwerkerzentrum. Um die Mitte des 17. Jh. war Kostroma bereits die drittgrößte Stadt der Rus nach Moskau und Jaroslawl. Ende des 18. Jh. erreichte Kostroma die Stellung einer Gouvernementshauptstadt und erhielt seine noch heute erkennbare Fächergestalt. Da Flachs das wichtigste Agrarprodukt des Umlandes war, entwickelte sich im 19. Jh. eine bedeutende Textilindustrie mit Spinnereien und Webereien. Nach dem Zweiten Weltkrieg trat daneben eine umfangreiche Maschinenbau- und Raumfahrtindustrie, weshalb Kostroma bis 1991 für Touristen gesperrt war.

□ Rund um den Sowjetskajaplatz

Der zentrale Sowjetskajaplatz, von dem alle Straßen sternförmig wegstreben, wird von mehreren bedeutenden Profanbauten im Stil des Provinzial-Klassizismus umgeben. Das auffallendste Gebäude ist zweifellos die **Feuerwache,** ein achteckiger Wachturm, der aus einem würfelförmigen Gebäude mit ionischem Sechssäulenportikus zwischen zwei Fahrzeughallen emporwächst. Die Wahl von Stein als Baumaterial für den imposanten Bau, den Pawel Fursow 1823–1827 errichtete, weist auf seine eminente Bedeutung hin, denn noch im 19. Jh. bestand Kostroma vorwiegend aus Holzhäusern. Fursow entwarf auch die nahe **Stadtwache** (1824–1827), die ebenfalls ein Sechssäulenportikus schmückt, diesmal aber dorischen Stils.

Am Hauptplatz steht auch das **Borschtschow-Haus,** dessen erster Besitzer, Generalleutnant S. Borschtschow, ein Bürger Kostromas, im Krieg gegen Napoleon 1812 große Verdienste erwarb. – Recht imposant wirkt das **Gouvernementsgebäude,** in dem sich die Verwaltung des Bezirks Kostroma befindet. Das Architektenteam A. Zacharow, N. Metlin und I. Ermilow hat das klassizistische Gebäude mit seinem prächtigen Portikus aus zwei ionischen Säulenpaaren 1806–1833 errichtet.

Den weiten Sowjetskajaplatz beherrscht das monumentale **Iwan-Susanin-Denkmal,** ein Werk des Bildhauers N. Lawinskij von 1967/68. Iwan Susanin hatte, der Legende nach, im strengen Winter 1613 eine große Anzahl polnischer Soldaten, die auf Moskau zu marschierten, in die undurchdringlichen Wälder Kostromas gelockt, wo die meisten von ihnen erfro-

Feuerwache in Kostroma

Handelsreihen und Erlöserkirche in den Reihen

ren. Als die Polen die Falle erkannten, töteten sie ihn, aber keiner gelangte nach Moskau. Nach anderen Berichten soll der Bauer Iwan Susanin plündernden Kosaken, die sich des ›Zarenanwärters‹ Michail Romanow bemächtigen wollten, den falschen Weg gewiesen haben, um seinen Herrn zu retten, weshalb er von den Kosaken umgebracht wurde.

Den Molochnaja-Hügel, der sich vom zentralen Platz bis zur Wolga hinzieht, bedeckt das weiträumige Viertel der **Handelsreihen,** das sich seit dem Mittelalter entwickelte und im späten 18. Jh. seine heutige architektonische Gestalt erhielt. Kostromas Handelsreihen zählen zu den größten und besterhaltenen Kaufhöfen Rußlands. Große Rechtecke bilden die beiden Textilreihen, die ›Großen‹ und die ›Schönen‹, die 1789–1793 von den drei Brüdern Worotilow im frühklassizistischen Stil erbaut wurden. Galerien verbinden die Seiten, offene Arkaden folgen den Gebäudefluchten. Über das Tor zum Handelshof setzten die Brüder Worotilow den monumentalen Glockenturm, der seitdem das ganze Handelsviertel von Kostroma beherrscht. Die kleine fünfkuppelige **Erlöserkirche in den Reihen,** eine Stiftung des Kaufmanns Stefan Below aus dem Jahre 1766, stand schon vor der Errichtung der Schönen Reihen.

Den Südeingang zu den Schönen Reihen markiert ein toskanischer Portikus. Weitere Kaufhöfe sind die an der Wende vom 18. zum 19. Jh. entstandenen Pfefferkuchenreihen, die Fleischreihen der Architekten Karl von Kler und S. Worotilow (1789–1796), die Obst- und Gemüsereihen des Architekten Wassilij Stassow (1819–1822), die Kleinwarenreihen von Pawel Fursow (1831–1832) und die Fischreihen schon nahe am Strom. Die im Jahre 1808 von M. Metlin erbauten Ölreihen schließen den Sowjetskajaplatz zur Südseite hin ab. – Die reisenden Kaufleute betraten die Stadt von der Wolga her durch das **Moskauer Tor,** das Pawel Fursow 1823 erbaute.

Die Stelle des mittelalterlichen Kreml auf dem Molochnaja-Hügel am Wolgaufer nimmt heute ein gepflegter Park ein. Auf den Resten des Kremlwalles erhebt sich der **Ostrowskij-Pavillon,** eine offene Rotunde aus dem Jahr 1836, die heute an den großen russischen Dramatiker und Schöpfer des nationalen russischen Theaters, Aleksandr Ostrowskij (1823–1886), erinnert, der lange Zeit in Kostroma lebte und hier mehrere seiner bedeutendsten Werke schuf. – Kostromas Fremdenführer vergessen auch heute nicht, die westlichen Reisegruppen zu dem **Lenindenkmal** auf dem Hügel zu führen, dessen Unterbau im Jahre 1912 für ein Erinnerungsmal an die Napoleonischen Kriege vorgesehen war, aber nie vollendet wurde und 1928 ein Bronzestandbild Lenins erhielt.

Folgt man vom Sowjetskajaplatz dem Prospekt Mira, dann kommt man zum **Haus der Adelsversammlung** (Nr. 7). Ende des 18. Jh. war die elegante Villa für die Kaufmannsfamilie Durylin erbaut worden. 1838 erwarb der Adel von Kostroma dieses Haus und ließ es von dem Architekten M. Prawe modernisieren. Das schlichte Äußere täuscht über die prächtige Innenausstattung im Stil des Empire. – Im pseudorussischen Stil ist das benachbarte **Kunstmuseum** von 1913 gehalten (Nr. 5). Es zeigt Ikonen der Malerschule Kostroma, ferner Gemälde von Fjodor Rokotow, Konstantin Korowin, Nikolaj Roerich, Pjotr Kontschalowskij und Boris Kustodijew.

Von den Handelsreihen sollte man dem Ufer flußabwärts folgen, an den drei mächtigen Holzpalästen vorbei, die seit der Jahrhundertwende als Anlegestellen für die riesigen Wolgadampfer dienen. Hinter der modernen Wolgabrücke erreicht man die **Auferstehungskirche im Wald,** das schönste kirchliche Bauwerk von Kostroma. Die Legende berichtet von dem Kostromaer Kaufmann Kirill Issakow, der im frühen 17. Jh. einen regen Handel mit England unterhielt. Eines Tages entdeckte er, nach der Legende, in einem frisch gelieferten Indigofaß statt der begehrten Farbe pures Gold. Der englische Lieferant konnte sich die Herkunft des Goldes nicht erklären und empfahl, das edle Metall frommen Zwecken zuzuführen. So stiftete Issakow das Gold zur Begleichung eines guten Teils der Baukosten für die Auferstehungskirche im Wald, die ihren Namen daher erhielt, daß der Wald damals noch bis hierher reichte. 1651 wurde die Kirche geweiht.

Das prächtige Heilige Tor, doppelbogig aus Ziegeln gefügt, öffnet sich auf die sakrale Anlage. Kalksteinplatten an der Torfassade zeigen verschiedene Symbole: Löwe, Einhorn, Pelikan, Adler und Alkonost. Der menschenköpfige Vogel Alkonost symbolisiert die im Paradies wandelnden Seelen verstorbener Christen. Drei Zeltdachtürmchen mit Kuppeln obenauf schmücken das Tor. Den kubischen Hauptbau, ebenfalls ganz aus Ziegeln errichtet, krönen fünf grüngeschuppte Zwiebelkuppeln. Von der überdachten Vortreppe aus umzieht an drei Seiten eine Galerie den Baukörper.

Die Ausmalung der Innenwände gehört zum Schönsten, was die Kirchenkunst des 17. Jh. im Wolgagebiet hervorgebracht hat. Im Hauptraum, an der Vortreppe und im Zugang zum Dreiheiligen-Nebenaltar sind noch die Originalfarben – zumeist Ockertöne – erhalten. Jurij Nikitin und seine Werkstatt schufen in den 80er Jahren des 17. Jh. den großartigen Zyklus ›Die Apostel als Märtyrer‹ im Raum des Nebenaltars. Eindrucksvoll sind auch die Fresken der Südgalerie mit Motiven aus der Schöpfungsgeschichte. Die Ikonostase des Hauptgebäudes enthält kostbare Heiligenbilder aus dem 15. bis 17. Jh.

An der Simanowskijstraße unweit des Stadtzentrums liegt der große Komplex des **Klosters zu Christi Erscheinen** (Bogojawlenskij-Kloster). In der ersten Hälfte des 15. Jh. soll der Mönch Niketas, ein Schüler des großen Sergej von Radonesch (s. S. 131 f.), dieses Kloster inmitten des mittelalterlichen Handwerkerviertels gegründet haben. Im 19. Jh. wurde die Anlage verändert. Die Kathedrale des Klosters, erbaut 1559–1565, ist der älteste Kirchenbau Kostromas. Auf großartigen Trommeln trägt die schlichte, kubusförmige Vierpfeilerkirche fünf Kuppeln. Die ursprünglichen Galerien mußten in der zweiten Hälfte des 19. Jh. massiven Vorhallen weichen, als man eine zweite große Kathedrale im pseudorussischen Stil an den alten Bau setzte. Die wertvollen Fresken des ersten Gebäudes, Werke von Jurij Nikitin und Sila Sawin aus den Jahren 1672/73, allesamt Stiftungen des Bojaren Saltykow, blieben erhalten. Interessanter fast als die Kathedrale ist der zugehörige Glockenturm, der im 19. Jh. aus einem alten Wehrturm hervorging. Die anderen fünf Türme der 1642–1648 entstandenen klösterlichen Wehranlage wurden zusammen mit den Mauern abgetragen. Erhalten blieben ferner das prachtvolle dreistöckige Refektorium (17.–18. Jh.) und ein Gebäude mit Mönchszellen (17.–19. Jh.).

□ Die Christi-Verklärungs-Kirche

Auf der anderen Wolgaseite, genau dem Stadtkern gegenüber, sind die fünf Kuppeln der Christi-Verklärungs-Kirche aus dem Jahr 1683 zu erkennen. Verschiedene Elemente der russischen Baukunst schmücken die Fassaden des Kirchenkubus auf reizvolle Weise: Blendsakomare, ein breiter Ziersims, üppig gestaltete Fensterrahmungen und Stufenportale. Ein kleines Zeltdach mit Kuppel krönt das anschließende niedrige Refektorium. Besonders wuchtig ragt der Zeltdach-Glockenturm daneben empor.

□ Das Ipatjew-Kloster

Jenseits des Flusses Kostroma, der bei der Stadt, die seinen Namen trägt, in die Wolga mündet, liegt das prächtige Bauensemble des Ipatjew-Klosters, zweifellos die größte Sehenswürdigkeit Kostromas. Nach der Legende soll der Tatarenfürst Tschet im Jahre 1330 auf dem Wege von Saraj, dem Zentrum der Goldenen Horde, nach Moskau, wo er in den Dienst der Moskauer Fürsten treten wollte, in Kostroma schwer erkrankt sein. Im Traum erschienen ihm die Gottesmutter, der Apostel Philippus und der hl. Hypatius (Ipatios, Ipatjew) und versprachen ihm Heilung, wenn er ein Christ würde. Am folgen-

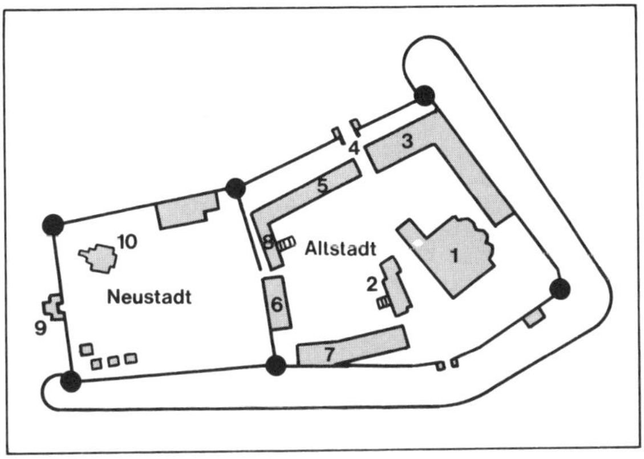

Kostroma, Ipatjew-Kloster
1 *Dreifaltigkeitskathedrale*
2 *Glockenturm*
3 *Erzbischöfliches Palais*
4 *Katharinentor*
5 *Gebäude der Klosterbruderschaft*
6 *›Gebäude mit Keller‹*
7 *Kerzengießerei*
8 *Romanowhaus*
9 *Grüner Turm*
10 *Christi-Verklärungs-Kirche aus dem Dorf Spas-Weschi*

den Tage ließ sich der Tatar taufen, genas und stiftete das Kloster, das er dem hl. Hypatius weihte. Dank der Zuwendungen durch die Bojarenfamilie Godunow, die auf den Tatarenfürsten Tschet zurückgehen soll, entwickelte sich das Ipatjew-Kloster in der zweiten Hälfte des 16. Jh. zu einem der reichsten und mächtigsten Klöster der Rus. Über 400 Dörfer und deren Bewohner zählten schließlich zum Besitz des Monasteriums. Von allen Schiffen, die auf der Wolga vorbeikamen, durfte es Zoll erheben. Boris Godunow, der die Regentschaft für Zar Fjodor Iwanowitsch ausübte und von 1598 an bis zu seinem Tod im Jahr 1605 selbst Zar war, förderte seine Geburtsstadt nach Kräften, wirtschaftlich und auch kulturell. Nach Godunows Tod übernahm die Bojarenfamilie der Romanows den Schutz und die Förderung des Klosters, ein Mäzenatentum, das noch wuchs, als die Romanows ab 1613 die russischen Zaren stellten. Die Zerstörungen aus der Zeit der polnischen Belagerung im Jahre 1609 waren schnell beseitigt, mehrere Neu- und Umbauten veränderten das Gesicht des Klosters, das heute Museum ist.

Das Ipatjew-Kloster gliedert sich in die reich bebaute sog. ›Altstadt‹ mit den ältesten und prächtigsten Gebäuden und in die kaum bebaute ›Neustadt‹; beide ›Städte‹ werden von getrennten Mauern umfaßt. Das größte und prachtvollste Bauwerk ist die **Dreifaltigkeitskathedrale,** erbaut 1650–1652 von dem Mönchsarchitekten Pafnutios. Im Januar 1649 wurde der Vorgängerbau, den die Godunows 1558–1564 errichtet hatten, zerstört; das im Keller der Kathedrale lagernde Pulver hatte sich entzündet. Die mit goldenen Kuppeln gekrönte Kathedrale besitzt drei Apsiden, eine Sakomarüberdachung und eine umlaufende Galerie. Ein Zeltdachpavillon schützt den Treppenaufgang zur Galerie vor Wetterunbilden. Insgesamt gilt die Dreifaltigkeitskathedrale als ein Musterbeispiel der Jaroslawler Bauschule. Die meisten Fresken der Innenwände gestaltete 1684 Jurij Nikitin, der bedeutendste russische Maler des ausgehenden 17. Jh. 81 Szenen aus dem Leben Christi, der Heiligen und aus der Geschichte der Rus bilden fünf waagerechte Reihen, die den ganzen Raum der Vierpfeilerkathedrale füllen. Selbst die Taufe des Tataren Tschet hat

Dreifaltigkeitskathedrale und Chrysanthos-und-Darja-Torkirche im Ipatjew-Kloster

Nikitin nicht vergessen. Den Holzrahmen der Ikonostase schnitzten die örtlichen Meister Pjotr Solotarjow und Makar Bykow 1756–1758, die Heiligenbilder stammen aus dem 17. Jh. Die vergoldeten Kupfertüren der Ikonostase zeigen Apoll, den orientalisch-griechischen Gott des Lichts, und die Griechen Platon, Homer, Euripides und Menandros, die in der alten Rus als Propheten Christi verehrt wurden. Es ist dies wohl die einzige Darstellung aus dem Bereich der altgriechischen Kultur in einer Kirche Rußlands.

Westlich der Kathedrale ragt der **Glockenturm** in monumentaler Schlichtheit empor. In dem 30 m hohen Bauteil mit den ursprünglich dreimal drei Bogen erklangen schon im Jahre 1604 die ersten von 18 Glocken, die Meister Daniil Matwejew goß, darunter eine 10 000 Kilogramm schwere Glocke. 1645–1649 folgte ein Anbau mit Zeltdach aus graugrünen Ziegeln; der alte Bauteil erhielt eine Uhr mit Stundenschlagwerk. 1852 kam die zweigeschossige Galerie hinzu.

Die Nordecke des Klosters nimmt das **Erzbischöfliche Palais** ein. Dieser Trakt wurde im 16. Jh. begonnen und bis zum 19. Jh. erweitert. Die Entwicklung der Baukunst läßt sich an den einzelnen Stockwerken gut verfolgen. 1859 ergänzte der Moskauer Baumeister Konstantin Thon das Erzbischofsgebäude durch die Chrysanthos-und-Darja-Torkirche, so daß die gesamte Klosteranlage zum Kostromafluß und zur Stadt hin ihr heutiges repräsentatives Aussehen erhielt.

Für den Besuch der Zarin Katharina der Großen im Jahre 1767 durchbrach man zwischen den Gebäuden des Erzbischofs und der Klosterbruderschaft die Nordmauer, um hier ein Ehrentor, das **Katharinentor,** einzufügen, das heute als Haupttor des Klosterkomplexes fungiert. Zwei kleine Kapellen flankieren die Einfahrt.

Vom 16. bis 18. Jh. entstand das zweistöckige **Gebäude der Klosterbruderschaft** mit den Mönchszellen. Es enthält heute eine reiche Sammlung aus der Geschichte der Rus und des Klosters. – An die Mauer zur ›Neustadt‹ lehnt sich das sog. **Gebäude mit Keller,** der einstige Wirtschaftstrakt des Klosters. Das später aufgesetzte Obergeschoß enthielt im 18. und 19. Jh. die Klosterkanzlei und schließlich das Kuratorium des Bistums. – An die Südmauer des Klosters schließt sich die **Kerzengießerei** an, ein zweistöckiges Gebäude, das in seinem Untergeschoß vom 16. bis 19. Jh. auch eine Kwasbrauerei beherbergte.

Die prachtvolle Bemalung des **Romanowhauses** steht in deutlichem Kontrast zur Kargheit der engen Zellen in seinem Inneren. In zwei dieser Zellen wohnte Michail Romanow mit seiner Mutter, der Nonne Marfa, bis ihn 1613 die Moskauer abholten, um ihn zum Zaren zu krönen. Sein palastartiges Aussehen bekam das Gebäude erst Mitte des 19. Jh., als es nach dem Vorbild des Moskauer Hauses der Bojaren Romanow umgestaltet wurde. Mehrere Räume enthalten seit neuestem eine umfangreiche Sammlung von Dokumenten (private Erinnerungsfotos, Urkunden) zur Geschichte der Romanow-Dynastie, vor allem das Schicksal des letzten Romanow, Zar Nikolaj II., und seiner Familie betreffend.

Die ursprüngliche Klosterumwallung aus Holzbohlen, Steinen und Erdreich wich zwischen 1585 und 1590 einer 6 m hohen und 500 m langen Steinmauer mit Schießscharten, Zinnen und einer geschlossenen Galerie an der Innenseite. 1621 wurde die Mauer auf 11 m erhöht. 1642 erhielt auch die ›Neustadt‹ des Klosters eine 300 m lange, von Ecktürmen verstärkte Ummauerung. Der Grüne Turm in der Westmauer der ›Neustadt‹ bildete den einzigen Zugang zu diesem Klosterteil.

In der Nordwestecke der Klosterneustadt ragt der auf Pfählen stehende Holzbau der **Christi-Verklärungs-Kirche** wie ein Fremdkörper empor. 1955 hat man Rußlands einzige Kirche auf Pfählen aus dem nahen Dorf Spas-Weschi hierhergebracht, weil sie sonst im Stausee des neuen Gorkij-Wasserkraftwerks versunken wäre. Im Jahre nach der Schlacht bei Poltawa, also 1710, begann der Bau, 1713 wurde die Kirche geweiht. Die Baumeister setzten die drei Bauteile der Kirche (Gemeindesaal, Altarraum, Refektorium), die das Verhältnis zwischen Gott, der geistigen und der irdischen Welt symbolisieren, auf 24 Eichenpfähle. Wenn die Kostroma über die Ufer trat – das geschah mehrmals im Jahr –, glich die Kirche einem dahinsegelnden Schiff, der Arche Noah, und die Gläubigen kamen dann mit dem Boot zum Gottesdienst.

Susdal

Susdal (СУЗДАЛЬ), 220 km von Moskau entfernt, erlebte eine lange und große Geschichte. Im 12. Jh. war es für wenige Jahrzehnte sogar die Hauptstadt der Rus, größer an Fläche und Einwohnerzahl als das damalige London. Seit 1967 ist die Kleinstadt (12 000 Einwohner) ein einziges Museumsreservat und daher die wohl interessanteste touristische Stätte dieser Art in ganz Rußland. Fabriken und Wohnhochhäuser sind in Susdal unbekannt. Flache Neubauten verstecken sich am Ortsrand, und sogar der hochmoderne Hotelkomplex im traditionellen russischen Stil fügt sich so unauffällig in die Landschaft ein, daß man ihn erst wahrnimmt, wenn der Wagen vor der Rezeption hält.

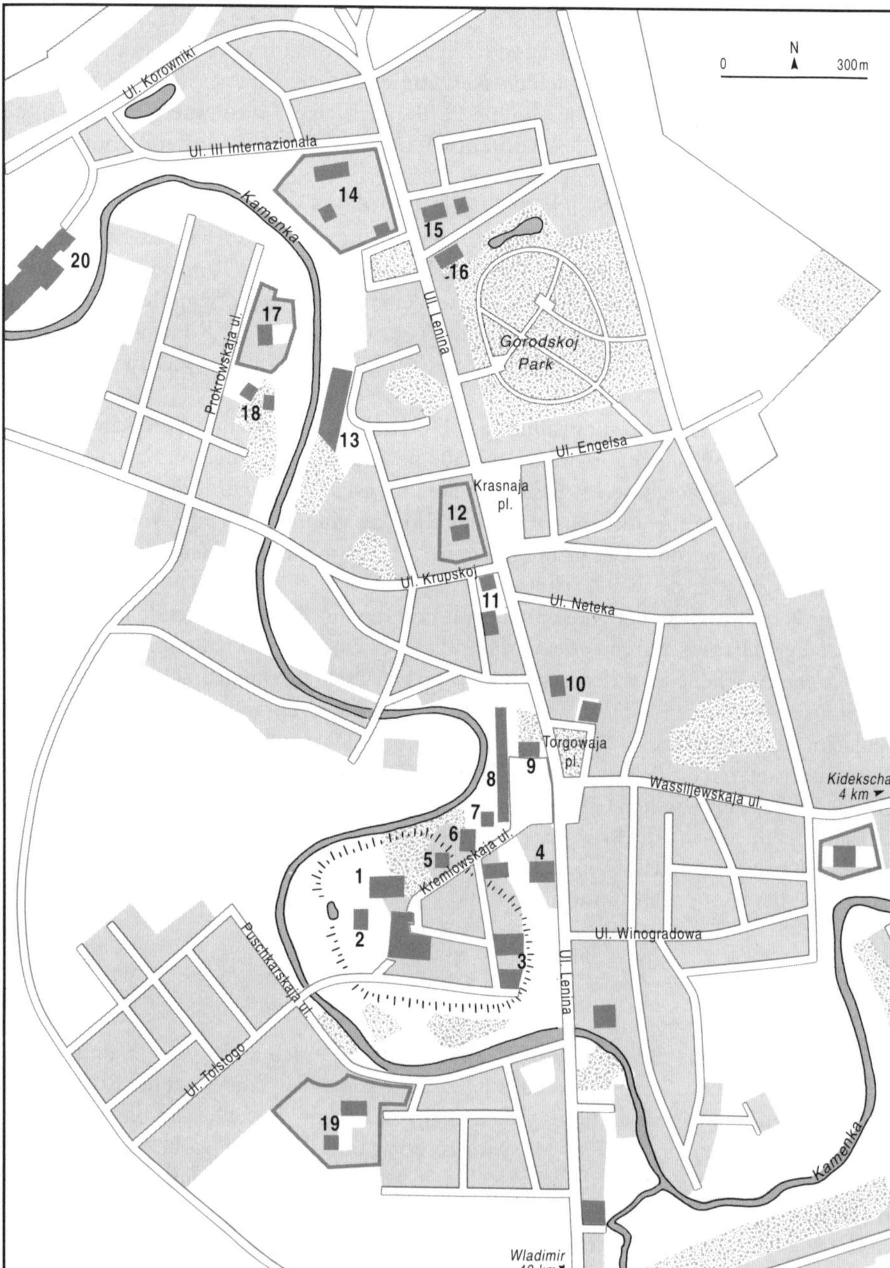
0
N
300 m
Ul. Korowniki
Ul. III Internazionala
Kamenka
14
15
16
20
17
Prokrowskaja ul.
18
13
Ul. Lenina
Gorodskoj Park
Ul. Engelsa
Krasnaja pl.
12
Ul. Krupskoj
11
Ul. Neteka
10
Torgowaja pl.
9
8
7
6
5
4
1
2
3
Kremlowskaja ul.
Wassiljewskaja ul.
Kidekscha 4 km
Ul. Winogradowa
Puschkarskaja ul.
Ul. Lenina
Ul. Tolstogo
19
Kamenka
Wladimir 40 km

Wunderschöne Kirchen mit leuchtenden Kuppeln, mächtige Klostermauern und die schneeweißen Handelsreihen bestimmen das altrussische Straßenbild der Partnerstadt Rothenburgs ob der Tauber, das schon für über 20 Spielfilme als Kulisse diente. In Susdal könnte man viele Tage bleiben, ohne daß Langeweile aufkommt, könnte durch romantische Gassen schlendern, den Susdalern beim Erneuern ihrer bezaubernden Isbas zuschauen, dem Klang der Kirchenglocken lauschen, sich an echt russischen Gerichten in klösterlichen Refektorien laben. Und wer den ›Russischen Winter‹ erleben möchte, wird die fröhlichen Feste im Schnee mit ›Väterchen Frost‹ und ›Schneeflöckchen‹, mit Gauklern, Tänzern und Musikanten nie vergessen.

Im 10. Jh. ließen sich in Susdal – der Name ist finno-ugrischen Ursprungs – erste slawische Siedler aus dem Gebiet von Smolensk nieder. Doch schon bald erschienen Steuereinnehmer des Kiewer Großfürsten. 1024 erhoben sich die Susdaler unter Führung ihrer Priester gegen die Landesherren, der Aufstand wurde blutig niedergeschlagen. Bojaren und Dienstleute der Fürsten kamen nach Susdal und eigneten sich das Land der freien Bauernschaften an. Ihnen folgten christliche Missionare. Oft hatten die Bewohner unter den kriegerischen Auseinandersetzungen der Fürsten und Teilfürsten zu leiden. Jurij Dolgorukij, ein Sohn Wladimirs II., kämpfte erbittert um den Besitz des Großfürstentums Kiew. 1152 ließ er sich in Susdal nieder, woraufhin der Ort einen ungeahnten Aufschwung nahm. In der Flußschleife der Kamenka entstand ein Kreml mit Wall und Graben. Auch den Possad rings um den Torg umgab eine abschreckende Umwallung. Jurijs Sohn Andrej Bogoljubskij ging zwar nach Wladimir, doch Susdal blühte weiter und entwickelte sich zu einer reichen Stadt, die weit über Rußlands Grenzen hinaus bekannt wurde. 1238 brach diese Entwicklung mit dem Einbruch der Tataren jäh ab.

Das 13. Jh. war die Zeit der großen Klostergründungen. Um die Mitte des 14. Jh. wurde Susdal Bischofsstadt. 1392 kam die Stadt zum Großfürstentum Moskau. Anfang des 15. Jh. versuchten die Susdaler, sich wieder von Moskau zu lösen, doch Wassilij III. unterdrückte die separatistische Bewegung. Von da an hatte »die von Gott geschützte Susdal-Stadt« keine politische Bedeutung mehr, nur noch als Klosterstadt genoß sie die Förderung der Moskauer Großfürsten. 1573 entfielen 48 Kirchen auf wenig mehr als 400 Höfe. Aus dem Bistum Susdal wurde ein Erzbistum. Das 17. Jh. war für Susdal eine Zeit der

Susdal *1 Mariä-Geburts-Kathedrale mit Erzbischöflichem Palast (Museum) und Glockenturm (Kreml) 2 Nikolaus-Holzkirche aus dem Dorf Glotowo (Kreml) 3 Nikolaus-Kirche mit Winterkirche (Kreml) 4 Kirche Johannes' des Täufers 5 Mariä-Himmelfahrts-Kirche 6 Paraskewa-Pjatniza-Kirche 7 Kirche des Einzugs Christi in Jerusalem 8 Handelsreihen 9 Christi-Auferstehungs-Kirche 10 Konstantin-und-Helena-Kirche und Kirche der Gottesmutter aller Leidtragenden 11 Lazarus-Kirche und Antipij-Winterkirche 12 Kloster zur Gewandniederlegung mit Kathedrale, heiligem Tor und Glockenturm 13 Alexander-Kloster 14 Erlöser-Euthymios-Kloster 15 Sommerkirche der Gottesmutter von Smolensk und Simeon-Winterkirche 16 Possad-Haus 17 Kloster zu Mariä Schutz und Fürbitte 18 Peter-und-Paul-Kirche und Nikolaus-Winterkirche 19 Freilichtmuseum für Holzarchitektur 20 Hotelkomplex*

Katastrophen und Heimsuchungen: 1608–1610 plünderten die Polen und Litauer die Stadt, 1634 mordeten und sengten die Krimtataren, 1644 brannte ganz Susdal, und 1654/55 raffte eine Pestepidemie fast die Hälfte seiner 2467 Bewohner dahin. Und 1719 brannte die Stadt ein zweites Mal. Peter der Große schaffte das Erzbistum Susdal ab, doch die Bürger ersetzten jede baufällige Kirche umgehend durch eine neue, schönere.

Ende des 19. Jh. war Susdal fast vergessen, seine wenigen Einwohner lebten von Gartenbau und Blumenzucht. Abseits von allen großen Verkehrswegen versank es in einen Dornröschenschlaf, aus dem es erst erwachte, als Kunsthistoriker und Restauratoren das fast unberührte altrussische Stadtbild entdeckten. Mit der Erneuerung der alten Bauten kamen die Touristen. Heute zählt das Museumsreservat Susdal zu den schönsten touristischen Stätten Rußlands. 1983 erhielt Susdal – wie zuvor das englische York, das französische Pezanas, das bosnische Sarajewo und das deutsche Rothenburg ob der Tauber – den ›Goldenen Apfel‹, den internationalen Preis für die Erhaltung der Kulturdenkmäler und deren Nutzung im Interesse des Tourismus.

□ Kreml und Marktplatz

Auf einer Anhöhe, die an drei Seiten von der Kamenka umflossen wird, lag der alte Stadtkern von Susdal, der Kreml. Die offene Ostseite schützte ein mächtiger Wall, der noch heute neben der Kremljowskaja Uliza zu sehen ist. In der Mitte des Kreml steht das prächtigste Bauwerk von Susdal, die **Mariä-Geburts-Kathedrale** (Bogorodize Roschdestwenskij Sobor) mit ihren fünf blauen, goldbesternten Kuppeln. Die erste Kirche aus Holz errichtete an dieser Stelle Wladimir Monomach (um 1100). 1148 ersetzte Jurij Dolgorukij die Holzkirche durch einen Kalksteinbau, über dessen Fundament 1222–1225 die heutige Kathedrale erstand. 1445 stürzte das aus porösem Tuffstein errichtete Obergeschoß ein, 1528–1530 wurde es aus Backsteinen wieder hochgezogen, verputzt und geweißt, damit man den Unterschied im Baumaterial nicht erkenne. Die märchenhaften Zwiebelkuppeln lösten 1750 die trutzigen Helmhauben ab.

Besondere Beachtung verdient das Südportal (1222–1225) mit seinen floral ornamentierten Archivolten und den Löwenkapitellen. Der um das Gebäude laufende Blendarkadenfries ruht auf kubischen Konsolen mit Fabeltieren. Frauenmasken, die auf Maria hindeuten, schmücken die Lisenen. Löwenreliefs tauchen auch an den Ecken des Bauwerks auf. Fresken aus der Entstehungszeit der Kathedrale (1225) finden Sie nur im Diakonikon, z. B. den unbekannten ›Heiligen‹ und an sassanidische Vorbilder erinnernde Pflanzendekors. Das kostbarste Detail der Kathedrale sind die ›Goldenen Türen‹ (13. Jh.) am West- und am Südportal (Innentüren), die ältesten Werke des russischen Feuergusses. Hier das Verfahren der Feuervergoldung: Die für eine Türverkleidung vorgesehenen Kupferplatten wurden schwarz lackiert und mit Bienenwachs überzogen. In die so präparierte Platte ritzte der Meister die Zeichnung und goß Goldamalgam darüber. Beim Brennen verdunstete das Quecksilber, während sich das Gold fest mit dem Kupfer verband. – An den Türflügeln sitzen auch noch die originalen Griffe: kupferne Löwenköpfe, die je einen Ring im Maul halten. – Die riesige, schlichte Ikonostase entstand im ausgehenden 17. Jh.

Dem Westportal der Kathedrale gegenüber führt eine prächtige Treppe unter grünglasiertem Zeltdach in das Obergeschoß des sog. **Erzbischöflichen Palastes,** der Residenz des Susdaler Klerus, nach 1799 ein theologisches Seminar, heute ein interessantes Museum. Der repräsentative Empfangssaal war das 300 m^2 große, stützenlose Kreuzkuppelgemach. Im Museum finden Sie kostbare alte Möbel, Leuchter, Porzellan und drei herrliche Kachelöfen mit je 150 handbemalten Kacheln aus dem 18. Jh. Die Ikonensammlung umfaßt Werke der berühmten Rostow-Susdaler Schule des 13.–17. Jh. In den einstigen Wirtschaftsräumen des Palastes befindet sich das Restaurant ›Trapesnaja‹ (= Refektorium), das mit köstlichen russischen Gerichten und leckerem Met in Tonkrügen aufwartet.

Den Erzbischöflichen Palast verbindet eine dreibogige Galerie mit dem **Glockenturm** (1635). Die im späten 17. Jh. eingebaute Uhr besaß neben dem Stunden- und Viertelstundenschlag sogar einen Minutenschlag. Ebenfalls auf dem Kremlterrain wurde 1960 die **Nikolaus-Holzkirche** aus dem Dorf Glotowo aufgebaut. Das malerische Kirchlein aus dem Jahr 1766 erlaubt einen Vergleich mit den altrussischen Bauernhäusern. – Im östlichen Kremlbereich finden Sie die **Nikolaus-Kirche** (1720). Das niedrige, quadratische Gebetshaus deckt ein flaches Zeltdach mit schmalem Tambour und graziler Zwiebelkuppel obenauf. Portale und Fenster sind prächtig gerahmt. Unter dem Dach schmückt eine Kokoschniki-Reihe die Fassaden. Kokoschniki, quadratische Schirinki und polychrome Kacheln kleiden den Glockenturm mit seinem konkaven Zeltdach. Diese nach innen gezogene Dachwölbung, Dudka (= Pfeife) genannt, wurde in Susdal erfunden.

Zur gleichen Zeit entstand die **Kirche Johannes' des Täufers** außerhalb des Kremlwalls, nur wenige Schritte von der Nikolaus-Kirche entfernt. Beide Kirchen entsprechen demselben Bauprinzip, nur wirkt die Johanneskirche strenger, wuchtiger. – Im Gewand des Moskauer Barocks präsentiert sich die kleine **Mariä-Himmelfahrts-Kirche** aus der zweiten Hälfte des 17. Jh., 1715 erneuert. Das oktogonale Obergeschoß des Kernbaus ruht auf dem quadratischen Unterbau. Schneckenförmige Fensterrahmen und ein Fransengesims bilden den einzigen Schmuck der einfachen Barockkirche. – Auf dem Weg vom Kreml zum Marktplatz passieren Sie zwei kleine, hübsche Kirchen: die **Paraskewa-Pjatniza-Kirche** (1772) und die **Kirche des Einzugs Christi in Jerusalem** (1707).

Die schneeweißen **Handelsreihen** wurden 1806–1811 im klassizistischen Stil errichtet. Noch heute kaufen die Susdaler – und auch die Touristen – in den modern eingerichteten Geschäften, auf deren Warenangebot handgeschmiedete Schilder hinweisen. – Den ›Torg‹, den alten Marktplatz von Susdal, noch heute Torgowaja Ploschtschad genannt, beherrscht die **Christi-Auferstehungs-Kirche,** eine Stiftung der Zarin Natalja Kirillowna, der Mutter Peters des Großen (1695). Auch hier zeigt sich der achteckige Glockenturm mit seiner Haubenspitze schmuckvoller als das schlichte Gotteshaus, das lediglich ein dezenter Kokoschniki-Fries und ein mit acht winzigen Giebeln besetzter Tambour zieren.

Die **Konstantin-und-Helena-Kirche** (1707) in der Nordostecke des Torg erkennen Sie an dem klassizistischen Portikus, der zu Beginn des 19. Jh. vor das Westportal gesetzt wurde. Als beheizbare Winterkirche trat 1787 die kleine **Kirche der Gottesmutter aller Leidtragenden** an ihre Seite. – Fünf Kuppeln krönen die 1667 erbaute **Lazarus-Kirche** nördlich des Torg. Am Gesims dieser Kirche erkennen Sie den Übergang der Kokoschniki vom ursprünglichen Konstruktionselement zum reinen Dekor. Weinrot, Hellorange und Weiß sind die fröhlichen Farben des fotogenen Glockenturms der kleinen, unauffälligen **Antipij-Kirche,** der zur Lazarus-Kirche gehörenden, beheizbaren Winterkirche (Farbt. 16).

In der Niederung jenseits der Kamenka blieb vom alten Gerberviertel innerhalb der Flußschleife ein kleines Kirchenensemble bestehen: die beheizbare **Kirche der Geburt Johannes' des Täufers** (1739) und die größere **Epiphanias-Kirche** (1781). Über dem Eingang der Winterkirche erhebt sich ein Glockenturm mit dem typischen Susdaler Zeltdach. Das glockenförmig geschwungene Dach der Sommerkirche endet in einem zierlichen Tambour mit Zwiebelkuppel.

□ Die Klöster

In seiner Blütezeit besaß Susdal 15 Klöster, von denen einige noch sehr gut erhalten sind und in den vergangenen Jahren liebevoll restauriert wurden. Sie lagen alle außerhalb der Stadtmauer. Nur teilweise erneuert zeigt sich das **Kloster zur Gewandniederlegung** (Rispoloschenskij Monastyr). Der schönste Bau dieses Klosters ist das überaus malerische Heilige Tor (1688). Das Tor mit seinen unterschiedlich großen Durchfahrten wird von zwei rot-weißen, oktogonalen Zeltdächern mit winzigen Zwiebelkuppeln gekrönt (Farbt. 15). Am Tor entdecken Sie die unterschiedlichsten Dekors: Schirinki, Suchariki-Reihen, Sluchi, Glasurkacheln. In der ersten Hälfte des 16. Jh. wurde die schlichte Kathedrale zur Gewandniederlegung Mariä gebaut. Die Baumeister verzichteten auf stützende Pfeiler, trotzdem trägt das Dach drei hochstrebende Tamboure mit schindelgedeckten Helmhauben. In dem hochgelegenen Kloster baute der Susdaler Architekt Kusmin 1813–1819 einen 70 m hohen Glockenturm im Empirestil, ein Fremdkörper gewiß, doch auch der beherrschende Mittelpunkt, um den sich die Kuppeln und Zeltdächer der Susdaler Kirchen und Klöster scharen.

Das **Aleksandr-Kloster** (Aleksandrowskij Monastyr) über dem Steilhang zur Kamenka stiftete Aleksandr Newskij 1240, also zwei Jahre nach dem Einfall der Tataren. In früherer Zeit besaß das Kloster den Status einer Lawra, gehörte also zu den bedeutendsten religiösen Einrichtungen der Rus. Bis heute konnten drei Gebäude aus der Zeit um 1700 vor dem Verfall gerettet werden: die Christi-Himmelfahrts-Kirche (1695), der Glokkenturm des Klosters und das Heilige Tor.

Die hohe Wehrmauer, die mit 12 mächtigen Rundtürmen oberhalb der Kamenka eine trutzige Festung vortäuscht, gehört zum **Erlöser-Euthymios-Kloster** (Spasso-Jewfimij Monastyr). Die 1200 m lange Fortifikation entstand um das Jahr 1664. Herrliche Orna-

Epiphanias-Kirche und Kirche der Geburt Johannes' des Täufers

mentreihen (Schirinki, Maschikuli, Kacheln, Blendarkaden) schmücken den wuchtigen, 22 m hohen Torturm an der Südostseite des Komplexes. Durch einen Hof getrennt folgt die Mariä-Verkündigungs-Torkirche aus dem 16.–17. Jh. mit interessanten Fensterrahmungen. Der Mönch Euthymios hatte das Kloster 1352 gegründet. Nachdem Euthymios 1507 heiliggesprochen worden war, kamen mit den unzähligen Pilgern auch große Zuwendungen nach Susdal. Über dem Grab des heiligen Abtes entstand eine kleine Kirche, an deren Nordwand 1594 die gewaltige Christi-Verklärungs-Kathedrale erwuchs; die Grabkirche wurde zum Euthymios-Nebenaltar, ein Bogenfries verband beide Bauwerke. Beachten Sie das Fassadenfresko ›Christi Verklärung‹ (16. Jh.). Die Innenfresken schufen die Maler Jurij Nikitin und Sila Sawin aus Kostroma (1642). Neben der Kathedrale sehen Sie das Grab des Fürsten Dmitrij Poscharskij, der mit Kosma Minin und einer Volkswehr zu Beginn des 17. Jh. die polnisch-litauischen Invasoren vertrieb (s. S. 34).

Der Glockenstuhl des Klosters entwickelte sich 1599 und 1691 aus einer zehneckigen Glockenturmkirche. Die alten Glocken hängen wieder im Gestühl; an den Öffnungstagen des Klosters erklingt stündlich das traditionelle Glockengeläut.

Sehenswert sind noch die schlanke Mariä-Himmelfahrts-Refektoriumskirche (1525), die älteste Zeltdachkirche Rußlands, und mehrere Museen. So zeigt die Nikolaus-Spital-

Kirche (1669) den ›goldenen Schatz‹, eine Sammlung russischer dekorativer und angewandter Kunst aus dem 13.–20. Jh. Das langgestreckte Wohngebäude der Mönche beherbergt ein Museum für Volkskunstschaffen. Das Wohnhaus des Archimandriten (=Vorsteher mehrerer Klöster) bewahrt ›Bücherschätze aus sechs Jahrhunderten‹.

Jenseits der Uliza Lenina stehen die **Sommerkirche der Gottesmutter von Smolensk** (1696–1706) und die **Simeon-Winterkirche** (1749). Das kleine Wohnhaus daneben, das sog. Possad-Haus, stellt ein typisches Stadthaus aus der Zeit um 1700 dar.

In die Auen der Kamenka schmiegt sich das **Kloster zu Mariä Schutz und Fürbitte** (Pokrowskij Monastyr, Pokrow-Kloster). Nach der Legende soll Fürst Andrej Konstantinowitsch das Kloster aufgrund eines Gelübdes gestiftet haben, nachdem er 1364 mit Mühe und Not einem schweren Sturm auf der Wolga entkommen war. Historisch gilt jedoch der Moskauer Großfürst Wassilij III. (1505–1533) als Gründer des Klosters. Wassilij wollte sich von seiner Frau Solomonija Saburowa scheiden lassen, um die junge, schöne Polin Jelena Glinskaja zu heiraten. Als Vorwand diente die Kinderlosigkeit seiner Frau. Er stattete das Kloster mit schönen Bauwerken und großen Ländereien aus und erreichte durch seine Stiftung, daß der Metropolit die Scheidung billigte. Daraufhin schickte der Großfürst seine geschiedene Frau in das Susdaler Kloster, wo sie einen Sohn zur Welt gebracht haben soll. Sie gab den Knaben, um sein Leben zu retten, heimlich in Pflege und inszenierte seinen Tod. 1934 entdeckten Archäologen neben dem Sarkophag der heiliggesprochenen Solomonija einen kleinen Gedenkstein, unter dem eine in Seide gekleidete Puppe lag. Aus Solomonijas Sohn soll – wie man sich zuflüsterte – der berüch-

Kloster zu Mariä Schutz und Fürbitte

tigte Räuberhauptmann Kudejar geworden sein. Das Kloster zu Mariä Schutz und Fürbitte diente noch vielen vornehmen Frauen als Verbannungsort.

Den Haupteingang bildet das Heilige Tor mit der Mariä-Verkündigungs-Kirche (1518) darüber, ein pfeilerloser Bau mit zwei Kapellen, vier Apsiden und drei Kuppeln. Die Mariä-Schutz-Kathedrale, 1510–1518 im Auftrag Wassilijs III. erbaut, zeigt sich in klassischer Strenge. Auf kräftigen Tambouren ruhen die Haupt- und die beiden Nebenkuppeln, alle drei in der Form gedrungener Helmhauben. Eine offene Galerie belebt die mit schlichten Blendarkaden geschmückten Fassaden.

Zeitgleich mit der Kathedrale entstand der zugehörige Glockenturm; der obere Teil des Turmes mit dem Zeltdach stammt aus dem 17. Jh. Seit dem 18. Jh. verbindet ein zweibogiger Übergang die Kathedrale mit dem Glockenturm, der auch als Grabstätte für die adligen Frauen diente.

Das ungewöhnliche Aussehen der Anna-Empfängnis-Kirche weist auf einen polnischen Baumeister hin. 1551 wurde die Refektoriumskirche unter der Herrschaft des Zaren Iwan IV. errichtet, dessen Mutter die Polin Jelena Glinskaja war. Ein Band roter Rhomben auf weißem Grund umzieht den Bau. Noch im 16. Jh. wurde der eigenwillige Wachtturm mit Zeltdachspitze an die Trapesa angebaut. Im Hauptsaal können Sie wunderbar speisen, z. B. einen köstlichen Fleischtopf mit Brotteighaube, dazu Kwas mit Meerrettich, aber lassen Sie sich rechtzeitig einen Tisch reservieren. – Das Gerichtshaus (17. Jh.) neben dem Heiligen Tor enthält Mobiliar und Gerätschaften aus dem klösterlichen Verwaltungs- und Gerichtsbereich. – Längs der Klostermauer wurden kleine, gemütliche Holzhäuser im Stil der früheren Nonnenquartiere errichtet. Solch ein Holzhaus können Sie über Intourist mieten und darin wohnen wie einst die schöne Jewdokija Lopuchina, die verstoßene Gattin Peters des Großen, wobei für Sie das Klostertor aber unverschlossen bleibt. Wie lange diese Möglichkeit noch besteht, ist unklar, denn schon bald soll das Kloster zu Mariä Schutz und Fürbitte wieder ein Nonnenkloster werden.

Vor den Klostermauern entstand 1694 die große **Peter-und-Paul-Kirche** mit ihren fünf reizvollen Zwiebelkuppeln und 1712 die kleine einkuppelige **Nikolaus-Winterkirche,** in der Jewdokija Lopuchina zum Gedenken an ihren Sohn, den Zarewitsch Aleksej Petrowitsch, einen Nebenaltar errichten ließ. Der Sohn Peters des Großen war 1718 wegen »Verschwörung, wie es sie ihresgleichen kaum jemals auf der Welt gegeben hatte, in Verbindung mit dem Plan zu einem abscheulichen doppelten Vatermord – gegen den Vater seines Landes und seinen leiblichen Vater« zum Tode verurteilt worden und unter der Folter gestorben.

Im **Freilichtmuseum für Holzarchitektur,** das die Stelle des inzwischen verschwundenen Demetrios-Klosters einnimmt, finden Sie eindrucksvolle Beispiele der ländlichen Baukunst, Kirchen und Profanbauten, die abseits aller Touristenwege fachgerecht abgetragen und hier in Susdal wieder aufgebaut wurden. Dazu gehört die Christi-Verklärungs-Kirche aus dem Dorf Kosljatjew, erbaut 1756. Die benachbarte und etwa 20 Jahre jüngere Christi-Auferstehungs-Kirche besitzt einen eingebauten Glockenturm. Gehöfte wohlhabender Bauern mit vollständiger Einrichtung veranschaulichen die ländliche Lebens-

Russische Glocken

Wohl kein Land besitzt so viele Kirchen und Klöster wie Rußland, und nirgendwo anders erklangen so viele Glocken, bis sie die Oktoberrevolution 1917 zum Schweigen verdammte. Doch in dieser oder jener russischen Stadt vernimmt man heute wieder ihr zauberhaftes Geläut, zaghaft noch und ein bißchen verhalten, um den Lobpreis Gottes zu verkünden. Über Jahrhunderte riefen die Glocken zum Gebet, sie luden zu Festen und Märkten, bejubelten die Geburt eines Menschen und betrauerten den Toten. Die Glocken riefen, wenn es brannte oder die Flüsse über die Ufer traten, wenn der Feind nahte oder ein sonstiges Unheil die Bürger bedrohte. Weil die Glocken den Menschen durch das Leben begleiten, sahen die Russen in ihnen lebende Wesen, denen sie Namen gaben, die sie liebten, verehrten, aber auch haßten, sogar bestraften.

Als im Jahr 1591 der neunjährige russische Thronfolger Dmitrij unter rätselhaften Umständen ums Leben kam und der Regent Boris Godunow in den Verdacht geriet, die Ermordung des Rivalen veranlaßt zu haben, rief die Kreml-Glocke von Uglitsch alle Bewohner, sich gegen Godunow zu erheben. Der Aufstand erstickte im Blut. Zur symbolischen Bestrafung befahl Godunow, der Glocke den Klöppel herauszureißen und sie ins Arsenal zu bringen, wo sie seither schweigt. Der Sturmglocke des Moskauer Kreml erging es nicht besser. Als die Glocke 1771 das Volk zur Rebellion aufrief, weil die Landesherrin nichts gegen die verheerenden Folgen der soeben überstandenen Pestepidemie zu unternehmen gedachte, befahl Katharina die Große, »der aufrührerischen Glocke die Zunge auszureißen« und sie für ewige Zeiten in die Rüstkammer zu verbannen. Die Zarin wollte nicht das durch die Seuche ohnehin schon genug gepeinigte Volk zur Rechenschaft ziehen, sondern es lediglich symbolisch bestrafen.

Die ersten Glockengießer waren wohl byzantinische Meister. Schon früh lernten auch russische Metallgießer, den herrlichsten und wohltönendsten aller Klangkörper herzustellen. Im 16. und 17. Jh. erreichte die Kunst des Glockengießens in Rußland ihren Höhepunkt. Allein in Moskau ertönten zu dieser Zeit mehr als 5000 Glocken, was an hohen kirchlichen Festtagen ein nicht zu beschreibendes Konzert ergeben haben

weise im 19. Jh. Dazu sehen Sie Korndarren, Windmühlen, Speicher und ein mächtiges Brunnenrad. Die Museumswärterinnen tragen die buntbestickten Trachten des 19. Jh.

□ Kidekscha

5 km östlich von Susdal erreichen Sie das Dorf Kidekscha mit der Residenz des Fürsten Jurij Dolgorukij, die er hier am Ufer des Nerl im 12. Jh. begründete. Von dem Fürstensitz ist nur die Boris-und-Gleb-Kirche geblieben, zusammen mit der Christi-Verklärungs-Kathedrale in Pereslawl-Salesskij (s. S. 142) die älteste Steinkirche der Wladimir-Susdaler

muß. Damals entstanden viele der berühmten großen Glocken, zum Beispiel die 70 t schwere ›Mariä-Himmelfahrts-Glocke‹ vom Glockenturm des Moskauer Kreml und die 26,5 t schwere Nowgoroder ›Festtagsglocke‹ des Gießers Flor Terentjew.

Die Glocke ist in Rußland wie in keinem anderen Land ein erstaunliches Musikinstrument. Da vereinigen sich Glocken jeder Größe zu einem herrlichen Geläut. Die großen Glocken mit ihrem tiefen Klang, der Dutzende von Kilometern in den Umkreis dringt, geben das Tempo an, denn ihr gewaltiger Klöppel ist kaum steuerbar. Dazu muß man wissen, daß in Rußland seit jeher der Klöppel und nicht – wie im Westen – die Glocke zum Schwingen gebracht wird. Mit der großen Glocke beginnt und endet das Geläut. Die mittleren Glocken, die Hauptträger des Geläuts, sorgen für die Harmonie. Und die vielen kleinen Glocken schließlich bringen die Melodie. Das ganze Geläut klingt so typisch russisch, daß mehrere russische Komponisten Glockenpartien in ihre Werke aufnahmen. Berühmt wurden die Glockenpartien in den Opern ›Chowanstschina‹ und ›Boris Godunow‹ von Modest Mussorgskij.

Mit erstaunlicher Gewandtheit verstehen es die Glöckner, zu dritt oder zu viert ein 15- oder gar 21stimmiges Geläut in wunderbarer Melodienfolge zu erzeugen. Fast jeder Tag, jede Gelegenheit, jedes kirchliche Fest hatten eine oder mehrere eigene Melodien. Und jede Gegend Rußlands kannte andere Weisen. Da es mehr als 70 Jahre verboten war, Kirchenglocken zu liturgischen Zwecken zu läuten – nur die ernste Musik und die Musikforschung durften sich mit der Kunst des Läutens befassen –, gibt es heute nur noch wenige erfahrene Glöckner. Seit 1990 führen die russischen Musikhochschulen wieder Lehrgänge für Glöckner durch. Nachdem Besucher des Susdaler Erlöser-Euthymios-Klosters das große Geläut der klösterlichen Glocken jahrelang nur einmal täglich in Lautsprecherübertragung vom Tonband zu hören bekommen haben, lassen heute wieder Musikstudenten fast stündlich die eindrucksvollen Melodien erklingen.

Nur die kunsthistorisch wertvollsten Glocken überdauerten die Ära der Sowjetunion. Die letzte russische Glocke wurde 1889 im Ural gegossen. Danach – besonders seit der Oktoberrevolution – entstand keine Glocke mehr. Erst heute versuchen zahlreiche Gießereien, darunter mangels anderer Aufträge sogar Rüstungsbetriebe, den einstigen Glockenbestand wenigstens zum Teil wieder aufzufüllen.

Rus, erbaut im Jahr 1152. Der kubische Baukörper mit den drei Apsiden stammt noch aus der Zeit Jurijs, das Dach und die winzige Kuppel wurden im 17. Jh. aufgesetzt. – Der Glockenturm und das Heilige Tor entstanden Ende des 17. Jh.

Wladimir

190 km östlich von Moskau liegt an der Straße nach Nischnij Nowgorod hoch am Bergufer der Kljasma die Gebietshauptstadt Wladimir (ВЛАДИМИР). Wladimir, eine Groß-

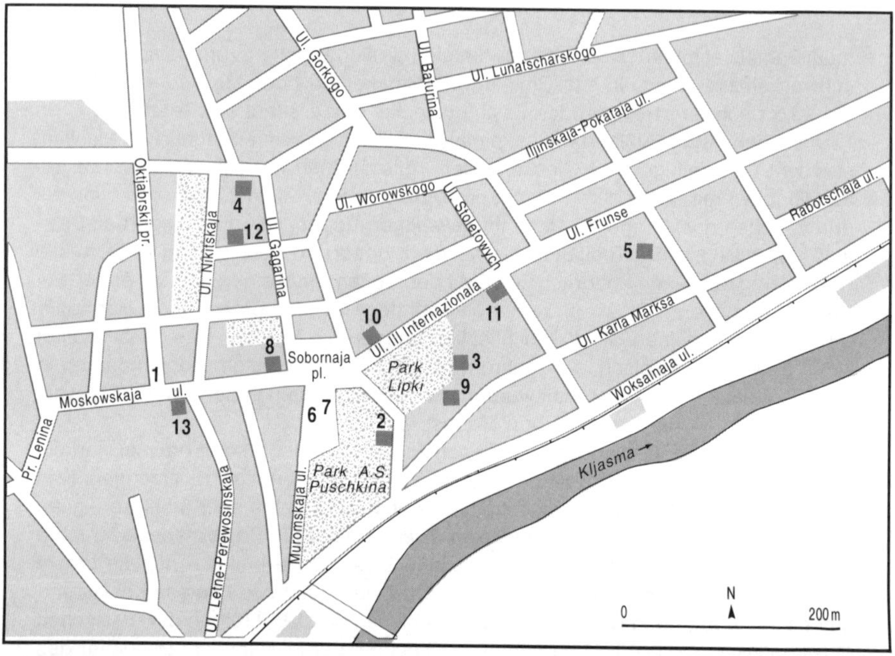

Wladimir *1 Goldenes Tor mit Torkirche zur Gewandniederlegung der Gottesmutter 2 Mariä-Himmelfahrts-Kathedrale 3 Demetrios-Kathedrale 4 Mariä-Himmelfahrts-Kathedrale im Fürstinnenkloster 5 Kirche der Gottesmutter 6 Gebäude der ehem. Stadtduma (1906/07) 7 Denkmal ›850 Jahre Wladimir‹ (1958) 8 Handelsreihen (1787–92) 9 Gouvernementsgericht (1785–90) 10 Gebäude der ehem. Adelsversammlung (1826) 11 Reste des Mariä-Geburts-Klosters (12.–18. Jh.) 12 Nikita-Kirche (1762–65) 13 Dreifaltigkeitskirche der Altgläubigen (1913–16)*

stadt mit über 300 000 Einwohnern, Partnerstadt von Erlangen, ist ein bedeutendes Industriezentrum (Traktoren, Elektromotoren, Werkzeugmaschinen, Uhren, Lederwaren, Textilien) und ein wichtiger Eisenbahnknotenpunkt.

Im Jahr 1108 gründete Wladimir II. Monomach, Fürst von Tschernigow, die Grenzfestung an der Kljasma, einem 686 km langen Nebenfluß der Oka, die wiederum in die Wolga mündet. Fürst Wladimir, der 1113 das Großfürstentum Kiew übernahm und die Einheit der Rus wiederherstellte, gab der Festung seinen Namen. 1157 verlegte Monomachs Enkel Andrej Bogoljubskij den Großfürstensitz von Kiew nach Wladimir. Damit begann für die neue Hauptstadt der Rus ein unvergleichlicher Aufstieg. Aus allen Landesteilen und sogar aus Deutschland und Byzanz folgten Baumeister, Steinmetzen, Maler und Goldschmiede Andrejs Ruf und bauten in Wladimir herrliche Kathedralen, Klöster und Schlösser. Bald war Wladimir schöner und prächtiger als die bisherige Hauptstadt

Kiew. Unter Andrejs Bruder Wsewolod, den man das ›große Nest‹ nannte, weil er unaufhörlich, leider aber erfolglos, die russischen Fürstentümer zu einigen versuchte, nahm der Glanz der jungen Metropole noch zu. 1238 wurde Wladimir von den Tataren erobert und verwüstet. Doch blieb die Stadt nach wie vor der Mittelpunkt der nordöstlichen Rus, von 1242 bis 1328 als Residenz der russischen Großfürsten, von 1299 bis 1329 als Sitz des Metropoliten von ganz Rußland. 1364 kam Wladimir zum neuen Großfürstentum Moskau und verlor danach jegliche Bedeutung.

Als einziges Relikt der alten Stadtbefestigung blieb das **Goldene Tor** erhalten (1158–1164). Seinen Namen erhielt das Stadttor von den schweren eichenen Torflügeln, die mit vergoldeten Kupferplatten beschlagen waren. Auf dem Tor erhebt sich die Kirche zur Gewandniederlegung der Gottesmutter. Die heutige Kirche entstand um 1800. In dieser Zeit wurde auch die verbliebene Stadtmauer links und rechts des Tores abgebrochen und durch stützende Rundtürme ersetzt. Das Goldene Tor beherbergt heute eine hochinteressante militärgeschichtliche Ausstellung.

Ebenfalls unter Andrej Bogoljubskij wurde innerhalb von nur zwei Jahren, 1158–1160, die **Mariä-Himmelfahrts-Kathedrale** (Uspenskij Sobor) erbaut. Sie setzte die Tradition der berühmten Kiewer Sophien-Kathedrale fort und war zugleich dem hohen Fest der entschlafenen Maria geweiht. So wie sich die zwölf Apostel nach dem orthodoxen Glauben um die Totenbahre der Gottesmutter versammelten, so sollte die Kathedrale die russischen Fürsten symbolhaft um Wladimir vereinigen.

Die Uspenskij-Kathedrale steht majestätisch auf dem höchsten Hügel von Wladimir, am Rande des Steilabfalls zur Kljasma. Ursprünglich besaß sie nur eine einzige mächtige Helmhaube, nach dem großen Brand von 1185 erhielt sie neue Kalksteinwände und zusätzlich vier kleinere Kuppeln und eine Galerie. Die strengen Fassaden schmückt lediglich ein Blendarkadenfries. Die umfassende Restauration der Innenwände brachte Fresken zum Vorschein, die der ornamentalen Ausmalung des Jahres 1161 zuzuordnen sind, ferner Fresken aus der Zeit Wsewolods und schließlich Fragmente von Werken des großen Andrej Rubljow, der im Jahr 1408 gemeinsam mit seinem Malerfreund Daniil Tschornyj die Kathedrale ausmalte. Von Rubljow stammen die ›posaunenblasenden Engel‹ im Westteil der Kirche, die ›Apostel‹ in den Gewölbefeldern, der ›Einzug der Gerechten in das Paradies‹ im Gewölbe des Nordschiffes.

1810 wurde der hohe **Glockenturm** errichtet, der klassizistische Formen mit neugotischen Details vereint. Seit 1862 verbindet die kleine klassizistische **Georgskirche**, eine beheizbare Winterkirche, die Kathedrale mit dem Glockenturm.

Die **Demetrios-Kathedrale**, das dritte Kleinod aus der großen Zeit Wladimirs, wurde 1194–1197 unter dem Großfürsten Wsewolod errichtet. Sie steht, nur wenige hundert Meter von der Uspenskij-Kathedrale entfernt, ebenfalls neben dem Steilhang zur Kljasma. Bei diesem herrlichen Bau weiß der Beschauer nicht, was er mehr bewundern soll: die vollkommenen Proportionen des schlichten, nicht allzu großen Gebäudes oder die überraschend reizvollen Steinmetzarbeiten an den Fassaden.

Halbsäulenförmige Pilaster und nach oben abschließende Sakomare teilen die Seitenwände der dreischiffigen Kathedrale in je drei Abschnitte, drei herausgewölbte Apsiden bilden die Ostwand. Aus der Mitte des Kreuzkuppelbaus wächst der breite Tambour mit vergoldeter Helmhaube empor. Über den drei Portalen mit ihren fein behauenen, zurückgesetzten Archivolten läuft ein wunderbarer Blendarkadenfries. Zwischen den einzelnen Arkaden erscheinen erstmals in der russischen Architektur fast vollplastische Figurenreliefs, König Salomon jeweils in der Mitte, daneben Heilige und russische Fürsten. Die Fassadenfelder darüber sind vollständig mit Skulpturen überzogen, mit Löwen und Greifen, den Emblemen des Wladimirer Großfürstentums. An der Westfassade, der Hauptfassade der Kathedrale, erkennen Sie König David als Psalmensänger und die Taten des Herakles, dargestellt von Christus. – Vom Innenschmuck haben sich nur Freskofragmente aus dem 12. Jh. erhalten, darunter Apostel- und Erzengelfiguren und ein Teilstück des Jüngsten Gerichts.

Bogoljubowo

10 km nordöstlich von Wladimir erreichen Sie auf der Straße nach Nischnij Nowgorod Bogoljubowo (БОГОЛЮБОВО). Hier baute Fürst Andrej Bogoljubskij hoch über der Kljasma unweit der Nerlmündung 1158–1165 eine Burg, die die beiden Wasserstraßen kontrollieren und somit die Macht der Bojaren schmälern sollte. Um die Empörung des Adels zu dämpfen, verbreitete der Fürst die Legende, nach der ihm die Gottesmutter Maria den Standort der Burg zugewiesen habe.

Den Mittelpunkt der großen, inzwischen verschwundenen Burg bildete die Mariä-Geburts-Kathedrale. Von der fürstlichen Residenz – im Historischen Museum zu Moskau finden Sie ein Modell der Burg – blieb nur der schöne Treppenturm mit dem einbogigen Übergang zur Kathedrale. In der Nacht zum 29. Juni 1174 drangen Rostower und Susdaler Bojaren in das Schloß ein. Im Schlafzimmer stachen sie auf Andrej ein, der auf der Flucht in die Kathedrale im Treppenturm sterbend zusammenbrach.

Andrejs Sohn Michail mied Bogoljubowo und residierte in Wladimir. Der Fürstensitz verfiel. Im 18. Jh. gründeten Mönche in Bogoljubowo ein Kloster, die Kathedrale zu Mariä Geburt wurde erneuert. 1841 entstand das Heilige Tor mit dem hohen Glockenturm. 1866 folgte die große, fünfkuppelige Mariä-Himmelfahrts-Kathedrale im russisch-byzantinischen Stil. Die kleine Mariä-Geburts-Kathedrale dient heute als Museum, zu dessen Sammlung Skulpturenreste aus dem 12. Jh. gehören. Im Fußboden erkennen Sie die Grundmauern der ersten Kathedrale.

Die wichtigste Sehenswürdigkeit von Bogoljubowo ist die **Kirche zu Mariä Schutz und Fürbitte am Nerl** (Zerkow Pokrowa Bogomateri na Nerli), die wegen der Reinheit ihrer Formen und der Schlichtheit ihrer Skulpturen oft als schönste Kirche Rußlands bezeichnet wird. Vom Kloster aus biegen Sie die erste Straße rechts ab und parken Ihren Wagen vor dem winzigen Bahnhof von Bogoljubowo. Zu Fuß geht es über die Gleise und durch ein kleines Wäldchen, dann über weite Wiesen zu der einsam am Nerl gelegenen Kirche (15 Min.). Der Wasserstand des Nerl ist starken Schwankungen ausgesetzt. Im Frühjahr steht die Kirche auf einer winzigen Insel, oft nur einen knappen Meter über den Fluten.

1165 ließ Fürst Andrej Bogoljubskij die Kirche »in einem Sommer« auf einem künstlichen Erdhügel als Monument des Sieges über die Wolgabulgaren, zugleich aber auch im Gedenken an seinen ältesten Sohn Isjaslaw, der auf dem Bulgarenfeldzug gefallen war, errichten. Lisenen in der Form von Halbsäulen teilen die Fassaden des kubischen Baukörpers in drei Abschnitte und leiten zu den verbindenden Sakomaren über. Ein Blendarkadenfries auf kopfförmigen Konsolen umgürtet den Bau. Unter jedem der drei Mittelsakomare thront König David und preist Gott zu den Klängen der Lyra; Löwen und Vögel lauschen seinem Gesang. Greife, Symbole des Bösen, umklammern Hirsche, wagen es aber nicht, sie zu zerfleischen. Ein Fries aus zwanzig Frauenköpfen, in deren Gesichtern sich das Leid der Mütter spiegelt, weist auf die Bestimmung der Kirche hin, den Schutz der Gottesmutter für Fürst und Volk zu erflehen. Im 19. Jh. verschwand die umlaufende Arkadengalerie, wodurch das Ebenmaß des Bauwerks erst voll zur Geltung kam.

Kirche zu Mariä Schutz und Fürbitte am Nerl

Fontanka und Lomonossow-Brücke

St. Petersburg

St. Petersburg (СТ. ПЕТЕРБУРГ), das ehemalige Leningrad, 1712–1728 und 1732–1918 Hauptstadt des Russischen Reiches, ist mit über 5 Millionen Einwohnern die zweitgrößte Stadt Rußlands, die nördlichste Millionenstadt der Welt. Die Partnerstadt Hamburgs liegt zu beiden Seiten der Newa und auf den 42 Inseln des Mündungsdeltas. 65 Flußarme und Kanäle mit 402 Brücken durchziehen das 325 km^2 (mit Vororten 1350 km^2) große Stadtgebiet.

1703 hatte Peter der Große mit dem Bau der Peter-Paul-Festung seine neue Stadt im Ostwinkel des Finnischen Meerbusens inmitten von sumpfigen Wäldern gegründet, als wehrhaftes Symbol des russischen Anspruchs auf den Zugang zu den Meeren und als Signal des Eintritts Rußlands in den Kreis der europäischen Großmächte. Lange, breite Straßen, herrliche Paläste der Zaren und der Aristokratie, vornehme Bürgerhäuser, unzählige Parks und Grünanlagen bestimmten in den Jahrzehnten nach Peter dem Großen das barock-klassizistische Stadtbild, das bis heute nahezu unverändert blieb und im Innenstadtbereich durch kein Hochhaus gestört wird.

St. Petersburg gliedert sich in 15 Stadtbezirke, von denen die an der Newa liegenden Viertel ›Seiten‹ genannt werden, ein Begriff, den die Hochseekapitäne prägten. Links der Newa bildet die Moskauer oder Große Seite den Kern des Stadtgebietes, rechts der Newa liegen die Wyborger Seite, die Petrograder Seite mit der Peter-Paul-Festung und schließlich die Wassiljewskij-Insel (zwischen Großer und Kleiner Newa), der geistige Mittelpunkt der Stadt mit der Akademie der Wissenschaften, der Universität und der Akademie der Künste.

Die Newa, der 74 km lange Abfluß des Ladogasees, ist die kräftig pulsierende Ader des ›russischen Amsterdams‹. Im Sommer flitzen Tragflächenboote stromauf und stromab, bis weit in den Finnischen Meerbusen hinaus. Größere Frachtschiffe verkehren nur nachts, wenn sich die Newabrücken heben und die Durchfahrt freigeben. Im Winter, der hier etwa von Anfang Dezember bis Ende April dauert, bedecken mächtige Eisschollen den bis zu 1300 m breiten Fluß. Dann bohren unzählige dick vermummte Eisangler Löcher in die Eisdecke und warten geduldig darauf, daß sie leckere Fische an die Angel bekommen.

Am schönsten ist das aristokratische St. Petersburg in der Zeit der ›weißen Nächte‹, wenn im späten Juni die Sonne nur für wenige Stunden hinter dem Horizont verschwindet, wenn sich die dunklen Silhouetten der Türme, Kuppeln und Brücken vor dem hell leuchtenden Himmel abheben, wenn die Liebespaare über die Uferpromenaden schlendern, Studenten zu Balalaikaklängen singen. Dann meint man, in der schönsten Stadt der Welt zu sein.

Gebaut wird heute in St. Petersburg mehr als in Moskau, denn allzu groß ist der Nachholbedarf der im Zweiten Weltkrieg schwer geschundenen Stadt. Unsummen verschlingen der Bau neuer Stadtteile, der Bau der Untergrundbahn, die Modernisierung der Straßen, die Restaurierung historischer Gebäude, die Erhaltung der insgesamt 11 km langen Brücken und der 54 km kunstgeschmiedeten Gitter, die Pflege der unzähligen Grünanlagen und die Förderung der kulturellen Einrichtungen. St. Petersburg besitzt neben den

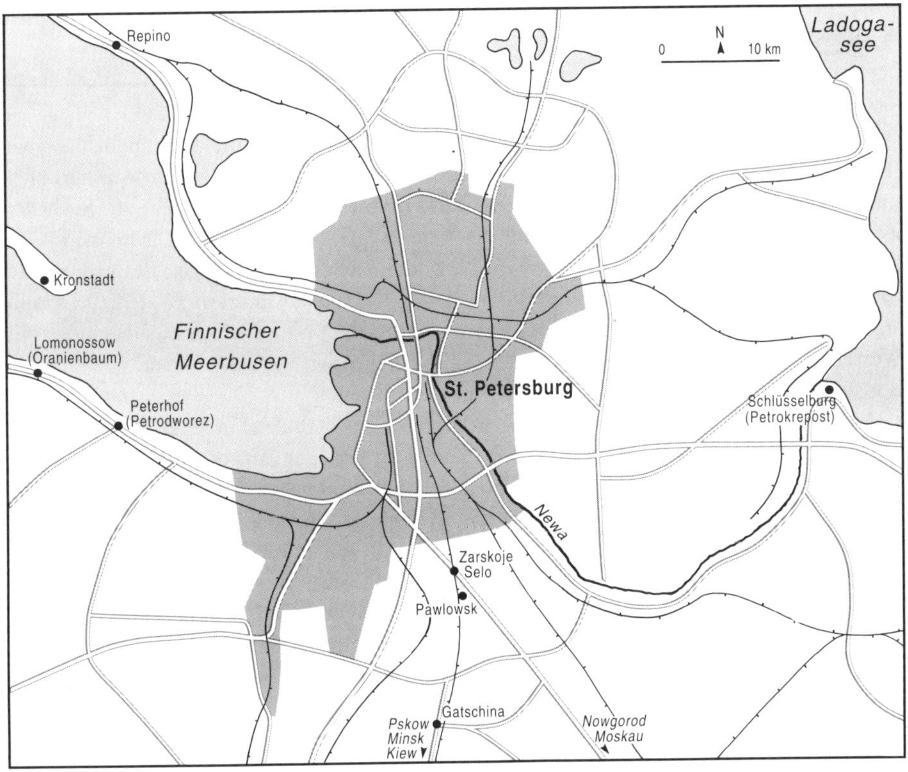

St. Petersburg und Umgebung

beiden Akademien, der Universität, den 42 Hoch- und Fachschulen sowie den über 180 Forschungsinstituten 18 Theater, 7 Konzertsäle, rund 50 Museen und Galerien und mehr als 2600 Bibliotheken.

Auch in der Industriekapazität nimmt St. Petersburg den zweiten Platz in Rußland hinter Moskau ein. Schiffsbau, Elektroindustrie, Maschinen- und Apparatebau, Bekleidungs-, Nahrungsmittel- und Baustoffindustrie bilden die Hauptsparten. Der große See- und Flußhafen, zwölf Bahnlinien und der internationale Flughafen Pulkowo machen St. Petersburg zu einem wichtigen Verkehrsknoten.

Die einzigartigen Sehenswürdigkeiten St. Petersburgs ergänzen die Ausflugsziele Peterhof (Petrodworez), Oranienbaum (Lomonossow), Zarskoje Selo, Pawlowsk und Gatschina mit herrlichen Zarenschlössern und Gartenanlagen.

Stadtgeschichte

Gleich zu Beginn des Nordischen Krieges (1700-1721) hatten die Russen bei Narwa (1700) eine empfindliche Niederlage hinnehmen müssen. Die Schweden wandten sich nun ihrem zweiten Gegner, August dem Starken von Sachsen und Polen, zu. In dieser Zeit der Ungewißheit über den Ausgang des Krieges, genau am 16. Mai 1703, begann Peter I., die Haseninsel (Sajatschij Ostrow) im Newadelta zu einer gewaltigen Festung auszubauen. Diese Festung am uralten Schiffahrtsweg ›von den Warägern zu den Griechen‹ sollte den Zugang Rußlands zur Ostsee sichern, mit ihr wollte der Zar das ›Fenster zum Westen‹ aufstoßen. 1704 ließ er auf der gegenüberliegenden Seite der Newa, an der Stelle der heutigen ›Admiralität‹, eine riesige Werft errichten.

Auf seinen zahlreichen Erkundungsfahrten durch das Delta war in Peter I. der Gedanke gereift, seine Residenz in den Norden Rußlands zu verlegen, auf den sumpfigen Inseln der Newamündung die neue Hauptstadt des Russischen Reiches in westeuropäischer Eleganz, womöglich prächtiger als die anderen Metropolen Europas, erstehen zu lassen. Zu diesem Zweck hatte er den berühmten Architekten Domenico Trezzini als Hofbaumeister unter Vertrag genommen und mit der Planung der Stadt beauftragt. Trezzini, in Rußland nannte er sich Andrej Petrowitsch, begann schon im April 1703 mit der Ausarbeitung erster Entwürfe. 1708 forderte Peter die russische Aristokratie und Kaufmannschaft auf, an der Newamündung Häuser zu bauen. Adel und Beamtenschaft waren entsetzt, das schöne, alte Moskau mit einer mückengeplagten Pioniersiedlung vertauschen zu müssen. Außerdem standen die Schweden noch immer unbesiegt auf russischem Boden und drohten, das Newagebiet wieder an sich zu reißen.

Erst nachdem Peter die Schweden in der Schlacht bei Poltawa (1709) entscheidend geschlagen hatte, gab die Aristokratie zögernd nach. Millionen von Baumstämmen wurden tief in den schlammigen Boden gerammt und Holzhäuser darauf errichtet, die bei den jährlichen Überschwemmungen aber immer wieder zusammenstürzten oder gar fortgespült wurden. Trezzini errichtete erste große Steinbauten: den Sommerpalast des Zaren, die Peter-Paul-Kathedrale inmitten der Festung und die Zwölf Kollegien (Fachministerien). 1712 verlegte Peter der Große seine Residenz formell von Moskau an die Newa. Anfangs schrieb sich die Stadt ›Sankt Petersburgh‹ bzw. ›Sankt Petersburch‹, denn holländische Schiffsbauer hatten sie nach dem Namenspatron des Zaren so benannt. Peter I. verfügte, daß der Name ›Pitersburch‹ auszusprechen sei. Noch heute nennen manche alten Petersburger ihre Stadt liebevoll ›Piter‹. Die zahlreich eingewanderten Deutschen sagten ›Sankt Petersburg‹, und in dieser Schreibweise hielt sich der Name auch offiziell bis zum Ausbruch des Ersten Weltkrieges im Jahr 1914. 1991 wurde er nach einer Bürgerabstimmung wieder eingeführt.

Mit dem Zaren mußten zwangsläufig auch die ausländischen Gesandten und die Mitglieder der Kollegien an die Newa ziehen. Ihnen folgten Kaufleute und Handwerker. So

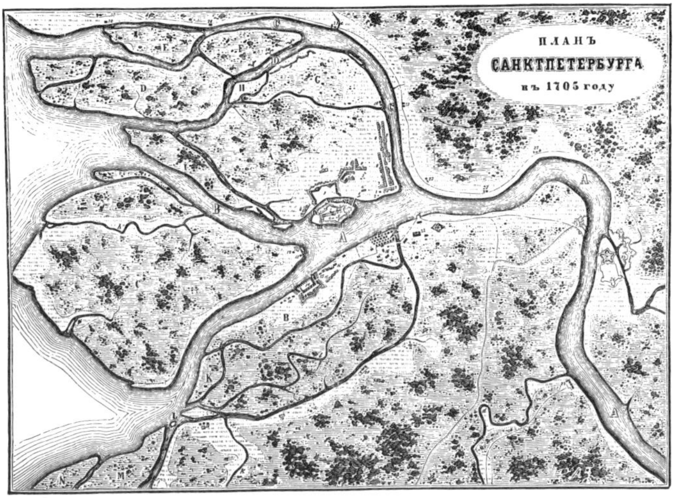

St. Petersburg im Jahr 1705

glich St. Petersburg noch über viele Jahrzehnte einer einzigen Baustelle, auf der ständig bis zu 20 000 Arbeitskräfte wirkten. Holländische Windmühlen trieben Pumpen und Holzsägen an, Baumstämme und Steine mußten mit Wagen, Schlitten und Schiffen von weit her herangeschafft werden. Als Steinmetzen fehlten, erließ der Zar 1714 den Befehl, daß bis auf weiteres nur noch in der neuen Hauptstadt Steinbauten errichtet werden durften. Notgedrungen zogen Maurer und Steinmetzen nach St. Petersburg, wo sie Arbeit in Hülle und Fülle fanden. Aus westlichen Ländern kamen Architekten und Bildhauer und gestalteten die Stadt entsprechend der Gesamtplanung Trezzinis; Gärtner legten herrliche Parkanlagen an. Doch in jedem Jahr verheerten Feuersbrünste und Überschwemmungen ganze Stadtteile, die bald darauf prächtiger als zuvor wiedererstanden.

Immer noch bezweifelte der Adel, daß die Stadt Peter den Großen überdauern würde. Peters Nachfolger Katharina I., Peter II., Anna und Iwan VI. kümmerten sich in der Tat wenig um St. Petersburg, sie residierten lieber in Moskau. Erst Peters Tochter Elisabeth (1741-1762) setzte das Werk ihres Vaters mit großem Elan fort. Sie beauftragte den Architekten Bartolomeo Graf Rastrelli mit dem Bau des Winterpalastes, des Smolnyj-Klosters und des Schlosses in Zarskoje Selo. Mit zahlreichen weiteren Bauten und Stadtteilplanungen formte er das Stadtbild St. Petersburgs.

Unter Katharina II. der Großen (1762–1796) entwickelte sich St. Petersburg zur höfischen Metropole, die an Prunk und Eleganz selbst Paris hinter sich ließ. A. Rinaldi schuf das Marmorpalais, J. B. Vallin de la Mothe die Akademie der Schönen Künste, I. Starow das Taurische Palais, G. Quarenghi das Smolnyj-Institut und die Akademie der Wissenschaften, A. Sacharow die Admiralität, A. Woronichin die Kasaner Kathedrale. Der klassizistische Baustil hatte den Barock abgelöst. Aus den Napoleonischen Kriegen ging Rußland als Großmacht hervor. Alexander I. beauftragte Karl Iwanowitsch Rossi mit der

Gestaltung ganzer Plätze, Straßen und Gebäudegruppen. Der Große Generalstab, das Michailow-Palais (heute Russisches Museum), das Alexandra-Theater (heute Puschkin-Theater) waren die großartigsten klassizistischen Schöpfungen dieses Baumeisters.

Mit dem deutschen Universalgelehrten Gottfried Wilhelm von Leibniz hatte Peter der Große die Gründung einer Akademie der Wissenschaften vorbereitet (Ukas von 1724). 1757 folgte unter der Zarin Elisabeth die Akademie der Künste. So entwickelte sich St. Petersburg auch zu einer Hochburg der Gelehrsamkeit und der Kunst. Hier wirkten der Schweizer Mathematiker Leonhard Euler, der Gelehrte Michail Lomonossow, der Chemiker Dmitrij Mendelejew und der Physiologe Iwan Pawlow, die Lyriker und Schriftsteller Aleksandr Puschkin, Nikolaj Gogol, Fjodor Dostojewskij und Aleksandr Blok, die Maler Ilja Repin und Kusma Petrow-Wodkin. Michail Glinka schuf die russische Nationaloper, der Klaviervirtuose Anton Rubinstein eröffnete das berühmte Petersburger Konservatorium und Peter Tschaikowskij begründete mit seinen Werken in St. Petersburg die große russische Balletttradition.

St. Petersburg war nicht nur eine Stadt der Paläste und Kathedralen, der Künste und der Wissenschaften, sondern als Herrschaftssitz der Zaren auch das Zentrum von Aufständen, durch die die gesellschaftliche Ordnung Rußlands, die mit der geistigen und wirtschaftlichen Entwicklung des Landes nicht Schritt gehalten hatte, verändert werden sollte. Nach 1789 fanden die Ideen der Französischen Revolution auch in den Reihen jun-

Der Große Brand von St. Petersburg im Jahr 1737

ger Aristokraten, Offiziere und Intellektueller zahlreiche Anhänger, die sich in Geheimbünden zusammentaten und, beflügelt durch die Befreiungsbewegungen in Italien und Spanien und durch das gestiegene Selbstbewußtsein der ›Intelligenzija‹ nach den Napoleonischen Kriegen, einschneidende Reformen verlangten. Der unerwartete Tod Alexanders I. gab den äußeren Anlaß für den Aufstand. Auf dem Senatsplatz von St. Petersburg verweigerten am 26. Dezember 1825 (14. Dezember alter Zeitrechnung) 3000 Soldaten der Garde den Eid auf den neuen Zaren Nikolaj I. Sie wollten den Senat, die höchste Regierungsinstanz des Reiches, zur Veröffentlichung eines ›Manifestes an das russische Volk‹ zwingen. Diese Erklärung sah die Abschaffung der Monarchie, die Aufhebung der Leibeigenschaft und die Einberufung einer konstituierenden Versammlung vor. Den Dekabristen (nach dem russischen Wort ›Dekabr‹ für ›Dezember‹) fehlte aber die einheitliche Führung, ihre Revolution war ungenügend organisiert und außerdem verraten worden. Zarentreue Truppen umstellten den Senatsplatz und eröffneten das Feuer. Der Aufstand brach binnen weniger Stunden zusammen. Fünf der Anführer, an ihrer Spitze Oberst Paul Pestel, Enkel eines in russische Dienste getretenen Sachsen, wurden hingerichtet, mehr als 120 nach Sibirien geschickt. 1856 kehrten die letzten Dekabristen aus der Verbannung zurück.

Seit 1865 forderten die ›Narodniki‹ (=Volkstümler), die sich fast ausschließlich aus jungen Akademikern und Studenten rekrutierten, die Befreiung der Bauern. Sie versuchten, durch zahlreiche Attentate auf hohe Beamte und Gutsherren die leibeigenen Bauern auf ihre Seite zu ziehen. Am 13. März 1881 fiel Zar Alexander II. in St. Petersburg einem Bombenanschlag zum Opfer. Die Bauern aber mißtrauten den Studenten und versagten den Narodniki jegliche Gefolgschaft.

Als um die Jahreswende 1904/1905 zahlreiche Arbeiter der Putilow-Werke, des größten Rüstungsbetriebs von St. Petersburg, entlassen wurden, kam es zum Streik, der sich innerhalb weniger Tage zum Generalstreik aller Petersburger Betriebe ausweitete. Am 22. Januar 1905 (9. Januar alter Zeitrechnung) zog der junge Priester Georgij Gapon an der Spitze Tausender von Arbeitern mit Kreuzen, Heiligenbildern, Kirchenfahnen und Bildnissen des Zaren und der Zarin in friedlicher Demonstration zum Schloßplatz, um dem Zaren Nikolaj II. eine Bittschrift zu überreichen. Die Demonstration war nicht genehmigt und daher ungesetzlich, so eröffneten die Truppen des Zaren das Feuer: rund 4600 Demonstranten wurden verletzt oder getötet. An diesem ›Blutsonntag‹ zerrissen die Bande zwischen dem Zaren und seinem Volk endgültig. Streiks und Unruhen erfaßten nun das ganze Reich.

Bei Ausbruch des Ersten Weltkrieges wurde der holländisch-deutsche Name ›Sankt Petersburg‹ in das russische ›Petrograd‹ (= Petersstadt) umgewandelt. Militärische Mißerfolge förderten die Kriegsmüdigkeit der russischen Soldaten. Dazu kam die wachsende Unzufriedenheit mit dem Zarenhof und der von ihm eingesetzten Regierung. 1907 hatte die Zarin Alexandra (Alice von Hessen) den Abenteurer Rasputin, der durch hypnotische Kräfte den an der Bluterkrankheit leidenden Thronfolger zu heilen versprach, an den Petersburger Hof geholt. Rasputin gewann immer mehr Einfluß auf das Zarenpaar und belastete die Monarchie. 1916 wurde er in Petrograd von Angehörigen des Hofes ermordet.

Am 8. März (23. Februar) 1917 brachen in Petrograd Streiks und Unruhen aus. Die Garnison der Hauptstadt solidarisierte sich mit den Arbeitern, beide Gruppen bildeten gemeinsame Räte (Sowjets), die die Macht übernahmen (Februarrevolution). Die Duma (Volksvertretung) aber ersetzte die Regierung durch eine ›Provisorische Regierung‹, die Zar Nikolaj II. nahelegte, abzudanken (15. März). Im April kam Lenin nach Petrograd. Im Juli vereitelte die Provisorische Regierung einen Putschversuch der Bolschewiki; Lenin mußte nach Finnland fliehen.

Am 7. November (25. Oktober) gelang es den Bolschewiki unter Lenins Führung, die Macht an sich zu reißen (Oktoberrevolution). Bis 18 Uhr hatten die Verbände des Revolutionären Militärkomitees alle wichtigen Objekte Petrograds besetzt und den Winterpalast, in dem die Provisorische Regierung ihren Sitz hatte, eingeschlossen. Lenin befahl den Angriff. Um 21.45 Uhr gab der Kreuzer ›Aurora‹ einen Signalschuß ab, dann wurde das Feuer auf den Palast eröffnet; schließlich stürmten die Rotgardisten den Palast.

Ministerpräsident Aleksandr Kerenskij beorderte regierungstreue Truppen unter General Krasnow nach Petrograd. In den Industrievororten kam es zu blutigen Kämpfen, wobei sich die Revolutionäre durchsetzten. In der Nacht vom 10. zum 11. März 1918 fuhr Lenin nach Moskau und bestimmte diese Stadt zur Hauptstadt der Russischen Sowjetrepublik. Am 21. Januar 1924 starb Lenin. Fünf Tage später erhielt Petrograd den Namen ›Leningrad‹. In den folgenden Jahren entstanden zahlreiche große Industriebetriebe, der Hafen wurde ausgebaut, neue Wohnviertel schossen aus dem sumpfigen Umland.

Am 22. Juni 1941 unterbrach der Zweite Weltkrieg, für die russische Bevölkerung der Große Vaterländische Krieg, die stete Entwicklung Leningrads. Knapp zwei Monate später standen die Panzereinheiten der deutschen Heeresgruppe Nord vor den Toren der Stadt. Anfang September hatten deutsche und finnische Truppen mit der Einnahme von Petrokrepost, dem alten Schlüsselburg, den Ring um Leningrad geschlossen. Nur noch auf dem Luftweg und im Winter über den zugefrorenen Ladogasee konnten die wichtigsten Versorgungsgüter herangeschafft werden. In der 900tägigen Blockade kamen 17 000 Einwohner durch Bomben und Granaten ums Leben, 640 000 erfroren oder verhungerten. Die Leningrader Betriebe arbeiteten Tag und Nacht unter schwierigsten Bedingungen; sie produzierten in der Zeit der Blockade 2000 Kampfpanzer, 1500 Flugzeuge, 4500 Geschütze, 12 000 Granatwerfer. Im Januar 1943 durchbrachen sowjetische Truppen bei Petrokrepost den Belagerungsring. Doch sollte noch ein Jahr vergehen, bis die Rote Armee in der Schlacht von Leningrad (14. bis 27. Januar 1944) den Ring endgültig zerschlug. Die 200 Kilometer lange Blockadelinie markiert heute ein ›Grüner Gürtel des Ruhmes‹ mit 60 Denkmälern. Das größte Ehrenmal schmückt den ›Platz des Sieges‹ (s. S. 296). 1951 waren die Schäden der Blockade im wesentlichen beseitigt. Die Modernisierung und der Bau neuer Stadtteile begannen. Am 12. Juni 1991 stimmten 53 % der Leningrader dafür, der Stadt wieder den neuen alten Namen ›St. Petersburg‹ zu geben. Am 7. November erfolgte die offizielle Umbenennung.

Rundgänge durch St. Petersburg

Von der Admiralität zur Isaaks-Kathedrale

Fragen Sie einen Petersburger nach dem Mittelpunkt seiner Stadt, so wird er nicht den Winterpalast nennen, auch die Peter-Paul-Festung nicht, sondern die **Admiralität** (Farbt. 20), auf die sternförmig drei große Straßen zulaufen (Newskij Prospekt, Gorochowaja Uliza, Wasneschenskij Prospekt) und deren hohe Turmspitze kilometerweit zu sehen ist. Die Admiralität nimmt die Stelle ein, an der Peter der Große 1704 seine Schiffswerft errichten ließ. Gewaltige Wälle und tiefe Gräben schützten die Werft vor einem etwaigen Angriff der Schweden, nur zur Newa hin war die Werft offen. 1706 lief hier das erste Kriegsschiff, eine Fregatte mit 18 Kanonen, vom Stapel. 1711 ließ Peter am Rande der Werft den Steinbau des Admiralitäts-Kollegiums (Marineministerium) errichten. 1734 bekam der Bau einen Turm. Unter Paul I. (1796-1801) verwandelten sich die Werftwälle in schattige Boulevards. Alexander I. beauftragte den Chefarchitekten der russischen Marine, Andrej Sacharow, mit dem Neubau der Admiralität. Zwischen 1806 und 1823 entstand dieses bedeutendste Bauwerk des russischen Klassizismus; Sacharow erlebte die Fertigstellung nicht mehr, da er bereits 1811 starb.

Die dem Gorkij-Garten und dem Admiralitätsprospekt zugewandte Hauptfassade mißt 407 m, die Seitenflügel erreichen eine Länge von 163 m. Sechs- und Zwölfsäulenportiken gliedern die Fassade. Das Mittelgebäude mit dem Torturm hatte schon der Architekt Iwan Korobow um 1730 erbaut, Sacharow gab dem Turm sein heutiges Aussehen. Der Turm mit seiner aufgesetzten Kolonnade und der mastförmig aufragenden Spitze erreicht eine Höhe von 72,5 m. Je drei globustragende Nereiden, Schöpfungen des großen klassizistischen Bildhauers Feodossij Schtschedrin, flankieren die Einfahrt zur Admiralität. Der Relieffries auf der Attika des Torbaus, ein Werk des Bildhauers Iwan Terebenjew, behandelt die Gründung der russischen Flotte: der Meeresgott Neptun überreicht Peter I. seinen Dreizack, das Symbol der Macht über die Meere. Neben dem Zaren wendet sich Minerva, die Göttin der Weisheit, einer jungen Frau zu, die unter einem Lorbeerbaum sitzt und Rußland symbolisiert. Die junge Frau stützt sich auf die kraftverleihende Keule des Herkules und hält ein Füllhorn, das Merkur, der Gott des Handels, berührt. Die Ecken über der Attika schmücken die vier griechischen Helden Achill, Ajax, Pyrrhos und Alexander. Den 28 Säulen der Dachkolonnade entsprechen 28 Statuen, Personifikationen der vier Elemente, der vier Jahreszeiten, der vier Himmelsrichtungen, ferner die Göttin Isis als Beschützerin des Schiffsbaus und Urania, die Muse der Astronomie, alle in doppelter Ausführung. Die Statuen schufen die Bildhauer Schtschedrin und Pimenow. Kuppel und Turmspitze sind vergoldet. Die 68 kg schwere Wetterfahne auf der Spitze stellt eine russische Karavelle dar.

Blick von der Isaaks-Kathedrale auf Admiralität und Peter-Paul-Festung

Die Admiralität beherbergt heute eine Marinehochschule für die Ausbildung von Ingenieuren und kann daher nicht besichtigt werden. – Der Gorkij-Garten schirmt die Admiralität von dem stark befahrenen Admiralitätsprospekt ab. Auf den Bänken unter alten, hohen Bäumen spielen die Petersburger Schach, sie lesen, träumen, plaudern und füttern die Spatzen. Vor dem Torturm der Admiralität sprüht eine Fontäne, und drei Skulpturen gedenken des Schriftstellers Nikolaj Gogol, des Komponisten Michail Glinka und des Dichters Michail Jurjewitsch Lermontow. Im Westteil des Parks steht ein Denkmal für Nikolaj Prschewalskij, General und Asienforscher, der das Quellgebiet des Hwangho und den Oberlauf des Jangtsekiang erforschte und das nach ihm benannte Wildpferd (Equus przewalskii) entdeckte.

Zwei der schönsten Plätze St. Petersburgs flankieren den Komplex der Admiralität: im Osten der Schloßplatz vor dem Winterpalast und im Westen der Dekabristenplatz. Der **Dekabristenplatz** (Ploschtschad Dekabristow) erinnert an die Erhebung junger Aristokraten und Gardeoffiziere gegen die Herrschaft des Zaren 1825 (Dekabristenaufstand; s. S. 211).

Als wohl schönstes Denkmal St. Petersburgs gilt der **Eherne Reiter,** ein Werk des französischen Bildhauers Etienne-Maurice Falconet, der von 1766 bis 1778 in St. Petersburg im Auftrag der Zarin Katharina II. das Denkmal für Peter den Großen schuf. Auf dem Kamm einer gigantischen Woge bäumt sich das Roß, auf dem Peter selbstbewußt und voller Tatendrang, den Lorbeerkranz auf dem Haupt und mit der Hand zur Newa weisend, reitet. Die granitene Woge, die die gewaltigen Veränderungen im Russischen Reich unter dem jungen Zaren symbolisiert, besteht aus einem 1600 t schweren Monolithen, einem ›Donnerfelsen‹, der aus Karelien unweit von St. Petersburg herbeigeschafft wurde. Der Transport des 550 m^3 großen Ungetüms dauerte zwei Jahre, und während der Reise, die zu Land auf hölzernen Schienen und zu Wasser auf einem riesigen Floß erfolgte, gaben 48 Steinmetzen dem Granitblock die vorgesehene Form. Als das Fundament gesetzt war, mußten Kavallerieoffiziere die feurigsten Rösser aus dem Marstall der Zarin hinaufgaloppieren und sie zum Aufbäumen bringen. Für die Gestalt Peters des Großen saß ein General Modell. Den Kopf des Zaren formte Falconets junge Mitarbeiterin Marie-Anne Collot nach monatelangen Versuchen in einer einzigen Nacht. Die große Schlange, die von den Hufen des Pferdes zermalmt wird, schuf Fjodor Gordejew. Sie versinnbildlicht die Feinde des Zaren. Als die 5 m hohe Skulptur gegossen wurde, brach die Form, und die flüssige Bronze setzte die Gießerei in Brand. Doch der Gießmeister Chailow riß sich geistesgegenwärtig die Kleider vom Leib und stopfte den Riß, verschmierte ihn mit Lehm und goß das Bildwerk fertig. Seine Gehilfen löschten derweil den Brand. Die Bronzewidmung auf dem Granitsockel in Russisch und Lateinisch ist lakonisch kurz: »Petro primo. Catharina secunda. MDCCLXXXII« (= Peter dem Ersten. Katharina die Zweite. 1782). Bei der Enthüllung des Denkmals durch die Zarin am 100. Jahrestag der Thronbesteigung Peters I. war Falconet wieder in Paris; er hatte sich mit Katharina überworfen. – Heute legen Brautpaare nach der Trauungszeremonie im nahen Hochzeitshaus vor dem ›Ehernen Reiter‹ Blumen nieder.

Der prächtige Baukomplex an der Westseite des Dekabristenplatzes besteht aus zwei gleichen Gebäudegruppen, die ein hoher Torbogen miteinander verbindet. Hier residierten der **Senat** und der **Heilige Synod,** seit Peter dem Großen die beiden höchsten weltlichen und geistlichen Institutionen. Heute beherbergt der Komplex, übrigens das letzte Werk des Architekten Karl Iwanowitsch Rossi, bevor er seinen Einfluß am Hofe verlor (1829–1834), das Historische Zentralarchiv Rußlands. – Den Eingang zum Boulevard der Gewerkschaften (Bulwar Profsojusow) markieren zwei 10 m hohe Granitsäulen mit je einer bronzenen Ruhmesgöttin obenauf, die der deutsche Bildhauer Christian Daniel Rauch gestaltete. Die Ruhmessäulen waren ein Geschenk des österreichischen Kaisers Ferdinand I. an den russischen Zaren Nikolaj I. (1845). – Jenseits der Säulen schließt sich die einstige **Manege der Gardekavallerie** an; der 1807 von Giacomo Quarenghi errichtete Bau ähnelt mehr einem griechischen Tempel als einer Reithalle. Vor dem Portal erkennen Sie die Dioskuren, die Zwillingsbrüder Castor und Pollux, als Rossebändiger.

Der Eherne Reiter

Südlich vom Dekabristenplatz erhebt sich der wuchtige Bau der **Isaaks-Kathedrale** (Isakijewskij Sobor; Farbt. 23). Der hl. Isaak von Dalmatien war der Schutzpatron Peters I. Und schon kurz nach 1703 entstand am Ufer der Newa, ungefähr dort, wo heute der ›Eherne Reiter‹ steht, eine kleine Holzkirche, die 1727 durch eine Steinkirche ersetzt wurde. Gegen 1800 brannte die inzwischen einsturzgefährdete Kirche ab und wurde 1802 an der Stelle der heutigen Isaaks-Kathedrale neu erbaut. Doch diese Kirche erschien Alexander I. zu klein, und so ließ er einen Wettbewerb ausschreiben, aus dem der Franzose Auguste Montferrand mit einem klassizistischen Entwurf als Sieger hervorging. Montferrand war Graphiker, und so mußte ihm ein ganzes Team von russischen Architekten beistehen, um den riesigen Bau mit seinen statischen Problemen zu verwirklichen. Außerdem mischte sich Nikolaj I., der Nachfolger Alexanders I., ständig mit eigenen Ideen ein, so daß sich der Bau der Kathedrale über 40 Jahre hinzog.

24 000 Baumstämme wurden in den Sumpfboden getrieben, um ein standfestes Fundament für die 111,5 x 97,6 m große Kathedrale zu schaffen, in der 14 000 Gläubige dem Gottesdienst beiwohnen konnten. 112 Granitsäulen tragen die Bauelemente. Die 48 Haupt-

säulen sind 17 m hoch, jede von ihnen wiegt 130 t. 562 Stufen führen zu der Kuppel empor, von der aus man eine herrliche Aussicht auf die Stadt genießt. 43 Gesteinsarten wurden beim Bau verwendet. 382 Plastiken, Mosaiken und Gemälde schmücken die Kathedrale. Frisch restauriert erstrahlen die 40 x 6,5 m großen bronzenen Hochreliefs an den Giebeln der monumentalen Portiken. ›Die Anbetung der Könige‹ sehen Sie am Südgiebel, ›Isaak prophezeit dem Kaiser Valens den Tod‹ am Ostgiebel, ›Kaiser Theodosius und seine Gemahlin befreien Isaak‹ am Westgiebel, ›Die Auferstehung Christi‹ am Nordgiebel. Die Skulpturen stammen von den russischen Bildhauern Vitali, Pimenow und Klodt von Jürgensburg. Das riesige Deckengemälde schufen die berühmten Maler Karl Pawlowitsch Brüllow (Brjullow) und Fjodor Antonowitsch Bruni. Mosaiken bedecken die riesige Ikonostase. Das Glasfenster über dem Hauptaltar zeigt die Auferstehung Christi.

Am Isaaks-Platz (Isakijewskaja Ploschtschad, ИСАКИЕВСКАЯ ПЛ.) steht das 1912 eröffnete **Hotel ›Astoria‹.** Im Ersten Weltkrieg bezog der russische Generalstab in dem eleganten Jugendstilgebäude Quartier. Auch heute ist das bis 1992 sorgsam restaurierte ›Astoria‹ wieder eines der ersten Häuser in St. Petersburg. Im Hotelrestaurant können Sie vorzüglich speisen, einen kleinen Imbiß bietet die Kaffeestube im vierten Stockwerk. – Dem ›Astoria‹ gegenüber liegt ein ebenfalls 1912 fertiggestelltes Gebäude aus rotem Granit. Bis zum Ausbruch des Ersten Weltkrieges hatte hier die diplomatische Vertretung des Deutschen Reiches ihren Sitz. Der Stil des schlichten Gebäudes läßt bereits Einflüsse des später von russischen Architekten entwickelten Konstruktivismus erkennen.

Auf der Mitte des Isaaks-Platzes steht das **Reiterstandbild Nikolajs I.** Montferrand lieferte den architektonischen Entwurf, Peter Klodt von Jürgensburg schuf das Standbild Nikolajs, die allegorischen Figuren (Glaube, Weisheit, Gerechtigkeit und Macht) und die Flachreliefs auf dem Sockel mit Szenen aus der Herrschaftszeit des Zaren (Sieg über die Dekabristen, unblutige Beendigung der Cholera-Revolte von 1831, Ehrung Speranskijs, des Herausgebers der ›Vollständigen Gesetzessammlung‹, und Einweihung der Eisenbahnlinie St. Petersburg–Moskau).

Jenseits der **Blauen Brücke** (Sinij Most), die wegen ihrer enormen Breite von knapp 100 m kaum als Brücke über die Mojka zu erkennen ist, begrenzt der ehemalige **Mariinskij-Palast** (Marienpalast) den Isaaks-Platz. 1839–1844 baute der Architekt Andrej Stakenschneider den Palast für Maria, die älteste Tochter des Zaren Nikolaj I. 1884 residierte der Staatsrat, das höchste gesetzgebende Organ des Russischen Reiches, in dem prächtigen Gebäude. Heute hat hier die Stadtverwaltung ihren Sitz.

Von der Isaaks-Kathedrale führt der Wosneschenskij Prospekt (ВОСНЕШЕНСКИЙ ПР.) südwärts zur Fontanka, überquert sie und zieht sich dann als Ismailowskij Prospekt (ИЗМАИЛОВСКИЙ ПР.) weiter zum Warschauer Bahnhof. Wenige Schritte jenseits der Fontanka erhebt sich auf der Westseite des Prospekts der imposante Bau der **Dreifaltigkeitskathedrale** (Troizkij Sobor). Goldene Sterne funkeln auf den fünf hellblauen Kuppeln über dem Grundriß eines griechischen Kreuzes. Wassilij Stassow hatte die imposante klassizistische Kathedrale 1827–1835 erbaut. Vorher stand hier jene kleine Kapelle, in der Peter der Große – wie man sagt – im Jahr 1712 die litauische Magd Marta Ska-

Isaaks-Kathedrale und Reiterstandbild Nikolajs I.

wronska heiratete; 1724 ließ er seine ›Katinka‹ zur Kaiserin krönen, und schon im Jahr darauf, nach Peters Tod, übernahm sie als Katharina I. den russischen Zarenthron.

Winterpalast/Ermitage

Im Osten mündet der Admiralitätsprospekt in den Schloßplatz (s. S. 231) mit dem Winterpalast (Simnij Dworez), der ehemaligen Zarenresidenz. Den Winterpalast, wie wir ihn heute sehen, errichtete Bartolomeo Rastrelli 1754–1762 im Auftrag der Zarin Elisabeth, die mit aller Energie das Vermächtnis ihres Vaters, Peters des Großen, erfüllte, St. Petersburg zu einer würdigen Residenzstadt auszubauen. Graf Rastrelli war 1716 mit seinem Vater, einem bekannten florentinischen Bildhauer, an die Newa gekommen. 1736 ernannte ihn die Zarin Anna Iwanowna zu ihrem Hofarchitekten, seit 1741 prägte er unter der Zarin Elisabeth mit seinen Bauten im Stil des russischen Spätbarocks, einer osteuropäischen Variante des italienischen Barocks, das Stadtbild St. Petersburgs. Zu seinen großen Schöpfungen gehören der Umbau des Schlosses Peterhof (Petrodworez; 1747–1752), das Smolnyj-Kloster (1748–1754), das Palais Woronzow (1749–1757), das Palais Stroganow (1752–1754), der Große Palast in Zarskoje Selo (1752–1757) und schließlich der Winterpalast (1754–1762). Rastrelli verstand es, seinen Bauten höchste Monumentalität und Prachtentfaltung zu verleihen und große Palastfronten rhythmisch zu gliedern und plastisch zu beleben. Der Winterpalast war die Krönung seines Schaffens.

Der Winterpalast hatte mehrere Vorgängerbauten. 1711 entstand für Peter den Großen der erste Palast, ein kleines, zweistöckiges Gebäude. Schon zehn Jahre später errichtete der deutsche Architekt Georg Johann Mattarnovi an der Stelle des heutigen Ermitage-Theaters einen etwas größeren Palast mit steilem Hollanddach. In diesem Bau starb 1725 Peter der Große. Domenico Trezzini baute den dritten Palast, der bereits wesentlich imposanter wirkte. Seit 1732 veränderte und erweiterte Bartolomeo Rastrelli diesen Palast mehrmals, bis die Zarin Elisabeth ihn 1754 mit einem Neubau beauftragte. Rastrelli ließ den inzwischen zu einem riesigen Konglomerat angewachsenen dritten Palast abreißen, der Zarenhof nahm in einem provisorischen Holzbau auf der ›Wiese der Zarin‹, dem heutigen Marsfeld, Quartier. 1762 war der neue Winterpalast fertiggestellt. Seine Auftraggeberin war kurz vor der Vollendung gestorben, auch Peter III. erlebte die Einweihung nicht mehr. Als erste und wohl auch würdigste Hausherrin nahm Katharina die Große, Herrscherin des aufgeklärten Absolutismus, von dieser herrlichen Barockschöpfung Besitz.

Mit ungeheurer Schaffenskraft hatte sich Rastrelli dem Bau gewidmet, der an Größe wie an Höhe alle anderen weltlichen Gebäude St. Petersburgs übertraf. 1844 wurde eine Verordnung erlassen, nach der alle Privathäuser um mindestens einen Saschen (= 2,13 m) niedriger sein mußten als der Winterpalast. Diese Verord-

Winterpalast

nung blieb bis 1905 in Kraft. Sogar den Schmuck der Fensterumrahmungen hatte Rastrelli mit eigener Hand gezeichnet. Die dem Schloßplatz zugewandte Hauptfassade unterbrechen in der Mitte ein dreibogiges Tor, das zum Innenhof führt und mit filigranem Gitterwerk geschmückt ist, und vor den Palastflügeln zwei Portiken mit Rampen. Die zur Newa weisende Nordfassade ist weniger stark betont. Die der Admiralität zugewandte Westfassade umklammert mit zwei leicht vorspringenden Flügeln einen Garten. An die Ostfassade fügten sich schon bald mehrere Anbauten. Weiße Wandsäulen gliedern die hellgrünen Außenwände. Die ebenfalls weißen Fensterumrahmungen wechseln von Stockwerk zu Stockwerk. Bronzefarbener Glanz überzieht die üppigen Stukkaturen. Statuen und Urnen aus Kupferblech stehen auf der umlaufenden Balustrade, Statuen lehnen sich auch an die Giebel über den Portalen. Eine goldene Kuppel auf barockem Tambour deutet auf die Palastkapelle hin.

Beim Bau des Winterpalastes drohte die Uferböschung und mit ihr das halbfertige Gebäude in die Newa abzurutschen, was Rastrelli zwang, das Flußufer mit einer granitenen Kaimauer zu befestigen (Puschkin: »Die Newa hüllte sich in Stein«).

1764–1765 setzte Jurij Veldten (Felten), Direktor der Akademie der Künste, die Kleine Ermitage an die Ostfassade des Palastes, ein hängender Garten verband die ›Einsiedelei‹ mit dem Hauptbau. 1771 fügte der französische Architekt Jean-Baptiste Vallin de la Mothe, seit 1759 Professor an der St. Petersburger Akademie, den ›Nordpavillon‹ hinzu, die heutige Alte Ermitage. In den 80er Jahren des 18. Jh. baute Giacomo Quarenghi das Ermitage-Theater, das durch eine geschlossene Eselrückenbrücke über den Wintergraben mit der Alten Ermitage verbunden ist. Das Theater war, wie Quarenghi schreibt, »zur Privatbenützung Ihrer Majestät und des Hofes konzipiert. Es bietet Raum genug für die großartigsten Spektakel und steht in dieser Beziehung selbst hinter den berühmtesten Theatern nicht zurück. Alle Sitze sind gleichermaßen gut placiert, und jeder kann sitzen, wo es ihm beliebt«. In intimer Hofatmosphäre fanden hier in der Tat großartige ›Spektakel‹ statt, die der Zar, Mitglieder seiner Familie und berufene Aristokraten verfaßten. Heute finden im Ermitage-

Theater Tagungen, Seminare und musikalische Soireen statt. 1839–1852 rundete Leo von Klenze, Hofbauintendant des Bayernkönigs Ludwig I., den gewaltigen Palastkomplex mit der Neuen Ermitage ab; die Atlanten des Portikus formte A. Terebenjew.

Im Erdgeschoß des Winterpalastes waren die Palastwache, die Küchen und Vorratsräume sowie die Verwaltung untergebracht. Das Hauptgeschoß bildete die Enfilade der Prunkräume, die ebenfalls nach Rastrellis Entwürfen entstand. Das zweite Obergeschoß enthielt die Schlafgemächer der Zarenfamilie und die Zimmer der Höflinge. Insgesamt umfaßt der Winterpalast mit seinen Anbauten rund 1500 Räume, von denen etliche, in denen die Zaren im 19. Jh. wohnten, noch mit dem Originalinventar ausgestattet sind.

1837 brannte der Winterpalast. Doch der selbstlose Einsatz von Feuerwehr und Militär rettete die meisten Kunstschätze. Wassilij Stassow, Schüler der Architekten Wassilij Baschenow und Matwej Kasakow, rekonstruierte die Inneneinrichtung.

Das große Treppenhaus mit der sog. Jordantreppe blieb trotz mancher Veränderungen das Werk Rastrellis. Alljährlich am 6. Januar, dem Tag der Geburt Christi (nach dem Julianischen Kalender), stieg der Zar über diese Treppe hinab, um barhäuptig in feierlicher Prozession an der Weihe des Newawassers teilzunehmen, zur Erinnerung an die Taufe Jesu im Jordan. Dazu wurde ein Loch in die Eisdecke des Flusses geschlagen, und nach der Segnungszeremonie, bei der ein Kreuz in das Wasser gehalten wurde, sprangen nicht

Füße eines Atlanten am Portikus des Winterpalastes

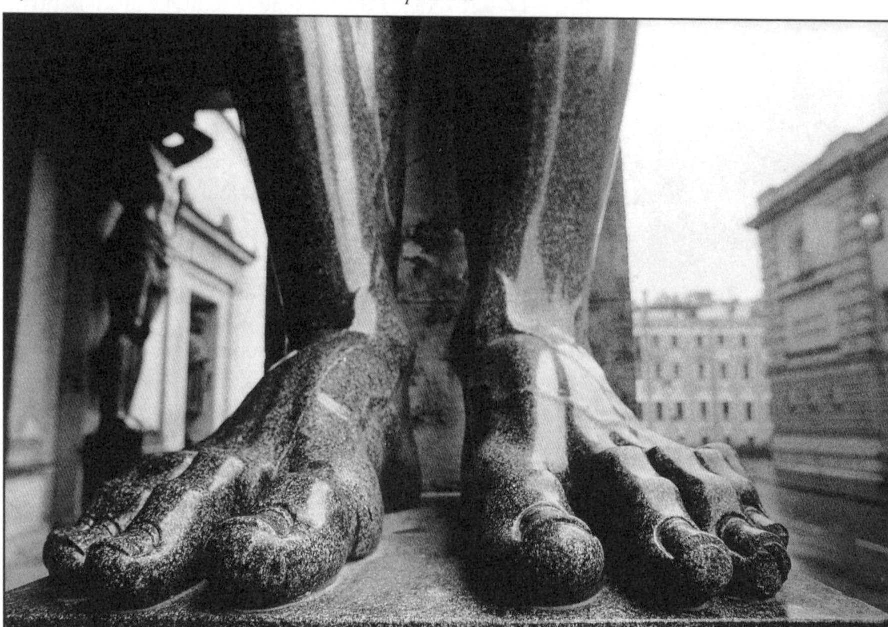

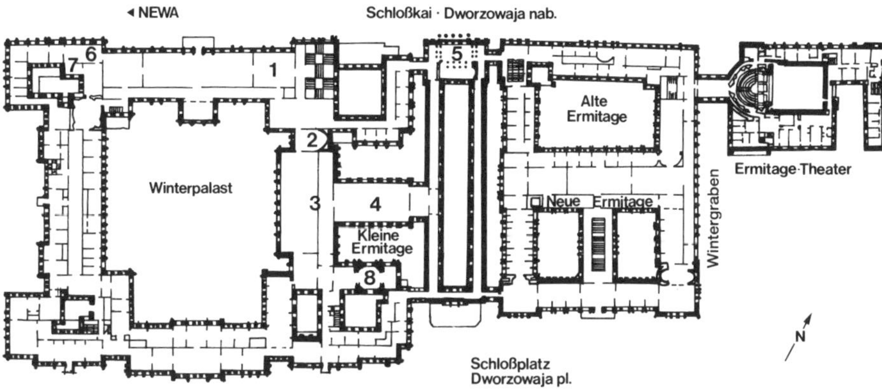

Winterpalast, Grundriß des ersten Obergeschosses *1 Jordantreppe 2 Kleiner Thronsaal 3 Militärgalerie 4 Großer Thronsaal 5 Pavillon-Saal 6 Malachitzimmer 7 Kleines Weißes Eßzimmer 8 Palastkapelle*

wenige Gläubige in die eisige Newa. Priester tauchten Babys in das Wasser, um sie zu taufen, und manchmal glitt ihnen eines durch die steifgefrorenen Finger, wurde von der Strömung unter die Schollen getrieben und ging geradewegs in das Paradies ein, womit sich die frommen Eltern zu trösten versuchten. Das Fest der Wasserweihe (Hagiasmos) fand in allen russischen Gemeinden statt. Das geweihte Wasser wurde in Tonnen und Flaschen abgefüllt, um es in den Kirchen zum Besprengen der Gläubigen und in den Wohnhäusern zur Vertreibung böser Geister zu verwenden.

An die Jordantreppe schließt sich der Kleine Thronsaal, auch Peter-Saal genannt, an, den Auguste Montferrand 1833 zu Ehren Peters des Großen gestaltete. Den prachtvollen Thron schuf der französische Silberschmied Nicholas Clausen. – Dem Kleinen Thronsaal folgt die Militärgalerie, mit der Karl Rossi 1826 den Sieg über Napoleon verherrlichte. Da hängen die Porträts der drei verbündeten Monarchen Alexander I. von Rußland, Friedrich Wilhelm III. von Preußen und Franz I. von Österreich sowie Bildnisse von 332 Generalen. – Von der Mitte der Galerie zweigt der Große Thronsaal (St.-Georgs-Saal) ab, der nach einem Entwurf von Quarenghi entstand. 1906 wurde er zum letztenmal für das volle Hofzeremoniell benutzt, noch im selben Jahr tagte hier die neugeschaffene Duma. – Zu den schönsten Räumlichkeiten des Winterpalastes zählt der Pavillon-Saal am Wintergarten, den der deutsche Architekt Stakenschneider geschmackvoll mit kleinen Springbrunnen, farbiger Marmorauskleidung, vergoldeten Balkongittern und 28 verschiedenen Kronleuchtern einrichtete. Der Mosaikboden ist die vereinfachte Kopie eines antiken Bodenmosaiks, das 1850 bei Ausgrabungen in Rom an das Tageslicht kam. Der Saal enthält heute eine Sammlung italienischer Mosaiken des 18. und 19. Jh. Die berühmte ›Pfauenuhr‹, ein Werk des Engländers James Coxe, schenkte Fürst Potjomkin (Potemkin) der Zarin Katharina II.

Acht Säulen und acht Pilaster aus schwarzgrünem Malachit schmücken das berühmte Malachitzimmer, das Karl Brüllow für Alexandra Fjodorowna, die Gattin Nikolajs I., gestaltete. In diesem Zimmer verhafteten die Rotgardisten bei ihrem Sturm auf den Winterpalast am 7. November 1917 die Kerenskij-Regierung. – Das Kleine Weiße Eßzimmer nebenan entwarf Robert Friedrich Meltzer 1894 als intimes Speisezimmer für die Zarenfamilie.

□ Die Ermitage

Heute zählt der Winterpalast unter dem französischen Namen ›Ermitage‹ (=Einsiedelei) zu den größten, schönsten und vielseitigsten Museen der Welt. Die Geschichte dieses Museums begann schon unter Peter dem Großen (1672–1725), der erste Gemälde und Skulpturen für die Ausschmückung seiner Residenz am Ufer der Newa aus dem Westen erwarb. Als seine Frau, die spätere Zarin Katharina I., herrliche Goldschmiedearbeiten aus sibirischen Grabstätten geschenkt bekam, erließ der Zar einen Ukas, nach dem alle in der Erde gefundenen antiken Gegenstände nach St. Petersburg zu bringen seien.

Peters Tochter Elisabeth gründete 1757 die Akademie der Künste und erweiterte die Sammlung ihres Vaters. Aber erst Katharina II. baute diese Sammlung zu einer der kostbarsten Kollektionen aus. Eigentlich interessierte sich die Zarin mehr für die zeitgenössische französische Literatur als für die Künste, sie schwärmte für Voltaire und Diderot. Das änderte sich erst, als sie 1764 von dem Berliner Kaufmann Gotzkowsky 225 Gemälde als Bezahlung seiner Schulden beim russischen Staat erhielt. Die Werke flämischer und holländischer Meister waren für Friedrich den Großen bestimmt, doch der Preußenkönig befand sich nach dem Siebenjährigen Krieg in finanziellen Schwierigkeiten und mußte von dem Kauf Abstand nehmen. Für diese Gemälde ließ Katharina 1764–1765 die Kleine Ermitage neben den Winterpalast bauen, in die sie sich oft zurückzog, um die Bilder zu bewundern.

1768 erwarb Katharina in Brüssel die Sammlung des österreichischen Grafen Karl Cobenzl und 1769 in Dresden die Sammlung des Grafen Heinrich von Brühl. 1772 kaufte sie in Paris die Sammlung Pierre Crozat, 1779 folgte die einzigartige Sammlung des englischen Premierministers Lord Robert Walpole. Hervorragende Kunstkenner berieten die Zarin, allen voran ihr französischer Freund Denis Diderot, dessen pikante Erzählungen und Romane sie mehr begeisterten als seine berühmten philosophischen Schriften, der deutsche Publizist Friedrich Melchior Baron von Grimm, der Bildhauer Etienne Maurice Falconet, der Sammler François Tronchin und Fürst Dmitrij Golizyn, Gesandter in Paris und Den Haag, der die Zarin über alle interessanten Nachlässe und geplanten Kunstauktionen informierte. Die russische Kunst verharrte damals noch in der traditionellen Abhandlung religiöser Themen, die Katharina wenig reizten. Bis 1774 hingen in der Ermitage bereits 2080 Gemälde. »Nur ich und die Mäuse können diese ganzen Herrlichkeiten bewundern«, pflegte die Zarin zu sagen. Doch außer einigen Auserwählten durften schließlich auch die Schüler der Akademie der Künste die Ermitage betreten.

In der Ermitage

Unter den Nachfolgern Katharinas waren es vor allem Alexander I. und Nikolaj I., die die Sammlung erweiterten. 1839 mußte Leo von Klenze für die vielen Neuerwerbungen eine weitere ›Einsiedelei‹, die Neue Ermitage, hinzubauen, die nach ihrer Fertigstellung im Jahr 1852 als Museum der Öffentlichkeit zugänglich gemacht wurde.

Nach der Oktoberrevolution kamen durch die Nationalisierung des Kunstbesitzes zahlreiche Gemälde und Skulpturen aus Schlössern und sonstigen Privatsammlungen nach Petrograd. Die Bestände wurden neu geordnet und auf die Säle der Ermitagen und auch des Winterpalastes verteilt. Das gesamte Museum zählte von nun an unter dem Namen ›Ermitage‹ zu den größten Sammlungen westeuropäischer Kunst. Durch Aufkäufe, Schenkungen und Vermächtnisse erweitern sich die Bestände laufend. Die Erlesenheit der ausgestellten Werke – zur Sammlung gehören beispielsweise 25 Gemälde von Rembrandt, 38 von Rubens, 36 von Picasso und 37 von Matisse – macht die Ermitage zu einem der meistbesuchten und zudem größten Museen der Welt.

Es ist unmöglich, die riesigen Sammlungen der Ermitage an einem Tag kennenzulernen oder auch nur die interessantesten Exponate eingehend zu betrachten. Beim ersten Besuch sollten Sie sich führen lassen, um einen kurzen Überblick über das Museum zu erhalten.

Bis zum Jahr 2005 wird die Ermitage abschnittweise restauriert. Das physikalische und das chemische Laboratorium, die Bibliothek und einige Magazine ziehen in zwei Nachbarhäuser um. Ein Teil des ehemaligen Generalstabsgebäudes (s. S. 231 f.) soll eine ständige Ausstellung von Möbeln, Kostümen, Kutschen usw. aufnehmen. Die Schaffung mehrerer neuer Eingänge wird die Wartezeiten der Kunstbegeisterten vor den Kassen abkürzen, doch mehr als 30 000 Besucher gleichzeitig wird die Ermitage auch im nächsten Jahrhundert nicht fassen können.

Das Museum ist in sechs Abteilungen gegliedert: Die Kunst Westeuropas, Nationale Antiken Rußlands, Kunst und Kultur Rußlands, Antiken des Nahen und Mittleren Ostens (Ägypten, Mesopotamien, Nordufer des Schwarzen Meeres, Byzanz), Klassische Antikensammlung (Griechenland, Rom), Kunst und Kultur der Völker des Ostens (China, Mongolei, Mittlerer Osten, Indien, Japan); hinzu kommt eine Münzen- und Ordenssammlung. Im folgenden eine Auswahl der wichtigsten Exponate:

Die Kunst Westeuropas
(Säle 207–289, 298–301 des 1. Obergeschosses, Säle 314–350 des 2. Obergeschosses)

Italienische Malerei (Säle 207–238)
Simone Martini (um 1284–1344): Madonna aus der Verkündigung
Fra Angelico (1386/87–1455): Madonna mit dem Kind, dem hl. Domenikus und Thomas von Aquino
Perugino (Pietro Vannucci; um 1450–1523): Bildnis eines jungen Mannes
Filippino Lippi (um 1457–1504): Anbetung des Christuskindes
Cima da Conegliano (um 1459–um 1518): Verkündigung
Leonardo da Vinci (1452–1519): Madonna mit der Blume; Madonna mit dem Kind (Madonna Litta)
Correggio (Antonio Allegri, 1494–1534): Weibliches Bildnis
Giorgione (um 1478–1510): Judith
Tizian (1485/90–1576): Die büßende Maria Magdalena; Danae; Die Kreuztragung; Der hl. Sebastian
Paolo Veronese (1528–1588): Diana; Die Anbetung der Könige; Pietà
Raffael (1483–1520): Madonna mit dem Kind (Madonna Conestabile); Die heilige Familie
Michelangelo (1475–1564): Hockender Knabe (Marmor)
Caravaggio (1571–1610): Der Lautenspieler
Giuseppe Maria Crespi (1665–1747): Selbstbildnis; Szene im Keller
Francesco Guardi (1712–1793): Stadtansicht
Giovanni Battista Tiepolo (1696–1770): Maecenas stellt Kaiser Augustus die Freien Künste vor
Canaletto (1697–1768): Ankunft des französischen Gesandten in Venedig

Spanische Malerei (Säle 239–240)
Luis de Morales (um 1510/15–1586): Madonna mit dem Kind und einem Spinnrocken
El Greco (1541–1614): Die Apostel Petrus und Paulus
Juan Pantoja de la Cruz (1553–1608): Bildnis des Don Diego de Villamayor
Diego Velázquez (1599–1660): Frühstück; Bildnis des Grafen Olivares
José de Ribera (1591–1652): Der hl. Sebastian und die hl. Irene
Francisco de Zurbarán (1598–1664): Kindheit der Jungfrau Maria
Bartolomé Esteban Murillo (1617–1682): Unbefleckte Empfängnis; Ruhe auf der Flucht nach Ägypten; Knabe mit Hund

Flämische Malerei (Säle 245–247)
Jacob Jordaens (1593–1678): Der Bohnenkönig
Frans Snyders (1579–1657): Fischladen; Früchte in einer Schale auf rotem Tuch
David Teniers d. J. (1610–1690): Ansicht in der Umgebung von Brüssel
Jan Fyt (1611–1661): Jagdbeute
Anthonis van Dyck (1599–1641): Familienbildnis; Bildnis Elisabeth und Philadelphia Wharton (?)

Peter Paul Rubens (1577–1640): Statue der Ceres; Bündnis der Erde und des Wassers; Perseus und Andromeda; Bildnis einer Kammerfrau der Infantin Isabella; Landschaft mit Regenbogen

Holländische Malerei (Säle 254–262)
Rembrandt Harmensz van Rijn (1606–1669): Flora; Danae; Davids Abschied von Jonathan; Bildnis einer alten Frau; Bildnis eines alten Mannes in Rot; Die Heimkehr des verlorenen Sohnes
Frans Hals (um 1580–1666): Bildnis eines jungen Mannes mit Handschuh
Willem Claesz Heda (1594–1680/82): Frühstück mit Hummer
Pieter Claesz (1596–1661): Frühstück mit Schinken
Adriaen van Ostade (1610–1685): Rauferei
Philip Wouwerman (1619–1668): In der Umgebung von Haarlem
Jan Porcellis (um 1584–1632): Schiffe auf dem Meer an einem trüben Tag
Balthasar van der Ast (um 1594–1657): Stilleben mit Früchten, Blumen und Papageien
Jacob van Ruisdael (1628/29–1682): Der Sumpf
Gerard Terborch (1617–1681): Ein Glas Limonade
Jan Steen (1626–1679): Die Zecher
Pieter Janssens (?–vor 1652): Zimmer in einem holländischen Haus
Lucas van Leyden (1489/1494–1533): Heilung des Blinden von Jericho (Triptychon)
Lucas van Valckenborch (um 1530–1597): Landschaft mit Dorffest
Dirk Jacobsz (um 1497–1567): Gruppenbildnis der Amsterdamer Schützengilde
Frans Floris (um 1520–1570): Studie eines Frauenkopfes

Deutsche Malerei (15. bis 18. Jh.)
(Säle 263–268)
Ambrosius Holbein (um 1495–um 1519): Bildnis eines jungen Mannes

Ambrosius Holbein (um 1495–um 1519): Bildnis eines jungen Mannes

Lucas Cranach d. Ä. (1472–1553): Madonna mit dem Kind unter dem Apfelbaum; Weibliches Bildnis
Bartholomäus Bruyn (1493–1555): Bildnis einer Dame mit ihrer Tochter
Anton Raphael Mengs (1728–1779): Perseus und Andromeda
Franz Anton Maulpertsch (1724–1796): Der Apostel Philippus tauft einen Eunuchen

Französische Malerei (17. und 18. Jh.)
(Säle 275–289)
Brüder Le Nain (erste Hälfte des 17. Jh.): Die Familie der Milchverkäuferin
Laurent de la Hyre (1606–1656): Merkur übergibt Bacchus den Nymphen zur Erziehung
Nicolas Poussin (1594–1665): Tankred und Hermine; Landschaft mit Polyphem

Claude Lorrain (1600–1682): Landschaft mit Apollo und der cumäischen Sibylle; Der Morgen; Der Mittag
Antoine Watteau (1684–1721): Schauspieler der Comédie Française; Ein verwirrender Antrag; Die Schmollende
François Boucher (1703–1770): Pastorale; Landschaft mit einem Teich; Landschaft in der Umgebung von Beauvais
Jean-Baptiste Greuze (1725–1805): Der Paralytiker oder Früchte einer guten Erziehung; Das verwöhnte Kind
Jean-Honoré Fragonard (1732–1806): Der heimliche Kuß

Englische Malerei (Säle 298–302)
Joshua Reynolds (1723–1792): Amor löst Venus den Gürtel

Joshua Reynolds (1723–1792): Amor löst Venus den Gürtel

Thomas Gainsborough (1727–1788): Dame in Blau
George Morland (1763–1804): Gewitter im Anzug
Thomas Lawrence (1769–1830): Bildnis der Lady Emily Harriet Fitzroy; Bildnis Michail Woronzow
George Dawe (1781–1829): Bildnis Alexander Schischkow
Richard Parkes Bonington (1801–1828): Boote am Ufer

Französische Malerei (19. Jh.)
(Säle 315–332)
Antoine Jean Gros (1771–1835): Bonaparte auf der Brücke bei Arcole
François Gérard (1770–1837): Bildnis Joséphine
Marguerite Gérard (1761–1837): Die ersten Schritte
Louis Léopold Boilly (1761–1845): Billard
Pierre Narcisse Guérin (1774–1833): Morpheus und Iris
Pierre Paul Prud'hon (1758–1823): Unschuld, die Liebe dem Reichtum vorzieht; Kinder mit einem Kaninchen
Jacques-Louis David (1748–1825): Sappho und Phaon
Eugène Delacroix (1793–1863): Löwenjagd in Marokko; Marokkaner, sein Pferd sattelnd
Jean Auguste Dominique Ingres (1780–1867): Bildnis des Grafen Nikolaj Gurjew
Théodore Rousseau (1812–1867): Markt in der Normandie
Horace Vernet (1789–1863): Selbstbildnis
Thomas Couture (1815–1879): Badendes Mädchen
Jean Louis Ernest Meissonier (1815–1891): Musketier
Pierre Puvis de Chavannes (1824–1898): Dorffeuerwehr
Constant Troyon (1810–1865): Aufbruch zum Markt
Charles-François Daubigny (1817–1878): Das Ufer der Oise
Gustave Courbet (1819–1877): Landschaft mit einem toten Pferd

Jean-François Millet (1814–1875): Reisigträgerinnen
Camille Corot (1796–1875): Bäume im Sumpf; Im Wald oder Bäuerin mit Kuh
Pierre Auguste Renoir (1841–1919): Bildnis der Schauspielerin Jeanne Samary; Dame in Schwarz; Kind mit Peitsche; Mädchen mit Fächer

Pierre Auguste Renoir (1841–1919): Dame in Schwarz

Edgar Degas (1834–1917): Sich abtrocknende Frau; Sich kämmende Frau; Tänzerinnen
Alfred Sisley (1839–1899): Dorf am Ufer der Seine; Windiger Tag in Veneux; Flußufer in Saint-Mammés
Claude Monet (1840–1926): Dame im Garten; Teich in Montgeron; Gartenwinkel in Montgeron; Heuschober in Giverny; Mohnblumenfeld
Paul Cézanne (1839–1906): Mädchen am Klavier; Blumenstrauß in der Vase; Selbstbildnis mit Schirmmütze; Das Ufer der Marne; Der Raucher; Große Kiefer bei Aix; Mont Sainte-Victoire; Stilleben mit Draperie; Blaue Landschaft
Camille Pissarro (1830–1903): Boulevard Montmartre in Paris; Place du Théâtre Français in Paris
Vincent van Gogh (1853–1890): Arena in Arles; Erinnerungen an den Garten in Etten; Der Fliederstrauch; Hütten
Paul Signac (1863–1935): Der Hafen von Marseille
Henri Rousseau (1844–1910): Im tropischen Wald; Luxembourg-Garten; Ansicht der Befestigungsanlagen beim Vanves-Tor
Paul Gauguin (1848–1903): Gespräch; Tahitische Pastorale; Die Frau mit der Frucht; Wundertätige Quelle; Das Kind – Bé Bé; Das Idol

Deutsche Malerei (19. und 20. Jh.)
(Säle 338–339)
Joseph Anton Koch (1768–1839): Das Kloster San Francesco im Sabinergebirge bei Rom
Karl Begas (1794–1854): Bildnis Bertel Thorvaldsen
Johann Friedrich Overbeck (1789–1869): Der Triumph der Religion in den Künsten
Caspar David Friedrich (1774–1840): Auf dem Segler; Hafen in der Nacht; Mondaufgang am Meer; Morgen im Gebirge; Riesengebirge
Carl Spitzweg (1808–1885): Lange Unterhaltung
Hans von Marées (1837–1887): Grottenhof der Münchner Residenz
Wilhelm Leibl (1844–1900): Schlafender Savoyardenknabe
Franz von Lenbach (1836–1904): Bildnis Wilhelm Busch
Max Liebermann (1847–1935): Mädchen auf dem Feld
Heinrich Campendonk (1889–1957): Mensch und Tiere in der Natur

Französische Malerei (20. Jh.)
(Säle 343–350)
Pablo Picasso (1881–1973): Die Absinthtrinkerin; Schwestern; Knabe mit Hund; Komposi-

tion mit einem Schädel; Karaffe und Schüsseln; Tanz mit Schleiern; Die Dryade; Drei Frauen; Violine und Gitarre
Henri Matisse (1869–1954): Ansicht von Collioure; Das rote Zimmer; Gespräch; Familienbildnis; Der Tanz; Die Musik; Bildnis der Gattin des Künstlers
Maurice de Vlaminck (1876–1958): Ansicht der Seine; Städtchen am Ufer eines Sees
André Derain (1880–1954): Hafen; Weg im Gebirge; Tisch und Stühle; Bildnis eines Unbekannten mit Zeitung; Martigues
Kees van Dongen (1877–1968): Tänzerin in Rot; Dame mit schwarzem Hut; Lucie und ihr Partner
Georges Rouault (1871–1958): Frauen
Pierre Bonnard (1867–1947): Landschaft mit Güterzug; Morgen in Paris; Abend in Paris; Frühlingsanfang; Das Mittelmeer, Triptychon
Maurice Denis (1870–1943): Martha und Maria; Frühlingslandschaft mit Figuren; Psyche und Amor
Jean Edouard Vuillard (1888–1940): Kinder
Ker Xavier Roussel (1867–1944): Bauernkirmes
Felix Vallotton (1865–1925): Interieur

Nationale Antiken Rußlands
(Säle 11–69 des Erdgeschosses, Westflügel des Winterpalastes)

Vom Paläolithikum bis zur Eisenzeit
Säle 11–14: Funde aus Santani-Dar in Armenien, Malta bei Irkutsk, Karelien, Mittelrußland, Ural. Tripolje-Kultur (Ukraine um 3000 v. Chr.). Funde aus dem Fürstengrab von Majkop (Kaukasus)
Säle 15–21: Funde aus Gräbern von skythischen Königen und Fürsten (Skythenschatz, nur Kopien, die Originale befinden sich in der Schatzkammer des Winterpalastes). Geräte, Waffen, Schmuck aus befestigten Siedlungen am Dnjepr, Bug und Dnjestr (7.–2. Jh. v. Chr.).
Säle 22–33: Kultur des Altai, Funde aus den Fürstengräbern von Pazyryk, Tuekta und Baschadar, darunter der älteste Teppich der

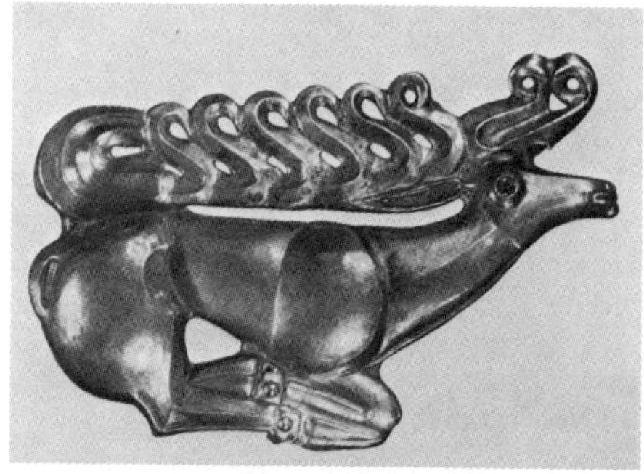

Skythenschatz. Beschlag in Gestalt eines Hirsches (Anfang 6. Jh. v. Chr.)

Welt (5. Jh. v. Chr.). Kunst der Sarmaten, der finnisch-ugrischen, baltischen und slawischen Völker vom 7. Jh. v. Chr. bis zum 12. Jh. n. Chr.

Kunst und Kultur der Völker Zentralasiens
Säle 34–54: Funde und kunstgewerbliche Gegenstände vom 4. Jt. v. Chr. bis zur Gegenwart.
Säle 67–69: Kunst und Kultur der Goldenen Horde (13. und 14. Jh.).

Kunst und Kultur der Völker des Kaukasus
Säle 55–66: Urartäische Funde vom Vansee (8.–7. Jh. v. Chr.), aus Georgien, Armenien und Dagestan (3. Jh. v. Chr.–19. Jh. n. Chr.).

Kunst und Kultur Rußlands
Säle 143–189 des ersten Obergeschosses sowie die Prunksäle des Winterpalastes (s. S. 223). Die Exponate umfassen den Zeitraum vom 6. bis zum 19. Jh.

Antiken des Nahen und Mittleren Ostens
(Säle 85–91, 100, 115–117 und 120)
Die Abteilung gliedert sich in die Bereiche Altägypten (4. Jt. v. Chr.–6. Jh. n. Chr.), Mesopotamien, Assyrien und benachbarte Gebiete (4. Jt. v. Chr.–3. Jh. n. Chr.), antike Städte am Nordufer des Schwarzen Meeres (7. Jh. v.

Chr.–3. Jh. n. Chr.) und Byzantinische Kunst (4.–15. Jh.). Die interessantesten Ausstellungsstücke sind die Monumentalstatue des Pharaos Amenemhet III. (1841–1797 v. Chr.), der Papyrus ›Die Mär von dem Schiffbrüchigen‹ (19. Jh. v. Chr.), ein Skarabäus mit den Taten Amenophis' III. (1402–1364 v. Chr.), koptische Gewebe (4.–6. Jh.), eine sumerische Handschrift (um 3300 v. Chr.), das Steuergesetz von Palmyra (137 n. Chr.), Funde aus den griechischen Kolonien Olbia und Chersones am Schwarzen Meer (6.–5. Jh. v. Chr.), die Goldmaske des Statthalters von Pantakapaion (Kertsch auf der Krim, 3. Jh. n. Chr.) und schließlich die berühmte ›Gonzaga-Kamee‹ (3. Jh. v. Chr.) mit der Darstellung des ägyptischen Königs Ptolemaios II. Philadelphos und seiner Gemahlin Arsinoë.

Klassische Antikensammlung
(Säle 102, 106–114, 121, 127–131)
Griechische Vasen und Skulpturen von der archaischen bis zur hellenistischen Periode, darunter die Taurische Venus, die römische Kopie eines griechischen Werkes aus dem 3. Jh. v. Chr. (Saal 109). Peter der Große hatte die Statue 1720 nach langen Verhandlungen mit Papst Klemens XI. im Tausch gegen die Reliquien einer Heiligen erworben. Katharina II. schenkte sie zusammen mit dem Taurischen Palais (s. S. 236 ff.) – daher Taurische Venus – ihrem Liebhaber Potjomkin.

Die Besichtigung der Säle 122–126, der Schatzkammer des Winterpalastes, ist nur mit Sondergenehmigung möglich, die im allgemeinen nur Wissenschaftlern erteilt wird. Die Schatzkammer bewahrt die Originale des Skythenschatzes, Goldfunde aus griechischen Grabstätten und Goldschmiedearbeiten des 16.–19. Jh. Kopien befinden sich in den entsprechenden Abteilungen der Ermitage.

Kunst und Kultur der Völker des Ostens
(Säle 351–360, 365–371, 375–376, 381–397 des zweiten Obergeschosses)
Diese Abteilung enthält Exponate aus China, der Mongolei, dem Iran, dem Irak, aus Syrien, der Türkei, Indien, Japan und anderen asiatischen Ländern. Besonders sehenswert sind die indischen Miniaturen aus dem 17. und 18. Jh. sowie alte indische Waffen (Säle 369 und 370).

Vom Schloßplatz zum Smolnyj

Der **Schloßplatz** (Dworzowaja Ploschtschad; ДВОРЦОВАЯ ПЛ.) vor dem Winterpalast ist die schönste und historisch reichste Platzanlage St. Petersburgs. Niemand vermag sich heute mehr vorzustellen, daß es unter der Zarin Anna (1730–1740) verboten war, hier Hasen zu schießen. In den ersten Herrschaftsjahren der Zarin Elisabeth (1741–1762) wuchs an dieser Stelle noch Hafer. Mit dem Baubeginn des Winterpalastes (1754) aber füllten sich die Äcker mit Bauhütten und Materialien, Werkstätten und Wohnbaracken. Und als der Palast 1762 fertiggestellt war, überließ man den Platz der Petersburger Bevölkerung zur Plünderung; schon am folgenden Tag war die Baustelle blankgefegt.

Nach dem Krieg von 1812 ließ die Regierung alle Häuser, die inzwischen südlich vom Winterpalast entstanden waren, abbrechen. 1819 erhielt der Architekt Karl Rossi den Auftrag, den Platz neu zu gestalten. Er umgab die Südseite des Schloßplatzes mit dem Halbrund zweier Gebäudetrakte, dem **Generalstabsgebäude,** die ein Triumphbogen zum Gedenken an den Sieg über Napoleon verbindet (Farbt. 19). Als Schmuck wählten die

Bildhauer Stepan Pimenow und Wassilij Demut-Malinowskij Kompositionen aus Waffen und Figuren, die den Ruhm Rußlands darstellen. Der dem Palast zugewandte Bogen wird von einem Sechsergespann mit der geflügelten Siegesgöttin gekrönt. Als westliche Experten die Haltbarkeit des 28 m hohen und 17 m weiten Bogens mit seiner 16 t schweren Skulpturenlast bezweifelten, kletterte Rossi an dem Tag, an dem das Baugerüst entfernt werden sollte, auf die Spitze des Bogens und rief: »Wenn der Bogen stürzt, stürze ich mit ihm.« Der Triumphbogen hält noch heute. 1829 zogen in den 580 m langen Gebäudekomplex der Generalstab der russischen Armee sowie das Außen- und das Finanzministerium ein. Heute sind hier Dienststellen der Petersburger Stadtverwaltung untergebracht.

1834 stellte Auguste Montferrand die **Alexandersäule** in die Mitte des Schloßplatzes, ebenfalls als Ruhmeszeichen des Zaren Alexander I. In dreijähriger Arbeit schlugen Steinmetzen den monolithischen Säulenschaft aus einem Granitfelsen an der karelischen Küste des Finnischen Meerbusens und beförderten ihn auf einem eigens konstruierten Lastkahn nach St. Petersburg. 1200 Baumstämme, tief in den unsicheren Boden des Schloßplatzes gerammt, bildeten das Fundament für die fast 600 t schwere Säule. Binnen 100 Minuten stellten 2000 Veteranen der Napoleonischen Kriege die Säule mit Hilfe von Rampen, Flaschenzügen und Kränen auf den Sockel. Nicht einmal Bomben- und Granatsplitter des Zweiten Weltkrieges vermochten den unverankerten Monolithen aus dem Gleichgewicht zu bringen.

Den Engel auf der Spitze der 47,5 m hohen und über 3 m dicken, rosafarbenen Säule – sein Gesicht soll dem des Zaren ähneln – goß der Bildhauer Boris Orlowskij. Die Reliefs auf dem Sockel entwarf der Bildhauer G. Scotti: Auf der Nordseite erscheinen Personifikationen der Flüsse Wisla (Weichsel) und Neman (Memel), die bei der Verfolgung der Grande Armée Napoleons eine wichtige Rolle spielten, im Westen Symbole des Friedens und der Gerechtigkeit, im Süden und Osten Allegorien der Weisheit und des Überflusses, des Sieges und des Friedens. Den schönsten Blick auf Säule und Winterpalast haben Sie, wenn Sie von der Herzenstraße (Uliza Gerzena, УЛ. ГЕРЦЕНА) aus durch den Triumphbogen des Generalstabsgebäudes blicken.

Die Ostseite des Schloßplatzes begrenzt das **Gebäude des ehemaligen Gardekorps,** erbaut 1837–1840 von dem Architekten Aleksandr Brüllow, einem Bruder des berühmten Malers Karl Brüllow.

Zwei Ereignisse von größter historischer Tragweite fanden auf dem Schloßplatz statt, die zum Sturz des russischen Zarentums und zur Geburt der Sowjetunion führten: der ›Blutsonntag‹ am 9. (22.) Januar 1905 (s. S. 211) und der Sturm der Revolutionäre auf den Winterpalast am 25. Oktober (7. November) 1917 (s. S. 212).

Vom Wintergraben aus, der das Flüßchen Mojka mit der Newa verbindet, folgen Sie dem Schloßkai (Dworzowaja Nabereschnaja, ДВОРЦОВАЯ НАБ.) stromaufwärts bis zum **Marmorpalais,** das der italienische Architekt Antonio Rinaldi 1768–1785 im Auftrag Katharinas II. errichtete. Die Zarin wollte das Palais ihrem Günstling, dem Grafen und Reichsfürsten Grigorij Orlow, schenken, doch der starb bereits 1783. Später gehörte das Marmorpalais nacheinander mehreren Großfürsten. Von 1937 bis 1991 beherbergte es die

Leningrader Abteilung des Zentralen Lenin-Museums in Moskau, heute wird es als **Historisches Museum** der Stadt St. Petersburg genutzt. 1995 stiftete der deutsche Kunstmäzen Peter Ludwig in einem Teil des großen Gebäudes ein ›Museum Ludwig‹ mit moderner russischer und internationaler Kunst. Rinaldi entwarf das Gebäude im Übergangsstil zwischen Barock und Klassizismus. Seine Fassaden und die Innenausstattung bestehen aus 32 Marmorarten, die der Architekt in russischen, finnischen, griechischen und italienischen Steinbrüchen bestellte. Das Äußere zeigt sich recht schlicht in grauem Gewand, nur die dem Garten zugewandte Eingangsfassade schmücken korinthische Pilaster in blaßrosa Marmor.

Die **Dreifaltigkeitsbrücke** (Troizkij Most; ТРОИЦКИЙ МОСТ) verbindet die Petrograder Seite mit der Großen Seite. Die mit fast 1000 m längste Brücke Petersburgs, die 1897 eine Pontonbrücke ablöste, endet auf dem Suworow-Platz (Suworowskaja Ploschtschad; СУВОРОВСКАЯ ПЛ.) mit dem **Suworow-Denkmal.** Aleksandr Suworow (1729/30–1800) zählt zu den größten Feldherren Rußlands. Unter Katharina II. kämpfte er erfolgreich gegen die Türken und vertrieb nach seinem aufsehenerregenden Übergang über den St. Gotthard im Winter 1799 die Franzosen aus Oberitalien. Der Bildhauer Michail Koslowskij stellte 1801 statt des Marschalls den Kriegsgott Mars in Helm und Harnisch, mit Schwert und Schild auf den Sockel. Der Schild mit dem Staatswappen Rußlands beschirmt die Kronen der Könige von Neapel und Sardinien und auch die päpstliche Tiara.

An den Suworow-Platz schließt sich das **Marsfeld** (Marsowo Polje) mit dem Ehrenmal für die Toten der Revolution an. Das rund 10 ha große Feld wurde schon unter Peter dem Großen entsumpft und für Militärparaden genutzt. Hier feierten die Petersburger die russischen Siege mit vielfältigen Vergnügungen, immer endeten die Volksfeste mit einem riesigen Feuerwerk. Als Rastrelli 1743 für die Zarin Elisabeth am Rande des Feldes einen Sommerpalast in Holzbauweise errichtete, wurde aus dem ›Vergnügungsplatz‹ die ›Wiese der Zarin‹. Paul I. verwandelte das Feld in einen Exerzierplatz für seine Garde, was den neuen Namen ›Marsfeld‹ rechtfertigte. 1917 eröffneten hier Gewehrsalven des Pawlowschen Garderegiments, das sich offen auf die Seite des aufständischen Volkes gestellt hatte, die Februarrevolution. Am 23. März wurden die 180 in den Kämpfen gefallenen Soldaten und Arbeiter feierlich auf dem Marsfeld beigesetzt. Wenige Monate später fanden auch die Toten der Oktoberrevolution hier ihre letzte Ruhestätte.

Die Westseite des Marsfeldes begrenzt die **Kaserne des Pawlowschen Garderegiments,** die der Architekt Wassilij Stassow 1817–1820 im Stil des russischen Klassizismus erbaute. Das von Paul I. gegründete Regiment hatte sich im Krieg gegen Napoleon ausgezeichnet. Heute befindet sich in der Kaserne die Hauptverwaltung der St. Petersburger Energieversorgung.

Der Gebäudekomplex am Kutusow-Kai nördlich vom Marsfeld besteht aus dem **Palais Saltykow** (Architekt Giacomo Quarenghi) und dem **Palais Bezkoj** (Architekt Jurij Veldten), das heute ein Kulturinstitut beherbergt. Das Palais Saltykow bewohnte um 1830 der österreichische Gesandte Ficquelmont, dessen Gattin Dolly eine Enkelin des Feld-

Zum Schutz vor dem feuchten Winterklima verhüllte Marmorskulptur im Sommergarten

marschalls Kutusow war. Dolly Ficquelmont, eine charmante und geistreiche Gastgeberin, verstand es, ihren Salon zu einem beliebten Treffpunkt für bedeutende Politiker und Literaten zu machen; bei ihr verkehrte auch Puschkin.

Im Osten trennt der Schwanenkanal (Lebjaschja-Kanal) das Marsfeld vom **Sommergarten Peters des Großen.** Schon 1704, ein Jahr nach der Stadtgründung, als Peter noch in seinem Holzhäuschen unweit der Peter-Paul-Festung wohnte, ließ der Zar die Parkanlage von Domenico Trezzini mit Unterstützung der bekanntesten Gartenarchitekten Westeuropas gestalten. Aus Kiew und Nowgorod kamen Eichen, Linden und Ulmen, aus dem Ural Zedern und Tannen, aus Amsterdam Blumensamen und Tulpenzwiebeln. Mit großem Eifer kümmerte sich Peter selbst um den Garten, der sich damals bis zum Newskij Prospekt und zum Gribojedow-Kanal erstreckte; er besorgte sich aus Frankreich und Holland Fachliteratur über Gartenbau und Parkarchitektur, beaufsichtigte den Bau der Pavillons, Tiergehege, Volieren, Labyrinthe und der rund fünfzig Fontänen. Der Flußarm, der die Fontänen speiste, wurde nach ihnen Fontannaja, später Fontanka genannt. 1777 vernichtete eine Überschwemmung, die ganz Petersburg schwere Schäden zufügte, die Gartenbauten und die Fontänen. Heute hat der weitgehend restaurierte Sommergarten nur noch eine Ausdehnung von 11,7 ha und wird von der Newa, der Fontanka, der Mojka und dem Schwanenkanal umgrenzt. Nach wie vor gehört der Garten mit seinen hohen, schattenspendenden Bäumen, seinen duftenden Blumenrabatten und seinen reizvollen Skulpturen zu den schönsten Parkanlagen St. Petersburgs.

Zum Kutusow-Kai hin schließt ein in Schwarz und Gold gehaltenes Gitter den Sommergarten ab. Dieses Meisterwerk der Schmiedekunst entstand 1771–1784, also unter Katharina der Großen, nach Entwürfen der Architekten Jurij Veldten und Pjotr Jegorow. 36 von Vasen und Urnen gekrönte Granitsäulen geben dem schwerelos wirkenden Filigran des Gitters Halt. Die Fremdenführer berichten, daß zu Beginn des 19. Jh. ein englischer Lord mit seiner Jacht nach Petersburg kam, vor dem Zaun den Anker warf und nach mehreren Stunden wieder nach London zurücksegelte. Auf die fragenden Blicke seiner erstaunten Crew antwortete er, daß der Zweck seiner Reise erfüllt sei, denn es gebe auf der Welt nichts Schöneres als dieses Gitterwerk.

In der Nordostecke des Sommergartens, wo die Fontanka von der Newa abzweigt, steht Peters **Sommerpalast**, ein bescheidenes zweistöckiges Haus, das Trezzini 1710–1714 im holländischen Stil errichtete; der Bauschmuck wird Andreas Schlüter zugeschrieben.

Erdgeschoß und Obergeschoß besitzen dieselbe Raumaufteilung: je sechs Wohnräume, eine Küche, ein Flur und ein Anrichteraum mit Speisenaufzug. Peter I. bewohnte das untere Stockwerk, seine Gemahlin Katharina I. das obere. Seit 1934 ist der Sommerpalast ein Museum mit Exponaten aus der Herrschaftszeit des Zaren (Gemälde, Stiche, Uhren, Navigationsgeräte, intarsiertes Mobiliar, venezianische und englische Spiegel, Kachelöfen usw.). Neben dem Haus weisen Steinreste auf den Anlegeplatz von Peters Booten hin.

Das Teehäuschen neben dem Palast entwarf der Architekt Louis Charlemagne (1827). In der Nähe erinnert ein Denkmal an den russischen Fabeldichter Iwan Krylow (1768–1844), ein Werk des Bildhauers Peter Klodt von Jürgensburg (1855). Auf dem Denkmalssockel erkennen Sie Gestalten der bekanntesten Krylowschen Fabeln.

Das Kaffeehäuschen am Ufer der Fontanka baute Karl Rossi 1826 an der Stelle einer verfallenen Grotte. Ein schöner Stuckfries nach Entwürfen des Bildhauers Wassilij Demut-Malinowskij umzieht den Bau, in dem heute kleine Ausstellungen, Lesungen und Kammerkonzerte stattfinden.

Von den zahlreichen Skulpturen, die Peter I. in ganz Europa aufkaufte oder in Auftrag gab, haben nur etwa 100 die Flut von 1777 überdauert. Dazu gehören die Büste des polnischen Königs Jan Sobieski, der durch seinen Sieg am Kahlenberg (1683) Wien von der türkischen Belagerung befreite (Palastallee), die Büste der schwedischen Königin Christine (Hauptallee) und die reizvolle Skulpturengruppe ›Amor und Psyche‹ (neben der Terrasse am Schwanenkanal). Gegen 1820 erhielt »anständig gekleidetes Publikum« Zutritt zu der Sommerresidenz Peters I.

Am Südende des Sommergartens überqueren Sie die Mojka und treffen auf das **Ingenieurschloß** (Inschenernyj Samok), einen Bau voll düsterer Geschichte. Schon bald nach seiner Thronbesteigung im Jahr 1796 beauftragte der psychisch kranke Paul I. den Architekten Wassilij Baschenow, ihm ein befestigtes Schloß zu bauen, in dem er sich sicher fühlen könne. Baschenow widerstrebte es, ein düsteres Kastell mit einem System von Geheimgängen, Verstecken und verborgenen Räumen zu entwerfen, und er war froh, als sein Kollege Vincenzo Brenna die Bauleitung übernahm. Brenna versuchte, die finstere Gestalt dieses architektonischen Fremdkörpers im heiteren Stadtbild Petersburgs durch äußere Schmuckelemente und durch eine lachsrote Farbgebung zu mildern. Doch Wassergräben mit Zugbrücken, die neben der Fontanka und der Mojka das Schloß umgaben, ließen keinen Zweifel am militärischen Charakter des Bauwerks. Im Schutz seiner Leibgarde fühlte sich der Zar am wohlsten, und doch waren es seine Offiziere, die ihn 1801, nur 40 Tage nach seinem Einzug in das Schloß, im Schlafzimmer ermordeten.

Die nach Süden gerichtete Hauptfassade beherrscht ein Mittelrisalit mit gebündelten ionischen Säulen unter einem Giebel. Aus der Westfassade springt die St.-Michaels-Kapelle mit kleiner Kuppel und vergoldeter Turmspitze hervor. Diese Kapelle gab dem Bau den Namen ›Michaelsschloß‹. 1823 bezog die Petersburger Militäringenieur-Akademie das Gebäude, das seitdem ›Ingenieurschloß‹ genannt wird. Heute befinden sich darin mehrere städtische Institutionen, darunter das Wissenschaftliche Forschungsinstitut für technische Ästhetik.

Auf dem Platz vor dem südlichen Haupteingang des Ingenieurschlosses steht das **Reiterdenkmal Peters des Großen,** das Bartolomeo Carlo Rastrelli, der Vater des berühmten Architekten Bartolomeo Francesco Rastrelli, 1743–1744 im Auftrag der Zarin Elisabeth schuf. Aber weder Elisabeth noch Katharina II. gefiel das grimmige Porträt des großen Zaren. Dagegen fand es den Gefallen Pauls I., der das Standbild im Jahr 1800 vor seinem Schloß aufstellen ließ und ihm die Widmungsinschrift »Dem Urgroßvater der Urenkel. 1800« gab.

Jenseits der Fontanka zieht sich die Schpalernaja Uliza (ШПАЛЕРНАЯ УЛ.) fast parallel zur Newa ostwärts (Metrostation: Tschernyschewskaja, ЧЕРНЫШЕВСКАЯ). Früher befanden sich hier zahlreiche Gobelinmanufakturen. Am Westende der Schpalernaja Uliza fällt ein marmorverkleidetes Palais auf, das der Fürstin Jurjewskaja gehörte, die mit Alexander II. (1855–1881) in morganatischer Ehe verbunden war. Seit 1927 ist hier das **Institut für Arbeitsschutz** untergebracht. – Die langgestreckte Fassade mit dem wuchtigen Achtsäulenportikus ein Stück weiter ostwärts gehört zu den ehemaligen **Kasernen des Kavallerie-Garderegiments,** die 1803–1806 der Architekt Luigi Rusca baute.

Auf derselben Straßenseite steht das **Taurische Palais,** das Katharina II. ihrem Ratgeber, Liebhaber und lebenslangen Freund Reichsfürst Grigorij Potjomkin (Potemkin) schenkte. Mit seiner wohlproportionierten Fassade, den narzissengelben Wänden, den weißen Säulen und dem grünen Dach zählt das Palais zu den schönsten klassizistischen Bauwerken Rußlands. Potjomkin hatte 1783 die Krim den Türken entrissen und war dafür zum Fürsten Tawritscheskij (von Taurien = Krim) ernannt worden. Zugleich beauftragte die Zarin den Architekten Iwan Starow, einen der Begründer der klassizistischen Baukunst in Rußland, für Potjomkin den Palast zu bauen (1783–1789). Potjomkin gelang

Taurisches Palais

es, die Krim innerhalb weniger Jahre zu kolonisieren und drei neue Städte, Cherson, Sewastopol und Jekaterinoslaw, zu gründen. Als Katharina II. 1787 in Potjomkins Begleitung die Krim besuchte, war sie von den Ergebnissen seiner Siedlungspolitik tief beeindruckt. Seine Neider aber sprachen von ›Potemkinschen Dörfern‹, von Dorfattrappen, die der Fürst auf dem Reiseweg der Zarin hatte aufstellen lassen.

Hinter dem Hauptportikus aus zweimal sechs unkannelierten dorischen Säulen, der sich der Schpalernaja Uliza zuwendet, liegt die große Vorhalle, die in einen oktogonalen Kuppelsaal mit 16 ionischen Marmorsäulen überleitet. Die Kuppel ist so flach, daß man den Palast oft mit dem römischen Pantheon verglich. An den Kuppelsaal grenzt der 75 m lange Katharinensaal, in dem jenes berühmte Fest stattfand, das Potjomkin am Neujahrstag 1791 zu Ehren seiner Zarin veranstaltete, um deren Gunst zurückzugewinnen. Prächtige Räume, die sorgfältig restauriert und mit dem originalen Mobiliar ausgestattet wurden, flankieren Vorhalle und Kuppelsaal: der Gobelin-Saal, der Chinesische Salon und die Gemäldegalerie. Außerdem führte der Katharinensaal in einen riesigen Wintergarten, etwa 38 m breit und 17 m tief, unter dessen Glasdach inmitten von exotischen Gewächsen tropische Vögel herumflatterten. Ein Grisaillefries läuft um die Decke. Den Zentralteil des Palais verbinden Flügel mit je einem zweigeschossigen Pavillon.

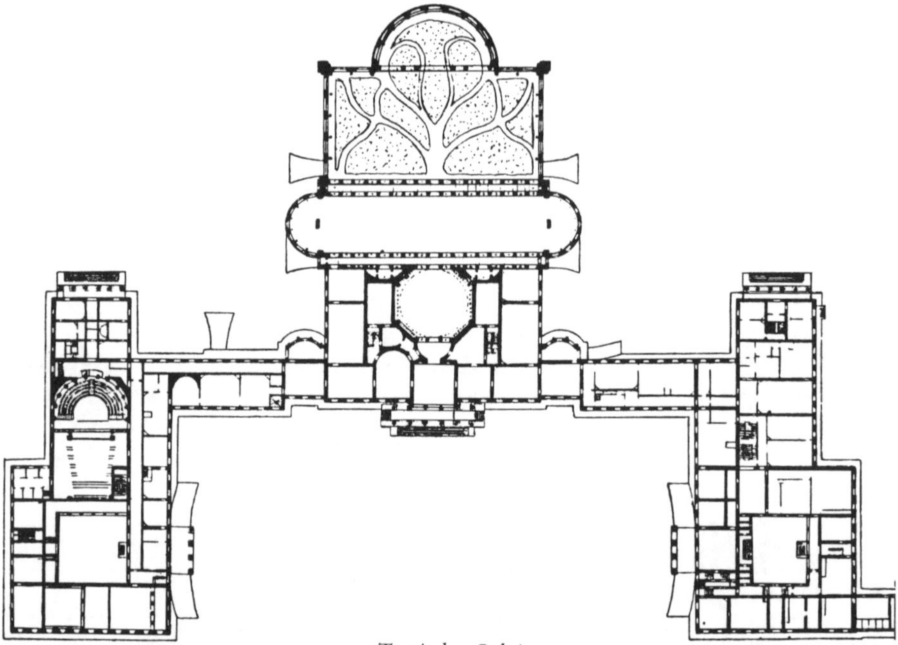

Taurisches Palais

Nach Potjomkins Tod im Jahr 1791 übernahm Katharina die Große die beträchtlichen Schulden ihres Freundes und auch das Taurische Palais, in dem sie jeweils im Frühling und im Herbst residierte. Paul I., der 1796 nach Katharinas Tod den Thron bestieg, haßte alles, was mit dem Günstling seiner Mutter zusammenhing, ließ die kostbare Einrichtung in sein neues Michaelsschloß (Ingenieurschloß, s. S. 235 f.) bringen und verwandelte das Taurische Palais in eine Kaserne der Gardekavallerie. Der Katharinensaal wurde Pferdestall, der Kuppelsaal eine Manege. So rächte sich der neue Zar für die Demütigungen, die ihm der Reichsfürst Potjomkin zu seinen Lebzeiten angetan hatte.

Zar Alexander I. ließ das Palais von Luigi Rusca wiederherstellen und wohnte zeitweise selbst darin. Dann stand es viele Jahre leer. Um die Jahrhundertmitte gediehen im Wintergarten feinste Gemüse, Obst und Blumen für die Kaiserliche Tafel. 1906 zog die Reichsduma ein, aus dem Wintergarten wurde ein Sitzungssaal. Dazu mußte die ursprünglich offene Kolonnade durch eine Mauer geschlossen werden. Nach der Februarrevolution 1917 vollzog sich im Taurischen Palais die Spaltung der Staatsmacht: Im linken Flügel des Palais tagte der Sowjet der Arbeiter- und Soldatendeputierten, im rechten Flügel tagte die Provisorische Regierung, die sich aus Repräsentanten der Großgrundbesitzer und der Großindustrie zusammensetzte. Heute dient der riesige Wintergarten als Konferenz- und Ausstellungssaal.

Das hübsche, alleinstehende **Haus des Bojaren Kikin** (Kikina Palata) weiter östlich auf der gegenüberliegenden Straßenseite zählt zu den ältesten Gebäuden der Stadt (1714). Aleksandr Kikin, Berater Peters des Großen und engster Vertrauter des Zarensohnes Aleksej, war an dem Komplott gegen den Zaren, aufgrund dessen der Zarewitsch unter der Folter starb, beteiligt und deshalb 1718 auf grausamste Art hingerichtet worden. Peter bestimmte das Palais zu einem Museum für Naturkunde, zum ersten russischen Museum überhaupt. »Ich will«, sagte er, »daß das Volk sich informiert«, und er ordnete an, daß jeder Besucher beim Verlassen des Museums ein Glas Wodka und eine Scheibe Speck erhielt. 1727 kamen die Museumsbestände, zumeist Kuriositäten, die der Zar von seinen Reisen mitgebracht hatte, in die Kunstkammer auf der Wassiljewskij-Insel (s. S. 287). Heute trifft sich im Kikina Palata die Jugend des Smolnyj-Bezirks. Der ursprüngliche Grundriß, der nach Entfernung der zahlreichen späteren Anbauten heute wieder erkennbar ist, zeigt die Ähnlichkeit mit dem Menschikow-Palais (s. S. 290 f.), denn auch hier treten flügelartige Vorbauten beiderseits des Eingangs aus der Fluchtlinie.

Die Schpalernaja Uliza mündet in den Rastrelli-Platz vor dem ehemaligen **Smolnyj-Kloster.** Schon mit dem Bau der ersten Werft auf dem Gelände der heutigen Admiralität (s. S. 213 ff.) entstand an der großen Newaschleife ein Teerhof (Smoljanoj Dwor, von russ. *Smola* = Teer). 1723 wurde die Teerfabrikation in einen anderen Stadtteil verlegt. 1744 gründete die Zarin Elisabeth an der Stelle des Teerhofs das Auferstehungs-Kloster, in das sie sich im Alter zurückziehen wollte. Mit dem Bau der Klosteranlage beauftragte sie ihren Hofarchitekten Bartolomeo Rastrelli. 1748 begannen die Arbeiten an dem Ensemble, dessen Stil einer Mischung aus italienischem Barock und altrussischen Traditionen entspricht. Den dominierenden Mittelpunkt bildet die Auferstehungs-Kathedrale (Smolnyj-Kathedrale), ein 85 m hoher Kreuzkuppelbau, umgeben von Wohn- und Wirtschaftsgebäuden. Die Zarin starb 1762 noch vor Vollendung des Klosters. Katharina die Große zeigte sich an dem Kloster nur wenig interessiert und entließ auch den bei ihr in Ungnade gefallenen Rastrelli. So kam es, daß die Kathedrale erst 1835 von Wassilij Stassow vollendet wurde. Stassow hielt sich weitgehend an den ursprünglichen Entwurf, ersetzte jedoch den hohen Glockenturm über dem Westeingang durch vier kleine Glockentürme an den Ecken, mit geschwungenen Zwiebelkuppeln obenauf. Der ganze Bau erstrahlt in Blau, Weiß und Gold. Das Innere gestaltete Stassow in klassizistischen Formen. Heute dient die Kathedrale als Konzert- und Ausstellungssaal.

1764 fügte Katharina II. dem Kloster eine ›Bildungsanstalt für adlige Fräulein‹ hinzu, die erste staatliche Schule in Rußland für Mädchen. 1765–1775 errichteten die Architekten Wassilij Baschenow und Jurij Veldten nördlich des Klosters einen klassizistischen Bau als Altenheim für adlige Frauen. 1806–1808 baute Giacomo Quarenghi südlich des Klosters am Ufer der Newa einen Gebäudekomplex, in den das Mädcheninternat, das inzwischen **Smolnyj-Institut** genannt wurde, einzog. Über den Sockelarkaden des Haupteingangs erhebt sich ein mächtiger achtsäuliger Portikus mit Frontgiebel. Im August 1917 wurde das Internat geschlossen. In das Smolnyj-Institut, kurz Smolnyj genannt, zogen der Petrograder Sowjet, das Gesamtrussische Zentralexekutivkomitee der Sowjets und auch

Auferstehungs-Kathedrale des Smolnyj-Klosters

das Revolutionäre Militärkomitee ein. Der Smolnyj wurde die Befehlszentrale der Oktoberrevolution. Am Abend des 24. Oktober (6. November) kam Lenin in das Institut. In der folgenden Nacht besetzten Matrosen und Soldaten alle strategisch wichtigen Punkte der Stadt: Brücken, Bahnhöfe, das zentrale Kraftwerk, die Staatsbank, das Hauptpostamt, das zentale Fernsprechamt usw. Am Abend des 25. Oktober (7. November) trat in der Aula des Smolnyj der Gesamtrussische Sowjetkongreß zusammen, der die Thesen Lenins bestätigte, den Sieg der sozialistischen Revolution in Rußland verkündete und die Gesetze über die Verstaatlichung des Privateigentums verabschiedete. 124 Tage blieb Lenin im Smolnyj-Institut. Seine Wohn- und Arbeitsräume wurden als Gedenkstätte hergerichtet (keine Besichtigung).

Der Newskij Prospekt

Der Newskij Prospekt (НЕВСКИЙ ПРОСПЕКТ) ist die Hauptstraße St. Petersburgs. Von morgens bis abends durchflutet sie ein Strom von Menschen. Von der Admiralität bis zum Moskauer Bahnhof und dann in leichtem Knick nach Süden bis zum Newskij-Kloster zieht sich der ›Newskij‹, wie er heute von den Petersburgern kurz genannt wird, über 4,5 km hin, gesäumt von Palästen, Kirchen, Kaufhäusern, Läden, Restaurants, Cafés, Theatern, Kinos, Banken, Verwaltungsgebäuden, Wohnhäusern. Kein Lastkraftwagen darf den 25 bis 60 m breiten Prospekt benutzen, dafür steigt die Verkehrsdichte an Bussen, Taxis und Pkws von Jahr zu Jahr.

Nach dem Bau der Werft für die Flotte Peters des Großen bei der heutigen Admiralität im Jahr 1704 waren die Karrenwege durch den sumpfigen Waldboden bald völlig überlastet, so daß der Zar eine breite, befestigte Zubringertrasse zur alten Handelsstraße nach Nowgorod anlegen ließ. 1710 gründete Peter am linken Ufer der Newa das Aleksandr-Newskij-Kloster, das ebenfalls eine Verbindung zu der neuen Trasse, der ›Großen Perspektive‹, erhielt. Bis zum Mojka-Fluß erstreckte sich die ›Admiralitätswiese‹, dahinter erstanden schon bald erste Wohn- und Geschäftshäuser. 1738 erhielt die Straße den Namen ›Newskij-Perspektive‹, und einige Jahrzehnte später nannte man sie ›Newskij Prospekt‹. Bereits um die Mitte des 18. Jh. war der ›Newskij‹ die Hauptstraße der Stadt, dicht bebaut bis zur Fontanka, die die Stadtgrenze bildete. An der Brücke stand der Wachtposten, und hier befanden sich die Kasernen des Preobraschenskij-Regiments. Erst im 19. Jh. dehnte sich St. Petersburg weiter nach Süden und Osten aus, das weiche, geräuschdämpfende Holzpflaster wich dem Kopfsteinpflaster, Banken, Warenbörsen und Hotels schoben sich zwischen die Kaufhäuser und Paläste. Nirgendwo läßt sich die Entwicklung der Architektur vom frühen 18. bis zum beginnenden 20. Jh. besser beobachten als am Newskij, nur Gebäude unserer Zeit muß man mühsam suchen, weil alles Alte bis ins Detail rekonstruiert wird.

Wir beginnen die Besichtigung des Newskij bei der Admiralität. Häuser mit gerader Nummer stehen auf der Nordseite, mit ungerader auf der Südseite.

Newskij Prospekt

Im ehemaligen **Bankhaus Wollenberg** (Nr. 9 an der Ecke Gogolstraße) ist heute das Aeroflot-Stadtbüro untergebracht. Das Haus wurde 1912 von dem Architekten M. Peretjatkowitsch gebaut und erinnert mit seinen Arkaden und Fassadendekors ein wenig an den Dogenpalast in Venedig. Das Haus Nr. 8, dessen Fassade schöne Medaillons, Maskaronen, Vasen und ein Fries mit geflügelten Löwen schmücken, ist eine Kunstgalerie; hier können Sie Arbeiten moderner Petersburger Künstler kaufen. – 1939 wurde die Oberschule (Nr. 14) erbaut. An der Hauswand lesen Sie: »Bürger! Bei Artilleriebeschuß ist diese Straßenseite besonders gefährlich.« Eine Erinnerung an die 900tägige Blockade Leningrads im Zweiten Weltkrieg. Hin und wieder legt jemand Blumen unter die Aufschrift.

Die Herzenstraße (Uliza Gerzena, УЛ. ГЕРЦЕНА) verbindet den Newskij Prospekt mit dem Schloßplatz (s. S. 231 f.) und setzt sich bis zum Isaaks-Platz fort. Der Architekt Karl Rossi richtete den oberen Teil der Herzenstraße genau nach dem Nullmeridian der 1839 gegründeten Sternwarte von Pulkowo im Süden St. Petersburgs. Dieser Nullmeridian kennzeichnete bis 1917 alle russischen Kartenwerke. Wenn die Häuserfassaden der Herzenstraße mittags keine Schatten werfen, können Sie Ihre Uhr nach der Sonne stellen, sollten in der warmen Jahreszeit allerdings die Sommerzeit berücksichtigen. Heute befindet sich in Pulkowo das astronomische Hauptobservatorium der Akademie der Wissenschaften. Aleksandr Herzen (1812–1870), nach dem die Straße benannt ist, wirkte seit 1847 als sozialrevolutionärer Schriftsteller in Paris und London.

Im Haus Nr. 18 des Newskij Prospektes, dem **Kotomin-Haus** (benannt nach seinem ersten Besitzer), befand sich das berühmte ›Café Chinois‹ von Wolf und Béranger, in dem sich der Dichter Aleksandr Puschkin am 8. Februar 1837 mit seinem Freund und Sekundanten Konstantin Danzas verabredete, um zum letztenmal gemeinsam eine Tasse Kaffee zu trinken, bevor sie zu jenem verhängnisvollen Duell mit dem französischen Emigranten Georges d'Anthès fuhren, an dessen Folgen Puschkin zwei Tage später starb (s. S. 245). Das Haus gestaltete Wassilij Stassow 1812–1815. 1985 wurde das Literatencafé

restauriert und im Stil des späten 19. Jh. mit Möbeln, Gobelins und Stichen aus den Beständen des Puschkin-Museums ausgestattet; heute finden hier Lyrikabende und Kammerkonzerte statt.

Das ›**Haus mit den Säulen**‹ (Nr. 15) stammt aus dem Jahr 1760. Nebenan eröffnete 1755 die erste Berufsbühne der Stadt die Theatersaison. Neben diesem ›Schloßtheater‹ richtete der Bildhauer Falconet 1768 seine Werkstatt ein, in der er den ›Ehernen Reiter‹ (s. S. 216) schuf. Heute befindet sich in dem frühklassizistischen ›Haus mit den Säulen‹ das Kino ›Barrikada‹. – Auf der **Volksbrücke** (Narodnyj Most; НАРОДНЫЙ МОСТ) überquert der Newskij Prospekt die Mojka.

Das prächtige Gebäude jenseits der Mojka, das **Stroganow-Palais,** erbaute 1753–1760 Bartolomeo Rastrelli, der Schöpfer des Winterpalastes. Der Auftraggeber, Sergej Stroganow, gehörte einer der reichsten und bedeutendsten Familien Rußlands an, die seit dem 15. Jh. bis zur Revolution in Politik und Kultur Hervorragendes leisteten. Die Stroganows besaßen im Uralgebiet über neun Millionen Hektar Land mit reichen Minerallagern und Eisenerzgruben. Sergej war ein enger Vertrauter der Zarin Elisabeth. Als er 1756 starb, setzte sein Sohn Aleksandr Stroganow den Bau fort. Elisabeth erhob ihn zum Grafen und entsandte ihn als Botschafter an den Wiener Hof, Katharina II. ernannte ihn zum Senator, Paul I. zum Präsidenten der Akademie der Künste, dem Senat gehörte er auch unter Alexander I. an.

Mit dem Stroganow-Palais schuf Rastrelli ein Meisterwerk des russischen Barock. Ein schlichter Torbogen in Rustika bildet den Eingang am Newskij Prospekt. Stukkaturen mit Masken und Löwenköpfen rahmen die Fenster. Die Prunkfassade wendet sich der Mojka zu. Vier korinthische Dreiviertelsäulen streben vom langgestreckten Balkon zum Giebeldreieck mit dem Familienwappen der Stroganows empor. Von dem Dunkelgrün der Wandflächen heben sich die weißen Säulen und Schmuckelemente vorteilhaft ab. Ursprünglich prangte das Palais in leuchtendem Orange und Weiß. Nach einem Brand gegen Ende des 18. Jh. entwarf der Architekt Andrej Woronichin, vermutlich ein illegitimer Sohn des Aleksandr Stroganow, das neue Interieur des Palais, das heute noch im Großen Saal, in der Gemäldegalerie und im Mineralienkabinett erhalten ist. Besichtigen können Sie das Palais leider nicht, weil hier mehrere Dienststellen der Stadtverwaltung unter-

Aleksandr S. Puschkin, Rußlands großer Dichter

Am 26. Mai (6. Juni heutiger Zeitrechnung) des Jahres 1799 wurde Aleksandr Sergejewitsch Puschkin als Sohn des pensionierten Majors und Kommissariatsbeamten Sergej L. Puschkin und seiner Frau Nadeshda Ossipowna geboren, die beide adligen Geschlechtern entstammten.

Aleksandrs Vater war alles andere als wohlhabend, doch besaß er eine gute Bibliothek und ließ seine fünf Kinder von französischen Hauslehrern erziehen. Von 1811 bis 1817 besuchte Aleksandr das neue Kaiserliche Lyzeum in Zarskoje Selo. Schon bald erschienen in der Schülerzeitschrift erste Gedichte von ihm. 1817 trat der junge Puschkin in das Kollegium für auswärtige Angelegenheiten (Außenministerium) in St. Petersburg ein und schrieb in seiner freien Zeit das Märchenpoem ›Ruslan und Ljudmila‹. Wegen mehrerer satirischer und politischer Gedichte wurde er 1820 an die Schwarzmeerküste versetzt, wo seine ›Südlichen Poeme‹ entstanden, die ihn in ganz Rußland bekannt machten. Seine lebhafte Art und seine Erfolge bei den Frauen der Gesellschaft verwickelten ihn angesichts seiner niedrigen Dienststellung immer wieder in Ehrenhändel, die oftmals mit einem Duell endeten. 1824 beantragte Puschkin seine Entlassung aus dem Staatsdienst und wurde, als der Geheimdienst in einem seiner Briefe atheistische Äußerungen entdeckte, auf das Gut seiner Mutter in Michailowskoje bei Pskow verbannt. Hier schrieb er die Tragödie ›Boris Godunow‹ und begann sein Hauptwerk, den Versroman ›Eugen Onegin‹, ein kritisches Abbild der russischen Gesellschaft.

gebracht sind. Man plant jedoch, das Stroganow-Palais als Abteilung des Russischen Museums (s. S. 258 ff.) zugänglich zu machen. Das sollte Sie jedoch nicht daran hindern, sich im Ehrenhof auf einer Bank unter alten Bäumen von den Strapazen der Besichtigungstour ein wenig zu erholen.

Auf der Nordseite des Newskij Prospektes durften auch nichtorthodoxe Gemeinschaften Gotteshäuser errichten. Schon Peter der Große hatte ihnen großzügig Grundstücke überlassen. Nur sollten diese Kirchen nicht bis zur allgemeinen Bauflucht an die Straße

1826 war Puschkin nach Moskau zur Audienz beim Zaren Nikolaj I. befohlen, denn inzwischen galt er als bedeutendster, aber auch scharfzüngigster Dichter Rußlands. Der Zar teilte ihm mit, daß er trotz aller Bewunderung die Zensur von Puschkins Werken persönlich übernehmen werde, was bedeutete, daß Puschkin fortan der Aufsicht der Zentrale der neu organisierten politischen Polizei unterstellt war. Seine Anträge auf Auslandsreisen wurden abschlägig beschieden. Als er 1829 heimlich in den Kaukasus fuhr, um seine nach dort verbannten Dekabristenfreunde zu treffen, und dabei an einem Gefecht mit den Türken sowie an der Eroberung der Festung Erzerum teilnahm, wurde das von höchster Stelle gerügt.

1829 bat Puschkin um die Hand von Natalja Nikolajewna Gontscharowa, doch ihre Eltern forderten eine Unbedenklichkeitsgarantie der politischen Polizei. Als Puschkin schließlich die geforderte Mitgift zahlen konnte, fand 1831 in Moskau die Hochzeit mit der 19jährigen Natalja statt. Das junge Paar zog nach Zarskoje Selo und im Herbst nach St. Petersburg. Um der Familie ein regelmäßiges Einkommen zu sichern, ließ sich Puschkin wieder im Kollegium für auswärtige Angelegenheiten anstellen. 1832 wurde er zum Mitglied der Russischen Akademie berufen.

In den Jahren 1833–1836 erreichte Puschkin mit ›Dubrowskij‹, der ›Hauptmannstochter‹, den ›Ägyptischen Nächten‹ und seinen großen Gedichten die Höhe seiner Kunst. 1836 gründete er die Zeitschrift ›Sowremennik‹ (= ›Der Zeitgenosse‹), an der auch Nikolaj Gogol mitwirkte, der Puschkin die Ideen zu seinem ›Revisor‹ und zu den ›Toten Seelen‹ verdankte.

Natalja erlag 1836 dem Liebeswerben eines jungen Franzosen, des Gardekavalleristen Georges d'Anthès. Anonyme Beleidigungen zwangen Puschkin, den Liebhaber seiner Frau zum Duell aufzufordern. Als sich d'Anthès mit Nataljas Schwester verlobte und sie auch Anfang 1837 heiratete, zog Puschkin die Forderung zurück. Aber das Liebesverhältnis blieb bestehen, so daß es am 27. Januar (8. Februar) schließlich doch zum Duell mit Pistolen kam. Nachmittags gegen fünf Uhr schoß d'Anthès auf einer Lichtung am Flüßchen Tschornaja zuerst und traf Puschkin in den Bauch. Auf dem Sterbebett schrieb der Dichter an den Zaren und bat ihn, ihm und seinen Sekundanten zu vergeben, sowie für seine Frau und seine Kinder zu sorgen. Der Zar entsprach der Bitte. Am 29. Januar (10. Februar) starb Aleksandr S. Puschkin. Zehntausende von Menschen drängten sich vor der Konjuschennaja-Kirche, um von dem größten russischen Dichter Abschied zu nehmen.

rücken, sondern bescheiden im Hintergrund bleiben. So entstand 1834–1839 für die niederländischen und deutschen Protestanten die **Holländische Kirche** (Nr. 20), ein Bau, den P. Jacquot dem Mausoleum des römischen Kaisers Diokletian in Split nachempfand. In den beiden Flügelgebäuden residierte der holländische Botschafter. Heute beherbergt die Kirche die Aleksandr-Blok-Bibliothek. Aleksandr Blok (1880–1921) war der bedeutendste Lyriker des russischen Symbolismus. Er verherrlichte sowohl das religiöse als auch das revolutionäre Rußland.

Im nächsten Häuserblock (Nr. 22–24) steht, ein Stück zurückversetzt, die lutherische **Peter-und-Paul-Kirche** aus dem Jahr 1730. 1838 bauten sie die beiden Architekten Aleksandr Brüllow und Georg Zollikoffer in neoromanischem Stil um. Unter Stalin wurde sie zweckentfremdet und in eine Schwimmhalle verwandelt. Inzwischen hat man das Schwimmbad mit 10-Meter-Sprungturm im Altarraum und Zuschauertribünen auf den seitlichen Emporen wieder komplett entfernt und die Kirche ihrem ursprünglichen Zweck zugeführt.

Zu den eindrucksvollsten Bauten St. Petersburgs gehört die **Kathedrale der Gottesmutter von Kasan** (Kasaner Kathedrale), ein Meisterwerk aus der Blütezeit des russischen Klassizismus. Zar Paul I. beauftragte kurz vor seiner Ermordung den Architekten Andrej Woronichin mit dem Bau des Gotteshauses, das die Ikone der wundertätigen Jungfrau aufnehmen sollte, die 1579 in Kasan entdeckt, nach Moskau gebracht und 1710 nach St. Petersburg überführt worden war. 1904 wurde die Ikone aus der Kathedrale gestohlen und blieb seitdem verschwunden. Paul I. wünschte sich ein verkleinertes Abbild der Peterskirche in Rom einschließlich der Kolonnaden des Petersplatzes. Als die Bauarbeiten 1801 begannen, saß bereits Alexander I. auf dem russischen Thron und gab Woronichin für die Entwürfe freie Hand, der somit ein völlig originales Bauwerk gestaltete, bei dem nur noch die Kuppel und die großen Säulengänge an das römische Vorbild

Kathedrale der Gottesmutter von Kasan

erinnern. Woronichin verwendete für die Kuppel erstmals Eisenträger und für den gesamten Bau Tuffstein, ein weiches, leicht zu bearbeitendes Gestein, das an der Luft allmählich äußerst hart und widerstandsfähig wird. 1811 wurde die Kathedrale geweiht.

Der 72 m lange Kernbau erhebt sich bis zu einer Höhe von 70 m. Portiken mit sechs mal drei Säulen schmücken die drei Eingänge im Westen, Norden und Süden. Zum Newskij Prospekt öffnet sich das mächtige Halbrund der Kolonnade mit 144 korinthischen Säulen auf hohem Sockelunterbau; jede Säule ist 13 m hoch. Biblische Motive bedecken die beiden Attiken an den Enden der Kolonnade. Links erkennen Sie das Thema ›Moses schlägt Wasser aus einem Felsen in der Wüste‹ (4. Buch Mose [Numeri], 20, 1–11) von Iwan Martos, rechts ›Die Errichtung der ehernen Schlange‹ (4. Buch Mose [Numeri], 21, 1–9) von Iwan Prokofjew. Im Nordportikus stehen Bronzeplastiken der Fürsten Wladimir und Aleksandr Newskij (von Stepan Pimenow), Johannes des Täufers (von Iwan Martos) und des Apostels Andreas (von Wassilij Demut-Malinowskij). Die Bronzetüren des Nordeingangs sind Kopien der Paradiespforte des Baptisteriums San Giovanni Battista in Florenz, die der italienische Bildhauer Lorenzo Ghiberti 1452 nach 27jähriger Arbeit vollendete.

56 rosafarbene Monolithsäulen aus finnischem Granit beleben das Innere der Kathedrale, sie tragen Bronzekapitelle korinthischer Ordnung. Farbige Mosaiken aus karelischem Marmor bedecken den Fußboden. Wände und Decken gestalteten bedeutende Maler Rußlands: Wladimir Borowikowskij, Orest Kiprenskij, Karl Brüllow und andere.

Musiker an der Kasaner Kathedrale

Nach Ende der Napoleonischen Kriege wurde die Kathedrale zu einer Gedenkstätte russischen Waffenruhmes. Dort, wo Marschall Kutusow vor der Schlacht bei Smolensk sein Gebet verrichtete, befindet sich sein Grab. Fahnen der Grande Armée und Schlüssel der eroberten Festungen erinnern an den Vaterländischen Krieg von 1812. Seit 1932 diente die Kathedrale als Museum der Geschichte der Religionen und des Atheismus. Seit 1993 wird eine sehr sehenswerte Ausstellung – ›Die alte russische Kirche‹ – gezeigt; ansonsten finden hier wieder Gottesdienste statt. – 1837 wurden aus Anlaß des 25. Jahrestages der Napoleonischen Kriege vor der Kathedrale die Denkmäler der russischen Heerführer Michail Kutusow und Barclay de Tolly, Werke Boris Orlowskijs, enthüllt.

Der Platz vor der Kathedrale der Gottesmutter von Kasan, der Kasanskaja Ploschtschad, heute eine Grünanlage mit stets besetzten Bänken, war mehrfach ein Ort revolutionärer Aktionen. 1876 sprach hier Georgij Plechanow, Theoretiker und Propagandist der russischen Sozialdemokratie, damals noch Student an der Bergbauhochschule und Anhänger der ›Narodniki‹ (s. S. 211), zu streikenden Arbeitern. 1897 protestierten Petersburger Studenten vor der Kathedrale aus Anlaß des Selbstmordes ihrer Kommilitonin Wetrowa in der Peter-Paul-Festung. 1901 waren es wiederum Studenten, die hier gegen die Exmatrikulation und Rekrutierung von 183 Kiewer Studenten demonstrierten. 1905 sammelten sich auf dem Kasaner Platz Tausende von Arbeitern, um zum Winterpalast zu ziehen, wo Truppen des Zaren die friedliche Demonstration zerschlugen (Blutsonntag, s. S. 211).

Ein Glasturm mit Weltkugel krönt das granitverkleidete Eckhaus am Gribojedow-Kanal, das bis 1917 dem amerikanischen Nähmaschinenkonzern Singer gehörte. Heute ist es das **Haus des Buches** (Dom Knigi) mit der größten Buchhandlung St. Petersburgs in den beiden unteren Stockwerken und mehreren Buchverlagen in den Stockwerken darüber.

Die **katholische Katharinenkirche** im folgenden Häuserblock, jenseits des Gribojedow-Kanals (Nr. 32–34), erbaute Jean-Baptiste Vallin de la Mothe 1762–1783 im klassizistischen Stil. Die Kirche gleicht, vom Newskij Prospekt aus gesehen, einem antiken Triumphbogen. Auf der Attika sind die Standbilder der vier Evangelisten zu erkennen, in ihrer Mitte trägt ein Engel das Kreuz. Die stark verfallene Kirche wurde inzwischen dem Dominikanerorden zurückgegeben und feierte 1993 ihren ersten Gottesdienst nach lan-

Gowjadina Stroganow

Bei uns ist Graf Aleksandr Stroganow noch heute durch die ›Filetspitzen Stroganow‹ (französisch: Boeuf Stroganoff) bekannt, jene köstlichen Spitzen vom Rinderfilet, die dem russischen Botschafter in Wien sein französischer Koch in Ehrfurcht zueignete:

Den Filetkopf eines jungen Mastochsen, also das beste Stück vom Tier, in 2 cm große Würfel schneiden, die Würfel rasch in Butter anbraten, so daß das Fleisch innen noch ganz rosig ist. Gesondert viele feingehackte Schalotten in Butter goldgelb braten, mit Mehl bestäuben, mit etwas Fleischbrühe und Tomatenmark aufkochen; gut mit Senf, etwas Essig und Zitronensaft abschmecken, die Sauce mit saurer Sahne vollenden und zuletzt die gut gewürzten Filetspitzen in die Sauce geben. Als Beilage empfehlen sich fein sautierte Scheiben von Steinpilzen, Streifen von Salzgurke und gebratene Kartoffelwürfel.

ger Zwangspause. In der Kirche finden Sie das Grab von Stanislaus II. August Poniatowski, dem letzten König von Polen, gestorben 1798 in St. Petersburg. Als Gesandter von August III., Kurfürst von Sachsen und König von Polen, kam der Sproß einer polnischen Magnatenfamilie an die Newa und wurde Liebhaber der späteren Zarin Katharina der Großen. 1764 setzte Katharina die Wahl ihres Günstlings zum König von Polen durch. 1795 mußte er abdanken und verbrachte seine letzten Lebensjahre in Petersburg. In einem anderen Grab ruht der französische General Moreau, der auf der Seite Rußlands gegen Napoleon kämpfte und 1813 in Dresden ums Leben kam.

Zwischen der Katharinen-Kirche und der Michailowskaja Uliza erstreckt sich der mächtige Komplex des ›**Grand Hotel Europe**‹ (Jewropejskaja), eines Prachtbaus von 1873, der 1910 im Jugendstil erneuert wurde. In einem Joint-venture zwischen Intourist und der skandinavischen Hotelgruppe ›Reso‹ ist nach mehrjähriger Restaurierung bis 1992 das Luxushotel in alter Pracht wiedererstanden und zählt im heutigen St. Petersburg zu den feinsten Quartieren. Rund 300 Zimmer, mehrere Suiten und einige neue Penthouse-Appartements beherbergen überwiegend ausländische Gäste.

Dem Hotel gegenüber steht das Gebäude der ehemaligen **Stadt-Duma** von Petersburg, 1784 von Giacomo Quarenghi erbaut. Den Feuerwachtturm setzte G. Ferrari 1804 vor das Rathaus. Später wurde auf dem Turm ein Spiegeltelegraph installiert, der die Verbindung zwischen dem Winterpalast und der 30 km entfernten Sommerresidenz des Zaren in Zarskoje Selo aufrecht erhielt. – Den kleinen klassizistischen Portikus mitten auf der Straße entwarf Luigi Rusca; er enthält die Theaterkasse für ausländische Touristen.

Den ganzen folgenden Häuserblock belegt **Gostinyj Dwor,** ein Kaufhof, den Jean-Baptiste Vallin de la Mothe 1761–1785 in frühklassizistischem Stil errichtete. Die Petersburger Kaufleute finanzierten diesen Bau, der das ebenso große, aber einstöckige Handelsgebäude aus Holz ersetzte, das an dieser Stelle schon in den ersten Jahrzehnten nach der Stadtgründung entstanden war. Die Fassaden mit ihren zweistöckigen Arkaden blieben unverändert, und noch heute ist Gostinyj Dwor das größte Kaufhaus Petersburgs. Bei Reparaturarbeiten im Jahr 1965 entdeckten Handwerker in einer Mauernische acht kleine Goldbarren, die ein Geschäftsmann dort versteckt hatte. Die Läden und die Gänge waren schon im 18. Jh. beheizt, ein Teich in der Mitte des Handelsvierecks sorgte damals für Löschwasser. Das Gebäude wird zur Zeit restauriert und vollkommen umgestaltet.

Dem Kaufhaus gegenüber steht, wie die anderen nicht-orthodoxen Kirchen leicht zurückversetzt gebaut, die **armenische Katharinenkirche** (Nr. 40–42). In blau-weißen Farben leuchtet der 1771–1780 von Jurij Veldten im Stil des russischen Klassizismus errichtete Bau. Im Jahr 1770 hatte Katharina die Große den Christen des armenischen Ritus den Bau von zwei Kirchen erlaubt, einer in Moskau, der anderen in St. Petersburg. 1993 wurde die stark verfallene Kirche wieder für den Gottesdienst geweiht.

Die Südostfassade des Gostinyj Dwor zieht sich an der Gartenstraße entlang (Sadowaja Uliza; САДОВАЯ УЛ.), die den Newskij Prospekt schneidet. Knapp hundert Meter weiter erreichen Sie den **Ostrowskij-Platz** (Ploschtschad Ostrowskogo, ПЛ. ОСТРОВСКОГО), eine Parkanlage mit dem **Denkmal Katharinas der Großen** und umgeben von

Ostrowskij-Platz mit Denkmal Katharinas der Großen

einem klassizistischen Ensemble des Stadtplaners und Architekten Karl Rossi. Das monumentale Denkmal aus schwarzem Granit entwarfen die Bildhauer Mikeschin, Tschischow und Opekuschin (1873). Hoch oben steht in imposanter Größe die Zarin, den Hermelinmantel umgehängt, das Zepter in der Hand. Den Sockel umrahmen die bedeutendsten Persönlichkeiten aus der Herrschaftszeit Katharinas II.: Fürst Potjomkin (Potemkin), der einen türkischen Turban mit Füßen tritt, die Marschälle Suworow und Rumjanzew, Jekaterina Daschkowa, die Präsidentin der Petersburger Akademie der Wissenschaften, der Dichter Derschawin, Admiral Tschitschagow und andere. Der Name des Platzes erinnert an Aleksandr Ostrowskij (1823–1886), den Schöpfer des nationalen russischen Theaters; seine Dramen ›Der Wald‹ und ›Wölfe und Schafe‹ werden auch im Ausland häufig aufgeführt.

Das riesige Gebäude rechter Hand ist die **Saltykow-Schtschedrin-Bibliothek,** mit 27 Millionen Büchern, Handschriften und Tonaufzeichnungen die zweitgrößte Bibliothek Rußlands (nächst der Russischen Staatsbibliothek in Moskau, s. S. 64). Michail Saltykow (1826–1889) verfaßte unter dem Pseudonym N. Schtschedrin anklagende Gesellschaftssatiren.

Den ersten Bau errichtete Igor Sokolow 1796–1801 an der Ecke zur Gartenstraße. 1814 erhielt die Öffentlichkeit Zutritt zur Bibliothek. Das starke Anwachsen der Buchbestände machte bald einen Anbau erforderlich, den Karl Rossi im Zuge seiner Gestaltung des Ostrowskij-Platzes (damals Alexandra-Platz) 1828–1832 im hochklassizistischen Stil ausführte. Dieser Anbau, der sofort zum Hauptbau der Bibliothek avancierte, ist dem Platz zugewandt. Über dem Rustika-Unterbau erhebt sich das Hauptgeschoß mit 18 Säulen, zwischen denen Skulpturen antiker Philosophen, Gelehrter und Dichter stehen: Homer, Plato, Euklid, Euripides, Hippokrates, Demosthenes, Vergil, Tacitus, Cicero und Herodot. Demut-Malinowskij, Pimenow, Halberg und andere waren ihre Schöpfer. 1902 fügte der Architekt Worotilow einen weiteren Anbau hinzu. – Zu den kostbarsten Schätzen der Bibliothek gehören der ›Codex Sinaiticus‹ (4. Jh.), das Evangeliar des Demetrios aus Ostromir (11. Jh.), die Bibliothek Voltaires, die Katharina II. 1778 erwarb, Handschriften Peters des Großen, Diderots, Napoleons usw.

Den Ostrowskij-Platz beherrscht das **Puschkin-Theater,** das Karl Rossi 1828–1832 errichtete. Bis 1937 führte es den Namen Alexandra-Theater, nach der Gemahlin Nikolajs I. 1752 wurde Fjodor Wolkow, der zwei Jahre zuvor in seiner Heimatstadt Jaroslawl das erste ständige Theater Rußlands gegründet hatte (s. S. 179), mit seinem Ensemble an den Petersburger Hof geladen. Da Wolkows Truppe die Erwartungen des Hofes nicht erfüllte, gliederte sie Elisabeth in ihr ›Kadettenkorps‹ ein, das keineswegs eine militärische Institution war, sondern eine Schule für Schauspieler, Sänger und Tänzer. Drei Jahre später, 1755, stellte Aleksandr Sumarokow eine neue Theatergruppe zusammen, der Wolkow als erster Tragöde angehörte. 1836 wurde im Alexandra-Theater ›Der Revisor‹ von Gogol uraufgeführt. Um die Mitte des 19. Jh. folgten die Stücke Ostrowskijs und Turgenjews.

Das klassizistische Schauspielhaus wendet seine Hauptfassade mit einer sechssäuligen Loggia dem Newskij Prospekt zu. Nischen mit Skulpturen der beiden Musen Terpsichore (chorische Lyrik) und Melpomene (Tragödie) flankieren die Loggia. Reliefs mit Genien schmücken die von der Quadriga Apolls gekrönte Attika. Das ganze Gebäude umgürtet ein Fries aus Masken und Girlanden. Den Schmuck gestalteten die Bildhauer Pimenow, Demut-Malinowskij und Triscornij. – Hinter dem Theater führt die einzigartige Theaterstraße (s. S. 266) zur Fontanka.

Die Ostseite des Ostrowskij-Platzes begrenzt ein schmiedeeiserner Zaun zwischen zwei hübschen Pavillons von Karl Rossi (1817–1818). Der ›Garten der Ruhe‹ (Sad Otdycha) jenseits des Zaunes gehört zum **Anitschkow-Palais,** einem der frühesten Bauten am Newskij Prospekt. 1741 erwarb die Zarin Elisabeth das Grundstück, das den heutigen Ostrowskij-Platz mit umfaßte und nach dem Obristen und Militäringenieur Michail Anitschkow, der 1715 die erste Holzbrücke über die Fontanka geschlagen hatte, benannt wurde. 1744–1750 baute der Architekt G. Dmitrijew nach den Entwürfen seines verstorbenen Lehrers M. Semzow das Anitschkow-Palais. Dieses Palais schenkte die Zarin ihrem Geliebten und morganatischen Ehemann Aleksej Rasumowskij. Rasumowskij, ein ukrainischer Bauer, war wegen seiner herrlichen Stimme nach Petersburg geholt worden, sang dort im Chor des Winterpalastes und erregte die Aufmerksamkeit der Zarin, die sich in ihn verliebte. Nach Rasumowskijs Tod im Jahr 1771 fiel das Palais wieder an die Krone.

1776 schenkte es Katharina II. ihrem Geliebten Potjomkin, der immer hoch verschuldet war und den Besitz an den Kaufmann Nikita Schemjakin veräußerte. Katharina kaufte das Palais zurück und schenkte es Potjomkin erneut, der dreist genug war, das Palais 1785 abermals zu verkaufen, diesmal gleich an das Schatzamt. Von da an blieb der Palast Eigentum der Krone und wurde den jeweiligen Thronfolgern oder Mitgliedern der Zarenfamilie als Wohnsitz zugewiesen.

Sooft der Besitzer wechselte, sooft wurde das Anitschkow-Palais umgebaut, von Starow, der die Seitenflügel aufstockte (1778), von Quarenghi, der die Ladenkolonnade längs der Fontanka entwarf (1803), von Rusca, der das Kabinett ausbaute (1807), von Rossi, der das Grundstück erheblich reduzierte und die beiden Gartenpavillons entwarf (1816), von Rahau, der dem Palais das Vestibül gab (1875). Vom ursprünglichen Palast ist also nur noch wenig erhalten. Obwohl das Anitschkow-Palais 1935 zum Leningrader Pionierpalast wurde, zeigen sich Vestibül, Treppenhaus, vier Prunksalons, Wintergarten und Säulensaal noch so dekoriert und möbliert wie zu Zeiten der Zaren. Heute gehen im Palast Hunderte von Jugendlichen ihren Hobbys nach: Sie tanzen, musizieren, lernen Sprachen, spielen Schach, basteln an elektronischen Schaltungen und arbeiten am Computer.

Den auffälligen Jugendstilbau auf der anderen Straßenseite errichtete der Architekt Baranowskij 1907 für die Gebrüder Jelisejew, die im Erdgeschoß ein berühmtes Delikatessengeschäft und darüber ein Theater betrieben. Noch heute befinden sich unten die Feinkosthandlung Gastronom Nr. 1 und oben das **Komödien-Theater,** worauf die abendliche Leuchtreklame auf dem Dach aufmerksam macht: ТЕАТР КОМЕДИЙ.

Die **Anitschkow-Brücke** über die Fontanka entstand 1839–1841 aus rosafarbenem Granit an Stelle einer schmaleren Steinbrücke aus dem Ende des 18. Jh., die noch mit Türmen und Tragketten versehen war. Vorher hatte eine Holzkonstruktion über den Fluß geführt, die der Militäringenieur Michail Anitschkow 1715 errichtet hatte. Berühmt wurde diese neue Brücke durch die Rossebändiger, die der Bildhauer Peter Klodt von Jürgensburg modellierte. Jede der vier Gruppen stellt eine andere Phase des Zweikampfes eines Jünglings mit einem wilden Pferd dar. Nikolaj I. machte seinem Schwager Friedrich Wilhelm IV. von Preußen zwei Abgüsse der Rossebändiger zum Geschenk, sie wurden in der Nähe des königlichen Schlosses in Berlin aufgestellt. Ein weiterer Abguß befindet sich im Park des Teatro San Carlo in Neapel. Klodt von Jürgensburg wurde zum Mitglied der preußischen, französischen und italienischen Akademien der Schönen Künste gewählt.

Am östlichen Ufer, dem Anitschkow-Palais gegenüber, spiegelt sich die tiefrote Fassade des **Belosselskij-Beloserskij-Palais** in den Wassern der Fontanka. Andrej Stakenschneider gestaltete diesen Palast 1848 durch wesentliche An- und Umbauten des klassizistischen Vorläuferbaus mit Stilmitteln des russischen Barocks. Auftraggeberin war die verwitwete Fürstin J. P. Belosselskaja-Beloserskaja für ihren Sohn Konstantin Jesperewitsch. 1884 zog der Großfürst Sergej Alexandrowitsch in das Palais ein, sein Neffe Nikolaj II. ernannte ihn zum Gouverneur von Moskau, bei der Revolution von 1905 wurde er ermordet. Barocke Atlanten tragen die Dreiviertelsäulen, die die dunkellachsfarbenen Fassaden akzentuieren.

Jenseits der Fontanka, die bis ins 19. Jh. hinein die Stadtgrenze von St. Petersburg bezeichnete, bietet der Newskij Prospekt keine besonderen Sehenswürdigkeiten mehr. Bald wird der Newskij von einer Hauptverkehrsstraße gekreuzt, die als Litejnyj Prospekt (Gießerei-Prospekt; ЛИТЕЙНЫЙ ПР.) von der Wyborger Seite jenseits der Newa kommt und sich südwärts als Wladimirer Prospekt (ВЛАДИМИРСКИЙ ПР.) bis zum Wladimirplatz mit der Metrostation ›Wladimirskaja‹ fortsetzt. Hier beginnt die Kusnetschnyj Pereulok (Schmiedegasse; КУЗНЕЧНЫЙ ПЕР.), wo im Haus Nr. 5/2 Fjodor Dostojewskij (1821–1881) seinen letzten und vielleicht wichtigsten Roman ›Die Brüder Karamasow‹ schrieb und auch starb. Dostojewskijs Sechs-Zimmer-Wohnung ist heute eine Gedenkstätte.

Rossebändiger an der Anitschkow-Brücke

Gleich nebenan enthält eine fast 25 000 m^2 große Halle den **Kusnetschnyj Rynok,** den Petersburger Viktualienmarkt. 1927 war die gewaltige Markthalle fertiggestellt, wurde aber erst 1936 eröffnet. Der ›Schmiedemarkt‹ war nämlich von Anfang an als ›Kolchosmarkt‹ konzipiert, auf dem die Bauern ihre Überschüsse an landwirtschaftlichen Erzeugnissen frei von staatlicher Preisbindung verkaufen durften. Heute ist der Kusnetschnyj Rynok ein freier Markt, auf dem die Petersburger alles Eßbare kaufen können, sofern sie über die entsprechenden Rubel verfügen. Den monumentalen Portalschmuck gestaltete W. F. Rasumowskij.

In der nahen Uliza Marata (УЛ. МАРАТА), einer Nebenstraße des Newskij Prospektes, befindet sich im Haus Nr. 24 a das 1937 gegründete **Museum der Arktis und Antarktis,** das einzige Museum dieser Art in der Welt. Hier sehen Sie alles, was mit der Erforschung der beiden Erdpole zusammenhängt: Landkarten mit Expeditionsrouten, Schiffsmodelle, Ausrüstungsgegenstände, Meßgeräte, Tagebücher, Fotos usw. Außerdem berichten zahlreiche Exponate von Geschichte und Kultur der Völker des hohen Nordens. Der klassizistische Museumsbau war seit seiner Fertigstellung im Jahr 1838 bis 1934 ein orthodoxes Gotteshaus: die St.-Nikolaus-Kirche. Heute finden in einer Seitenkapelle wieder Gottesdienste statt, und es wird hart diskutiert, ob das Museum ausziehen muß oder weiterhin in dem Gebäude bleiben kann.

Im Frühsommer 1993 eröffnete auf dem Newskij Prospekt das elegante ›**Newskij Palace Hotel**‹ der österreichischen Marco-Polo-Hotelgruppe. Wie überall im Innenstadt-

Die Eisenbahn St. Petersburg–Moskau

Da man mit der ersten Eisenbahn Rußlands, die seit 1837 die Strecke zwischen St. Petersburg und Pawlowsk befuhr, sehr gute Erfahrungen gemacht und die Gegner des Eisenbahnbaus somit schnell zum Schweigen gebracht hatte, ordnete Zar Nikolaj I. 1842 den Bau der Eisenbahnlinie zwischen St. Petersburg und Moskau an. Es sollte die erste Fernverkehrsstrecke in Rußland werden und ist heute die wichtigste des Landes.

Der Bau der Strecke unterstand dem Hauptverwalter des Eisenbahnwesens, Graf Peter Kleinmichel, wie viele Petersburger ein Russe deutscher Abstammung. Am 27. Mai 1843 begann man zugleich von St. Petersburg und von Moskau aus den Bahndamm aufzuschütten und Gleise zu verlegen. Auf halber Strecke wollte man sich bei dem kleinen Dorf Bologoje treffen. Die Spurweite der Bahn wurde auf 5 Fuß oder 1524 mm festgesetzt, also um 89 mm breiter als die Spurweiten der meisten europäischen Staaten – eine Spur aber, die sich als überaus nützlich erweisen sollte, weil sie Personen- und Güterwaggons größerer Dimensionen zuließ.

Zehntausende leibeigene Bauern und Lohnarbeiter waren eingesetzt, um die fast schnurgerade Strecke innerhalb von acht Jahren fertigzustellen. 184 Brücken waren zu bauen, Bahnhöfe und Güterschuppen, Wasserkräne und Bekohlungsanlagen, Depots und Werkstätten zu erstellen. Um im Winter Schneeverwehungen zu verhindern, pflanzte man längs der gefährdeten Streckenabschnitte Tausende von Fichten an.

Am 19. August 1851 war es endlich soweit: Zar Nikolaj I. und seine Familie fuhren mit der Eisenbahn von St. Petersburg nach Moskau. Noch war die Strecke nicht völlig fer-

bereich von St. Petersburg durfte die alte, denkmalgeschützte Fassade nicht verändert werden. Der ganze Neubau mit Geschäftspassage und Restaurants – im Souterrain ein ›Bayerisches Bierlokal‹ – entstand daher hinter der Fassade.

Am **Moskauer Bahnhof,** 1849–1851 nach Plänen des Architekten Konstantin Thon gebaut, erreichen Sie den **Platz des Aufstandes** (Ploschtschad Wosstanija, ПЛ. ВОССТАНИЯ). Als es am 27. Februar 1917 auf dem Marsfeld zu Feuergefechten zwischen Einheiten des Pawlowschen Garderegiments und den regierungstreuen Truppen kam, verweigerten auf dem Platz des Aufstandes, der damals Snamenskaja-Platz hieß, Einheiten desselben Regiments den Befehl, auf unbewaffnete Demonstranten zu schießen. Dort wie hier schloß sich die Garde der revolutionären Bewegung an. – Rechts vom Bahnhof und in dem großen Pavillon jenseits des Platzes befinden sich die Zugänge zur Metrostation Ploschtschad Wosstanija (ПЛ. ВОССТАНИЯ). Die Station ist mit rotem Marmor ausgekleidet und zeigt Szenen der Oktoberrevolution.

tiggestellt. Besonders den großen Brückenbauwerken traute anfangs niemand so recht. So mußte der Zug jedesmal vor einem Fluß anhalten. Der Zar und seine Begleitung stiegen aus, angeblich, um das prächtige Bild des über die Brücke rollenden Zuges zu genießen. Ein Fährboot brachte die Reisegesellschaft sodann ans andere Ufer, wo sie der Zug wieder aufnahm. An der Werebjinsker Schlucht schaffte die Lokomotive die Steigung nicht, weil der Brückenmeister des Guten zuviel getan und die Schienen mit schwarzer Ölfarbe gestrichen hatte. Die Farbe war noch nicht ganz trokken, so daß die Räder der Lok durchdrehten. Erst Asche und Sand machten die Gleise wieder griffig.

Am 1. November 1851 schließlich wurde der regelmäßige Zugverkehr zwischen St. Petersburg und Moskau aufgenommen. Die ›Nikolajewskaja-Eisenbahn‹, wie man die Linie zu Ehren des Zaren nannte, war zu jener Zeit die längste zweigleisige Eisenbahnstrecke, zugleich die geradlinigste und daher bald auch die schnellste der Welt. Die ersten Züge brauchten für die 644,6 km lange Strecke 21 Stunden und 45 Minuten, sofern es nicht aus irgendwelchen Gründen zu Verspätungen kam. Heute fahren die Expreßzüge etwa 8 Stunden.

1992 benutzten über 12 Millionen Fahrgäste die Eisenbahnverbindung Moskau–St. Petersburg. Im selben Jahr begannen die Planungsarbeiten für eine parallel verlaufende Hochgeschwindigkeitsstrecke für superschnelle Personenzüge, die eine Geschwindigkeit von 300 km/h erreichen und die Strecke Moskau–St. Petersburg in zweieinhalb Stunden zurücklegen werden. 1997 wurden die ersten Streckenabschnitte St. Petersburg–Nowgorod und Moskau–Twer für den Personenverkehr freigegeben. 1999 soll die Gesamtstrecke in Betrieb genommen werden, wobei es vorgesehen ist, die Geschwindigkeit einiger Züge bis auf 400 km/h zu erhöhen. Vielleicht trägt dann die ›Oktjabrskaja-Eisenbahn‹ – so heißt sie seit der Oktoberrevolution – wieder ihren ursprünglichen Namen ›Nikolajewskaja-Eisenbahn‹.

Am Ligowskij Prospekt (ЛИГОВСКИЙ ПР.), der vor dem Moskauer Bahnhof den Newskij Prospekt kreuzt und zu den großen Verkehrsadern St. Petersburgs zählt, steht das **Hotel ›Oktjabrskaja‹**, das gleichzeitig mit dem Bahnhof entstand und 1961 umgebaut und vergrößert wurde. – Etwa 300 m nördlich vom Hotel bauten die Architekten Walentin Kamenskij und Jean Werschbizkij 1967 auf derselben Straßenseite (Haus Nr. 6) den **Konzertsaal Oktjabrskij,** den mit 4000 Plätzen größten Konzertsaal St. Petersburgs. Zum 50. Jahrestag der Oktoberrevolution erklang bei der Eröffnungsfeier die 7. Sinfonie, die ›Leningrader‹, von Dmitrij Schostakowitsch. Den Bronzefries über dem Eingang schuf Michail Anikuschin; als Thema wählte er den bewaffneten Oktoberaufstand. Von Aleksandr Matwejew stammt die Skulpturengruppe ›Oktober‹ vor dem Haupteingang (1927).

Der Newskij Prospekt endet auf dem Aleksandr-Newskij-Platz (Ploschtschad Aleksandra Newskogo, ПЛ. АЛЕКСАНДРА НЕВСКОГО) mit der Metrostation gleichen

Namens und dem riesigen **Hotel ›Moskwa‹**, das in den 1970er Jahren von Walentin Kamenskij und David Goldgor errichtet wurde.

□ Das Aleksandr-Newskij-Kloster

Hinter dem Halbrund der Paradeeinfahrt mit einer kleinen Torkirche liegt das berühmte Aleksandr-Newskij-Kloster, eine der vier russisch-orthodoxen ›Lawren‹ (s. S. 131). Im Jahr 1240 gelang es Aleksandr Jaroslawitsch, Fürst von Nowgorod, an der Newa die Schweden zu besiegen und aus dem Land zu treiben. Aleksandr erhielt daraufhin den Beinamen ›Newskij‹ und wurde nach seinem Tod 1263 heiliggesprochen. Peter der Große, der in Aleksandr Newskij sein Vorbild im Kampf gegen die Schweden sah, bestimmte 1710, also schon wenige Jahre nach der Gründung St. Petersburgs, die Stelle am Ufer der Newa für ein Kloster zu Ehren des Heiligen. Zuerst entstand eine einfache Holzkirche, doch schon bald beauftragte er seinen Hofarchitekten Domenico Trezzini mit dem Bau der Mariä-Verkündigungs-Kirche (1720–1722). 1724 ließ Peter der Große die Gebeine des Heiligen aus Wladimir hierherbringen. 1797 erhob Paul I. das Kloster zur Lawra.

Hinter der Torkirche führt der von Mauern eingefaßte Zugang zum Kloster durch zwei Friedhöfe. Linker Hand öffnet sich eine Pforte auf den **Lazarus-Friedhof,** die älteste Grabanlage St. Petersburgs. Peter der Große ließ den Friedhof nach dem Tod seiner Lieblingsschwester Natalja Aleksejewna, die dort auch beigesetzt wurde, anlegen. Hier finden Sie die Gräber des Marschalls Boris Scheremetjew, des Gelehrten und Dichters Michail Lomonossow, des Mathematikers Leonhard Euler, des Malers Wladimir Borowikowskij, des Bildhauers Feodossij Schtschedrin und der Architekten Iwan Starow, Andrejan Sacharow, Thomas de Thomon, Andrej Woronichin, Giacomo Quarenghi, Wassilij Stassow und Karl Rossi.

Auf dem **Tichwiner Friedhof** rechts des Ganges zum Kloster liegen die Gräber der Dichter und Schriftsteller Nikolaj Karamsin, Iwan Krylow, Wassilij Schukowskij und Fjodor Dostojewskij, der Maler Pawel Fedotow, Iwan Kramskoj, Iwan Schischkin, Walentin Serow und Boris Kustodijew, der Bildhauer Wassilij Demut-Malinowskij, Iwan Vitali und Peter Klodt von Jürgensburg sowie der Komponisten Michail Glinka, Modest Mussorgskij, Aleksandr Borodin, Peter Tschaikowskij, Anton Rubinstein, Nikolaj Rimskij-Korssakow und Aleksandr Glasunow.

Jenseits eines Wassergrabens, der mit dem Obwodnyj-Kanal verbunden ist, betreten Sie den eigentlichen Klosterbezirk. Gleich links vom Eingang steht die rot-weiße **Mariä-Verkündigungs-Kirche.** Das zweigeschossige Langhaus der von Trezzini errichteten Turmkirche bestand aus der eigentlichen Verkündigungs-Kirche im Untergeschoß und den beiden Nebenkirchen des hl. Aleksandr Newskij und des hl. Sergios im Obergeschoß. Das Gotteshaus diente von Anfang an als Grabkirche der Zarenfamilie. Daneben fand hier auch der große Marschall Suworow seine letzte Ruhestätte († 1800).

Am Ostrand der Klosteranlage erhebt sich die mächtige **Dreifaltigkeits-Kathedrale,** ein klassizistischer Bau, den Iwan Starow 1790 vollendete. Ein sechssäuliger dorischer Portikus bil-

Dreifaltigkeits-Kathedrale im Aleksandr-Newskij-Kloster

det die Hauptfassade. Zu beiden Seiten des Portikus steigen die gedrungenen viereckigen Glockentürme auf. Über einem hohen, von Fenstern durchbrochenen Tambour ruht die Rippenkuppel mit einer kleinen Laterne obenauf. Vergoldete Giebelplastiken schmücken das Hauptportal: Engel halten das Symbol des Aleksandr-Newskij-Ordens, einer national-religiösen Gemeinschaft, die Peter der Große 1724 stiftete. Das Innere der Kathedrale ist prunkvoll ausgestattet. Die Statuen der Propheten gestaltete Fedot Schubin. Das große Altarbild ›Verkündigung‹ schuf Anton Raphael Mengs. In der Ikonostase aus weißem Marmor und rotem Achat entdecken Sie Kopien von Werken der Maler Rubens, van Dyck, Il Guercino, Perugino, Reni u. a. Den silbernen Reliquienschrein mit den Gebeinen des hl. Aleksandr Newskij, der am Ende des rechten Seitenschiffs unter einem vergoldeten Baldachin stand, bewahrt heute die Schatzkammer der Ermitage.

In der Dreifaltigkeits-Kathedrale finden werktags um 8.30 und 18 Uhr und sonntags um 9.30 Uhr und 11 Uhr Gottesdienste statt. Besonders festlich werden der Jahrestag der Überführung der Gebeine des Heiligen (10. September) und sein Namenstag (23. November) begangen.

Hohe Bäume überschatten die Gräber auf dem Friedhof vor der Kathedrale. Darunter befinden sich zahlreiche Grabstätten aus dem Zweiten Weltkrieg mit dem roten Sowjetstern auf dem Namensstein. – Hinter dem Friedhof, dem Haupteingang der Kathedrale gegenüber, steht die **Residenz des Metropoliten,** ein barockes Bauwerk aus dem Jahr 1758. Die Gebäudetrakte des Klosters beherbergen eine theologische Akademie und ein Priesterseminar.

Auf dem **Friedhof von Wolkowo,** 2 km südwestlich des Aleksandr-Newskij-Klosters, liegen die Gräber der Schriftsteller Iwan Turgenjew, Michail Saltykow (Pseudonym: Schtschedrin) und Iwan Gontscharow, des Chemikers Dmitrij Mendelejew, des Physiologen Iwan Pawlow und der Familie Uljanow mit den Angehörigen Lenins. Demnächst soll auch Wladimir Iljitsch Lenin sein Moskauer Mausoleum auf dem Roten Platz verlassen, und, seinem Testament gemäß, bei seiner Mutter auf dem Wolkowo-Friedhof beigesetzt werden.

Russisches Museum und Platz der Künste

Die Michajlowskaja Uliza (Michaelstraße; МИХАЙЛОВСКАЯ УЛ.) verbindet den Newskij Prospekt mit dem **Platz der Künste** (Ploschtschad Iskusstw, ПЛ. ИСКУССТВ). Diesen Platz, der früher nach dem Michailow-Palais (heute Russisches Museum) Michailowskaja Ploschtschad hieß, gestaltete zu Beginn des 19. Jh. der große klassizistische Architekt und Stadtplaner Karl Rossi. In der Mitte der Grünanlage des Platzes steht das **Puschkin-Denkmal,** ein eindrucksvolles Werk des Bildhauers Michail Anikuschin (Farbt. 21). Zur Feier des 250jährigen Bestehens von St. Petersburg wurde das Denkmal im Juni 1957 enthüllt.

□ Das Russische Museum

1818 erteilte Alexander I. Karl Rossi den Auftrag, zwischen dem Newskij Prospekt und dem Marsfeld einen Palast für Michail Pawlowitsch, den jüngsten Bruder des Zaren, zu errichten. Eine Million Rubel standen Rossi zur Verfügung, als er 1810 mit den Bauarbeiten am **Michailow-Palais** begann (Farbt. 21). In sechs Jahren entstand eines der schönsten klassizistischen Gebäude Petersburgs, das bis heute nahezu unverändert blieb. Den Hauptbau flankieren zwei vorgezogene Flügel, die einen großen, von luftigem Gitterwerk abgeschlossenen Ehrenhof bilden. Über dem Souterrain des Hauptbaus erhebt sich das Prunkgeschoß mit einem achtsäuligen Portikus korinthischer Ordnung. Dreiviertelsäulen mit korinthischen Kapitellen gliedern auch die Fassade. Die Flachreliefs im Tympanon des Frontgiebels und an der Fassade gestalteten die Bildhauer Wassilij Demut-Malinowskij und Nikolaj Pimenow. Fast noch schöner wirkt das Palais vom Garten her, mit seiner Loggia aus zwölf korinthischen Säulen und den gegiebelten Eckrisaliten beiderseits der Loggia. Der Palaisgarten zieht sich bis zum Ufer der Mojka hin, wo Rossi 1825 einen reizvollen Pavillon mit Landesteg errichtete. Rossi entwarf auch jedes Detail der Innenausstattung: das Große Vestibül, die zweiläufige Paradetreppe zum Hauptgeschoß, den Weißen Saal, den vier korinthische Säulen mit Architrav stützen. Die Wand- und Deckenmalereien schufen Iwan und Peter Scotti, Barnaba Medici, Jakow und Wassilij Dodonow, für die Holzschnitzereien waren die Gebrüder Tarassow verantwortlich, das Parkett legte Stepan Tarassow, die Marmorarbeiten oblagen Pawel Triscornij und Jakow Schtschetinnikow, die Möbel stammen aus den Werkstätten von Andrej Tur und Wassilij Bobkow.

Nach dem Tod des Großfürsten Michail machte seine geistreiche und kultivierte Witwe, die Großfürstin Jelena Pawlowna, eine Prinzessin von Württemberg, das Palais zu einem Treffpunkt der Musen. Der gefeierte Pianist Anton Rubinstein organisierte die musikalischen Soireen, zu denen die bedeutendsten europäischen Interpreten erschienen. 1873 starb die

Großfürstin, 1895 ihre Tochter Jekaterina. Noch im selben Jahr kaufte Nikolaj II. das Michailow-Palais, um den Traum seines Vaters von einem Russischen Museum zu verwirklichen. Alexander III. hatte im Anitschkow-Palais eine große Kunstsammlung zusammengetragen, zu der auch die Kokorew-Sammlung mit russischen Gemälden gehörte. Er hatte sogar versucht, die berühmte Tretjakow-Sammlung in Moskau zu erwerben, doch Tretjakow wollte sie seiner Vaterstadt erhalten und machte sie ihr 1892 zum Geschenk.

1898 öffnete das ›Russische Museum Alexanders III.‹ seine Pforten. Die Bestände wurden neu geordnet, Werke ausländischer Künstler kamen im Austausch gegen russische Werke in die Ermitage. Schon zu Beginn des 20. Jh. reichten die Ausstellungsräume nicht mehr aus, so daß der Architekt Leontij Benois (Benua) zwischen 1914 und 1919 einen westlichen Anbau bis zum Gribojedow-Kanal hinzufügte. Zur Zeit entsteht im einstigen Palaisgarten ein weiterer Neubau. Außerdem wird das Stroganow-Palais am Newskij Prospekt einen Teil der Bestände, die noch in den Magazinen lagern, aufnehmen. Heute bewahrt das Russische Museum rund 370 000 Exponate und ist neben der Tretjakow-Galerie in Moskau (s. S. 106 ff.) die bedeutendste Sammlung russischer Kunst.

Hier eine Auswahl der wichtigsten Exponate:

Altrussische Kunst (Säle 1–4)
Der Engel mit dem Goldhaar. 12. Jh.
Gottesmutter der Gnade. Belosjorsk, 13. Jh.
Darstellung Mariä im Tempel. Erste Hälfte 14. Jh.
Boris und Gleb. 14. Jh.
Deesis. Pskower Schule, 14. Jh.
Apostel Paulus. Andrej Rubljow (?), um 1400
Der heilige Georg. Nowgoroder Schule, 15. Jh.
Belagerung von Nowgorod durch die Susdaler. Zweite Hälfte 15. Jh.
Erzengel Gabriel. Pskower Schule, Ende 15. Jh.
Gottesmutter Hodegetria. Dionissi, um 1500
Die Höllenfahrt. Werkstatt von Dionissi, um 1500
Alttestamentliche Dreifaltigkeit. Nowgoroder Schule, Mitte 16. Jh.
Zar Fjodor Ioannowitsch. Erste Hälfte 17. Jh.
Dreifaltigkeit. Simon Uschakow, 1671

18. Jahrhundert (Säle 5–14)
Unbekannter Maler (um 1690): Bildnis Jakow Turgenjew
Iwan Nikitin (etwa 1688–1741): Bildnis eines Feldhetmans, 1720
Iwan Wischnjakow (1699–1761): Bildnis Sarah-Eleanor Fermore, um 1750
Andrej Matwejew (1701–1739): Selbstbildnis mit Gattin, 1729 (?)
Michail Lomonossow (1711–1765): Bildnis der Zarin Jelisaweta Petrowna, Mosaik
Aleksej Antropow (1716–1795): Bildnis Fjodor Krasnostschokow, 1761; Bildnis der Hofdame Rumjanzewa, 1764
Fjodor Rokotow (1735/36–1808): Bildnis des Ehepaares Suworowzew, um 1780
Anton Lossenko (1737–1773); Die Opferung Isaaks, 1765; Wladimir und Rogneda, 1770
Fedot Schubin (1740–1805): Bildnis Pauls I., 1789, Marmor
Fedossij Schtschedrin (1751–1825): Badende Venus, 1792, Marmor
Iwan Martos (1754–1835): Grabmal der Kurakina, 1792, Gips
Wladimir Borowikowskij (1757–1825): Bildnis Jekaterina Arsenjewa, nach 1795; Bildnis Fjodor Borowskij, 1799; Anna Besborodko mit ihren Töchtern, 1803

Gottesmutter-Ikone. Moskauer Schule (um 1500)

Erste Hälfte 19. Jahrhundert (Säle 14–24)
Andrej Iwanow (1776–1848): Zweikampf zwischen Mstislaw und Rededja, 1812
Wassilij Tropinin (1776–1857): Gitarrenspieler. Bildnis Pawel Wassiljew, nach 1830
Wassilij Demut-Malinowskij (1779–1846): Ein russischer Scaevola, Marmor
Aleksej Wenezianow (1780–1847): Der Morgen einer Gutsbesitzerin, 1823
Orest Kiprenskij (1782–1836): Bildnis Dawydow, 1809
Silwestr Schtschedrin (1791–1830): Mergellina in Neapel, 1827; Terrasse am Meeresufer, 1827
Iwan Vitali (1794–1855): Venus beim Abnehmen der Sandale, 1852, Marmor
Karl Brüllow (Brjullow, 1799–1852): Mittag in Italien (Italienerin bei der Weinlese), 1827; Der letzte Tag von Pompeji, 1830–1833
Aleksandr Iwanow (1806–1858): Nackter Knabe
Nikolaj Pimenow (1812–1864): Junge beim Knöchelspiel, 1836, Gips
Pawel Fedotow (1815–1852): Bildnis Nadeschda Schdanowitsch am Klavier, 1849; Die Brautwerbung des Majors, 1851
Iwan Ajwasowskij (1817–1900): Ansicht von Odessa in einer Mondnacht, 1846; Brigg ›Merkur‹, 1848; Die neunte Woge, 1850

Zweite Hälfte 19. Jahrhundert (Säle 25–74)
Aleksej Sawrassow (1830–1897): Hochwasser der Wolga bei Jaroslawl, 1871
Nikolaj Gay (Ge, 1831–1894): Das Abendmahl, 1863
Iwan Schischkin (1832–1898): Düsseldorfer Umgebung; Die Eichen, 1887; Hochwald, 1898
Wassilij Perow (1833–1882): Das Mahl im Kloster, 1865–1876
Iwan Kramskoj (1837–1887): Bildnis des Malers Iwan Schischkin, 1880; Bildnis des Mina Moissejew, 1882
Konstantin Makowskij (1839–1915): Schaubuden auf dem Admiralitätsplatz, 1869
Wassilij Werestschagin (1842–1904): General Skobelew am Schipka, 1877–1878; Spazierfahrt im Boot, 1903
Archip Kuindschij (1842–1910): Mondnacht am Dnjepr, 1880; Der Regenbogen, 1900–1905
Wiktor Wasnezow (1843–1926): Ritter am Scheideweg, 1882; Bajan, 1910
Konstantin Sawizkij (1844–1905): In den Krieg, 1880–1888
Wassilij Polenow (1844–1927): Im Park. Der Ort Veules in der Normandie, 1874; Christus und die Sünderin, 1888
Ilja Repin (1844–1930): Auferweckung der Tochter des Jairus, 1871; Wolgatreidler, 1870–1873; Die Saporoger Kosaken schreiben dem türkischen Sultan, 1880–1891; Bildnis Wladi-

mir Stassow, 1883; Festsitzung des Staatsrates, 1901–1903
Wassilij Surikow (1848–1916): Einnahme der Schneestadt, 1891; Die Unterwerfung Sibiriens durch Jermak, 1891; Suworows Alpenübergang im Jahr 1799, 1899
Fjodor Wassiljew (1850–1873): Lastkähne auf der Wolga, 1870; Moor im herbstlichen Wald, 1871; Tauwetter, 1871
Isaak Lewitan (1860–1900): Goldener Herbst. Vorstadt, 1889; Trüber Tag, 1895

Ende 19. bis Anfang 20. Jahrhundert
(Säle 55–69, 92–95)
Michail Wrubel (1856–1910): Hamlet und Ophelia, 1884; Der Recke, 1898; Fliegender Dämon, 1899; Der sechsflügelige Seraph (Asrail), 1904
Nikolaj Kassatkin (1859–1930): Arme Leute beim Kohlensammeln in einer verlassenen Grube, 1894

Nikolaj Kassatkin (1859–1930): Arme Leute beim Kohlensammeln in einer verlassenen Grube

Konstantin Korowin (1861–1939): Nordische Landschaft, 1899; Anlegestelle in Gursuf, 1914; Flieder, 1915
Andrej Rjabuschkin (1861–1904): Moskauer Straße an einem Festtag im 17. Jahrhundert, 1895; Familie, 1896

Abram Archipow (1862–1930): Auf der Wolga, 1889; Radoniza (= Vor dem Gottesdienst), 1892; Die Wäscherinnen, 1901; Frühlingsfest. Zu Gast, 1915
Michail Nesterow (1862–1942): Die Große Nonnenweihe, 1898; Bildnis Olga Nesterowa, Tochter des Künstlers, 1906
Walentin Serow (1865–1911): Freilichtporträt von Simonowitsch, 1889; Bauernweib im Schlitten, 1896; Kinder, 1899; Bildnis Feliks Jussupow, 1903; Ida Rubinstein, 1910
Leon Bakst (1866–1924): Bildnis Sergej Djagilew mit seiner Kinderfrau, 1906
Konstantin Somow (1869–1939): Verlachter Kuß, 1908; Bildnis der Malerin Anna Ostroumowa, 1910; Winter. Eisenbahn, 1915
Wiktor Borissow-Mussatow (1870–1905): Selbstbildnis des Künstlers mit seiner Schwester, 1898; Frühling, 1901

Wiktor Borissow-Mussatow (1870–1905): Selbstbildnis des Künstlers mit seiner Schwester

Aleksandr Benois (1870–1960): Bretonische Tänze, 1906; Parade zur Zeit Pauls I., 1907
Igor Grabar (1871–1960): Winter, 1903; Blumen und Früchte, 1904; Chrysanthemen, 1907; Birnen, 1915
Nikolaj Roerich (Rerich, 1874–1947): Götzen, 1901; Slawen auf dem Dnjepr, 1905; Himmelskampf, 1909; Prokopi, 1914

Boris Kustodijew (1878–1927): Die Kaufmannsfrau, 1914–1915; Die Butterwoche, 1916; Kaufmannsfrau am Teetisch, 1918; Bildnis Fjodor Schaljapin, 1922
Kusma Petrow-Wodkin (1878–1939): Spielende Knaben, 1910; Mutter, 1915
Aleksandr Matwejew (1878–1960): Knabe, 1911, Marmor; Badende, 1912, Bronze; Lastträger, 1912, Bronze; Mädchen mit Handtuch, 1916, Holz
Pawel Kusnezow (1878–1968): Harem, 1910; Schafschur, 1912; Regen in der Steppe, 1912
Marc Chagall (1887–1985): Spaziergang, 1917

Sergej Gerassimow (1885–1964): Gelöbnis der sibirischen Partisanen

Sowjetische Kunst (Säle 102–120)
Michail Nesterow (1862–1942): Bildnis Iwan Pawlow, 1930; Bildnis des Chirurgen Sergej Judin, 1933; Bildnis Jelisaweta Kruglikowa, 1938
Sergej Konenkow (1874–1971): Stepan Rasin mit seinen Gefährten, 1918, getöntes Holz; Der befreite Mensch, 1947, getönter Gips
Kusma Petrow-Wodkin (1878–1939): Geige, 1918; Der Hering, 1918; Phantasie, 1925; Der Tod des Kommissars, 1927–1928; Das Jahr 1919. Alarm, 1934
Aleksandr Matwejew (1878–1960): Oktoberrevolution, 1927, Bronze
Pawel Kusnezow (1878–1968): Weinlese, 1928; Kolchos auf der Krim, 1928
Ilja Maschkow (1881–1944): Stilleben mit Fächer, 1922; Magnolie und Obst, 1934; Früchte, 1938
Aleksandr Schewtschenko (1883–1948): Kurdische Frauen, 1932–1933; Mädchen mit Birnen, 1933
Sergej Gerassimow (1885–1964): Gelöbnis der sibirischen Partisanen, 1933; Kislowodsk, 1938; Frühherbst, 1953
Arkadij Plastow (1893–1972): Der Hirtenjunge Witja, 1951; Im Sommer, 1953–1954; Jugend, 1954; Kartoffelernte 1956; Mittag 1961
Isaak Brodskij (1894–1939): Lenin auf der Tribüne, 1927
Aleksandr Samochwalow (1894–1971): Junge Arbeiterin, 1928; In der Weberei, 1929; Mädchen im Sportdreß, 1932
Aleksandr Dejneka (1899–1969): Weberei, 1926; Pariserin, 1935; Straße nach Mount Vernon, 1935; Verteidigung von Sewastopol, 1942
Jurij Pimenow (1903–1977): Bildnis Warja Schitakowa, 1935
Jewsej Moissejenko (geb. 1916): Süßkirschen, 1969; Kallas, 1971; Der Sieg, 1970–1972
Boris Ugarow (geb. 1922): Leningraderin im Jahr 1941, 1961
Wiktor Iwanow (geb. 1924): Familie 1945, 1964; Auf der Oka, 1972
Pjotr Ossowskij (geb. 1925): Portalkran, 1965
Walentin Sidorow (geb. 1928): Bei alten Scheunen, 1975
Wiktor Popkow (1932–1974): Die Arbeit ist beendet, 1970; Heimkehr, 1972

Im rechten Flügel des Michailow-Palais, den der Architekt Swinjin 1911 ebenfalls durch einen Anbau erweiterte, ist das **Ethnographische Museum** untergebracht. Anhand von handwerklichen und kunsthandwerklichen Arbeiten lernt der Besucher die Lebensweise und Kultur aller Völkerschaften der russischen Föderation kennen.

Für sämtliche Gebäude des Platzes der Künste entwarf Rossi Typenfassaden, an die sich die Bauherren zu halten hatten. Diese Bauvorschrift garantierte das einheitliche, harmonische Bild des Platzes. Das Gebäude an der Westseite ist das **Akademische Kleine Theater für Oper und Ballett,** im Gegensatz zum Marientheater (s. S. 268 ff.) meist ›Kleine Oper‹ oder russisch abgekürzt ›MALEGOT‹ genannt. Vor der Oktoberrevolution spielte hier eine französische Truppe für ein ausgewähltes Publikum. – Im Nebenhaus Nr. 3 wohnte von 1930 bis zu seinem Tod im Jahr 1939 der Maler Isaak Brodskij. Seine Wohn- und Arbeitsräume mit rund 600 Gemälden und Zeichnungen von Brodskij und seinen Malerfreunden können besichtigt werden.

Das Eckhaus zur Brodskijstraße gehört der **St. Petersburger Philharmonie.** In Anlehnung an die Rossischen Vorgaben errichtete der Architekt Jacquot das Gebäude 1834–1839 für den Adelsverein. In dem Großen Saal des Adelsvereins wurden die meisten Konzerte von Glinka, Borodin, Tschaikowskij, Rimskij-Korssakow und Rachmaninow uraufgeführt. 1863 dirigierte hier Richard Wagner. 1921 wurde das Gebäude der ›Petrograder Philharmonischen Gesellschaft‹ übergeben. Am Abend des 9. August 1942 erklang aus dem Konzertsaal über alle sowjetischen Rundfunksender die 7. Sinfonie von Dmitrij Schostakowitsch, die ›Leningrader‹, die der Komponist zwischen Juli 1941 und März 1942 in der von deutschen Truppen belagerten Stadt geschrieben hatte.

An die Philharmonie schließt sich in der Rakowstraße (Uliza Rakowa, УЛ. РАКОВА) das **Theater der Musikalischen Komödie** an (Haus Nr. 13), in dem überwiegend Operetten und Musicals aufgeführt werden. Rakowstraße 19 ist das **Komissarschewskaja-Schauspielhaus,** benannt nach der großen Tragödin Wera Komissarschewskaja. Von hier aus erreichen Sie durch die ›Passage‹ den Newskij Prospekt.

Fontanka, Mojka und Gribojedow-Kanal

Wenn es Ihre Zeit irgend erlaubt, sollten Sie sich einen geruhsamen Spaziergang entlang der drei Wasserarme, die die Große Seite St. Petersburgs durchströmen, gönnen. Für eilige Besucher stehen bei der Anitschkow-Brücke des Newskij Prospektes Ausflugsboote für Rundfahrten bereit, aber viele touristische Leckerbissen der Stadt lassen sich nur zu Fuß genießen. Die drei künstlichen Flußarme der Newa entwässerten früher die Sümpfe der Newaschleife. Unter Katharina II. wurden die Ufer befestigt, die Flußläufe miteinander und mit der Newa durch Kanäle verbunden, so daß alle Grundstücke der Großen Seite per Schiff zum Be- und Entladen von Gütern angefahren werden konnten. Noch heute sehen Sie gelegentlich Lastkähne, ja ganze Schleppzüge durch die engen Wasserwege ziehen; meist fahren sie Bauschutt weg oder bringen Baumaterial, denn überall in St. Petersburg wird gebaut; die schönen alten Fassaden aber bleiben, liebevoll restauriert, erhalten.

Beim Sommerpalast Peters des Großen zweigt die **Fontanka** von der Newa ab, um sich nach einem Lauf von 6,5 km im Westen der Stadt wieder mit ihr zu vereinigen. Anfangs

Nikolaj A. Rimskij-Korssakow (1844–1908)

Sergej Rachmaninow (1873–1943)

Dmitrij D. Schostakowitsch (1906–1975) (von links nach rechts)

hieß der kleine Fluß ›Besumjannyj Erik‹ (= Verrückter Erich). Weil man mit seinem Wasser die zahlreichen Fontänen des Sommergartens speiste, erhielt er den Namen ›Fontannaja‹ und später ›Fontanka‹. Die **Pratschetschnyj Most** überbrückt im Verlauf des Kutusow-Kais in hochgeschwungenem Bogen die Fontanka. Ihre Bauzeit, 1766–1768, weist sie den ältesten noch vorhandenen Brücken St. Petersburgs zu. Den Namen hat sie von dem Pratschetschnyj Dwor, dem Waschhaus, das hier neben den Magazinen und sonstigen Wirtschaftsgebäuden der Sommerresidenz stand.

Am Südende des Sommergartens zweigt, gleich hinter der malerischen **Pestel-Brücke** (benannt nach dem Dekabristen P. J. Pestel), die Mojka ab (s. S. 271 ff.).

Im weiteren Verlauf der Fontanka steht auf dem Ostufer, oberhalb der Anitschkow-Brücke mit ihren Rossebändigern (s. S. 252), das Scheremetjew-Palais, in dem sich heute das **Forschungsinstitut für Arktis und Antarktis** befindet (Haus Nr. 34). In diesem Institut, das zu den bedeutendsten der Welt zählt, fließen die Informationen sämtlicher Arktis- und Antarktisstationen und -expeditionen zusammen und werden international ausgewertet. Graf Pjotr Scheremetjew, ein Sohn des erfolgreichen Heerführers Peters des Großen, ließ das Palais um die Mitte des 18. Jh. von dem Architekten Sawwa Tschewakinskij, einem Schüler des großen Rastrelli, errichten und nannte es ›Fontannyj Dom‹ (= Fontänenhaus). 1837 gestaltete Corsini das hohe Gitter und das gußeiserne Tor mit dem Wappen der Familie Scheremetjew. – Das daneben gelegene Haus Nr. 36 baute Giacomo Quarenghi 1804–1807 für das **Katharinen-Institut,** damals eine Lehranstalt für Offiziers- und Beamtentöchter. Zur Zeit befindet sich in dem klassizistischen Gebäude eine Zweigstelle der Saltykow-Schtschedrin-Bibliothek (s. S. 250 f.).

Auf dem gegenüberliegenden Fontankaufer (Nr. 21) befindet sich das **Haus des Friedens und der Völkerfreundschaft,** das ehemalige Palais der Grafen Schuwalow. 1790 baute sich hier eine Gräfin Woronzowa eine kleine Stadtvilla, die Anfang des 19. Jh. auf den Fürsten Naryschkin überging. Der Fürst ließ, vermutlich von dem Architekten Quarenghi, einen Anbau mit einem wundervollen Säulensaal errichten. Dieses reizvolle Palais schenkte er seiner Tochter, als sie 1844 den Grafen Pjotr Schuwalow heiratete. Mit dieser Ehe verbanden sich zwei Familien, die seit Peter I. großen politischen und kulturellen Einfluß ausübten. Aus dem tatarischen Landadelsgeschlecht der Naryschkin stammte

Natalja, die Mutter Peters des Großen, ab. Zwei Schuwalows, die Brüder Aleksandr und Pjotr, verhalfen Elisabeth, der Tochter Peters des Großen, 1741 zur Thronbesteigung. Der dritte Bruder, Iwan, wurde Günstling der Zarin Elisabeth und veranlaßte die Gründung der Akademie der Künste. Im 19. Jh. mußte der Architekt N. Jefimow das Palais umgestalten und vergrößern. Das Äußere zeigt sich seitdem im Stil der Neorenaissance, dem Inneren verlieh Bernard Simon ebenfalls elektizistische Züge – jeder Raum entspricht einer anderen Stilperiode: Gotik, Renaissance, Barock, Klassizismus.

Vier grazile Türmchen charakterisieren die **Tschernyschew-Brücke,** eine Zugbrücke, die 1785–1787 mit mehreren Brücken gleicher Bauweise errichtet wurde. Für die Durchfahrt von Schiffen ließ sich der Mittelabschnitt der Brücke mittels Ketten hochziehen.

Vieles erinnert in dieser Gegend an das Universalgenie Michail Lomonossow: die Straße, die über die Brücke zur Sadowaja Uliza (Gartenstraße) führt, der kleine Lomonossow-Platz mit dem schönen Architekturensemble von Rossi neben der Brücke und das Denkmal für den großen Gelehrten, der 1755 die Moskauer Universität gründete (s. S. 76 f.). Vom Lomonossow-Platz (Ploschtschad Lomonossowa, ПЛ. ЛОМОНОСОВА) blicken Sie durch die **Theaterstraße** (Teatralnaja Uliza; ТЕАТРАЛЬНАЯ УЛ.) auf die hintere Fassade des Puschkin-Theaters (s. S. 251). Bis vor wenigen Jahren hieß diese architektonisch geschlossenste Straße St. Petersburgs Rossi-Straße und erinnerte an den Architekten Karl Rossi, der das ganze Viertel gestaltete. 1828–1834 errichtete er für das Ministerium für Volksbildung und für die Theaterverwaltung zu beiden Seiten der Straße spiegelgleiche Gebäude mit einem Rustika-Untergeschoß und einem von hohen Fenstern und dorischen Halbsäulenpaaren geschmückten Hauptgeschoß. Wie beim Theater treten die Säulen in strahlendem Weiß aus der narzissengelben Fassade. Außergewöhnlich sind auch die Proportionen der Straße: Die Gebäude sind 22 m hoch, die Straße ist 22 m breit, die Länge der Gebäude und der Straße beträgt genau das Zehnfache davon.

Das westliche Gebäude gehört heute dem St. Petersburger **Institut für Architektur und Stadtplanung,** das östliche Gebäude beherbergt das **Staatliche Theatermuseum** mit über 300 000 Exponaten aus der Geschichte des russischen Schauspiels, der Oper und des Balletts, mit Bühnenbildentwürfen, Tausenden von Tonaufzeichnungen und einer der größten Spezialbibliotheken der Welt, der Theaterbibliothek ›A. Lunatscharskij‹. Anatolij Lunatscharskij (1875–1933) verfaßte die Dramen ›Faust und die Stadt‹ sowie ›Der befreite Don Quichote‹, als Volkskommissar für die Kulturpolitik (1917–1929) führte er das sowjetische Geistesleben zu hoher Blüte.

An das Theatermuseum schließt sich die **St. Petersburger Ballettschule ›A. Waganowa‹** an. Diese Schule wurde 1738 unter der Zarin Anna Iwanowna als Teil des ›Kadettenkorps‹ gegründet und entwickelte sich zur berühmtesten Ballettschule der Welt, aus der Anna Pawlowa, Wazlaw Nijinskij, Michail Fokin, Galina Ulanowa, Wachtang Tschabukiani, Rudolf Nurejew und viele andere große Tänzerinnen und Tänzer hervorgingen.

St.-Nikolaj-der-Seeleute-Kathedrale

Die Ballettpädagogin Agrippina Waganowa (1879–1951) entwickelte ein Ausbildungssystem für den klassischen Tanz, das international verbindlich wurde; 1956 erhielt die Ballettschule ihren Namen. Heute werden im Waganowa-Institut ständig mehr als 500 Ballettschüler ausgebildet.

Unweit der Tschernyschew-Brücke steht neben dem **Haus der Presse** am Fontanka-Kai das **Große Akademische Gorkij-Schauspielhaus.** In der zweiten Hälfte des 19. Jh. wurde das Haus als ›Kleines Theater‹ erbaut und unmittelbar nach der Oktoberrevolution auf Anregung von Maksim Gorkij, Aleksandr Blok und anderen Kulturschaffenden als ›Theater für hohe heroische Tragödie und romantische Komödie‹ wiedereröffnet. Schillers Drama ›Don Carlos‹ eröffnete die erste Spielzeit der sowjetischen Ära. Unter seinem Regisseur Georgij Towstonogow erlangte das Theater mit Inszenierungen von Dramen russischer Klassiker weltweite Berühmtheit. Heute werden hier vorwiegend zeitgenössische Stücke aufgeführt.

Der **Krjukow-Kanal** verbindet die Fontanka mit dem Gribojedow-Kanal und der Mojka. Schon von weitem sehen Sie den hohen Glockenturm und die fünf goldenen Kuppeln der **St.-Nikolaj-der-Seeleute-Kathedrale** (Nikolaj-Marine-Kathedrale; Nikolskij Morskoj Sobor) aus dem dichten Blätterdach uralter Bäume hervorragen. Sawwa Tschewakinskij erbaute das blau-weiße Ensemble im Stil des Petersburger Barocks 1753–1762. In ihren Grundzügen entspricht die Kathedrale altrussischen Traditionen: fünf Kuppeln über dem Grundriß eines griechischen Kreuzes, separater Glockenturm. Doch die zahlreichen weißen Säulen vor den blauen Mauern, die zierlichen Balkons, die großen, stuckumrahmten Fenster geben der Kathedrale eher das Aussehen eines Palais. Der hl. Nikolaus ist der Schutzpatron der Seeleute, und Marinekasernen gab es im 18. Jh. in diesem Viertel genug. – Die Kathedrale besteht aus zwei Stockwerken: der niedrigen, düsteren Winterkirche und der hohen, hellen Sommerkirche darüber. Die Gemälde in der prächtig geschnitzten und vergoldeten Ikonostase stammen von den Brüdern Kolokolnikow.

Von der Nikolaj-Marine-Kathedrale führt die Glinka-Straße (Uliza Glinki) zum Theaterplatz (Teatralnaja Ploschtschad) mit dem weltbekannten **Marientheater für Oper und Ballett,** dem früheren Kirow-Theater.

Die St. Petersburger Theatertradition ist fast so alt wie die Stadt selbst, denn bereits 1710, sieben Jahre nach dem ersten Spatenstich auf der Haseninsel, hatten sich deutsche Handwerker und Kaufleute an der Mojka ein kleines Theater aus Holz gebaut, in dem deutsche Dramen und musikalische Schwänke dargeboten wurden. Peter der Große hatte tüchtige, unternehmungslustige Familien aus Deutschland geholt, meist Protestanten aus katholisch regierten Ländern, die mithelfen sollten, seine Flotte zu bauen, sie auszurüsten und seine neue Stadt an der Newa zu bevölkern. Zwischen der Mojka und dem heutigen Gribojedow-Kanal bauten sie ihre Häuser. Die Deutschen bildeten in Petersburg die stärkste Ausländergruppe. Noch 1869 war jeder zehnte Petersburger ein Deutscher. Ärzte kamen und, als 1725 die Akademie der Wissenschaften gegründet wurde, auch Professoren. Die deutschen Professoren ließen sich vorwiegend auf der Wassiljewskij-Insel in der

Marientheater für Oper und Ballett

Nähe ihrer Forschungsstätten nieder. Dort finden Sie noch heute deutschsprachige Schilder.

Die Zarin Anna ließ auf ihrer Bühne im Winterpalast italienische Sänger auftreten, 1738 gründete sie die erste Tanzschule. 1740 engagierte sie die deutsche Schauspieltruppe der Friederike Caroline Neuber. 1755 ging aus Elisabeths ›Kadettenkorps‹ die Theatergruppe Sumarokow hervor, die im ›Schloßtheater‹ am Newskij Prospekt regelmäßig öffentliche Vorstellungen gab. 1765 befahl Katharina die Große den Bau eines Theaters auf dem Ploschtschad Karusseli, einem Platz für Volksbelustigungen; an der Stelle des heutigen Konservatoriums entstand dieser erste Holzbau. Italiener leiteten die Musikbühne: 1776–1784 Giovanni Paisiello, 1787–1791 Domenico Cimarosa, 1793–1802 Giuseppe Sarti. 1783 ersetzte Quarenghi den Holzbau durch das Bolschoj Teatr (= Großes Theater), das mit seinen 2000 Plätzen über lange Zeit das größte Theater Europas blieb. Bis 1836 standen Opern, Ballette und auch Schauspiele auf dem Spielplan. Nach der Eröffnung des Alexandra-Theaters (heute Puschkin-Theater, s. S. 251), beschränkte sich das Petersburger Bolschoj auf Opern und Ballette. 1836 begann mit Michail Glinkas Oper ›Ein Leben für den Zaren‹ die große Epoche der nationalrussischen Musik; 1842 folgte ›Ruslan und Ljudmila‹ nach Texten von Aleksandr Puschkin.

1859–1860 errichtete der Architekt Albert Cavos gleich gegenüber ein neues Opernhaus, das nach der Gemahlin Alexanders II. **Marientheater** (Mariinskij Teatr) heißt. Im Marientheater wurden nahezu alle großen russischen Opern uraufgeführt. 1847 war der französische Choreograph und Ballettmeister Marius Petipa nach Petersburg gekommen und führte das Ballett des Bolschoj, nunmehr das Marien-Ballett, mit seinen Choreographien ›Don Quichote‹ (1869), ›La Bayadère‹ (1877), ›Dornröschen‹ (1890), ›Schwanensee‹ (1895) und ›Raymonda‹ (1898) zu Weltruhm. 1935 erhielt das Theater den Namen des kurz zuvor in Leningrad ermordeten sowjetischen Politikers Sergej Kirow.

Dem Marientheater gegenüber steht das einstige Bolschoj-Theater, in dem sich seit 1889 das **Konservatorium** befindet, das 1862 von Anton Rubinstein gegründet worden war und heute den Namen seines langjährigen Leiters Rimskij-Korssakow trägt. Die Konzertveranstaltungen des Konservatoriums genießen Weltruf. – In den Grünanlagen neben dem Konservatorium sehen Sie die Denkmäler von Michail Glinka (1906, Bildhauer Robert Bach) und Nikolaj Rimskij-Korssakow (1952, Bildhauer Benjamin Bogoljubow und Wladimir Ingal).

Jenseits der Dekabristenstraße (Uliza Dekabristow, УЛ. ДЕКАБРИСТОВ) bilden Krjukow-Kanal, Mojka und Krustejn-Kanal (früher Admiralitäts-Kanal) eine Insel, deren rote Ziegelhäuser ihr den Namen **Neu-Holland** (Nowaja Gollandija) gaben. Zur Zeit Peters des Großen trug die Insel das Holzlager für die nahen Schiffswerften. 1765–1780 errichtete Vallin de la Mothe den schönen Brückenbau an der Mojka.

An der Mojka

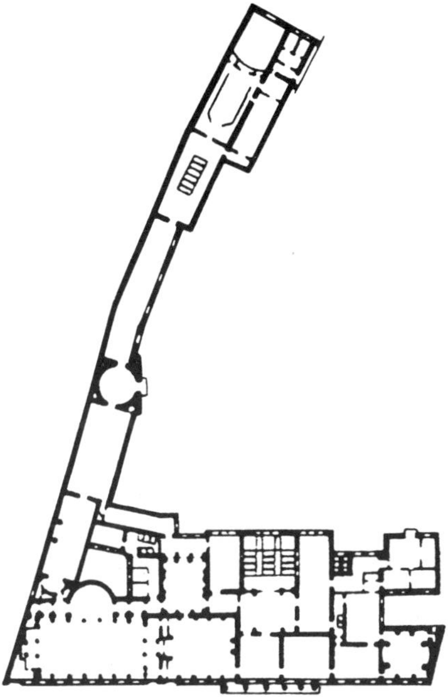

Palais Jussupow, heute Haus der Lehrer

Nun folgen Sie dem Lauf der **Mojka,** die 1797–1810 kanalisiert und mit der Fontanka verbunden wurde, flußaufwärts. Von Neu-Holland aus überschreiten Sie die **Kußbrücke** (Pozelujew Most), eine der ersten Eisenbrücken Petersburgs (1800–1816). Über die Entstehung ihres Namens gibt es verschiedene Deutungen: Die einen meinen, auf der Brücke hätten sich die Matrosen der benachbarten Kaserne von ihren Mädchen verabschiedet; die anderen behaupten, die Brücke habe einst als Kontaktort für ein nahes Bordell gedient; manche sagen, der Name komme von einem gewissen Pozelujew, der hier eine Gastwirtschaft betrieb. Vielleicht stimmen alle drei Versionen.

Ein Stück weiter steht am Südufer der Mojka das Haus der Lehrer, das ehemalige **Palais Jussupow.** In den 80er Jahren des 18. Jh. hatte Fürst Jussupow aus altem tatarischem Adelsgeschlecht das Grundstück nebst einem kleinen Haus vom Grafen Schuwalow gekauft und den Architekten Vallin de la Mothe mit dem Ausbau der Stadtvilla beauftragt. Von ihm stammt der sechssäulige Portikus der Hauptfassade. 1830 fügte A. Michailow einen großen Prunksaal hinzu und gestaltete das Obergeschoß neu, Giovanni Scotti bemalte die Decken. 1859–1862 erneuerte Ippolito Monighetti das Treppenhaus im Stil des Neobarock, Giovanni Toricelli schuf die Deckengemälde. Der lange, schmale Flügel, der weit in den einstigen Garten vorstieß und von einem kleinen Theater abgeschlossen wurde, entstand im späten 19. Jh. In dem Theater traten viele bedeutende Künstler auf, darunter auch der große Bassist Fjodor Schaljapin. Berühmt war die Kunstsammlung der

Rasputin, der ›Heilige Teufel‹

Am späten Abend des 30. Dezember 1916 – nach dem alten russischen Kalender war es der 17. Dezember – folgte Grigorij Jefimowitsch Rasputin, Vertrauter des Zaren Nikolaj II. und besonders seiner Gemahlin Alexandra Fjordorowna, einer Einladung des jungen Fürsten Feliks Jussupow. Jussupow hatte dem Starez, dem einflußreichen Mönch, versprochen, ihn mit Irina, der reizvollen Nichte des Zaren, bekanntzumachen. Als Rasputin im Hause des Fürsten eintraf, waren alle Anwesenden, neben dem Fürsten noch der Großfürst Dmitrij Pawlowitsch, das Duma-Mitglied Purischkewitsch und der Armeearzt Lasawert, schon ziemlich betrunken, was Rasputin aber kaum störte. Ärgerlich fand er nur, daß weder Irina noch eine andere attraktive Dame der Gesellschaft erschienen war. Und wohl kaum ahnte er, daß die Anwesenden ihn an diesem Abend ermorden würden.

Großfürst Dmitrij, ein Neffe des Zaren Alexander III., hatte den Mordplan gemeinsam mit den anderen Anwesenden entworfen, um Rasputins gefährliche Einflußnahme auf die Zarin und damit auch auf den Zaren zu beenden, das Ansehen des Zarenhauses wiederherzustellen, die russische Monarchie zu retten.

Wer war dieser Rasputin, den man inzwischen den ›Heiligen Teufel‹ nannte? Grigorij Jefimowitsch Nowych – später wurde er ›Rasputin‹ (von ›rasputnik‹ = der Lasterhafte) genannt – war 1864 oder 1865 in dem Dorf Porowskoje unweit der westsibirischen Gouvernementshauptstadt Tjumen geboren. Wer seine Eltern waren, ist nicht bekannt. Als junger Mann ging er in die nahe Stadt Tobolsk, um sich dort als Taschendieb und kleiner Ganove durchzuschlagen. Als er endlich eine Stelle als Kellner erhielt, heiratete er das Dienstmädchen Praskowja, die ihm drei Kinder gebar, was aber keineswegs bedeutete, daß er sein kriminelles, orgienreiches Leben aufgegeben hätte.

Erst ein Wandermönch schien ihn – es muß um die Mitte der 90er Jahre gewesen sein – auf den Weg eines halbwegs tugendhaften Menschen zu führen. Eines Tages verließ Rasputin seine Familie und pilgerte zu den heiligen Stätten der orthodoxen Christenheit. Zwölf Monate später war er wieder daheim, hob im Stall eine Grube aus und betete darin zwei Wochen lang, ohne etwas zu essen. Dann setzte er seine Pilgerwanderungen fort, ging nach Kiew und nach Moskau. Als er nach Tobolsk zurückkehrte, konnte er weissagen und heilen, wie viele behaupteten. Im Frühsommer 1903 verließ Rasputin seine Familie zum dritten Mal und kam nie wieder.

Ende des Jahres 1906 tauchte Rasputin in St. Petersburg auf. In der dortigen geistlichen Akademie sah man ihn in ziemlich verwahrloster Kleidung, mit wehenden Haaren und üppigem Bart diskutieren. Er trieb sich in den verrufensten Kneipen herum, maßlos trinkend, doch nie betrunken. Seine Fähigkeit zu heilen hatte sich herumgesprochen. Besonders soll er jenen verheirateten Frauen, die kein Kind bekamen, zu dem ersehnten Nachwuchs verholfen haben.

An einem Sommertag des Jahres 1907 hatte ihn Anna Wyrubowa, Hofdame und enge Vertraute der Zarin, kennengelernt und kurzerhand bei Hofe eingeführt, damit er den Thronfolger heile. Aleksej, der kaum dreijährige Sohn des Zaren, litt an der Bluterkrankheit, die er von seiner Urgroßmutter Victoria, Königin von Großbritannien, geerbt hatte. Die Krankheit ist zwar nicht heilbar, aber in ihrer Verzweiflung empfing die Zarin Rasputin, der es tatsächlich fertigbrachte, mittels »magnetischer und hypnotischer Kräfte nicht nur den Leib des Thronfolgers, sondern auch seine Seele zu kurieren«. Der Wunderheiler blieb am Hofe, denn bei erneuter Verletzung des Zarewitsch mußte er ja erreichbar sein. Anfangs war Rasputin höflich und benahm sich zumindest nicht schlechter als ein einfacher russischer Bauer. Seine Heilerfolge und die Dankbarkeit des Zarenpaares steigerten jedoch sein Selbstwertgefühl, er wurde familiär, dreist, oft sogar ausgesprochen frech. Seine Lebensweise änderte er nicht. Und so sprach bald ganz Rußland von den Skandalen und Orgien in den feinsten Restaurants von St. Petersburg.

Als Rasputin schließlich Staatsgeheimnisse, die er am Hofe erfuhr, weitergab, auch Einfluß auf politische Entscheidungen nahm, angeblich sogar mit dem deutschen Geheimdienst zusammenarbeitete, dachte Zar Nikolaj II. immer öfter daran, Rasputin vom Hofe zu entfernen. Das aber hätte womöglich den Tod der Zarin und des kranken Jungen bedeutet, denn Alexandra Fjodorowna war dem Mönch völlig ergeben, zumal nur er die Blutungen des Zarewitsch zu stillen vermochte. So entschlossen sich Mitglieder der Romanowfamilie, ohne Wissen des Zaren und der Zarin ein schnelles Ende der den Bestand des Zarentums gefährdenden Situation herbeizuführen.

Am 17. Dezember 1916 war es soweit. Rasputin sollte im Hause des Fürsten Jussupow umgebracht werden. Der Armeearzt Lasawert hatte Zyankali besorgt und damit angeblich einen Kuchen vergiftet. Rasputin aß den Kuchen, der aber keine Wirkung zeigte, was die Mörder auf seine übermenschlichen Kräfte zurückführten. (In Wirklichkeit hatte der Arzt Skrupel bekommen und ein harmloses Pulver in den Kuchen getan.) Daraufhin schoß Feliks Jussupow auf den Todgeweihten, Rasputin stürzte, aber er war nur verwundet. Als er wieder zu sich kam, warf er sich auf den Fürsten. Der konnte ausweichen und schoß nochmals. Rasputin taumelte auf den Hof hinaus, wo er nach mehreren Schüssen der Beteiligten zusammenbrach. Man wickelte ihn in einen Vorhang und trug ihn zum Wagen des Großfürsten Dmitrij. An der Schdanowka, einem kleinen Nebenkanal der Mojka, stießen ihn die Mörder in ein Eisloch. Wochen später fand man Rasputins Leiche, steifgefroren und an die Stützen einer Brücke geklammert. Der Zar soll erleichtert aufgeatmet haben, als er im Generalstab die Nachricht vom Tod Rasputins erhielt.

Fürsten Jussupow; nach der Oktoberrevolution wurde sie aufgelöst, die Werke kamen in die großen Museen von St. Petersburg und Moskau. In einem Kellerraum des Palais Jussupow wurde am 30. Dezember 1916 der sibirische Wanderprophet und Wunderheiler Rasputin ermordet (s. S. 272 f.).

Die **Blaue Brücke** (Sinij Most) vor dem Rathaus (s. S. 218) ist nur vom Mojkaufer zu erkennen; vom Isaaks-Platz nimmt man sie wegen ihrer außergewöhnlichen Breite (knapp 100 m!) kaum wahr. – Vor dem Newskij Prospekt erhebt sich rechter Hand die wundervolle Fassade des Stroganow-Palais (s. S. 243 f.).

Bei der **Sängerbrücke** (Pewtscheskij Most), die 1840 die Verbindung zum Schloßplatz herstellte und ein besonders schönes schmiedeeisernes Geländer besitzt, zweigt der Winterkanal zur Newa ab. Der Name der Brücke weist auf das Gebäude des Staatlichen Glinka-Chores hin, in das der älteste russische Chor 1889 einzog. Den Chor hatte Peter der Große noch in Moskau als ›Kapella‹ gegründet, später holte er ihn in seine neue Residenz St. Petersburg, wo der Chor bei den Hofgottesdiensten, später auch in Opern sang, seit 1802 sich aber zunehmend mit alten und neuen Chorwerken befaßte.

Das Haus Nr. 12 nebenan bewohnte Aleksandr Puschkin mit seiner Frau Natalja in den letzten Monaten seines Lebens. 1925 wurde in der Wohnung das **Puschkin- Museum** eingerichtet. Interessanter als die Einrichtung, die ohnehin zumeist aus Repliken besteht, ist das Haus selbst, die typische Stadtvilla eines wohlhabenden Russen aus den ersten Jahrzehnten Petersburgs. Die Villa stammt aus dem Jahr 1730, wurde allerdings mehrmals modernisiert. Im ursprünglichen Zustand befindet sich noch der idyllische Hof mit

Am Gribojedow-Kanal

seinen Wirtschaftsgebäuden. In diesem Hof treffen sich alljährlich am Todestags Puschkins – er starb am 29. Januar 1837 an den Folgen eines Duells (s. S. 245) – die Lyrikfreunde Rußlands zu Dichterlesungen.

Kurz vor dem Marsfeld zweigt von der Mojka der **Gribojedow-Kanal** ab. Das einst hier verlaufende Flüßchen Kriwuscha (= die Gekrümmte) wurde unter Katharina der Großen 1764–1790 mit festen Kaimauern versehen und erhielt daraufhin den Namen

›Katharinen-Kanal‹. Als der russische Gesandte und Dramatiker Aleksandr Gribojedow 1829 in Teheran ermordet wurde, benannte man den Kanal nach ihm. – Wenn Ihnen nicht die Zeit bleibt, alle drei Wasserarme der Großen Seite Petersburgs abzuschreiten, so sollten Sie wenigstens dem geschwungenen Lauf des Gribojedow-Kanals bis zu seiner Mündung in die Fontanka folgen.

Hart an der Kaimauer des Gribojedow-Kanals, an der Stelle, an der Zar Alexander II. am 1. März 1881 einem Attentat zum Opfer fiel, ließ sein Sohn und Nachfolger Alexander III. die **Christi-Auferstehungs-Kirche** (Zerkow Woskressenija), auch ›Erlöserkirche‹ oder ›Blutkirche‹ genannt, errichten (Farbt. 18). Der Entwurf stammt von den Architekten A. Parland und I. Makarow; als Vorbild für den eklektizistischen Bau diente die Moskauer Basilius-Kathedrale. Die Arbeiten währten von 1883 bis 1907. Alles gleißt und glänzt an den Fassaden, Türmen und Kuppeln; Mosaiken, Fayencen, vergoldete Hauben versuchen, die Pracht altrussischer Kirchen in das beginnende 20. Jh. zu übertragen. Bewunderungswürdig sind die Mosaiken ›Kreuztragung‹, ›Kreuzabnahme‹ und ›Abstieg zur Hölle‹ von Wiktor Wasnezow sowie das Mosaik der ›Kreuzigung‹ auf der Westfassade von Michail Nesterow.

Auf der gegenüberliegenden Seite des Kanals erstreckt sich zwischen Mojka und dem Konjuschennaja Ploschtschad (Marstall-Platz) die weitläufige Anlage des kaiserlichen **Marstalls,** erbaut 1720–1723 von N. Härbel, umgebaut 1817–1823 von W. Stassow. Die Mitte des am Platz gelegenen Traktes nimmt die Marstall-Kirche ein; ihre Fassade schmücken die Flachreliefs ›Einzug in Jerusalem‹ und ›Kreuzigung‹ von Wassilij Demut-Malinowskij. In der Marstall-Kirche fand die schlichte Totenfeier für Puschkin im engsten Familienkreis statt, bevor man seinen Leichnam heimlich zur Beisetzung in das Kloster von Swjatogorsk bei Pskow brachte. Die Restaurierung des Marstalls ist weitgehend abgeschlossen; im Obergeschoß der Kirche finden seit 1991 wieder Gottesdienste statt.

Der Gribojedow-Kanal führt in Höhe des Newskij Prospektes an der Kasaner Kathedrale (s. S. 246 f.) vorbei und erreicht die kleine **Bankbrücke** (Bankowskij Most), die schönste Fußgängerbrücke St. Petersburgs. 1825–1826 hatte der Ingenieur G. Traitteur die Bankbrücke und fünf weitere Fußgängerbrücken (darunter die Löwenbrücke, s. S. 278) als erste Hängebrücken Europas konstruiert. Die tragenden Stahltrossen halten zwei gußeiserne Greifenpaare mit vergoldeten Flügeln im Maul (Bildhauer: P. Sokolow). Der Name der Brücke weist auf die ehemalige Assignationsbank hin, deren Gebäude der Architekt Quarenghi 1783–1790 zwischen Gartenstraße (Sadowaja Uliza) und Gribojedow-Kanal errichtete. Katharina II. hatte diese Bank, die das erste russische Papiergeld ausgab, 1769 gegründet; bereits 1780 waren Rubelnoten das Hauptzahlungsmittel Rußlands.

Hinter der Demidow-Brücke (1834–1835) schwenkt der Gribojedow-Kanal nach Süden und nähert sich dem **Heumarkt** (Sennaja Ploschtschad; СЕННАЯ ПЛОЩАДЬ)

Greifenpaare an der Bankbrücke

Löwenbrücke über den Gribojedow-Kanal

mit der Metrostation gleichen Namens. Hier, wo seit Peter dem Großen mit Vieh gehandelt wurde, wo man unbotmäßige Leibeigene öffentlich auspeitschen ließ, wo Dostojewskij, der 1861–1867 in dieser ärmsten Gegend Petersburgs wohnte und arbeitete, mehr Kneipen als Häuser und keine Kanalisation vorfand, beginnt der Moskauer Prospekt (Moskowskij Prospekt, МОСКОВСКИЙ ПР.).

Mehrere hundert Meter den Gribojedow-Kanal abwärts treffen Sie auf die **Löwenbrücke** (Lwinyj Most), ein Pendant zur Bankbrücke, ebenfalls 1825–1826 von Traitteur und Sokolow als Hängebrücke erbaut. Statt der Greifen halten hier Löwen die Stahltrossen im Maul. – In Höhe der Nikolaj-Marine-Kathedrale (s. S. 268) kreuzt der Gribojedow-Kanal den Krjukow-Kanal und mündet an der Starokalinkin-Brücke in die Fontanka.

Peter-Paul-Festung und Petrograder Seite

Am 16. Mai des Jahres 1703 legte Zar Peter I. auf der Haseninsel (Sajatschij Ostrow) den Grundstein für eine gewaltige Festung, die **Peter-Paul-Festung,** die den Norden Rußlands vor Angriffen der Schweden sichern und den Zugang des Reiches zur Ostsee und zu

Europa öffnen sollte. Die Lage der Festung auf der Insel zwischen Newa und Kronwerkskij Sund war strategisch gut gewählt, doch brauchte ihre Verteidigungskraft niemals erprobt zu werden. 20 000 Arbeiter und Soldaten errichteten bis zum Herbst gewaltige Erdwälle in Form eines riesigen unregelmäßigen Sechsecks. 1706 begann man, die Erdwälle durch mächtige Backsteinmauern und sechs deutlich hervortretende Bastionen zu verstärken. Erst 1740, unter der Zarin Anna, war die Festung vollendet. 1780 ließ Paul I. die Backsteinmauern mit Granitplatten verkleiden.

Schon früh diente die Festung auch als Staatsgefängnis. Zu den ersten Gefangenen zählte Peters Sohn Aleksej, der hier unter der Folter starb. In den düsteren Kasematten schmachtete der Schriftsteller und Anführer der revolutionären Intelligenzija, Aleksandr Radischtschew (1749–1802), weil er in seinem Buch ›Reise von Petersburg nach Moskau‹ die gesellschaftlichen Mißstände im damaligen Rußland angeklagt hatte. In der Peter-Paul-Festung warteten 1826 einige hundert Dekabristen auf das Gerichtsverfahren, das fünf von ihnen die Todesstrafe und über 100 die Zwangsarbeit in Sibirien brachte. 1849 wurde Fjodor Dostojewskij hier wegen seiner Mitarbeit im sozialistischen Petraschewskij-Kreis zum Tode verurteilt und unmittelbar vor dem Vollzug der Hinrichtung zu vierjähriger Zwangsarbeit in Sibirien begnadigt. 1887 wurde hier Lenins Bruder Aleksandr Uljanow wegen Vorbereitung eines Attentats auf Alexander III. zum Tode verurteilt. Auch Maksim Gorkij lernte nach der Revolution von 1905 die Haftzellen der Festung kennen; westliche Interventionen ermöglichten seine vorzeitige Entlassung. – Seit 1924 ist die Peter-Paul-Festung ein Museum.

Die Peter-Paul-Festung erreichen Sie über die Dreifaltigkeitsbrücke bzw. von der Metrostation ›Gorkowskaja‹ (ГОРЬКОВСКАЯ) aus. Eine Brücke über den Kronwerkskij Sund endet vor dem Johannestor (Ioannowskije Worota), das zur östlichen Vorbefestigung gehört. Von hier aus führt eine Allee zum Peterstor (Petrowskije Worota), dem Haupteingang der Festung. Dieses Tor baute Domenico Trezzini 1717–1718 an der Stelle eines massiven Holztores; es ist übrigens der einzige unverändert erhaltene Bau des Hofarchitekten Peters des Großen. In Nischen links und rechts der Einfahrt stehen Skulpturen der römischen Göttinnen Bellona (Krieg) und Minerva (Weisheit), gestaltet von N. Pineau. Die Einfahrt bewacht das Symbol der Zaren: ein doppelköpfiger Adler, der das Zepter und den Reichsapfel in den Klauen hält; seine Brust schmückt das russische Staatswappen mit dem hl. Georg.

Das Holzrelief in dem von Voluten gesäumten Segmentgiebel darüber erzählt die Geschichte von Simon dem Magier (Apostelgeschichte 8, 9–25). Wenn Sie genau hinschauen, erkennen Sie in der Gestalt des Petrus den Zaren Peter den Großen. Das Relief, ein Werk des Bildhauers H. Ossner, stammt von dem alten Holztor.

Zwischen hohen, alten Bäumen führt der Weg zu einem bronzenen **Denkmal Peters des Großen,** einem Werk des modernen Bildhauers Michail Schimjakin. Die Größe der Skulptur (2,04 m) soll exakt mit den Körpermaßen des Zaren übereinstimmen. Warum der Kopf des geistig überaus regen Peter aber so winzig geraten ist, kann wohl nur der Künstler erklären. Petersburger Kunsthistoriker vermochten das nicht.

Blick auf die Peter-Paul-Festung

Die Allee endet vor der **Peter-Paul-Kathedrale** (Petropawlowskij Sobor), die Trezzini 1712–1733 im Stil deutscher und holländischer Kirchen mit Langschiff und spitzem Turm über dem Westportal im Zentrum der Festung errichtete (Farbt. 17). Peter der Große bestand darauf, zuerst den hohen Glockenturm zu bauen, um ihn im Verteidigungsfall als Beobachtungsturm nutzen zu können. Bauhistoriker haben allerdings darauf hingewiesen, daß diese Reihenfolge bei dem nachgiebigen Boden ohnehin zwingend erforderlich war, denn erst mußte sich der schwere Turm setzen, bevor man den leichteren Kirchenbau anfügen konnte. Der Glockenturm war ursprünglich 106 m hoch. Bei einer notwendigen Restaurierung der Turmspitze in den Jahren 1857–1858 ersetzte der Eisenbahningenieur Dmitrij Jurawskij die Holzkonstruktion durch Eisen und erhöhte den Turm auf 122 m, wovon allein die vergoldete Spitze 39 m (vom Dachansatz 60 m) mißt. Damit ist die Kathedrale auch heute noch das höchste Bauwerk St. Petersburgs, wenn man von dem 316 m hohen Fernsehturm absieht. Die Turmspitze endet in einer Kugel von 2,8 m Durchmesser, über der ein ebenfalls vergoldeter Engel, ein Kreuz in den Händen, zu schweben scheint. Der Engel ist 3,2 m groß, das Kreuz 6,4 m hoch.

Die Glocken des Kirchturms spielen täglich um 6, 12, 18 und 24 Uhr die russische Nationalhymne. – Die Ikonostase der Kathedrale entstand 1720 nach einem Entwurf von

Iwan Sarudnyj. Die Namen der 40 Maler, die die Tafelbilder schufen, blieben bis auf Andrej Merkurjew unbekannt. – Die Peter-Paul-Kathedrale war die Grabkirche der Romanows, hier wurden seit Peter dem Großen zwölf Zaren und Zarinnen beigesetzt: Peter I. der Große, Katharina I., Anna I., Elisabeth I., Peter III., Katharina II. die Große, Paul I., Alexander I., Nikolaj I., Alexander II., Alexander III. und am 5. März 1995 Nikolaj II., der letzte russische Zar, mit seiner Familie. Anfang des Jahrhunderts richtete man in der Kathedrale auch eine Begräbnisstätte für die russischen Großfürsten ein, wo 1992 Wladimir Kirillowitsch und 1994 Georgij Aleksandrowitsch beigesetzt wurden.

Vor der Kathedrale steht das klassizistische **Bootshaus** (Botnyj Domik), das 1761 einen Holzschuppen ablöste. 1723 hatte der Zar das kleine Boot, auf dem er in Moskau das Segeln erlernte, nach Petersburg geholt, um den ›Großvater der russischen Flotte‹ stets in seiner Nähe zu haben. Heute befindet sich Peters Boot im Zentralmuseum der Kriegsmarine (s. S. 286). 1724 gründete Peter I. an der Westseite des Kathedralenplatzes den **Münzhof** (Monetnyj Dwor). Das gegenwärtige Gebäude entstand 1798–1806. Noch heute werden hier Münzen und Medaillen geprägt.

Die Trubezkoj-Bastion, die Sotow-Bastion sowie das Aleksejewskij-Außenwerk im Westen dienten seit Peter dem Großen bis kurz nach der Oktoberrevolution als Staatsgefängnisse. – Weitere heute als Museum eingerichtete Gebäude im Festungsbereich sind das Ingenieurhaus (um 1740), das Artilleriezeughaus (Anfang 19. Jh.) und das Haus des Festungskommandanten (1746).

Das **Newa-Tor** (Newskije Worota) gleicht vom Fluß her einem klassizistischen Portikus (1787). Es führt zur Kommandanten-Anlegestelle (Komendantskaja Pristan), wo die Boote des Festungskommandanten festmachten. Durch die ›Todespforte‹ des Newa-Tors mußten auch die Verurteilten, die in Schlüsselburg (heute Petrokrepost) oder in Lissij Nos an der karelischen Küste hingerichtet wurden.

An der Innenwand des Torbogens sind die höchsten Wasserstände seit der Gründung der Stadt markiert. Den Überschwemmungskatastrophen waren die Bewohner hilflos ausgeliefert. Bereits im August 1703 stieg die Newa um mehr als 2 m, überschwemmte die Zelte der Arbeiter und trieb das Baumaterial fort. 1706 notierte Zar Peter I., daß das Wasser in seinem Haus 21 Zoll (also über 0,5 m) über dem Fußboden stehe. Die nächtliche Flutkatastrophe von 1777 forderte Tausende von Menschenleben. Die höchste Markierung vom 7. November 1824 zeigt 421 cm über dem normalen Wasserstand; bei dieser Flutkatastrophe wurden über 300 Häuser fortgespült, und Tausende von Menschen ertranken oder starben an Unterkühlung. Am 23. September 1924 stieg das Wasser um 369 cm und überflutete die halbe Stadt. Es vergeht kaum ein Jahr, in dem die Newa nicht über die Kaimauern steigt. Die Schuld an diesen Überschwemmungskatastrophen haben Wirbelstürme über der Ostsee; sie erzeugen eine breite Welle, die sich im Finnischen Meerbusen und in der Newabucht um das Zwei- bis Dreifache erhöht und über die behäbig nach Westen strömende Newa hinwegrauscht.

Vom Newa-Tor aus können Sie am Fuß der mächtigen **Naryschkin-Bastion** zu einem Strandbad mit herrlicher Aussicht auf die Große Seite und die Strelka bummeln. Pünkt-

Der tollkühne Dachdecker

An einem Julitag des Jahres 1830 beschädigte eine Gewitterbö den Engel auf der damals 106 m hohen Turmspitze der Peter-Paul-Kathedrale so schwer, daß er herabzustürzen drohte. Der Aufbau eines Gerüstes hätte Unsummen verschlungen. Da erbot sich der Dachdecker Pjotr Tjoluschkin, ohne Gerüst hinaufzusteigen und die Reparatur durchzuführen. Als er die Turmspitze erklommen hatte, bekreuzigte er sich, und die riesige Menschenmenge vor der Kathedrale jubelte. Dann zog er eine Strickleiter empor und konnte so Tag für Tag mit Material hinaufklettern, bis der Schaden behoben war. Der Zar schenkte dem mutigen Dachdecker »einen Geldbetrag und einen langen Rock«. Fremdenführer ergänzen schmunzelnd, daß Nikolaj I. alle Gastwirte Petersburgs anwies, dem Handwerker auf Staatskosten stets einen Becher mit Wodka zu füllen. So stieg Pjotr Tjoluschkin bald wieder gen Himmel.

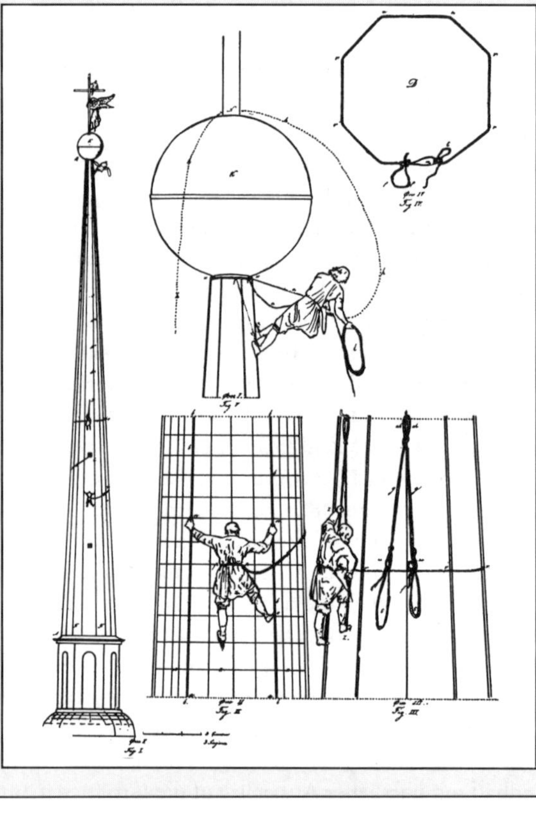

Wie der Dachdecker Pjotr Tjoluschkin den Turm der Peter-Paul-Kathedrale bestieg (zeitgenössische Zeichnung)

lich um 12 Uhr mittags kracht von der Bastion ein Kanonenschuß. Das ist Tradition seit Peter dem Großen, und jedermann in der Stadt, der eine Uhr besaß, stellte sie danach. Im November 1917 schloß sich die Besatzung der Festung der Revolutionsbewegung an und übergab den Arbeitern 100 000 Gewehre aus dem Arsenal. Am Flaggstock der Bastion stieg am 7. November (25. Oktober) um 21.30 Uhr die rote Signallaterne auf. Wenige Minuten später gab der Kreuzer ›Aurora‹ jenen Schuß ab, der den Angriff auf den Winterpalast einleitete.

Außerhalb der Festungsinsel gab das **Kronwerk** – die deutsche Bezeichnung gilt noch heute – zusätzlichen Schutz zur Landseite hin. Es wurde 1707–1708 angelegt. 1850–1860 baute der Architekt P. Tamanskij das hufeisenförmige Artilleriearsenal; bereits 1872 wurde es in ein **Artilleriemuseum** umgewandelt. Heute zeigt es als ›Zentrales Militärhistorisches Museum der Artillerie, des Militäringenieurwesens und der Nachrichtentruppen‹ über 80 000 Objekte von den Speeren der Skythen bis zu modernen Raketenwaffen. – Der 9 m hohe Obelisk auf einem Erdwall östlich vom Arsenal erinnert an die Hinrichtung der fünf Dekabristenführer im Juli 1826. Der Kronwerk-Prospekt (Kronwerkskij Prospekt; КРОНВЕРКСКИЙ ПР.) umschließt mit einem kühnen Schwung den Park, der die Feste Kronwerk einhüllt. Im Westteil des Parks befindet sich der **Zoologische Garten** von St. Petersburg.

Der **Dreifaltigkeitsplatz** (Troizkaja Ploschtschad) jenseits des Kamennoostrowskij Prospektes (КАМЕНООСТРОВСКИЙ ПР.) gehört zum ältesten Teil der Stadt St. Petersburg. Hier standen schon während des Baus der Peter-Paul-Festung eine Kirche (Dreifaltigkeitskirche), ein Kaufhof, Verwaltungsgebäude, eine Druckerei, erste Wohnhäuser, Herbergen und Badestuben. Die große Jugendstilvilla am Nordrand des Platzes schenkte Zar Nikolaj II. der Ballerina Matilde Kseschinskaja. Hinter dem schönen vorgewölbten Fenster verbirgt sich der Wintergarten mit anschließendem Marmorsaal.

Auf der Nordseite des Platzes steht die **Große Moschee** (Metschet), die 1910–1912 von Bürgern islamischen Glaubens gestiftet und von den Architekten Kretschinskij und Wassiljew entworfen wurde. Als Vorbild diente das berühmte Mausoleum Timurs in Samarkand aus dem Jahr 1404. Zwei schlanke Minarette und eine mit leuchtenden Fayencen verkleidete Kuppel schmücken das für Nordrußland ungewöhnliche Bauwerk. Moslems arbeiteten schon beim Bau der Peter-Paul-Festung mit, Kalmücken gehörten zur verläßlichen Dienerschaft Peters des Großen. Im Norden der Festung wuchs daher schon früh ein großes Moslemviertel.

Am Peterskai Nr. 6 steht inmitten einer winzigen Parkanlage das **Häuschen Peters des Großen** (Domik Petra Welikogo). Die Bauleute brauchten nur drei Tage, um das 12 m breite, 5,5 m tiefe und 2,5 m hohe Blockhaus aufzustellen. Der 2,04 m große Zar mußte sich bücken, wenn er durch die 1,82 m hohen Türen treten wollte. Das Häuschen besteht aus vier Räumen: Arbeits-, Besuchs-, Speise- und Schlafzimmer. Seit 1703 überwachte Peter von hier aus die Bauarbeiten an seiner Festung. 1708 zog Peter in seinen Sommerpalast auf der anderen Seite des Stromes. Katharina II. ließ 1784 um das Blockhaus einen steinernen Schutzbau errichten, der 1844 erneuert wurde. Die Büste Peters I. im Garten modellierte der Bildhauer P. Zabello (1875). – In Höhe des Häuschens wachen seit 1907 am Newakai die beiden mandschurischen Skulpturen *Schi-tsy,* eigenartige Wesen, halb Löwe, halb Frosch, Kraft und Fruchtbarkeit symbolisierend.

Da, wo die Große Newka, ein Mündungsarm der Newa, nach Norden abzweigt, liegt der **Kreuzer ›Aurora‹** vor Anker. 1903 lief das Schiff vom Stapel und nahm im Russisch-Japanischen Krieg am 27. Mai 1905 an der unglücklichen Seeschlacht bei Tsushima teil. 1908 half der Kreuzer in Messina den Überlebenden der Erdbebenkatastrophe (von 120 000 Einwohnern wurden damals 84 000 getötet). Im Oktober 1917 hißten Soldatenräte auf dem Kreuzer die rote Fahne. Und in der Nacht zum 7. November (25. Oktober) fuhr die ›Aurora‹ in die Newa ein, ging vor der Nikolajewskij-Brücke (heute Leutnant-Schmidt-Brücke) vor Anker und gab, als auf der Naryschkin-Bastion der Peter-Paul-Festung das rote Signalfeuer emporstieg, um 21.45 Uhr jenen historischen Schuß ab, der den Sturm auf den Winterpalast und damit die sowjetische Ära einleitete. Später diente der Kreuzer als Schulschiff und wurde auch bei der Verteidigung Leningrads im Zweiten Weltkrieg eingesetzt. 1948 ging die ›Aurora‹ in der Großen Newka vor Anker und ist seit 1956 eine Filiale des Zentralen Marinemuseums, kann also besichtigt werden.

Die Wassiljewskij-Insel

Peter I. plante, die 11 000 ha große Wassiljewskij-Insel, oft kurz Wassilij-Insel genannt, zum Zentrum seiner neuen Stadt zu machen. Hier sollten die öffentlichen Bauten entstehen, hier sollten der Adel und die reiche Kaufmannschaft ihre Stadtvillen errichten. Aber daraus wurde nichts, denn Peter baute seinen Palast auf der Großen Seite. Und jeder Bojar und jeder Geschäftsmann wollte natürlich in seiner Nähe sein. Außerdem war die Insel mehrere Monate im Jahr, im Frühjahr und im Herbst, wenn die Eisdecke der Newa nicht hielt oder mächtige Schollen vom Ladogasee herantrieben, vom Festland abgeschnitten. So standen 1725, im Todesjahr des Zaren, erst 113 Häuser auf der Insel. Die Behörden wanderten bald wieder ab. Dafür etablierten sich Institutionen der Wissenschaften und der Künste. Bis auf die Strelka und den Universitätskai gibt es daher auch heute nicht viel auf der Wassiljewskij Ostrow zu sehen, wenn man von den ausgedehnten Neubauvierteln um das Hotel ›Pribaltijskaja‹ und dem modernen Seehafen für die Personenschiffahrt absieht.

Die Ostspitze der Wassiljewskij-Insel, deren Name nichts mit dem hl. Basilius zu tun hat, sondern die nach einem Baumeister aus der Zeit der Stadtgründung benannt wurde, teilt die Newa in zwei Arme: die Große Newa (Bolschaja Newa) und die Kleine Newa (Malaja Newa). Die Inselspitze nennen die Petersburger **Strelka** (= Landzunge).

Sie erreichen die Strelka von der Großen Seite über die **Schloßbrücke** (Dworzowyj Most), die 1912–1916 als letzte der sechs großen Newabrücken im engeren Stadtgebiet entstand, oder von der Petrograder Seite über die **Börsenbrücke** (Birtschewoj Most), die

Ehemalige Börse auf der Strelka

1960 als ›Brücke der Bauarbeiter‹ über die Kleine Newa geschlagen wurde. Das beherrschende Bauwerk der Strelka ist die ehemalige **Börse,** ein ›Tempel des Handels‹ auf hohem Granitsockel, umgeben von einem Peristyl mit 44 dorischen Säulen. Das monumentale Gebäude errichtete der Architekt Thomas de Thomon unter Mitarbeit von Andrejan Sacharow in den Jahren 1804–1810. Die Figurengruppen über dem Gebälk der Schmalseiten symbolisieren den Binnen- und den Außenhandel. Im Osten gestaltete Iwan Prokofjew den Meeresgott Neptun mit den personifizierten Flüssen Newa und Wolchow, im Westen zeigt Feodossij Schtschedrin Merkur, den Gott des Handels, mit der gekrönten ›Rossija‹ (= Rußland) und den Flüssen Wolga und Dnjepr.

Schon 1720 hatte Peter I. die ›Holländische Börse‹ gegründet, deren Aufgabe darin bestand, die aus dem In- und Ausland kommenden Waren umzuschlagen. Der kleine Hafen an der Peter-Paul-Festung war 1733 an die Strelka verlegt worden, wo sich der Petersburger Handelshafen bis 1885 befand. Danach entstanden die großen Hafenanlagen im Südwesten der Stadt. 1782 begann der Architekt Quarenghi mit dem ersten Steinbau für die Börse, doch im Schwedenkrieg sperrte Katharina II. die Mittel, der Bau blieb unvollendet und wurde 1797 abgebrochen, um Platz für den Neubau von Thomas de Thomon zu schaffen. Seit den 30er Jahren des 19. Jh. trat der Handel mit Aktien und Obligationen neben den reinen Warenhandel. Die Industrialisierung Rußlands im 19. Jh. wurde wesentlich von der Petersburger Börse gesteuert.

Heute ist die ehemalige Börse das Zentralmuseum der Kriegsmarine mit über 500 000 Ausstellungsstücken, darunter ein 3000 Jahre alter Eichenkahn, das erste Boot Peters des Großen, Modelle russischer Kriegsschiffe, die Admiralsuniform Katharinas II.

Auf dem halbkreisförmigen Puschkin-Platz (Puschkinskaja Ploschtschad), der die ›Spitze‹ der Strelka bildet, erheben sich zwei **Rostrasäulen,** 32 m hohe rotbraune Leuchttürme, die den Schiffen die Zufahrt zum Hafen zeigen sollten, geschmückt mit Rostren (= Schiffsschnäbeln) und Personifikationen der vier großen russischen Flüsse Wolga, Dnjepr, Newa und Wolchow (Farbt. 17). An nationalen Feiertagen züngeln abends 7 m hohe Gasflammen aus den einstigen Ölwannen auf der Säulenspitze. Die Rostrasäulen gehen auf die Rednerbühne Roms zurück, die die Römer nach ihrem Seesieg über die Volskerstadt Antium im Jahr 338 v. Chr. erstmalig mit den abgesägten Schiffsschnäbeln (Rammspitzen) der erbeuteten Schiffe schmückten.

Die klassizistischen Gebäude beiderseits der Börse baute Iwan Lukinij 1826–1832 als Packhäuser. Die alten hölzernen Lagerhäuser waren nach der Flut vom 7. (19.) November 1824 zerstört worden. Das südliche Packhaus enthält heute das Zoologische Museum (s. S. 287), das nördliche Packhaus das **Zentrale Bodenkundemuseum.**

1829–1832 errichtete Lukinij neben dem nördlichen Packhaus am Makarow-Kai 4 das Hafenzollamt, ebenfalls im Stil des Klassizismus mit einem Portikus aus acht ionischen Säulen. Den Giebel schmücken Skulpturen der Gottheiten Merkur, Minerva und Ceres; im Tympanon erkennen Sie Symbole des Seehandels. Das Gebäude krönt eine Kuppel auf hohem Tambour. Das Zollamt, kurz Puschkin-Haus genannt, beherbergt heute das **Literaturmuseum** und das Institut für russische Literatur. Admiral Makarow, nach

Rostrasäule auf der Strelka

dem der Kai längs der Kleinen Newa benannt wurde, ging im Russisch-Japanischen Krieg mit seinem Schiff in der Seeschlacht von Tsushima unter.

Als eine der schönsten Uferstraßen St. Petersburgs gilt der Universitätskai (Uniwersitetskaja Nabereschnaja; УНИВЕРСИТЕТСКАЯ НАБ.) zwischen Schloßbrücke und Leutnant-Schmidt-Brücke. Das erste Gebäude, eines der beiden Packhäuser des alten Hafens, ist das **Zoologische Museum** der Akademie der Wissenschaften mit mehr als 100 000 Exponaten, von denen zwei riesige Mammuts, die vor 44 000 Jahren lebten und 1901 aus dem ewigen Eis Sibiriens geborgen wurden, zu den interessantesten Ausstellungsstücken gehören.

Das folgende Gebäude in Blaßgrün und Weiß mit laternenbekrönter Kuppel ist die ehemalige **Kunstkammer,** die viele Petersburger noch heute mit dem deutschen Wort bezeichnen. Sie wurde 1718–1734 nach einem Entwurf des deutschen Baumeisters Georg Johann Mattarnovi von den Architekten N. Härbel, G. Chiaveri und M. Semzow im Stil des Russischen Barocks erbaut (Farbt. 17). Peter I. hatte sich schon früh für Raritäten und Kuriositäten begeistert und auf seiner zweiten Auslandsreise 1716/17 in Amsterdam die Sammlung des Anatomen Friedrich Ruysch mit 800 menschlichen Körperteilen und Organen, Embryos und Abnormitäten erworben, die er 1718 im Haus des hingerichteten Bojaren Kikin (s. S. 239) öffentlich ausstellte. 1727 kamen die Objekte in die fertiggestellten Trakte der Kunstkammer. Die Sammlung wurde laufend durch historische, kunstgewerbliche und naturgeschichtliche Objekte aus aller Welt ergänzt. Der berühmteste Ausstellungsgegenstand ist wohl der ›Gottorper Globus‹, den Andreas Bosch und Lorenz Karsten nach einem Entwurf des dänischen Astronomen Tycho Brahe 1654–1664 für den Herzog von Holstein-Gottorp gefertigt hatten. 1713 erbat Peter der Große den Globus vom dänischen König als Geschenk. Heute steht er in der dritten Turmetage, ist aber nicht immer zugänglich. Der Gottorper Globus ist eine doppelwandige Kugel von 3,17 m Durchmesser. Die äußere Kupferblechhülle stellt die Erdkugel dar, die innere den Sternenhimmel. 1747 zerstörte ein Großbrand den größten Teil der Sammlung und auch den Globus, der jedoch bis 1752 von dem russischen Meister Tirjutin unter Mitwirkung von Michail Lomonossow erneuert werden konnte. Das Gebäude wurde 1754–1758 wiederaufgebaut, 1947–1949 erhielt es auch seinen prächtigen Turm zurück. Heute sind in der Kunstkammer das **Museum für Anthropologie und Ethnographie** und das **Lomonossow-Museum** untergebracht.

An die Kunstkammer schließt sich die **Akademie der Wissenschaften** an (Haus Nr. 5), ein streng klassizistisches Gebäude mit mächtigem Portikus aus acht ionischen Säulen und schmucklosem Giebel, erbaut 1783–1789 von Giacomo Quarenghi (Farbt. 17). Gespräche mit dem deutschen Universalgelehrten Gottfried Wilhelm Leibniz, dem Initiator der ›Sozietät der Wissenschaften‹ (1700), hatten Peter I. schon früh die Anregung vermittelt, eine russische Akademie der Wissenschaften zu gründen. Als der Zar 1721 zum Mitglied der Pariser Akademie ernannt wurde, stand sein Entschluß fest. 1724 unterzeichnete er den Ukas, der die Petersburger Akademie der Wissenschaften ins Leben rief. 1726 nahmen Gelehrte aus Deutschland und Frankreich ihre Arbeit auf, 1743 traten mit

Lubok – der russische Volksbilderbogen

Die russische Bezeichnung ›Lubok‹ (Mehrzahl: Lubki, oft auch Luboks) kommt von dem Wort ›Lub‹ für das faserige Innere der Rinde des Lindenbaums. Aus solchem Lindenbast flochten die Bäuerinnen im alten Rußland Körbe, mit denen sie auf den Markt zogen. Da seit dem 17. Jh. Händler in den Bastkörben naiv gemalte, bunte Papierbilder feilboten, die der religiösen Erbauung, der moralischen Belehrung, oft auch der Belustigung dienten, nannte man bald auch die Bilder selbst ›Lubok‹.

Diese Lubki schmückten die Wände der Wohnstuben, vor allem der ›roten‹ (schönen) Ecke mit der Haus-Ikone, aber oft auch die Holzwände der dörflichen Kirchen. Wie die Fresken in den Gotteshäusern sollten die Bilderbogen das einfache Volk,

›Der Jäger sticht auf den Bären ein, die Hunde zerfetzen ihn‹ (18. Jh.) ▷

◁ *›Wundermenschen, von Alexander dem Großen entdeckt‹ (19. Jh.)*

das ja damals kaum oder gar nicht lesen konnte, mit der Bibel und dem Leben der Heiligen vertraut machen. Nicht selten ließen die Klöster religiöse Lubki auf den Jahrmärkten sogar kostenlos verteilen. Im späten 17. Jh. behandelten die Lubki auch weltliche Themen: Märchen, Sagen, Ereignisse aus der russischen oder antiken Geschichte, Moritaten. Sie spiegelten die Vorstellungen des Volkes von Gut und Böse wider, veranschaulichten seine ethischen Normen und wirkten auf dramatische oder humorvolle Weise erzieherisch. Peter der Große setzte die Bilderbogen sogar als Propagandamittel ein. Als aber zunehmend frivole Themen verbreitet wurden, sah sich Katharina die Große gezwungen, »derartige Unanständigkeiten« zu verbieten.

Im 18. Jh. schätzte man Abenteuergeschichten und Gerichtsverhandlungen, aber auch Fabeln wie ›Der Fuchs und die Weintrauben‹. Sehr populär waren damals die

Geschichten über die beiden Pechvögel ›Foma und Jerjoma‹, über das Narrenpaar ›Sawoska und Paramoschka‹, über die ungeschickten Fremdlinge ›Pan Tryk und Chersonja‹. Graf Adam Olsufjew, Staatssekretär am Hofe Katharinas II., gehörte zu den ersten Sammlern dieser ›Jahrmarktskunst‹; seine Sammlung umfaßte über 2500 Lubki. Inzwischen hatten Kupferplatten als Druckstock die empfindlichen Holzformen abgelöst, wodurch es möglich war, von jedem Originalstich weit über 1000 Abdrucke herzustellen. Ausgebildete Stecher lösten die Laienschnitzer ab.

Bald kamen ganze Lubok-Büchlein in den Handel, angefüllt mit Wahrsagungen, Weisheiten oder französischen Liebesgeschichten, was zwangsläufig wiederum zur Zensur führte, die um die Mitte des 19. Jh. so streng wurde, daß alle nicht genehmigten Lubki kurzerhand der Vernichtung anheimfielen. Am Ende des 19. Jh. bedienten sich selbst so bedeutende Schriftsteller wie Iwan Krylow, Aleksandr Puschkin und Nikolaj Nekrassow der Volksbilderbogen zur Verbreitung ihrer Werke. Erst das moderne Pressewesen setzte dem Lubok zu Beginn unseres Jahrhunderts ein Ende. Heute könnte man in den Comics eine Fortsetzung der alten volkstümlichen Bilderbogen sehen, die in unserer Zeit nur noch in Museen wie der St. Petersburger Kunstkammer zu finden sind.

Michail Lomonossow die ersten russischen Professoren der Akademie bei. 1782 wurde die hochintelligente Fürstin Jekaterina Daschkowa (1743–1810), eine Tochter des Grafen Woronzow, Direktorin der Akademie; sie verfaßte geistreiche Komödien und initiierte mehrere Expeditionen nach Sibirien und Nordchina. 1934 siedelte die Akademie der Wissenschaften nach Moskau über, in Leningrad verblieb eine Zweigstelle. – Untergebracht war die Akademie von 1727 bis zur Fertigstellung des Quarenghischen Gebäudes in der Kunstkammer.

Der mehr als 300 m lange Trakt aus zwölf gleichen, miteinander verbundenen Gebäuden, der sich vom Universitätskai längs der Mendelejew-Linie (Linija Mendelejewskaja) bis zum Bolschoj Prospekt hinzieht, ist die Petersburger **Universität.** Der eigenartige Bau entstand 1722–1734 nach den Plänen von Domenico Trezzini und dem deutschen Barockmeister Theodor Schwertfeger und war für die Aufnahme der ›Zwölf Kollegien‹ bestimmt. Peter der Große hatte 1717 auf Anregung von Leibniz die zahlreichen staatlichen Dienststellen (Prikasy) aufgelöst und nach schwedischem Vorbild durch Kollegien (Vorläufer der Ministerien) ersetzt. 1802 wurden aus den Kollegien Ministerien, die in eigene Gebäude auf der Großen Seite umzogen. 1819 gründete Alexander I. die Petersburger Universität, noch im selben Jahr richteten sich die ersten Fakultäten in dem Gebäudetrakt ein. Nach dem Umbau 1834–1838 durch A. Schtschedrin folgten die übrigen Fachbereiche.

Jedes der zwölf Gebäude besitzt einen eigenen Eingang, über dem ein Mittelrisalit bis zum Volutengiebel aufragt. Weiß tritt der Bauschmuck aus den rotbraunen Wänden hervor. An der Westseite verbindet eine Galerie auf Arkaden alle Gebäude. Schtschedrin entwarf auch das Rektorenhaus, das ein Torbogen an den Universitätstrakt bindet. 1856–1890 wirkte der Chemiker Dmitrij Mendelejew an der Petersburger Universität. Unabhängig von dem deutschen Chemiker Julius Meyer stellte er 1869 das Periodensystem der chemischen Elemente auf, darüber hinaus förderte er die technologische Erschließung Rußlands. Nach ihm wurde die schattige Allee vor der Universität benannt.

Das große, aber unauffällige Gebäude, das die Hausnummer 15 trägt, ist das berühmte **Menschikow-Palais.** Aleksandr Menschikow (1678–1729), Piroggenverkäufer, Stallknecht, Diener des Zaren, aufgestiegen als verläßlicher, optimistischer, vitaler Mitstreiter und Freund Peters I., seit 1703 Generalgouverneur von Ingermanland, Karelien und Estland, 1705 auf Vorschlag des Zaren von dem Habsburger Kaiser Joseph I. zum Reichsfürsten ernannt, bekam von seinem Herrscher die ganze Wassiljewskij-Insel geschenkt und baute sich am Ufer der Großen Newa 1710–1720 das Palais, das damals als der prächtigste Bau der Stadt galt. 1714 forderte Peter I. die Insel zurück, weil er darauf das administrative und kulturelle Zentrum seiner neuen Stadt einrichten wollte. Als der Zar, so erzählt man, für einige Jahre von Petersburg abwesend war, beauftragte er Menschikow mit dem Bau der Zwölf Kollegien. Menschikow aber, dessen riesiger französischer Palastgarten voller Brunnen und Statuen weit nach Westen wie nach Osten reichte, hatte keine Lust, einen großen Teil seines herrlichen Gartens für den Verwaltungsbau zu opfern, und ließ ihn kurzerhand quer zur üblichen Bauweise errichten. So kam es, daß die Zwölf Kollegien, die

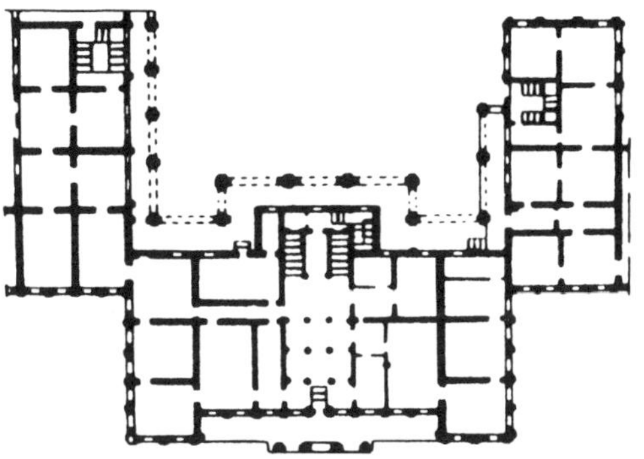

Menschikow-Palais

spätere Universität, der einzige Gebäudekomplex am Newaufer der Insel sind, dessen Hauptfassade nicht zum Fluß weist. Der Zar soll zwar nach seiner Rückkehr getobt und seinen Freund gar geohrfeigt haben, aber geändert wurde nichts mehr.

Peter I. nutzte Menschikows Palast gern und oft für repräsentative Zwecke, weil er selbst über keine entsprechenden Räumlichkeiten verfügte. Nach Peters Tod im Jahr 1725 hob Menschikow dessen Jugendfreundin, die Magd Marta Skawronska, seit 1712 mit dem Zaren verheiratet und 1724 als Katharina I. zur Mitkaiserin gekrönt, gegen den Widerstand des Adels auf den Zarenthron. 1727 starb auch sie, und Menschikow wurde von Peter II. auf Betreiben des Adels nach Sibirien verbannt.

1732 bezog das Erste Kadettenkorps den Palast, eine Institution zur kulturellen, insbesondere zur musischen Bildung privilegierter junger Leute. 1738 ging aus dem Korps die erste Ballettschule Rußlands hervor (s. S. 266 ff.). Zahlreiche Um- und Erweiterungsbauten verfremdeten das Menschikow-Palais mehr und mehr. Bei dem Bau der Uferbefestigungen verschwand sogar das ganze Untergeschoß im Erdreich. Das Palais wurde in den 80er Jahren restauriert und im Stil der Epoche Peters des Großen eingerichtet; es zeigt die Sammlung ›Russische Kultur im ersten Drittel des 18. Jh.‹. Sehenswert sind das Vestibül, das Nußbaumkabinett und der mit holländischen und russischen Kacheln ausgekleidete Salon der Warwara Arsenjewa, der Schwägerin Aleksandr Menschikows.

Die Erbauer des dreiflügeligen Menschikow-Palais waren der päpstliche Architekt Carlo Fontana (1634–1714), ein Schüler Berninis, und der Hamburger Architekt Gottfried Johann Schädel (nach 1680–1752), der 1713 mit Andreas Schlüter nach St. Petersburg kam. Schlüter, der große deutsche Barockbildhauer und -baumeister, der Trezzini als Generalarchitekt ablösen sollte, starb schon wenige Monate nach seiner Ankunft an der Newa; seine Planungen blieben leider unausgeführt.

In dem anschließenden kleinen Park steht zwischen hohen Bäumen ein Obelisk, der an die Siege des Marschalls Pjotr Rumjanzew im Russisch-Türkischen Krieg (1768–1774) erinnert. Vincenzo Brenna entwarf das Denkmal 1799 für das Marsfeld, 1818 kam der Obelisk auf die Wassiljewskij-Insel.

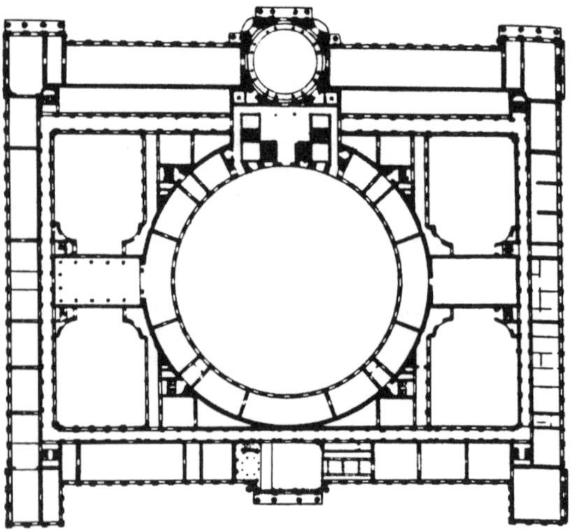

Akademie der Künste

Das letzte imposante Gebäude am Universitätskai ist die **Akademie der Künste.** 1757 gründete Elisabeth I. auf Initiative ihres Günstlings, des Grafen Iwan Schuwalow, die ›Akademie der drei edelsten Künste‹ (Malerei, Bildhauerei und Architektur). 1764 erst bewilligte Katharina II. das Geld für einen eigenen Bau. Vallin de la Mothe und Kokorinow, beide Lehrer an der Akademie, erstellten 1764–1771 den Rohbau, der aus Geldmangel erst 1780 fortgeführt und bis 1788 von Veldten vollendet wurde. Die der Newa zugewandte Hauptfassade zeigt sich im Mischstil von Barock und Klassizismus. Den Mittelrisalit schmücken barocke Elemente, zwischen toskanischen Säulen stehen die Statuen von Herkules und Flora. Den Frontgiebel überragt eine flache Kuppel. Viersäulige Loggien ergänzen die beiden Seitenrisalite.

Viele hervorragende russische und sowjetische Künstler gingen aus der Akademie hervor, darunter beispielsweise die Maler Ilja Repin, Iwan Schischkin und Karl Brüllow. 1863 verließen 14 Maler, darunter Kramskoj, Gay und Perow, aus Protest gegen die erstarrten Auffassungen der Petersburger ›Kunstpäpste‹ die Akademie und schlossen sich im ›Kunstkartell‹, seit 1870 in der Gruppe der ›Peredwischniki‹ (=Wanderer) zusammen, um neue Wege zu beschreiten; sie wurden zu Vorgängern des sozialistischen Realismus. In dem Akademiegebäude ist heute die ›Repin-Hochschule für Malerei, Bildhauerei und Baukunst‹ zu Hause, die größte Kunsthochschule der Welt.

Vor der Akademie errichtete Konstantin Thon 1832–1834 am Newaufer eine Treppenanlage, den **Sphingen-Pier,** mit zwei dreieinhalb Meter hohen Sphingen aus der Zeit des ägyptischen Königs Amenophis III. (1402–1364 v. Chr.). Die Mischwesen waren 1820 in Theben ausgegraben und 1832 in Alexandrien von einem russischen Diplomaten im Auftrag Nikolajs I. erworben worden.

Über die Leutnant-Schmidt-Brücke (Most Lejtenanta Schmidta), die einstige und wohl auch wieder künftige Nikolajewskij-Brücke, können Sie wieder zur Großen Seite zurück-

Geländer der Leutnant-Schmidt-Brücke

kehren. Leutnant Pjotr Schmidt hatte sich 1905 an Bord des Kreuzers ›Otschakow‹ vor Sewastopol an die Spitze der Revolte gestellt und war 1906 hingerichtet worden. Zu gleicher Zeit meuterte die Mannschaft des Panzerkreuzers ›Potemkin‹ (Potjomkin) vor Odessa und unterstützte die revolutionären Arbeiter der Stadt (Film von Sergej Eisenstein).

Sehenswürdigkeiten außerhalb des Stadtzentrums

□ Platz des Streiks und Kirow-Bezirk

Auf dem Platz des Streiks (Ploschtschad Statschek, ПЛ. СТАЧЕК), über den der Alte Peterhofer Prospekt (СТАРО ПЕТЕРГОФСКИЙ ПР.) nach Peterhof (Petrodworez) führt, steht der **Narwa-Triumphbogen** (Narwskije Triumfalnyje Worota). Metrostation: Narwskaja (НАРВСКАЯ). Den Triumphbogen errichtete der Architekt Giacomo Quarenghi 1814 zur festlichen Begrüßung der aus Frankreich heimkehrenden Soldaten. Da der Bogen innerhalb weniger Wochen fertig sein mußte, bestand er nur aus Holz. 1831–1834 ersetzte Wassilij Stassow das Monument durch einen Granitbau, die Skulpturen schufen die Bildhauer Stepan Pimenow, Wassilij Demut-Malinowskij und Peter Klodt von Jürgensburg. – Am Platz des Streiks bauten Aleksandr Gegello und Dawid Kritschewskij 1927 den **Maksim-Gorkij-Kulturpalast,** eines der ersten Bauwerke dieser Art im damaligen Leningrad; der Hauptsaal faßt 2000 Zuschauer, zahlreiche Nebenräume stehen Werk- und Spielgruppen zur Verfügung.

Die folgende Metrostation Kirowskij Sawod (КИРОВСКИЙ ЗАВОД = Kirow-Werk) versetzt Sie mitten in das einstige Arbeiterviertel, das von den Putilow-Werken beherrscht wurde. 1868 erwarb der Ingenieur Nikolaj Putilow eine kleine, 1801 gegründete Fabrik, die er zur größten Produktionsstätte Rußlands für Eisenbahnwaggons und Kanonen ausbaute. Die Putilow-Werke und die Elendsquartiere der Arbeiterfamilien waren eine der Keimzellen der revolutionären Bewegungen nach der Jahrhundertwende. Arbeiter der Putilow-Werke zogen im Januar 1905 zum Winterpalast, um gegen ihre Entlassung zu protestieren (Blutsonntag, s. S. 211). Die Putilow-Werke waren auch das Streikzentrum vor der Oktoberrevolution. Seit 1934 tragen die Werke, die seit 1917 hauptsächlich Traktoren herstellten, den Namen des ermordeten Sowjetführers Sergej Kirow. Während der Blockade 1941–1943 rollten mehr als 2000 Kampfpanzer und 4500 Geschütze von den Bändern der Kirow-Werke. Heute besteht der **Kirow-Bezirk** (Kirowskij Rajon) aus modernen Wohnbauten mit Grünanlagen, aber auch aus zahlreichen Fabriken, die sich bis zum Hafen hinziehen.

□ Moskauer Prospekt

Vom Heumarkt (Sennaja Ploschtschad; s. S. 277 f.) zieht sich der Moskauer Prospekt (Moskowskij Prospekt, МОСКОВСКИЙ ПР.) rund 12 km genau nach Süden, wo er sich am Platz des Sieges (Ploschtschad Pobedy, ПЛ. ПОБЕДЫ) in die Pulkowoer und die Moskauer Chaussee gabelt. Die Pulkowoer Chaussee (Pulkowskoje Chaussee, ПУЛКОВСКОЕ ШОССЕ) führt zum Flughafen ›Schossejnyj‹ und zur Sternwarte von Pulkowo, dem größten und modernsten Observatorium Rußlands, ferner nach Zarskoje Selo (s. S. 307 ff.) und nach Pawlowsk (s. S. 315 ff.). Die Moskauer Chaussee (Moskowskoje Chaussee, МОСКОВСКОЕ ШОССЕ) leitet den Verkehr nach Nowgorod, Twer und Moskau. Alle Sehenswürdigkeiten am Moskauer Prospekt sind bequem mit der U-Bahn zu erreichen.

Der **Moskauer Triumphbogen** (Moskowskije Triumfalnyje Worota) erinnert an die siegreichen Feldzüge 1826–1831 gegen Persien, die Türkei und Polen. Den gewaltigen zwölfsäuligen Bogen errichtete Wassilij Stassow 1834–1838 fast vollständig aus Gußeisen (!), die Skulpturen von Boris Orlowskij bestehen aus Kupfer. Metrostation: Moskowskije Worota (МОСКОВСКИЕ ВОРОТА).

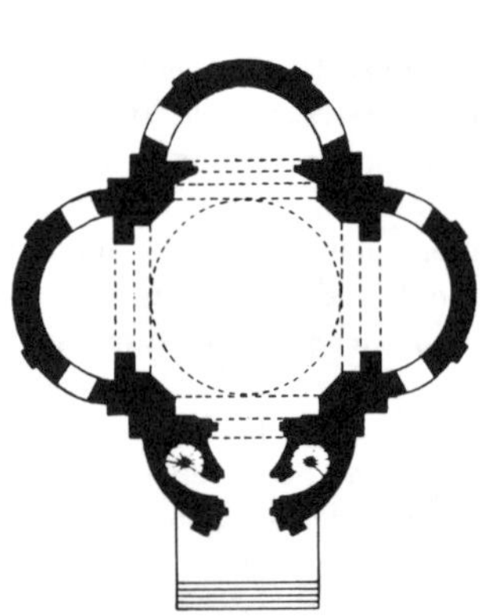

Palastkirche von Tscheschme

Monument für die Verteidiger Leningrads

Nahe der Metrostation Park Pobedy (ПАРК ПОБЕДЫ) befindet sich der monumentale Eingang zum **Moskauer Siegespark** (Moskowskij Park Pobedy), dessen breite Hauptallee, flankiert von den Bronzebüsten Leningrader ›Helden der Sowjetunion‹, schnurgerade durch den rund 50 ha großen Park zieht. Zahlreiche Nebenwege schlängeln sich malerisch um Teiche und Hügel. Hier befanden sich noch im letzten Krieg die Steinbrüche von Sysranskoje. Am Ende der Hauptallee steigt der gigantische Rundbau eines Sport- und Konzertkomplexes mit 25 000 Plätzen empor.

Ein Märchenbau besonderer Art ist die **Palastkirche von Tscheschme.** Sie finden den reizvollen Vierkonchenbau in der Uliza Gastello (УЛ. ГАСТЕЛЛО) auf etwa halber Strecke zwischen den Metrostationen Park Pobedy (ПАРК ПОБЕДЫ) und Moskowskaja (МОСКОВСКАЯ). Die Kirche gehörte zu einem sog. ›Reisepalast‹, in dem sich die Zaren für den festlichen Einzug in ihre Residenz vorbereiteten. Am 5. Juli 1770 hatte Aleksej Orlow, Admiral und Bruder des Günstlings der großen Katharina, die türkische Flotte vor dem Hafen Tscheschme (türk.: Çeşme) in der Ägäis vernichtet, was Goethe zu der Bemerkung veranlaßte: »Die brennende Flotte in dem Hafen von Tscheschme verursachte ein allgemeines Freudenfest über die gebildete Welt.«

1774–1780 baute Jurij Veldten den Palast mit Wirtschaftsgebäuden und einer Kirche, alles im ›türkischen Stil‹, einer Mischung aus gotischen und orientalischen Elementen, ganz so, wie damals die Paläste am Bosporus aussahen. Und den Palast nannte man ›Tscheschme‹ in Erinnerung an den großen Sieg über die Osmanen. Vom Palast ist nicht viel geblieben, denn 1831–1836 baute ihn der Architekt A. Staubert zu einem Veteranenasyl um. In um so prächtigerem Gewand zeigt sich die liebevoll restaurierte Palastkirche. Ein Netz weißer Stäbe überzieht die runden, gelblichroten Wände. Jede der vier Konchen krönt ein kleiner, überkuppelter Turm, in der Mitte ragt ein fünfter, höherer Turm auf. Fialen schmücken das Dach und die Türme. In der Kirche sehen Sie Erinnerungsstücke an die Seeschlacht bei Tscheschme. – An die Palastkirche schließt sich ein Friedhof an, auf dem Veteranen der Napoleonischen Kriege neben Soldaten des Zweiten Weltkrieges ruhen.

An der Metrostation Moskowskaja (МОСКОВСКАЯ) erreicht der Fahrgast den Moskauer Platz, dessen Mitte ein **Lenin-Denkmal** von Michail Anikuschin einnimmt, das 1970 zum 100. Geburtstag Lenins enthüllt wurde.

Einige hundert Meter weiter erreichen Sie den Platz des Sieges (Ploschtschad Pobedy, ПЛ. ПОБЕДЫ) mit dem überwältigenden **Monument für die Verteidiger Leningrads** (1975). In der Mitte des kreisrunden Platzes erhebt sich ein 48 m hoher Obelisk aus poliertem Granit mit den goldenen Jahreszahlen ›1941–1945‹. Davor zeigt die Statuengruppe ›Soldat und Arbeiter‹ die Einheit von Front und Heimat. Ein geöffneter Ring, Symbol der durchbrochenen Blockade, umklammert einen offenen, runden Hof, dessen Zentrum die Bronzegruppe ›Blockade‹ einnimmt: sterbende, verzweifelte, helfende, trotzige Menschen. Die Wände des unterirdischen Ausstellungsraumes schmücken zwei Mosaiken: ›Blockade Leningrads‹, in düsteren Farben und fast erstarrten Formen, und ›Sieg‹, farbenfroh und beschwingt. In dem Ausstellungsraum brennt das Ewige Feuer in 900 Leuchtern, für jeden Tag der Belagerung ein Licht. Auf dem Platz vor dem Obelisk veranschaulichen zwei große Skulpturengruppen auf hohen Podesten die Verteidigung der Stadt, die Anstrengungen der gesamten Bevölkerung. Die Gedenkstätte entwarfen die Architekten Sergej Speranskij und Walentin Kamenskij, die bildnerische Ausgestaltung oblag Michail Anikuschin.

□ Piskarjowskoje-Friedhof

Die eindrucksvollste Gedenkstätte für die Toten der 900tägigen Belagerung Leningrads im Zweiten Weltkrieg, dem Großen Vaterländischen Krieg, ist der Piskarjowskoje-Friedhof (Piskarjowskoje Memorjalnoje Kladbischtsche) im Nordosten der Stadt. Sie erreichen den Friedhof von der Metrostation Ploschtschad Muschestwa (ПЛОЩАДЬ МУЖЕСТВА) aus mit den Buslinien Nr. 9, 100, 102, 106 oder 107.

Während der Blockade, die vom 8. September 1941 bis zum 27. Januar 1944 währte, kamen 17 000 Menschen durch unmittelbare Kriegseinwirkungen ums Leben, über 640 000 starben den Hungertod. Niemand vermag sich heute mehr die Entbehrungen, die Kälte, den Hunger vorzustellen, unter denen die Bevölkerung Leningrads zu leiden hatte. Die ersten Toten wurden auf verschiedenen Friedhöfen beigesetzt, seit dem 15. Februar 1942 kamen sie in Massengräber bei dem Dorf Piskarjowka, das inzwischen zum Stadtgebiet St. Petersburgs gehört.

1960 gestalteten die Architekten Jewgenij Lewinson und Aleksandr Wassiljew die 26 ha große Gedenkstätte. Hinter wuchtigen Propyläen aus Dolomitgestein, deren Seitenpavillons eine Dokumentation der Blockade zeigen, öffnet sich ein Platz, in dessen Mitte das Ewige Feuer lodert. Hier beginnt die Hauptallee, die an langen Reihen von Massengräbern mit den Jahreszahlen 1941, 1942, 1943 vorbeiführt. Gedämpfte Musik schwebt über den Gräbern. Am Ende der Hauptallee erhebt sich das Ehrenmal: In der Mitte steht auf hohem Sockel die riesige Bronzeskulptur der ›Mutter Heimat‹. Die Dichterin Olga Bergholz (1910–1975), die ›Leningrader Madonna‹, verfaßte die Gedenkinschrift: »Nichts ist vergessen, und niemand ist vergessen.« Granitwände zeigen das um seine Toten trauernde Sowjetvolk. Statue und Reliefs schufen die Bildhauer Wera Issajewa und Robert Taurit.

□ Die Inseln in der Newka-Mündung

Nordwestlich der Petrograder Seite werden von den Flußarmen der Newka drei Inseln gebildet: Kreuzinsel (Ostrow Krestowskij), Jelagin-Insel (Ostrow Jelagin) und Steininsel (Ostrow Kamennyj) – zur Zeit der Sowjetunion zu Ehren des ermordeten Parteiführers unter dem Namen Kirow-Inseln zusammengefaßt.

Die größte Insel, die **Kreuzinsel,** bedeckt der 190 ha große ›Siegespark am Meer‹ (Primorskij Park Pobcdy), angelegt 1945 von der Leningrader Bevölkerung aus Freude über das glückliche Ende des Krieges. An einem einzigen Tage wurden 45 000 Bäume und Sträucher gepflanzt, Teiche und Wasserläufe angelegt, Brücken und Wege gebaut. Am Westende der Insel schmiegt sich das Kirow-Stadion, mit 100 000 Plätzen eines der größten Stadien der Welt, in die sanften Hänge des Ufergeländes.

Die **Jelagin-Insel,** die kleinste der drei Inseln im Mündungsdelta der Newka, ist ein Vergnügungspark mit Konzertpavillons, Sommertheater, Freilichtkinos, Restaurants, Badestränden und einem Schwimmbad. Auf der Strelka (=Landzunge) der Jelagin-Insel errichtete Lew Iljin in den 30er Jahren eine Granitterrasse mit herrlichem Blick auf den Finnischen Meerbusen. Sie erreichen die Insel mit dem Autobus Nr. 45 oder mit dem Wagen von der Kreuzinsel bzw. vom Primorskij Prospekt auf dem Festland her (Eintrittsgebühr).

Peter der Große schenkte die kleine Insel, die damals Mischinyj Ostrow (von ›Mischa‹, dem Bären im russischen Märchen) hieß, seinem Kanzler Pjotr Schafirow. Danach ging sie an die Krone zurück. Katharina II. machte sie ihrem Hofmarschall Iwan Jelagin zum Geschenk, der darauf ein kleines Palais errichten ließ. 1817 erwarb Alexander I. die Jelagin-Insel und beauftragte den jungen Architekten Karl Rossi, Jelagins Palais für die Zarinmutter Marija Fjodorowna außen wie innen völlig umzugestalten, was praktisch einem Neubau gleichkam.

Rossis erstes größeres Werk, entstanden 1818–1822, wurde ein schöner, zweigeschossiger Bau im strengen klassizistischen Stil. Eine breite, mit gußeisernen Löwen geschmückte Treppe und eine geschwungene Rampe für Equipagen führen zum Haupteingang empor, den sechs korinthische Säulen gliedern. Säulenpaare betonen auch die beiden Seitenrisalite. Die Gartenfassade wiederholt den Säulenschmuck, nur nimmt hier eine Halbrotunde den Platz des Haupteinganges ein. Lange, von Marmorvasen flankierte Treppen führen durch den Garten bis ans Ufer der Newka. – Das Küchenhaus wirkt mit seiner geschwungenen Hauptfassade, dem sechssäuligen Portikus und den in Nischen stehenden griechischen Gottheiten (Bildhauer: Stepan Pimenow) fast noch schöner. Alle Fenster gehen zum Innenhof. – Die Große Orangerie hinter dem Küchenhaus und das hufeisenförmige Stallgebäude ergänzen das reizvolle Ensemble.

Die **Steininsel** schenkte Peter der Große seinem Kanzler Gawriil Golowkin; später ging sie in den Besitz des Grafen Aleksej Bestuschew-Rjumin, Kanzler unter den Zarinnen Elisabeth und Katharina II., über. 1765 erwarb Katharina die Insel samt dem hübschen Holzpalais, den schmucken Pavillons und dem herrlichen Park als Wohnsitz für ihren Sohn Paul, der damals erst zehn Jahre alt war. Das neue Kamennoostrowskij-Palais bauten 1776–1781 Wassilij Baschenow und Jurij Veldten. 1901 nahm Wassilij Stassow einige Veränderungen vor. Den zweigeschossigen, gelb-weißen Bau in reinem klassizistischem Stil schmücken ein achtsäuliger dorischer Portikus zur Newkaseite hin und ein Portikus mit sechs toskanischen Säulen zum Park hin. Den Park gestaltete Thomas de Thomon im Jahr 1810. Nach dem Tode Pauls I. ging die Insel in den Privatbesitz Alexanders I. über, der das Palais zu seiner bevorzugten Sommerresidenz erkor. In dem Palais befindet sich heute ein Sanatorium der Luftwaffe, eine Besichtigung ist nicht möglich.

Die Umgebung von St. Petersburg

Von den Sommerresidenzen der Zaren, dem ›Perlengeschmeide‹ St. Petersburgs, können Sie heute Peterhof (Petrodworez), Lomonossow (Oranienbaum), Zarskoje Selo, Pawlowsk und Gatschina besichtigen; Strelna ist noch nicht für die Öffentlichkeit freigegeben. Alle diese Palast- und Parkensembles lagen im Kampfgebiet des Zweiten Weltkrieges und wurden, mit Ausnahme von Oranienbaum, total zerstört. Architekten und Restauratoren benötigten Jahrzehnte, um die alte Pracht wiedererstehen zu lassen. Für die Wand- und Deckenmalereien, Stukkaturen, Tapeten, Schnitzereien, Parkettböden gab es keine Vorlagen. Und so mußten die Räume in mühevoller Kleinarbeit aus vorhandenen Resten, Fotografien, alten Stichen und Zeichnungen rekonstruiert werden.

Peterhof (Petrodworez)

Peterhof, die größte, prächtigste und wegen ihrer einzigartigen Fontänen beliebteste Palastanlage, zieht in den Sommermonaten, vor allem an den Wochenenden, täglich Zehntausende von Besuchern an. Sie erreichen Peterhof (ПЕТРОДВОРЕЦ), das 29 km vom St. Petersburger Stadtzentrum entfernt am Südufer des Finnischen Meerbusens liegt, mit dem Tragflächenboot (Anlegestelle bei der Ermitage), mit dem Vorortzug (Abfahrt vom Baltischen Bahnhof, Metrostation: Baltijskaja [БАЛТИЙСКАЯ]) oder mit dem Wagen über den Prospekt Statschek (ПР. СТАЧЕК). Wer Peterhof schon bei Tage besucht hat, sollte in den ›Weißen Nächten‹ (etwa 21. bis 29. Juni) wiederkommen und ein Ballett zwischen den farbig beleuchteten Kaskaden erleben.

Wenn Peter I. nach Kronstadt fuhr, um den Bau seiner Festung vor der Newamündung zu inspizieren, verweilte er gern am hohen Küstensaum des Finnischen Meerbusens und ließ seine Blicke über die Ostsee schweifen, die nun auch russische Fleuten und Fregatten pflügten. 1704 stellte er an dieser Stelle ein kleines Holzhaus auf und fertigte eigenhändig erste Entwürfe für Palast und Park. Peter schätzte zwar keine prunkvollen Paläste – sein Sommerpalast an der Newa (s. S. 235) war ihm groß genug –, doch zwang ihn die Pflicht zur Repräsentation, wenigstens für seine Staatsgäste eine würdige Unterkunft bereitzustellen. In Frankreich hatte er Versailles gesehen, das herrliche Schloß Ludwigs XIV., und hier, am Ufer des Meeres, wollte er ein ›russisches Versailles‹ errichten.

Der deutsche Baumeister und Gartenarchitekt Johann Friedrich Braunstein begann 1713, die Entwürfe Peters zu realisieren, er ließ die Wälder roden, legte geometrische

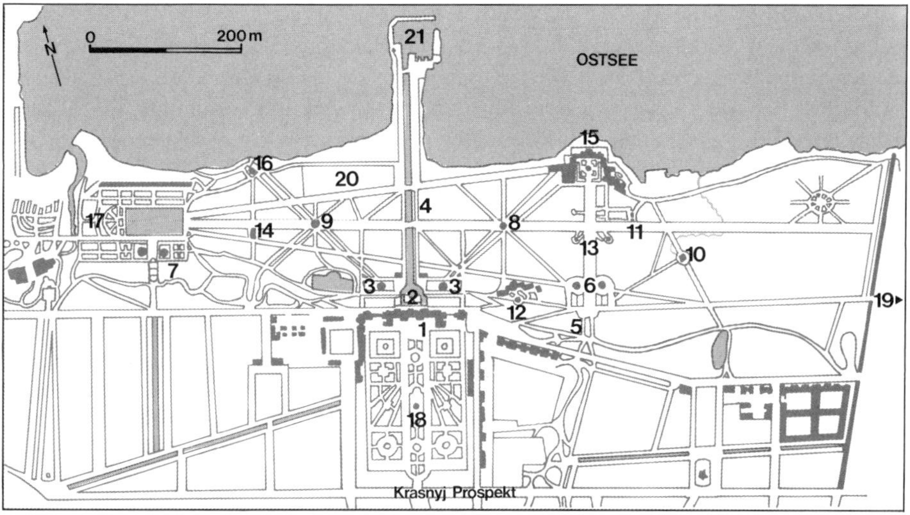

Peterhof (Petrodworez) *1 Großer Palast 2 Große Kaskade und Samson-Fontäne 3 Italienische Fontänen 4 Kanal 5 Schachbrett-Kaskade 6 Römische Fontänen 7 Kaskade Goldener Berg 8 Adam-Fontäne 9 Eva-Fontäne 10 Pyramiden-Fontäne 11 Sonnen-Fontäne 12 Orangerie und Triton-Fontäne 13 Scherzfontänen 14 Löwen-Kaskade 15 Monplaisir, holländischer Garten mit Garben-Fontäne und Glocken-Fontäne 16 Ermitage 17 Palais Marly 18 Neptun-Fontäne 19 Alexandra-Park mit Cottage-Palast 20 Selbstbedienungsrestaurant 21 Anlegestelle der Tragflächenboote*

Alleen im Stil der französischen Gartenbaukunst an und baute unmittelbar am Meeresufer ein intimes Schlößchen, das Peter ›Monplaisir‹ (= Meine Freude) nannte. 1716 kam Jean Baptiste Alexandre Leblond aus Paris und gab dem ›Peterhof‹ (Petergof) weitgehend sein heutiges Gesicht. Er nutzte den etwa 18 m hohen Steilabfall zum 400 m breiten Küstensaum, legte die Leitungen für die Wasserspiele, baute auf der Höhe des Kammes den ersten repräsentativen Palast, dazu das kleine Palais Marly und die Ermitage. 1719 starb Leblond an den Pocken. 1747 beauftragte Elisabeth den Hofbaumeister Bartolomeo Francesco Rastrelli mit dem Um- und Ausbau des Großen Palastes.

Nach dem Abzug der deutschen Truppen im Jahr 1944 glich Peterhof einer Ruinenlandschaft. Die Einrichtung der Paläste und Pavillons hatte man rechtzeitig an einen sicheren Ort gebracht, die Park- und Fontänenskulpturen vergraben. Bis 1958 war Petrodworez, so nannte man jetzt Peterhof, weitgehend wiederhergestellt.

Leblonds zweigeschossiger Palast war nicht breiter als die Große Kaskade. Erst Rastrelli fügte 1747–1752 ein weiteres Geschoß und die großen Seitenflügel hinzu, ohne Leblonds Fassade wesentlich zu verändern, und verband den Hauptbau durch Galerien mit der Palastkapelle im Osten und dem Wappenpavillon im Westen. Die 275 m lange Fassade erlaubte es, nun von einem **Großen Palast** zu sprechen. Vergoldete Girlanden schmücken die Glockendächer der beiden Flügelpavillons, deren ebenfalls vergoldete Zwiebelkuppeln das Kreuz bzw. den russischen Doppeladler tragen. Risalite und Pilaster auf hohen Sockeln gliedern die dem Meer zugewandte Hauptfassade. Der Mittelrisalit trägt einen Frontgiebel, das Walmdach schwingt sich zu einer vergoldeten Vase empor.

Während sich Rastrelli bei der Gestaltung der Fassaden dem frühbarocken Stil Leblonds anpaßte, gestaltete er die Innenräume nach eigenen Vorstellungen, nur das Eichenkabinett, den Arbeitsraum Peters des Großen, mit seiner herrlichen, von Nicolas Pineau im Régence-Stil geschnitzten Holztäfelung ließ er auf Elisabeths ausdrücklichen Wunsch unverändert. Von den zahlreichen Palasträumen seien hier nur einige der interessantesten erwähnt. Das große Prunkschlafzimmer Rastrellis teilte Jurij Veldten in den 70er Jahren des 18. Jh. in zwei durch Alkoven getrennte Räume: das Diwanzimmer und das Kronzimmer. Das Diwanzimmer beherrscht eine üppige, mit bestickten Seidenkissen überhäufte türkische Liege. Im Kronzimmer wurde die Zarenkrone aufbewahrt, solange sich der Herrscher oder die Herrscherin in Peterhof aufhielt. Der Rebhuhn-Salon verdankt seinen Namen dem Muster der Seide, die die Wände bespannt, als Gardine vor den Fenstern hängt und die vergoldeten Stühle bekleidet. Den Rotari-Saal schmücken 368 Porträts von Frauen und Mädchen aus allen Gouvernements des Russischen Reiches. Der italienische Graf Pietro Rotari malte sie 1757–1762, doch als Modell saßen ihm lediglich acht schöne Mädchen, die er in verschiedene Trachten steckte. Reizvolle Stuckreliefs schmücken das Weiße Speisezimmer, in dem alles, von der Tischdekoration bis zu den Kristallüstern, malvenfarbig gehalten ist. Der Thronsaal nimmt die ganze Breite des Palastes ein und zeigt Bildnisse der Romanow-Zaren und ihrer Familien. Die Wand hinter dem Thron beherrscht die lebensgroße Darstellung Katharinas II. hoch zu Roß, in der Uniform eines Offiziers des Semjonow-Regiments.

Von der weiträumigen Palastterrasse aus haben Sie einen herrlichen Blick auf den Unteren Park, die Große Kaskade, den Meereskanal und die ferne Anlegestelle der Tragflächenboote. Die **Große Kaskade** (Farbt. 24), 1715–1724 von den Architekten Leblond, Braunstein, Michetti und Semzow konstruiert und mit 225 vergoldeten Bleiskulpturen geschmückt, ist die wohl größte Brunnenanlage der Welt. Das Wasser für diese und alle anderen Fontänen und Kaskaden von Peterhof führen unterirdische Rohrleitungen über Vorratsteiche vom Fluß Kowascha heran; durch den fast 400 m langen Meereskanal läuft es zur Ostsee ab. 1734, zum 25. Jahrestag des Sieges von Poltawa (am 27. Juni, dem Tag des hl. Samson), begann die Samson-Fontäne im unteren Becken der Großen Kaskade ihr Wasser über 20 m hoch zu schleudern. Die Brunnenplastik ›Samson zerreißt den Löwen‹ gestaltete Bartolomeo Carlo Rastrelli, der Vater des großen Petersburger Architekten. Der hl. Samson wirkte im 6. Jh. in Konstantinopel Wunder, hatte also nichts mit dem israelitischen Helden des Stammes Dan gemein. Dennoch stellte man den Heiligen im christlich-orthodoxen Rußland gern als Löwentöter dar (Buch der Richter 14,6). – Im Jahr 1777 wurde die Samsongruppe mit vielen weiteren Fontänen und Plastiken bei einer großen Überschwemmung zerstört. Erst 1802 stand wieder ein Samson im Zentrum der Großen

Großer Palast und Große Kaskade in Peterhof

Kaskade. Der Bildhauer Michail Koslowskij hatte ihn neu gestaltet, als einen schönen jungen Mann, der an den russischen Sagenhelden Dobrynja Nikititsch erinnert. Diese Skulptur bestand nicht mehr aus vergoldetem Blei, sondern aus vergoldeter Bronze, was ihre Widerstandsfähigkeit erhöhte. Das war auch nötig, denn vor dem Einzug der deutschen Truppen im Zweiten Weltkrieg hat man alle Brunnenfiguren und Statuen im Park vergraben, wo sie schon 1944 wieder herausgeholt und restauriert wurden. Im September 1947 schoß erstmals wieder der mächtige Wasserstrahl aus dem Maul des Samson-Löwen. Die anderen Figuren der Großen Kaskade waren Anfang des 19. Jh. von den Bildhauern Feodossij Schtschedrin, Fedot Schubin, Iwan Prokofjew und Iwan Martos ersetzt worden. Flankiert wird die Große Kaskade von den beiden Italienischen Fontänen.

Einem Märchengarten scheint die Schachbrett-Kaskade zu entstammen, mit ihren drei schwarzweiß gemusterten Ablaufflächen und den wasserspeienden Bronzedrachen obenauf (1739). Die Römischen Fontänen (1739) rauschen am Fuß der Schachbrett-Kaskade. Im Westteil des Parks fällt das Wasser aus attischen Masken über 22 vergoldete Stufen der Kaskade Goldener Berg (1722–1735). 1721–1722 schuf Michetti die Adam-Fontäne und die Eva-Fontäne beiderseits des Meereskanals. Bei der Pyramiden-Fontäne (1721–1724) bilden 505 Wasserstrahlen unterschiedlicher Höhe eine abgestufte Pyramide. Die Danaiden-Fontäne schuf der Architekt Stakenschneider 1854. Feine Wasserstrahlen sprühen bei der Sonnen-Fontäne aus einer rotierenden Goldscheibe am oberen Ende eines hohen Rohres, dazu speien vergoldete Delphine Wasser in hohem Bogen über das Becken (1776). Die Triton-Fontäne (1726) gehört zu den ältesten Brunnenanlagen des Parks. Dazu kommen noch die Fontänen vor dem Schlößchen Monplaisir und mehrere Scherzfontänen, die die Besucher bespritzen, wenn sie auf bestimmte Steine treten oder sich auf eine Bank setzen (1796). Mit den Brunnen des Oberen Parks sind es rund 200 Kaskaden und Fontänen, die in jeder Sekunde 30 000 l Wasser benötigen.

Hart am Ufer steht **Monplaisir,** das ›holländische Haus‹ Peters des Großen, in dem er sich am liebsten aufhielt und wo er das Rauschen der Brandung hören konnte. Es wurde 1714–1723 von Braunstein und Leblond im Moskauer Stil gebaut. Vom Mittelbau mit seinem hohen, mehrfach abgestuften Walmdach gehen zwei Galerien aus, die in zierlichen Pavillons enden. Der Große Saal bildet den Mittelpunkt. Hier wurde gegessen und diskutiert, hier fanden die ausgelassenen Gelage statt, bei denen Peter der Große seine Minister und oft auch ausländische Diplomaten unter den Tisch trank. Die Deckengemälde stam-

Palais Marly in Peterhof

men von dem Franzosen Philippe Pillement, die Wände sind eichengetäfelt, der Fußboden besteht aus schachbrettartig verlegten hellen und dunklen Marmorplatten. Zu beiden Seiten des Saales schließen sich drei kleine Räume an: auf der einen Seite das Sekretariat, das Meerkabinett und Peters Schlafzimmer, auf der anderen Seite die Küche, die Anrichte und das Lack-Kabinett mit chinesischen Tafelbildern. Alles in Monplaisir ist einfach, aber gediegen, ohne Prunk, aber von schlichter Eleganz. Den besonderen Reiz des Holländischen Gartens mit seiner Garben-Fontäne und den vier Glocken-Fontänen mit je einer vergoldeten Mädchenskulptur obenauf machen die zahlreichen Beete voll duftender Blumen aus.

1712–1725 ließ sich Peter der Große von dem Architekten Braunstein eine kleine **Ermitage** bauen, einen schlichten, zweistöckigen Pavillon mit Wassergraben ringsum und einer Zugbrücke. Flächen in Dunkelrosa neben den Fenstern und die ebenso gefärbten Fugen der Rustika beleben die weiß verputzten Fassaden. Im Erdgeschoß lag die Küche, das ganze Hauptgeschoß nahm der Speisesaal ein. Der mittlere Teil des Tisches ließ sich in die Küche versenken, wo er mit Speisen und Getränken gedeckt werden konnte. – Apropos: Ein großes, modernes Selbstbedienungsrestaurant finden Sie westlich vom Meereskanal am Weg zur Ermitage.

Das **Palais Marly** im Westen der Parkanlage jenseits eines großen Teiches ist nicht viel größer als die Ermitage. Braunstein errichtete das intime Haus 1720–1723 nach Entwürfen von Leblond im Stil Louis-Quatorze, dem klassisch gemäßigten Barockstil unter Ludwig XIV. (1643–1715).

Bei all den Schönheiten des Unteren Parks sollten Sie auch den **Oberen Park** mit dem Französischen Garten hinter dem Großen Palast nicht vergessen. Mittelpunkt der gepflegten Anlage, deren Entstehung ebenfalls auf Peter den Großen zurückgeht und die sich bis zum mächtigen Rastrelli-Tor am Krasnyj Prospekt erstreckt, ist die Neptun-Fontäne, ein Brunnen, den zwei deutsche Gießmeister kurz nach dem Dreißigjährigen Krieg für den Nürnberger Marktplatz entwarfen. Als die rund 40 Figuren 1660 gegossen waren, stellte sich heraus, daß nicht genügend Wasser herangeführt werden konnte. So blieben die Brunnenteile fast 140 Jahre im Magazin, bis sie Paul I. 1799 für einen Betrag von 66 000 Gulden erwarb und in Peterhof aufstellen ließ. – Hinter dem Neptunbrunnen sehen Sie eine Kopie des berühmten Apoll von Belvedere im Vatikan, dessen verlorenes Original vermutlich der große griechische Bildhauer Leochares (4. Jh. v. Chr.) schuf.

An den Park von Peterhof schließt sich im Osten der **Alexandra-Park** an, ein Landschaftspark mit lauschigen Wegen, mit Wiesen, Baum- und Buschgruppen. Zar Nikolaj I. schenkte ihn 1825 seiner Frau Alexandra. Auf der oberen Terrasse baute der Architekt A. Menelas 1826–1829 den pseudogotischen **Cottage-Palast,** ein hübsches Landhaus von mittlerer Größe mit steilen Giebeln, spitzbogigen Arkaden, vorgesetzten Fenstern. Das sorgsam restaurierte Landhaus ist mit erlesenem Mobiliar in gotisch imitiertem Stil und mit Gemälden und kunsthandwerklichen Erzeugnissen aus dem zweiten Viertel des 19. Jh. ausgestattet. Eigene Zufahrt vom Krasnyj Prospekt.

Lomonossow (Oranienbaum)

Ungefähr 10 km westlich von Peterhof ließ sich Fürst Aleksandr Menschikow, der Freund und Vertraute Peters des Großen, 1710–1725 am Ostseeufer einen prächtigen Palast bauen, der den Vergleich mit des Zaren Sommerresidenz nicht zu scheuen brauchte. Er nannte den Sitz **Oranienbaum,** was ›Orangenbaum‹ bedeutete, denn Orangerien gehörten damals zur Ausstattung fast jedes Palastparks. Als Baumeister verpflichtete Menschikow Giovanni Maria Fontana, der bereits an seinem Petersburger Palast auf der Wassiljewskij-Insel (s. S. 290 f.) wirkte. 1713 kam Gottfried Schädel (1680–1752) in Begleitung von Andreas Schlüter aus Berlin und übernahm die Leitung der Bauarbeiten, die fortan seine Handschrift trugen. Schädel wirkte später in Moskau (Kreml) und in Kiew, wo er die Glockentürme des Höhlenklosters und der Sophien-Kathedrale entwarf.

Der Innenausbau des Palastes war noch nicht abgeschlossen, als Menschikow nach dem Tod Katharinas I., deren Thronbesteigung er durchgesetzt hatte, 1727 unter dem Vorwand der Verschwendung von Staatsgeldern gestürzt und nach Sibirien verbannt wurde, wo er zwei Jahre später starb. Oranienbaum fiel an den Staat. 1737 richtete hier die Admiralität ein Marinelazarett ein. 1743 schenkte die Zarin Elisabeth das Anwesen ihrem fünfzehnjährigen Neffen Peter, Herzog von Holstein-Gottorp, nun Großfürst und Anwärter auf die Zarenkrone, als Sommeraufenthalt. 1756 engagierte der Großfürst den italienischen Baumeister Antonio Rinaldi, um in Oranienbaum einen neuen, kleinen Palast zu bauen. Nur sechs Monate des Jahres 1762 war er als Peter III. Zar, dann stürzte ihn seine Gattin mit Hilfe des Admirals Aleksej Orlow und bestieg als Katharina II., später ›die Große‹ genannt, selbst den Thron. Unter Katharina setzte Rinaldi seine Arbeiten in Oranienbaum fort, er vollendete den Ausbau des Großen Palastes und schuf u. a. das Chinesi-

Lomonossow (Oranienbaum), Park
1 Großer Palast 2 Palast Peters III.
3 Chinesischer Palast 4 Katalnaja Gorka
5 Unterer See 6 Roter See

sche Palais und einen Pavillon mit ›Rutschberg‹. Erst 1766 verließ er die Sommerresidenz, um im Auftrag der Zarin für ihren Geliebten, den Grafen Grigorij Orlow (der Bruder des Admirals Orlow) das Palais von Gatschina (s. S. 321) und das Marmorpalais in Petersburg (s. S. 232 f.) zu bauen.

Michail W. Lomonossow

Unter Paul I. (1796–1801) war in Oranienbaum das Seekadettenkorps stationiert. Später überließ der Zar das Anwesen dem Großfürsten Alexander. Zar Nikolaj II. schenkte es seinen Brüdern, den Großfürsten Konstantin und Michail. Um die Jahrhundertwende wohnte der Großherzog von Mecklenburg-Strelitz im Großen Palast von Oranienbaum und hinterließ dem Sowjetstaat eine berühmte Kunstsammlung.

Um die Zarenresidenz entwickelte sich schon früh eine Ortschaft. Der Universalgelehrte Michail Lomonossow gründete hier um die Mitte des 18. Jh. eine Mosaikmanufaktur. 1948 erhielt Oranienbaum zu Ehren des großen russischen Wissenschaftlers den Namen Lomonossow (ЛОМОНОСОВ). Die kleine Hafenstadt hat heute 44 000 Einwohner. Die Palastanlage wurde inzwischen restauriert und beherbergte über Jahrzehnte eine staatliche Institution, ist heute aber zur Besichtigung freigegeben.

Der **Große Palast** steht auf einer Terrasse über dem Meer, nicht ganz so hoch wie der Palast von Peterhof. Vom Haupthaus in der Mitte schwingen sich zwei Galerien in weitem Bogen zu großen, überkuppelten Pavillons. Das kleine Hafenbecken, in das schon Menschikow von der Ostsee her durch einen breiten Kanal bis zum Palastkai segeln konnte, ist verschwunden. Auch von der sternförmigen Festung ›Peterstadt‹, die sich der spätere Zar Peter III. erbauen ließ, ist nichts geblieben als ein schmuckes Tor.

Peter umgab sich als Großfürst mit einer ›Leibgarde‹ von 1500 holsteinischen Soldaten, mit der er unentwegt exerzierte. Diese Gardisten, die sogar deutsche Uniformen trugen, waren einer der Gründe, weswegen ihn Adel und Militär haßten, zumal sich Rußland mit Preußen von 1756 bis 1762 im Krieg befand (Siebenjähriger Krieg).

Der kleine **Palast Peters III.** ist ein einfaches, zweistöckiges Haus, rosa und weiß gestrichen, mit sechs Wohnräumen im oberen Stockwerk und Wirtschaftsräumen im Untergeschoß. Rinaldi baute ihn 1758–1762.

Für Katharina II. errichtete Rinaldi 1762–1768 das **Chinesische Palais**, das seinen Namen weniger den fernöstlichen Stilelementen verdankt, die einige Räume charakterisieren, als dem Umstand, daß in seiner Nähe ein ›Chinesisches Dorf‹ stand, das später Paul I. beseitigen ließ. Katharina nannte ihr reizvolles Rokokoschlößchen ›Solitude‹ (= Einsamkeit).

Das ebenerdige, hellrosa und weiß gehaltene Palais wendet seine Südfassade einem See zu. Pilaster, die in girlandenumwundenen ionischen Kapitellen enden, gliedern die Außenflächen. Italienische und russische Meister wie Torelli, Barozzi, Gianni, Wlassow und andere schufen die einzigartige Ausstattung, die Stukkaturen, die Wandmalereien, die Tapeten, die Schnitzereien,

Katalnaja Gorka in Lomonossow

die Mosaiken, die Parkettböden. Der berühmte venezianische Maler Giambattista Tiepolo lieferte das seidene Deckengemälde ›Der ruhende Mars‹ für den Großen Saal des Palais. 1942 wurde das Gemälde abgenommen und in Pawlowsk versteckt. Dort fiel es in Feindeshand, wurde an einen Schweizer Sammler verkauft, der sich bislang geweigert hat, es wieder herzugeben.

Als ein weiteres Kleinod des Rokoko präsentiert sich der Pavillon **Katalnaja Gorka,** ein zierliches, hellblau-weißes, dreiflügeliges Gebilde aus Säulen, Pilastern, Balkonen und vasentragenden Balustraden, gekrönt von einer glockenförmigen Kuppel. Sämtliche Räume dieses lichtdurchfluteten Gebäudes dienten ausschließlich der Geselligkeit: der herrliche Runde Saal wie auch das Porzellanzimmer, dessen Affenkonsolen Meißner Porzellan aus dem 18. Jh. tragen und das daher auch ›Meißner Zimmer‹ oder ›Affenzimmer‹ genannt wird.

Der Name des Pavillons, Katalnaja Gorka (= ›Rutschberg‹), weist auf eine höchst amüsante Einrichtung hin, die in den vergangenen Jahrhunderten bei den Russen überaus beliebt war: ein künstlicher Hügel, von dem man im Sommer in winzigen Wagen und im Winter auf Rodelschlitten hinuntersauste. Dieses ›Russische Gebirge‹, eine mehrere hundert Meter lange Berg-und-Tal-Bahn auf hohen Ziegelmauern und Holzkonstruktionen, zog sich vom Pavillon nach Süden hin. An Seilzügen kehrten die Gefährte wieder zur Abfahrtsstelle zurück. Im Pavillon wurden Erfrischungen gereicht, von seinen Terrassen und Balkons konnten die Gäste der Zarin dem Amüsement zuschauen. Um die Mitte des 19. Jh. fiel das ›Russische Gebirge‹ wegen Baufälligkeit der Spitzhacke zum Opfer. Auch die Lauben, Kolonnaden und französischen Gärten verschwanden, geblieben jedoch ist das reizvolle Lustschlößchen, das an das ausgelassene Treiben am Hof der großen Katharina erinnert.

Zarskoje Selo

Zarskoje Selo (ЦАРСКОЕ СЕЛО = Zarendorf), heute eine Stadt mit über 90 000 Einwohnern, liegt 28 km südlich von St. Petersburg. Katharina I., die zweite Frau Peters des Großen, hatte sich hier ein Landhaus bauen lassen, das sich unter ihrer Tochter, der Zarin Elisabeth, zu einem herrlichen Palast inmitten eines 600 ha großen Parks verwandelte. Kenner behaupten, Zarskoje Selo sei weit schöner als Peterhof. – Sie erreichen den Ort mit dem Vorortzug vom Witebsker Bahnhof (Witebskij Woksal, ВИТЕБСКИЙ ВОКЗАЛ) aus, Metrostation: Puschkinskaja (ПУШКИНСКАЯ) oder mit dem Wagen über den Moskauer Prospekt und beim Platz des Sieges (Ploschtschad Pobedy, s. S. 296) geradeaus – nicht in Richtung Moskau – über die Pulkowskoje Chaussee (ПУЛКОВСКОЕ ШОССЕ); 8 km hinter dem Siegesplatz müssen Sie nach links abbiegen. Die Besichtigung von Zarskoje Selo können Sie bequem mit dem Besuch von Pawlowsk (weitere 8 km nach Süden) verbinden.

1837 wurde zwischen Petersburg, Zarskoje Selo und Pawlowsk die erste Eisenbahnlinie Rußlands eröffnet, die den Witebsker Bahnhof in der damaligen Hauptstadt mit den beiden Zarenresidenzen verband. 1904 errichtete der Architekt S. Brjosowskij ein neues Bahnhofsgebäude in schönstem Jugendstil statt des alten Witebsker Bahnhofs. Auch die Innendekoration wird von dieser Stilrichtung bestimmt, so z. B. die Wände der Haupttreppe und des Wartesaals mit den Darstellungen der drei ersten Bahnhöfe dieser Strecke.

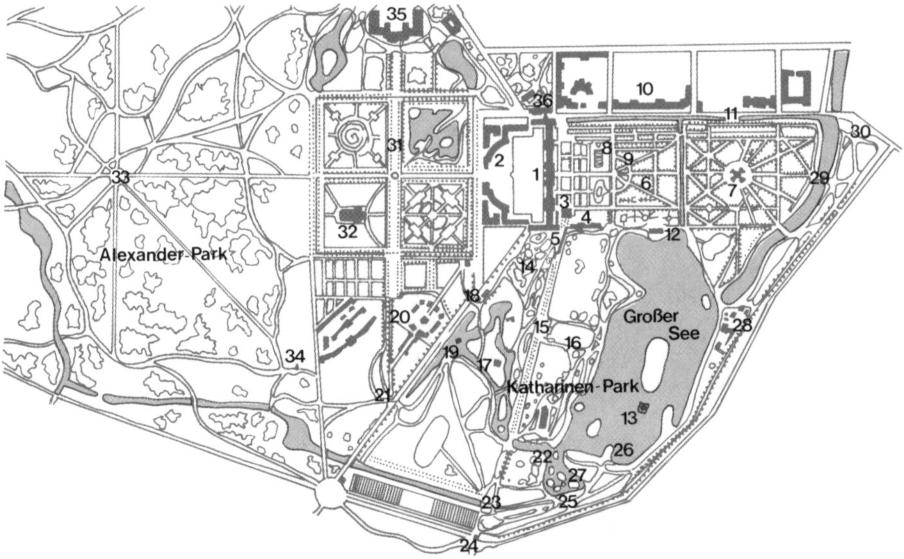

Zarskoje Selo *1 Großer Katharinenpalast mit Palastkirche 2 Wirtschaftsgebäude 3 Achatpavillon 4 Cameron-Galerie 5 Rampe 6 Französischer Garten 7 Ermitage 8 Oberes Bad 9 Unteres Bad 10 Orangerie 11 Ermitage-Küche 12 Grotte 13 Rostrasäule (›Tscheschme-Säule‹) 14 Kagul-Obelisk 15 Granitterrasse 16 Brunnen ›Das Mädchen mit dem zerbrochenen Krug‹ 17 Konzertsaal 18 Abendsaal 19 Knarrende Laube 20 Chinesisches Dorf 21 Große Kaprice 22 Palladianische Brücke 23 Turmruine 24 Orlow-Tor 25 Gotisches Tor 26 Türkisches Bad 27 Pyramide 28 Admiralität 29 Morea-Säule 30 Tor ›Meinen lieben Waffengenossen‹ 31 Reserviertes Gärtchen 32 Chinesisches Theater 33 Arsenal 34 Kapelle 35 Alexanderpalast 36 Lyzeum (Puschkin-Museum)*

Als Peter I. an der Newa St. Petersburg gründete, befand sich an der Stelle des heutigen Katharinenpalastes ein finnisches Gut mit dem Namen ›Saari‹, was ›erhöhter Platz‹ bedeutet – immerhin liegt Zarskoje Selo 65 m über dem Meeresspiegel. Peter schenkte das Gut seinem Freund Menschikow. Aber als es zwischen den beiden wieder einmal Streit gab, nahm er ihm das Anwesen wieder weg und überließ es 1710 seiner zweiten Frau Katharina. Ihr gefiel die Gegend, und so beauftragte sie den deutschen Architekten Johann Friedrich Braunstein, ihr an Stelle des finnischen Gutshauses ein kleines Schloß mit einem französischen Garten zu bauen. 1728 erbte Jelisaweta Petrowna, die spätere Zarin Elisabeth, den Landsitz von ihrer Mutter. Doch zunächst regierte ihr Neffe Peter II., dann ihre Cousine Anna und schließlich ihr Großneffe Iwan VI., bevor die Armee Jelisaweta 1741 auf den Thron hob. Nun erst besaß sie die Mittel, das Schlößchen ihrer Mutter Katharina I. zu einem großen Palast auszubauen, zum Großen Katharinenpalast. Fast jeder der nachfolgenden Herrscher fügte ein oder mehrere Bauwerke hinzu. Auch Nikolaj II., der letzte Zar von Rußland, fühlte sich in Zarskoje Selo vor der Revolution sicher. Im März 1917 wurde er hier jedoch unter Arrest gestellt und später mit seiner Familie nach Tobolsk in Sibirien gebracht (s. S. 312).

1918 taufte man den Ort wegen der inzwischen eingerichteten Ausbildungs- und Erholungsstätten für Kinder ›Dezkoje Selo‹ (= Kinderdorf). 1937 erhielt er aus Anlaß des 100. Todestages von Aleksandr Puschkin, der 1811–1817 das dortige Lyzeum besucht hatte, den Namen des großen Dichters. Im Zweiten Weltkrieg wurde die Palastanlage stark zerstört, inzwischen aber zum großen Teil erneuert. Die vollständige Restaurierung des Katharinenpalastes und seiner Nebengebäude wird noch viele Jahre beanspruchen. Seit 1992 trägt die Stadt wieder ihren ursprünglichen Namen Zarskoje Selo.

□ Der Große Katharinenpalast

Am Bau des Katharinenpalastes wirkten nacheinander die Architekten M. Semzow (1741–1743), A. Kwasow (1743–1745) und Tschewakinskij (seit 1745), doch erst Bartolomeo Rastrelli ist durch einen totalen und großzügigen Umbau der **Große Katharinenpalast** mit seinen 900 m langen Fassaden im Stil des russischen Barocks zu danken (Umschlaginnenklappe hinten). Die Palastkirche am Nordende trägt nach altrussischer Tradition fünf Kuppeln. Der überkuppelte Pavillon am anderen Ende des über 300 m langen Bauwerks enthielt Rastrellis große Treppe, von der aus die Gäste des Zaren die ›Goldene Enfilade‹, die Zimmerflucht des Hauptgeschosses, erreichten.

Auf den Lyoner Salon mit seinen französischen Möbeln und den Wandverkleidungen von Carlo Scotti folgen das Arabeskenzimmer, drei Räume unbekannter Bezeichnung und der 80 m lange Große Saal. Seine Decke zeigt ein einziges Gemälde; die Restauratoren brauchten über zehn Jahre, um es wiederherzustellen. Im Bankettsaal der Ritter empfing der Zar die Mitglieder des St.-Andreas-Ordens, den Peter I. 1698 gegründet hatte. 1860 verlegte Monighetti das Trep-

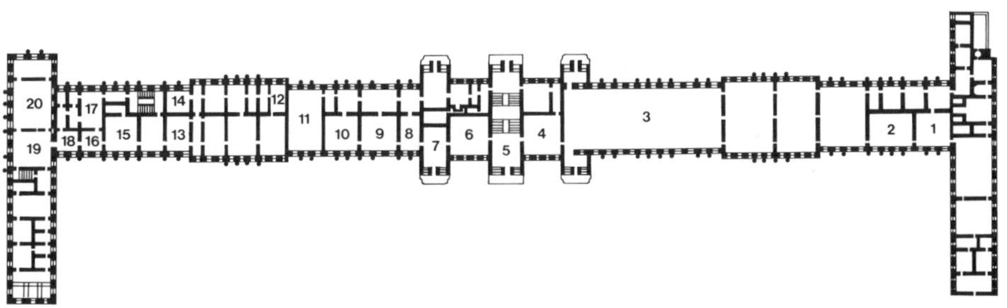

Zarskoje Selo, Großer Katharinenpalast *1 Lyoner Salon 2 Arabeskenzimmer 3 Großer Saal 4 Bankettsaal der Ritter 5 Weißes Vesitibül mit Haupttreppe 6 Parade-Speisezimmer 7 Himbeerfarbenes Speisezimmer 8 Grünes Speisezimmer 9 Porträtsaal 10 Bernsteinzimmer 11 Gemäldegalerie 12 Arbeitszimmer Alexanders I. 13 Grünes Speisezimmer 14 Kabinett Alexanders I. 15 Blauer Salon 16 Blauer Chinesischer Salon 17 Schlafzimmer Elisabeths 18 Vorzimmer zur Kirche 19 Empore 20 Palastkirche*

penhaus in die Mitte des Palastes und gestaltete es in nachempfundenem Barock. Weiß ist hier die vorherrschende Farbe, und so nannte man das Treppenhaus Weißes Vestibül.

Eine besondere Geschichte hat das Bernsteinzimmer. Als Peter der Große 1716 König Friedrich Wilhelm I. besuchte, war er von einem vollständig mit Bernstein getäfelten Zimmer so begeistert, daß der Preußenkönig ihm das Zimmer schenkte. Als Gegen›geschenk‹ bekam Friedrich Wilhelm 55 russische ›lange Kerls‹ für seine Garde. Zuerst schmückte die Bernsteinverkleidung ein Zimmer im Winterpalast, 1755 kam sie nach Zarskoje Selo. 1942 brachten deutsche Soldaten die kostbaren Panneaus in das Königsberger Schloß; beim Rückzug wurde die 52 m^2 große Bernsteinfläche verpackt und nach dem Westen versandt; seitdem blieb die unersetzbare Kostbarkeit verschwunden. Inzwischen haben die Restauratoren die Decke mit dem vergoldeten Stuck, die geschnitzten Türeinfassungen und den Parkettboden wiederhergestellt und die einstigen Bernsteinwände täuschend echt imitiert. Und seit 1979 arbeiten bis zu 35 russische Kunsthandwerker an der originalgetreuen Rekonstruktion der 107 Bernsteininkrustrationen, die in einigen Jahren die gemalten Imitationen ersetzen soll.

Die Wände der benachbarten Gemäldegalerie sind vollständig mit Bildern des 17. und frühen 18. Jh. bedeckt. Bei dem Zusammenstellen der ›Gemäldetapete‹ achtete Rastrelli weniger auf den künstlerischen Wert als auf die dekorative Wirkung der einzelnen Werke. Ein riesiger Ofen mit Delfter Kacheln beheizte den repräsentativen Raum. Es folgen das Arbeitszimmer Alexanders I., einige Räume weiter das Grüne Speisezimmer, ein Meisterwerk von Charles Cameron, der

Großer Katharinenpalast in Zarskoje Selo

Blaue Salon, der Blaue Chinesische Salon, das Schlafzimmer Elisabeths, ebenfalls von Cameron geschmackvoll entworfen, und das Vorzimmer zur Kirche. Von der Empore blicken Sie in die Palastkirche, die Tschewakinskij in reinstem Barock gestaltete.

In halbkreisförmigem Bogen umzieht das niedrige **Wirtschaftsgebäude** den einstigen Paradehof. Das geschmiedete Haupttor zeigt den Doppeladler und die Krone, das Seitentor das Initial E für die Zarin Elisabeth.

1784 begann der schottische Architekt Charles Cameron, den Wunsch Katharinas II. nach einem ›maison antique‹ und einem ›Terrassengarten mit Bädern darunter und einer Galerie darüber‹ zu erfüllen. Er baute am Südrand der Gartenfassade des Katharinenpalastes, mit diesem durch einen ›Hängenden Garten‹ verbunden, den Achatpavillon und die Cameron-Galerie, beide Gebäude in reinstem Klassizismus.

Der **Achatpavillon,** dessen Räume in verschwenderischer Pracht mit den kostbarsten Steinen ausgestattet sind, mit Achat, Jaspis, Porphyr, Malachit, Alabaster, Lapislazuli, ist das Entree für die im Erdgeschoß liegenden Bäder, die Umkleideräume, das Schwimmbecken, den Massageraum. Man nennt ihn daher auch ›Thermen‹.

Die **Cameron-Galerie** schiebt sich weit nach Osten in den herrlichen Park hinein und endet mit ihrer großen, geschwungenen Doppeltreppe, die sich zu einer breiten Freitreppe vereinigt, vor dem Ufer des Großen Sees. Bronzeabgüsse von ›Herkules‹ und ›Flora‹ aus der Villa Farnese in Rom krönen die hohen Eingangssockel. Die umlaufende ionische Säulenhalle zeigt eine Anzahl von Büsten antiker Staatsmänner und Philosophen. In der Galerie hielt sich Katharina die Große gern auf, von hier aus konnte sie die schönsten Teile der Parkanlagen überschauen, hier fanden auch die großen Gartenfeste statt. Schon bald nach seiner Fertigstellung erhielt der Bau den Namen seines Schöpfers, eine Ehre, die nur wenigen Architekten zuteil wurde.

Vom ›Hängenden Garten‹ führte eine Rampe (russ. ›Pandus‹ von franz. ›pente douce‹ = anmutige Neigung) in den Park hinunter, die sich aus mehreren immer flacher werdenden Brückenelementen zusammensetzt. Die Schlußsteine der gemauerten Bogen erscheinen als Masken, steinerne Blumenschalen schmücken den Rand.

□ Rundgang durch Gärten und Parks

Vor der Gartenfassade des Großen Katharinenpalastes erstreckt sich der ›Französische Garten‹ mit seinen zierlichen Arabesken, mit seinen geometrischen Beeten, Rabatten, beschnittenen Hecken und Alleen. Im hinteren Teil des Gartens versteckt sich – genau in der Achse des Palastes – die Ermitage, ein barocker Pavillon von Rastrelli mit vier diagonal vorgezogenen Kabinetten. Dann sind da noch das Obere Bad (1777–1780) und das Untere Bad (1778–1779), zwei klassizistische Pavillons, die der Architekt Nejelow errichtete. Die Nordseite des Gartens begrenzt die Orangerie. Die wie eine kleine gotische Burg anmutende Ermitage-Küche mit ihrem runden Stufentürmchen und dem zinnengekrönten Dach diente zugleich als Nebeneingang für den Park (Architekt: Nejelow 1775). Das Nordufer des Großen Sees beherrscht die Grotte, ein reizender Pavillon von Rastrelli (1753–1757). Seine Fassaden schmücken in Stuck modellierte Fische, Seeungeheuer und Delphine. Beachten Sie das kunstvolle Filigran der Schmiedegitter an den Türen und Fenstern. Die ›Grotte‹ dient heute als Remise für die kaiserlichen Kutschen.

Katharina die Große mochte keine gekünstelten Gärten, keine Fontänen, die das Wasser in unnatürliche Bahnen zwingen. Sie haßte alle geometrischen Linien, Zwillingsalleen und Beete

Das Ende der Zarenfamilie

Am 2. März 1917 (15. März neuer Zeitrechnung) dankte Zar Nikolaj II. ab, nachdem ihm die Generalität diesen Schritt im Interesse des inneren Friedens Rußlands nahegelegt hatte. Die Duma, das russische Parlament, wäre mit Nikolajs Ausreise nach England einverstanden gewesen. Doch der Petrograder Arbeiter- und Soldatensowjet, dessen Einfluß bereits beträchtlich war, beschloß die Inhaftierung aller Mitglieder der Romanow-Dynastie, um sie wegen Verrats am Volke anzuklagen. Allerdings war auch England mehr an einem guten Verhältnis zu der neuen russischen Regierung gelegen als daran, der Zarenfamilie Asyl zu gewähren.

Am 7./20. März beschloß die Provisorische Regierung, den ehemaligen Zaren und seine Familie in Arrest zu nehmen. Am folgenden Tag setzte General Kornikow die in Zarskoje Selo weilende Zarin von ihrer Arrestierung in Kenntnis, und revolutionäre Soldaten lösten die alte Palastwache ab. Wiederum einen Tag später traf Nikolaj II., der sich an der Front vom Offizierskorps verabschiedet hatte, in Zarskoje Selo ein.

Da der Regierung die Nähe des Zarendomizils zur Hauptstadt Petrograd als zu gefährlich erschien, veranlaßte der Ministerpräsident Aleksandr Kerenskij die Verbannung der Romanows nach Sibirien, wohin die Zaren früher die Revolutionäre zu verbannen pflegten, und zwar pikanterweise in die Stadt Tobolsk, aus deren Umgebung der Zarengünstling Rasputin stammte. Im August 1917 traf die Zarenfamilie dort ein: Nikolaj II., seine Gattin Alexandra Fjodorowna, eine geborene Prinzessin von Hessen, der Thronfolger Aleksej und die vier Töchter, die Großfürstinnen Olga, Tatjana, Maria und Anastassia.

Im Frühjahr 1918 begann ein Tauziehen um das weitere Schicksal Nikolajs II. Der redegewandte Leo Trotzkij beabsichtigte, in Moskau einen Schauprozeß gegen den ehemaligen Zaren zu veranstalten, den Omsker Sowjet interessierte der angeblich unermeßliche Zarenschatz, den Nikolaj irgendwo versteckt hielt, und Jakow Swerdlow, Sekretär des Zentralkomitees, wollte die Romanows in seiner Heimatstadt Jekaterinburg haben. Swerdlow setzte sich durch, und so endete die Odyssee der Romanows schließlich in Jekaterinburg, wo sie sich in der Hand des ›roten‹ Ural-Sowjets, einer Vertretung der besonders zarenfeindlich eingestellten Bergarbeiterbevölkerung, befanden. Domizil für die letzten Monate ihres Lebens wurde das Haus des Ingenieurs Ipatjew, der es Hals über Kopf hatte räumen müssen. Der letzte Akt des Dramas begann.

Als im damals tobenden Bürgerkrieg die ›Weißen‹, die anfangs fast ganz Sibirien beherrschten, von Osten her näherrückten, beschloß der Ural-Sowjet, die Zarenfamilie zu liquidieren; das Zentralkomitee in Moskau stimmte zu.

In der Nacht zum 16. Juli 1918 war es soweit. Zwölf Männer, sechs russische Rotarmisten und sechs lettische Tschekisten, bildeten das Hinrichtungskommando und warteten in einem Souterrainraum des Ipatjew-Hauses. Gegen 1.30 Uhr fuhr ein Lastwagen auf den Hof, der die Leichen abtransportieren sollte. In der dritten Stunde wurde die Zarenfamilie, die im Obergeschoß schlief, geweckt. Man sagte ihr, sie solle den Rest der Nacht im unteren Stockwerk verbringen, weil es in der Stadt unruhig sei und das Haus unter Beschuß geraten könne. Der Chef des Hinrichtungskommandos, Jakow Jurowskij, stellte die Romanows sowie die Begleitung, zu der der Arzt Dr. Botkin, das Zimmermädchen Anna Demidowa, der Koch Charitonow und der Diener Trupp gehörten, in zwei Reihen auf, um – wie er sagte – ein Photo von ihnen zu machen, als Beweis, daß sie alle noch in Rußland lebten, denn in Moskau gingen Gerüchte um, daß sie ins Ausland geflohen seien. In Wirklichkeit sollte diese Aufstellung dem Hinrichtungskommando die Arbeit erleichtern. Dann rief Jurowskij die zwölf Mann herbei, die sich in die doppelflügelige Tür drängten, und verlas die Verfügung des Ural-Exekutivkomitees des Sowjets der Arbeiter-, Bauern- und Rotarmistendeputierten mit dem Hinrichtungsbefehl.

Draußen im Hof lärmte inzwischen der Lastwagenmotor, damit man die Schüsse nicht hörte. Der Zar sagte noch: »Sie wissen nicht, was sie tun«, dann zog Jurowskij seinen Colt und schoß auf ihn; der Zar brach sofort tot zusammen. Zugleich begannen die anderen Mitglieder des Hinrichtungskommandos zu schießen. Als sich niemand mehr rührte und der ganze Raum voll Pulverqualm war, untersuchte Jurowskij die Opfer. Die Zarentöchter lebten noch, ebenso der 14jährige Zarewitsch. Jurowskij schoß mehrmals auf die Mädchen und den Jungen.

Gegen 3 Uhr brachte der Lastwagen die elf Hingerichteten zu einem stillgelegten Schacht inmitten eines Waldes einige Werst von dem Dorf Koptjaki entfernt. Am Schacht wartete eine Gruppe Rotarmisten, die die Umgebung vor unbefugten Zuschauern abgeschirmt hatte. Auf Jurowskijs Befehl hin entkleideten die Rotarmisten die Leichen und entdeckten dabei die mit Brillanten und Gold gefüllten Korsetts, bei der Zarin auch einen Gürtel mit mehreren Perlenketten. Nun wußte Jurowskij, warum die meisten Kugeln von den Körpern der Frauen abgeprallt waren. Er stellte allen Schmuck sicher und übergab ihn später dem Ural-Sowjet. Die Kleidungsstücke wurden verbrannt, die Leichen im Schacht versenkt.

Die Bestattungsstelle blieb kein Geheimnis, denn mehrere Rotarmisten plauderten schon am folgenden Tag in Jekaterinburg. So erhielt Jurowskij die Order, die elf Leichen an anderer Stelle beizusetzen. In der Nacht zum 18. Juli holte er sie mit wenigen verläßlichen Männern aus dem Schacht und brachte sie in die Nähe einer anderen Schachtanlage, wo er ihre Gesichter mit Schwefelsäure unkenntlich machte und die Körper unter Steinen, Bahnschwellen und Erdreich vergrub.

1991 fanden Geologen das Grab, öffneten es und brachten die geborgenen Skelettreste in das Gerichtsmedizinische Institut von Jekaterinburg zur Untersuchung. Aber es waren nur neun Skelette, die Überreste des Thronfolgers und ein weibliches Skelett fehlten. Stimmt es womöglich, was Jurowskij später aussagte: daß er zwei der elf Leichen bei der Umbettung verbrannt hatte? Oder war der Zarewitsch – wie man flüsterte – der Hinrichtung entkommen? Und war auch Anastassia, die Zarentochter und Großfürstin, am Leben geblieben? Jedenfalls behauptete das ein Mädchen, das sich anderthalb Jahre nach der Erschießung der Zarenfamilie in einem Berliner Schifffahrtskanal das Leben nehmen wollte, aber gerettet wurde.

aus gekörntem Anthrazit und Ziegelsplitt. Statuen gehörten nach ihrer Meinung nicht in die Natur, sondern in Galerien und Säle. Die bereits vorhandenen französischen Gärten und Brunnenanlagen in den Residenzen ihrer Vorgänger ließ sie allerdings unangetastet. Dafür sah sie in Zarskoje Selo die Möglichkeit, im Südosten des Areals einen großen Landschaftsgarten in englischem Stil anzulegen. Mit dieser Aufgabe betraute sie 1768 den Gartenarchitekten John Bush aus Hackney bei London. Rings um den Großen See entstand so ein englischer Garten, der berühmte **Katharinenpark,** mit Terrassen, sanften Hügeln, einem großen See, an den sich kleinere Teiche anschließen, mit Inseln und Brücken. Und überall dazwischen setzte sie Monumente ihrer Siege. An Voltaire schrieb sie belustigt: »Wenn dieser Krieg (gegen die Türken) weitergeht, dann sieht mein Park in Zarskoje Selo bald wie eine Kegelbahn aus; denn für jeden glänzenden Streich wird ein Denkmal errichtet.«

Mitten im See ragt eine Rostrasäule, die ›Tscheschme-Säule‹, aus dem Wasser, die an die Seeschlacht bei Çeşme (1770) erinnert (s. S. 21). A. Rinaldi fügte sie aus rötlichem Olonez-Marmor und Granit. An ihrer Spitze zerfetzt der russische Adler den türkischen Halbmond. – Rinaldi errichtete auch den Kagul-Obelisk zu Ehren eines Sieges über die Türken (Schlacht am Fluß Kagul in Bessarabien, 1770). – Die Granitterrasse entwarf Luigi Rusca. Die Skulpturen auf der Terrasse, Kopien antiker Originale, wurden in den 60er Jahren des 19. Jh. aufgestellt. – Nahe dem Ufer finden Sie den hübschen Brunnen ›Das Mädchen mit dem zerbrochenen Krug‹, ein Werk des Bildhauers P. Sokolow (1816). – Auf der Insel der oberen Teiche steht ein klassizistischer Konzertsaal, eine der frühesten Schöpfungen des berühmten Architekten Giacomo Quarenghi. – Ein Portikus aus vier ionischen Säulen schmückt den Abendsaal von W. Nejelow (1796–1809). – Mit der Knarrenden Laube, die Jurij Veldten zwischen 1778 und 1786 neben einen der Oberen Teiche stellte, beginnen einige architektonische Chinoiserien, wie das Chinesische Dorf, in dem die Höflinge während des Aufenthalts des Zaren wohnten, und die Große Kaprice (Bolschoj Kapris), eine grazile chinesische Laube auf einer wuchtigen Steinbrücke. – Den Zulauf vom Großen See in die Oberen Teiche überbrückt die Palladianische Brücke, wegen ihres Baumaterials auch ›Marmorbrücke‹ genannt (W. Nejelow, 1770–1776).

Die Turmruine symbolisiert das Osmanische Reich, das im Krieg 1768–1774 gegen die Russen schwer angeschlagen wurde (J. Veldten, 1774). – Einem römischen Triumphbogen ist das Orlow-Tor nachgebildet; es verherrlicht nicht die Taten von Grigorij Orlow, dem Reichsfürsten und Liebhaber Katharinas der Großen, sondern die Leistungen seines Bruders Aleksej Orlow, der die russische Flotte von der Ostsee über Gibraltar bis zur kleinasiatischen Küste führte, um dort 1770 die türkische Armada zu versenken. Übrigens hatte Katharina II. diesem Admiral auch den Sturz ihres ungeliebten Gatten Peters III. zu verdanken. – 1780 formte J. Veldten das Gotische Tor, eine der ersten architektonischen Arbeiten, die in Rußland in Gußeisentechnik ausgeführt wurden. – Das Türkische Bad am Großen See, 1850–1852 von I. Monighetti erbaut, gedenkt des Russisch-Türkischen Krieges der Jahre 1828–1829. Es sieht aus wie eine Moschee und ist der letzte im Katharinenpark errichtete Pavillon. Beim Bootsverleih neben dem Bad können Sie ein Ruderboot mieten. – 1789 wurden Katharinas Hunde unter einer von Cameron entworfenen Pyramide beigesetzt. – In den 70er Jahren des 18. Jh. entstanden am Ostufer des Großen Sees drei Gebäude der Admiralität mit Türmchen und Spitzbogenfenstern im pseudogotischen Stil (Architekt: W. Nejelow). – Dem Sieg der russischen Soldaten über die Osmanen im Jahr 1770 auf der Halbinsel Morea ist die Morea-Säule (Morejskaja Kolonna) an den Unteren Teichen gewidmet. – Und schließlich gedenkt das schlichte, achtsäulige Tor ›Meinen lieben Waffengenossen‹ der Gefallenen des Krieges gegen Napoleon von 1812 (Architekt: W. Stassow).

Westlich des Großen Katharinenpalastes erstreckt sich ein weiträumiger quadratischer Garten, das Reservierte Gärtchen, dessen vier Einzelquadrate völlig verschieden gestaltet sind. Den malerischen Garten legte um die Mitte des 19. Jh. der Engländer A. Widow an. – An das Reservierte Gärtchen grenzt der ausgedehnte Alexanderpark, das ehemalige Jagdgebiet des Zaren. 1830–1835 ersetzte der Architekt A. Menelas Rastrellis Pavillon ›Monbijou‹ durch das Arsenal, 1827 baute er die Kapelle; beide Gebäude präsentieren sich pseudogotisch.

Den Alexanderpalast, 1792–1796 von Quarenghi im klassizistischen Stil erbaut, hatte Katharina die Große ihrem Lieblingsenkel, dem späteren Alexander I., zugedacht. Eine Besichtigung ist nicht möglich. 1811 wurde neben dem Großen Katharinenpalast das von W. Stassow errichtete Lyzeum gegründet. Zu den ersten Schülern dieser Eliteschule gehörte Aleksandr Puschkin (1811–1817). 1843 kam das Lyzeum nach St. Petersburg, 1949 wurde in dem Gebäude ein Puschkin-Museum eingerichtet.

Pawlowsk

8 km südlich von Zarskoje Selo liegt Pawlowsk (ПАВЛОВСК; von Pawel = Paul), die Sommerresidenz des Zaren Paul I. (1796–1801). Pawlowsk ist durchweg im Stil des Klassizismus erbaut. Für die Besichtigung der hervorragend restaurierten Räume des Palastes und der Parkarchitektur im näheren Umkreis benötigen Sie zwei bis drei Stunden. Wenn Sie allerdings den ganzen 600 ha großen Park kennenlernen wollen, müßten Sie wenigstens 20 km marschieren. Pawlowsk ist heute die stillste der drei großen Residenzen, erholsam für den Besucher, der den Menschenmassen des Newskij Prospektes für ein paar Stunden entfliehen möchte. – Sie erreichen Pawlowsk ebenso wie Zarskoje Selo: Mit dem Wagen fahren Sie 8 km weiter bis zu dem großen Parkplatz vor dem ›Theatertor‹, den Vorortzug verlassen Sie auf der Station ›Pawlowsk‹ (ПАВЛОВСК).

Neun Jahre war Katharina, die vormalige Sophie Friederike Auguste, Tochter des Fürsten Christian August von Anhalt-Zerbst, bereits mit dem russischen Thronfolger, dem späteren Peter III., verheiratet, als sie 1754 endlich einen Sohn gebar. Peters Tante, die Zarin Elisabeth, sorgte dafür, daß Katharina ihr Kind zu Lebzeiten der Zarin nie zu Gesicht bekam, denn es war am Hof ein offenes Geheimnis, daß nicht ihr Mann Peter, sondern Fürst Sergej Saltikow der Vater des Kindes war. Katharina, inzwischen die Große, verheiratete ihren Sohn Paul mit der Prinzessin Sophie von Württemberg, die daraufhin den Namen Marija Fjodorowna annahm. 1777 kam ihr erstes Kind, der künftige Alexander I., zur Welt. Katharina, die nie ihr eigenes Kind auf dem Schoß halten durfte, war hocherfreut und schenkte dem jungen Paar das riesige Areal südöstlich von Zarskoje Selo mit einem Gutshof und zwei winzigen Dörfern darauf. Eine Jagdhütte wurde zur ›Datscha Ihrer Hoheiten‹.

Katharina II. hielt ihren Sohn Paul finanziell recht kurz und ließ auf dem neuen Anwesen lediglich zwei Landhäuser aus Holz errichten. Doch inzwischen besaß in Petersburg fast jeder kleine Adlige sein Steinhaus, und daher bestellten Großfürst Paul und seine Frau 1781 bei Cameron einen steinernen Palast, nicht viel größer als die beiden Landhäuser, dazu mehrere Pavillons, die damals sehr in Mode waren. Mit dem ›Tempel der Freundschaft‹, den eine Statue der großen Katharina schmückte, wollte Paul seine Mutter dazu bewegen, dem Bau des Palastes nachträglich zuzustimmen. Und wirklich zeigte die Herrscherin wachsendes Interesse an der Ausgestaltung der neuen Sommerresidenz.

1784 schenkte Katharina II. ihrem Sohn den Palast von Gatschina, den ihr Liebhaber Grigorij Orlow bis zu seinem Tod bewohnt hatte. Seitdem hielt sich Paul, der in alles Militärische und Fortifikatorische vernarrt war, lieber in dem festungsartigen Gatschina auf. Um Pawlowsk kümmerte sich dafür um so mehr seine Frau Marija, die die einzelnen Räume des Palastes von den bedeutendsten Architekten ausstatten ließ. Als ihr Mann 1796 als Paul I. den Thron bestieg, erhielt sie Pawlowsk als persönlichen Besitz. 1803 zerstörte ein Brand Teile des Palastes, Woronichin und Rossi stellten die in Mitleidenschaft gezogenen Räumlichkeiten wieder her.

Hoch über dem Ufer des Flüßchens Slawjanka steht wie ein großes Hufeisen der **Palast von Pawlowsk** (Farbt. 22). Charles Cameron errichtete 1782–1786 den blaßgelben, dreigeschossigen Hauptbau über nahezu quadratischem Grundriß. In der Mitte des Daches erhebt sich eine flach überkuppelte Rotunde mit 64 schlanken, weißen Säulen ringsum. Weiß sind auch die Doppelsäulen über dem Haupteingang, die einen dekorierten Architrav tragen, und die der Slawjanka zugewandten Säulen, deren Architrav ein flacher Giebel krönt. Vom Palast streben zweistöckige Galerien, den Ehrenhof umklammernd, zu je einem Flügelpavillon und setzen sich in halbrunden Anbauten, die das Oval des Hofes fast schließen, fort. Vincenzo Brenna hatte 1798–1799 die Galerien und Flügelpavillons aufgestockt und die weiteren Anbauten hinzugefügt. Er und seine Mitarbeiter Woronichin und Rossi, aber auch Quarenghi entwarfen die Raumdekorationen.

Das Standbild Pauls I. in preußischer Uniform schuf der Bildhauer Peter Klodt von Jürgensburg für den Gatschina-Palast; 1872 wurde eine Kopie gegossen und im Ehrenhof von Pawlowsk aufgestellt.

□ Rundgang durch den Palast

Nach teilweiser Zerstörung während des Zweiten Weltkrieges wurden inzwischen die interessantesten Räume restauriert. In erlesener Schönheit zeigen sich im Erdgeschoß das Ägyptische Vestibül mit Jahreszeitenskulpturen (Woronichin, Prokofjew), der Kleine Ballsaal, der Salon, das Billardzimmer, das Speisezimmer mit Ausgang in den Garten, der Ecksalon, das Neue Arbeitszimmer (Quarenghi), das General-Arbeitszimmer und das Himbeerzimmer, der private Arbeitsraum Pauls. In der Südgalerie besichtigen Sie das Pilaster-Kabinett (Quarenghi), das Laternen-Kabinett (Woronichin) mit Karyatiden von Demut-Malinowskij, das Ankleidezimmer der Marija (Quarenghi) und das Schlafzimmer der Marija (Woronichin).

Die Prunktreppe (Brenna) führt zum Obergeschoß mit dem kreisrunden Italienischen Saal, der bis zur Kuppel hinaufreicht (Cameron), dem Griechischen Saal, dem wohl schönsten Saal des Palastes (Cameron), dem Saal des Krieges (Brenna), dem Gobelinzimmer (Woronichin), der Bibliothek Pauls und dem Ankleidezimmer Pauls. Auf der anderen Seite des Griechischen Saales

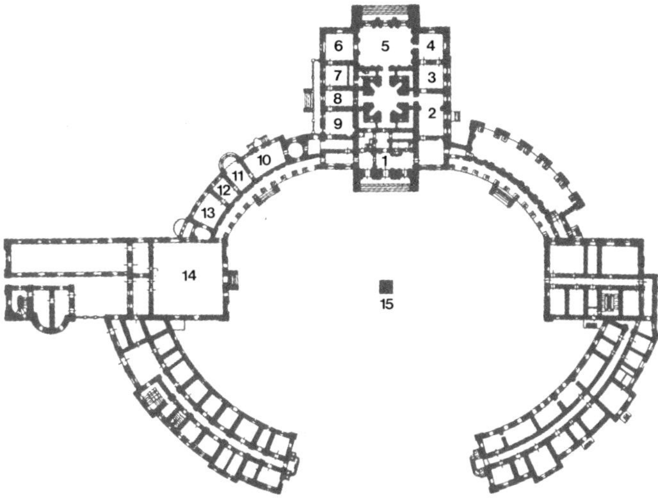

Pawlowsk, Palast

Erdgeschoß

1 Ägyptisches Vestibül
2 Kleiner Ballsaal
3 Salon
4 Billardzimmer
5 Speisezimmer
6 Ecksalon
7 Neues Arbeitszimmer
8 General-Arbeitszimmer
9 Himbeerzimmer
10 Pilaster-Kabinett
11 Laternen-Kabinett
12 Ankleidezimmer der Marija
13 Schlafzimmer der Marija
14 Säulensaal
15 Standbild Pauls I.

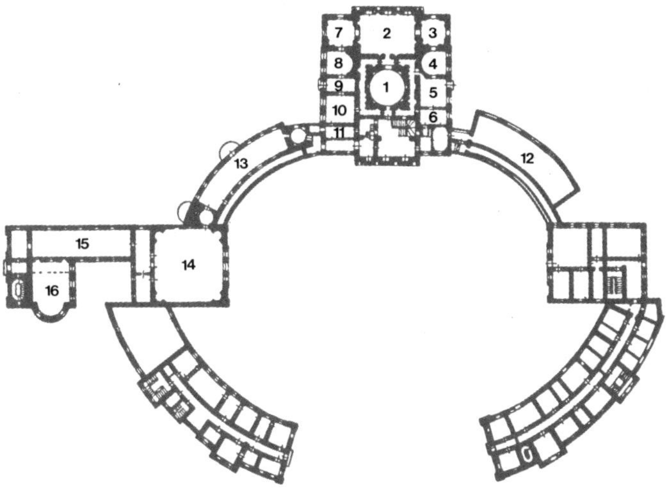

Obergeschoß

1 Italienischer Saal
2 Griechischer Saal
3 Saal des Krieges
4 Gobelinzimmer
5 Bibliothek Pauls
6 Ankleidezimmer Pauls
7 Saal des Friedens
8 Bibliothek
9 Boudoir
10 Prunkschlafgemach
11 Prunkankleidezimmer
12 Große Bibliothek
13 Gemäldesammlung
14 Bankettsaal
15 Rittersaal
16 Palastkirche

liegen die Räume der Marija Fjodorowna: der Saal des Friedens (Brenna), die Bibliothek, das Boudoir (Brenna), das Prunkschlafgemach (Brenna) und das Prunkankleidezimmer. Die Nordgalerie beherbergt die Große Bibliothek (Rossi), die Südgalerie die Gemäldesammlung. Der südliche Flügelpavillon besteht aus dem Bankettsaal (Brenna) und dem Rittersaal für die Hofempfänge des Johanniterordens, der 1798 durch Napoleon von Malta vertrieben worden war und in Rußland Zuflucht suchte (Brenna). Der Orden ernannte Paul I. zu seinem Großmeister, und der geschmeichelte Zar verlangte daraufhin die Rückgabe Maltas an den Orden, wogegen Großbritannien protestierte, um selbst die Schutzherrschaft über die Mittelmeerinsel anzutreten.

Der Walzerkönig in Pawlowsk

1837 – knapp zwei Jahre nach der Eröffnung der ersten deutschen Eisenbahnverbindung von Nürnberg nach Fürth – nahm die ›Zarskoje-Selo-Eisenbahn‹, die erste Eisenbahn Rußlands, zwischen St. Petersburg und Pawlowsk den Verkehr auf. Die Petersburger genossen es, die schönen Sommertage in der Nähe des Zaren, der dann zumeist in Zarskoje Selo residierte, zu verbringen. In eigenen Datschen feierten sie fröhliche Feste. Wer keine Datscha besaß, picknickte in dem großen Schloßpark von Pawlowsk, der für jedermann geöffnet war. Um den Eisenbahnbetrieb rentabler zu gestalten, baute die private Bahngesellschaft den Endbahnhof Pawlowsk zu einem Musikbahnhof aus, zu einer wunderschönen Freizeitanlage mit riesigem, 3000 Personen fassenden Pavillon, mit Galerien, Springbrunnen und Restaurationsbetrieb in der Art der Londoner ›Vauxhall‹. Deren Name geht auf Lady Jane Vaux zurück, die im Jahr 1615 in ihrem Park bei London eine Halle für musikalische Darbietungen errichtet hatte. ›Woksal‹ nannte sich daher auch der Pawlowsker Musikbahnhof, und dieses Wort wurde bald zur russischen Bezeichnung für einen Bahnhof schlechthin.

Im ›Woksal‹ spielten renommierte Tanz- und Militärorchester, je nach Wetter im Park oder im Pavillon. Seit 1850 dirigierte hier der seinerzeit sehr bekannte Militärkapellmeister Josef Gungl, der ›Grazer Strauß‹ (nach Johann Strauß Vater), sein 50-Mann-Orchester. 1856 engagierte die Bahngesellschaft den inzwischen über Österreichs Grenzen hinaus bekannten Johann Strauß Sohn. Der äußerst lukrative Vertrag verpflichtete den ›Walzerkönig‹ jeweils für die Zeit von Mai bis Oktober nach Pawlowsk. Die Winterhalbjahre standen Strauß für Ball- und Konzertveranstaltungen in Wien zur Verfügung.

Die Architekten Charles Cameron, Vincenzo Brenna, Andrej Woronichin und Karl Rossi gestalteten seit 1780 aus dem einförmigen Birkenwald beiderseits der Slawjanka einen großartigen Landschaftspark, den schönsten Rußlands, wie viele Petersburger behaupten. Hunderte von Bauern, Soldaten, Matrosen und Handwerkern schufen die 22 Teiche im ohnehin schon malerischen Tal der Slawjanka, formten sanfte Hügel, pflanzten Bäume, Sträucher und Blumen aus aller Welt, bauten Brücken, Wege und die hübschen Pavillons und Monumente, Tempel und Kolonnaden, die sich in die harmonische Landschaft schmiegen.

□ Rundgang durch den Park

Vom Parkplatz aus werden Sie den Park von Pawlowsk, dessen ›Großer Stern‹ (benannt nach seinem Wegesystem) sich bis zum Bahnhof erstreckt, durch das Theatertor betreten, eine winzige

Elf Sommer lang, von 1856 bis 1865 und dann noch einmal 1869, zog der ›Magier aus Wien‹ allabendlich Tausende von Petersburgern nach Pawlowsk. Die Konzerte begannen im allgemeinen um sieben Uhr abends und endeten, wenn die Pfiffe des letzten Zuges zur Abfahrt nach St. Petersburg riefen. Und oft fuhr der Zug leer zurück, weil die 10 000 und mehr Besucher den Meister Strauß zum Weiterspielen nötigten. Und Johann Strauß spielte keineswegs nur Wiener Walzer. Für seine russischen Freunde komponierte er viele seiner schönsten Melodien, darunter die ›Tritsch-Tratsch-Polka‹, den ›Persischen Marsch‹, die Polka ›Train de Plaisir‹, den musikalischen Scherz ›Perpetuum mobile‹ und die ›Olga-Polka‹, die er der Großfürstin Olga, einer gebürtigen Prinzessin von Baden, widmete. Er spielte auch Werke von Beethoven, Wagner und Verdi, sogar von den modernen russischen Komponisten Glinka und Rimskij-Korssakow. Der 25jährige Tschaikowskij erlebte am 11. September 1865 unter Johann Strauß die erste öffentliche Aufführung eines seiner Werke.

Johann Strauß war ein tüchtiger Geschäftsmann. Außerhalb seiner Woksal-Verträge gab er Benefizkonzerte in St. Petersburg, spielte auf den Bällen des Großfürsten Konstantin im Schloß von Pawlowsk, wobei der Großfürst, ein Bruder Zar Alexanders II., als Amateur-Cellist mitwirkte. Auch der Zar besuchte recht oft die Woksal-Konzerte und verlieh dem Walzer- und Polkakönig hohe Auszeichnungen. Der Adel überschüttete Strauß mit Kostbarkeiten aller Art.

1862 heiratete Johann Strauß die Wiener Sängerin Henriette Treffz. ›Jetty‹ begleitete ihren Mann im folgenden Jahr nach Pawlowsk, wo sie im Woksal und auch bei Hofkonzerten vor dem Zarenpaar in St. Petersburg sang.

1869 gab Johann Strauß nach vierjähriger Pause gemeinsam mit seinem Bruder Josef die letzten Konzerte in Pawlowsk. Und gemeinsam komponierten sie hier die später berühmt gewordene ›Pizzicato-Polka‹. 1872 sollte Johann Strauß nochmals eine Saison bestreiten, aber er zog eine Gastspielreise nach Boston und New York dem Pawlowsker Engagement vor. Die Tradition der Pawlowsker Konzerte hielt sich aber bis zum Ausbruch des Ersten Weltkrieges.

Pforte, die Brenna 1802 gestaltete und die auf das frühere Theater hinweist, dessen Holzkonstruktion um die Mitte des 19. Jh. wegen Baufälligkeit abgebrochen werden mußte. – Gleich hinter dem Tor steht inmitten eines gepflegten Gartens der grazile Rossi-Pavillon aus dem Jahr 1814. – Jenseits der Ehrenallee, die zum Palast führt, sehen Sie den alten Milchhof und die Terrasse der Großen Kreise (Brenna, 1799) mit der Skulptur ›Frieden‹ von P. Baratta (frühes 18. Jh.). – Wieder diesseits der Allee kommen Sie an der Voliere und an dem dreibogigen Eisengußtor vorbei und erreichen am hohen Ufer der Slawjanka den Pavillon der drei Grazien, einen ›Tempel‹ mit 16 ionischen Säulen. Dieser Bau aus dem Jahr 1801 war die letzte Arbeit des Architekten Charles Cameron in Petersburg; schon fünf Jahre vorher, gleich nach dem Tod Katharinas II., war er durch Paul I. als Hofbaumeister entlassen worden. Das Giebelfeld des Pavillons schmückte Prokofjew mit Apoll und Minerva, dem Führer der Musen und der Beschützerin der handwerklichen Künste. 1803 stellte der Bildhauer Triscornij seine drei Grazien in den Pavillon.

Neben der Kentaurenbrücke (Farbt. 22) mit Marmorkopien griechischer Originale steht das Kalte Bad, von Cameron 1799 als Rotunde erbaut. Auf der Höhe, mit herrlichem Blick auf den

Pawlowsk, Park

1 Palast
2 Theatertor
3 Rossi-Pavillon
4 Milchhof
5 Terrasse der Großen Kreise
6 Voliere
7 Eisengußtor
8 Pavillon der drei Grazien
9 Kentaurenbrücke
10 Kaltes Bad
11 Kolonnade des Apoll
12 Obelisk
13 Schwarze Brücke
14 Tempel der Freundschaft
15 Denkmal für die Eltern von Marija Fjodorowna
16 Apoll von Belvedere und die neun Musen (Zwölf Wege)
17 Mausoleum
18 Amphitheater
19 Turm
20 Säule ›Weltende‹
21 Pavillon ›Schönes Tal‹

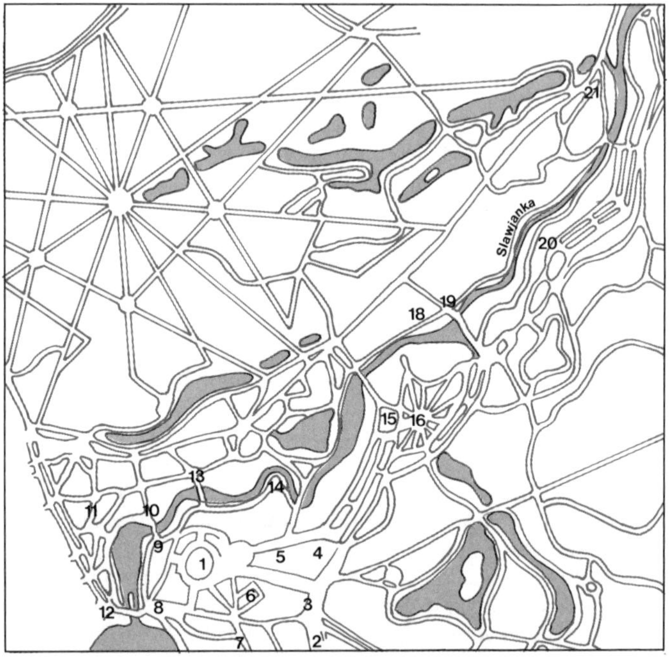

Palast und das Tal, finden Sie unter schattigen Bäumen die Kolonnade des Apoll, ein Werk von Cameron (1782–1783). 1817 versetzte ein Blitzschlag die Tholos in ihren romantisch-schönen, ruinösen Zustand. – Der Obelisk nahe der Straße beschreibt die Gründung von Pawlowsk. – Der Weg über die Schwarze Brücke führt zum Tempel der Freundschaft, dem ältesten Bau im Garten (Cameron, 1782). Die Rotunde umgibt ein Ring dorischer Säulen, Wände und Metopen zeigen Symbole der Freundschaft. Im Inneren des Tempels steht eine Statue Katharinas der Großen in der Gestalt der römischen Göttin Ceres. Ein Stück weiter erreichen Sie das Denkmal für die Eltern der Marija Fjodorowna (Cameron, 1786) und am Schnittpunkt der Zwölf Wege die Statue des Apoll von Belvedere, eine Bronzekopie aus dem Vatikan, die Brenna 1798 hier aufstellte. Umgeben ist Apoll von den neun Musen, die der Bildhauer F. Gordejew modellierte. – Mit einem Mausoleum gedachte Marija Fjodorowna ihres ›Ehemannes und Wohltäters‹ Paul I., der in der Nacht vom 23. zum 24. März 1801 im Schlafzimmer seines Petersburger Palastes ermordet wurde (s. S. 236).

Gatschina

44 km südwestlich von St. Petersburg liegt inmitten einer reizvollen Landschaft die kleine Stadt Gatschina (ГАТЧИНА) mit einer Sommerresidenz der Zaren. Seit 1991 kann die Schloß- und Parkanlage besichtigt werden. Gatschina ist mit dem Vorortzug vom Baltischen Bahnhof aus zu erreichen; Metrostation: Baltijskaja (БАЛТИЙСКАЯ) oder mit

dem Wagen über den Moskauer Prospekt und beim Ploschtschad Pobedy geradeaus über die Pulkowskoje Chaussee.

In den 20er Jahren des 18. Jh. erwarb Zar Peter der Große die Gegend um den Ort Staraja Ladoga, das spätere Gatschina, um hier für seine Schwester Natalja Aleksejewna einen Wohnsitz zu errichten. In den 60er Jahren desselben Jahrhunderts kam der Besitz an Grigorij G. Orlow, den Günstling Katharinas II. Er ließ in der zweiten Hälfte des 18. Jh. das Schloß erbauen und den ausgedehnten Landschaftspark anlegen. Nach Orlows Tod im Jahre 1783 schenkte die Zarin das Anwesen ihrem Sohn Paul, der neben dem Schloß einen Exerzierplatz einrichten ließ, wo er persönlich die Übungen seiner Garde überwachte; den Landschaftspark mißbrauchte er als Manövergelände. Nach seiner Ermordung im Jahr 1801 verwaiste das Schloß, bis die Zaren es ab Mitte des 19. Jh. als Jagdsitz und Alexander III. ab 1881 als ständige Residenz nutzten.

Zu Beginn des 20. Jh. bildete Gatschina das Zentrum der jungen russischen Luftfahrt. Im Zweiten Weltkrieg war Gatschina zwei Jahre lang von deutschen Truppen besetzt; das Schloß brannte aus, der Park wurde zerschossen. Gleich nach Kriegsende begann der Wiederaufbau von Schloß Gatschina, doch räumte man den Zarenschlössern in Peterhof, Zarskoje Selo (damals Puschkin) und Pawlowsk den Vorrang ein.

Das **Schloß Gatschina** ist ein schlichtes, dreigeschossiges Bauwerk, das Antonio Rinaldi zwischen 1766 und 1781 im frühklassizistischen Stil errichtete. Den Mittelbau flankieren zwei Fünfecktürme, an die sich je ein Seitenflügel anschließt. Vom See aus führt eine breite Prunktreppe zum Schloß hinauf. Die überaus kostbare Gestaltung der Repräsentations- und Wohnräume oblag den italienischen Architekten Antonio Rinaldi und Vincenzo Brenna. Paul I. ließ das Gebäude 1795–1797 von Brenna in eine festungsähnliche Anlage umbauen, weil er ständig Angst vor einem Attentat hatte. Zwischen 1845 und 1856 erhielt das Schloß eine Kalksteinfassade. Die hervorragende Akustik in einigen Sälen des Schlosses ist zahllosen kleinen Tonkrügen zu verdanken, die die Erbauer in die Wände einließen; im Winter sorgen die Krüge zusätzlich für eine vorzügliche Wärmespeicherung.

Bemerkenswert ist die Porzellansammlung im Schloß Gatschina, die seltene Stücke aus China und Japan, aber auch aus Sèvres (Frankreich) und Meißen umfaßt. Höhepunkt der Sammlung ist ein Service, das Katharina die Große ihrem Liebhaber Grigorij Orlow geschenkt hatte; ursprünglich waren es mehr als 2000 Einzelteile mit unterschiedlichen Jagdmotiven.

Um den Weißen und den Schwarzen See zieht sich der prächtige Landschaftspark von Gatschina. Gepflegte Wege schlängeln sich durch die Anlagen, deren Charakter sich ständig ändert, denn auf den Französischen Garten am Schloß folgen ein Holländischer Garten, der Prioratspalast, ein Botanischer Garten mit Admiralitätstor und Wasserlabyrinth. Das Zootor öffnet sich auf einen ausgedehnten Tierpark, der im Süden in den Sylvia-Garten mit Amphitheater, Adlersäule und Orangerie übergeht. Zierliche Brücken überspannen Wasserläufe, hübsche Pavillons und Terrassen laden zum Verweilen ein. Und überall schauen barocke Skulpturen zwischen dem Buschwerk hervor. Auf der Liebesinsel entstand 1791–1793 der Venustempel, ein zierlicher Bau nach französischem Vorbild (Schloßpark von Chantilly).

Maria-Schutz-Kirche und Kirche Nikolaus der Weiße in Koschewniki ▷

Nowgorod

Nowgorod (НОВГОРОД = ›Neue Stadt‹), die ›Wiege des Russischen Reiches‹, bewahrt einzigartige Denkmäler der Architektur und Malerei vom 11. bis 17. Jh., besonders aus der Zeit, als Nowgorod Welikij (= Groß-Nowgorod) ein reicher, mächtiger und gefürchteter Stadtstaat war, dessen Territorium sich von der Ostseeküste bis zum Ural und dem Nördlichen Eismeer erstreckte. Regiert von einer risikofreudigen Kaufmannschaft, die den gesamten Handel zwischen Asien und den Ostseestaaten kontrollierte, bewahrte die Stadt über Jahrhunderte ihre Selbständigkeit. Heute ist Nowgorod eine aufstrebende Industriestadt mit über 200 000 Einwohnern, die ihre Schätze aus alter Zeit hegt, pflegt und stolz präsentiert. Bei den vielen alten Bauten gingen die Restauratoren mit Geduld auf die Ursprünge der altrussischen Kunst zurück und entfernten alles, was spätere Generationen verändert oder hinzugefügt hatten.

Nowgorod liegt am Wolchow, dem 224 km langen Abfluß des Ilmensees zum Ladogasee, nur wenige Kilometer nördlich des ersteren. Der Ilmensee, im Mittelalter ›Slawisches Meer‹ genannt, erhält sein Wasser aus etwa fünfzig Zuflüssen. Er erreicht je nach Jahreszeit eine Größe zwischen 610 und 2100 km^2 (Bodensee: 539 km^2). Im Sommer tuckern Ausflugsschiffe über das bleigraue Wasser, und Tragflächenboote rauschen aus dem Wolchow heraus von Anlegestelle zu Anlegestelle. Der Ilmensee ist ein Paradies für Angler, Segler und Naturfreunde.

Auch liegt Nowgorod an der Straße von St. Petersburg nach Moskau, 190 km von der Newa entfernt. Auf einem Tagesausflug von St. Petersburg, den Intourist anbietet, können Sie einen flüchtigen Eindruck von der alten und der neuen Stadt gewinnen. Besser ist ein mehrtägiger Aufenthalt, den Sie ebenfalls über Intourist buchen können. Übrigens ist Nowgorod die Partnerstadt von Bielefeld.

Nowgorod *1 Kreml 2 Siegesmonument 3 Platz des Sieges 4 Haus der Sowjets 5 Haus der Adelsversammlung (Polytechnische Hochschule) 6 Denkmal Ljonja Golikow 7 Hotel ›Wolchow‹ 8 Sadko-Brunnen 9 Wlassij-Kirche 10 Zwölf-Apostel-Kirche 11 Zehnt-Kloster 12 Heiliggeistkloster 13 Neues Theater 14 Hotel ›Intourist‹ 15 Peter-und-Paul-Kirche in Koschewniki 16 Simeon-Kirche 17 Mariä-Schutz-Kirche 18 Kirche Nikolaus der Weiße 19 Weißer Turm 20 Kirche der Glaubensbestärkung des Thomas 21 Kirche Johannes' des Barmherzigen 22 Peter-und-Paul-Kirche (Meisenberg) 23 Mariä-Verkündigungs-Kirche 24 Freilichtmuseum für volkstümliche Holzbaukunst 25 Jurjew-Kloster 26 Mariä-Geburts-Kirche von Perun 27 Nikolaus-Kathedrale 28 Kaufhof mit Torturm 29 Paraskewa-Pjatniza-Kirche 30 Mariä-Himmelfahrts-Kirche auf dem Markt 31 Kirche der myrontragenden Frauen 32 Prokopius-Kirche auf dem Jaroslaw-Hof 33 St.-Georgs-Kirche auf dem Markt 34 Kirche Johannes' des Täufers auf dem Felsen 35 Reisepalais Katharinas II. 36 Clemens-Kirche 37 Demetrius-von-Saloniki-Kirche 38 Erzengel-Michael-Kirche am Markt 39 Mariä-Verkündigungs-Kirche in der Witkowgasse 40 Christi-Verklärungs-Kirche in der Iljastraße (Erlöserkirche) 41 Mariä-Erscheinungs-Kirche in der Nutnajastraße 42 Apostel-Philippus-Kirche in der Nutnajastraße 43 Theodor-Stratilates-Kirche am Bach 44 Boris-und-Gleb-Kirche in Plotniki 45 Kirche Johannes' des Evangelisten an der Witka 46 Antonius-Kloster 47 Mahnmal ›Verteidigungslinie in den Jahren 1941–1944‹ 48 Christi-Verklärungs-Kirche in Kowaljowo 49 Erlöserkirche an der Nerediza*

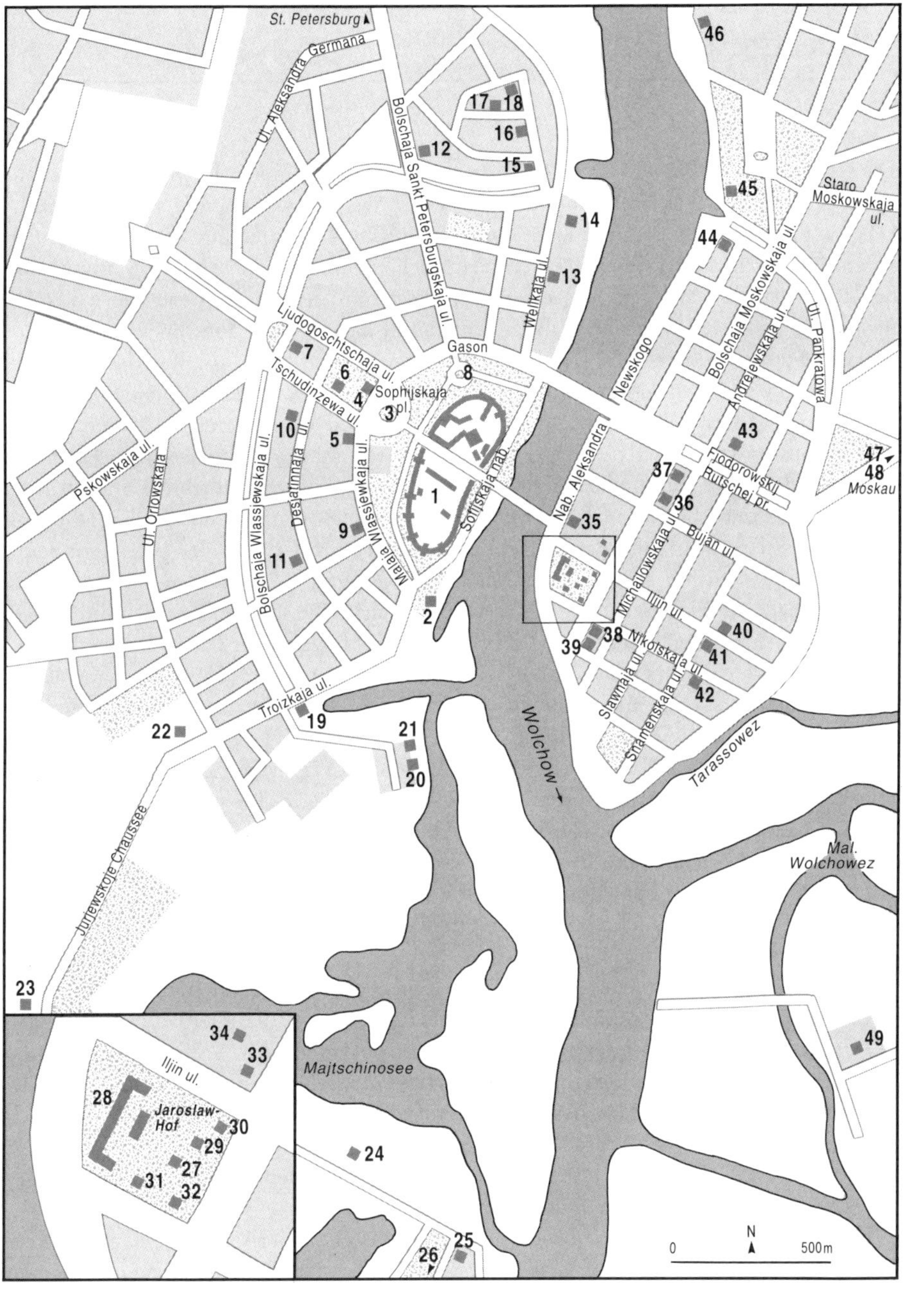
St. Petersburg
Ul. Aleksandra Germana
Bolschaja Sankt Petersburgskaja ul.
Welikaja ul.
Ljudogoschtschaja ul.
Tschudinzewa ul.
Sophijskaja pl.
Gason
Sofijskaja nab.
Pskowskaja ul.
Ul. Orlowskaja
Bolschaja Wlassjewskaja ul.
Desjatinnaja ul.
Malaja Wlassjewskaja ul.
Troizkaja ul.
Jurjewskoje Chaussee
Newskogo
Nab. Aleksandra
Bolschaja Moskowskaja ul.
Andrejewskaja ul.
Ul. Pankratowa
Staro Moskowskaja ul.
Fjodorowskij Rutschej pr.
Bujan ul.
Michailowskaja ul.
Iljin ul.
Nikolskaja ul.
Slawnaja ul.
Snamenskaja ul.
Tarassowez
Wolchow
Mal. Wolchowez
Majtschinosee
Moskau
Jaroslaw-Hof
N
0
500 m
1
2
3
4
5
6
7
8
9
10
11
12
13
14
15
16
17
18
19
20
21
22
23
24
25
26
27
28
29
30
31
32
33
34
35
36
37
38
39
40
41
42
43
44
45
46
47
48
49

Stadtgeschichte

Die Gründung von Nowgorod ist legendär und wird dem Waräger Rurik zugeschrieben: »Und er zimmerte eine Stadt oberhalb des Wolchow, und man nannte sie Nowgorod.« Das war um das Jahr 862. An anderer Stelle der berühmten, aber in ihrer Deutung umstrittenen ›Nestorchronik‹, einem Werk des russischen Mönches Nestor (1056 – um 1114), heißt es: »Die Slowenen (ein ostslawischer Volksstamm, der mit den Bewohnern des ehemaligen Jugoslawiens nur den Namen gemeinsam hat), die um den Ilmensee saßen ... und eine Stadt gründeten und sie Nowgorod nannten.« Bis heute konnten die Archäologen weder die slawische ›Neustadt‹ noch die logischerweise existierende ›Altstadt‹ identifizieren. Die Kulturschichten des heutigen Nowgorod reichen nur bis in das 10. Jh. zurück. Etwa 3 km südlich des Stadtkerns stießen Ausgräber am Ilmensee jedoch auf eine Siedlung, deren älteste Funde aus dem 9. Jh. stammen, die vermutlich die Stadt Ruriks war und seit dem 12. Jh. auch ›Ruriks Gorodischtsche‹ genannt wurde. Ein ›Gorodischtsche‹ ist eine von Palisaden umgebene Siedlung, ein ›Gorod‹ eine befestigte Stadt.

Rurik hatte sich mit seinen warägischen Gefolgsleuten am Ilmensee niedergelassen, um – vielfach mit Waffengewalt – einträgliche Geschäfte zu tätigen. Wer sich ihm entgegenstellte, wurde umgebracht, wie zum Beispiel der Nowgoroder Fürst Wadim der Tapfere. Zur Zeit des Kaisers Konstantin VII. Porphyrogennetos (913–959) kamen unzählige ›Monoxyla‹ (Einbäume) mit Waren aus ›Nemogardas‹ (= Nowgorod) in das byzantinische Konstantinopel. Wladimir I. der Heilige (um 978–1015) war zunächst Fürst von Nowgorod, bevor er die Herrschaft über die gesamte Rus gewann. Er residierte in Kiew, sein Onkel Dobrynja vertrat ihn als Statthalter in Nowgorod.

Als Wladimir im Jahr 988 das orthodoxe Christentum zur Staatsreligion erhob, übertrug er Akim aus dem byzantinischen Chersones (Krim) das Bischofsamt von Nowgorod. Nach der Legende ließ Akim das Kultbild des altslawischen Donnergottes Perun in den Wolchow werfen. Noch im Fallen soll der Gott seine Keule auf die Wolchowbrücke, die die Sophienseite mit der Handelsseite verband, geschleudert und dabei höhnisch gerufen haben: »Vergnügt euch, Nowgoroder, und denkt dabei an mich!« Und tatsächlich begannen fast alle Bürgerkämpfe der langen Stadtgeschichte auf dieser Brücke. Die Christianisierung der Nowgoroder stieß auf erbitterten Widerstand. So ließ Dobrynja die Häuser der perungläubigen Handelsseite in Flammen aufgehen, die Perunjünger wiederum verwüsteten den Sitz des Statthalters und erschlugen seine Frau. Schließlich gelang es Dobrynjas Tausendschaftsführer Putjata, alle noch heidnischen Nowgoroder mit Waffengewalt zur Taufe zu treiben. »Putjata taufte mit dem Schwert, Dobrynja aber mit Feuer«, lautete seitdem ein Nowgoroder Sprichwort.

Den freiheitsliebenden Nowgorodern fiel es schwer, die Oberhoheit Kiews anzuerkennen. Daher stellte Jaroslaw der Weise, Fürst von Nowgorod, 1014 die Steuerzahlung an seinen Vater Wladimir I. ein; der Tod des Großfürsten im Jahr 1015 verhinderte eine Strafexpedition. Nach langen und erbitterten Bruderkämpfen gelang es Jaroslaw, mit Hilfe der aus Schweden herbeigerufenen Waräger Großfürst der Rus zu werden.

Nowgorod besaß innerhalb der Rus immer eine Sonderstellung. In jener Zeit, als in Italien die ersten Stadtrepubliken entstanden, beherrschten die Nowgoroder bereits ganz Nordrußland; ihre Stadt nannten sie ›Gospodin Welikij Nowgorod‹ (=Herr Groß-Nowgorod). Mehr und mehr beschränkten die Nowgoroder auch die Macht ihres Fürsten, der nur noch zu repräsentieren hatte und dem der militärische Schutz der Stadt oblag. Die eigentliche Macht übte die ›Wetsche‹, die Bürgerversammlung, unter dem ›Possadnik‹, dem Bürgermeister, aus. Seit 1136 beanspruchten die Nowgoroder sogar das Recht, den Fürsten aus eigenen Reihen zu wählen und ihn auch zu ernennen. Die fürstliche Residenz wurde aus dem Kreml in das Gorodischtsche verlegt, wo das Jurjew-Kloster entstand. Im Kreml residierte der Bischof, der zugleich der Wetsche vorstand.

Auch der Bischof hatte seit 1158 ein Nowgoroder Bürger zu sein, der seine Weihe allerdings vom Metropoliten erhielt. 1165 wurde Nowgorod Erzbischofssitz, nachdem die römische Kirche im Jahr zuvor das Erzbistum Uppsala/Schweden geschaffen hatte und katholische Missionare nach Estland und bis zum Ladogasee – also in den Herrschaftsbereich Nowgorods – entsandte.

Der Reichtum Nowgorods beruhte seit eh und je auf dem Handel mit den Ostseestädten. Deutsche Kaufleute errichteten seit dem beginnenden 12. Jh. Niederlassungen in der Stadt am Wolchow, 1184 wurde erstmals ein ›deutscher Götzentempel‹ erwähnt, vermutlich die ›St.-Peter-Kirche‹ im ›Deutschen Hof‹. Mit dem Erstarken der Deutschen Hanse wuchs auch der Einfluß des Lübecker Städtebundes in Nowgorod.

Im Frühjahr 1238 blieben die mongolisch-tatarischen Reiterscharen rund 100 km vor Nowgorod in den tauenden Sümpfen stecken. 1240 fiel Kiew. Die Nowgoroder beeilten sich, dem Mongolenkhan ihre Unterwerfung und freiwilligen Tribut anzutragen, bevor ein erneuter Feldzug die Stadt verwüsten würde. Der Khan der ›Goldenen Horde‹ hatte großes Interesse daran, die Handelsbeziehungen Nowgorods mit dem Westen aufrechtzuerhalten. So blieben der Stadt Zerstörung und Besetzung erspart. 1240 nutzten die Schweden, von Papst Gregor IX. ermutigt, die Schwächung der Rus durch den Mongolensturm und drangen über Finnland zur Newa vor, um das gesamte Nowgoroder Land in Besitz zu nehmen. Aleksandr, Fürst von Nowgorod, ein Sohn des Großfürsten von Wladimir-Susdal, veranstaltete »ein großes Gemetzel unter den Römern« (d. h. unter den römisch-katholischen Schweden) und trug seitdem den Beinamen ›Newskij‹. Zwei Jahre später, 1242, griff von Dorpat her der Deutsche Orden an. Auf dem zugefrorenen Peipussee brachte Aleksandr Newskij den Deutschen eine vernichtende Niederlage bei (›Schlacht auf dem Eise‹). 1256 warf er nochmals die auf Nowgorod vorrückenden Schweden zurück.

Inzwischen hatte das Fürstentum Moskau innerhalb der Rus an Bedeutung gewonnen. 1380 schlug Dmitrij, Großfürst von Moskau, die Tataren; 1386/87 zog er gegen Nowgorod und verwüstete das ›Reich der heiligen Sophia‹. 1470 und 1471 versuchten die Nowgoroder, sich gegen Moskau mit Polen und Litauen zu verbünden, um ihre Selbständigkeit zu bewahren. Eine Strafexpedition des Moskauer Großfürsten Iwan III., der energisch die ›Sammlung der russischen Erde‹ betrieb, brachte die Stadtrepublik 1471 in die Abhängigkeit von Moskau. Noch ein letztes Mal wurden Fäden nach dem katholischen Westen gesponnen, aber 1478 mußte sich Groß-Nowgorod endgültig unterwerfen. Die im ›Hof des Jaroslaw‹ hängende Wetscheglocke, das Symbol der Nowgoroder Freiheit, kam nach Moskau. 1494 schloß die Hanse ihre Kontore. 1570 erschien Zar Iwan IV. der Schreckliche mit Feuer und Schwert vor Nowgorod, in der Annahme, die Stadt konspiriere gegen ihn.

Im Zweiten Weltkrieg war Nowgorod von 1941 bis 1944 von deutschen Truppen besetzt und durch die Kriegseinwirkungen stark in Mitleidenschaft gezogen. Heute ist Nowgorod eine bezaubernde, blühende Gebietshauptstadt.

Nowgorod im 17. Jh.

Rundgänge durch Nowgorod

Der Kreml

Das alte Nowgorod lag zu beiden Seiten des Wolchow, links des Flusses (im Westen) die Sophienseite, benannt nach der Sophien-Kathedrale im Kreml, rechts des Flusses (im Osten) die Handelsseite mit dem Hof des Jaroslaw. Die Keimzelle Nowgorods war sein Kreml, der hier auch ›Detinez‹ heißt, was man mit ›Starker Bursche‹ übersetzen könnte. An der Stelle des heutigen Kreml befanden sich zwei Hügel, ein höherer im Norden und ein niedriger im Süden des Terrains. Auf dem Nordhügel errichtete Fürst Wladimir, der Sohn Jaroslaws des Weisen, um 1045 eine Holzfestung, in die Fürst Mstislaw im Jahr 1116 den Südhügel mit einbezog. Der Wolchow, das Flüßchen Tarasowez und zwei künstliche Gräben gewährten zusätzliche Sicherheit. 1331 begannen die Nowgoroder, die Holzbefestigungen durch eine Steinmauer zu ersetzen, zuerst an der Flußseite, um die ausländischen Kauffahrer zu beeindrucken, später auch auf der Landseite. Bis 1420 war der ganze Kreml von einer starken Mauer aus Kalksteinquadern umgeben. Da diese Wälle für das Aufstellen von Kanonen ungeeignet waren, ließ der Moskauer Großfürst Iwan III. eine neue Kremlmauer bauen, 1385 m lang, 8,5–10,6 m hoch und 2,7–3,3 m stark, mit 13 Türmen. Diese Mauer steht noch heute, allerdings fehlen vier Türme.

An der Stelle des Torbogens, der den Haupteingang bildet, stand bis 1820 der Christi-Auferstehungs-Torturm. Es folgen, entgegen dem Uhrzeigersinn, zwei gedrungene Türme mit flachen Pyramidendächern: der Chrysostomos-Turm, auch Slatoust-Turm genannt, und der Mariä-Schutz-Turm (Pokrow-Turm), an den sich seit dem 14. Jh. die gleichnamige kleine Kirche anlehnt; Ende des 17. Jh. wurde sie im Moskauer Stil umgebaut. Im Mariä-Schutz-Turm hat sich das Restaurant ›Detinez‹ etabliert, in dem in rustikaler Atmosphäre auf altrussische Art zubereitete Speisen gereicht werden (Voranmeldung empfehlenswert!). Der 32 m hohe, mehrgeschossige Kokuj-Turm wurde 1690 von dem Moskauer Architekten S. Jefimow erbaut. In diesem höchsten und schönsten Turm der Kremlmauer zeigt das Museumsreservat die Ausstellung ›Die Baudenkmäler Nowgorods, ihre Geschichte und Wiederherstellung‹. Die Südmauer verstärkten der Fürstenturm (Knjaschij-Turm) mit spitzem Pyramidendach und der Erlöserturm (Spasskij-Turm), ein Torturm mit zahlreichen Schießscharten und einem Beobachtungsstand im vierseitigen Zeltdach (15. Jh.). Bei Ausgrabungen in der Nähe des Torturms stießen die Archäologen auf eine alte Holzbohlenstraße mit 15 Belagschichten, die quer durch den Kreml bis zum Wladimir-Tor verlief. Der Schloßturm (Dworzowyj- Turm) steht bereits am Wolchowufer. Die beiden folgenden Türme fehlen: Der eine brannte nieder, der andere wurde vom Fluß unterspült und brach zusammen. Der Wolchow-Torbogen trat an die Stelle des Pretschistenskij-Turms. Von hier aus verband einst die Große Brücke über

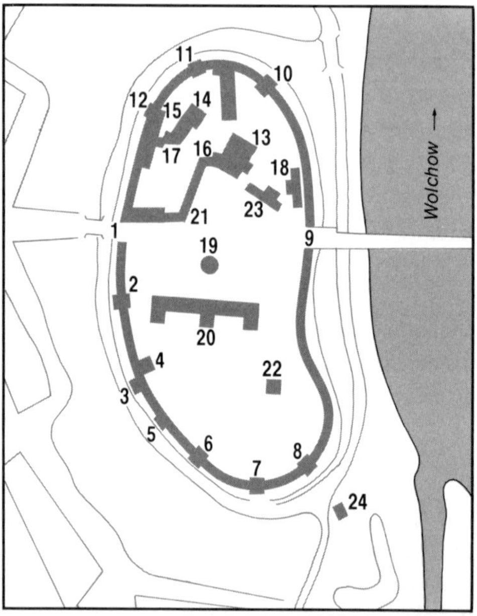

Kreml *1 Torbogen (Haupteingang) 2 Chrysostomos-Turm 3 Mariä-Schutz-Turm 4 Mariä-Schutz-Kirche 5 Kokuj-Turm 6 Fürstenturm 7 Erlöserturm 8 Schloßturm 9 Wolchow-Torbogen 10 Wladimir-Turm 11 Fjodor-Turm 12 Metropolitenturm 13 Sophien-Kathedrale 14 Facetten-Palast 15 Wladytschnyj Dwor 16 Grab des Gawrila Derschawin 17 Stundenläuter 18 Glokkenwand 19 Denkmal ›Tausend Jahre Rußland‹ 20 Museum für Geschichte und Kunst 21 Haus der Metropoliten 22 Andreas-Stratilates-Kirche 23 Kirche Christi Einzug in Jerusalem 24 Siegesmonument*

den Wolchow die Sophien- mit der Handelsseite, an deren Stelle sich heute eine Fußgängerbrücke befindet. Die Nordoststrecke der Mauer beschützte der gedrungene Wladimir-Turm. Die beiden letzten Turmbauten, der Fjodor-Turm und der Metropolitenturm, sind die einzigen Rundtürme der Kremlbefestigung.

Das größte, schönste und älteste Bauwerk des Kreml ist die **Sophien-Kathedrale** (Sobor Sofii w Kremle), erbaut auf Geheiß des Fürsten Wladimir, des Sohnes Jaroslaws des Weisen, in den Jahren 1045–1052 und damit nur acht Jahre jünger als die gleichnamige Kathedrale in Kiew, die älteste Steinkirche Rußlands. Schon um das Jahr 1000 stand hier eine der Heiligen Weisheit (Sophia) geweihte Kathedrale aus Eichenholz, ›achtunggebietend‹ und mit ›dreizehn Spitzen‹ versehen. Fast unverändert hat die Nowgoroder Kathedrale die Jahrhunderte überdauert und ihr schlichtes, strenges Aussehen bewahrt.

Die Sophien-Kathedrale ist eine fünfschiffige Kreuzkuppelkirche mit zwölf Pfeilern und drei Apsiden. Vier Nebenkuppeln mit silbern glänzender Bedachung umdrängen die mächtige, vergoldete Hauptkuppel. Eine sechste Kuppel bedeckt den Treppenturm, dessen komfortabler Aufgang zur Fürstenempore führt. Die umlaufende, ursprünglich offene Galerie wurde schon bald aufgestockt und mit Mauerwerk verschlossen. Die Südgalerie mit dem Grab des Nowgoroder Erzbischofs Marturi diente als Begräbnisstätte für Bojaren und hohe Geistliche. An das Ostende dieser Marturi-Vorhalle fügte man im 15. Jh. die Mariä-Geburts-Kapelle; die Nordgalerie erhielt daraufhin einen entsprechenden Anbau, um die Symmetrie wiederherzustellen. Die Fassaden der Kathedrale zeigen keinerlei Schmuck und werden nur durch kräftige Lisenen (Lopatki) gegliedert.

Den Haupteingang im Westen schmückt die Magdeburger Tür. Die 48 Bronzeplatten, die Meister Awwram an Ort und Stelle an die Eichenholzflügel nagelte und durch ornamentierte Bronzebleche wulstartig miteinander verband, haben die Magdeburger Erzgießer Riquin und Waismuth im 12. Jh. modelliert und gegossen. Die Platten zeigen Szenen aus dem Alten und Neuen Testament, Allegorien, Heilige, die Bischöfe Wichmann aus Magdeburg und Alexander aus Plozk und – ganz unten links – die beiden Schöpfer dieser einzigartigen Bronzetür.

Von den alten Wandmalereien ist nur noch wenig erhalten, so eine Deesis und ein Bildnis des Kaisers Konstantin und seiner Mutter Helena in der Marturi-Vorhalle, Arbeiten

Sophien-Kathedrale im Kreml

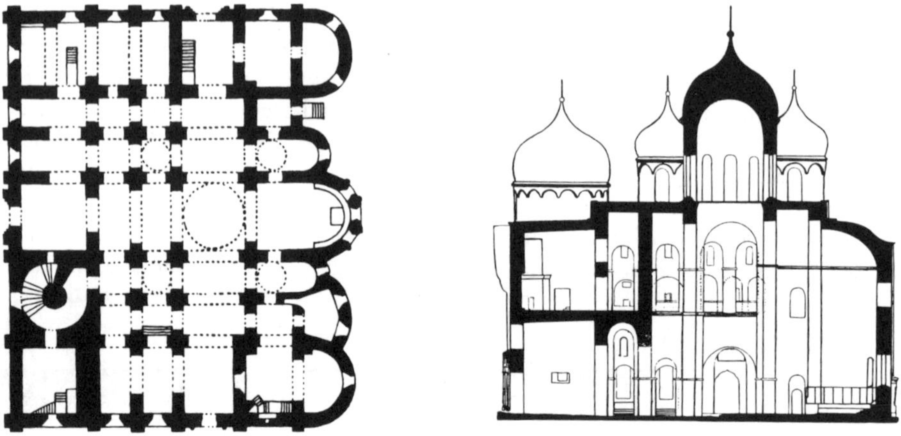

Sophien-Kathedrale im Kreml. Grundriß und Schnitt von Westen nach Osten.

eines Nowgoroder Künstlers aus dem Jahr 1108 oder früher. – Im 16. Jh. wurde die Chorschranke durch eine 11 m hohe und 17,5 m breite Ikonostase ersetzt, die mit mehr als 70 Tafelbildern ausgestattet war. Die älteste und zugleich kostbarste Ikone, die Peter-und-Paul-Ikone (11. Jh.), befindet sich heute im Nowgoroder Museum (s. S. 334). – Den riesigen Kronleuchter, eine Nürnberger Arbeit aus dem 16. Jh., stiftete Zar Boris Godunow. Der Leuchter wiegt rund zwei Tonnen und besteht aus fast tausend Einzelteilen. – Wundervolles Schnitzwerk schmückt die Betplätze des Zaren und des Metropoliten. Den Betplatz des Zaren erkennen Sie am höheren Sitz und an den Wappen der von Iwan dem Schrecklichen eroberten zwölf Städte. – Das großartig reliefierte Alexios-Steinkreuz aus dem 14. Jh. schmückte einst die Westfassade der Kathedrale.

Erzbischof Euthymios (1429–1458), ein Streiter für die Unabhängigkeit Nowgorods gegenüber Moskau, ließ den Episkopalhof neben der Kathedrale erneuern. Dabei entstand 1433 der **Facetten-Palast** für festliche Empfänge, Gerichtsverhandlungen und als Tagungsort für den ›Herrenrat‹ (von der Wetsche bestimmte Regierungsmitglieder). Die gotische Gewölbeform des ›Sternsaales‹, des Hauptsaales im Obergeschoß, weist auf »deutsche Meister von jenseits des Meeres« hin. Ein kurzer, kräftiger Pfeiler in der Mitte des Saales stützt die vier Sterngewölbe. Der Facetten-Palast zeigt heute Erzeugnisse des Kunsthandwerks aus dem 11. bis 20. Jh., darunter sakrale Silberkrater, den ›Großen Sion‹ (ein 74 cm hohes Gefäß in der Form einer Kirche; Sophien-Kathedrale, Anfang 15. Jh.), ein Ziborium (1435), die Brustikone des Erzbischofs Pimen (16. Jh.), ein Weihrauchgefäß (17. Jh.), einen Archimandritenstab mit 300 Granatsteinen (19. Jh.).

An den Palast schließt sich **Wladytschnyj Dwor** an, die frühere Residenz des Erzbischofs. Das Grab vor der Residenz gehört Gawrila Derschawin (1743–1816), Sekretär Katharinas II. und bedeutendster russischer Lyriker des 18. Jh. – Der klobige **Stundenläu-**

ter, ein Uhrturm aus dem Jahr 1443, erhielt 1673 einen neuen Aufbau. Die schmale, hohe **Glockenwand** östlich der Kathedrale wurde 1439 errichtet, das Botschka-Dach und die kleine Kuppel stammen aus dem 18. Jh. Die Glocken stehen heute vor dem schlichten Bau: ganz links die ›Sonntagsglocke‹, nach rechts folgen die ›Festtagsglocke‹ (1659), mit 26,5 t die größte Nowgoroder Glocke, die ›Alltagsglocke‹ und schließlich eine Glocke, die Zar Boris Godunow stiftete (16. Jh.).

Genau in der Mitte des Kreml erhebt sich das monumentale **Denkmal ›Tausend Jahre Rußland‹**, gestaltet von dem Bildhauer Michail Mikeschin und dem Architekten Iwan Schröder, enthüllt im Jahr 1862. Das Denkmal in der Form der Zarenkrone ist 15,7 m hoch und 9,5 m breit. Das christliche Kreuz bildet die Spitze, ein Engel segnet eine kniende Frau, das personifizierte Rußland. Den Reichsapfel darunter umgeben Skulpturengruppen, die die wichtigsten Etappen in der Geschichte Rußlands darstellen: Fürst Rurik, der legendäre Gründer der Rus, Großfürst Wladimir der Heilige, der die Rus christianisierte, Dmitrij Donskoj, der Rußland vom Tatarenjoch befreite, Iwan III., der erste Herrscher von ganz Rußland, Michail Romanow mit Kosma Minin und Dmitrij Poscharskij, den Kämpfern gegen die polnischen und litauischen Invasoren, und Peter der Große. Den Sockel umgürtet ein Bronzefries mit 109 Denkern, Staatsmännern, Heerführern, Schriftstellern und Künstlern.

Denkmal ›Tausend Jahre Rußland‹

In dem Empiregebäude (um 1800) hinter dem Denkmal, der ehemaligen Kanzlei des Gouverneurs, befinden sich heute die Stadtbibliothek und das **Museum für Geschichte und Kunst.** Im Erdgeschoß läßt sich die Geschichte Nowgorods anhand zahlreicher hochinteressanter Ausstellungsstücke nachvollziehen. Das Obergeschoß zeigt die Entwicklung der russischen Kunst von ihren Anfängen bis zur Gegenwart. Berühmt ist die große Ikonensammlung, darunter die herrlichen Tafelbilder ›Peter und Paul‹ (Sophien-Kathedrale, 11. Jh.), ›Der heilige Nikolaus‹ (12. Jh.) und ›Nikolaus der Wundertäter‹ (13. Jh.). Im 14. und 15. Jh. entwickelten Nowgoroder Maler einen eigenen Stil mit leuchtenden Farben und kräftigen Pinselstrichen (›Nowgoroder Schule‹); als typische Beispiele für diesen Stil gelten die Ikonen ›Mariä Himmelfahrt‹ (14. Jh.), ›Die Schlacht der Nowgoroder gegen die Susdaler‹ (15. Jh.) und die sog. ›Sophien-Täfelchen‹. Zu den kostbarsten Exponaten des Museums gehört das 2,3 m hohe ›Ljudogostschensker Kreuz‹, geschnitzt 1359 vom Meister Jakow Fedossow. Zu sehen sind ferner Gemälde vom 18. Jh. bis zur heutigen Zeit.

Das **Haus des Metropoliten** am Haupteingang des Kreml wurde im 16. Jh. erbaut und im 18. Jh. im frühklassizistischen Stil erneuert. Seit 1921 war hier das Nowgoroder Theater untergebracht. 1987 zog die Schauspieltruppe in den supermodernen Neubau am Wolchowufer (Dmitrijewskaja Uliza) neben dem Hotel ›Intourist‹. – Die **Andreas-Stratilates-Kirche,** im ausgehenden 17. und beginnenden 18. Jh. entstanden, dient heute als Tagungsort. Hinter dem Haus des Metropoliten steht eine 1759 geweihte Basilika, die **Kirche Christi Einzug in Jerusalem.**

Das turmartige **Siegesmonument** südlich des Kreml am Wolchowufer gedenkt der Taten der Sowjetarmee im Zweiten Weltkrieg. Das Monument aus dem Jahr 1974 krönt ein Warägerschiff aus der Zeit des Stadtgründers Rurik. Vor dem Turm springt ein mittelalterlich gerüsteter Reiter über ein Hakenkreuz, das er soeben mit dem Schwert zerschlagen hat.

Die Sophienseite

Alle Straßen der Sophienseite führen geradewegs zum Kreml, vor dessen Haupteingang sich der Sophienplatz (Sofijskaja Ploschtschad, СОФИЙСКАЯ ПЛ.) ausbreitet. An diesem Platz steht das Parlament des Gouvernements von Nowgorod, erbaut 1954–1955. – Das **Haus der Adelsversammlung** links daneben entwarf um die Mitte des 19. Jh. der Petersburger Architekt Andrej Stakenschneider; heute ist in diesem Gebäude eine Abteilung der Polytechnischen Hochschule untergebracht. – Das Denkmal in dem kleinen Park hinter dem Haus der Sowjets ehrt den Partisanen Ljonja Golikow. Er war gerade 16 Jahre alt, als er im Kampf gegen die deutsche Besatzung fiel; postum wurde ihm der Titel ›Held der Sowjetunion‹ verliehen.

Um die hohen Mauern des Kreml zieht sich der Kreml-Park, eine gepflegte Anlage mit malerischen Wegen. Inmitten des Parks finden Sie den **Sadko-Brunnen,** dessen Bodenmosaik die altrussische Byline (eine Art Sage) von dem jungen Kaufmann Sadko und der schönen Seeprinzessin Wolchowa erzählt: Sadko saß am Ufer des Ilmensees und spielte auf seiner Gusli (Kastenzither). Da kam Wolchowa vom Grunde des Sees, lauschte und begann zu tanzen. Beide verliebten sich ineinander und heirateten. Sadko verzehrte sich jedoch im Seeschloß der Prinzessin vor Sehnsucht nach der Sonne und nach seinem Nowgorod. Wolchowa gab Sadko frei, aber sie weinte so sehr, daß ihre Tränen den Ilmensee überlaufen ließen, wodurch der Fluß Wolchow entstand.

Innerhalb des alten Stadtwalls der Sophienseite, den heute die Bolschaja Wlassjewskaja Uliza (Б. ВЛАСЕВСКАЯ УЛ.) markiert, gibt es neben den Kremlbauten zwei sehr sehenswerte Kirchen: die Wlassij-Kirche an der Solezkaja Uliza (СОЛЕЦКАЯ УЛ.) und die Kirche der Zwölf Apostel ›an der Schlucht‹ (Desjatinnaja Uliza; ДЕСЯТИНАЯ УЛ.). Die **Wlassij-Kirche** (St.-Blasius-Kirche) entstand im 15. Jh. über einer heidnischen Kultstätte für den Gott Wedes. Die schlichte Kreuzkuppelkirche mit ihrer dreilappigen Bedachung besitzt, wie all die kleinen Pfarrkirchen von Nowgorod, nur eine Kuppel auf hohem Tambour. In fast gleicher Größe, aber mit eleganteren Proportionen, zeigt sich die **Zwölf-Apostel-Kirche** (ebenfalls 15. Jh.). Über dem gekreuzten Satteldach steigt auf schlankem Tambour eine besonders schön geschwungene Zwiebelkuppel empor. – Die Desjatinnaja Uliza trägt ihren Namen übrigens nach dem **Zehnt-Kloster** (Desjatinen-Kloster), das Feodossija, die Mutter Aleksandr Newskijs, hier im 13. Jh. gegründet hatte. Das Kloster wurde im Zweiten Weltkrieg völlig zerstört; zur Zeit arbeiten Restauratoren an der Wiederherstellung der Anlage (Desjatinnaja Uliza 1). Der Glockenturm über dem Torbogen des Klosters ist bereits restauriert.

Nördlich des Stadtwalls stehen östlich der Bolschaja Sankt Petersburgskaja Uliza (Б. САНКТ ПЕТЕРБУРГСКАЯ УЛ.) zwei Kirchen, die letzten Relikte des einstigen **Heiliggeistklosters.** Die Heiliggeistkirche wurde im Jahr 1357, die Refektoriumskirche zur Dreifaltigkeit genau 200 Jahre später geweiht.

Schon vom Hotel ›Intourist‹ in der Welikaja Uliza (ВЕЛИКАЯ УЛ.) aus sehen Sie die **Peter-und-Paul-Kirche in Koschewniki,** die zu den herausragendsten Werken der Nowgoroder Architektur in der Zeit ihrer Blüte zählt (Uliza Bredowa 4, УЛ. БРЕДОВА). Die Wände sind unverputzt, wie das im 15. Jh. und auch in den Jahrhunderten davor in Nowgorod üblich war. So erscheinen die Fassaden mit ihren ockerfarbenen Kalksteinbrocken, dem rosa Mörtelverbund und den Ziegelschichten von weitem wie ein riesiges Mosaik. Die Peter-und-Paul-Kirche, 1406 erbaut, ist eine Kreuzkuppelkirche mit prächtiger Helmkuppel und dreilappigem Dach. Schlichtes Schmuckwerk tragen nur die beiden der Stadt zugewandten Fassaden. Die vielen Backsteinkreuze wurden später in die Wände gesetzt; Nowgoroder Bürger stifteten sie aus Anlaß wichtiger persönlicher Ereignisse.

Ein Stück weiter bedeckte das Swerin-Frauenkloster, von dem nur noch drei kleine Kirchen überdauerten, eine sanfte Anhöhe. Die **Simeon-Kirche** aus dem Jahr 1467 war den Toten einer großen Seuche, vielleicht der Pest oder der Cholera, geweiht. Browki-Gesimse schmücken die Fenster, ein Fries aus Begunez und Porebrik umzieht den Tam-

Nikolaus-Kirche aus dem Dorf Wyssokij Ostrow im Freilichtmuseum

bour der weit ausladenden Zwiebelkuppel. Die Innenwände, Gewölbe und Säulen bedecken Bildnisse der 365 Namensheiligen, die für das Heil der vielen tausend Toten der Epidemie beten. – Neben der Simeon-Kirche stehen die **Mariä-Schutz-Kirche** (Pokrow-Kirche), 1335 errichtet und 1399 umgebaut, ein einfacher, herber Bau, und die **Kirche Nikolaus der Weiße** (gemeint war ›der Reine‹), 1312–1313 erbaut und mehrfach erneuert.

Der Weg zum Jurjew-Kloster (St.-Georgs-Kloster) im Süden Nowgorods führt an einigen interessanten Baudenkmälern vorbei. Da ist der **Weiße Turm,** der einzige Überrest der alten Stadtbefestigung, die ganz Nowgorod in weitem Bogen umspannte. Die Stadtmauern entstanden zwischen 1335 und 1391 und wurden in den folgenden Jahrhunderten immer wieder modernisiert. Bei Ausgrabungen längs der Bolschaja Wlassjewskaja Uliza (Sophienseite) und der Uliza Pankratowa (УЛ. ПАНКРАТОВА; Handelsseite) stießen die Archäologen auf die Fundamente von über 50 weiteren Holz- und Steintürmen der Stadtumwallung. Der Weiße Turm stammt aus dem 16. Jh. Seine Mauern sind unten 5 m, oben 2 m stark. Treppen im Innern führen zu den drei Stockwerken.

Westlich vom Weißen Turm führt eine Straße in die malerische Woskressenje-Vorstadt (Sonntagsvorstadt) am Ufer des Mjatschinosees mit der **Kirche der Glaubensbestärkung des Thomas** (1195–1196, 1464 erneuert) und der **Kirche Johannes' des Barmherzigen** (1422, im 17. Jh. umgebaut).

An der Jurjewskoje Chaussee (ЮРЕВСКОЕ ШОССЕ), der Zufahrt zum Jurjew-Kloster, erhebt sich auf dem Meisenberg die **Peter-und-Paul-Kirche,** 1185–1192 erbaut. Ihre ungewöhnliche Ziegelmauer – jede zweite Lage ist leicht vertieft und weiß verputzt – läßt vermuten, daß hier ausländische Maurer gewirkt haben. – Da, wo die Jurjewskoje Chaussee rechtwinklig zum Wolchow hin abknickt, steht am Ufer des Mjatschinosees die **Mariä-Verkündigungs-Kirche** aus dem Jahr 1179. Da die Kirche im 17. Jh. erneuert wurde, blieb vom Ursprungsbau nur noch der untere Teil, der innen mit Fresken des 12. Jh. geschmückt ist.

Auf einem Damm überwindet die Jurjewskoje Chaussee nun den Mjatschinosee und durchquert einen Park, der rechts dem 1100jährigen Bestehen Nowgorods gewidmet ist und links ein **Freilichtmuseum für volkstümliche Holzbaukunst** birgt. Das Museum mit schönen alten Holzkirchen, Bauernhäusern und Windmühlen des Ilmenseegebietes trägt den Namen des Dorfes, das hier vom 12. bis 18. Jh. am schilfigen Ufer des Wolchow existierte: ›Witoslawlizy‹. Und einem altrussischen Dorf, wie wir es nur noch aus den Märchenillustrationen und Bühnenbildern des Malers Iwan Bilibin (1876–1942) kennen, gleicht auch das Museum.

Die ›Dorfstraße von Witoslawlizy‹ führt an Isbas (Bauernhäusern) mit ihrem herrlichen Schnitzwerk vorbei; einige der Blockhäuser, z. B. das Haus der Jekimowa aus dem Dorf Ryschewo, können Sie auch innen besichtigen. Dann folgt der ›Pogost‹, der Kirchhof, mit drei wunderschönen Holzkirchen. Die größte Kirche, die Mariä-Geburts-Kirche aus dem Dorf Peredki (16. Jh.), steht in diesem Dorfensemble als Sommer- und Festtagskirche. Auf der hohen Galerie versammelten sich die Gläubigen vor dem Gottesdienst. Die kleinere Nikolaus-Kirche aus dem Dorf Wyssokij Ostrow (1757) diente als beheizbare Winterkirche. Über der Eingangshalle erhebt sich der mehrstöckige Glockenturm. Die Mitte nimmt das Refektorium ein, in dem die Familienfeste (Taufe und Hochzeit) gefeiert wurden, aber auch der Leichenschmaus nach Beerdigungen stattfand. Die kleinste Kirche der Gruppe, die Mariä-Himmelfahrts-Kirche aus Nikulino (1599), symbolisiert in diesem Freilichtmuseum die älteste Kirche des Dorfes, die ›Reliquie‹, wie die Russen sagen; sie hütet die uralte Dorfikone, die nur an hohen Festtagen durch das Dorf getragen wurde. – Das Museum zeigt noch weitere Kirchen, Wohnhäuser und Speicher, mit Ziehbrunnen und kleinen Gärten, und fast in jedem Jahr wird ein neues Holzbauwerk hinzugefügt.

Zwischen dem 25. Dezember und dem 5. Januar finden alljährlich in dem Architekturmuseum die Festspiele ›Russischer Winter‹ statt. Aber besonders an einem Wochenende zur Zeit der Sommersonnwende erwacht das Freilichtmuseum zu einem temperamentvollen Volksfest. Dann erscheinen zwischen den alten Bauernhäusern singende und tanzende Trachtengruppen, Handwerker schnitzen, töpfern und malen, Bäuerinnen klöppeln zarte Spitzen, und an bunten Ständen werden die fertigen Arbeiten feilgeboten: bemaltes Geschirr, Körbchen aus Birkenrinde, Bastschuhe, lustiges Holzspielzeug, bestickte Tischdecken und Blusen. Wen es dürstet und hungert, der bekommt Kwas und Pasteten. Und überall erklingen die alten russischen Weisen: ›Ach, Nastassja‹, ›Die Rose von Nowgorod‹, ›Eintönig klingt das Glöcklein‹, ›Do Swidanija‹.

Die Jurjewskoje Chaussee endet vor dem **Jurjew-Kloster** (St.-Georgs-Kloster), das im Jahr 1030 unter der Herrschaft Jaroslaws des Weisen gegründet wurde und sich zum einflußreichsten Monasterium Nowgorods entwickelte. 1119–1130 baute Meister Pjotr die St.-Georgs-Kathedrale; es war das erste Mal in der Geschichte der russischen Architektur, daß der Name des Baumeisters in einer Chronik erwähnt wurde. Auftraggeber der Kathedrale war Wsewolod, Fürst von Nowgorod und Sohn des Großfürsten Mstislaw. Der gewaltige Bau auf der höchsten Stelle des Klosters beeindruckt durch seine ausgewogenen Formen und die Schlichtheit seines Äußeren. In mattem Silberglanz schimmern die drei martialischen Helmkuppeln: die große Zentralkuppel, die kleine Nebenkuppel und die Kuppel über dem wuchtigen Treppenturm. Schmale, hohe Fenster in den Kuppeltambouren und den Fassaden überfluten den dreischiffigen Innenraum mit Licht. Die Fresken in der Kathedrale wurden bei der Restauration im 19. Jh. fast vollständig vernichtet, nur im oberen Teil des Treppenturms blieben zwischen den Tambourfenstern noch einige Figuren von Heiligen und Kirchenvätern aus dem 12. Jh. erhalten. – Der Glockenturm über dem Haupttor des Klosters wurde 1838–1841 aufgesetzt. Als Baumeister wird oft der berühmte Petersburger Architekt Karl Rossi genannt. – Auch die Kreuzerhöhungskirche mit ihren fünf sternübersäten Zwiebelkuppeln stammt aus dem 19. Jh.

Wenn Sie um das Jurjew-Kloster herum etwa 2 km nach Süden fahren, kommen Sie in das Dörfchen Perun (ПЕРУН). Vor tausend Jahren stand am Ufer des Wolchow, der hier aus dem Ilmensee strömt, ein Tempel des altslawischen Wettergottes Perun. Die Nowgoroder Christen zerstörten den steinernen Peruntempel, dessen Fundamente Archäologen vor einigen Jahren entdeckten, und bauten um das Jahr 1221 dicht daneben die **Mariä-Geburts-Kirche von Perun.** Die erste Kirche, ein Holzbau, dürfte schon wesentlich früher unmittelbar über dem heidnischen Rundbau entstanden sein, denn im Jahr 995 gründete Akim, der erste Nowgoroder Bischof, in Perun ein Mönchskloster.

Die Handelsseite

Die Handelsseite entwickelte sich schon bald nach der Gründung Nowgorods zu einem internationalen Warenumschlagplatz. Hier trafen sich byzantinische und tatarische Kaufleute mit Gotländern und Schweden, um ihre Waren zu tauschen. Russische Kaufmannsgilden achteten eifersüchtig darauf, daß jeder Tausch und jeder Kauf durch ihre Hände ging. Deutsche Kaufleute waren schon zu Beginn des 12. Jh. am Wolchow erschienen. Ihr ›Peterhof‹ wurde im 13. Jh. zum Kontor der Deutschen Hanse, die fast 200 Jahre den Ostseehandel beherrschte. Die Schiffe der Hanse brachten Tuche, Heringe, Getreide und Salz und tauschten dafür Felle, Wachs, Hanf, Daunen und sogar Pfeffer (aus Südostasien) ein. Wie der Kreml (Detinez) das Zentrum der Sophienseite bildete, so beherrschte der Hof des Fürsten Jaroslaw die Handelsseite. Kreml und Jaroslaw-Hof verband seit dem 11. Jh. die Große Brücke über den Wolchow; 1944 wurde sie zerstört. Inzwischen spannt sich an dieser Stelle eine neue Brücke (nur für Fußgänger) über den Fluß.

Den **Jaroslaw-Hof,** 1030 erstmals erwähnt, umgab der ›Torg‹, der Marktplatz mit seinen Ladenreihen und Kirchen. 1136 zwangen die Nowgoroder ihren Fürsten, seine Residenz in das Gorodischtsche etwa 3 km südlich der Stadt zu verlegen. In den Hof zog nun die allmächtige ›Wetsche‹, die Bürgerversammlung, ein. Von hier aus wurde Groß-Nowgorod regiert. Sogar Iwan III., der die Stadt besiegt und ihr die Selbständigkeit genommen hatte, wohnte 1471 im Gorodischtsche außerhalb der Stadtmauern; erst fünf Jahre später forderte er die Nowgoroder auf, den Jaroslaw-Hof für ihn und seine Statthalter zu räumen. 1580 ließ Iwan der Schreckliche auf dem Areal des Hofes einen Palast bauen, der jedoch noch vor seiner Fertigstellung niederbrannte. Vom Jaroslaw-Hof, den heute die

Straßen Nikolskaja Uliza (НИКОЛСКАЯ УЛ.), Bolschaja Moskowskaja Uliza (Б. МОСКОВСКАЯ УЛ.) und Iljastraße (Iljin Uliza, ИЛЙИН УЛ.) umschließen, ist nicht mehr viel zu sehen. Eine Grünanlage bedeckt die historische Stätte, in der Entscheidungen von größter Tragweite getroffen wurden.

Die Hauptkirche des Jaroslaw-Hofes, die **Nikolaus-Kathedrale** (Nikolskij Sobor), ließ Fürst Mstislaw im Jahr 1113 in seiner Residenz errichten. Sie sollte mindestens so prächtig werden wie die Sophien-Kathedrale im Kreml, die inzwischen zum Symbol der Stadtrepublik geworden war (»Wo die hl. Sophia ist, da ist auch Nowgorod«), aber die Bauarbeiten zogen sich fast drei Jahrzehnte hin, und inzwischen mußte der aus dem Kreml verdrängte Fürst auch den Jaroslaw-Hof räumen. So fiel die Kathedrale wesentlich bescheidener aus als geplant; sie wurde bestenfalls eine vornehme Stadtkirche. Die Nikolskij Sobor ist eine dreischiffige Kreuzkuppelkirche mit sechs Pfeilern, fünf Kuppeln, drei Apsiden und einer Empore im Westteil. Wegen der Dicke der Wände war der Treppenturm entbehrlich, die Treppe zur Empore nahm die Mauer auf. Von den ursprünglichen Fresken blieben nur geringe Reste erhalten, zum Beispiel ›Hiobs Frau‹ an der Westseite des im 16. Jh. eingerichteten Kirchenunterraumes. Die Ikonostase stammt aus dem Ende des 18. Jh.

Auf dem Wetsche-Platz nördlich der Kathedrale entdeckten Archäologen ein meterdikkes Straßenpflaster aus den Kieferknochen von Rindern; eine Deutung steht noch aus. – Zwischen dem Wetsche-Platz und dem Wolchowufer erstreckte sich der steinerne **Kaufhof,** der in den 90er Jahren des 17. Jh. die Ladenreihen ersetzte. Von den umlaufenden Arkaden steht noch die Westseite. Den Osteingang zum Kaufhof bildete der Torturm aus derselben Zeit. An das Torgebäude, das übrigens die interessante Ausstellung ›Neue archäologische Funde‹ enthält, schließt sich ein sechseckiger Glockenturm an. – Der Obelisk aus rotem Granit in der Mitte des Kaufhofareals erinnert an die 1942 bei Nowgorod gefallenen Helden der Sowjetunion. – Das Denkmal für Aleksandr Newskij stellten die Nowgoroder Bürger 1959 nördlich der Kaufhofarkade auf.

Die der Heiligen des Karfreitags und Patronin des Handels geweihte **Paraskewa-Pjatniza-Kirche** begrenzte den Wetsche-Platz nach Osten. Sie wurde 1207 nach dem Vorbild der Smolensker Kathedrale errichtet und weicht in ihrer baulichen Gestalt und im Dekor völlig von den anderen Nowgoroder Kirchen ab. Außergewöhnlich sind die drei zweistöckigen Vorhallen, die rechteckigen Seitenapsiden, die tragenden Rundpfeiler im Innern und der mehrstufige Lisenenschmuck an den Fassaden. Tambour und Zwiebelkuppel stammen aus dem 18. Jh. – Die **Mariä-Himmelfahrts-Kirche auf dem Markt** (1135–1145) wurde so oft umgebaut, daß nur noch wenig auf ihr ursprüngliches Aussehen hinweist. So unterteilte man sie im 15. Jh. durch eine Holzbalkendecke in zwei Geschosse, um Lagerräume zu gewinnen.

Südlich der Nikolaus-Kathedrale stehen zwei ›Lagerkirchen‹ Moskauer Kaufleute. Iwan III. hatte nach der Eingliederung Nowgorods in das Moskauer Reich statt der unzuverlässigen Bojaren Kaufmannsfamilien zum Wolchow entsandt, um die Integration des stolzen Stadtstaates zu beschleunigen. Zu diesen ›Eingewiesenen‹ (Wwedenzy) gehörte

Prokopius-Kirche (links) und Kirche der myrontragenden Frauen

der reiche Kaufmann Iwan Syrkow, der 1508–1511 die **Kirche der myrontragenden Frauen** bauen ließ. Myron ist in der ostkirchlichen Liturgie das bei der Firmung verwendete Salböl. Die beiden unteren Stockwerke dienten als Warenlager, das oberste Stockwerk stand für den Gottesdienst zur Verfügung. In dieser Kirche ließ Zar Iwan IV. der Schreckliche später sogar einen Teil des Staatsschatzes verwahren. – Die benachbarte **Prokopius-Kirche auf dem Jaroslaw-Hof** baute 1529 Dmitrij Syrkow, der Sohn von Iwan Syrkow, ebenfalls mit zwei Lagergeschossen.

Jenseits der Iljastraße, jedoch noch auf dem Gelände des Jaroslaw-Hofes, befindet sich die St.-Georgs-Kirche auf dem Markt (1356), die ihre heutige Gestalt um 1700 erhielt. – Die benachbarte **Kirche Johannes' des Täufers auf dem Felsen** (1127–1130) stiftete Fürst Wsewolod aus Anlaß der Geburt seines Sohnes Iwan (Johannes). Die größte Nowgoroder Kaufmannsgilde, die das Monopol für den Handel mit Wachs besaß, hatte sich finanziell an dem Bau beteiligt. Daher stand die Wachswaage in der Kirche, und wer Wachs kaufen wollte, mußte es gegen Gebühr in der Kirche wiegen lassen (natürlich betraf das nur ganze Wagen- oder Schiffsladungen). – In der Nähe der beiden Kirchen ließ sich Katharina II. am Nordrand des alten Torg vermutlich von dem Petersburger Architekten Wassilij Baschenow ein **Reisepalais** errichten, einen Kernbau mit zwei Seitenflügeln. Wassilij Stassow erneuerte das Palais, ließ aber die frühklassizistischen Fassaden unverändert.

Einen kurzen Besuch lohnen zwei Kirchen an der Bolschaja Moskowskaja Uliza: die **Clemens-Kirche,** 1519 von dem Moskauer Kaufherrn Wassilij Tarakanow errichtet, und die **Demetrius-von-Saloniki-Kirche** aus dem Jahr 1383. Deren pfeilerartiger Glockenturm stammt aus dem 17. Jh. – Am Südende der Straße stehen zwei weitere kleine Kirchen, die durch eine zweistöckige Galerie miteinander verbunden sind: die **Erzengel-Michael-Kirche am Markt** (1302) und die **Mariä-Verkündigungs-Kirche in der Witkowgasse** (1362). Beide Kirchen wurden mehrmals verändert, gegen Ende des 17. Jh. setzte man einen niedrigen, achteckigen Glockenturm mit zeltförmigem Dach auf die Galerie.

Zu den bedeutendsten Baudenkmälern Nowgorods zählt die **Christi-Verklärungs-Kirche in der Iljastraße,** gelegentlich auch Erlöserkirche genannt. 1374 hatte der reiche Bojar und Kaufherr Wassilij Danilowitsch die Kirche gestiftet, die mit ihrem überaus reichen, schwungvollen Fassadendekor völlig von den anderen Nowgoroder Kirchen abweicht. Der viellappige Blendbogen weist auf das ursprüngliche Dreischaufeldach hin, das im 16. Jh. dem schlichten achtflächigen Dach weichen mußte.

Berühmt sind die Fresken an den Innenwänden dieser Gemeindekirche. Es sind die einzigen Wandmalereien, die von dem byzantinischen Maler Theophanes dem Griechen (russ. Feofan Grek) in Rußland erhalten sind. Bevor er 1378 nach Nowgorod kam, soll er schon zahlreiche Kirchen in Konstantinopel und Chalkedon ausgemalt haben. Von Nowgorod berief ihn Großfürst Dmitrij Donskoj, der 1380 die Tataren besiegt hatte, nach Moskau, wo er unter anderem herrliche Ikonen für die Verkündigungs-Kathedrale des Moskauer Kreml schuf. Theophanes der Grieche gilt als Lehrmeister des großen Andrej Rubljow (s. S. 111). Ein Zeitgenosse beschrieb ihn als »einen Mann von seltener Weisheit, einen gewandten Philosophen, einen vortrefflichen Buchillustrator und hervorragenden Ikonenmaler«. Theophanes' Fresken zählen zu den herausragenden Werken seiner Epoche. Sie sollten sich diese Fresken also sehr genau ansehen, den Pantokrator in der Kuppel (»Hinter der übermenschlichen Unnahbarkeit Gottes gärt die menschliche Leidenschaft«), die Erzväter und Propheten an den Fensterschäften, die Dreifaltigkeit in der nordwestlichen Eckkapelle der Empore, dem Betraum der Bojaren. Die Fresken verbarg über Jahrhunderte eine dicke, schützende Putzschicht; erst 1910 wurden sie entdeckt und zwischen 1918 und 1969 freigelegt.

Wenige Meter entfernt steht der mächtige Bau der **Mariä-Erscheinungs-Kathedrale,** auch Kathedrale der Gottesmutter des Zeichens genannt. 1682–1688 errichteten Baumeister aus Jaroslawl über den Grundmauern einer gleichnamigen Steinkirche aus dem Jahr 1354 dieses typische Beispiel der Wolgaarchitektur mit fünf Kuppeln, umlaufenden Galerien, Keramikschmuck und üppigen Fensterrahmungen. Die Außen- und Innenfresken gestaltete eine Malergenossenschaft aus Kostroma. Die hübsche, kleine **Apostel-Philippus-Kirche in der Nutnajastraße** stiftete ein Nowgoroder Possadnik (Bürgermeister) im Jahr 1383; 1526 wurde die Kirche umgebaut.

Die klassische Vollendung der Nowgoroder Kirchenbaukunst repräsentiert die **Theodor-Stratilates-Kirche am Bach** (Zerkow Fjodora Stratilata). Sie wurde 1360–1361 auf Veranlassung des Possadnik Semjon Andrejewitsch gebaut. Das Refektorium (im

Westen) und der Glockenturm stammen aus dem Ende des 17. Jh. Die Fassaden, vor allem der kräftige Tambour, der die schöne Helmkuppel trägt, sind schlicht, doch außerordentlich wirkungsvoll dekoriert. Die Freskenfragmente im Innern die Kirche werden der Nowgoroder Schule des Theophanes zugeordnet. Übrigens floß der Bach, nach dem die Kirche ihren Namen trägt, noch bis 1954 zum Wolchow hinab, bevor er kanalisiert wurde.

Auf dem Weg zum Antonius-Kloster im Norden der Handelsseite kommen Sie an der **Boris-und-Gleb-Kirche in Plotniki** vorbei. 1536 gab eine Moskauer Kaufmannsfamilie den interessanten Fünfkuppelbau in der ›Zimmermannsvorstadt‹ (= Plotniki) in Auftrag. Die erste dem heiliggesprochenen Bruderpaar Boris und Gleb geweihte Kirche stand hier bereits im Jahr 1377. – Auf der anderen Seite des alten Stadtwalls bereichert die kleine **Kirche Johannes' des Evangelisten an der Witka** (1383–1384) die Kulisse eines Vergnügungsparks, wo Sie im Wolchow baden, ein Ruderboot mieten oder das Sportstadion besuchen können.

Hinter dem Park erheben sich auf dem Wolchowufer die schneeweißen Gebäude des **Antonius-Klosters.** Nach der Legende war Antonius der Sohn einer reichen römischen Familie. Als seine Eltern starben, verschenkte er sein ganzes Erbe an Hilfsbedürftige, den Familienschmuck steckte er in ein Faß und versenkte das Faß im Meer. Dann setzte er sich auf einen Felsen und betete ein Jahr und drei Monate, bis der Felsen plötzlich in das Meer stürzte. Als Antonius erwachte, lag er am Ufer des Wolchow vor Nowgorod. Das war am Heiligen Abend des Jahres 1106. Antonius gründete an dieser Stelle ein Kloster und bat am Festtag von Mariä Geburt einige Fischer, ihre Netze auszuwerfen. Als sie die Netze wieder einzogen, lag darin das Faß mit dem Schmuck, den er dazu verwendete, die Mariä-Geburts-Kathedrale zu bauen.

Soweit die Legende. Historisch gesichert ist, daß das Kloster 1106 von einem Westeuropäer, einem Angehörigen der römisch-katholischen Religionsgemeinschaft namens Antonius, gegründet wurde. Antonius war auch der erste Abt des Klosters. Die Mariä-Geburts-Kathedrale entstand 1117–1119, 1127 kamen die drei Kuppeln, der Treppenturm und die Emporen hinzu. Die Ähnlichkeit des Bauwerks mit der gleichzeitig entstandenen Georgs-Kathedrale im Jurjew-Kloster läßt darauf schließen, daß der Baumeister Pjotr auch im Antonius-Kloster gewirkt hat. Von der Ausmalung des Jahres 1125 sind noch beachtliche Fragmente erhalten, die romanische Einflüsse erkennen lassen.

Von den weiteren Bauten des Antonius-Klosters seien die Mariä-Reinigungs-Kirche mit Refektorium (1535–1537), die Schatzkammern und Archimandritenzellen (1699–1701), ein Wirtschaftsgebäude (um 1700), die Heilige Pforte (18. Jh.) mit dem Tor-Glokkenturm (1806), das Priesterseminar und die Bibliothek (beide spätes 19. Jh.) genannt. Heute beherbergt das Antonius-Kloster die Staatliche Hochschule für Pädagogik.

Die Straße nach Moskau überquert den Malyj Wolchowez, einen Nebenfluß des Wolchow. Hier verlief im Zweiten Weltkrieg die hart umkämpfte Front. Die Mahn- und Gedenkstätte ›**Verteidigungslinie in den Jahren 1941–1944**‹ besteht aus einem schlichten Granitmonument mit einem russischen Kampfpanzer T 34 davor. Die vielen alten Kirchen im Umfeld der Frontlinie fielen den Kampfhandlungen zum Opfer. Restauriert wurde lediglich die **Christi-Verklärungs-Kirche in Kowaljowo,** etwa 1,5 km südlich der Gedenkstätte, von der aus sie bereits gut zu sehen ist. Die Kirche stiftete 1345 der Nowgoroder Bojar Onzifor Schabin für das Kowaljowo-Kloster, das sich an dieser Stelle befand. Die ungewöhnlichen Fresken aus dem Jahr 1380, die nach dem Krieg in mühsamer Kleinarbeit wieder zusammengefügt wurden, zeigen die typische Handschrift serbischer Meister.

Ein Kleinod altrussischer Baukunst ist die **Erlöserkirche an der Nerediza,** die Sie zur Zeit nur per Schiff besuchen können (Anlegestelle: Selzo). Der Fürst Jaroslaw Wladimirowitsch veranlaßte 1198 den Bau der Kirche in der Nähe seiner Residenz Gorodischtsche. Da in ihr nur einmal im Jahr, am Christi-Verklärungs-Tag (6. August), ein Gottesdienst stattfand, blieb die Kirche unverändert erhalten, bis sie im Zweiten Weltkrieg durch Artilleriebeschuß fast vollständig zerstört wurde. 1956–1958 haben Restauratoren sie wieder originalgetreu aufgebaut. Berühmt wurde die schlichte Kirche mit ihren großartigen Proportionen erst, als man zu Beginn des 20. Jh. ihre einzigartigen Fresken entdeckte. Nach der Zerstörung konnten jedoch nur noch 15 Prozent der Wandmalereien wiederhergestellt werden.

Christi-Verklärungs-Kirche in Kowaljowo

Erläuterung der Fachbegriffe (Glossar)

Akanthus distelartige Pflanze (Bärenklau), deren gezähnte Blätter als Vorlage für ein weitverbreitetes Architekturornament dienen

Ambo halbrundes Podest, das vom → Bema in das Kirchenschiff hineinragt, Vorläufer der Kanzel

Apsis halbrunder, auch mehreckiger, mit einer Halbkuppel überwölbter Raumteil

Archimandrit Abt, der einem großen orthodoxen Kloster oder mehreren Klöstern vorsteht

Architrav den Oberbau tragende Steinbalkenlage, meist über Stützen

Archivolte profilierte Frontseite eines Bogens

Arkade Reihe von Bogen, die auf Säulen oder Pfeilern ruhen, auch Bezeichnung für den Bogengang

Atrium von Säulenhallen umgebener Vorhof einer Kirche

Attika wandartiger Aufbau über dem Hauptgesims eines Bauwerks; die Attika soll das Dach verdecken und das Gebäude dadurch höher erscheinen lassen

Baptisterium christliche Taufstätte als selbständiges Bauwerk oder Anbau einer Kirche

Basrelief Bezeichnung für das Flachrelief

Begunez Ziegelornament, meist in Gestalt eines Bandes, das eine Reihe dreieckiger Vertiefungen bildet

Bema erhöhter Altarraum der Ostkirchen

Blendarkade der geschlossenen Wand ›vorgeblendete‹, schmückende Bogenstellung, Element des Wandgliederung

Bojar Angehöriger des nichtfürstlichen Adels

Botschka Dachform in Gestalt eines Halbzylinders mit hochgezogenem Oberteil

Browki-Gesims Gesims oberhalb von Fenstern oder Türen in der Form einer Augenbraue

Chorschranke steinerne, selten hölzerne Schranke, die den Altarraum vom Gemeinderaum trennt; im späten Mittelalter trat die → Ikonostase in russischen Kirchen an die Stelle der Chorschranke

Deesis Darstellung des thronenden Christus zwischen Maria und Johannes dem Täufer, den beiden ›Fürbittern‹

Diakonikon Sakristeiraum der Ostkirchen (südlich des Altars)

Dreischaufeldach dreilappige Bedachung, die sich aus der Form der Tonnengewölbe ergibt

Enfilade Raumfolge, bei der die Türen in einer Flucht liegen

Epitaph Erinnerungsmal für einen Verstorbenen, auch Grabinschrift

Fiale schlankes, spitzes Türmchen als Bekrönung von Strebepfeilern und an Tür- und Fensterüberdachungen

Fries waagerecht verlaufender Bauteil, der zur Raumgliederung und als Schmuckelement dient

Gesims über das Gebälk vorspringendes oder aus der Mauer hervorstehendes Bauglied (Dachgesims, Giebelgesims, Gurtgesims zwischen den Geschossen, Sockelgesims, Tür- und Fenstergesims)

Girka ornamentaler Zapfen, der in der Mitte eines Doppelbogens herunterhängt (architektonisches Schmuckelement)

Igumen Abt eines Klosters

Ikone Kultbild der Ostkirchen

Ikonostase Bilderwand zwischen Gemeinde- und Altarraum

Isba Holzhaus, Bauernhaus

Kämpfer Auflage für Gewölbe oder aufsteigende Bogen

Kapitell der oberste Teil einer Säule, eines Pfeilers oder eines Pilasters, Bindeglied zwischen Stütze und Gebälk

Königstür Durchgang in der Mitte der → Ikonostase, auch Heilige Tür, Paradiestür oder Zarentor genannt

Kokoschnik Blend- oder Ziergiebel aus Halbkreis- oder Kielbogen, meist in mehreren Reihen zur Hauptkuppel aufsteigend

Kolokolnja Glockenturm

Konche Muschelartig gestalteter Abschluß der →Apsis

Krypta unterirdischer Kultraum: Gang, Gruft, Grab- oder Reliquienkapelle, auch mehrschiffige Anlage, meist unter dem Chor

Lawra Ehrentitel bedeutender Klöster, z. B. Dreifaltigkeits-Sergios-Lawra in Sergijew Possad und Aleksandr-Newskij-Lawra in St. Petersburg

Lisene senkrechter Mauerstreifen zur Gliederung einer Wand

Lopatka → Lisene oder → Pilaster mit → Kämpfer, aber ohne → Kapitell

Lukarne erkerartiges, reich verziertes Dachfenster

Maschikuli Ausgieß- (Pechnase) oder Schießöffnungen an Wehrgängen

Maskaron Menschen- oder Fratzengesicht als Ornament in der Baukunst

Matrjoschkas Puppen in der Puppe

Monolith aus einem einzigen Block gemeißeltes Bauglied

Nalitschnik ornamentale Umrahmung von Türen und Fenstern

Narthex Vorhalle der frühchristlichen Basilika und der mittelalterlichen Kirche

Oklad prunkvolle Verkleidung der Ikone, die nur Gesicht und Hände der abgebildeten Person frei läßt, meist aus Edelmetall

oktogonal achteckig

Pantokrator Darstellung des thronenden Christus als Weltherrscher

Pastophorien Nebenapsiden der Seitenschiffe (Diakonikon und Prothesis)

Peristyl Säulenumgang, von Säulenhallen umgebener Hof

Pilaster Wandpfeiler zur Versteifung und zum Schmuck der Wände sowie zur Rahmung von Fenstern und Türen

Porebrik Zahnfries

Portikus Säulenhalle mit geschlossener Rückwand

Possad Vorstadt der Kaufleute und Handwerker (außerhalb des Kreml)

Prothesis Tisch oder kleiner Altar zur Bereitung der Gaben und zur Ablage des Opferbrotes (ostkirchliche Liturgie)

Refektorium Speisesaal in einem Kloster, bei einer Kirche

Rustika Quadermauerwerk, bei dem die Vorderseite der Quader nur roh bearbeitet ist (Bossenwerk)

Sakomar Rundgiebel, meist der Form der inneren Wölbungen entsprechend

Sarafan ärmellose Bluse mit großem Halsausschnitt (Volkstracht)

Schirinka rechteckige Vertiefung in der Wand mit profiliertem Rahmen, oft mit Fayence oder Steinskulptur ausgefüllt

Slucha Schein-Schallöffnungen als Baudekor an Glockentürmen

Sobor Kathedrale

Solea Podium vor der → Ikonostase

Stele Steinsäule oder aufrecht stehende Steintafel, mit Relief versehen, häufig beschriftet

Stylobat Standfläche für Säulen (oberste Stufe des Unterbaus griechischer Tempel)

Swonniza Glockenwand

Tambour zylindrischer oder polygonaler Unterbau einer Kuppel, meist mit Fenstern versehen

Terjem turmartiges Dachgeschoß

Tholos Rundbau mit Säulenumgang

Torg Marktplatz altrussischer Städte

Trapesa (Trapesnaja) Speiseraum im Kloster oder an der Kirche

Triglyphen Steinplatten zur Verkleidung der Stirnseiten der Deckenbalken, meist mit drei senkrechten Rillen geschmückt (Dreischlitzplatte am Fries der dorischen Ordnung)

Trommel → Tambour

Tympanon Giebelfeld, meist mit Skulpturen ausgefüllt

Ussadba Herrensitz bei einem Dorf

Volute Ornament in Form einer Spirale, eines Schneckenhauses (Volutenkapitell)

Zeltdach pyramidenförmiges Dach

Zerkow Kirche

Ziborium Hostiengefäß; Baldachin über Altar oder Taufbecken

□ Ikonen und Ikonostasen

Ikonen (russ. Ikona von griech. eikon = Bild) sind Kultbilder der Ostkirchen. Die Liturgie schreibt sie nicht vor, dennoch fehlen sie in keiner orthodoxen Kirche. Sie werden von den Gläubigen durch Verneigen, Küssen, Aufstellen von Kerzen verehrt; angebetet aber werden allein die göttlichen oder heiligen Personen, deren ursprüngliches Abbild ›nicht von Menschenhand geschaffen‹ wurde. Daher hatten sich die Ikonenmaler, deren Arbeit einer sakralen Handlung gleichkam, an die Linienführung und Farbgebung des ›Urbildes‹ zu halten. Musterbücher (russ. Podlinniki) sorgten dafür, daß sie nicht von den strengen Regeln abwichen, die nur von herausragenden, besonders begnadeten Künstlern verändert werden durften.

Viele Ikonen wurden wie eine Reliquie verehrt, die dargestellte göttliche oder heilige Person – meistens Maria – wirkte oft solche Wunder, daß die Wunderkraft auf das Tafelbild überging (z. B. Gottesmutter von Wladimir, vom Don, von Smolensk, von Kasan). Erstes Vorbild für die russischen Ikonen war die **Gottesmutter von Wladimir,** die 1136 von Konstantinopel nach Rußland kam und die Stadt Moskau 1395 vor dem Ansturm der Turkvölker unter Timur Lenk (Tamerlan) errettete (heute Tretjakow-Galerie, Moskau). Die Gottesmutter von Wladimir gehört ikonographisch zu den Madonnen vom Typ ›Eleousa‹, der Barmherzigen, russ. ›Umilenije‹ (= Rührung). Als berühmteste und schönste rein russische Ikone gilt die **Dreifaltigkeit** (russ.

Schema einer russischen Ikonostase

1 Heilige Pforte
2 Verkündigung
3 Evangelisten oder Kirchenväter
4 Abendmahl
5 Christus-Ikone oder Ikone des Kirchenpatrons
6 Ikone der Gottesmutter
7 Nebentüren
8 andere Ikonen
9 Deesis-(Fürbitt-)Reihe
10 Festtagsreihe
11 Prophetenreihe
12 Reihe der Erzväter usw.

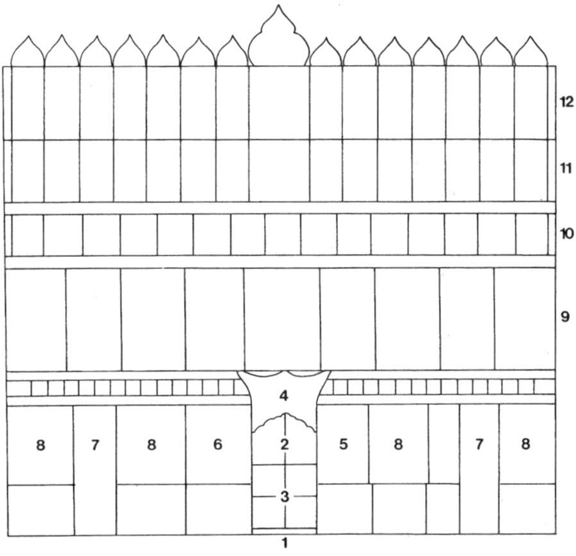

Troiza) von Andrej Rubljow (Farbt. 6). Drei Engel (Genesis 18, 1–33) stellen die Einheit der drei göttlichen Personen, eines der Fundamentaldogmen der Christenheit, dar (heute ebenfalls Tretjakow-Galerie, Moskau).

Während die Ikonenmalerei in den türkisch besetzten Gebieten fast zum Erliegen kam, konzentrierte sich ihre weitere Entwicklung auf Rußland. Die Schulen von Kiew, Jaroslawl, Wladimir-Susdal, Nowgorod, Twer und Moskau lösten einander ab. Ihren Höhepunkt erreichte die Ikonenkunst im 14. und 15. Jh. unter dem großen Dreigestirn der russischen Malerei Feofan Grek (Theophanes der Grieche), Andrej Rubljow und Dionissi (Dionysios).

Ikonen bestehen aus harzfreiem Holz, aus Brettern, die so zusammengeleimt und durch Stege (russ. Sponki) auf der Rückseite verbunden werden, daß ein Verziehen der Ikone unmöglich wird. Die Malseite wird aufgerauht, mit Leim bestrichen und meistens mit Leinwand (russ. Pawoloka) bespannt. Auf die Leinwand kommt in mehreren dünnen Schichten der Malgrund (russ. Lewkas) aus Kreide oder Alabasterstaub. Das Vorzeichnen der Linien geschieht mit dem Stichel oder dem Pinsel. Danach werden die großen Flächen vergoldet und die Figuren mit Eitempera gemalt. Eine abschließende Leinöl-Harz-Schicht (russ. Olifa) gibt dem Tafelbild Schutz und Leuchtkraft.

Ende des 12. Jh. kamen die Verkleidungen aus kunstvoll getriebenem Edelmetall auf. Solche Beschläge waren Weihgaben als Zeichen der Verehrung, zugleich aber ein zusätzlicher Schutz der Ikonen vor Beschädigungen durch Küsse, Weihrauch und Kerzenruß. Die Verkleidung des Rahmens wird Basma genannt. Ein Oklad verdeckt die Ikone bis zu den Konturen der dargestellten Personen. Ein Riza läßt nur noch die Fleischteile wie Gesichter, Hände und Füße sichtbar.

In den frühchristlichen und frühbyzantinischen Kirchen trennte die Chorschranke den Altarraum vom Gemeinderaum. Auf den Architrav der Schranke stellte man die Ikonen. Ikonen schmückten bald auch die Schranke selbst, und allmählich entwickelte sich eine Ikonenwand, eine Ikonostase. Seit dem 15. Jh. beherrschte die Ikonostase in russischen Kirchen den gesamten Kirchenraum und reichte nicht selten bis zur Dachwölbung empor. Das Holzgestell der Bilderwand wurde mit herrlichen Schnitzereien versehen und meist vergoldet.

Für die Ikonostase und die Anordnung der einzelnen Ikonen darauf bildete sich ein festes Schema aus: Drei Türen verbinden den Gemeinderaum mit den hinter der Ikonenwand befindlichen Räumen. Die mittlere Tür, die **Heilige Pforte** (russ. Zarskije Worota = Königstor), die nur an Festtagen geöffnet wird und den Blick auf den Altar freigibt, ist am prächtigsten gestaltet; sie zeigt eine Darstellung der Verkündigung und die vier Evangelisten bzw. die vier wichtigsten Kirchenväter. Über der Tür erscheint fast immer das Abendmahl. Auf den beiden Nebentüren, die zur Prothesis und zum Diakonikon führen, sind Erzengel oder heilige Diakone abgebildet. Die Fläche rechts der Heiligen Pforte bedeckt die Christus-Ikone oder die Ikone des Patrons, dem die Kirche geweiht ist. Links hat immer das Bild der Gottesmutter seinen Platz.

Die Ikonenreihe über der Heiligen Pforte ist der **Deesis** (Fürbitte) gewidmet. Von Christus, der in der Mitte als Weltenrichter thront, erflehen Maria und Johannes der Täufer Gnade für die Menschheit. Der Fürbitte schließen sich auf beiden Seiten Erzengel, Apostel, Kirchenväter und Märtyrer an. Über der Deesis behandelt die **Festtagsreihe** die zwölf Hauptfeste der orthodoxen Christenheit: Verkündigung, Geburt Christi, Darstellung im Tempel, Taufe Christi, Verklärung, Erwekkung des Lazarus, Einzug in Jerusalem, Kreuzigung, Christus in der Vorhölle, Himmelfahrt, Pfingsten, Entschlafen Mariä. Den dritten Rang nimmt die **Prophetenreihe** ein, die oberste Reihe zeigt die Erzväter und andere alttestamentliche Personen.

Literaturverzeichnis

□ Geschichte

E. M. Almedingen: Die Romanows. Die Geschichte einer Dynastie. Rußland 1613–1917. München 1991

O. Böss (Hrsg.): Rußland-Chronik. Salzburg ^{2}1986

H. Dollinger: Rußland. 1200 Jahre in Bildern und Dokumenten. München, Gütersloh und Wien 1977

E. Donnert: Rußland im Zeitalter der Aufklärung. Leipzig 1983

N. J. Edelman: Verschwörung gegen den Zaren. Porträts der Dekabristen. Köln 1984

V. Gitermann: Geschichte Rußlands, 3 Bde. Frankfurt/Main 1987

M. Gorbatschow: Der Zerfall der Sowjetunion. München 1992

A. Hamm: Der deutsche Doktor von Moskau. Sein Leben und Wirken. Berlin 1980

S. v. Herberstein: Das alte Rußland. 1549. Neuausgabe Zürich 1984

E. Heresch: Das Zarenreich. Glanz und Untergang. Bilder und Dokumente von 1896 bis 1920. München 1991

Historie vom heiligen Rußland. Nach den ältesten Quellen und Historikern: Nestor, Nikan, Sylvester u. a. Rheda/Westf. 1985

B. Jelzin: Memoiren. München 1993

F. Kempe: Sibirische Odyssee. Reise in die Seele Rußlands. Berlin 1993

W. Kessler: Rußland-Ploetz. Freiburg und Würzburg ^{3}1992

K. Kuntze (Hrsg.): Reise nach Moskau. Aufzeichnungen und Berichte 1526–1972. München 1980

W. Lindenberg: Marionetten in Gottes Hand. Eine Kindheit im alten Rußland. München 1991
I. DeMadariaga: Katharina die Große. Ein Zeitgemälde. Berlin 1993
C. Obolensky (Hrsg.): Das Alte Rußland. Ein Porträt in frühen Photographien 1850–1914. München 1980
A. Olearius: Vermehrte Newe Beschreibung der muscowitischen und persischen Reyse. Schleswig 1656, Neudruck Tübingen 1971
W. Purischkewitsch: Wie ich Rasputin ermordete. Ein Tagebuch. Berlin 1991
E. Radsinski: Nikolaus II. Der letzte Zar und seine Zeit. München 1992
H. E. Salisbury: Neunhundert Tage. Die Belagerung von Leningrad. Frankfurt/Main 1989
J. v. Stählin: Originalanekdoten von Peter dem Großen, 1785. München 1968
R. Wallace: Zaren, Popen und Bojaren. Rußland von den Warägern bis zu Peter dem Großen. Reinbek bei Hamburg 1973
H. Weber: Lenin mit Selbstzeugnissen und Bilddokumenten. Reinbek bei Hamburg ^{3}1992
E. Windisch: Zurück nach Europa. Reportagen aus Rußland. Leipzig 1992
S. A. Zenkowsky: Aus dem alten Rußland. Epen, Chroniken und Geschichten. München und Wien 1968

□ Kunst

M.W. Alpatow: Russische Kunstschätze. Stuttgart 1973
M.W. Alpatow u. a.: Geschichte der russischen Kunst. Dresden 1975
E. Behrens: Kunst in Rußland. Köln ^{5}1983
H. A. Borisowa, G. J. Sternin: Jugendstil in Rußland. Stuttgart 1988
R. de Caluwé: Motive der Ikonenmalerei. Modellsammlung und Details. Rosenheim 1987
E. Donnert: Altrussisches Kulturlexikon. Leipzig 1985
H. Faensen: Siehe die Stadt, die leuchtet. Geschichte, Symbolik und Funktion altrussischer Baukunst. Leipzig 1989
H. P. Gerhard: Welt der Ikonen. Recklinghausen ^{4}1972
I. E. Grabar, W. N. Lasarew, W. S. Kemenow: Geschichte der russischen Kunst. 4 Bde. Dresden
B. Groys: Zeitgenössische Kunst aus Moskau. Von der Neo-Avantgarde zum Post-Stalinismus. München 1991
A. Kostsova: The subjects of early Russian icons. St. Petersburg 1991
U. Kultermann: Zeitgenössische Architektur in Osteuropa. Köln 1985
N. G. Maschkowzew (Hauptred.): Geschichte der russischen Kunst. Dresden 1975, Gütersloh 1986
A. Mironowa: Kunstschätze Altrußlands. Leipzig 1990
A. Orloff: Bolschoi und Kirow auf Tournee. Zürich 1990
O. S. Popowa: Altrussische Buchmalerei. 11. bis Anfang 16. Jh. Leningrad 1984
Russische Schatzkunst. Aus dem Moskauer Kreml und der Leningrader Ermitage. Ausstellungskatalog. München 1986
E. Smirnova: Moskauer Ikonen 14. bis 17. Jh. Leningrad 1988
A. S. Sytowa: Lubok. Russische Volksbilderbogen, 17. bis 19. Jh. Leningrad 1984
E. Weiss (Bearb.): Russische Avantgarde 1910–1930. Sammlung Ludwig, Köln. München 1986

□ Moskau

O. Baranowa: Kuskowo. Landsitz des 18. Jh. Museum für Keramik. Leningrad 1983
B. Brodskij: Kunstschätze Moskaus. Leipzig 1986
J. Burian, O. Schwidkowskij: Der Kreml in Moskau. Architektur und Kunst. Bayreuth 1981

K. Dittrich van Weringh: Abenteuer Moskau. Köln 1995

D. D. Duncan: Der Kreml, seine Schätze und seine Geschichte. Düsseldorf und Wien 1980

L. Fisher-Ruge: Alltag in Moskau. Düsseldorf 1993

H. Gamaleja: Kolomenskoje. Kunst- und architekturhistorisches Freilichtmuseum. Leningrad 1986

I. Gofmann: Die Tretjakow-Galerie. Leipzig 1985

B. Hölmer: Moskau 1993. München 1993

Die Moskauer Metro. Bildreiseführer. Moskau ²1986

B. Pokrowskij, J. Grigorowitsch: Das Bolschoi Ballett- und Operntheater in Moskau. Bern 1979

T. Priluzkaja: Puschkin-Museum der Bildenden Künste Moskau. Malerei. St. Petersburg 1992

H. Pross-Weerth: Moskau. Von der Siedlung im Wald zur Kapitale einer Weltmacht. Frankfurt/Main 1980

V. Rapoport: Archangelskoje. Landsitz des 18. bis 19. Jh. Leningrad 1984

Reise Textbuch Moskau. Literarischer Begleiter. München 1990

A. Rubinow: Moskau. Intimer Bericht aus dem unbekannten Moskau der Diebe, Prostituierten, Säufer, Gauner. Berlin 1992

C. Siebert: Moskau ist anders. Hildesheim 1994

W. M. Wolodarskij: Tretjakow-Galerie Moskau. Malerei. Leningrad 1984

□ Goldener Ring

S. Gordejew: Wladimir. Moskau 1983

The Ipatyevsky Monastery Kostroma. Moskau 1992

F. Kudrjawzew: Der Goldene Ring. Leningrad 1983

T. Lapschina, W. Tushikow: Wladimir, Susdal. Bildreiseführer. Moskau 1988

A. Milowskij: Altrussische Städte. Moskau 1986

I. M. Rassumowskaja: Kostroma. Leningrad 1990

Staatliches Museumsreservat Sagorsk. Museumsführer. Moskau 1989

Susdal. Architekturdenkmäler. Leningrad 1985

G. K. Wagner: Alte russische Städte. Ein Bildhandbuch. München und Berlin 1980

□ St. Petersburg

L. Aleschina: Leningrad und Umgebung. Ein Bildhandbuch. Moskau und Leipzig 1982

U. Berberova: Ich komme aus Sankt Petersburg. Autobiographie. Hamburg 1990

N. Börnsen-Holtmann: Sankt Petersburg. Wiedergefundene Stadt. Bergisch Gladbach 1993

J. Brodskij: Erinnerungen an Leningrad. München ³1987

Die Ermitage. Geschichte und Sammlung. München 1987

Ermitage. Westeuropäische Kunst. Malerei, Zeichnungen, Skulpturen. Leningrad 1984

D. Granin u. a.: Wiedererstanden aus Ruinen: Petrodworez, Puschkin, Pawlowsk. Leningrad 1990

A. Gubarjew: Das Russische Museum. Museumsführer. Moskau 1981

G. Hallmann: Sommerresidenzen russischer Zaren. Leipzig 1986

V. und A. Kennett: Die Paläste von Leningrad. München und Luzern 1984

W. Lange (Hrsg.): Petersburger Träume. Ein literarisches Lesebuch. München 1992

V. Lemus: Pushkin. Palaces and Parks. Leningrad 1984

N. Nowouspenskij: Russisches Museum, Leningrad. Malerei. Leningrad 1984

B. Piotrowski (Gesamtred.): Ermitage. Vorgeschichtliche Kultur. Kunst der Antike. Kunst der Völker des Orients. Westeuro-

päische Kunst. Russische Kultur. Numismatik. Leningrad 1987
W. Puschkarjow: Kunstschätze des Russischen Museums. Leningrad 1975
St. Petersburg in frühen Photographien. München [2]1992
L. Willmann, F. Jahn: Leningrad (Bildband). München 1985

□ Nowgorod

Nowgorod. Architektur- und Kunstdenkmäler 11. bis 18. Jahrhundert. Leningrad 1984
K. Onasch: Groß-Nowgorod. Aufstieg und Niedergang einer russischen Stadtrepublik. Leipzig, Wien und München 1969
E. Racz, G. Ruzsa: Nowgorod, Pleskau und der russische Norden. Hanau 1981

□ Verschiedenes

Altrussische Lebensweisheiten. Eine schöngeistige Sammlung. Salzburg 1985
E. Benz: Russische Heiligenlegenden. Zürich 1953
I.W. Birjukow: Die großen Eisenbahnlinien Rußlands. Bd. 1: Moskau – Leningrad. Disentis/Mustér 1985
L. Fisher-Ruge. Freiheit auf russisch. Stuttgart 1995
E. und K. Gallwitz (Hrsg.): Rußlandbilder. Maler und Erzähler im 19. Jahrhundert. Köln 1990
Das Igor-Lied. Eine Heldendichtung (übertragen von Rainer Maria Rilke). Frankfurt/Main [4]1989
E. I. Itkina: Loubok – Russian Popular Prints from the late 18th. – early 20th. Centuries. Moskau 1992
J. Korinetz: Die traditionelle Russische Küche. München 1982
I. A. Krylow: Sämtliche Fabeln. (Deutsch von R. Bächtold) Zürich 1960
K. Müller: Altrussisches Hausbuch ›Domostroi‹. Leipzig und Weimar 1987
H. und G. Papashvily: Die Küche in Rußland. Stuttgart 1984
D. Rehbein (Hrsg.): Auch des Zaren Ochse hat nur zwei Hörner. Russische Spruchweisheiten. Berlin 1990
Russische Volksmärchen. München [7]1991
Das heilige Rußland. 1000 Jahre Russisch-Orthodoxe Kirche. Freiburg 1987
A. Sacharow: Das große Buch der alten russischen Küche. München 1986
J. Schultz: Salami aus der Apotheke. Geschichten aus dem Moskauer Alltag. Bremen 1993
J. Sparks: Im Reich des russischen Bären. Natur Rußlands und der Zentralasiatischen Republiken. Köln 1993
T. Terzani: Gute Nacht, Herr Lenin. Reise durch ein zerberstendes Weltreich. Hamburg 1993

Abbildungsnachweis

A. M. Begsteiger, Gleisdorf (Österreich) S. 53, 67, 115, 240, 256, 285, 286, 295, 301, 310, 336
Bildarchiv Foto Marburg, Marburg/Lahn S. 33, 34, 259, 261
Fridmar Damm, Köln S. 66
Faensen/Iwanow, Altrussische Baukunst, Berlin (Ost) 1972 S. 43, 180, 332
Klaus D. Francke, Hamburg S. 47
Anette Frick, Köln S. 54, 88
Eva Gerberding, Hamburg S. 44, 75, 76, 79, 123
Geschichte der russischen Kunst, Dresden 1975 S. 103
Christel Gorys, Krefeld Umschlagvorderseite, vordere Umschlaginnenklappe, Farbt. 1–4, 6–20, 22, 24–26, 36, 40, 61, 71, 78, 81, 83, 84, 93, 105, 107, 112, 118, 124/25, 128/29, 136, 140, 143, 171, 172, 178, 179, 183, 184, 188, 195, 196, 217, 237, 253, 267, 269, 280, 293, 302, 306, 333, 340, 343, hintere Umschlaginnenklappe
IFA Bilderdienst, München Farbt. 5
Audrey Kennett/Victor Kennett, Die Paläste von Leningrad, München und Luzern 1974 S. 233, 271, 291, 294
Ulrike Krause, Berlin S. 220/21
Florian Monheim, Düsseldorf S. 322/23, 331, Umschlagrückseite
Werner Neumeister, München S. 203
Christoph Püschner/laif, Köln S. 26, 57, 225, 234
Horst Schmeck, Köln S. 28/29, 58, 63, 96, 204/05, 214/15, 219, 222, 242/43, 246, 247, 250, 270, 274/75, 276, 278
Foto Timmermann, Erlangen Farbt. 21
Ullstein Bilderdienst, Berlin S. 2/3, 126, 265
Hermann Josef Wöstmann, Kerpen-Buir Farbt. 23

Alle anderen Abbildungen entstammen den Archiven des Autors oder des Verlages.

Karten und Pläne: DuMont Buchverlag, Köln

Praktische Reiseinformationen von A bis Z

Anreise ... 354
Ärztliche Hilfe ... 354
Autofahren ... 355
Benzin ... 356
Camping ... 356
Diplomatische Vertretungen ... 356
Einkauf und Souvenirs ... 357
Einladungen ... 358
Ein- und Ausreiseformalitäten ... 358
Eisangeln ... 359
Elektrizität ... 359
Essen und Trinken ... 359
Feiertage ... 361
Festspiele ... 361
Fotografieren ... 361
Geld ... 362
Hotels ... 362
Informationsstellen ... 363
Klima und Kleidung ... 363
Kriminalität ... 363
Öffentliche Verkehrsmittel ... 365
Öffnungszeiten ... 366
Post ... 366
Reisezeit ... 366
Restaurants ... 366
Sprache ... 367
Taxis ... 368
Telefon ... 368
Toiletten ... 369
Trinkgeld ... 369
Zeit ... 369
Zollbestimmungen ... 369

Register ... 370

Bitte schreiben Sie uns, wenn sich etwas geändert hat!
Alle in diesem Buch enthaltenen Angaben wurden von dem Autor nach bestem Wissen erstellt und von ihm und dem Verlag mit größtmöglicher Sorgfalt überprüft. Gleichwohl sind – wie wir im Sinne des Produkthaftungsrechts betonen müssen – inhaltliche Fehler nicht vollständig auszuschließen. Daher erfolgen die Angaben ohne jegliche Verpflichtung oder Garantie des Verlags oder des Autors. Beide übernehmen keinerlei Verantwortung und Haftung für etwaige inhaltliche Unstimmigkeiten. Wir bitten daher um Verständnis und werden Korrekturhinweise gerne aufgreifen: DuMont Buchverlag, Postfach 10 10 45, 50450 Köln.

Anreise

Pauschalreisen nach Moskau und St. Petersburg vermitteln alle Reisebüros. Das Angebot reicht von den üblichen ein- bis dreiwöchigen Flugreisen nach Moskau oder St. Petersburg bis zur Kombination beider Städte (incl. Bus-Rundreise zu den Städten des Goldenen Ringes). Auch Schiffsreisen (Ostsee-Kreuzfahrten) berühren oft St. Petersburg.

Von Moskau aus sind Mehrtagesreisen zu den Städten des Goldenen Ringes möglich, in St. Petersburg werden 1- oder 2-Tage-Ausflüge nach Nowgorod angeboten. Die Reisen zum Goldenen Ring und nach Nowgorod sollten zweckmäßigerweise gleich mit der Gesamtreise gebucht werden.

Individualreisen sind mit dem Flugzeug, der Eisenbahn oder dem eigenen Wagen bzw. Motorrad möglich. Avis, Eurocar und andere Unternehmen stellen in Moskau und St. Petersburg auch Mietwagen zur Verfügung.

Wer mit dem **eigenen Kraftfahrzeug** einreist, braucht sich nicht mehr an die früher vorgeschriebenen Touristenstraßen zu halten. Allerdings empfiehlt sich deren Benutzung, weil auf Nebenstrecken eine lückenlose Versorgung mit Tankstellen und Werkstätten nicht gewährleistet ist. Eine Karte der empfohlenen Reisewege bekommt man von den Automobilclubs. Die Hauptrouten nach Moskau führen aus Richtung Bundesrepublik Deutschland über Warschau, Brest, Minsk und Smolensk, aus Richtung Österreich über Budapest, Zahony, Kiew und Tula. Die Hauptrouten nach St. Petersburg führen über Warschau, Litauen, Lettland und Ostrow bzw. über Warschau, Brest, Minsk, Orscha und Ostrow. Alternativ bietet sich auch die Anfahrt über Helsinki nach St. Petersburg an (Fährverbindung Travemünde – Helsinki mit dem Finnjet). Die Entfernung Moskau–St. Petersburg beträgt 690 km.

Mit dem **Flugzeug** (Lufthansa, Aeroflot, Austrian Airlines, Swiss Air u. a.) sind Moskau und St. Petersburg von allen größeren Flughäfen aus zu erreichen, täglich von Berlin-Schönefeld und Frankfurt/Main, wenigstens einmal wöchentlich von den anderen großen Flughäfen Deutschlands sowie von Wien und Zürich aus. Die Flugzeiten betragen 2 1/2–3 1/2 Stunden. Zielflughäfen sind Moskau-Scheremetjewo 2 (32 km nordwestlich vom Stadtzentrum) bzw. St. Petersburg-Pulkowo II (17 km südwestlich vom Stadtzentrum). Flughafenbusse bringen die Fluggäste kostenlos ins Stadtzentrum. Wer ein Taxi bevorzugt, sollte die Abholung zusammen mit dem Hotel buchen, um einer etwaigen Beraubung durch illegale Taxifahrer vorzubeugen.

Mit dem **Schiff** (Fähre) ist eine Anreise nach St. Petersburg zur Zeit nur im Sommerhalbjahr von Kiel (etwa 50 Std.) und von Stockholm (etwa 27 Std.) aus möglich. Informationen und Buchungen über Baltic Line, Schwedenkai, 24103 Kiel, ✆ 0130/848595 bzw. 0431/982000. Beliebt ist der Besuch von St. Petersburg in Verbindung mit einer Ostsee-Kreuzfahrt. Man wohnt dann im allgemeinen auf dem Schiff, das im Seehafen am Westufer der Wassiljewskij-Insel festgemacht hat. Das Stadtzentrum erreicht der Seereisende am einfachsten mit der U-Bahn von der Station Primorskaja (ПРИМОРСКАЯ) aus.

Mit der **Eisenbahn** sind Moskau und auch St. Petersburg nahezu täglich zu erreichen. Die Fahrzeit beträgt von Köln aus etwa 40 bzw. 45 Stunden, von Berlin aus etwa 30 bzw. 35 Stunden. Die Buchung eines Schlafwagenplatzes ist zu empfehlen.

Ärztliche Hilfe

Ärztliche Hilfe wird jedem ausländischen Touristen in einer der zahlreichen gut eingerichte-

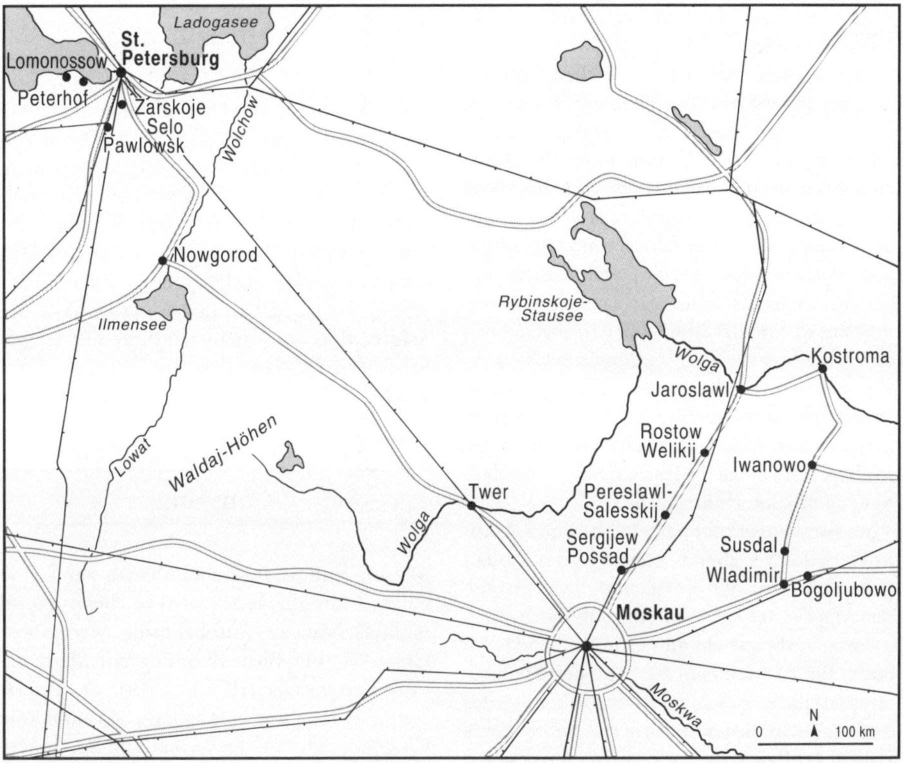

ten Polikliniken oder neuerdings auch privaten Arztpraxen zuteil. Die Versorgung in den Polikliniken entspricht fast überall westlichem Standard. Die Ärzte verstehen Englisch, zum Teil auch Deutsch. Eine stationäre Krankenhausbehandlung ist bar zu bezahlen. Ärztliche Privatpraxen sind – vor allem in Moskau und St. Petersburg – immer häufiger anzutreffen; die Behandlungskosten werden vorwiegend in westlicher Währung berechnet.

Impfungen sind nicht vorgeschrieben. Gewohnte Medikamente sollte man mit sich führen, sonst sind alle notwendigen Arzneien in den Polikliniken zu bekommen. Kopfschmerztabletten, Grippemittel usw. führen auch die Hotelapotheken.

Autofahren

Die **Höchstgeschwindigkeit** außerhalb der Ortschaften beträgt 90 km/h, für Kfz über 3,5 t zulässigem Gesamtgewicht 70 km/h, innerhalb der Ortschaften für alle Fahrzeuge 60 km/h.

Wer seinen Führerschein noch nicht länger als zwei Jahre besitzt, darf generell nicht schneller als 70 km/h fahren. Es empfiehlt sich, die jeweilige Höchstgeschwindigkeit nicht zu überschreiten, da Radarkontrollen recht oft stattfinden.

Polizeistationen werden durch Hinweisschilder ›ГАИ‹ (GAI) angekündigt; man fährt dann verhalten, denn vielleicht möchte die Polizei die Papiere sehen.

Der Verkehr auf den russischen Straßen, v. a. der innerstädtische Verkehr, nimmt von Jahr zu Jahr zu. Zum Glück für den ausländischen Autotouristen ist Benzin im Verhältnis zu den Tarifen der öffentlichen Verkehrsmittel sehr teuer, so daß – zumindest privat – nur mit dem Wagen fährt, wer fahren muß. An sonnigen Wochenenden allerdings fährt alles, was ein Auto hat, ins Grüne.

Trotz der relativ hohen Benzinpreise wird es immer schwieriger, im Moskauer und St. Petersburger Stadtzentrum eine geeignete Parkmöglichkeit zu finden. Schwierigkeiten bereiten dem Moskaubesucher auch die zahlreichen schwer zu überschauenden Straßenüber- und -unterführungen.

Im Straßenverkehr besteht absolutes **Alkoholverbot.** Wer abends mehrere Glas Wodka getrunken hat, sollte am nächsten Morgen seinen Wagen stehenlassen (Restalkohol!).

Eine Straßenwacht gibt es in Rußland noch nicht. Bei **Pannen** helfen motorisierte Polizeistreifen, die gegebenenfalls ein Fahrzeug des Straßenhilfsdienstes anfordern. Sollte keine Polizei auftauchen, rufe man Moskau ✆ 8-095/2 99 59 00. – Bei **Unfällen** muß immer die Verkehrspolizei (Miliz) hinzugezogen werden. Jeder Unfall ist außerdem der staatlichen Versicherungsgesellschaft ›Ingostrach‹ zu melden: Pjatnizkaja Uliza 12, Moskau, ✆ 8-095/2 33 20 70 oder 2 31 74 37. – Alle Kraftfahrzeuge müssen mit einem **Feuerlöscher** ausgestattet sein.

Ein Tip für Selbstfahrer: Wenn Sie Ihren Wagen unbeaufsichtigt abstellen, montieren Sie vorher die Scheibenwischer ab. Damit Sie das nicht vergessen, fahren Sie am besten – wie die Russen – in der Regel ohne Scheibenwischer. Beginnt es zu regnen, so halten alle Wagen an, und jeder Fahrer steckt die Wischer auf. Da es in Rußland auch im Sommer häufig regnet, haben Sie sicherlich schon bald genug Übung.

Benzin

In der Russischen Föderation sind nur verbleites Normalbenzin (92 Oktan) und Diesel, selten auch verbleites Superbenzin, erhältlich. Bleifreien Kraftstoff gibt es zur Zeit noch nicht. Man bezahlt den Kraftstoff in bar oder mit Benzingutscheinen, die man gegen DM oder US-Dollar an der Grenze erhält. Tankstellen finden sich an den Ausfallstraßen der Städte; dort muß man meistens mit langen Schlangen rechnen. Erst wird bezahlt, dann wird getankt.

Camping

Moskau und St. Petersburg bieten zur Zeit je einen Campingplatz, Moskau beim Hotel ›Solnetschnyj‹ am Autobahnring, Warschauer Chaussee, mit Busverbindung zur Metrostation Praschskaja (ПРАЖСКАЯ), St. Petersburg beim Motel ›Olgino‹, Primorskoje Chaussee 59, mit Busverbindung zur Innenstadt. Sie können wählen zwischen Bungalow, Leihzelt und eigenem Zelt bzw. Wohnmobil, müssen aber vor der Reise buchen. Einen Campingplatz gibt es auch in Nowgorod, etwa 10 km südlich der Stadt. Generell ist Camping nur vom 1. Juni bis 30. September möglich.

Diplomatische Vertretungen

... in der Russischen Föderation

Deutsche Botschaft
Mosfilmowskaja 56
Moskau
✆ 007-095/956 10 80

Deutsches Generalkonsulat
Uliza Furschtadtskaja 39
St. Petersburg
✆ 812/273 55 98, 273 57 31, 273 59 37

Österreichische Botschaft
Starokonjuschennyj Pereulok 1
Moskau
✆ 007-095/201 73 07, 201 73 17

Schweizerische Botschaft
Stopani Pereulok 2–5
Moskau
✆ 007-095/925 53 22

... der Russischen Föderation in Deutschland, Österreich und der Schweiz

Botschaft der Russischen Förderation
Waldstr. 42
53177 Bonn
✆ 02 28/31 20 86–89

Visastelle der Außenstelle Berlin der Botschaft
Reichensteiner Weg 34–36
14195 Berlin
✆ 0 30/8 32 70 04–5

Generalkonsulat
Am Feenteich 20
22085 Hamburg
✆ 0 40/2 29 52 01

Generalkonsulat
Kickerlingsberg 18
04105 Leipzig
✆ 03 41/5 18 76

Generalkonsulat
Seidlstr. 28
80335 München
✆ 0 89/59 25 28, 59 25 03

Generalkonsulat
Thünenstr. 3
18057 Rostock
✆ 03 81/4 92 27 42

Botschaft der Russischen Föderation
Reisnerstr. 45–47
A-1030 Wien
✆ 02 22/7 12 32 33

Generalkonsulat
Bürglsteinstr. 2
A-5020 Salzburg
✆ 06 62/2 41 84

Botschaft der Russischen Föderation
Brunnadernstr. 53
CH-3006 Bern
✆ 031/352 05 67

Generalkonsulat
24, rue Schaub
CH-1202 Genève
✆ 022/734 79 55

Einkauf und Souvenirs

Mit Rubeln können Sie in jedem Kaufhaus und in jedem Geschäft einkaufen. Sie suchen sich die Ware in Ruhe aus – Käuferschlangen gibt es meist nur bei Artikeln des täglichen Bedarfs – und lassen sich von der Verkäuferin den zu zahlenden Betrag auf einen Zettel schreiben. Dann zahlen Sie an der Kasse, gehen mit dem Kassenbon zu Ihrer Verkäuferin zurück und nehmen die inzwischen mehr oder weniger festlich verpackte Ware in Empfang.

Noch immer sieht man, daß viele Kassiererinnen das ›Stschoty‹, das berühmte Rechenbrett des Altertums, benutzen. Sie addieren darauf nicht langsamer als ihre Kolleginnen mit den elektronischen Rechnern. Da der neue Staat von jedem Unternehmer Umsatzsteuer verlangt, die Rechenvorgänge sich auf dem russischen Abakus aber nicht speichern und aufzeichnen lassen, müssen die altbewährten Rechenmaschinen den modernen Maschinen weichen. Unter dem Ladentisch aber hat man sie noch, als Reserve, wenn der moderne Rechner ausfällt, oder um schnell dessen Ergebnis zu überprüfen.

Beriozka-Läden (von russ. БЕРЁЗКА = kleine Birke), in denen man nur gegen Westwährung (jede beliebige frei konvertierbare Währung, auch Reiseschecks und Kreditkarten) Bedarfsartikel, Souvenirs, elegante Mode, Pelze, Juwelen, Fotoapparate usw. kaufen kann, gibt es noch immer, obwohl heute alle Dinge des gehobenen Bedarfs auch in den entsprechenden normalen Geschäften angeboten werden – für DM, US-Dollar, meistens auch für Rubel.

Souvenirs: Sehr beliebt sind die ›Matrjoschkas‹, die berühmten Puppen in der Puppe, hergestellt in den Spielzeugmanufakturen von Sergijew Possad, Chotjkowo oder Semjonowo. Fünf, zwölf, gar 20 Holzpuppen verstecken sich ineinander. Seit Jelzins Zeit sind in den Puppen auch Politiker zu entdecken: die äußere Puppe stellt z. B. Jelzin dar, darin steckt Gorbatschow, es folgen Breschnew und Chruschtschow, und ganz innen kommt Stalin zum Vorschein.

Begehrt sind auch die schwarz-rot-gold bemalten Holzschalen und -löffel, -tabletts und -becher aus Chochloma, die blumenreichen Eisentabletts aus Nischnij Tagil und Schostowa, geschliffenes Glas aus Gus-Chrustalny, zierlich bemalte Rostower Emaille, originelles Porzellan aus Gschel, Holzspielzeug aus Bogorodskoje und Dymkowo. Kunstvolles Eisenfiligran formt Teller und Schalen; in Kasli am Ural hat man die extrem dünnflüssige Eisenlegierung entwickelt, mit der sich das feine Muster gießen läßt. Höchsten Ansprüchen genügen die einzigartigen Lackminiaturen auf kleinen Schachteln und Dosen, die aus Palech, Fedoskino, Mstjora oder Cholui stammen. Doch Vorsicht! Straßenhändler verkaufen recht billig ähnliche Schachteln mit aufgeklebten und überlackierten Farbdrukken. Leider sind die Fälschungen mit bloßem Auge kaum zu erkennen. Interessant sind auch die feinen Spitzen, die Leder- und Kupferarbeiten, Holzschnitzereien, Bernsteinschmuck und Parfüms, wundervolle Samoware, Schallplatten und Bücher, Wodka, Kaviar usw.

Die Geschäfte haben meist von 11–20 Uhr geöffnet, große Kaufhäuser und Lebensmittelgeschäfte von 8–21 Uhr. Manche Läden öffnen früher oder schließen später, viele sind über Mittag geschlossen. An Sonn- und Feiertagen haben nur wenige Lebensmittelläden geöffnet.

Einladungen

Touristen kommen selten in den Genuß, von einer russischen Familie eingeladen zu werden, da die Aufenthaltsdauer meist zu kurz ist, um nähere Kontakte entstehen zu lassen. Erreicht Sie dennoch eine Einladung, so folgen Sie ihr in zwangloser Garderobe. Der Dame des Hauses überreichen Sie Blumen (wie bei uns in ungerader Stückzahl), dazu vielleicht eine Flasche Wein. Den Wein bekommt niemals der Hausherr, ihm gebührt eine Flasche Wodka oder – besser noch – ›Konjak‹, aber mit mindestens drei Sternen, d. h. zwei bis drei Jahre gelagert.

Ein- und Ausreiseformalitäten

Für den Besuch Rußlands sind **Reisepaß** und **Visum** erforderlich. Personen unter 16 Jahren benötigen einen Kinderausweis mit Lichtbild oder müssen im Elternpaß eingetragen sein. Antragsformulare für die Erteilung von Visa halten die Reisebüros bereit, die die Anträge auch zur Bearbeitung an die russische Botschaft weiterreichen. Das Visum gilt für alle Republiken der Gemeinschaft Unabhängiger Staaten (GUS) mit Ausnahme der Ukraine. Für die Visumerteilung muß der Antragsteller eine Unterkunft (Hotel-, Motel-, Campingplatzbuchung) nachweisen; den Nachweis kann der Reiseveranstalter erbringen. Es genügt auch eine in Rußland bestätigte offizielle Einladung. Wer mit dem Wagen durch die Ukraine einreist, benötigt zusätzlich zum russischen Visum ein Visum der Ukraine, wofür aber weder Hotelbuchung noch Einladung erforderlich sind.

Für das Auto oder Motorrad braucht man den Fahrzeugschein und den nationalen Führerschein, es wird jedoch empfohlen, den Internationalen Führerschein mitzunehmen.

In Rußland besteht kein Haftpflichtversicherungszwang. Die Internationale Grüne Versicherungskarte gilt daher nicht, doch stellen viele Versicherungsgesellschaften eine besondere Bescheinigung für Rußland aus. An der Grenze kann man auch einen Vertrag mit der staatlichen Versicherungsgesellschaft ›Ingostrach‹ abschließen. Auf jeden Fall sollte der Auto- bzw. Motorradtourist vor der Abreise eine befristete Vollkaskoversicherung abschließen.

Eisangeln

Wer im Winter Moskau oder St. Petersburg besucht, wird unzählige dickvermummte Menschen sehen, die auf dem Eis der Moskwa bzw. der Newa hocken. Es sind Eisangler, die ihre Freizeit damit verbringen, ein Loch in die Dicke Eisschicht zu schlagen oder zu bohren, eine Angelschnur mit Haken oder Köder in das Loch zu senken und zu warten, bis ein feister Barsch oder eine leckere Brasse angebissen hat. Die beliebtesten Fanggründe der Moskauer Eisangler sind neben der Moskwa der Seneschsee, der Istra-Stausee und der Stausee von Iwankowo, zu dem an Wochenenden sogar ein Sonderzug verkehrt (vom Sawelower Bahnhof [САВЕЛОВСКИЙ ВОКЗАЛ] zur Station Bolschaja Wolga).

Elektrizität

Die Stromspannung in den Hotels beträgt heute fast durchweg 220 Volt. Nehmen Sie für elektrische Geräte mit Schukostecker sicherheitshalber einen Adapter mit, da die Hotelzimmer überwiegend mit Dosen für Eurostekker ausgerüstet sind.

Essen und Trinken

Die russische Küche zählt zu den besten der Welt, denn die Russen aßen und tranken schon immer gern, gut und üppig. Daher verwundert es nicht, daß alle Restaurants mittags und abends bis auf den letzten Platz besetzt sind und man in den renommierten Häusern nur eingelassen wird, wenn man rechtzeitig einen Tisch bestellt hat. Die Tischreservierung besorgt Ihre Hotelrezeption.

Wenn Russen im Restaurant dinieren, schauen sie nicht auf den Rubel. Dann wird mit vier, fünf und mehr Gängen aufgefahren, was Küche und Keller zu bieten vermögen. Natürlich essen die Russen nicht an jedem Tag so opulent, aber ein runder Geburtstag, ein Jubiläum, eine Beförderung, ein Wiedersehen mit Freunden sind immer ein willkommener Anlaß, ein oder auch zwei durchschnittliche

Monatsgehälter für ein ausgiebiges Mahl im Kreise der Freunde oder Kollegen springen zu lassen.

Vorspeisen (Sakuski) öffnen den Magen, sagen die Russen und trinken zuerst ein Glas Wodka, bevor sie ein Stückchen Sülze, eine Scheibe gebeizten Stör, marinierte Steinpilze oder Salzgurke, vielleicht auch einen Piroschok probieren. Der Piroschok ist eine winzige Pastete, gefüllt mit vollendet gewürzter Farce.

Einzigartig sind die russischen **Suppen** (Supy), voran der ›Schtschi‹, die Weißkohlsuppe aus kräftiger Bouillon mit Fleischeinlage, mit Gewürzen und Kräutern pikant abgeschmeckt, mit ein oder zwei Löffeln dikker saurer Sahne übergossen, dazu Piroschki oder Brot. Enthält der ›Schtschi‹ noch rote Rüben, so heißt die Suppe ›Borschtsch‹. Ein köstliches Gemisch, das Fleisch oder Fisch, immer aber Salzgurke, Zwiebeln und saure Sahne enthält, ist die ›Soljanka‹. Zu den kalten Suppenköstlichkeiten zählen die ›Botwinja‹ und die ›Okroschka‹. Aus Kwas, gewürfeltem Schwarzbrot, gehackter Zwiebel und Meerrettich wird die ›Tjurja‹ bereitet.

Von den **Hauptgerichten** sei hier nur eine kleine Auswahl vorgestellt. ›Bitotschki‹ sind runde Hackfleischfladen, manchmal mit Pilzen gefüllt, immer gebraten, begleitet von Buchweizengrütze. Die ›Gowjadina Stroganow‹ hat als ›Bœuf Stroganoff‹ sogar die westlichen Feinschmeckerküchen erobert (s. S. 248). Ein nahrhaftes Gericht aus gemahlener Leber und Buchweizenmehl ist ›Salnik‹. Als Hauptgericht, aber auch als Beigabe zu Vorspeisen und Suppen, nehmen die ›Piroggen‹ und die kleineren ›Piroschki‹, Hefe- und Brandteigpasteten und -pastetchen, in der russischen Küche einen großen Raum ein. Die Füllung besteht aus allem, was man sich an Eßbarem nur denken kann, aus Fleisch, Fisch, Geflügel, Wild, Pilzen, Eiern, Kraut, Zwiebeln, aus Quark, Konfitüre, Rosinen, Obst, Beeren. ›Pelmeni‹ sind mit Fleischhack gefüllte Fleischtäschchen. ›Bliny‹, hauchdünne Pfannkuchen, werden mit zerlassener Butter, saurer Sahne und Kaviar serviert; oft wird der Teig vor dem Abbacken noch mit gewürfeltem Räucherlachs, gehacktem Ei o. ä. vermischt.

Süßigkeiten: Syrniki (Quarkküchlein), Brezeln und Kalatschen schmecken am besten, wenn sie warm aus dem Backofen kommen. Meist bestreicht man sie vor dem Anrichten noch mit Butter und trinkt dazu schwarzen Tee. Berühmt ist das russische Eis, das allein in Moskau in über 500 verschiedenen Geschmacksrichtungen angeboten werden soll (leider haben die Eisverkäufer immer nur eine Sorte parat, so daß man es nie auskosten kann)! Beliebt sind in Rußland auch die ›Kissel‹, eine Art Pudding aus Früchten und Kartoffelmehl, übergossen mit Milch oder Sahne.

Getränke: Wodka (ВОДКА) gehört zu Rußland wie Whisky zu Schottland. Beide Namen bedeuten auf deutsch ›Wässerchen‹. Der Qualitätswodka wird aus bestem Weizen gebrannt. Zu den bekanntesten Marken zählen ›Moskovskaya‹ (40 %), ›Stolitschnaya‹ (40 %), ›Sibirskaya‹ (42 %), ›Krepkaya‹ (56 %). Der ›Zubrovka‹ ist mit Büffelgras gewürzt. Als ein besonderes festliches Getränk gilt der ›Konjak‹ (КОНЬЯК), der Weinbrand aus edlen Schwarzmeerweinen. Nicht weniger bekannt ist bei uns der weiße und rote Krimsekt ›Krimskoye‹. Weine von der Krim oder aus Georgien sind vorwiegend bei den Russinnen beliebt.

Süßliche Limonaden und amerikanische Orangen- und Cola-Getränke drängen die Kwas-Stände immer mehr in die Nebenstraßen. Und doch schmeckt an sommerheißen Tagen in russischen Städten nichts besser, erfrischender und belebender als *Kwas* (КВАС), das uralte Nationalgetränk aus vergorenem Schwarzbrot. Es kostet so wenig, daß sich die Russen ihren Kwas gleich in großen Kannen holen. Vornehmer, teurer und berauschender ist das Met (MЁД), ein weinähnlicher Trank aus vergorenem Honig.

Das wichtigste und verbreitetste aller Getränke aber ist der Tee, ›Tschaj‹ (ЧАЙ) genannt. Die Russen trinken ihn morgens, mittags und abends, den ganzen Tag über und auch nachts. »Wenn du ein gutes Weib hast, einen Borschtsch und einen kräftigen Tee, kannst du mit deinem Leben zufrieden sein«, sagen sie. Außerdem schmecke kein Tee besser als der russische, denn er ist der einzige Tee, dessen Aroma beim Transport nicht vom Salz der Seeluft beeinträchtigt worden ist.

In jeder russischen Wohnung, und sei sie noch so klein, auch in vielen Restaurants, brodelt ein Samowar (CAMOBAP), eine Teemaschine. Über Holzkohlenglut (nur noch selten), über der Spiritus- oder Gasflamme oder elektrisch wird Wasser erhitzt. Obenauf steht der ›Tschajnik‹, der Teekessel mit dem Tee-Extrakt, einem ungenießbar starken Teekonzentrat. Aus dem Tschajnik gießen Sie den Extrakt viertel- bis drittelvoll in Ihr Glas und füllen mit ›Kipjatok‹, dem siedend heißen Wasser aus dem Samowar, auf. Zum ›Tschaj‹ gehört grober Zucker, vielleicht auch ein Schälchen selbstgemachte Marmelade aus Kirschen, Erdbeeren, Himbeeren, Johannisbeeren oder Quitten. Einen kleinen Löffel voll der köstlichen ›Tschaj-Marmelad‹ nehmen Sie in den Mund und trinken den Tee dazu. Auch süßer Rahm oder dicker Sirup sind eine beliebte Zutat. Und in einem russischen Haus wird Ihnen die Gastgeberin noch verschiedenes leckeres Gebäck zum Tee reichen.

Feiertage

Gesetzliche Feiertage sind in Rußland:
1. Januar: Neujahrsfest
7. Januar: Orthodoxes Weihnachtsfest
8. März: Internationaler Frauentag
1. Mai: Tag der Arbeit
2. Mai: Frühlingsfest
9. Mai: Tag des Sieges (Ende des Zweiten Weltkrieges)
12. Juni: Tag der Unabhängigkeit (Austritt Rußlands aus der UdSSR 1991)
7. u. 8. November: Gedenktage für die Opfer des Stalinismus

Festspiele

Drei Festivals locken Touristen aus aller Welt nach Moskau und St. Petersburg: die **Moskauer Sterne** erglühen vom 5. bis 15. Mai, die **Weißen Nächte** von St. Petersburg währen vom 21. bis 29. Juni, und der **Russische Winter** findet vom 25. Dezember bis 5. Janur in Moskau und in St. Petersburg statt. Alles, was in Oper, Ballett, Konzert, Theater und Folklore Rang und Namen hat, findet sich zu diesen Festivals ein.

Von besonderem Reiz sind die Fahrten in den Russischen Winter, zum Neujahrsfest, das die Russen nicht nur zu Hause, sondern auch auf Festplätzen mit Märchenfiguren aus Schnee, Eisrutschen, bunten Verkaufsbuden erleben. Dort treten Akrobaten, Bärenführer und Feuerspeier auf, Trojkafahrten und lustige Spiele im Schnee sorgen für ausgelassene Stimmung, denn von nun an werden die Tage wieder länger. Das Gruppenarrangement umfaßt regelmäßig auch ein großes Silvesteressen mit allen Köstlichkeiten der russischen Küche. Und wer sich wie im alten Rußland fühlen möchte, der erlebt den ›Russischen Winter‹ in Susdal oder Nowgorod.

Fotografieren

Grundsätzlich können Sie alles fotografieren, was Sie sehen, nur nicht militärische Anlagen,

Fabriken, Flugplätze, Seehäfen und Brücken; die Innenstadtbrücken Moskaus und St. Petersburgs fallen nicht unter das Verbot. Unzulässig sind auch Aufnahmen aus dem Flugzeug. Bevor Sie Personen oder Personengruppen fotografieren, holen Sie – wie auch bei uns üblich – deren Zustimmung ein. In Museen und Kirchen ist Fotografieren und Filmen im allgemeinen erlaubt, doch meist nur ohne Stativ und Blitzlicht. – Filmmaterial nehmen Sie am besten in ausreichender Menge mit, denn nicht immer erhalten Sie in Rußland die von Ihnen bevorzugte Marke.

Geld

Die russische Währung ist der Rubel (Rbl.). Noch vor wenigen Jahren zahlte man 3 DM für 1 Rbl, derzeit erhält man für 1 DM etwa 3 340 Rbl, für 1 US-Dollar rund 5 780 Rbl. Die Inflation ist inzwischen weitgehend gestoppt, seit zwei Jahren hat sich der Wechselkurs nur noch geringfügig geändert. Trotzdem traut kaum ein Russe seiner Währung, so daß Taxifahrer, Gepäckträger, Hotelpersonal, Restaurantbedienung lieber ›harte‹ Westwährung, am liebsten US-Dollar, nehmen. Da Hartgeld unerwünscht ist, sollte der Rußlandreisende für Trinkgelder ein Päckchen 1-Dollar-Scheine bei sich haben. Mit Scheinen zu 1, 2 und 5 US-Dollar ist er in jeder Hotelbar und auch andernorts ein gerngesehener Gast. Für Dollars oder auch DM bekommt man wesentlich einfacher Theater- und Konzertkarten und kann etwaige Zusatzprogramme buchen.

Reiseschecks (American Express, Diners Club usw.) in DM oder US-Dollar lösen nicht alle Wechselstellen in Banken und Hotels ein, weshalb man sich ausreichend mit Bargeld eindecken sollte. Eurocheques werden noch nicht akzeptiert. Internationale **Kreditkarten** (American Express, MasterCard, VISA usw.) erkennen zur Zeit nur wenige Hotels an.

Geld außerhalb der offiziellen Stellen zu wechseln, ist strafbar und kann zu wochenlangem Zwangsaufenthalt führen. Außerdem besteht die Gefahr, Falschgeld zu bekommen. Wechselbelege sind bis zur Ausreise aufzubewahren. Da ein Rücktausch nicht immer problemlos möglich ist, sollte man zweckmäßigerweise jeweils nur kleinere Beträge wechseln und im Land verbrauchen.

Hotels

Die Hotelbuchung ist noch immer unabdingbare Voraussetzung für die Erteilung des Visums, sofern man nicht offizell (behördlich bestätigt) eingeladen wurde. Ausländern stehen im allgemeinen gute bis sehr gute Hotels zur Verfügung, mit einem oder mehreren Restaurants, Bars, Geldwechselschalter, Geschäften, oft auch einem hoteleigenen Parkplatz.

Hier eine Hotelauswahl:

Moskau

Hotel ›Belgrad‹, Smolenskaja Ploschtschad 5 (Inbetriebnahme 1973), 921 Zimmer

Hotel ›Intourist‹, Twerskaja Uliza 3/5 (1970), 466 Zimmer

Hotel ›Kosmos‹, Prospekt Mira 150 (1979), 1760 Zimmer

Hotel ›Metropol‹, Mochowaja Uliza 1 (1905), 344 Zimmer

Hotel ›Moschajskaja‹, Moschajskoje Chaussee 165 (1971), 153 Zimmer

Hotel ›National‹, Mochowaja Uliza 14/1 (1903), 205 Zimmer

Hotel ›Sewastopol‹, Juschunskaja Uliza 1a (1979), 1096 Zimmer

Hotel/Camping ›Solnetschnyj‹, Warschawskoje Chaussee, Kilometer 21 (1980), 216 Zimmer, Mietbungalows, 126 Stellplätze für Zelte usw.

St. Petersburg
Hotel ›Astoria‹, Uliza Gerzena 39 (Inbetriebnahme 1913), 405 Zimmer
Hotel ›Jewropejskaja‹ (Europa), Uliza Brodskogo 1/7 (1872), 225 Zimmer
Hotel ›Karelia‹, Uliza Tuchatschewskogo 27/2 (1979), 428 Zimmer
Hotel ›Moskwa‹, Ploschtschad Aleksandra Newskogo 2 (1976), 770 Zimmer
›Newskij Palace Hotel‹, Newskij Prospekt 57 (1993)
Hotel ›Pribaltijskaja‹, Uliza Korablestroitelej 14 (1979), 1220 Zimmer
Hotel ›Pulkowskaja‹, Ploschtschad Pobedy 1 (1981), 540 Zimmer
Hotel ›St. Petersburg‹, Wyborgskaja Nabereschnaja 5/2 (1970), 746 Zimmer
Motel/Camping ›Olgino‹, Primorskoje Chaussee 59 (1980), 328 Zimmer, 700 Stellplätze für Zelte usw.

Informationsstellen

Intourist, die staatliche Gesellschaft für Auslands- und Ausländertouristik Rußlands, hat seine Tätigkeit eingestellt. Eine Nachfolgeorganisation existiert zur Zeit noch nicht. Die besten Auskünfte erhält man daher von den Reiseveranstaltern bzw. in renommierten Reisebüros. Anschriften einiger Spezialveranstalter:

DERTOUR, Deutsches Reisebüro GmbH
Emil-von-Behring-Str. 6
60439 Frankfurt/Main
✆ 0 69/95 88-00; Fax 0 69/95 88 10 10

DNV-Touristik
Max-Planck-Str. 10
70806 Kornwestheim
✆ 0 71 54/13 18 30; Fax 0 71 54/18 29 24

Ost-Reise-Service (ORS)
Artur-Ladebeck-Str. 139
33647 Bielefeld
✆ 05 21/14 21 67/68; Fax 05 21/15 25 55

Vostok Reisen
Ackerstr. 157
10115 Berlin
✆ 0 30/30 87 10 22; Fax 0 30/30 87 10 28

In begrenztem Umfang erteilen auch die diplomatischen Vertretungen Rußlands (s. S. 357) Auskunft.

Klima und Kleidung

Das Klima Moskaus gilt als gemäßigt kontinental. Die Durchschnittstemperaturen betragen im Januar −10,2 °C, im Juli 18,1 °C. Nur selten fällt die Quecksilbersäule im Winter auf −30 °C oder erreicht im Sommer 30 °C.

In St. Petersburg zeigt sich das Klima trotz der Nähe des Nördlichen Polarkreises – immerhin liegt die Stadt auf dem gleichen Breitengrad wie die Südküste Grönlands – noch gemäßigter. Die Durchschnittstemperaturen betragen im Januar −7,9 °C und im Juli 17,7 °C.

Im Sommer brauchen Sie in beiden Städten keine andere Kleidung als in Mitteleuropa. Regenmantel und Regenschirm sollten Sie in Ihrem Gepäck haben. Im Winter ist warme Kleidung erforderlich (dicke Socken, wasserdichte, gefütterte Stiefel, Pelzmütze, Wintermantel).

Kriminalität

Seit der politischen Wende ist in allen ehemaligen COMECON-Staaten, besonders jedoch

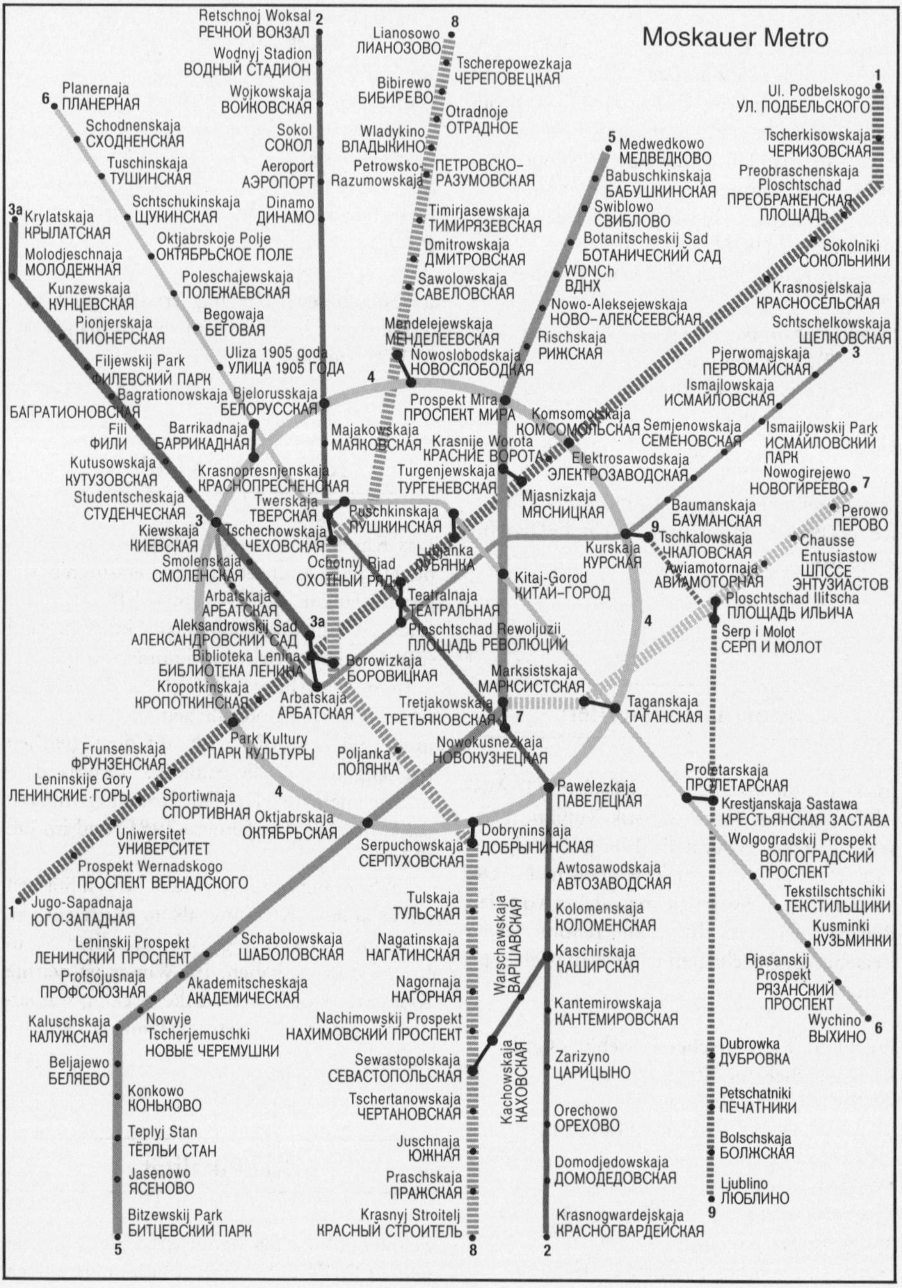
Moskauer Metro
Retschnoj Woksal
РЕЧНОЙ ВОКЗАЛ
Wodnyj Stadion
ВОДНЫЙ СТАДИОН
Wojkowskaja
ВОЙКОВСКАЯ
Sokol
СОКОЛ
Aeroport
АЭРОПОРТ
Dinamo
ДИНАМО
Lianosowo
ЛИАНОЗОВО
Tscherepowezkaja
ЧЕРЕПОВЕЦКАЯ
Bibirewo
БИБИРЕВО
Otradnoje
ОТРАДНОЕ
Wladykino
ВЛАДЫКИНО
Petrowsko-Razumowskaja
ПЕТРОВСКО-РАЗУМОВСКАЯ
Timirjasewskaja
ТИМИРЯЗЕВСКАЯ
Dmitrowskaja
ДМИТРОВСКАЯ
Sawolowskaja
САВЕЛОВСКАЯ
Mendelejewskaja
МЕНДЕЛЕЕВСКАЯ
Novoslobodskaja
НОВОСЛОБОДСКАЯ
Planernaja
ПЛАНЕРНАЯ
Schodnenskaja
СХОДНЕНСКАЯ
Tuschinskaja
ТУШИНСКАЯ
Schtschukinskaja
ЩУКИНСКАЯ
Oktjabrskoje Polje
ОКТЯБРЬСКОЕ ПОЛЕ
Poleschajewskaja
ПОЛЕЖАЕВСКАЯ
Begowaja
БЕГОВАЯ
Uliza 1905 goda
УЛИЦА 1905 ГОДА
Krylatskaja
КРЫЛАТСКАЯ
Molodjeschnaja
МОЛОДЕЖНАЯ
Kunzewskaja
КУНЦЕВСКАЯ
Pionjerskaja
ПИОНЕРСКАЯ
Filjewskij Park
ФИЛЕВСКИЙ ПАРК
Bagrationowskaja
БАГРАТИОНОВСКАЯ
Fili
ФИЛИ
Kutusowskaja
КУТУЗОВСКАЯ
Studentscheskaja
СТУДЕНЧЕСКАЯ
Kiewskaja
КИЕВСКАЯ
Smolenskaja
СМОЛЕНСКАЯ
Arbatskaja
АРБАТСКАЯ
Aleksandrowskij Sad
АЛЕКСАНДРОВСКИЙ САД
Biblioteka Lenina
БИБЛИОТЕКА ЛЕНИНА
Kropotkinskaja
КРОПОТКИНСКАЯ
Bjelorusskaja
БЕЛОРУССКАЯ
Barrikadnaja
БАРРИКАДНАЯ
Krasnopresnjenskaja
КРАСНОПРЕСНЕНСКАЯ
Majakowskaja
МАЯКОВСКАЯ
Twerskaja
ТВЕРСКАЯ
Puschkinskaja
ПУШКИНСКАЯ
Tschechowskaja
ЧЕХОВСКАЯ
Ochotnyj Rjad
ОХОТНЫЙ РЯД
Lubjanka
ЛУБЯНКА
Teatralnaja
ТЕАТРАЛЬНАЯ
Ploschtschad Rewoljuzii
ПЛОЩАДЬ РЕВОЛЮЦИИ
Borowizkaja
БОРОВИЦКАЯ
Arbatskaja
АРБАТСКАЯ
Prospekt Mira
ПРОСПЕКТ МИРА
Komsomolskaja
КОМСОМОЛЬСКАЯ
Krasnije Worota
КРАСНЫЕ ВОРОТА
Turgenjewskaja
ТУРГЕНЕВСКАЯ
Mjasnizkaja
МЯСНИЦКАЯ
Kitaj-Gorod
КИТАЙ-ГОРОД
Marksistskaja
МАРКСИСТСКАЯ
Tretjakowskaja
ТРЕТЬЯКОВСКАЯ
Nowokusnezkaja
НОВОКУЗНЕЦКАЯ
Taganskaja
ТАГАНСКАЯ
Park Kultury
ПАРК КУЛЬТУРЫ
Poljanka
ПОЛЯНКА
Frunsenskaja
ФРУНЗЕНСКАЯ
Leninskije Gory
ЛЕНИНСКИЕ ГОРЫ
Sportiwnaja
СПОРТИВНАЯ
Oktjabrskaja
ОКТЯБРЬСКАЯ
Uniwersitet
УНИВЕРСИТЕТ
Prospekt Wernadskogo
ПРОСПЕКТ ВЕРНАДСКОГО
Jugo-Sapadnaja
ЮГО-ЗАПАДНАЯ
Serpuchowskaja
СЕРПУХОВСКАЯ
Dobryninskaja
ДОБРЫНИНСКАЯ
Pawelezkaja
ПАВЕЛЕЦКАЯ
Medwedkowo
МЕДВЕДКОВО
Babuschkinskaja
БАБУШКИНСКАЯ
Swiblowo
СВИБЛОВО
Botanitscheskij Sad
БОТАНИЧЕСКИЙ САД
WDNCh
ВДНХ
Nowo-Aleksejewskaja
НОВО-АЛЕКСЕЕВСКАЯ
Rischskaja
РИЖСКАЯ
Ul. Podbelskogo
УЛ. ПОДБЕЛЬСКОГО
Tscherkisowskaja
ЧЕРКИЗОВСКАЯ
Preobraschenskaja Ploschtschad
ПРЕОБРАЖЕНСКАЯ ПЛОЩАДЬ
Sokolniki
СОКОЛЬНИКИ
Krasnosjelskaja
КРАСНОСЕЛЬСКАЯ
Schtschelkowskaja
ЩЕЛКОВСКАЯ
Pjerwomajskaja
ПЕРВОМАЙСКАЯ
Ismajlowskaja
ИСМАЙЛОВСКАЯ
Ismajlowskij Park
ИСМАЙЛОВСКИЙ ПАРК
Semjenowskaja
СЕМЕНОВСКАЯ
Elektrosawodskaja
ЭЛЕКТРОЗАВОДСКАЯ
Nowogirejewo
НОВОГИРЕЕВО
Baumanskaja
БАУМАНСКАЯ
Perowo
ПЕРОВО
Kurskaja
КУРСКАЯ
Tschkalowskaja
ЧКАЛОВСКАЯ
Chausse Entusiastow
ШОССЕ ЭНТУЗИАСТОВ
Awiamotornaja
АВИАМОТОРНАЯ
Ploschtschad Ilitscha
ПЛОЩАДЬ ИЛЬИЧА
Serp i Molot
СЕРП И МОЛОТ
Proletarskaja
ПРОЛЕТАРСКАЯ
Krestjanskaja Sastawa
КРЕСТЬЯНСКАЯ ЗАСТАВА
Wolgogradskij Prospekt
ВОЛГОГРАДСКИЙ ПРОСПЕКТ
Tekstilschtschiki
ТЕКСТИЛЬЩИКИ
Kusminki
КУЗЬМИНКИ
Rjasanskij Prospekt
РЯЗАНСКИЙ ПРОСПЕКТ
Wychino
ВЫХИНО
Dubrowka
ДУБРОВКА
Petschatniki
ПЕЧАТНИКИ
Bolschskaja
БОЛЖСКАЯ
Ljublino
ЛЮБЛИНО
Awtosawodskaja
АВТОЗАВОДСКАЯ
Kolomenskaja
КОЛОМЕНСКАЯ
Kaschirskaja
КАШИРСКАЯ
Kantemirowskaja
КАНТЕМИРОВСКАЯ
Zarizyno
ЦАРИЦЫНО
Orechowo
ОРЕХОВО
Domodjedowskaja
ДОМОДЕДОВСКАЯ
Krasnogwardejskaja
КРАСНОГВАРДЕЙСКАЯ
Warschawskaja
ВАРШАВСКАЯ
Kachowskaja
КАХОВСКАЯ
Tulskaja
ТУЛЬСКАЯ
Nagatinskaja
НАГАТИНСКАЯ
Nagornaja
НАГОРНАЯ
Nachimowskij Prospekt
НАХИМОВСКИЙ ПРОСПЕКТ
Sewastopolskaja
СЕВАСТОПОЛЬСКАЯ
Tschertanowskaja
ЧЕРТАНОВСКАЯ
Juschnaja
ЮЖНАЯ
Praschskaja
ПРАЖСКАЯ
Krasnyj Stroitelj
КРАСНЫЙ СТРОИТЕЛЬ
Schabolowskaja
ШАБОЛОВСКАЯ
Leninskij Prospekt
ЛЕНИНСКИЙ ПРОСПЕКТ
Akademitscheskaja
АКАДЕМИЧЕСКАЯ
Profsojusnaja
ПРОФСОЮЗНАЯ
Kaluschskaja
КАЛУЖСКАЯ
Nowyje Tscherjemuschki
НОВЫЕ ЧЕРЕМУШКИ
Beljajewo
БЕЛЯЕВО
Konkowo
КОНЬКОВО
Teplyj Stan
ТЁПЛЫЙ СТАН
Jasenowo
ЯСЕНОВО
Bitzewskij Park
БИТЦЕВСКИЙ ПАРК

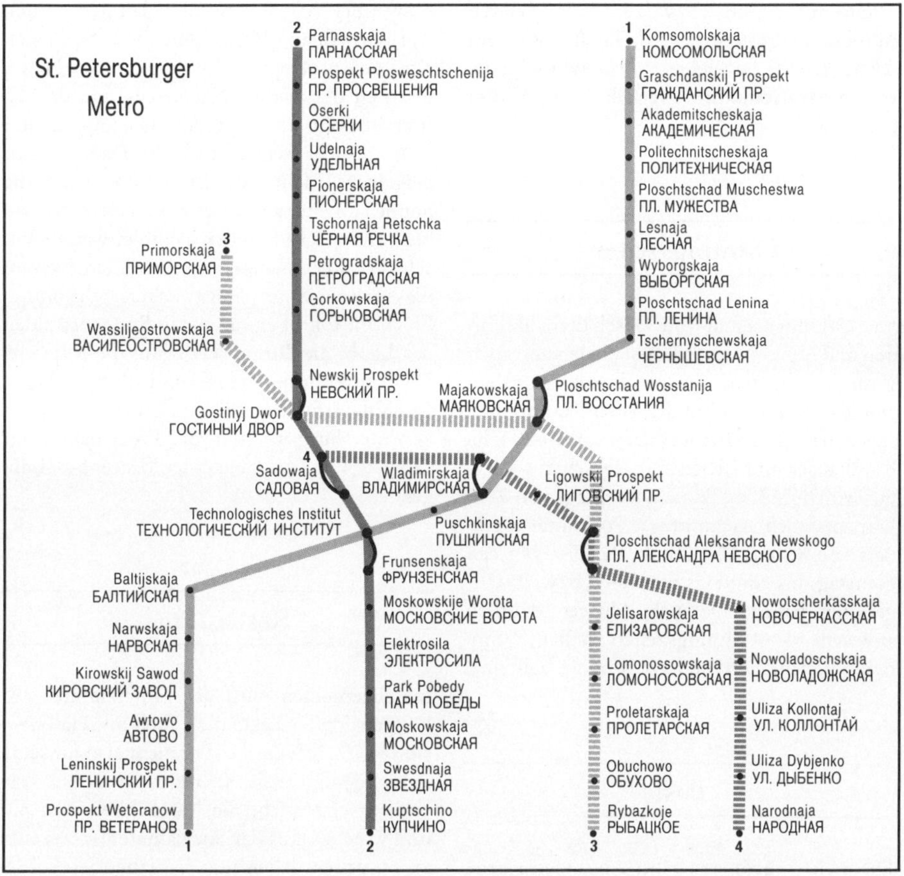

in Moskau und St. Petersburg, die Kriminalitätsrate angestiegen. Wer mit seinen Vermögenswerten nicht allzu leichtsinnig bzw. vertrauensselig umgeht, wird aber im allgemeinen nichts zu befürchten haben. Denn noch immer ist die Kriminalität in den beiden russischen Metropolen nicht stärker als z. B. in Hamburg oder in Frankfurt am Main. Teurer Schmuck sollte daheim bleiben, die Kleidung sei unauffällig. Wertsachen vertraut man dem Hotelsafe an, Bargeld, Reiseschecks, Kreditkarten, Ausweise verwahrt man am sichersten direkt am Körper.

Öffentliche Verkehrsmittel

Das schnellste Verkehrsmittel in Moskau wie St. Petersburg ist die **U-Bahn (Metro).** Sie verkehrt von 5–1 Uhr. Nach Einwurf einer Metro-Münze – am Kassenschalter im Eingangsraum erhältlich – leuchtet ein grünes Lämpchen auf, und die Schranke wird für eine Person freigegeben. Die U-Bahn-Stationen sind mit einem ›M‹ bezeichnet.

Autobusse und **›Trolleybusse** (Oberleitungsbusse) verkehren von 6–1 Uhr. Gelbe

Tafeln mit einem schwarzen A markieren Autobus-Haltestellen, weiße Tafeln mit einem schwarzen T bezeichnen Trolleybus-Haltestellen. **Straßenbahnen** verkehren von 5.30–1 Uhr nachts.

Öffnungszeiten

Die Öffnungszeiten von Geschäften, Behörden und Museen sind so verschieden und auch veränderlich, daß entsprechende Angaben sinnlos wären. Grundsätzlich kann man sagen, daß Geschäfte werktags von 11–20 Uhr, Kaufhäuser und Lebensmittelgeschäfte werktags von 8–21 Uhr, Banken werktags von 9–12 Uhr, oft auch nachmittags, Postämter werktags von 8 bzw. 10–20 bzw. 22 Uhr, Museen dienstags bis sonntags von 10–17 bzw. 18 Uhr geöffnet haben. Da viele Museen deutlich abweichende Öffnungszeiten haben, empfiehlt es sich, die Hotelrezeption zu befragen.

Post

Die meisten größeren Hotels besitzen eigene Postschalter, die im allgemeinen von 8–22 Uhr geöffnet sind. Briefmarken bekommen Sie auch an den Zeitungskiosken. Da sich die Postgebühren laufend erhöhen, können zur Zeit keine verläßlichen Angaben gemacht werden.

Reisezeit

In Moskau und St. Petersburg haben alle vier Jahreszeiten ihren Reiz. Nur März und November zeigen sich allzu launisch. Ende April bis Anfang Mai erleben Sie in St. Petersburg den großartigen Eisgang auf der Newa. Die Zeit der weißen Nächte, die um den 12. Juni beginnt und ungefähr bis zum 2. Juli währt, taucht das nächtliche St. Petersburg in magisches Licht. Am 21. Juni versinkt die Sonne nur um 9 ° hinter dem Horizont und bleibt knapp 19 Stunden sichtbar, wenn nicht schwere Regenwolken sie verhüllen, was in dieser Zeit zum Glück selten vorkommt. Noch im Oktober vergolden Sonnenstrahlen das Laub, die Turmspitzen und die Kuppeln. Der Winter bringt Schnee und strengen Frost. Doch die trockene Kälte ist kaum spürbar. In St. Petersburg wechselt der Frost häufig mit Tauwetter, in Moskau ist der Winter beständiger.

Restaurants

Im allgemeinen wird das Hotelzimmer mit Vollpension – gelegentlich auch mit Halbpension – gebucht; der Gast braucht also für seine Beköstigung nicht selbst zu sorgen. Das schließt aber nicht die Möglichkeit aus, hin und wieder eines der Spezialitätenrestaurants zu besuchen. Allerdings ist dabei das Vorbestellen eines Tisches – am einfachsten über das Hotel – vonnöten. Wer ein Restaurant betritt, wartet am Eingang, bis er einen Tisch zugewiesen bekommt. Bezahlt wird fast überall mit Rubeln. Allgemeine Öffnungszeiten: mittags 12–15 Uhr, abends 19–23 Uhr. Abends wird vielfach auch getanzt.

Hier eine kleine Auswahl von Restaurants:

Moskau

Aragwi, Twerskaja Uliza 6, georgische Küche
Arbat, Nowyj Arbat Uliza 26, russische und internationale Küche, abends Varieté
Baku, Twerskaja Uliza 24, kaukasische Küche

Ermitage, Uliza Karetnyj Rjad 7, russische Küche
Glasur, Smolenskij Bul. 12/19, internationale Küche, erste Kooperativ-Gaststätte
Havana, Prospekt Lenina 88, kubanische Küche
Peking, Bolschaja Sadowaja Uliza 1/7 (im Hotel ›Peking‹), russische Küche
Praga, Arbat 2, russische und tschechische Küche
Sedmoje Nebo (= Zum Siebenten Himmel), drehbares Aussichtsrestaurant im Fernsehturm von Ostankino, russische und internationale Küche
Slawjanskij Basar, Nikolskaja Uliza 13, russische Küche
Sofia, Twerskaja Uliza 32/1, bulgarische Küche
Ukraina, Prospekt Kutusowa 2, ukrainische Küche
Usbekistan, Uliza Neglinnaja 29, usbekische Küche und Musik

St. Petersburg

Astoria, Uliza Gerzena 39 (im Hotel ›Astoria‹), russische und internationale Küche
Baku, Sadowaja Uliza 12, kaukasische Küche
Fregat, Wassiljewskij Ostrow, Bolschoj Prospekt 39/14, altrussische Küche
Kawkaskij, Newskij Prospekt 25, kaukasische Küche
Kronwerk, an Bord eines Dreimasters bei der Peter-Paul-Festung, russische Küche
Metropol, Sadowaja Uliza 22, russische Küche
Newa, Newskij Prospekt 44–46, russische Küche
Sadko, Uliza Brodskogo 1/7 (im Hotel ›Jewropejskaja‹), russische Küche

Sprache

Die russische Sprache gehört zur indogermanischen Sprachfamilie, und innerhalb dieser zu den ostslawischen Sprachen. Die russische Schrift leitet sich von der kyrillischen Schrift ab, die aus der griechischen Majuskelschrift hervorgegangen ist. Ihr Name geht auf den Slawenapostel Kyrillos (826/27–869) zurück. 1917 wurde die russische Kyrilliza auf 33 Buchstaben reduziert.

Das russische Alphabet

Druckschrift		*Transkription und Aussprache*
А	а	a
Б	б	b
В	в	w
Г	г	g (in der Endung -ogo wie w gesprochen)
Д	д	d
Е	е	je, e
Ё	ё	jo
Ж	ж	sch (wie Journal)
З	з	s (wie Saal)
И	и	i
Й	й	j
К	к	k
Л	л	l
М	м	m
Н	н	n
О	о	o
П	п	p
Р	р	r
С	с	s (wie Slawe)
Т	т	t
У	у	u
Ф	ф	f
Х	х	ch
Ц	ц	z
Ч	ч	tsch
Ш	ш	sch
Щ	щ	schtsch
Ы	ы	y (wie ü in dünn)
Ъ	ъ	nicht gesprochen
Ь	ь	nicht gesprochen
Э	э	e
Ю	ю	ju
Я	я	ja

Die wichtigsten Wörter

bitte	poschál(uj)sta	пожалуйста
danke	spassibo	спасибо
Guten Tag	sdráwstwujtje	здравствуйте
Auf Wiedersehen	do swidánija	до свидания
ja	da	да
nein	njet	нет
wo	gdje	где
gut	choroschó	хорошо
groß	bolschŏj	большой
klein	málenkij	маленький
Straße	úliza	улица
Gasse	pereúlok	переулок
breite Straße	prospékt	проспект
Boulevard	bulwár	бульвар
Platz	plóschtschad	площадь
Kirche	zérkow	церковь
Kathedrale	sobór	собор
Museum	muséj	музей
Bahnhof	woksál	вокзал
Hotel	gostíniza	гостиница
Restaurant	restorán	ресторан
Toilette	tualét	туалет
geschlossen	sakrýto	закрыто
geöffnet	otkrýto	открыто
Metro	metró	метро
Eingang	wchod	вход
Ausgang	wýchod	выход
Speisekarte	menjú	меню
Tee	tschaj	чай
Kaffee	kófe	кофе
Bier	píwo	пиво
Wein	winó	вино
Vorspeisen	sakúski	закуски
Suppe	sup	суп
Fleisch	mjásso	мясо
Huhn	kúriza	курица
Fisch	rýba	рыба
Lachs	sjómga	сёмга
Kaviar	ikrá	икра
Brot	chleb	хлеб
Butter	máslo	масло
Salz	sol	соль
Pfeffer	pérez	перец
Zucker	sáchar	сахар
Sahne	slíwki	сливки
saure Sahne	smetána	сметана
Glas	stakán	стакан
Teller	tarélka	тарелка
Gabel	wílka	вилка
Löffel	lóschka	лошка
Messer	nosch	нож
Serviette	salfétka	салфетка

1	odín	один
2	dwa	два
3	tri	три
4	tschetýre	четыре
5	pjat	пять
6	schest	шесть
7	sjem	семь
8	wósjem	восемь
9	djewjat	девять
10	djésjat	десять

Taxis

Die offiziellen Taxis erkennen Sie meistens am Schachbrettmuster auf beiden Seiten. Ein grünes Licht in der linken oberen Ecke der Windschutzscheibe zeigt an, daß das Taxi frei ist. Sie können es heranwinken, und manchmal hält es auch an. Die Taxistände sind durch ein Schild mit Schachbrettmuster und einem schwarzen T gekennzeichnet. Vor den großen Hotels warten ebenfalls Taxis. Bestellen können Sie ein Taxi über die Hotelrezeption. Alle offiziellen Taxis sind mit einem Taxameter ausgestattet.

Telefon

Ortsgespräche vom Hotelzimmer aus sind meistens kostenlos.

Ferngespräche, vor allem ins Ausland, melden Sie am besten vom Hotel aus für eine bestimmte Uhrzeit an, da sehr lange Wartezeiten üblich sind. Von bestimmten Anschlüssen des Moskauer Ortsnetzes sind auch Selbstwählferngespräche ins Ausland möglich; die Bundesrepublik Deutschland erreichen Sie über 8 10 49, Österreich über 8 10 43 und die Schweiz über 8 10 41, die jeweilige Ortskennzahl wählen Sie danach ohne Anfangsnull.

Für Gespräche aus der Bundesrepublik nach Moskau lautet die Vorwahlnummer 00 70 95, für St. Petersburg 00 78 12.

Toiletten

Toiletten (russ. ТУАЛЕТ = Tualet) sind in Moskau und St. Petersburg, wie in fast allen Großstädten der Welt, nur schwer zu entdecken. Sie finden sie in besonderen Häuschen auf Plätzen und in Parks, vor allem aber in Häuserzeilen. Wie bei uns zeigen öffentliche Toiletten die Symbole für Männer und Frauen, manchmal steht ein Ж für Damentoilette und ein М für Herrentoilette. Toilettenpapier sollten Sie stets mit sich führen.

Trinkgeld

Trinkgelder wurden nach der Oktoberrevolution offiziell abgeschafft. Heute sind sie wieder sehr begehrt, oft sogar ein wesentlicher Bestandteil des Einkommens. In den Restaurants ist das Bedienungsgeld in den Preisen enthalten, doch rundet der Gast – wenn er mit der Bedienung zufrieden ist – den Rechnungsbetrag um 5 bis 10 % auf. Die Garderobenfrau im Theater, Konzertsaal, Museum, Restaurant erwartet 5 000 Rbl bzw. 1 US-Dollar, der Taxifahrer etwa 5 bis 10 % des Fahrpreises. Dem Gepäckträger im Hotel, im Bahnhof und auf dem Flugplatz gibt man 5 000 Rbl bzw. 1 Dollar für jedes Gepäckstück, sofern man nicht in der Gruppe reist. Einen ähnlichen Betrag hinterläßt man für das Stubenmädchen im Zimmer.

Zeit

Die Uhrzeit in Moskau und St. Petersburg unterscheidet sich von der MEZ um plus 2 Stunden (Moskau 12 Uhr = Bonn, Wien, Zürich 10 Uhr). Die Sommerzeit weicht um 1 Stunde von der Winterzeit ab.

Zollbestimmungen

Zollfrei dürfen vorübergehend alle persönlichen Gebrauchsgegenstände eingeführt werden wie Fotoapparat und Filmkamera, Kofferradio, Videogerät, Musikinstrument, Schreibmaschine, Schmuck. Es empfiehlt sich, alle wertvolleren Gegenstände in die ›Zolldeklaration‹ einzutragen, um eine reibungslose Wiederausfuhr sicherzustellen.

Zollfrei dürfen auch 250 Zigaretten oder 250 g Tabak, 1 Liter Spirituosen, 2 Liter Wein, Reiseproviant (in Konserven oder Vakuumverpackung), Geschenke und Andenken im Wert bis zu 100 DM eingeführt werden. Sehr gewissenhaft durchsuchen die Zöllner Fahrzeug und Gepäck nach Rauschgift.

Bei der Ausreise sollten Sie für wertvollere Souvenirs die Kaufbelege vorzeigen können. Die Ausfuhr von Antiquitäten und Kunstgegenständen (Gemälde, Ikonen, alter Schmuck, alte Bücher u. ä.) muß vom Kulturministerium genehmigt sein.

Personen- und Sachregister

Abbas I. (Schah von Persien) 48
Adam, Adolphe 67
Ajwasowskij, Iwan 108, 261
Akim (Bischof) 326, 338
Aksakow, Sergej 126
Aksamitow, D. 102
Aleksandr Newskij (Fürst von Nowgorod, Großfürst von Wladimir) 15 f., 32, 116, 138, 142, 194, 257, 327
Aleksej II. (Patriarch) 27, 59
Aleksej Michailowitsch (Zar) 19, 46, 48, 49, 51, 97, 98, 99, 113, 116, 123, 144, 169
Aleksej Nikolajewitsch (Zarewitsch) 273, 312 f.
Aleksej (Metropolit) 99, 111
Aleksej Petrowitsch (Zarewitsch) 20, 197, 239, 279
Aleksejew, Fjodor 108
Alessio (Patriarch) 134
Alexander I. (Zar) 21, 121, 209 f., 211, 213, 217, 225, 238, 246, 258, 281, 290, 297
Alexander II. (Zar) 22, 23, 211, 236, 277, 281
Alexander III. (Zar) 23, 260, 277, 281, 321
Alexandra Fjodorowna (Zarin) 211, 224, 272, 273, 312 f.
Alexij II. (Patriarch) 56, 59
Alexios I. Komnenos (byzantinischer Kaiser) 48
Alexis (Metropolit) 48
Anastassija (Zarin) 137
Andrej Bogoljubskij (Großfürst von Wladimir) 14, 169, 191, 200, 202, 203
Andrej Jaroslawitsch (Fürst von Wladimir) 15 f.
Andrej Konstantinowitsch (Fürst von Wladimir) 196
Andronikos 111
Andronow, Nikolaj 110
Andropow, Jurij 25
Angelicio, Fra 226
Anikuschin, Michail 255, 258, 296
Anitschkow, Michail 251, 252
Anna I. Iwanowna (Zarin) 20, 49, 122, 209, 220, 269, 281
Antokolskij, Mordechai 126
Antropow, Aleksej 107, 137, 260
Archipow, Abram 108, 109, 262
Armand, Inès 54
Askold 11
Ast, Balthasar van der 227
Awaren 10
Awramow, Boris 44
Awwakum, Petrowitsch 111, 114

Bach, Robert 270
Bagration, Pjotr Iwanowitsch 84, 85
Bakst, Leon 262
Baranowskij, Gawriil 252
Baratta, P. 319
Barclay de Tolly, Michail 84 f.
Baschenow, Wassilij 64, 80, 96, 104, 125, 236, 239, 297, 340
Batu Khan 15, 16, 138, 182
Begas, Karl 229
Beljajew, P. 92
Belosselskaja-Beloserskaja, J. P. 252
Benois, Aleksandr 262
Benois, Leontij 260
Bergholz, Olga 296
Berija, Lawrentij 25
Berlioz, Hector 121
Bestuschew-Rjumin, Aleksej 297
Béthencourt, A. 64
Beuckelaer, Joachim 71
Beyeren, Abraham van 71
Bilibin, Iwan 46, 337
Bismarck, Otto von 23
Blok, Aleksandr 210, 245, 268
Bobkow, Wassilij 259
Bogoljubow, Benjamin 270
Boilly, Louis Léopold 228
Bolschewiki 23, 24, 212
Boltraffio, Giovanni Antonio 71
Bonington, Richard Parkes 228
Bonnard, Pierre 230
Boris Godunow (Zar) 18, 45, 48, 49, 116, 119, 120, 134 f., 187, 198, 332
Borissow, Iwan 44, 140
Borissow-Mussatow, Wiktor 108, 262
Borodin, Aleksandr 67, 257, 264

Borowikowskij, Wladimir 247, 257, 260
Borschtschow, S. 183
Bosch, Andreas 287
Botticelli, Sandro 70
Boucher, François 238
Bowe, Ossip 37, 39, 49, 66, 68, 83, 96, 104, 117
Brahe, Tycho 287
Brant, Karsten 141
Braunstein, Johann Friedrich 298 f., 300, 302, 303, 308
Brenna, Vincenzo 236, 291, 316, 317, 318, 319, 320, 321
Breschnew, Leonid 25, 54
Brjosowskij, S. 307
Brodskij, Isaak 110, 263, 264
Bronzino, Agnolo 71
Brüllow, Aleksandr 232, 246
Brüllow, Karl 108, 218, 224, 247, 261, 292
Bruni, Fjodor Antonowitsch 218
Bruno, Giordano 64
Bruyn, Bartholomäus 227
Bush, John 314
Bykow, Makar 188

Cameron, Charles 310, 311, 314, 315, 316, 318, 319, 320
Campendonk, Heinrich 229
Camporessi 96, 102
Canaletto 226
Caprivi, Leo von 23
Caravaggio 226
Cavos, Albert 66, 270
Cézanne, Paul 70, 71, 229
Chagall, Marc 109, 263
Chardin, Jean-Baptiste Siméon 71
Charlemagne, Louis 235
Chasaren 10, 12
Chasbulatow, Ruslan 27
Chiaveri, G. 287
Chruschtschow, Nikita 25, 56
Chudjakow, Wassilij 106
Cimarosa, Domenico 269
Claesz, Pieter 227
Cobenzl, Karl 224
Collot, Marie-Anne 216
Conegliano, Cima de 226
Corot, Camille 71, 229
Correggio 226
Courbet, Gustave 228
Couture, Thomas 228
Coxe, James 223
Cranach, Lucas d. Ä. 227
Crespi, Giuseppe Maria 226
Crozat, Pierre 224
Cruz, Juan Pantoja de la 226

Daniil (Metropolit) 123
Daniil Aleksandrowitsch (Fürst von Moskau) 32, 116
Daniil Romanowitsch (Fürst von Halytsch-Wolhynien) 16
d'Anthès, Georges 242, 245
Daschkowa, Jekaterina 290
Daubigny, Charles-Franıois 228
David, Jacques-Louis 71, 228
da Vinci, Leonardo 226
Dawe, George 228
Dawydow, Denis 73
Degas, Edgar 71, 229
Dejneka, Aleksandr 110, 263
Dekabristen 21 f., 211, 216, 279
Delacroix, Eugène 228
Demut-Malinowskij, Wassilij 232, 235, 247, 251, 257, 259, 261, 277, 293
Denis, Maurice 230
Derain, André 230
Derschawin, Gawrila 332
Deutsche Hanse 14, 16, 17, 327, 338
Deutscher Orden 15, 99
Diderot, Denis 21, 224
Dionissi 107, 260, 347
Dir 11
Dmitrij (=Grigorij Otrepjew, Zar) 18, 52
Dmitrij Donskoj (Großfürst von Moskau) 16, 32 f., 37, 69, 90, 122, 132, 327 f., 341
Dmitrij Pawlowitsch (Großfürst) 272, 273
Dmitrijew, G. 251
Dobrowolskij, G. 54, 92
Dobrynja (Statthalter von Nowgorod) 326
Dodonow, Jakow 259
Dodonow, Wassilij 259
Dolgorukij-Krymskij, Fürst 65
Dongen, Kees van 230
Dostojewskij, Fjodor 210, 253, 257, 278, 279
Drewljanen 11 f.
Dschingis Khan 15
Dserschinskij, Feliks 54, 68
Dupré, Jules 71
Dyck, Anthonis van 226

Edison, Thomas Alva 73
Eisenstein, Sergej 120, 293
Elisabeth I. Petrowna (Zarin) 20, 34, 49, 122, 139, 209, 210, 219, 224, 233, 236, 239, 243, 251, 266, 281, 292, 299, 300, 304, 307, 308, 315
Engels, Friedrich 22, 24
Ermilow, I. 183
Erster Weltkrieg 23

Euler, Leonhard 210, 257
Euthymios (Erzbischof) 332

Fabergé, Carl 49
Falconet, Etienne Maurice 216, 224, 243
Februarrevolution 23, 35, 233
Fedossow, Jakow 334
Fedotow, Pawel 108, 257, 261
Feodosios 44
Feofan Grek s. Theophanes der Grieche
Ferdinand I. (österreichischer Kaiser) 217
Ferrari, G. 249
Fersman, Aleksandr 50
Ficquelmont, Dolly 233 f.
Fioravanti, Aristotele 41 f.
Fjodor I. Iwanowitsch (Zar) 18, 55, 137, 144, 187
Fjodor III. (Zar) 19, 45
Fjodor (Bischof) 144
Fjodorow, Iwan 60
Floris, Frans 227
Fokin, Michail 266
Fontana, Carlo 291
Fontana, Giovanni Maria 304
Fragonard, Jean-Honoré 228
Friedrich II. der Große (preußischer König) 224
Friedrich Wilhelm I. (preußischer König) 310
Friedrich Wilhelm IV. (preußischer König) 252
Friedrich, Caspar David 229
Frunse, Michail 54
Fursow, Pawel 183, 185
Fyt, Jan 226

Gagarin, Jurij 52, 54, 91, 92, 94
Gainsborough, Thomas 228
Galizyn, Fürst 121
Galloway, Christopher 39
Gapon, Georgij 211
Gauguin, Paul 71, 229
Gay (= Ge), Nikolaj 73, 96, 108, 261, 292
Gegello, Aleksandr 293
Gérard, François 228
Gérard, Marguerite 228
Gerassimow, Aleksandr 110
Gerassimow, Sergej 110, 263
Ghiberti, Lorenzo 247
Gilardi, Domenico 45, 102, 121, 122
Giorgone 226
Glasunow, Aleksandr 67, 257
Glinka, Michail 66, 67, 210, 257, 264, 269
Gogh, Vincent van 71, 229
Gogol, Nikolaj 126, 210, 251
Goldene Horde s. Tataro-Mongolen
Goldgor, David 257
Golikow, Ljonja 334
Golizyn, Dmitrij 101, 127, 224
Golowkin, Gawriil 297
Gontscharow, Iwan 258
Gontscharowa, Natalja 109, 245
Gorbatschow, Michail 25, 26, 82
Gordejew, Fjodor 216, 320
Gorkij, Maksim 54, 87, 104, 105, 268, 279
Goten 10
Gounod, Charles 66
Goyen, Jan van 71
Grabar, Igor 262
Greco, El 71, 226
Gregor IX. (Papst) 327
Gregorij, Johann Gottfried 99
Greuze, Jean-Baptiste 228
Gribojedow, Aleksandr 51, 277
Grigorjew, Dmitrij 134, 171, 181
Grigorjewitsch, Jurij 68
Grimm, Friedrich Melchior Baron von 224
Grombaro, Giacomo 127
Gros, Antoine Jean 228
Guardi, Francesco 226
Guérin, Pierre Narcisse 228
Guerne, Charles de 127

Haass, Friedrich Joseph 100 f., 102
Härbel, N. 277, 287
Hals, Frans 227
Hanse s. Deutsche Hanse
Heckert, Fritz 54
Heda, Willem Claesz 227
Hertz, K. K. 69
Herzen, Aleksandr 72, 86, 242
Holbein, Ambrosius 227
Hyre, Laurent de la 227

Ignatjew, Fjodor 181
Igor (Fürst von Kiew) 11 f.
Igor-Lied 14, 175
Ilarion (Bischof) 13, 144
Iljin, Lew 297
Ingal, Wladimir 270
Ingres, Jean Auguste Dominique 228
Ipatjew-Chronik 32
Issajewa, Wera 296
Issakow, Kirill 185
Istomin, Nasari 44
Iwan I. Danilowitsch ›Kalita‹ (Fürst von Moskau, Großfürst von Wladimir) 16, 32, 37, 41, 45, 116, 139
Iwan III. (Großfürst von Moskau) 17, 33, 37, 41, 47, 113, 328, 338, 339

Iwan IV. der Schreckliche (Zar) 17, 19, 44, 48, 54, 61, 103, 117, 123, 133, 140, 328, 338, 340
Iwan V. (Zar) 19, 132
Iwan VI. (Zar) 20, 209
Iwanow, Aleksandr 108, 261
Iwanow, Andrej 261
Iwanow, Sergej 108
Iwanow, Wiktor 110, 263

Jacobsz, Dirk 227
Jacquot, P. 245, 264
Jakowlew, Barma 54
Jakowlew, Posnik 54
Janajew, Gennadij 25
Janssens, Pieter 227
Jaropolk (Fürst von Kiew) 12
Jaroslaw der Weise (Großfürst von Kiew) 13, 138, 173 ff., 326 f.
Jefimow, N. 266
Jegorow, Pjotr 235
Jelagin, Iwan 297
Jelena Pawlowna (Großfürstin) 259 f.
Jelzin, Boris 25, 27, 54, 65, 82
Jermak Timofejewitsch 18
Jona Syssojewitsch 144, 169, 170, 171
Jordaens, Jacob 71, 226
Jurawskij, Dmitrij 280
Jurij Dolgorukij (Großfürst von Kiew) 14, 32, 37, 138, 141, 182, 191, 192, 198
Jurowskij, Jakow 313
Jussupow, Feliks 271, 272, 273
Jussupow, Nikolaj 127

Kalinin, Michail 54, 82
Kamenskij, Walentin 255, 257, 296
Kaminskij, A. 60
Kandinskij, Wassilij 108
Karamsin, Nikolaj 257
Karl XII. (schwedischer König) 19
Karsten, Lorenz 287
Kasakow, Matwej 50, 65, 77, 89, 96, 104, 105, 125
Kasanez, Jakow 62
Kassatkin, Nikolaj 262
Kasy-Girej Khan 116
Katajama, Sen 54
Katharina I. (Zarin) 20, 49, 122, 209, 218 f., 224, 235, 281, 291, 304, 307, 308
Katharina II. die Große (Zarin) 20 f., 39, 49, 50, 51, 103, 121, 125, 133, 139, 198, 209, 216, 220, 223, 224, 232, 236 f., 239, 243, 249, 252, 264, 269, 277, 281, 283 f., 285, 286, 292, 297, 304 f., 311 ff., 314, 315 f., 321, 340
Kazman, Jewgenij 110
Kerenskij, Aleksandr 24, 212, 312
Kibalnikow, Aleksandr 106
Kikin, Aleksandr 239
Kiprenskij, Orest 108, 247, 261
Kirillowitsch, Lew 83
Kirow, Sergej 54, 270, 294
Klein, R. I. 69, 90
Kleinmichel, Peter 254
Klenze, Leo von 222, 225
Kler, Karl von 185
Klodt von Jürgensburg, Peter 122, 218, 235, 252, 257, 293, 316
Koch, Joseph Anton 229
Kokolnikow, Brüder 268
Komanen (Polowzer) 13, 15
Komissarschewskaja, Wera 264
Kondratjew, Gawriil 62
Konenkow, Sergej 263
Konj, Fjodor 72
Konstantin (Fürst von Rostow) 182
Konstantin VII. Porphyrogennetos (byzantinischer Kaiser) 12
Kontschalowskij, Pjotr 185
Kopeleir, Lew S. 117
Kopernikus, Nikolaus 64
Korin, Pawel 110
Korobow, Iwan 104, 213
Korowin, Konstantin 108, 126, 185, 262
Koslowskij, M. 233, 301
Kramskoj, Iwan 73, 96, 106, 108, 257, 261, 292
Kritschewskij, Dawid 293
Kropotkin, Pjotr 72
Krupskaja, Nadeschda 54
Krylow, Iwan 235, 257, 289
Kseschinskaja, Matilde 283
Kubassow, Wladimir 88
Kuindschij, Archip 261
Kusnezow, Pawel 108, 109, 263
Kustodijew, Boris 108, 109, 185, 257, 263
Kutschum Khan 18
Kutusow, Michail 82, 83, 85, 247
Kwasow, A. 309

Lansere (= Lanceray), Jewgenij 97, 108
Lawinskij, N. 183
Lawrence, Thomas 228
Leblond, Jean Baptiste Alexandre 299, 300, 302, 303
Le Corbusier 96
Lefort, Franz 102
Leibl, Wilhelm 229
Leibniz, Gottfried Wilhelm von 20, 210, 287, 290

Lenbach, Franz von 229
Lenin, Wladimir Iljitsch 23 f., 35, 37, 50, 52 ff., 65, 212, 241, 258
Lenskaja, Wera 110
Leonow, A. 92
Lewinson, Jewgenij 296
Lewitan, Isaak 73, 108, 262
Lewizkij, Dmitrij 108
Leyden, Lucas van 227
Liebermann, Max 229
Lippi, Filippino 226
Liszt, Franz 65, 121
Litauer 32, 192
Lomonossow, Michail 58, 59, 76 f., 210, 257, 260, 266, 287, 290, 305
Lopuchina, Jewdokija 113, 197
Lorrain, Claude 228
Lossenko, Anton 107, 260
Lukinij, Iwan 286
Lunatscharskij, Anatolij 266
Lwow, Georgij Jewgerjewitsch 24

Magnasco, Alessandro 71
Magyaren 10
Majakowskij, Wladimir 68 f., 120
Makarow, I. 277
Makarow, Stepan 286 f.
Makowskij, Konstantin 261
Makowskij, Wladimir 108
Malenkow, Georgij 25
Malewitsch, Kasimir 109
Maly, Petrok 45
Mamontow, Sawwa 67, 90, 126, 127
Marées, Hans von 229
Marija Fjodorowna (Zarin) 315, 316, 320
Martini, Simone 226
Martos, Iwan 55, 247, 260, 301
Marx, Karl 22, 24
Maschkow, Ilja 109, 263
Matisse, Henri 71, 225, 230
Mattarnovi, Georg Johann 220, 287
Matwejew, Aleksandr 109, 255, 263
Matwejew, Andrej 260
Maulpertsch, Franz Anton 227
Medici, Barnaba 259
Meissonier, Jean Louis Ernest 228
Meltzer, Robert Friedrich 224
Mendelejew, Dmitrij 210, 258, 290
Menelas, A. 303, 315
Mengs, Anton Raphael 227, 258
Menschewiki 24
Menschikow, Aleksandr 102, 290 f., 304, 305, 308
Merjanen 144
Merkurjew, Andrej 281
Metlin, M. 183, 185
Michail Fjodorowitsch (Zar) 18 f., 61, 181, 184, 189
Michail von Tschernigow 143
Michailow, A. 66, 271
Michelangelo 226
Michetti 300, 301
Mikeschin, Michail 250, 333
Millet, Jean-François 229
Minin, Kosma 34, 55, 132, 195
Mogiljanskij, Arsenij 139
Moissejenko, Jewsej 263
Molotow, Wjatscheslaw 120
Monet, Claude 71, 229
Mongolen s. Tataro-Mongolen
Monighetti, Ippolito 271, 310, 314
Montferrand, Auguste 217, 218, 223, 232
Morales, Luis de 226
Morland, George 228
Morosow, Iwan 70, 80
Motorin, Iwan 45
Mstislaw der Große (Großfürst von Kiew) 13, 329, 339
Muchina, Wera 77, 86, 93, 110, 120
Murillo, Bartolomé Esteban 226
Mussorgskij, Modest 199, 257

Napoleon I. 21, 35, 45, 49, 55, 82, 84 f., 89, 121, 317
Narodniki 211
Natalja Alexejewna (Schwester Peters I.) 257
Natalja Kirillowna (Zarin) 193
Nejelow, W. 314
Nekrassow, Nikolaj 289
Nemirowitsch-Dantschenko, Wladimir 60, 87
Neprinzew, Jurij 110
Nesterow, Michail 73, 108, 109, 262, 263, 277
Neuber, Friederike Caroline 269
Nijinskij, Wazlaw 266
Niketas 143, 186
Nikitin, Iwan 107, 137, 260
Nikitin, Jurij 141, 169, 179, 186, 187 f., 195
Nikitnikow, Grigorij Leontjewitsch 61
Nikolaj I. (Zar) 21 f., 51, 217, 218, 225, 245, 252, 254 f., 281, 282, 292, 303
Nikolaj II. (Zar) 23, 24, 189, 211, 212, 252, 260, 273, 281, 283, 305, 309, 312 f.

Nikon (Abt) 135, 136
Nikon (Patriarch) 46, 48, 111, 113, 144
Nordischer Krieg 19
Nurejew, Rudolf 266
Nuovo, Alovisio 44

Ogurzow, Baschen 45
Oistrach, Dawid 86
Oktoberrevolution 24, 35, 198, 225, 233, 241, 294
Oleg (Fürst von Kiew) 11
Olga (Fürstin von Kiew) 12
Olsufjew, Adam 289
Opekuschin 250
Orlow, Aleksej 295, 304, 314
Orlow, Grigorij 50, 232, 305, 316, 321
Orlowskij, Boris 232, 247, 294
Ossipow, Sidor 44
Ossner, H. 279
Ossowskij, Pjotr 263
Ostade, Adriaen van 227
Ostrowskij, Aleksandr 68, 120, 185, 250, 251
Ostrowskij, Nikolaj 88
Otto I. der Große (deutscher Kaiser) 12
Overbeck, Johann Friedrich 229

Pafnutios 187
Paisiello, Giovanni 269
Parland, A. 277
Patsajew, V. 54, 92
Paul I. (Zar) 21, 125, 233, 235 f., 238, 243, 246, 257, 279, 281, 303, 305, 315 f., 317, 319, 320, 321
Paul von Aleppo 131
Pawlow, Iwan 210, 258
Pawlowa, Anna 266
Pereda, Antonio 71
Peredwischniki 96, 292
Perestrojka 25, 35
Peretjakowitsch, M. 242
Perow, Wassilij 95, 108, 117, 261, 292
Perugino (Pietro Vannucci) 71, 226
Pestel, Paul 211, 265
Peter I. der Große (Zar) 19 f., 34, 48, 49, 50, 90, 97, 99, 102, 105, 113, 118, 120, 122, 124, 125, 132, 141, 192, 206, 208 f., 213, 216, 217, 218, 220, 224, 234, 235, 239, 241, 244, 257, 258, 268, 274, 278, 281, 283, 284, 285, 286, 287, 288, 290 f., 297, 298, 302, 303, 308, 310, 321
Peter II. (Zar) 20, 209, 291
Peter III. (Zar) 20, 220, 281, 304, 305, 314, 315
Peter (Metropolit) 142
Petipa, Marius 270
Petrow-Wodkin, Kusma 109, 210, 263
Petschenegen 12
Picasso, Pablo 70, 71, 225, 229 f.
Pillement, Philippe 303
Pimenow, Jurij 263
Pimenow, Nikolaj 261
Pimenow, Stepan 213, 218, 232, 247, 251, 259, 293
Pineau, Nicolas 279, 300
Pintschuk, W. 52
Pissarro, Camille 229
Plastow, Arkadij 110, 263
Plechanow, Georgij 248
Plissezkaja, Maja 68
Polen 13, 17, 18, 19, 34, 192
Polenow, Wassilij 108, 126, 127, 261
Poljanen 11
Pomeranzew, A. 56
Popkow, Wiktor 110, 263
Porcellis, Jan 227
Portjanko, A. 74
Poscharskij, Dmitrij 34, 55, 132, 195
Posdejew, Nikolaj J. 105
Possochin, Michail 49, 80, 81, 93
Potechin, Pawel 95
Potjomkin (= Potemkin), Grigorij 21, 223, 236, 252
Poussin, Nicolas 71, 227
Prochor von Gorodez 44, 111
Prokofjew, Iwan 247, 285, 301, 316, 319
Prokofjew, Sergej 120
Prud'hon, Pierre Paul 228
Pugatschow, Jemeljan 59, 104
Puschkin, Aleksandr 70, 72 f., 76 f., 79, 86, 89, 127, 210, 234, 242, 244 f., 269, 274, 277, 289, 309, 315
Putilow, Nikolaj 293
Puvis de Chavannes, Pierre 228

Quarenghi, Giacomo 60, 94, 102, 209, 217, 221, 223, 233, 239, 249, 252, 257, 265, 269, 277, 285, 287, 293, 314, 315, 316

Rachmaninow, Sergej 65, 86, 90, 264
Radischtschew, Aleksandr 279
Raffael 226
Rasin, Stepan (= Stenka) 19, 52, 104
Raskolniki 101, 111
Rasputin 211 f., 272 f., 274
Rastrelli, Bartolomeo Carlo 236, 300

Rastrelli, Bartolomeo Francesco 46, 209, 219 ff., 222, 233, 239, 243, 299, 300, 309, 310, 311, 315
Rasumowskij, Alexej 251
Rasumowskij, Kirill 49
Rasumowskij, W. F. 253
Rauch, Christian Daniel 217
Reed, John 54
Rembrandt 70, 71, 225, 227
Renoir, Pierre Auguste 70, 71, 229
Repin, Ilja 73, 106, 108, 126, 210, 261 f., 292
Reynolds, Joshua 228
Ribera, José de 226
Richter, Swjatoslaw 86
Rimskij-Korssakow, Nikolaj 65, 67, 257, 264, 270
Rinaldi, Antonio 102, 209, 232, 233, 304 f., 314, 321
Rjabuschkin, Andrej 108, 262
Roerich (= Rerich), Nikolaj 108, 185, 262
Rokotow, Fjodor 108, 185, 260
Rolland, Romain 87
Romanow-Dynastie 18, 48, 61, 113, 181, 187, 281
Rossi, Karl 66, 209 f., 217, 223, 231, 232, 235, 242, 250, 251, 252, 257, 258 f., 264, 266, 297, 316, 317, 318, 319, 338
Rostopschin, Graf 35
Rotari, Pietro 300
Rouault, Georges 230
Rousseau, Henri 229
Rousseau, Théodore 228
Roussel, Ker Xavier 230
Rubens, Peter Paul 71, 225, 227
Rubinstein, Anton 210, 257, 259, 270
Rubljow, Andrej 44, 107, 110, 111, 135 f., 201, 260, 341, 347
Rubo, Franz 83
Ruffo, Marco (= Mark Frjasin) 39, 45, 47
Ruisdal, Jacob van 227
Rumjanzew, Pjotr 70, 106, 291
Rurik 11, 326
Rusca, Luigi 236, 238, 249, 252, 314
Russisch-Japanischer Krieg 23
Ruysch, Friedrich 287
Ruzkoj, Aleksandr 27
Rylow, Arkadij 109

Sacharow, Andrejan 209, 213, 257, 285
Sagorskij, Wladimir 131
Saltikow, Sergej 315
Saltykow, Michail 250, 258
Samochwalow, Aleksandr 263
Sankowskaja 66
Sarjan, Martiros 109
Sarmaten 10
Sarti, Giuseppe 269
Sarudnyj, Iwan 99, 280 f.
Sawin, Sila 141, 169, 179, 186, 195
Sawizkij, Konstantin 108, 261
Sawizkij, Michail 110
Sawrassow, Aleksej 261
Sawwati 137
Schädel, Gottfried Johann 291, 304
Schafirow, Pjotr 297
Schaljapin, Fjodor 67, 74, 90, 126, 271
Schdanow, Andrej 54
Schechtel, Fjodor O. 87, 97
Schemjakin, Nikita 252
Schemtschugowa 80
Scherebzow, Iwan 114
Scheremetjew, Boris 120, 257
Scheremetjew, Nikolaj 67, 94, 95, 114
Scheremetjew, Pjotr 94, 120, 265
Schewtschenko, Aleksandr 110, 263
Schewtschenko, Taras 82
Schilder, Nikolaj 106
Schilinskij, Dmitrij 110
Schimjakin, Michail 279
Schischkin, Iwan 108, 257, 261, 292
Schlüter, Andreas 235, 291, 304
Schmidt, Pjotr 293
Schostakowitsch, Dmitrij 120, 255, 264
Schröder, Iwan 333
Schtschedrin, A. 290
Schtschedrin, Feodossij 213, 257, 260, 285, 301
Schtschedrin, N. s. Saltykow, Michail
Schtschedrin, Silwestr 261
Schtschetinnikow, Jakow 259
Schtschukin, Sergej 70
Schtschussew, Aleksej 52, 64, 77, 104
Schubin, Fedot 48, 108, 121, 258, 260, 301
Schukow, Georgij 64
Schukow, Jakow 139
Schukowskij, Nikolaj 117
Schukowskij, Wassilij 257
Schumacher (Hofbaumeister) 136
Schumann, Clara 65
Schuwalow, Aleksandr 266
Schuwalow, Iwan 266, 292
Schuwalow, Pjotr 265, 266

Schweden 17, 18, 19, 208, 327
Schwertfeger, Theodor 290
Scotti, Carlo 309
Scotti, Giovanni (= Iwan) 232, 259, 271
Scotti, Peter 259
Semzow, M. 251, 287, 300, 309
Serafimowitsch, Aleksandr 103
Sergej Alexandrowitsch (Großfürst) 252
Sergios von Radonesch 90, 131 f., 136
Serow, Walentin 73, 120, 126, 127, 257, 262
Setschenow, Iwan 74
Shaw, George Bernard 87
Sidorow, Walentin 263
Sigismund III. (polnischer König) 18
Signac, Paul 229
Simon, Bernard 266
Sisley, Alfred 229
Sittow, Michel 71
Skrjabin, Aleksandr 80, 86, 120
Skythen 10, 230
Snyders, Frans 226
Sofja (Regentin) 118, 120, 132
Sokolow, Igor 250
Sokolow, P. 277, 278, 314
Solari, Pietro Antonio 37, 47
Solomonija Saburowa (Frau Wassilijs III.) 196 f.
Solotarjow, Pjotr 188
Solowjow, A. 179
Somow, Konstantin 262
Sossima 137
Speranskij, Sergej 296
Spitzweg, Carl 229
Stakenschneider, Andrej 218, 223, 252, 302, 334
Stalin, Josif 24, 54, 59, 71
Stanislaus II. August Poniatowski (polnischer König) 249
Stanislawskij, Konstantin 60, 87, 120
Starow, Iwan 209, 236, 252, 257
Starzew, Ossip 114
Stassow, Wassilij 185, 218, 222, 233, 239, 242, 257, 277, 293, 294, 297, 314, 315, 340
Stassow, Wladimir 106
Staubert, A. 295
Steen, Jan 227
Strauß, Johann 318 f.
Strauß, Josef 319
Strelitzen 19, 52, 79, 103
Stroganow, Aleksandr 243, 248
Stroganow, Sergej 243
Strozzi, Bernardo 71
Sumarokow, Aleksandr 251
Surikow, Wassilij 73, 108, 262
Susanin, Iwan 185
Suworow, Aleksandr 233, 257
Swerdlow, Jakow 54, 312
Sweschnikow, Nadej 178
Swjatopolk (Sohn Wladimirs I.) 13
Swjatoslaw (Fürst von Kiew) 12, 32
Syrkow, Dmitrij 340
Syrkow, Iwan 340

Talberg, W. 83
Tamanskij, P. 283
Tarakanow, Wassilij 341
Tarassow, Stepan 259
Tataro-Mongolen 15 ff., 32 f., 48, 54, 132, 142, 182, 191, 201, 327
Taurit, Robert 296
Teniers, David d. J. 226
Terborch, Gerard 71, 227
Terebenjew, A. 222
Terebenjew, Iwan 213
Terentjew, Flor 199
Tereschkowa, Walentina 92
Theophanes der Grieche (= Feofan Grek) 44, 45, 107, 111, 341, 347
Thomon, Thomas de 257, 285, 297
Thon, Konstantin 47 f., 71, 96, 254, 292
Tiepolo, Giovanni Battista 226, 307
Timirjasew, Kliment 86
Tizian 226
Tjurin, Jakow 64
Tjurin, Jewgraf 116
Tohtamysch Khan 16, 139
Tolstoj, Lew 73, 74
Toricelli, Giovanni 271
Towstonogow, Georgij 268
Traitteur, G. 277, 278
Tretjakow, Pawel 106, 260
Trezzini, Domenico 208, 220, 234, 235, 257, 279, 280, 290
Triscornij, Pawel 251, 259, 319
Tronchin, François 224
Tropinin, Wassilij 108, 261
Trotzkij, Leo 312
Troyon, Constant 228
Trubezkoj, Pawel 108
Tschabukiani, Wachtang 266
Tschaikowskij, Peter 65, 66 f., 210, 257, 264, 319
Tschechow, Anton 87, 120
Tscheraskow, Fürst 89
Tschernenko, Konstantin 25
Tschewakinskij, Sawwa 265, 268, 309, 311
Tschochow, Andrej 45

Tschornyj, Daniil 111, 135, 201
Tschornyj, Simeon 45
Türken 17, 19, 21
Tur, Andrej 259
Turgenjew, Iwan 126, 251, 258
Turtschaninow, Sergej 104

Uchtomskij, Dmitrij 137
Ugarow, Boris 263
Ugrier 10
Ulanow, Kyrill 46
Ulanowa, Galina 68, 266
Ulfeldt, Jacob 131
Uljanow, Aleksandr 23, 279
Uschakow, Simon 46, 62, 134, 137, 260

Valckenborch, Lucas van 227
Vallin de la Mothe, Jean-Baptiste 209, 221, 248, 249, 270, 271, 292
Valloton, Felix 230
Velázquez, Diego 226
Veldten (= Felten), Jurij 221, 233, 235, 239, 249, 292, 295, 297, 300, 314
Vernet, Horace 228
Veronese, Paolo 226
Vitali, Iwan 218, 257, 261
Vlaminck, Maurice de 230
Vuillard, Jean Edouard 230

Wachtangow, Jewgenij 80
Wadim der Tapfere (Fürst von Nowgorod) 326
Waganowa, Agrippina 268
Wagner, Richard 264
Waräger 11, 12, 327
Wasnezow, Wiktor 102, 106, 108, 126, 127, 261, 277
Wassilij I. (Großfürst von Moskau) 33, 132
Wassilij II. (Großfürst von Moskau) 17
Wassilij III. (Großfürst von Moskau) 17, 117, 123, 140, 191, 196, 197
Wassilij IV. Schujskij (Zar) 18
Wassilij Blaschennyj 55
Wassiljew, Aleksandr 296
Wassiljew, Fjodor 108, 262, 283
Watteau, Antoine 71, 228
Weizsäcker, Richard von 39
Wenezianow, Aleksej 108, 261
Werestschagin, Wassilij 108, 261
Wernadskij 76
Werschbizkij, Jean 255
Werstowskij, Aleksej 66
Widow, A. 315
Wiener Kongreß 21, 22
Wikinger 11
Wischnjakow, Iwan 260
Wladimir I. der Heilige (Fürst von Kiew und Nowgorod) 12, 110, 326, 327, 329, 330
Wladimir II. Monomach (Großfürst von Kiew) 13, 48, 200
Wladimir Kirillowitsch (Großfürst) 281
Wolkow, Fjodor 179, 251
Wolkow, W. 54, 92
Wolnuchin, S. 60
Woronichin, Andrej 122, 243, 246 f., 257, 316, 318
Worotilow, S. 184, 185
Wouwerman, Philip 227
Wrubel, Michail 68, 73, 108, 126, 127, 262
Wsewolod (Großfürst von Nowgorod) 337, 340
Wsewolod III. (Großfürst von Wladimir) 14, 138, 201

Zabello, P. 284
Zacharow, A. 183
Zereteli, Surab 104
Zetkin, Clara 54
Ziolkowskij, Konstantin 91
Zollikoffer, Georg 246
Zubarán, Francisco de 226
Zubow, Fjodor 46
Zweiter Weltkrieg 35, 56, 212
Zwetajew, Iwan 70

Ortsregister

Abramzewo **126 f.**
Archangelskoje **127**
Asow 19
Astrachan 17

Bogoljubowo 202 f.
Borodino 82, **84 f.**
Bug 10
Byzanz 11 f., 13, 15, 17

Çeşme 21, 295
Cherson 12, 237

Dnjepr 10
Don 10
Düna 11

Gatschina 305, 316, **320 f.**

Ilmensee 11, 324

Jaroslawl 169, **173 ff.**, 251; *Farbt. 11, 12*
- Erlöserkloster 175 ff.; *Farbt. 13*

Jekaterinburg 312 f.
Jekaterinoslaw 237

Kasan 17, 54
Kidekscha 198 f.
Kiew 10, 11, 12, 13, 14, 15, 16, 326, 327
Kölner Dom 51
Konstantinopel s. Byzanz
Kostroma 181 ff.
- Ipatjew-Kloster 186 ff.

Krim 10, 21

Ladogasee 10, 212

Leningrad s. St. Petersburg
Lomonossow 304 ff.

Minsk 14
Moskau 14, 16 ff., 21, 25, **28 ff.** 212, 254f., 327, 328
- Akademie der bildenden Künste 73
- Alte Münze 59
- Alter Englischer Hof 61
- Alter Kaufhof 60
- Alter Regentenhof 61
- Alte Universität **64 f.**
- Andronikow-Kloster **110 ff.**, 114, 132
- Arbat **78 f.**, 80
- Auferstehungs-Kirche in Kadaschi 104
- Basilius-Kathedrale **54 f.**, 277
- Belorussischer Bahnhof 89
- Belygorod 34, 72
- Börse 60
- Bolschoj-Theater 49, **65 ff.**, 95
- Borodiner Brücke 82
- Botanischer Garten 95
- Boulevardring 86
- Bucklige Brücke 82
- Café ›Kosmos‹ 87
- Chimkij-Chowrino 90
- Chimkinskoje-Stausee 90
- Christi-Geburts-Kloster 91

Christus-Erlöser-Kathedrale 72
- Danilow-Kloster 56, **114 f.**
- Demidow-Haus 104
- Donskoj-Kloster **116 f.**
- Dreifaltigkeitskirche (Sperlingsberge) 77
- Dreifaltigkeitskirche in Nikitniki 61 f.
- Enthusiasten-Chaussee 98
- Epiphanias-Patriarchal-Kathedrale 99
- Erlöserkathedrale 72
- Erlöser-Kirche in Peski 80
- Fili 83, 85
- Fjodorow-Denkmal 60
- Gartenring 74
- Geschäftshof 69
- Gogol-Denkmal 80
- Gorkij-Park 105
- Große Himmelfahrtskirche 86
- Haus der Freundschaft und kulturellen Verbindungen mit den Völkern des Auslands 80
- Haus der Gewerkschaften 65
- Haus der Mode 91
- Haus der Romanow-Bojaren 61
- Haus des Buches 80 f.
- Haus des Duma-Sekretärs Awerki Kirillow 103
- Haus des Kaufmanns Igumnow 105
- Historisches Archiv 59 f.
- Historisches Museum 58 f.
- Hotel ›Kotelnitscheskaja‹ 97
- Hotel ›Metropol‹ 68
- Hotel ›Moskwa‹ 65

- Hotel ›Rossija‹ 32, 59, **60**
- Hotel ›Ukrainia‹ **82,** 97
- ›Hydroprojekt‹-Hochhaus 89
- Iljinski-Park 69
- Institut für Kunstgeschichte 73
- Ismajlowskij Kultur- und Erholungspark 98
- Ismajlowskij-Teich 98
- Jaroslawler Bahnhof 97
- Jausa 97, 98, 99
- Juschkow-Haus 96
- Kalininbrücke 82
- Kasaner Bahnhof 97
- Kasan-Kathedrale **59,** 111
- Katharinenpalast 102
- Kaufhaus GUM 52, **56 ff.,** 59
- Kinderkaufhaus ›Detskij Mir‹ 68
- Kino ›Oktjabr‹ 81
- Kino ›Rossija‹ 88
- Kirche Allerheiligen in Kulischki 69
- Kirche der Gottesmutter aller Leidtragenden 104
- Kirche Iwans des Kriegers 104
- Kirche Johannes' des Täufers am Wald 104
- Kirche zum Märtyrer Niketas 102
- Kirche zur unbefleckten Empfängnis der hl. Anna 60
- Kitajgorod 34, **59 ff.,** 72, 110
- Kleine Himmelfahrtskirche 86
- Klosterkathedrale zur Erscheinung Christi 60
- Kloster zu Mariä Erscheinung 61
- Klubhaus der Moskauer Wissenschaftler 73
- Kolomenskoje **122 ff.**
- Kreml 30, 32, 33, **36 ff.,** 64, 113, 133, 136, 139, 198, 199; *Farbt. 1–3, 5, 7, 8*
- Krutizkij-Hof 114
- Kuskowo 120 f.
- Kusminki 121 f.
- Kutusow-Denkmal 83
- Lefort-Palast 102
- Lenin-Mausoleum **52 ff.,** 77
- Lomonossow-Universität 64, 75, **76 f.,** 86, 97
- Luschniki-Sportkomplex 72, **74,** 77
- Luschnikowskij-Brücke 75
- Majakowskij-Museum 68 f.
- Manege 64
- Manegeplatz 64 f.
- Mariä-Geburt-Kirche in Putinki 88 f.
- Mariä-Schutz-Kirche in Fili 83
- Menschikow-Palais 86
- Metro 35, **62 ff.**
- Michail-und-Fjodor-Kirche 104
- Militärhistorisches Archiv 102
- Minin-und-Poscharskij-Denkmal 55; *Umschlagvorderseite*
- Moskauer Künstlertheater **87 f.**
- Moskauer Operettentheater 90
- Moskauer Stadtpalast der Jugend 76
- Moskauer Zirkus 76
- Moskau-Museum 69
- Museum der Revolutionen 89
- Museum für Anthropologie 86
- Musiktheater für Kinder 76
- Nationalpark ›Lossinyj Ostrow‹ 98
- Neglinnaja 37, 64
- Nemezkaja Sloboda **99 ff.**
- Neues Erlöserkloster **113 f.**
- Neues Jungfrauen-Kloster 54, 74, 77, **117 ff.**
- Nikolaus-Kirche in Pyschi 104
- Nikolskij-Kloster 98
- Nördlicher Hafen 90
- ›Opfer-der-Repressionen‹-Mahnmal 68
- Ostankino 27, **94 f.**
- Ostrowskij-Denkmal 68
- Panoramamuseum ›Die Schlacht bei Borodino‹ 83
- Paschkow-Haus 64
- Peterpalast 89
- Petersburger Bahnhof 96
- Peter-und-Paul-Kirche 99
- Petrowskij-Kloster 90
- Petrowskij-Theater 65 f.
- Platz der Revolution 65
- Polytechnisches Museum 69
- ›Prawda‹-Gebäude 89
- Presnja 82
- Preobraschenskoje 97
- Preobraschenskoje-Friedhof 97 f.
- Puschkin-Denkmal 88
- Puschkin-Museum 72 f.
- Rathaus 81
- Repin-Denkmal 103
- Restaurant ›Praga‹ 80
- Restaurant ›Slawjanskij Basar‹ 60
- Revolutionspantheon 54
- Roter Platz **52 ff.**
- Russische Staatsbibliothek **64**
- Saikonospasskij-Kloster 59

– Sandunow-Bad 91
– Sarjadje 60
– Schmiedebrücke 91
– Schtschussew-Architekturmuseum 77
– Semljannogorod 34, 74
– Setschenow-Universität 74
– Simeon-Stolpnik-Kirche 80
– Simonow-Kloster 114
– Sitz des Oberbürgermeister 65
– Skrjabin-Museum 80
– Sokolniki-Park 97
– Sperlingsberge 75 f.
– Staatliches Akademisches Kleines Theater **68**
– Staatliches Komitee für Statistik 96
– Staatliches Museum der bildenden Künste A. S. Puschkin 64, **69 ff.**, 106
– Staatsbank Rußlands 91
– Stadtvilla des Bojaren Trojekurow 87
– St.-Barbara-Kirche 61
– St.-Georg-Kirche 61
– St.-Maxim-Kirche 61
– St.-Nikolaus-Kirche der Weber 75
– Technisches Bauman-Institut 102
– Theaterplatz 65 ff.
– Timirjasew-Denkmal 86
– Tolstoj-Denkmal 74
– Tolstoj-Museum 73
– Tretjakow-Galerie 70, **106 ff.**, 111, 119, 135, 260; *Farbt. 6*
– ›Triumph-des-Sieges‹-Monument 89
– Tschaikowskij-Denkmal 86
– Tschaikowskij-Konservatorium 86
– Villa Rjabuschinskij 86 f.
– Volkskunstmuseum 86
– Volkswirtschaftsausstellung **91 ff.**; *Farbt. 4*
– Wachtangow-Theater 80
– ›Weißes Haus‹ 81 f.
– Welikij Possad 34, 52
– Wwedenskoje-Friedhof 102
– Zarizyno **125**
– Zentrales Aerodynamisches Institut 102
– Zentrales Haus des Künstlers **106**, 107
– Zentrales Kindertheater 68
– Zentrales Warenhaus (ZUM) 90
– Zigeunertheater ›Romen‹ 89
– Zoologisches Museum 86
Moskwa 30

Nerosee 144
Newa 10, 20, 206
Nowgorod 11, 12, 13 f., 15, 16, 17, 18, **322 ff.**
– Jaroslaw-Hof 328, **338 ff.**
– Kreml **329 ff.**

Oranienbaum s. Lomonossow

Pawlowsk 307, **315 ff.**; *Farbt. 22*
Peipussee 15
Pereslawl-Salesskij 16, **137 ff.**, 198
– Gorizkij-Kloster 139 ff.; *Farbt. 14*
– Kreml 141 ff.
– Niketas-Kloster 143
Peterhof (Petrodworez) 220, **298 ff.**; *Farbt. 24*
Petrograd s. St. Petersburg
Petrokrepost 212, 281

Reval 19
Riga 19
Rjasan 48
Rostow Welikij 14, 132, **144 ff.**
– Erlöser-Jakob-Kloster 173; *Farbt. 10*
– Kreml 169 ff.

Sagorsk s. Sergijew Possad
Schlüsselburg s. Petrokrepost
Sergijew Possad **131 ff.**
– Dreifaltigkeits-Sergios-Kloster 45, 131, **133 ff.**, 345; *Umschlaginnenklappe vorne, Farbt. 9*
Sewastopol 237
Smolensk 14, 17
St. Petersburg 20, 23, 34, 48, 50, **204 ff.**, 307, 318
– Admiralität **213 ff.**; *Farbt. 20*
– Admiralitätswiese 241
– Akademie der Künste 210, 224, 266, **292**
– Akademie der Wissenschaften 210, **287 ff.**; *Farbt. 17*
– Akademisches Kleines Theater für Oper und Ballett 264
– Aleksandr-Newskij-Kloster 56, 131, 241, **257 f.**, 345
– Alexandersäule 232
– Anitschkow-Brücke 252
– Anitschkow-Palais 251 f.
– Artilleriemuseum 283
– Bankbrücke 277
– Bankhaus Wollenberg 241
– Belosselskij-Beloserskij-Palais 252

- Blaue Brücke 218, 274
- Börse 285 f.
- Börsenbrücke 284 f.
- Café ›Chinois‹ 242
- Christi-Auferstehungs-Kirche 277; *Farbt. 18*
- Dekabristenplatz 216
- Dreifaltigkeitsbrücke 233
- Dreifaltigkeitskathedrale 218 f.
- Dreifaltigkeitsplatz 283
- Eherner Reiter **216,** 243
- Ermitage 70, **224 ff.**
- Ethnographisches Museum 263
- Fontanka **264 ff.**
- Forschungsinstitut für Arktis und Antarktis 265
- Gebäude der ehemaligen Stadt-Duma 249
- Gebäude des ehemaligen Gardekorps 232
- Generalstabsgebäude 231 f.; *Farbt. 19*
- Gorkij-Garten 216
- Gostinyj Dwor 249
- ›Grand Hotel Europe‹ 249
- Gribojedow-Kanal **275 ff.**
- Große Moschee 283
- Großes Akademisches Gorkij-Schauspielhaus 268
- Häuschen Peters des Großen 283
- Hafenzollamt s. Literaturmuseum
- Haseninsel 208
- Haus der Presse 268
- Haus des Bojaren Kikin **239,** 287
- Haus des Buches 248
- Haus des Friedens und der Völkerfreundschaft 265
- ›Haus mit den Säulen‹ 243
- Heumarkt 277 f.
- Historisches Museum s. Marmorpalais
- Historisches Zentralarchiv Rußlands 217
- Holländische Kirche 245
- Hotel ›Astoria‹ 218
- Hotel ›Moskwa‹ 257
- Hotel ›Oktjabrskaja‹ 255
- Ingenieurschloß **235 f.,** 238
- Institut für Arbeitsschutz 236
- Institut für Architektur und Stadtplanung 266
- Isaaks-Kathedrale **217 f.;** *Farbt. 23*
- Jelagin-Insel 297
- Kasaner Kathedrale s. Kirche der Gottesmutter von Kasan
- Kaserne des Pawlowschen Garderegiments 233
- Kasernen des Kavallerie-Garderegiments 236
- Katharina-die-Große-Denkmal 249 f.
- Katharinen-Institut 265
- Katharinenkirche, armenische 249
- Katharinenkirche, katholische 248
- Kathedrale der Gottesmutter von Kasan **246 f.**
- Kirow-Bezirk 293 f.
- Kirow-Stadion 297
- Komissarschewskaja-Schauspielhaus 264
- Komödien-Theater 252
- Konzertsaal ›Oktjabrskij‹ 255
- Kotomin-Haus 242
- Kreuzer ›Aurora‹ 212, 283, **284**
- Kreuzinsel 297
- Krjukow-Kanal 268 ff.
- Kronwerk 283
- Krylow-Denkmal 235
- Kunstkammer **287**; *Farbt. 17*
- Kusnetschnyj Rynok 253
- Lenin-Denkmal 296
- Leutnant-Schmidt-Brücke 292 f.
- Literaturmuseum 286
- Löwenbrücke 277, 278
- Lomonossow-Denkmal 266
- Lomonossow-Museum s. Kunstkammer
- Maksim-Gorkij-Kulturpalast 293
- Manege der Gardekavallerie 217
- Marientheater für Oper und Ballett **268 ff.**
- Mariinskij-Palast 218
- Marmorpalais **232 f.,** 305
- Marsfeld 220, **233**
- Marstall 277
- Menschikow-Palais 239, **290 f.**
- Michaelsschloß s. Ingenieurschloß
- Michailow-Palais s. Russisches Museum
- Mojka **271 ff.**
- Monument für die Verteidiger Leningrads 296
- Moskauer Bahnhof 254
- Moskauer Prospekt 294
- Moskauer Siegespark 295
- Moskauer Triumphbogen 294
- Museum der Arktis und Antarktis 253
- Museum für Anthropologie und Ethnographie s. Kunstkammer
- Narwa-Triumphbogen 293

- Neu-Holland 270
- ›Newskij Palace Hotel‹ 253 f.
- Newskij Prospekt **241 ff.**
- Nikolaj-I.-Reiterstandbild 218
- Ostrowskij-Platz 249, 251
- Palais Bezkoj 233
- Palais Jussupow **271 ff.**
- Palais Saltykow 233 f.
- Palais Woronzow 220
- Palastkirche von Tscheschme 295
- Pestel-Brücke 265
- Peter-der-Große-Reiterdenkmal 236
- Peter-Paul-Festung 206, 208, **278 ff.**; *Farbt. 17*
- Peter-Paul-Kathedrale 280 f.
- Peter-und-Paul-Kirche 246
- Petrograder Seite **278 ff.**
- Piskarjowskoje-Friedhof 296
- Platz der Künste 258, 264
- Platz des Aufstandes 254
- Platz des Sieges 212, **296**
- Platz des Streiks 293
- Pratschetnyj Most 265
- Prschewalskij-Denkmal 216
- Puschkin-Denkmal 258; *Farbt. 21*
- Puschkin-Museum 274 f.
- Puschkin-Theater **251**
- Putilow-Werke 293
- Rimskij-Korssakow-Konservatorium 270
- Rostrasäulen 286; *Farbt. 17*
- Russisches Museum 106, **258 ff.**; *Farbt. 21*
- Sängerbrücke 274
- Saltykow-Schtschedrin-Bibliothek **250 f.**, 265
- Scheremetjew-Palais s. Forschungsinstitut für Arktis und Antarktis
- Schloßbrücke 284
- Schloßplatz 231 f.
- Smolnyj-Institut 239 ff.
- Smolnyj-Kloster 220, **239 f.**
- Sommergarten Peters des Großen 234 f.
- Sommerpalast 208, **235**
- Sphingen-Pier 292
- Staatliches Theatermuseum 266
- Steininsel 297
- Sternwarte von Pulkowo 242, 294
- St.-Nikolaj-der-Seeleute-Kathedrale 268
- St. Petersburger Ballettschule ›A. Waganowa‹ 266 f.
- St. Petersburger Philharmonie 264
- Strelka 284 ff.
- Stroganow-Palais 220, **243**, 260
- Suworow-Denkmal 233
- Taurisches Palais **236 ff.**
- Theater der Musikalischen Komödie 264
- Theaterstraße 266
- Tschernyschew-Brücke 266
- Universität 290
- Wassiljewskij-Insel 268 f., **284 ff.**
- Winterpalast 50, **219 ff.**, 283, 284; *Umschlagrückseite*
- Witebsker Bahnhof 307
- Wolkowo-Friedhof 258
- Zentrales Bodenkundemuseum 286
- Zentrales Marinemuseum 284
- Zoologischer Garten 283
- Zoologisches Museum 286, **287**

Strelna 298

Susdal 14, **189 ff.**; *Farbt. 16*
- Aleksandr-Kloster 194
- Erlöser-Euthymios-Kloster 194 ff.
- Kloster zu Mariä Schutz und Fürbitte 196
- Kloster zur Gewandniederlegung 194; *Farbt. 15*
- Kreml 192 ff.

Tobolsk 312

Twer 16, 17

Ukraine 10

Waldaihöhen 10

Wladimir 14, 16, 32, 191, **199 ff.**

Wolchow 10, 324

Wolga 10

Wolga-Moskwa-Kanal 30, 35

Zarskoje Selo 122, 220, 249, **307 ff.**; *Umschlaginnenklappe hinten*

St. Petersburg

1 Admiralität
2 Gorkij-Garten
3 Dekabristenplatz mit ›Ehernem Reiter‹
4 Historisches Zentralarchiv Rußlands
5 Manege der Gardekavallerie
6 Isaaks-Kathedrale
7 Mariinskij-Palast (Rathaus)
8 Winterpalast/Ermitage
9 Schloßplatz mit Alexandersäule
10 Generalstabsgebäude mit Triumphbogen
11 Gebäude des ehem. Gardekorps
12 Marmorpalais (Historisches Museum der Stadt St. Petersburg)
13 Dreifaltigkeitsbrücke
14 Suworow-Denkmal
15 Marsfeld
16 Kaserne des Pawlowschen Garderegiments
17 Palais Saltykow und Palais Bezkoj
18 Sommergarten Peters des Großen
19 Sommerpalast
20 Ingenieurschloß (Michaelsschloß)
21 Reiterdenkmal Peters des Großen
22 Institut für Arbeitsschutz
23 Kasernen des Kavallerie-Garderegiments
24 Taurisches Palais
25 Haus des Bojaran Kikin
26 Smolnyj-Kloster
27 Smolnyj-Institut
28 Aeroflot-Stadtbüro (ehem. Bankhaus Wollenberg)
29 ›Haus mit den Säulen‹
30 Volksbrücke
31 Stroganow-Palais
32 Kathedrale der Gottesmutter von Kasan (Kasaner Kathedrale)
33 Haus des Buches
34 katholische Katharinenkirche
35 ›Grand Hotel Europe‹
36 Gebäude der Stadt-Duma und Feuerwachturm
37 Kaufhof ›Gostinyj Dwor‹
38 armenische Katharinenkirche
39 Ostrowskij-Platz mit Puschkin-Theater und Denkmal Katharinas der Großen
40 Saltykow-Schtschedrin-Bibliothek
41 Anitschkow-Palais
42 Komödien-Theater
43 Anitschkow-Brücke
44 Belosselskij-Beloserskij-Palais
45 Dostojewskij-Gedenkstätte
46 Museum der Arktis und Antarktis
47 ›Newskij Palace Hotel‹
48 Konzertsaal ›Oktjabrskij‹
49 Aleksandr-Newskij-Kloster
50 Platz der Künste mit Puschkin-Denkmal
51 Russisches Museum (Michailow-Palais)
52 Ethnographisches Museum
53 Akademisches Theater für Oper und Ballett
54 St. Petersburger Philharmonie
55 Pratschetschnyj-Brücke
56 Pestel-Brücke
57 Forschungsinstitut für Arktis und Antarktis (Scheremetjew-Palais)
58 Haus des Friedens und der Völkerfreundschaft (Schuwalow-Palais)
59 Tschernyschew-Brücke
60 Theaterstraße (Rossi-Straße)
61 Großes Akademisches Gorkij-Schauspielhaus
62 St.-Nikolaj-der-Seeleute-Kathedrale
63 Marientheater für Oper und Ballett
64 Rimskij-Korssakow-Konservatorium
65 Neu-Holland
66 Haus der Lehrer (Palais Jussupow)
67 Puschkin-Museum
68 Christi-Auferstehungs-Kirche (Erlöserkirche, Blutkirche)
69 Marstall
70 Bankbrücke
71 Löwenbrücke
72 Peter-Paul-Kathedrale
73 Artilleriemuseum
74 Zoologischer Garten
75 Große Moschee
76 Häuschen Peters des Großen
77 Kreuzer ›Aurora‹
78 Hotel ›St. Petersburg‹
79 Schloßbrücke
80 Börsenbrücke
81 Strelka mit zwei Rostrasäulen
82 Zentralmuseum der Kriegsmarine (ehem. Börse)
83 Zentrales Bodenkundemuseum
84 Literaturmuseum (ehem. Zollamt)
85 Zoologisches Museum
86 Kunstkammer (Museum für Anthropologie und Ethnographie und Lomonossow-Museum)
87 Akademie der Wissenschaften
88 Universität
89 Menschikow-Palais
90 Rumjanzew-Obelisk
91 Akademie der Künste
92 Sphingen-Pier
93 Leutnant-Schmidt-Brücke